hänssler

DR. JAMES DOBSON

Der große Familien- und Erziehungsratgeber

Amerikas namhaftester Familienberater
beantwortet schwierige Fragen,
mit denen sich Familien in unserer Zeit
auseinandersetzen müssen

Die Deutsche Bibliothek – CIP–Einheitsaufnahme

Dobson, James:
Der große Familien- und Erziehungsratgeber : (stichhaltige Antworten) ;
Amerikas namhaftester Familienratgeber beantwortet schwierige Fragen,
mit denen sich Familien in unserer Zeit auseinandersetzen müssen /
James Dobson.
[Übers. von Herta Martinache]. – Neuhausen-Stuttgart :
Hänssler, 1998
(Edition Trobisch)
Einheitssacht.: Solid answers <dt.>
ISBN 3-7751-9146-1

hänssler – edition Trobisch
Bestell-Nr. 854.146
ISBN 3-7751-9146-1

Inhalt

Dank

Wegen der Fülle der familienbezogenen Themen, die in diesem Buch angesprochen werden, benötigte ich erhebliche Hilfe, sowohl auf dem Gebiet der Forschung und der EDV wie auch bei der Verwaltung. Zum Glück wurde ich während der gesamten Arbeit an diesem Buch von einem überaus sachkundigen und engagierten Team unterstützt. Diese begabten Mitarbeiter halfen mir unermüdlich, die aktuelle Fachliteratur durchzugehen, die Fragen auszuwählen, die in all den Jahren der Sendung »Brennpunkt Familie« am häufigsten gestellt wurden, und meine eigenen Antworten in Rücksprache mit Medizinern, Pädagogen, Psychologen und anderen Sachverständigen zu prüfen. Ohne den Fleiß und die Gewissenhaftigkeit all dieser Menschen wäre dieses Buch noch nicht gedruckt.

Mein besonderer Dank gilt Craig Osten, Steve Johnson, Karen Bethany, Kevin Triguero, Athena MacMillan, Jim Ware, Jeff Stoddard, Ken Janzen, John Perrodin, Kurt Bruner, Diane Passno und Tricia Jones. Auf den Seiten dieses Buchen können Sie zwar die Fingerabdrücke dieser Menschen nicht erkennen, aber ich versichere Ihnen, dass sie tatkräftig daran mitarbeiteten.

Dieses Buch ist den genannten Freunden und Kollegen gewidmet.

Einleitung

Vor einigen Jahren schlenderte ich in ein Geschäft, in dem die neuesten Computerspiele und -zubehörteile angepriesen wurden. Ein modernes elektronisches Schachspiel war ausgestellt und auf dem kleinen Schild daneben wurden die Kunden zum Spielen aufgefordert. Ich ließ mich verlocken. Dieses außergewöhnliche Gerät hatte einen mechanischen Arm, der sich tatsächlich ausstreckte, nach den Figuren griff und sie in die ausgewählte Position rückte. Das war durchaus beeindruckend. Was mir jedoch missfiel, war die Hochnäsigkeit dieser Maschine. Ihr Sinn und Zweck war es, gewöhnliche Sterbliche wie Sie und mich zu verhöhnen. Am Ende des mechanischen Armes befanden sich zwei handähnliche Vorrichtungen, die stürmisch applaudierten, wenn der Computer einen raffinierten Zug tat. Die Maschine führte mich in eine Falle, aus der es kein Entrinnen gab, und dann klatschte sie sich selbst Beifall. Ich kann Ihnen gar nicht sagen, wie peinlich es war, von einer Maschine verspottet zu werden, die wusste (und es dann den anderen Kunden sagte), dass ich gar nicht so super bin.

Es ist schon schlimm genug, von den begabten Menschen, mit denen wir leben und arbeiten, in den Schatten gestellt zu werden. Aber noch viel schlimmer ist es, wenn ein kleiner Kasten aus Plastik es fertig bringt, dass wir uns wie Trottel vorkommen. Aber in gewisser Hinsicht versinnbildlicht meine Begegnung mit dem Computer die verwirrende Welt, in der wir leben. Die fortschreitende Technik und die sich ändernden Zeiten stellen unsere Fähigkeit, Dinge zu verstehen und ihnen gewachsen zu sein, in den Vordergrund. Alles scheint jetzt komplizierter als früher, als das Leben langsam und überschaubar war. Neue Herausforderungen und bedrängende ethische Fragen entstehen schneller, als wir Lösungen finden können. Und all die alten Regeln stehen im Kreuzfeuer der Kritik, während revolutionäre Veränderungen in unser Leben dringen.

Vor kurzem brachte eine Meinungsumfrage die Verwirrung über das, was gültig und sicher ist, ans Licht. Die Antwort war »nicht viel«. 72 Prozent der Amerikaner kamen zu dem Schluss, dass es die absolute Wahrheit nicht gibt.* Für sie geht nichts über Zeit und Ewigkeit hinaus. Es gibt nichts, mit dem man unter allen Umständen und in jeder Lage sicher rechnen kann. Alles ist relativ und existentiell – abhängig von der jeweiligen Auffassung und den Mutmaßungen des Einzelnen.

Diese Unsicherheit beeinträchtigt auch viele Familien in unserer Zeit. Millionen Mütter und Väter haben keine Philosophie als Richtschnur für die Erziehung ihrer Kinder und deshalb sind sie unsicher im Umgang mit ihren Söhnen und Töchtern. So war es natürlich nicht immer. Unsere Vorfahren wussten, was sie glaubten und warum sie es glaubten. Die meisten von ihnen vertraten allgemein anerkannte Überzeugungen über Wahrheit und Unwahrheit, richtig und falsch, gut und schlecht. Sie wussten in jeder Situation, was sich gehörte und was sich nicht gehörte. Und systematisch gaben sie diese Überzeugungen an ihre Nachkommen weiter.

Wenn ein Kind um das Jahr 1900 oder vorher zur Welt kam, wurde die junge Mutter von vielen Freundinnen und Verwandten umsorgt, die ständig in ihrer Nähe weilten und ihr mit Rat und Tat zur Seite standen. Diese Tanten, Großmütter und Nachbarinnen hatten keine Unzahl von Büchern über Kindererziehung gelesen und hatten das auch gar nicht nötig. Sie ließen sich von einer gewissen überlieferten Weisheit leiten, die ihnen Selbstvertrauen im Umgang mit Säuglingen und Kindern gab. Für jede Frage hatten sie die Antwort, ob ja oder nein, und sie waren bereit, ihr Wissen mit denen, die sie gerne hatten, zu teilen. So wurde eine junge Mutter von älteren Frauen unterstützt, die jahrelange Erfahrungen in Säuglings- und Kinderpflege hatten.

Dieses liebevolle Unterstützungssystem ist in den letzten Jahrzehnten nahezu verschwunden. Viele Frauen leben in einer mobilen

---

* George Barna, *Virtual America* (Ventura, Calif.: Gospel Light, 1994), 83.

Gesellschaft, in der man oft die nächsten Nachbarn nicht kennt. Ihre Mütter, Tanten und Schwestern wohnen weit weg – oder die jungen Frauen vertrauen ihnen nicht, wenn sie mit ihrer Hilfe zur Verfügung stehen könnten. Diese Isolation hat das Selbstvertrauen der jungen Mütter erschüttert, denn sie sind sich bewusst, wie wenig sie über Kinder wissen.

Dr. Spock, der Autor von *Baby and Child Care*, beobachtete diese Unsicherheit auf den Entbindungsstationen von Krankenhäusern. Er schrieb:»Ich erinnere mich an Mütter, die an dem Morgen, an dem sie ihr Baby nach Hause nehmen sollten, weinten. ›Ich weiß nicht, was ich tun soll‹, jammerten sie.«*

Diese Ängstlichkeit führt dazu, dass Eltern zu»Fachleuten« eilen, um sich von ihnen Informationen und Rat zu holen. Sie wenden sich mit ihren Fragen über die Schwierigkeiten ihrer Elternrolle an Kinderärzte, Psychologen, Psychiater und Pädagogen. Infolgedessen wurden seit etwa 1920 immer mehr Kinder des Abendlandes gemäß dieser fachkundigen Beratungen erzogen. In der Tat hat kein Land der Erde die Lehren der Kinderpsychologie und die Angebote von Familienberatern bereitwilliger aufgenommen als die Vereinigten Staaten.

Jetzt ist es an der Zeit zu fragen:»Welche Auswirkungen hatte dieser Einfluss der Fachleute?« Man könnte erwarten, dass die seelische Gesundheit unserer Kinder besser sein müsste als die von Menschen, die in Ländern ohne diese sachverständige Hilfe aufgewachsen sind. Das ist jedoch nicht der Fall. Jugendkriminalität, Drogenmissbrauch, Alkoholismus, ungewollte Schwangerschaften, geistig-seelische Krankheiten und Selbstmord greifen unter Jugendlichen um sich, und zwar mit steigender Tendenz. In vielerlei Hinsicht haben wir das Elternsein verpfuscht! Natürlich möchte ich die Schuld an all diesem Elend nicht nur den schlechten Ratschlägen der »Fachleute« zuschieben, aber ich glaube, dass sie zur Schaffung des

---

* Dr. Benjamin Spock, »How Not to Bring Up a Bratty Child«, *Redbook* (Februar 1974): 31.

Problems beitrugen. Warum? Weil Verhaltenspsychologen die jüdisch-christliche Ethik und ihre zeitlose Weisheit außer Acht lassen. Stattdessen hat das zwanzigste Jahrhundert eine Generation von Fachleuten hervorgebracht, die die Standpunkte und Vorgehensweisen von Eltern aus mehr als zweitausend Jahren verwarfen und durch ihre eigenen wackeligen Erkenntnisse des Augenblicks ersetzten. Jede »anerkannte Autorität«, die aus ihrer eigenen begrenzten Erfahrung heraus schrieb und ihre eigenen speziellen Vorlieben darlegte, verkaufte uns ihre Vorstellungen und Mutmaßungen, als seien sie die Wahrheit selbst.

Zu diesen falschen Lehren gehören die Vorstellungen, dass liebevolle Disziplin schädlich, religiöse Unterweisung riskant, Trotz ein nützliches Ventil für Ärger, Autorität gefährlich ist, dass Chaos Kreativität erzeugt und so weiter. In den letzten Jahren wurde diese humanistische Sichtweise immer extremer und antichristlicher, von homosexueller Propaganda für Kinder bis hin zur Anleitung von Teenagern in »sicherem Sex«.

Ja, dahin führt moralischer Relativismus – das ist das Endergebnis menschlichen Bemühens, das keine Maßstäbe akzeptiert, keine kulturellen Werte in Ehren hält, keine absoluten Werte anerkennt und keinem Gott außer dem menschlichen Verstand dient. König Salomo schrieb über solche törichten Bestrebungen in Sprüche 14, 12: »Manchem scheint ein Weg recht; aber zuletzt bringt er ihn zum Tode.«

Zugegeben, das Buch, das Sie gerade lesen, enthält auch viele Vorschläge und Sichtweisen, bei denen ich keinen Beweis versucht habe. Wie unterscheiden sich meine Schriften von den nicht fundierten Empfehlungen derjenigen, die ich kritisiere? Der Rat, den ich gebe, ist mehr als eine Darstellung meiner eigenen Vorstellungen und Mutmaßungen. Die meisten dieser Antworten gründen sich auf eine Philosophie, die aus zwei zuverlässigen und altbewährten Quellen hergeleitet wurde.

Die erste Quelle ist die Weisheit vergangener Generationen. Ich stützte mich erheblich auf die überlieferten Einstellungen zu Ehe und Elternschaft, die aus einer zweitausendjährigen Erfahrung entstanden sind. Sie wurden im Laufe der Jahrhunderte von einer Generation an die andere weitergegeben. Sicherlich haben all diese Männer und Frauen, die früher lebten, etwas Wertvolles gelernt. Wir sollten über ihre Vorgehens- und Denkweisen nachdenken, bevor wir ihre sicheren Ankerplätze aufgeben.

Die zweite Grundlage dieses Buches stammt aus dem jüdisch-christlichen Wertesystem. Die Heilige Schrift enthält zahlreiche Grundsätze für den Familienalltag. Sie wurden vom Schöpfer selbst, dem Begründer der Institution Ehe und Elternschaft, eingegeben. Auch wenn es nicht immer erkennbar ist, bilden diese Anschauungen die Grundlage von vielen »stichhaltigen Antworten«, die ich hier gebe. Und das Selbstvertrauen, von dem ich sprach, beruht auf diesem biblischen Fundament.

Der göttliche Plan für die Familie beginnt meiner Meinung nach mit der lebenslangen, verbindlichen Lebensgemeinschaft zwischen einem Mann und einer Frau, gekennzeichnet durch absolute Treue. Der Ehemann trachtet dann nach dem Wohl seiner Frau, sorgt für ihre Bedürfnisse und beschützt sie, wenn nötig bis zur Hingabe seines Lebens. Die Frau ehrt ihren Mann, gibt sich ihm hin und achtet seine Führungsrolle in der Familie. Wenn sie Kinder haben, erkennen sie den unschätzbaren Wert und die Würde dieser Kinder an – nicht aufgrund ihrer Leistungen, sondern aufgrund dessen, was sie als Gottes persönliche Geschöpfe sind. Schon im frühesten Alter lernen die Kinder, sich der Autorität ihrer Eltern unterzuordnen. Verhaltensgrenzen werden im Voraus festgelegt und dann mit angemessener Konsequenz durchgesetzt. Sie lernen Ehrlichkeit, Rechtschaffenheit, Bescheidenheit, Selbstbeherrschung, geschlechtliche Reinheit, Rücksicht auf andere, die Ethik der Arbeit und die Grundlagen ihres Glaubens. Nie erleben sie Demütigung, Ablehnung, sexuelle Ausbeutung oder irgendeinen anderen Missbrauch. Stattdessen werden sie bedingungslos geliebt und »in der Zucht und Ermahnung des Herrn« erzogen.

Ich hoffe, dass Ihnen meine Ratschläge weiterhelfen. Wenn Sie möchten, können Sie mir gerne weitere Fragen, die Sie haben, oder

Ihre eigenen Ansichten schreiben. Meine Mitarbeiter und ich werden diese Anregungen in künftigen Überarbeitungen dieses Buches oder in späteren Veröffentlichungen gerne berücksichtigen.

Zum Schluss möchte ich Ihnen noch folgenden Gedanken mitgeben: Wenn wir das Ende unserer kurzen Reise auf dieser Erde erreicht haben, dann ist uns nichts wichtiger als unsere Familie und unsere Beziehung zu Gott. Der »Sinn« des Menschenlebens geht in der Hauptsache aus diesen beiden Quellen hervor. Wenn das stimmt, sollten wir dann nicht jeden Tag, der uns noch bleibt, nach diesen Prioritäten leben? Ich bete dafür, dass die Ratschläge in diesem Buch Ihnen helfen, ein herzliches und befriedigendes Familienleben und eine persönliche Beziehung zu Jesus Christus aufzubauen.

James C. Dobson, Ph.D.
Focus on the Family (Brennpunkt Familie)
Colorado Springs, CO 80995

Über das Wesen von Kindern

Frage 1
Ich nahm an einem Kurs über die Entwicklungspsychologie von Kindern teil und der Professor betonte den prägenden Einfluss der Kultur auf die Persönlichkeit eines Menschen. Er sagte: »Jedes Verhalten wird von Erfahrenem, Erlebtem verursacht.« Was bedeutet das und stimmen Sie dem zu?

Es bedeutet, dass Kinder nichts tun als ihr Leben lang auf Umwelteinflüsse zu reagieren und dass jedes Verhalten (und Fehlverhalten) erklärt werden könnte, wenn alle diese auf Erfahrung beruhenden Faktoren bekannt wären. Stimme ich dem zu? Nie und nimmer. Es handelt sich um eine mechanistische, deterministische Theorie, die Menschen zu Robotern macht. Träfe sie zu, wären wir nie zu unabhängigem Handeln, zu freier Entscheidung oder zur Unterscheidung von Recht und Unrecht fähig. Diese unbiblische Theorie trifft die Beziehung zwischen Gott und Mensch bis ins Mark. Wir sind sittlich verantwortlich, weil der Schöpfer uns die Fähigkeit zu denken, zu entscheiden und zu urteilen und sogar die Freiheit, Böses zu tun, geschenkt hat. Wir besitzen logisches Denkvermögen, das von allem, was wir erleben, zwar stark beeinflusst, aber nicht »verursacht« wird. Es gibt noch andere Einflüsse, die von innen kommen, einschließlich derjenigen, die mit dem Temperament zusammenhängen, mit dem wir auf die Welt gekommen sind. Das menschliche Verhalten ist viel komplizierter als wir in der Vergangenheit annahmen, doch einige Gelehrte glauben immer noch, dass wir die Gesamtsumme unserer Erlebnisse und Erfahrungen sind.

Der Psychologe, der in Ihrem Kurs sprach, drückte einen historischen Lehrsatz seines (und meines) Berufsstandes aus, den ich entschieden ablehne.

Frage 2

Sprechen Sie etwas mehr über das angeborene Temperament von Babys. Was wissen wir über ihre kleine Persönlichkeit, bevor sie mit der Welt überhaupt in Kontakt getreten sind?

Im siebzehnten und achtzehnten Jahrhundert verkündeten die Philosophen Locke und Rousseau, dass ein Baby als *tabula rasa*, als »unbeschriebenes Blatt« auf die Welt kommt, auf das die Gesellschaft und die Umwelt die Grundlagen seiner Persönlichkeit schreiben.[1] Aber auch sie hatten Unrecht. Jedes Neugeborene ist ein Original, unterscheidet sich bereits in den ersten Augenblicken, nachdem es das Licht der Welt erblickt hat, von jedem anderen Baby. Mit Ausnahme von eineiigen Zwillingen, Drillingen usw. stimmt ihre Biochemie oder Genetik mit der keines anderen Menschen überein.

Wie töricht von Philosophen und Verhaltenspsychologen, etwas anderes gedacht zu haben. Wenn Gott jedes Sandkorn einzigartig und keine Schneeflocke wie die andere erschafft, wie einfältig ist es dann, zu glauben, dass er kleine menschliche Roboter serienmäßig herstellt. Das ist Unsinn. Schließlich sind wir alle nach seinem Bild erschaffen.

Fragen Sie doch einfach die wirklichen Fachleute – die Mütter, die ihre Babys besser als jeder andere Mensch verstehen. Sie werden Ihnen sagen, dass jedes ihrer Kinder vom ersten Moment an, in dem sie es in den Armen hielten, »anders« war – eine eigene Persönlichkeit hatte. Wenn diese Mütter schließlich sechs oder acht oder gar zwanzig Kinder haben, werden sie weiterhin darauf bestehen, dass jedes bereits eine Stunde nach seiner Geburt ein Original und anders als die anderen war. Sie haben Recht – und ihre Wahrnehmungen werden jetzt von wissenschaftlichen Untersuchungen bestätigt.

Frage 3
Was sagt die Forschung über die Persönlichkeit von Neugeborenen?

Eine der anspruchsvollsten Studien erstreckte sich über einen Zeitraum von etwa dreißig Jahren. Diese Untersuchung ist in der Fachliteratur als *New Yorker Langzeitstudie* bekannt. Die Psychiater Stella Chess und Alexander Thomas berichten über die Ergebnisse dieser Untersuchung in ihrem ausgezeichneten Buch für Eltern mit dem Titel *Know Your Child* (Kennen Sie Ihr Kind).

Chess und Thomas fanden heraus, dass sich Säuglinge nicht nur zum Zeitpunkt ihrer Geburt beträchtlich voneinander unterscheiden, sondern dass diese Unterschiede während der ganzen Kindheit weiter bestehen. Noch interessanter ist, dass sie drei große Kategorien oder Temperamenttypen beobachteten, in die sich die meisten Kinder einordnen lassen. Als Erstes erwähnten sie »das schwierige Kind«, das sich durch negative Reaktionen auf Menschen, ausgeprägte Stimmungsschwankungen, unregelmäßigen Schlaf- und Essensrhythmus, häufiges Weinen und bei Frustrationen durch heftige Wutanfälle auszeichnet.

Kommt Ihnen das bekannt vor? Vor Jahren beschrieb ich diese Personen als »eigenwillige« Kinder.

Der zweite Typus wird »das pflegeleichte Kind« genannt, das eine positive Einstellung zu Menschen, eine friedliche Anpassungsfähigkeit an neue Situationen, regelmäßige Schlaf- und Essgewohnheiten und eine Bereitschaft zur Annahme von Regeln aufweist. Die Autoren kamen zu dem Schluss: »Ein solches Kind ist in der Regel eine Freude für Eltern, Kinderarzt und Lehrer.«[2] Amen.

Mein Ausdruck für das pflegeleichte Kind ist »willig«.

Die dritte Kategorie erhielt den Titel »langsam auftauend« oder »schüchtern«. Diese Kinder reagieren negativ auf neue Situationen und sie passen sich nur langsam an. Sie reagieren jedoch nicht so heftig wie schwierige Kinder und haben im Allgemeinen einen regelmäßigen Schlaf- und Essensrhythmus. Wenn sie aufgebracht oder frustriert sind, ziehen sie sich in der Regel aus der Situation zurück

und reagieren zurückhaltend, anstatt vor Zorn und Empörung zu
platzen.

Natürlich lässt sich nicht jedes Kind in eine dieser Kategorien einordnen, aber immerhin etwa fünfundsechzig Prozent. Dr. Chess und
Dr. Thomas betonten ebenfalls, dass Säuglinge bei der Geburt voll-
wertige Menschen sind, die sofort fähig sind, mit ihren Eltern in
Beziehung zu treten und von ihrer Umgebung zu lernen. Ich
bezweifle, dass diese Nachricht für die meisten Mütter überraschend
kommt, da sie sowieso nie an die Theorie vom »unbeschriebenen
Blatt« geglaubt haben.

Es ist wohl einleuchtend, warum mich die Ergebnisse dieser
Langzeitstudie derart begeistern. Sie bestätigen meine eigenen klinischen Beobachtungen, nicht nur bezüglich der wunderbaren Viel-
schichtigkeit des Menschen, sondern auch in Bezug auf die von
Dr. Chess und Dr. Thomas erkannten Kategorien der Temperamente.

Frage 4
**Sagen Sie mir, warum manche Kinder trotz aller Möglichkei-
ten und Chancen scheinbar missraten, während andere, die in
schrecklichen Elternhäusern aufwuchsen, zu Säulen der Gesellschaft werden. Ich kenne einen jungen Mann, der in verwahrlosten Verhältnissen aufwuchs und doch heute solch ein feiner
Mensch ist. Wie brachten es seine Eltern fertig, solch einen verantwortungsbewussten Sohn zu haben, wo ihnen das doch
anscheinend völlig gleichgültig war?**

D as veranschaulicht genau das, worauf ich hinaus wollte. Weder
die Vererbung noch die Umgebung ist für das gesamte menschliche Verhalten verantwortlich. Es gibt etwas anderes – in unserem
Inneren – das an dem, was wir sind, seinen Anteil hat. Manches Verhalten ist verursacht, manches einfach nicht.

Vor einigen Jahren zum Beispiel aß ich mit einem Elternpaar zu
Abend, das inoffiziell einen dreizehnjährigen Jungen »adoptiert«

hatte. Dieser Junge kam eines Nachmittags mit ihrem eigenen Sohn nach Hause und fragte, ob er die Nacht bei ihnen verbringen dürfe. Wie sich herausstellte, blieb er fast eine Woche bei ihnen, ohne dass seine Mutter auch nur anrief. Später erfuhren sie, dass sie sechzehn Stunden am Tag arbeitete und kein Interesse an ihrem Sohn hatte. Ihr alkoholsüchtiger Mann hatte sich vor einigen Jahren von ihr scheiden lassen und war dann spurlos verschwunden. Fast sein ganzes Leben lang war der Junge schlecht behandelt, nicht geliebt und vernachlässigt worden.

Was glauben Sie, was der Junge mit dieser Vergangenheit heute ist? Ein Drogenabhängiger? Ein Straffälliger mit unflätiger Ausdrucksweise? Ein fauler, frecher Gammler? Nein. Er ist Erwachsenen gegenüber höflich, er ist fleißig, hat in der Schule gute Noten und hilft gerne im Haushalt. Der Junge ist wie ein verirrtes Hündchen, das sich verzweifelt um ein gutes Zuhause bemüht. Eindringlich bat er die Familie, ihn offiziell zu adoptieren, damit er einen richtigen Vater und eine liebende Mutter hätte. Seine eigene Mutter kümmerte das nicht im Geringsten.

Wie konnte dieser Jugendliche trotz fehlender Erziehung so wohlerzogen sein und so gute Umgangsformen haben? Ich weiß es nicht. Das steckte einfach in ihm. Er erinnert mich an meinen großartigen Freund David Hernandez. David und seine Eltern kamen vor mehr als fünfzig Jahren illegal von Mexiko in die USA und verhungerten fast, bevor sie Arbeit fanden. Schließlich überlebten sie, weil sie überall in Kalifornien bei der Kartoffelernte halfen. Während dieser Zeit lebte David unter Bäumen oder auf dem freien Feld. Sein Vater baute aus einem halb mit Erde gefüllten Ölfass einen Herd. Das offene Lagerfeuer war ihr Zuhause.

David hatte nie ein Dach über dem Kopf, bis seine Eltern in einen verlassenen Hühnerstall zogen. Seine Mutter tapezierte die Bretterwände mit billiger Tapete und David dachte, sie lebten im Luxus. Dann erklärte eines Tages die Stadt San Jose das Gebiet als unbewohnbar, und Davids »Haus« wurde abgerissen. Er konnte nicht verstehen, weshalb die Gemeinde so ein schönes Gebäude zerstörte.

Betrachtet man diesen Anfang, wie erklärt man dann, was für ein Mann aus David Hernandez wurde? Die höhere Schule schloss er fast als Klassenbester ab, dann erhielt er ein Stipendium für die Universität. Wieder erreichte er sehr gute Noten und schrieb sich vier Jahre später in der Medizinischen Fakultät der Loma Linda Universität ein. Auch hier war er unter den besten zehn Prozent seines Jahrgangs; anschließend machte er dann noch eine Fachausbildung in Geburtshilfe und Frauenheilkunde. Schließlich wurde er Professor für Geburtshilfe und Frauenheilkunde sowohl an der Loma Linda Universität als auch an der Medizinischen Fakultät der Universität von Südkalifornien. Auf dem Gipfel seiner Karriere geriet sein Leben dann aus den Fugen.

Ich werde nie den Tag vergessen, an dem Dr. Hernandez mich anrief. Er war gerade aus dem Krankenhaus entlassen worden, wo man eine Reihe von Laboruntersuchungen vorgenommen hatte. Die Diagnose? Sklerosierende Cholangitis, eine Leberkrankheit, die damals unweigerlich zum Tode führte. Wir verloren diesen großartigen Ehemann, Vater und Freund sechs Jahre später im Alter von dreiundvierzig Jahren. Ich habe ihn wie einen Bruder geliebt und er fehlt mir noch heute.

Wiederum frage ich, wie konnte sich diese Selbstdisziplin und ein solch genialer Mensch unter diesen ungünstigen Voraussetzungen entwickeln? Wer hätte gedacht, dass dieser unterprivilegierte Mexikanerjunge, der im Freien, ja im Dreck aufwuchs, eines Tages zu einem der beliebtesten und respektiertesten Chirurgen seiner Zeit werden würde? Woher bekam er seine Motivation? Woher kamen sein Ehrgeiz und sein Wissensdurst? Er besaß keine Bücher, machte keine Bildungsreisen und kannte keine Wissenschaftler. Dennoch griff er nach den Sternen. Weshalb geschah das bei David Hernandez und nicht bei dem Jungen, der alle Möglichkeiten und Chancen hatte?

Warum haben so viele Kinder prominenter und liebevoller Eltern, die unter idealen Bedingungen aufgewachsen sind, alles abgelehnt und sich für ein Leben auf der Straße entschieden? Darauf gibt es einfach keine befriedigenden Antworten. Offensichtlich läuft es auf

Folgendes hinaus: Gott beschließt, einzelne Menschen auf einzigartige Weise zu gebrauchen. Über diese rätselhafte Beziehung hinausgehend müssen wir einfach zu dem Schluss kommen, dass manche Kinder dazu geboren zu sein scheinen, es zu schaffen, und andere zum Scheitern bestimmt sind. Jemand erinnerte mich kürzlich daran, dass das gleiche kochende Wasser eine Karotte weich werden lässt, ein Ei dagegen hart. Genauso reagieren einige Menschen positiv auf bestimmte Umstände und andere negativ. Wir wissen nicht warum.

Aus dieser Einsicht wurde mir zweierlei klar: Erstens rechnen Eltern es sich allzu schnell als Verdienst an, wenn ihre Kinder geraten und geben sich genauso schnell die Schuld an allem, was mit ihren Kindern schief geht. Eltern mit aufgeweckten jungen Superstars werfen sich in die Brust und sagen: »Schaut, was wir geleistet haben.« Eltern mit verkorksten, verantwortungslosen Kindern fragen sich: »Was haben wir falsch gemacht?« Nun, weder die einen noch die anderen liegen völlig richtig. Niemand würde bestreiten, dass Eltern eine wichtige Rolle bei der Entwicklung und Erziehung ihrer Kinder spielen. Aber sie sind nur ein Teil der Mischung, die den jungen Erwachsenen ausmacht.

Zweitens haben Verhaltenspsychologen bei der Erklärung des menschlichen Verhaltens die Dinge allzu sehr vereinfacht. Wir sind mehr als die Summe unserer Erfahrungen und Erlebnisse. Wir sind mehr als die Qualität unserer Nahrung. Wir sind mehr als unser genetisches Erbe. Wir sind mehr als unsere Biochemie. Und sicherlich sind wir mehr als der Einfluss unserer Eltern. Gott hat uns als Originale erschaffen, die zu unabhängigem und rationalem Denken fähig sind, das keiner Quelle zuzuschreiben ist. Das ist es, was die Aufgabe von Eltern so herausfordernd und lohnend macht. Gerade wenn Sie denken, Sie hätten Ihre Kinder jetzt begriffen, machen Sie sich auf etwas gefasst! Etwas Neues wird auf Sie zukommen.

Frage 5

Bestätigt die Bibel, dass Säuglinge vor der Geburt ein Temperament oder eine Persönlichkeit haben?

Ja, aus mehreren Bibelstellen entnehmen wir, dass Gott ungeborene Kinder als Person kennt und mit ihnen in Verbindung tritt. Zum Propheten Jeremia sagte er:»Ich kannte dich, ehe ich dich im Mutterleibe bereitete, und sonderte dich aus, ehe du von der Mutter geboren wurdest, und bestellte dich zum Propheten für die Völker« (Jer 1, 5). Der Apostel Paulus sagte, dass er ebenfalls vor der Geburt erwählt wurde (Eph 1, 4). Und in einem außergewöhnlichen Bericht wird uns die vorgeburtliche Entwicklung der Zwillinge Jakob und Esau erzählt. Wie vor ihrer Geburt vorhergesagt, entpuppte sich der eine als rebellisch und trotzig, der andere als eine Art Muttersöhnchen. Sie waren schon Feinde, bevor sie geboren wurden und standen fast ihr ganzes Leben lang in Konflikt miteinander (siehe 1. Mose 25, 22-27). Später sagte der Herr in einer der rätselhaftesten und beunruhigendsten Aussagen der Bibel:»Jakob habe ich geliebt, aber Esau habe ich gehasst« (Röm 9, 13). Offensichtlich hat Gott das rebellische Wesen Esaus bereits vor seiner Geburt erkannt und wusste, dass er für den göttlichen Geist nicht empfänglich sein würde.

Aus diesen Bibelstellen geht hervor, dass ungeborene Kinder Originale sind, die Gott bereits kennt. Diese Beispiele sind zumindest für mich die Bestätigung dafür, dass Abtreibung Sünde ist, die kleine embryonale Persönlichkeiten zerstört.

Frage 6

Ich habe zwei Kinder, die so verschieden sind wie Tag und Nacht. In der Tat entsprechen sie voll und ganz Ihrer Beschreibung des »eigenwilligen« und des »willigen« Kindes. Eines ist ein Hitzkopf, das andere ein richtiger Schatz. Ich möchte gerne Näheres darüber wissen, was das auf lange Sicht für die Kinder bedeutet. Was können Sie mir, über die alltäglichen Fragen der Disziplin und der

Beziehungen innerhalb der Familie hinausgehend, über diese Kinder sagen?

Ganz bestimmt interessiert Sie, dass über 35.000 Eltern an einer Untersuchung teilnahmen, die ich durchführte, um eine Antwort auf diese konkreten Fragen zu finden. Eine ausführliche Beschreibung finden Sie in meinem *Antifrust-Buch*, doch möchte ich hier die elf wichtigsten Ergebnisse zusammenfassen. Denken Sie bitte daran, dass diese Schlussfolgerungen allgemeine Eigenschaften und Charakterzüge darstellen, die nicht unbedingt auf Ihre beiden Kinder zutreffen müssen. In dieser Studie werden besonders eigenwillige Kinder und besonders willige Kinder im Laufe der Jahre beschrieben.

Ergebnis 1: Es gibt fast dreimal mehr eigenwillige als willige Kinder. In jeder Familie mit mehreren Kindern gibt es mindestens ein eigenwilliges Kind.

Ergebnis 2: Es gibt etwa fünf Prozent mehr eigenwillige Jungen als Mädchen und etwa sechs Prozent mehr willige Mädchen als Jungen. Es ist also eine leichte Tendenz erkennbar, dass Jungen ein stürmischeres Temperament haben als Mädchen und dass Mädchen nachgiebiger sind. Aber oft ist es auch umgekehrt.

Ergebnis 3: Die Reihenfolge der Geburt hat keinen Einfluss darauf, ob ein Kind eigenwillig oder willig ist. Diese Temperamente sind angeboren und können beim Erstgeborenen wie auch beim Jüngsten auftreten.

Ergebnis 4: Viele Eltern merken sehr früh, wenn sie ein eigenwilliges Kind haben. Ein Drittel können es bereits bei der Geburt erkennen. Zwei Drittel wissen es vor dem ersten Geburtstag und 92 Prozent sind sich bis zum dritten Geburtstag sicher. Eltern von willigen Kindern wissen es sogar noch früher.

Ergebnis 5: Kinder haben oft dasselbe Temperament wie ihre Eltern. Obwohl es viele Ausnahmen gibt, ist es wahrscheinlicher, dass die Kinder hitzköpfig werden, wenn beide Elternteile eigenwillig sind und umgekehrt.

Ergebnis 6: Worauf müssen sich Eltern von eigenwilligen Kindern gefasst machen, wenn diese in die Pubertät kommen? Auf einen Kampf! Denn 74 Prozent der eigenwilligen Kinder rebellieren als Jugendliche heftig.

Ergebnis 7: Es ist kaum zu glauben, aber nur drei Prozent der willigen Kinder rebellieren als Jugendliche heftig und gerade vierzehn Prozent rebellieren in leichter Form. Sie beginnen ihr Leben mit einem Lächeln, und das ändert sich bis ins frühe Erwachsenenalter nicht.

Ergebnis 8: Die beste Nachricht für Eltern von eigenwilligen Kindern ist, dass ihre Rebellion im frühen Erwachsenenalter rasch abnimmt. Sie fällt Anfang zwanzig fast abrupt ab und verringert sich dann langsam noch weiter. Einige sind Mitte zwanzig bis Anfang dreißig immer noch aufgebracht, aber bei den meisten ist das Pulver verschossen. Friedlich kehren sie wieder in die menschliche Gemeinschaft zurück.

Ergebnis 9: Es ist wahrscheinlicher, dass ein williges Kind bessere schulische Leistungen aufweist als ein eigenwilliges Kind. Fast dreimal so viele eigenwillige Kinder hatten in den beiden letzten Jahren der höheren Schule Vierer und Sechser als willige. Etwa 80 Prozent der willigen Kinder waren Einser- und Zweierschüler.

Ergebnis 10: Willige Kinder sind sozial besser integriert als eigenwillige. Es scheint, dass der Jugendliche, der die Autorität seiner Eltern herausfordert, auch mit größerer Wahrscheinlichkeit seinen Altersgenossen gegenüber ausfallend wird.

Ergebnis 11: Das willige Kind hat im Allgemeinen ein größeres Selbstwertgefühl als das eigenwillige. Die Bedeutung dieser Erkenntnis ist kaum überzubewerten. Nur neunzehn Prozent der willigen Jugendlichen konnten sich selbst entweder nicht leiden (siebzehn Prozent) oder verspürten extreme Hassgefühle gegen sich selbst (zwei Prozent). Bei den eigenwilligen Jugendlichen dagegen mochten sich fünfunddreißig Prozent nicht und acht Prozent hatten extreme Hassgefühle gegen sich selbst.

Das waren die wichtigsten Ergebnisse unserer Untersuchung. Daraus ergab sich, dass das willige Kind ein Mensch ist, der mit sich selbst und mit seinen Eltern, Lehrern und Altersgenossen in Frieden lebt.

Das eigenwillige Kind dagegen scheint von innen heraus dazu getrieben, sich aufzuregen, zu kämpfen, alles auf die Probe und in Frage zu stellen, Widerstand zu leisten und herauszufordern. Warum ist das so? Das ist schwer zu sagen. Man kann nur bestätigen, dass sie in allen Lebensbereichen unsteter sind. Wir wissen, dass ein niedrigeres Selbstwertgefühl mit übersteigerten Gruppenzwängen, schulischen Schwierigkeiten, sozialen Problemen und sogar der Rebellion, die wir besprachen, zusammenhängt. Selbstannahme ist der Kern der Persönlichkeit. Wenn sie unsicher ist, wird alles andere in Mitleidenschaft gezogen.

Frage 7
Wie entwickelt sich ein eigenwilliges Kind auf lange Sicht? Womit kann man im Laufe der Jahre rechnen?

Nun, ich kann Ihnen einige ermutigende Ergebnisse unserer Untersuchung vorlegen. Die meisten eigenwilligen Kinder kehren als Erwachsene zu den Wertvorstellungen ihrer Eltern zurück. Aus den Aussagen von Eltern ergibt sich, dass fünfundachtzig Prozent der eigenwilligen Kinder im Erwachsenenalter (mit vierundzwanzig Jahren oder älter) zu dem zurückkehrten, was ihnen gelehrt worden war – ganz oder zumindest teilweise. Das ist eine gute Nachricht. Nur fünfzehn Prozent waren so eigensinnig, dass sie noch Mitte zwanzig alles, wofür die Familie steht, ablehnten. Ich möchte wetten, dass in den meisten dieser Ausnahmefälle noch andere Probleme und Gründe für schmerzliche Erinnerungen vorlagen.

Das bedeutet erstens, dass diese hitzköpfigen Kinder stänkern und streiten und klagen, solange sie zu Hause wohnen, dass die meisten aber als junge Erwachsene sich besinnen und das tun, was ihre Eltern sich am sehnlichsten wünschten. Das ist ermutigend. Wenn wir außerdem diese Personen im Alter von 35 Jahren ausgewertet hätten anstelle nur bis zum Alter von 24, würden wir sehen, dass noch weniger sich weiterhin gegen die Werte ihrer Eltern auflehnen. Zweitens können sich Eltern bei der Erziehung eines eigenwilligen Kindes (oder mehrerer) recht einsam vorkommen. Sie bekommen vielleicht den Eindruck, dass Ihre Familie die einzige ist, die diese Kämpfe durchmacht. Glauben Sie das nicht. Eine andere Untersuchung, an der dreitausend Eltern teilnahmen, ergab, dass in fünfundachzig Prozent aller Familien mindestens ein eigenwilliges Kind lebt. So ist *Elternsein. So ist die menschliche Natur.*

Drittens bitte ich die Eltern von eigenwilligen Kindern inständig, sich bei der Aufgabe, sie zu erziehen, nicht »betrogen« zu fühlen oder den Mut zu verlieren. Sie sind keine Ausnahme und auch nicht die Zielscheibe irgendeines grausamen kosmischen Scherzes. Jeder Mensch, auch das willigste Kind, kommt mit einem reichhaltigen Sortiment an Schwächen auf die Welt. Natürlich ist es schwieriger, ein eigenwilliges kleines Kerlchen zu erziehen, aber Sie können es schaffen! Durch Gebet und Flehen zu Gott können Sie ihm oder ihr zum Einklang mit sich selbst als junger Erwachsener verhelfen und das ist die Mühe wert. Außerdem bin ich der Meinung, dass Sie die Chancen, Ihre Wertvorstellungen weiterzugeben, verbessern können, wenn Sie sich an einige altbewährte Grundsätze halten, die in der Bibel stehen. Also bleiben Sie dran! Nichts wirklich Wertvolles im Leben bekommt man umsonst, außer das Geschenk der Erlösung durch Jesus Christus.

Halten Sie sich fest an Salomos ermutigenden Worten: »Gewöhne deinen Knaben an seinen Weg, so lässt er auch nicht davon, wenn er alt wird« (Spr 22, 6).

Frage 8

Gut, jetzt verstehe ich das eigenwillige Kind etwas besser. Aber erklären Sie mir, wie wir unseren Sohn durch diese schwierigen Jahre hindurch bringen sollen. Er ist ein echter Dickschädel.

L assen Sie mich einige wichtige Vorgehensweisen und Gedanken zusammenfassen:

1. Sie sollten sich keine Schuld an dem Temperament, mit dem Ihr Kind geboren wurde, geben. Es ist einfach schwieriger, mit ihm umzugehen, und Ihre Aufgabe ist es, sich der Herausforderung zu stellen.

2. Ihr Kind ist gefährdeter, weil es die Neigung hat, seine Grenzen auszuprobieren und Schutzmauern zu überklettern. Ihrerseits sind äußerste Umsicht und Weisheit im Umgang mit ihm erforderlich.

3. Wenn es Ihnen nicht gelingt, seine Gier nach Macht und Unabhängigkeit zu verstehen, kann es geschehen, dass Sie Raubbau an Ihren Reserven treiben und in Schuldgefühlen versinken. Damit ist niemandem geholfen.

4. Jungen Eltern rate ich, sofort bei ihrem Säugling die Leitung zu übernehmen. Halten Sie die Zügel der Autorität in den ersten Tagen fest und bauen Sie während der kurzen Zeitspanne, in der alle Möglichkeiten offen sind, beim Kind eine respektvolle Haltung auf. In den kommenden Jahren werden Sie jedes Quentchen »Ehrfurcht« brauchen. Wenn Sie Ihr Recht auf Führung deutlich gemacht haben, lassen Sie systematisch Jahr für Jahr die Zügel lockerer.

5. Geraten Sie nicht in Panik, auch nicht während der Stürme der Pubertät. Es kommen bessere Zeiten.

6. Lassen Sie nicht zu, dass Ihr Kind sich emotional zu sehr von Ihnen entfernt. Bleiben Sie in Kontakt. Schreiben Sie es nicht ab, auch wenn alles Sie dazu drängt. Ihr Kind braucht Sie mehr als jemals zuvor.

7. Geben Sie ihm Zeit, zu sich selbst zu finden, auch wenn es scheinbar keine Anstrengungen in diese Richtung macht.

8. Als Wichtigstes bitte ich Sie dringend, Ihre Kinder in all den Jahren, in denen sie zu Hause wohnen, in inbrünstigen Gebeten vor Gott zu bringen. Ich bin überzeugt, dass es keine andere Quelle der Zuversicht und Weisheit für Eltern gibt. In Büchern, auch in den meinen, ist nicht genug Wissen enthalten, um dem Bösen, das unsere Kinder heute umgibt, entgegenzuwirken. Überall werden unsere Jugendlichen mit Drogen, Alkohol, Sex und Zoten konfrontiert. Und natürlich sind sie einem enormen Gruppenzwang ausgesetzt. Wir müssen sie jeden Tag ihres Lebens mit Gebeten umhüllen. Der Gott, der Ihre Kinder erschaffen hat, wird Ihre Gebete erhören. Das hat er versprochen. Er liebt Ihre Kinder mehr, als Sie selbst es können.

Noch eine Bemerkung zum Abschluss: Denken Sie daran, dass jeder ein pflegeleichtes Kind erziehen kann. Aber ein Profi mit unendlich viel Liebe ist vonnöten, um ein eigenwilliges Kind durch seine stürmischen Jahre zu geleiten. Wetten wir, dass Sie der Aufgabe gewachsen sind!

Frage 9
Wie sehen die besonderen Bedürfnisse eines willigen Kindes aus – eines Kindes, das mit allen und allem auskommt? Hat es irgendwelche besonderen Bedürfnisse?

Das ist eine wichtige Frage, die ich bejahen möchte. Wenn das eine Kind ein Hitzkopf und das andere ein Sonnenschein ist, dann wird das freundliche, umgängliche Kind leicht als selbstverständlich betrachtet. Wenn eine unangenehme Arbeit zu erledigen ist, wird erwartet, dass dieses Kind sie verrichtet, weil Papa und Mama nicht die Energie haben, mit dem Tiger zu kämpfen. Wenn es erforderlich wird, dass ein Kind auf etwas verzichtet, so fällt die Wahl oft auf das, das sich nicht so lautstark beklagt. Unter diesen Umständen kommen der willige Junge oder das willige Mädchen leicht zu kurz. Die Folgen dieser Ungerechtigkeit liegen auf der Hand. Das verantwortungsbewusste Kind wird mit der Zeit häufig verärgert. Unter der Oberfläche gärt Groll und ein Gefühl der Machtlosigkeit. Es ähnelt dem älteren Bruder im Gleichnis Jesu vom verlorenen Sohn. Er lehnte sich nicht gegen seinen Vater auf. Er blieb zu Hause und arbeitete auf dem Hof, während sein verantwortungsloser Bruder sein Geld bei Spaß und Spiel verprasste. Wer könnte es ihm übel nehmen, dass er auf den kleinen Bruder wütend war? Seine Reaktion war typisch für einen willigen, fleißigen Bruder.

Ich empfehle nachdrücklich, dass sich Eltern im Umgang mit einem willigen Kind um Ausgewogenheit bemühen. Achten Sie darauf, dass es seinen angemessenen Teil an elterlicher Aufmerksamkeit erhält. Helfen Sie ihm dabei, seinem beherrschenden Bruder (oder der Schwester) gewachsen zu werden. Und geben Sie ihm innerhalb vernünftiger Grenzen das Recht, selbst Entscheidungen zu treffen.

Nichts in der Kindererziehung ist einfach, nicht wahr? Sogar das »pflegeleichteste« Kind erfordert unseren ganzen Einsatz.

Frage 10
Wie können Sie behaupten, dass wertvolle kleine Babys von Natur aus böse auf die Welt kommen? Ich stimme den Fachleuten zu, die sagen, dass Babys gut sind, wenn sie geboren werden und erst später lernen, Unrecht zu tun.

Bitte verstehen Sie, dass es hier nicht um die Reinheit oder Unschuld von Babys geht. Niemand würde ihren Wert als Geschöpfe Gottes in Frage stellen. Die Meinungen gehen auseinander, wenn es um die Neigungen geht, die sie ererbt haben. Menschen, die an ein »angeborenes Gutsein« glauben, möchten uns einreden, dass der Mensch von Natur aus selbstlos, ehrlich, ehrerbietig, freundlich, beherrscht, Autoritäten gegenüber gehorsam ist usw. Wie Sie andeuteten, lernen Kinder dann später, unter dem Einfluss einer verdorbenen und irregeleiteten Gesellschaft, Unrecht zu tun. Schlechte *Erfahrungen* sind für schlechtes Verhalten verantwortlich. Wenn Eltern also gesunde Kinder erziehen wollen, ist es ihre Aufgabe, für eine liebevolle Umgebung zu sorgen und sich dann aus allem herauszuhalten. Natürliches Gutsein wird dann von innen heraus entstehen. Das ist die humanistische Sichtweise der kindlichen Natur. Millionen Menschen halten sie für wahr. Im zwanzigsten Jahrhundert haben die meisten Psychologen sie ebenfalls übernommen und gelehrt. Diese Vorstellung hat nur einen Haken: sie ist völlig falsch.

Frage 11
Wie können Sie sich der Natur von Kindern so sicher sein? Haben Sie Beweise, die Ihre Überzeugung vom Hang zum Bösen untermauern?

B eginnen wir mit dem, was das »Eigentümer-Handbuch« über die menschliche Natur zu sagen hat. Nur der Schöpfer der Kinder kann uns sagen, wie er sie gemacht hat, und das hat er in der Bibel getan. Sie lehrt, dass wir in Sünde geboren werden und von Adam ein sündiges Wesen geerbt haben. König David sagte: »... und meine Mutter hat mich in Sünde *empfangen*« (Ps 51, 7, Kursivschrift vom Autor), was bedeutet, dass dieser Hang zum Bösen genetisch weitergegeben wurde. Paulus sagt, dass die Sünde alle Menschen infiziert hat, die je lebten. »Sie sind allesamt Sünder und ermangeln des Ruhmes, den sie bei Gott haben sollten« (Röm 3, 23, Kursivschrift vom Autor). Deshalb neigt ein Kind mit oder ohne schlechten Umgang zur Rebellion, Selbstsucht, Unehrlichkeit, Aggressivität, Ausbeutung und Gier. Man muss ihm diese Verhaltensweisen nicht erst beibringen. Sie sind ein natürlicher Ausdruck seines Menschseins.

Obwohl sich heutzutage säkulare Kreise über diese Sichtweise lustig machen, ist die Menge der Beweise, die sie bestätigen, überwältigend. Wie sonst ist die Streitsucht und Verderbtheit jeder Gesellschaft auf der Erde zu erklären? Seit über fünftausend Jahren stehen blutige Kriege im Mittelpunkt der Weltgeschichte. Menschen aller Rassen und Religionen rund um den Globus haben Jahrhundert für Jahrhundert versucht, einander auszuplündern, niederzubrennen, in die Luft zu sprengen und zu töten. Frieden war immer nur eine kurze Pause, wenn die Waffen neu geladen werden mussten! Plato sagte vor mehr als 2350 Jahren: »Nur Tote haben das Ende des Krieges erlebt.«[3] Er hatte Recht und es wird so weitergehen, bis der Friedefürst kommt.

Soweit wir zurückdenken können, haben sich Völker nicht nur gegenseitig bekriegt; es ist auch erschütternd zu sehen, wie weit verbreitet Mord, Drogenmissbrauch, Kindesmisshandlung, Prostitution, Ehebruch, Homosexualität und Unehrlichkeit sind. Wie erklären wir das allgegenwärtige Böse in einer Welt voller Menschen, die einen natürlichen Hang zum Guten haben? Sind sie tatsächlich trotz ihrer angeborenen Neigungen in diese asozialen und unmoralischen Verhaltensweisen hineingeschlittert? Wenn dem so ist, hätte doch zumindest eine einzige Gesellschaft auf der Welt das Gute erhalten können, mit dem Kinder geboren werden. Wo ist sie? Gibt es so einen Ort? Nein, wenngleich einige Gesellschaften sich moralischer verhalten als andere. Doch keine einzige spiegelt die Harmonie wider, die man von der Theorie vom natürlichen Guten erwarten dürfte. Warum nicht? Weil die Prämisse falsch ist.

Frage 12
Was bedeutet dieses biblische Verständnis für Eltern? Müssen sie ihre Babys für schuldig halten, bevor sie etwas Böses getan haben?

Natürlich nicht. Kinder sind für ihre Sünden nicht verantwortlich, solange sie nicht das Alter der Zurechnungsfähigkeit erreicht haben – und wann das ist, weiß nur Gott. Andererseits sollten Eltern nicht erstaunt sein, wenn ihre Kinder rebellisches oder boshaftes Verhalten an den Tag legen. Das *wird* geschehen, wahrscheinlich etwa im Alter von achtzehn Monaten oder früher. Jeder, der den Wutanfall eines Kleinkindes, das seinen Willen nicht bekam, miterlebt hat, gerät in ziemliche Bedrängnis, wenn er erklären soll, wie diese Verkörperung des »angeborenen Guten« so ausrasten konnte! Haben seine Mutter oder sein Vater ihm den Wutanfall vorgemacht, sich auf den Boden geworfen, um sich geschlagen, geschrien und gebrüllt? Ich hoffe nicht. Kinder brauchen jedenfalls keine Vorführung. Rebellion entsteht ganz natürlich in allen Menschen – allerdings bei manchen ausgeprägter als bei anderen.

Aus diesem Grund können und müssen Eltern ihre Kinder in dieser Zeit, in der sie geprägt werden können, erziehen, formen, zurechtweisen, anleiten, bestrafen, belohnen, unterrichten, warnen, belehren und lieben. Ihr Ziel ist, das innere Wesen des Kindes zu formen, damit es nicht die gesamte Familie tyrannisiert. Aber letztendlich kann nur Jesus Christus es reinigen und vor Gott »wohlgefällig« machen. Das ist es, was die Bibel über den Menschen sagt und daran glaube ich fest.

Frage 13

Warum erreichen Eltern von ihren Kindern keinen Gehorsam, wenn sie ihnen einfach nur erklären, was sie von ihnen wollen? Warum müssen wir so oft strafen oder schimpfen, damit sie mitmachen? Warum können sie nicht einfach ein paar vernünftige Regeln akzeptieren und diesen ganzen Konflikt vermeiden? Das begreife ich einfach nicht.

Nach jahrelanger Arbeit mit Kindern bin ich davon überzeugt, dass ihr herausforderndes Verhalten teilweise von dem Machtstreben bewirkt wird, das tief im menschlichen Wesen schlummert. Schon im frühesten Alter wollen sie nicht, dass ihnen jemand sagt, was sie tun sollen. Auch bewundern sie in hohem Maße Kraft und

Mut. Darin liegt vielleicht der Grund, weshalb Fantasiefiguren wie Superman, Robin Hood usw. bei Kindern so beliebt sind. Vielleicht prahlen Kinder auch deshalb: »Mein Papa kann deinen Papa verdreschen!« (Ein Kind antwortete darauf: »Das ist gar nichts; meine Mama kann meinen Papa auch verdreschen!«)

Es ist eine Tatsache, dass den meisten Jungen und manchen Mädchen die Frage »Wer ist der Stärkste« sehr wichtig ist. Wenn ein Kind in eine neue Wohngegend oder eine neue Schule kommt, muss es oft, sei es mit Worten oder mit den Fäusten, kämpfen, um sich seinen Platz in der Rangordnung der Stärke zu erringen. In einer Gruppe von Kindern gibt es gewöhnlich einen »starken Mann«, der alle anderen herumkommandiert. Und dann gibt es auch noch einen »Schwächling«, der das Opfer der Gemeinheiten aller ist. Und jedes Kind zwischen diesen beiden Extremen weiß normalerweise, wo sein Platz in der Rangordnung ist.

Ich glaube, dass diese Bewunderung der Macht dazu führt, dass Kinder wissen möchten, wie stark ihre Autoritätspersonen sind. Gelegentlich sind sie absichtlich ungehorsam, um die Entschlossenheit und den Mut der Erwachsenen auf die Probe zu stellen. Ob sie also Eltern, Großeltern, Leiter einer Pfadfindergruppe, Busfahrer oder Lehrer sind, ich kann Ihnen garantieren, dass früher oder später eines der Kinder unter Ihrer Autorität seine kleinen Fäuste ballt und Ihre Führungsrolle in Frage stellt. Durch sein ungehorsames Benehmen vermittelt es Ihnen folgende Botschaft: »Ich glaube nicht, dass du stark genug bist, mich zu zwingen, das zu tun, was du sagst.« Jedes Kind in der Gruppe wird ganz genau beobachten, wie Sie mit dieser Situation umgehen. Von Ihrer Reaktion wird es abhängen, wie bald und wie intensiv eine ähnliche Herausforderung wieder eintritt.

Frage 14
Meine Frau und ich haben zwei besonders eigenwillige Kinder und es ist wirklich schwierig, mit ihnen umzugehen. Sie scheinen das Bedürfnis zu haben, uns auf die Probe zu stellen, und sie sind am

glücklichsten und zufriedensten, wenn wir sehr streng mit ihnen sind. Warum tun sie alles, damit wir mit ihnen schimpfen und sie sogar mehr bestrafen müssen als uns lieb ist?

E s ist schon seltsam, dass manche Kinder scheinbar gerne mit ihren Eltern kämpfen. Dies ist eine Funktion des streitlustigen Temperaments, mit dem sie geboren wurden. Vielen Kindern gefällt es, Dinge auszuprobieren und einen Streit vom Zaun zu brechen. Etwas anderes spielt hier noch mit, das mit dem Sicherheitsgefühl des Kindes zusammenhängt. Ich möchte das anhand eines Bildes erklären. Stellen Sie sich vor, Sie fahren mit dem Auto über die Königsschlucht in Colorado. Die Brücke hängt Hunderte von Metern über dem Grund der Felsenschlucht. Wenn Sie zum ersten Mal hinüberfahren, ist Ihnen nicht ganz geheuer zumute. Es ist wirklich beängstigend. Ich kenne einen kleinen Jungen, der von der Aussicht von dieser Brücke so beeindruckt war, dass er sagte: »Mensch, Papa! Wenn man da runterfällt, stirbt man ja dauernd!«

Nehmen wir jetzt an, an den Seiten der Brücke wären keine Leitplanken. Wo würden Sie mit dem Auto fahren? Mitten auf der Straße! Auch wenn Sie nicht vorhaben, gegen die Leitplanken zu stoßen, fühlen Sie sich doch sicherer, wenn Sie wissen, dass sie da sind.

So ist es auch mit Kindern. Feste Grenzen geben Geborgenheit. Kinder müssen genau wissen, wie die Spielregeln aussehen und wer dafür sorgt, dass sie eingehalten werden. Immer wenn ein eigenwilliges Kind spürt, dass sich die Grenzen vielleicht verschoben oder dass seine Eltern die Nerven verloren haben, wird es einen Streit provozieren, nur um zu überprüfen, wo die Grenzen sind. Ihre Kinder geben wahrscheinlich nicht zu, dass sie möchten, dass Sie der Chef sind, aber sie sind erleichtert, wenn Sie ihnen beweisen, dass Sie es sind.

Die Erziehung des Vorschulkindes

Frage 15

Ich habe eine sehr quengelige acht Monate alte Tochter, die immer schreit, wenn ich sie hinlege. Der Kinderarzt sagte, dass sie gesund ist und nur schreit, weil sie will, dass ich sie die ganze Zeit im Arm halte. Ich beschäftige mich viel mit ihr, aber ich kann sie einfach nicht den ganzen Tag auf dem Schoß halten. Was kann ich tun, damit sie weniger quengelig ist?

Das Weinen von Kleinkindern ist eine wichtige Form der Kommunikation. Durch ihre Tränen erfahren wir, wenn sie hungrig oder müde sind, sich nicht wohl fühlen oder die Windeln voll haben. Deshalb ist es wichtig, auf alle diese Hilferufe zu achten und sie richtig zu deuten. Andererseits hat Ihr Kinderarzt Recht. Es ist möglich, dass ein Kind quengelig und anspruchsvoll wird, wenn seine Eltern bei jedem Wimmern oder Seufzen zu seinem Bettchen eilen. Kleinkinder können durchaus lernen, wie man seine Eltern durch einen Prozess, der Verstärkung genannt wird, manipuliert; Verstärkung bedeutet, dass Verhalten, das etwas Angenehmes zur Folge hat, wiederholt wird. So kann ein gesundes Baby seine Mutter zwölf Stunden am Tag (oder in der Nacht) um sein Bettchen jagen, indem es einfach nur Luft durch seinen rauhen Kehlkopf jagt. Um das zu vermeiden, ist es erforderlich einen Mittelweg zu finden: Sie müssen Ihrem Baby die Aufmerksamkeit schenken, die es braucht, dürfen jedoch nicht zulassen, dass es ein kleiner Diktator wird. Lassen Sie Ihre Tochter ruhig eine angemessene Zeit lang schreien (man sagt, das sei gut für die Lunge), achten Sie aber auf den Ton ihrer Stimme, damit Sie einfaches Missvergnügen von echtem Kummer unterscheiden können. Die meisten Mütter erkennen diesen Unterschied sehr schnell.

Als meine Tochter ein Jahr alt war, stand ich oft vier oder fünf Minuten lang außerhalb ihrer Sichtweite unter der Tür ihres Zimmers und wartete auf ein momentanes Nachlassen ihres Schreiens, bevor ich sie hochnahm. Dadurch verstärkte ich die Pausen anstelle der Tränen. Sie könnten das auch versuchen.

Frage 16
Wir haben eine einjährige Tochter und wollen sie richtig erziehen. Ich hörte, dass Eltern die geistigen Fähigkeiten ihrer Kinder vergrößern können, wenn sie ihnen in den ersten Lebensjahren die richtigen Anregungen geben. Stimmt das, und wenn ja, wie kann ich das bei meinem Baby bewerkstelligen?

Forschungen haben erwiesen, dass Eltern tatsächlich die intellektuellen Fähigkeiten ihrer Kinder vergrößern können. Zu diesem Schluss kam als Erstes das berühmte Vorschulprojekt der Harvard Universität. Ein Team von Wissenschaftlern untersuchte unter der Leitung von Dr. Burton White während eines Zeitraums von mehr als zehn Jahren kleine Kinder im Alter von acht bis achtzehn Monaten. Dabei wollte man herausfinden, welche frühkindlichen Erfahrungen der Entwicklung gesunder, intelligenter Menschen förderlich sind. Die Ergebnisse dieser Untersuchung sind hier zusammengefasst.

a) Es wird immer deutlicher, dass die Fähigkeiten eines Menschen in der kritischen Entwicklungsperiode, im Alter zwischen acht und achtzehn Monaten, begründet liegen. Die Erfahrungen, die ein Kind während dieser kurzen Monate macht, beeinflussen seine zukünftigen intellektuellen Fähigkeiten mehr als jede andere Zeit davor oder danach.

b) Der bedeutendste Umweltfaktor im Leben des Kindes ist seine Mutter. »Von ihr hängt alles ab«, sagte Dr. White. Sie hat mehr Einfluss auf die Erfahrungen des Kindes als jede andere Person oder jeder andere Umstand.

c) Wie viel tatsächlich gesprochene Sprache an das Kind gerichtet wird (nicht zu verwechseln mit Fernsehen, Radio oder mitgehörten Gesprächen) bestimmt weitgehend die Entwicklung seiner grundlegenden sprachlichen, intellektuellen und sozialen Fähigkeiten. Die Forscher kamen zu dem Schluss: »Den Intellekt Ihres Kindes können Sie am besten fördern, wenn Sie ihm im Alter von zwölf bis fünfzehn Monaten ein interessantes gesellschaftliches Umfeld bieten.«

d) Kinder, die freien Zugang zu den Wohnräumen ihres Elternhauses hatten, machten schneller Fortschritte als diejenigen, deren Bewegungen eingeschränkt waren.

e) Die Kleinfamilie ist die bedeutendste Erziehungseinrichtung. Wenn wir fähige, gesunde Kinder haben wollen, müssen wir die Familien stärken und die wechselseitigen Beziehungen, die innerhalb der Familien stattfinden, verbessern.

f) Die besten Eltern waren diejenigen, die sich in folgenden drei Schlüsselfunktionen hervortaten:
   1. Sie planten und organisierten hervorragend das Umfeld ihrer Kinder.
   2. Sie erlaubten ihren Kindern, sie immer wieder kurz, für die Dauer von etwa dreißig Sekunden, zu unterbrechen, und nutzten diese Zeit für persönliche Beratung, Trost, Information und Lob.
   3. Sie achteten konsequent auf Disziplin und zeigten dabei gleichzeitig ihren Kindern große Liebe.[4]

Manche Informationen sollte man aufbewahren, um später noch einmal auf sie zurückgreifen zu können. Diese Ergebnisse des Vorschulprojekts der Harvard Universität gehören dazu. Sie sollten diese Ergebnisse nicht vergessen. Ich glaube, in ihnen liegt der Schlüssel für die Erziehung gesunder Kinder.

Frage 17
Können die Ergebnisse der Untersuchung Dr. Whites auch von Eltern umgesetzt werden, deren Kinder in Kindertagesstätten untergebracht sind?

Natürlich. Nur ist es schwieriger und mühevoller, wenn die Mutter oder der Vater während der wichtigsten Stunden des Tages durch eine Angestellte ersetzt wird.

Frage 18
Ich wurde mit einundzwanzig Jahren schwanger und bekam ein kleines Mädchen. Der Vater und ich heirateten nie. Jetzt ist meine Tochter fast drei Jahre alt und ich weiß, dass sie bald Fragen über ihren Vater stellen wird. Wie soll ich ihr die Situation erklären und wann ist der beste Zeitpunkt dafür?

Später einmal sollten Sie Ihrer Tochter die ganze Geschichte über ihren Vater erzählen und Ihre Beziehung mit ihm beschreiben, aber dafür ist die Zeit noch nicht gekommen. Sie muss reif genug und innerlich bereit sein, sich mit diesen Einzelheiten auseinanderzusetzen. Andererseits sollten Sie das Thema auch nicht wie ein dunkles Geheimnis behandeln, das Sie beide belastet. Sie sollten auch nicht unehrlich sein und Märchen erzählen, die Sie später richtig stellen müssen.

Ich rate Ihnen, zu diesem frühen Zeitpunkt zuversichtlich und liebevoll die unausweichlichen Fragen über »Papa« zu beantworten. Wenn sich eine günstige Gelegenheit ergibt, beginnen Sie, Ihrer Tochter vage Erklärungen zu geben, die auf der Wahrheit beruhen, aber nicht die ganze Geschichte ausmachen. Sie könnten etwa Folgendes sagen: »Dein Papa ging weg, bevor du geboren wurdest. Er wollte nicht mit mir leben. Ich weiß nicht genau, warum. Vielleicht hatte er Probleme, die es für ihn schwierig machten, zu heiraten. Ich weiß es nicht. Ich bin sicher, wenn er dich je gesehen hätte, hätte er dich sehr gerne gehabt. Aber er ging weg, bevor du geboren wurdest. Weißt du, was ich glaube? Ich glaube, wir sollten beten, dass Gott uns einen anderen Mann schickt, der mein Mann und dein Papa sein wird. Möchtest du das?«

Ich weiß, dass eine solche Antwort problematisch werden könnte und dass sie nicht in jedem Fall geeignet ist. Sie ist nur der Versuch, die Grundlage für ein späteres tiefergehendes Gespräch zu legen. Genauso wichtig ist aber, dass sie die Situation zu einem frühen Zeitpunkt entschärft und ein Gefühl der Sicherheit, Geborgenheit und des gegenseitigen Vertrauens auf den Herrn vermittelt. Wenn Sie das erreicht haben, atmen Sie tief durch und lassen Sie die Angelegenheit eine Weile auf sich beruhen! Wenn Sie inneren Frieden haben, wird Ihre Tochter ihn auch haben – und es ist später Zeit genug, dem Bild Einzelheiten hinzuzufügen, wie Gott Sie führt.

Frage 19
Mein Fünfjähriger beginnt zu lügen und ich weiß nicht, wie ich damit umgehen soll. Was kann ich tun, damit er die Wahrheit sagt?

Lügen ist ein Problem, mit dem sich alle Eltern auseinandersetzen müssen. Alle Kinder verdrehen von Zeit zu Zeit die Wahrheit und einige werden zu eingefleischten Lügnern. Um angemessen darauf reagieren zu können, müssen Eltern die kindliche Entwicklung und die Charaktereigenschaften des betreffenden Kindes verstehen. Ich geben Ihnen hier einige allgemein gültige Ratschläge, die an den jeweiligen Einzelfall angepasst werden müssen.

Zunächst einmal sollten Sie daran denken, dass ein kleines Kind den Unterschied zwischen Lügen und Wahrheit vielleicht nicht voll und ganz versteht. Im Kopf eines Vorschulkindes ist die Grenze zwischen Fantasie und Wirklichkeit verwischt. Bevor Sie also energisch durchgreifen, sollten Sie sicher wissen, was es versteht und worin seine Absicht liegt.

Bei Kindern, die eindeutig lügen, um unangenehme Folgen zu vermeiden oder einen Vorteil zu erlangen, sollten Eltern die Situation zur »Belehrung« nutzen. Dabei kann gar nicht stark genug betont werden, dass in allen Situationen die Wahrheit zu sagen ist. Wahrheit ist eine Tugend, die gelehrt werden muss, nicht nur, wenn das Kind gelogen hat, sondern jederzeit. Behandeln Sie bei Ihrer Familienandacht mit den Kindern Sprüche 6, 16-19 und lesen Sie diese aufschlussreiche Stelle gemeinsam. Sie lautet: »Diese sechs Dinge hasst der Herr, diese sieben sind ihm ein Greuel: stolze Augen, falsche Zunge, Hände, die unschuldiges Blut vergießen, ein Herz, das arge Ränke schmiedet, Füße, die behende sind, Schaden zu tun, ein falscher Zeuge, der frech Lügen redet, und wer Hader zwischen Brüdern anrichtet.«

Anhand dieser lehrreichen Verse sollten Sie einige Andachten mit den Kindern halten. Erklären Sie, wer Salomo war, warum seine Lehren für uns so wichtig sind und warum die Bibel unser Freund ist. Sie ist wie ein Lichtstrahl in dunkler Nacht, sie leitet unsere Schritte und hält uns auf dem rechten Weg. Sie schützt uns sogar, wenn wir schlafen, wenn wir sie für immer in unserem Herzen tragen. Lernen Sie gemeinsam diese Stelle aus den Sprüchen auswendig, so dass Sie in anderem Zusammenhang darauf zurückkommen können. Benutzen Sie diese Stelle als Ausgangspunkt für Gespräche über Tugenden und Verhalten, das Gott gefällt. Jeder Vers kann auf Alltagssituationen angewandt werden, so dass das Kind beginnt, sich für das, was es sagt und tut, verantwortlich zu fühlen.

Nun zurück zur konkreten Frage des Lügens. Sagen Sie dem Kind, dass in einer Liste von sieben Dingen, die Gott am meisten hasst, zwei mit Unehrlichkeit zu tun haben. Gott nimmt es wichtig, dass wir die Wahrheit sagen, deshalb sollten wir es auch wichtig nehmen. Deshalb müssen Sie darauf bestehen, dass Ihr Sohn oder Ihre Tochter die Wahrheit sagt, auch wenn es wehtut. Ihr Ziel ist es, die Grundlage zu legen, die Ihnen hilft, in Zukunft die Verpflichtung zur Ehrlichkeit zu unterstreichen.

Wenn Ihr Kind Ihnen das nächste Mal eine himmelschreiende Lüge erzählt, können Sie auf dieses Gespräch und die Bibelstelle, auf die es aufbaute, zurückgreifen. Wenn Sie glauben, dass der Reifegrad Ihres Kindes es zulässt, sollten Sie beginnen, darauf zu bestehen, dass es die Wahrheit sagt und gegebenenfalls leichte Strafen verhängen. Allmählich, im Verlauf mehrerer Jahre, sollten Sie in der Lage sein, Ihre Söhne und Töchter in der Tugend der Wahrhaftigkeit zu unterweisen.

Natürlich können Sie alles, was Sie aufzubauen versuchen, durch Ihre eigene Unehrlichkeit vor den Kindern untergraben. Glauben Sie mir, die Kinder merken es und werden dementsprechend handeln. Wenn Papa die Wahrheit verdrehen kann, hat er kaum die Autorität, zu verhindern, dass seine Kinder das Gleiche tun.

Frage 20
Ich mache mir Sorgen über den gewalttätigen Inhalt einiger Zeichentrickfilme für Kinder sowie der Spielsachen und anderen Produkte, die zu ihnen gehören. Mein Mann denkt, sie seien harmlos. Was ist Ihr Standpunkt?

Ich teile Ihre Befürchtungen. In einigen modernen Zeichentrickfilmen und Spielzeugen ist eine Tendenz zu einer Art Gewalt festzustellen, die ich für eine gefährliche Abweichung von den herkömmlicheren Kampfspielen sehe, die Jungen schon immer ausgeübt haben. Zunächst einmal sind die handelnden Personen im Allgemeinen Erwachsene, die Erwachsenentätigkeiten verrichten, von denen einige höchst fragwürdig sind. Ich denke nicht, dass sie für kleine Kinder, die für Eindrücke sehr empfänglich sind, geeignete Rollenvorbilder sein können. Außerdem sind viele dieser Programme und Produkte von einem Hauch des Okkulten oder des New Age umgeben. Die Schauplätze sind mythisch oder futuristisch und die Handlungen drehen sich oft um Aberglaube, Zauberei und Magie. Deshalb bin ich wegen dieser Dinge sowohl aus geistlichen als auch aus psychologischen Gründen besorgt.

Die elektronischen Medien haben eine unglaubliche Macht, unseren Kindern diese zweifelhaften Helden und ihre großen Taten zu

»verkaufen«. In Untersuchungen wurden die tatsächlichen physiologischen Veränderungen gemessen, die eintreten, wenn Kinder einen Gewaltfilm im Fernsehen oder im Kino anschauen: die Augen sind geweitet, die Hände schweißnass, die Pulsfrequenz ist erhöht, der Mund trocken und die Atmung beschleunigt. Es liegt auf der Hand, dass diese Art »Unterhaltung« eine dramatische emotionale Belastung darstellt, besonders, wenn sie oft genug wiederholt wird. Und die Spielsachen, die als Nebenprodukte dieser Programme in den Handel kommen, verstärken und erweitern die negativen Auswirkungen noch mehr. Überdies steht diesen Produkten keine ausgleichende positive, gesunde oder erzieherische Komponente gegenüber.

Aus diesen Gründen haben unsere Organisation – *Focus on the Family* (Brennpunkt Familie) – und andere große Summen in hochwertige Videos und anderes Material für Kinder investiert. Wir müssen denjenigen Familien Alternativen bieten, die für ihre Kinder gute Unterhaltung wollen, aber sie unbedingt vor der allgemein verbreiteten Kultur schützen möchten. Wir werden weiterhin alles in unserer Macht Stehende tun, um diesem Bedürfnis gerecht zu werden.

Frage 21
Glauben Sie, man soll von einem Kind erwarten, dass es zu Hause »danke« und »bitte« sagt?

Auf jeden Fall. Wenn man auf diesen Worten besteht, erinnert man das Kind daran, dass es nicht in einer Welt lebt, in der man immer nur die Hand aufhalten kann. Wenngleich seine Mutter für es kocht, einkauft und ihm alles gibt, muss es seinerseits einige verantwortungsbewusste Verhaltensweisen üben. Dankbarkeit kann gelernt werden und dieser Erziehungsprozess beginnt mit solch grundlegender Höflichkeit zu Hause.

Frage 22

Ich habe eine Freundin, deren Kinder mich jedes Mal, wenn ich mit ihnen zusammen bin, auf die Palme bringen. Sie hat die ungebärdigsten Gören, die ich je gesehen habe. Wir können nicht einmal miteinander sprechen, wenn sie da sind. Ich möchte meiner Freundin gerne mit einigen Erziehungstips helfen. Wie kann ich das tun, ohne sie zu beleidigen?

W enn man einen anderen Menschen auf einen Fehler oder eine Unzulänglichkeit in seinem Verhalten oder Charakter hinweisen möchte, dann geht man so vor wie Stachelschweine beim Liebesakt: sehr, sehr vorsichtig. Sonst hat man schnell einen Freund verloren.

Jemanden auf Erziehungsfehler aufmerksam zu machen ist sogar noch riskanter. Sie müssen sich auf alles Mögliche gefasst machen, wenn Sie es versuchen, auch wenn Ihre Motive redlich sind und Ihnen das Wohl des Kindes am Herzen liegt. Deshalb gebe ich nie ungefragt Ratschläge zur Kindererziehung, auch wenn ich denke, dass es dringend nötig wäre.

Wenn Sie unbedingt Ihrer Freundin Dinge sagen wollen, die sie nicht hören will, dann investieren Sie vorher viel Zeit und Kraft in Ihre Freundschaft. Erst wenn vorsichtig ein Vertrauensverhältnis aufgebaut wurde, haben Sie sich das Recht verdient, dieser Mutter einen freundlichen Rat zu geben.

Eine schnellere Methode gibt es leider nicht.

Frage 23

Meine Kinder machen gerne Dinge selbständig, aber sie richten dabei eine solche Unordnung an, dass es für mich leichter ist, die Dinge an ihrer Stelle zu erledigen. Ich habe einfach nicht die Geduld, zuzusehen, wie ungeschickt sie sich anstellen. Glauben Sie, dass es falsch ist, wenn ich eingreife und alles für sie mache?

Ja, ich denke, es ist falsch, obwohl ich verstehe, was in Ihnen vorgeht. Ich hörte die Geschichte von einer Mutter, die mit Grippe im Bett lag. Ihre liebe Tochter wollte eine gute Krankenpflegerin sein. Sie schüttelte die Kissen auf und brachte eine Zeitschrift zum Lesen. Und dann, welche Überraschung, tauchte sie sogar mit einer Tasse Tee auf.

»Du bist ein richtiger Schatz«, sagte die Mutter, während sie den Tee trank. »Ich wusste nicht einmal, dass du Tee kochen kannst.«

»Ach ja«, antwortete das kleine Mädchen, »ich habe das gelernt, weil ich dich beobachtete. Ich schüttete die Teeblätter in den Kessel, dann goss ich das Wasser darauf und kochte es. Dann seihte ich den Tee in eine Tasse ab. Aber da ich kein Teesieb finden konnte, nahm ich einfach die Fliegenklappe.«

»Was?«, schrie die Mutter.

Und das kleine Mädchen antwortete: »Ach, mach dir keine Sorgen, Mama. Ich nahm nicht die neue Fliegenklappe. Ich benutzte die alte.«

Nun, was sollen Eltern tun, wenn ihre Kinder sich alle Mühe geben und trotzdem alles falsch machen? Oft hindern Eltern ihre Kinder daran, Verantwortung für etwas zu übernehmen, das in einem Pfusch oder einem Fehler enden könnte. Es ist einfach leichter, alles für sie zu tun, als hinterher die Dinge wieder in Ordnung zu bringen. Ich bitte alle Eltern dringend, nicht in diese Falle zu gehen.

Ihr Kind muss seine eigenen Fehler machen, denn nur so lernt es etwas. Also machen Sie das Spiel immer wieder einmal mit . . . auch wenn der Tee, den Sie trinken, ein bisschen seltsam schmeckt.

Das Vorschulkind und die Disziplin

Frage 24
Sie übten harte Kritik an Verhaltenspsychologen und anderen, die mehr Freizügigkeit in der Kindererziehung empfehlen. Erklären Sie bitte die Gründe für Ihre Ablehnung. Warum soll es falsch sein, einem Jungen oder Mädchen gegenüber freundlich und barmherzig zu sein?

Es geht hier nicht um Freundlichkeit oder Barmherzigkeit. Es geht um liebevolle Autorität und Führung in der Familie, was dem Wohl des Kindes dient. Ab etwa 1950 haben die meisten Bücher und Seminare über Kindererziehung die Eltern der Fähigkeit beraubt, mit dem bewussten Trotz von Kindern umzugehen. Erstens haben sie nie zugegeben, dass es solches Verhalten gibt, und zweitens haben sie den Eltern nicht die Mittel gegeben, diesem Verhalten entgegenzutreten. Diese schlechten Ratschläge führten zu einer Art Lähmung im Umgang mit Kindern. Da sie nicht eingreifen und die Führung übernehmen »durften«, blieb den Eltern als Antwort auf trotzig herausforderndes Verhalten nur ihr Ärger und ihre Frustration.

Ich möchte Ihnen ein Beispiel aus einer Schrift für Eltern mit dem Titel »Ihr Kind von zwei bis fünf« geben, die während der antiautoritären fünfziger Jahre veröffentlicht wurde. Darin wurden die Werke eines Dr. Luther Woodward besprochen und die folgenden, für die damalige Zeit typischen Ratschläge gegeben:

Was tun Sie, wenn Ihr Vorschulkind Sie ein »großes Stinktier« nennt oder droht, Sie die Toilette hinunterzuspülen? Schelten Sie, strafen Sie, oder nehmen Sie es gelassen hin? Dr. Woodward empfiehlt positives Verständnis als besten und schnellsten Weg, einem Kind zu helfen, aus dieser verbalen Gewalt herauszuwachsen. Wenn sich die Eltern voll darüber im Klaren sind, dass alle kleinen Kinder von Zeit zu Zeit Wut im Bauch haben und zornig werden, wird es ihnen besser gelingen, solche Ausbrüche weniger ernst zu nehmen. Hat ein Vorschulkind erst einmal seine Feindseligkeit abreagiert, vergeht auch der Wunsch nach Zerstörung und die natürlichen Gefühle der Liebe und Zuneigung haben erneut die Möglichkeit aufzukeimen und zu wachsen. Wenn das Kind dann sechs oder sieben Jahre alt ist, können Eltern ihrem Kind zurecht verdeutlichen, dass es jetzt groß genug ist, um nicht mehr ungezogen gegen seine Eltern zu sein.[5]

Nachdem er diese passive Haltung empfohlen hatte, die ich keinesfalls gutheiße, legte Dr. Woodward den Eltern nahe, sich gegen ungerechte Kritik zu wappnen. Er schrieb:»Diese Politik [die es dem Kind erlaubt, seine Eltern herauszufordern] erfordert Weitblick und viel Gelassenheit, insbesondere wenn Bekannte und Verwandte ihr Missfallen äußern oder Sie warnen, dass Sie ein ungezogenes Gör aufziehen.«[6]

In diesem Fall haben Ihre Bekannten und Verwandten Recht. Sie *werden* ein ungezogenes Gör aufziehen – vielleicht sogar mehrere! Dr. Woodward empfiehlt Eltern, während der prägenden Jahre, in denen Achtung vor Autorität leicht gelernt werden kann, passiv zu bleiben. Sein Lehrgebäude gründet sich auf die einfältige Vorstellung, dass Kinder freundlich und liebevoll werden, wenn Erwachsene ihnen in der Kindheit Tobsuchtsanfälle erlauben und sie dazu sogar ermuntern. Nach dem Optimismus des Dr. Woodward kann man von dem Kleinen, der seine Mutter sechs oder sieben Jahre lang ein »großes Stinktier« genannt hat, erwarten, dass er plötzlich wie ein Schmetterling aus der Puppe kriecht und sich in einen freundlichen, liebevollen Siebenjährigen verwandelt. Dieses Ergebnis ist höchst unwahrscheinlich. Dr. Woodwards »Politik des Verständnisses« (was »Politik der Freizügigkeit« bedeutet) führt bei eigenwilligen Kindern auf direktem Weg zur Rebellion in der Pubertät.

Frage 25

Sie sagten, die Erziehungstheorie von Dr. Woodward sei typisch für die Ratschläge, die Eltern vor einer Generation erhielten. Wie unterscheiden sich, abgesehen von dem konkreten Beispiel, das Sie anführten, Ihre Ansichten von denen Dr. Woodwards? Worin liegt der Hauptunterschied zwischen Ihrer Sichtweise und der Auffassung freizügigerer Ratgeber?

Ich lernte diesen Mann nie persönlich kennen, aber ich schließe aus seinen Schriften, dass Dr. Woodward und ich das Wesen des Menschen sehr unterschiedlich sehen. Er glaubte offensichtlich an das »angeborene Gute« im Kind, was bedeutet, dass es zu einem guten Menschen heranwächst, wenn die Erwachsenen es nur in Ruhe lassen. Die meisten Zeitgenossen Dr. Woodwards glaubten daran. Im Gegensatz dazu bin ich davon überzeugt, dass Kinder das lernen (und werden), was ihnen *beigebracht* wird. Unsere Aufgabe als Eltern ist es deshalb, sie zu »zivilisieren«, sie mit guten Umgangsformen, sittlichen Grundsätzen und anständigem Verhalten vertraut zu machen. Wenn Kinder freundlich, dankbar und höflich sein sollen, müssen wir ihnen diese Eigenschaften beibringen, nicht nur hoffen, dass sie sich von selbst entwickeln. Wenn wir ehrliche, aufrichtige und selbstlose Kinder haben wollen, müssen diese Wesensmerkmale von Anfang an ganz bewusst unser Erziehungsziel sein. Wenn es wichtig ist, verantwortungsbewusste junge Bürger, die ihre Mitmenschen achten, heranzubilden, müssen wir ihnen beibringen, zuallererst uns, ihre Eltern, zu achten. Kurz gesagt, durch Vererbung bekommt ein Kind nicht die richtige Gesinnung; wir selbst müssen das Fundament für ihren Charakter legen. Wenn Sie noch Zweifel haben, schauen Sie sich doch einmal die Erwachsenen an, deren Eltern ihre Hausaufgaben nicht machten, die auf der Straße mit sehr wenig elterlicher Anleitung aufwuchsen. Ein Großteil von ihnen kennt heute das Gefängnis von innen.

Frage 26
Wenn Sie zwischen einem sehr autoritären Erziehungsstil und einem freizügigen und laxen zu wählen hätten, für welchen würden Sie sich entscheiden? Was ist für die Kinder besser?

B eide Extreme hinterlassen ihre typischen Narben an den Kindern und ich hätte wirklich Schwierigkeiten, zu sagen, welches von beiden schädlicher ist. Bei extremer Härte leidet das Kind unter der demütigenden Lage, total beherrscht zu werden. Die Atmosphäre ist eisig und streng, das Kind lebt in ständiger Angst. Es kann keine eigenen Entscheidungen treffen, seine Persönlichkeit wird unter dem schweren Stiefel elterlicher Autorität zermalmt. Dauert diese Unterdrückung lange an, kann sie zu Unselbständigkeit, tiefsitzendem Groll oder gar zu einer Psychose führen.

Aber das andere Extrem ist genauso schädlich für Kinder. Wenn jegliche Autorität seitens Erwachsener fehlt, ist das Kind von frühester Kindheit an sein eigener Herr. Es meint, der Mittelpunkt der Welt zu sein, um den sich alles dreht, und es empfindet oft tiefe Verachtung für die Menschen, die ihm am nächsten stehen. Anarchie und Chaos herrschen in seinem Elternhaus und seine Mutter ist oft die nervöseste, frustrierteste Frau in ihrem Wohnblock. Es würde sich lohnen, all diese Strapazen und Beschwerlichkeiten auf sich zu nehmen, wenn durch ihre Tatenlosigkeit gesunde, selbstbewusste Kinder herangebildet würden. Bezeichnenderweise ist dies nicht der Fall.

Am besten ist es, in der Kindererziehung den goldenen Mittelweg zwischen den beiden Extremen zu finden. Ich versuchte, diesen vernünftigen Erziehungsstil auf dem Umschlag meines ersten Buches *Unsere Kinder sind unmöglich* mit folgendem Diagramm bildlich darzustellen:

Liebe ————————————— Leitung
▲

Kinder gedeihen am besten in einer Umgebung, in der diese beiden Bestandteile, Liebe und Leitung, in einem ausgewogenen Verhältnis zueinander stehen. Wenn eines von beiden das Übergewicht über das andere bekommt, entstehen in der Regel Probleme in der Familie. Unglücklicherweise pendeln Erziehungsmethoden in einer Gesellschaft immer wieder von einem Extrem ins andere.

Frage 27
Sie legen großen Wert darauf, Kindern in frühen Jahren Achtung beizubringen. Warum ist das so wichtig? Wollen Sie bei Erwachsenen das Gefühl der Macht über diese kleinen Persönchen fördern?

Sicherlich nicht. Achtung ist aus mehreren konkreten Gründen wichtig. Erstens bildet die Beziehung eines Kindes zu seinen Eltern die Grundlage für seine Einstellung gegenüber jeder anderen Form von Autorität, mit der es später zu tun hat. Sie prägt seine Haltung gegenüber der Schule, dem Gesetz, künftigen Arbeitgebern und den Menschen, mit denen es einmal lebt und arbeitet. Lehrer merken zum Beispiel sehr schnell, ob ein Junge oder Mädchen zu Hause trotzig herausfordernd sein durfte, weil diese Denkweisen direkt mit ins Klassenzimmer gebracht werden. Die Beziehungen innerhalb der Familie sind die ersten und wichtigsten sozialen Erfahrungen, die ein Kind macht, und Probleme, die hier entstehen, werden oft ins Erwachsenenleben hinüber geschleppt.

Zweitens, wenn Sie wollen, dass Ihr Kind auch als Jugendlicher Ihre Wertvorstellungen akzeptiert, müssen Sie sich, solange es noch klein ist, seiner Achtung würdig erweisen. Wenn ein Kind während der ersten fünfzehn Jahre seines Lebens erfolgreich Ihrer Autorität trotzen, Ihnen ins Gesicht lachen und störrisch Ihre Führungsrolle missachten kann, dann beginnt es instinktiv, alles zu verachten, wofür Sie eintreten. »Wie dumm und verkalkt Papa und Mama sind!«, denkt es. »Ich kann sie um den kleinen Finger wickeln.

Natürlich lieben sie mich, aber ich glaube, im Grunde haben sie Angst vor mir.« Ein Kind spricht diese Worte vielleicht nicht aus, aber es empfindet sie jedes Mal, wenn es eine Auseinandersetzung mit Papa oder Mama gewinnt.

Der dritte Punkt hängt mit dem zweiten zusammen: Achtung spielt eine entscheidende Rolle in der Weitergabe des Glaubens von einer Generation an die andere. Das Kind, das für seinen Vater und seine Mutter Verachtung empfindet, wird es ihnen wohl kaum in den Dingen gleichtun, die am meisten zählen. Warum? Weil kleine Kinder bezeichnenderweise ihre Eltern – und insbesondere ihren Vater – mit Gott gleichsetzen. Wenn also Papa und Mama einer Achtung nicht würdig sind, so gilt das auch für ihre moralischen Vorstellungen, ihr Land und sogar ihre tiefsten Überzeugungen.

Frage 28
Ab welchem Alter sollte man mit der Disziplin beginnen?

E in Kind, das jünger als fünfzehn oder achtzehn Monate alt ist, sollte unter keinen Umständen körperlich gezüchtigt werden. Ein solch kleines Kind versteht seine »Verfehlung« nicht und kann sie nicht mit den sich daraus ergebenden Folgen in Verbindung bringen. Manche Eltern stimmen mir darin nicht zu und geben ihrem Baby einen Klaps, wenn es beim Wickeln zappelt oder mitten in der Nacht schreit. Das ist ein schrecklicher Fehler. Andere Eltern schütteln ihr Kind heftig, wenn sie wegen seines unaufhörlichen Schreiens frustriert oder verärgert sind. Ich möchte diese Mütter und Väter vor den Gefahren dieser Strafmaßnahme warnen. Das Schütteln eines Kleinkindes kann zu ernsthaften neurologischen Schäden führen, die entstehen können, wenn das Gehirn gegen das Schädeldach stößt. Riskieren Sie *keine* Verletzung bei einem Baby!

Besonders im ersten Lebensjahr muss ein Kind in den Armen gehalten, geliebt und von einer besänftigenden menschlichen Stimme beruhigt werden. Es sollte gefüttert werden, wenn es hungrig ist, und sauber, trocken und warm gehalten werden. Die Grundlage für seelische und körperliche Gesundheit wird in den ersten zwölf Lebensmonaten gelegt, die von Geborgenheit, Liebe und Wärme geprägt sein sollen.

Frage 29
Wenn für ein Kleinkind Strafe nicht empfohlen wird, welche Form von Disziplin ist dann in diesem Alter angemessen?

Die Antwort ist liebevolle Leitung. Eltern sollten den Mut haben zu tun, was für ihre Babys richtig ist, auch wenn sie lautstark protestieren. Dr. Bill Slonecker, ein Kinderarzt aus Nashville und guter Freund von mir, betonte, wie wichtig es ist, dass Eltern vom Tag der Geburt an die Zügel in die Hand nehmen. Zu oft sah er Mütter in seiner Praxis, die sich vor ihren Kleinkindern fürchteten. Sie riefen ihn außer sich vor Aufregung an: »Mein sechs Monate altes Baby schreit und fühlt sich heiß an.« Der Arzt fragte dann, ob das Kind Fieber habe und erhielt die Antwort: »Ich weiß nicht. Es lässt mich nicht das Fieber messen.« Diese Mütter hatten bereits ihre Autorität aufgegeben. Einige werden sie nie zurückgewinnen.

Gute Kindererziehung und liebevolle Leitung gehen Hand in Hand. Und das sollte vom ersten Tag an so sein.

Frage 30
Ich glaube, eine der Hauptaufgaben von Eltern besteht darin, ihre Kinder auf die Selbständigkeit und Verantwortung des Erwachsenenalters vorzubereiten. Ich habe einen kleinen Sohn und möchte ihn im Laufe der Jahre zu einem selbstbeherrschten und verantwortungsbewussten Menschen erziehen. Aber ich weiß nicht, wo ich anfangen soll. Wie kann ich meinem Sohn diese Eigenschaften beibringen und wie früh sollte ich beginnen?

Nun, genau darin liegt das Geheimnis guter Erziehung. Lassen Sie mich die Aufgabe von Eltern anhand der verschiedenen Entwicklungsphasen beschreiben. Bei der Geburt ist ein kleines Kind natürlich völlig hilflos. Das kleine Kerlchen liegt in seiner Wiege und kann nichts alleine tun. Es kann sich nicht umdrehen und nicht die Flasche halten. Es kann weder danke noch bitte sagen und entschuldigt sich nicht, wenn Sie seinetwegen sechsmal in der Nacht aufstehen müssen. Ihm werden nicht einmal Ihre Mühen bewusst. Mit anderen Worten, ein Kind beginnt sein Leben im Zustand vollkommener und totaler Abhängigkeit und Sie stehen ihm zu Diensten.

Etwa zwanzig Jahre später müssten dramatische Veränderungen in diesem Menschen stattgefunden haben. Er sollte genügend Fähigkeiten und Selbstbeherrschung besitzen, wie sie für ein erfolgreiches Erwachsenenleben erforderlich sind. Man erwartet von ihm, dass er mit seinem Geld haushalten kann, einen Arbeitsplatz hat, seinem Ehepartner (falls er verheiratet ist) treu bleibt, für die Bedürfnisse seiner Familie aufkommt, die Gesetze des Landes achtet und ein guter Staatsbürger ist. Mit anderen Worten, während der kurzen Zeit der Kindheit soll ein Mensch systematisch von Unselbständigkeit zur Selbständigkeit, von Verantwortungslosigkeit zu Verantwortung vorwärts schreiten.

Die Frage ist, wie der kleine Hans und die kleine Inge von Punkt A zu Punkt B gelangen. Wie findet diese magische Umwandlung eines Säuglings in einen reifen Erwachsenen statt? Einige Eltern scheinen zu glauben, dass alles gegen Ende der Jugendzeit eintritt, etwa eine Viertelstunde bevor der junge Mann oder die junge Dame das Elternhaus verlassen. Diese Auffassung lehne ich mit Nachdruck ab. Die beste Vorbereitung für das Erwachsenenalter ist die Einübung von Verantwortung während der Kindheit. Damit sage ich nicht, dass ein Kind wie ein Erwachsener arbeiten muss. Es bedeutet, dass man es ermutigen soll, im Laufe der Zeit Fortschritte zu machen und seinem Alter gemäß Verantwortung zu übernehmen. Kurz nach der Geburt, zum Beispiel, beginnen Mütter, ihrem Kind Verantwortung zu übertragen. Nach und nach lernt es, nachts durchzuschlafen, seine Flasche selbst zu halten, nach Dingen zu greifen, die es will. Später beginnt die Sauberkeitserziehung und das Kind lernt laufen und sprechen. In dem Maße, in dem das Kind eine neue Fertigkeit beherrscht, »befreit« seine Mutter sich aus seinen Diensten.

Jedes Jahr sollte das Kind auch mehr Entscheidungen selbständig treffen, je nachdem wie viel Verantwortung von den Schultern seiner Eltern auf seine übergegangen sind. Ein Siebenjähriger ist zum Beispiel normalerweise in der Lage, seine Kleidung für den Tag (innerhalb vernünftiger Grenzen) selbst auszusuchen. Er sollte sein Zimmer aufräumen und jeden Morgen sein Bett machen. Ein Neun- oder Zehnjähriger besitzt gegebenenfalls mehr Freiheiten und darf etwa aus genehmigten Fernsehprogrammen das auswählen, das er sehen möchte. Damit will ich nicht sagen, dass wir in diesen Jahren unsere leitende Rolle als Eltern aufgeben. Vielmehr glaube ich, dass wir bewusst über die vernünftige, ordnungsgemäße Übertragung von Freiheit und Verantwortung nachdenken, um das Kind Jahr um Jahr auf den Augenblick völliger Unabhängigkeit, der einmal kommen muss, vorzubereiten.

Um auf Ihre Frage zu Ihrem kleinen Sohn zurückzukommen, möchte ich zwei bemerkenswerte Aussprüche von Marguerite und Willard Beecher zitieren, die eine Anleitung für den Erziehungsprozess, den ich beschrieben habe, geben: 1. Eltern müssen Freiheit von ihrem Kind erlangen, damit das Kind Freiheit von seinen Eltern erlangt. 2. Eltern sollten nichts für ein Kind tun, das das Kind zu seinem eigenen Vorteil selber tun kann.[7] Wenn Sie sich nach diesen beiden Empfehlungen richten, gelingt es Ihnen, aus Ihrem Kind einen verantwortungsvollen Erwachsenen zu machen.

Frage 31
Bitte beschreiben Sie, wie Disziplin bei einem einjährigen Kind aussehen soll.

Viele Kinder beginnen um ihren ersten Geburtstag herum, zaghaft die Autorität ihrer Eltern auf die Probe zu stellen. Zunächst sind die Konfrontationen weder schwerwiegend noch häufig, doch die Anfänge künftiger Kämpfe sind bereits erkennbar. Meine eigene Tochter zum Beispiel forderte ihre Mutter zum ersten Mal heraus, als sie neun Monate alt war. Meine Frau wachste gerade den Küchenboden, als Danae an den Rand des Linoleums krabbelte. Shirley sagte: »Nein, Danae«, und machte dabei mit ihren Händen Bewegungen, die dem Kind bedeuteten, nicht die Küche zu betreten. Da unsere Tochter sehr früh mit dem Sprechen begann, verstand sie klar die Bedeutung des Wortes Nein. Trotzdem krabbelte sie mitten auf das klebrige Wachs. Shirley nahm sie hoch, setzte sie auf die Türschwelle und sagte dabei nochmals nein, diesmal etwas lauter. Das wiederholte sich sieben Mal, bis Danae schließlich nachgab und weinend fort krabbelte. Soweit wir zurückdenken können, war das der erste Willenskampf zwischen meiner Tochter und meiner Frau. Es sollten noch weitere folgen.

Wie soll eine Mutter oder ein Vater ein einjähriges Kind zur Disziplin anhalten? Sehr vorsichtig und sanft! Ein kleines Kind in diesem Alter kann leicht abgelenkt werden. Anstatt ihm eine Armbanduhr aus den Händen zu reißen, zeigen Sie ihm etwas Glitzerndes, Buntes – und fangen Sie die Armbanduhr auf, bevor sie zu Boden fällt. Wenn unvermeidliche Konfrontationen auftreten, wie mit Danae auf dem gewachsten Boden, bleiben Sie durch standhafte Beharrlichkeit der Sieger, aber nicht durch Strafen. Haben Sie den Mut, das Kind zu leiten, ohne schroff oder gemein oder barsch zu werden.

Verglichen mit den Monaten, die folgen, ist die Zeit um den ersten Geburtstag herum in der Regel eine ruhige, ausgeglichene Zeit im Leben eines Kindes.

Frage 32

Sehr geehrter Herr Dobson,

Ich schreibe Ihnen aus folgendem Grund: Gott hat uns so viel Gutes getan, dass ich voller Freude sein müsste. Aber ich bin schon seit Monaten deprimiert. Ich weiß nicht, ob ich mich an einen Pastor, einen Arzt, einen Psychologen, einen Ernährungswissenschaftler oder einen Chiropraktiker wenden soll!

Letztes Jahr hat uns Gott einen prächtigen kleinen Jungen geschenkt, der jetzt vierzehn Monate alt ist. Er ist einfach großartig. Er ist süß und klug und stark. Wir können nicht anders als ihn lieben. Aber er ist sehr anspruchsvoll. Am schlimmsten für mich war, dass Jena vergangenen Monat an zwei Abenden in der Woche Vorlesungen besuchte und ich dann auf Rolf aufpasste. Er schrie und schluchzte die ganze Zeit und weinte sich schließlich in den Schlaf. Dann hielt ich ihn immer im Arm, weil er aufgewacht wäre und weiter geschrien hätte, wenn ich ihn hingelegt hätte, oder wenn es mir gelang, ihn hinzulegen, achtete ich darauf, keinen Krach zu machen, denn ich hatte Angst, ihn aufzuwecken.

Ich bin daran gewöhnt, abends Rechnungen aufzuführen, die Finanzplanung zu machen, zu lesen, Post und Papierkram zu erledigen, Briefe zu beantworten usw. Aber all das muss jetzt warten, bis Jena zurückkommt.

Deshalb bin ich so deprimiert. Ich kann einfach das Geschrei nicht ertragen. Es war sogar noch schlimmer, als Jena ihn stillte. Ich wurde dadurch auch wach und war dann sehr müde und hatte große Probleme, morgens aufzustehen und zur Arbeit zu gehen. Mir wurde damals auch oft übel.

Ich liebe unser Baby sehr und würde es für nichts in der Welt hergeben, aber ich verstehe nicht, warum ich so niedergeschlagen bin. Sicher, Jena ist auch müde, weil wir es scheinbar nie schaffen, Rolf vor elf Uhr oder Mitternacht ins Bett zu bekommen, und er wacht jede Nacht zweimal auf.

Ein weiterer ständiger Kampf entsteht, wenn wir Rolf zur Betreuung während des Gottesdienstes bringen. Er mag es nicht, für längere Zeit von uns getrennt zu sein, und deshalb müssen die Betreuerinnen fast jeden Sonntag nach Jena rufen. Es gelingt uns kaum, gemeinsam beim Gottesdienst zu sein. Und das geht jetzt seit mehreren Monaten so!

Wir haben alles, wovon man in unserem Alter nur träumen kann: unser eigenes gemütliches kleines Haus in einer guten Wohngegend, eine Arbeitsstelle, die mir Spaß macht, und nicht zuletzt unser Leben in Christus.

Ich habe keinen Grund dafür, ständig so niedergeschlagen und müde zu sein. Ich komme von der Arbeit so erschöpft nach Hause, dass ich nicht einmal so lange mit Rolf spielen kann, bis Jena Abendbrot gemacht hat. Er klammert sich die ganze Zeit an sie. Ich verstehe nicht, wie sie das aushält. Sie muss eine höhere Frustrationsschwelle haben als ich.

Wenn Sie irgendwelche Ratschläge haben, was wir tun sollen, sagen Sie es mir bitte. Vielen Dank. Gott segne Sie!

Chuck

Eltern von »pflegeleichten« Babys können kaum glauben, dass ein vierzehn Monate altes Kind zwei reife Erwachsene so völlig mit Beschlag nehmen kann, aber Ihre Beschreibung von Rolf kommt mir bekannt vor. Was hier geschieht, ist eine Wechselwirkung zwischen seinem reizbaren Temperament und dem, was das Kind gelernt hat, wie es bekommt, was es will. An Rolfs Verhalten ist nichts Böses. In der Tat, das Problem liegt nicht in erster Linie bei ihm, sondern bei Ihnen. In Ihrem wohlgemeinten Eifer, ihn glücklich zu machen und etwas Ruhe und Frieden im Haus zu haben, lassen Sie sich mit Hilfe von Tränen tyrannisieren. Sie brauchen Ihr Kind wirklich nicht jeden Augenblick im Arm zu halten und Sie können es ruhig hin und wieder anderen zur Betreuung überlassen. Sie brauchen auch nicht auf Zehenspitzen durchs Haus zu gehen, um seinen Schlaf nicht zu stören. Dadurch dass Sie Rolfs lautstarke Wünsche schnell erfüllen, verstärken Sie sein Weinen, und er lernt dabei, wie er Sie nach seiner Pfeife tanzen lassen kann. Es wird Zeit, diesem Spiel ein Ende zu bereiten.

Zunächst einmal müssen Sie davon überzeugt sein, dass Rolfs Schreien ihm nicht schadet. Solange Sie sicher sind, dass er kein Fieber hat und nicht nass ist oder sonst keine Schmerzen hat, wird eine Weinperiode keinen langfristigen Schaden anrichten. Dies vorausgeschickt schlage ich vor, dass Sie und Jena heute Abend Rolf füttern und wickeln. Spielen Sie mit ihm und nehmen Sie ihn in den Arm. Wenn die Schlafenszeit kommt, legen Sie ihn in sein Bettchen, streicheln ihm zwei- oder dreimal über den Rücken und gehen still aus seinem Zimmer. Er wird natürlich Zeter und Mordio schreien, aber Sie *dürfen* ihn *nicht* hochnehmen. Auch wenn er eine oder zwei Stunden lang schreit, muss ihm klar werden, dass er für die Nacht im Bett bleibt.

Schreien ist nicht nur für Eltern unangenehm anzuhören, es ist auch Schwerstarbeit für den Schreihals. Wenn er sich davon überzeugt hat, dass sein Protest diese großen liebevollen Menschen nicht zu seinem Bett bringt, verschwindet diese Verhaltensweise allmählich. Halten Sie sich an dieses Programm, solange es nötig ist, um das Verhaltensmuster zu ändern. Aber geben Sie Rolf auf jeden Fall viel Liebe und Aufmerksamkeit, bevor Sie ihn ins Bett bringen und schreien lassen. Mit der Zeit wird er verstehen, was los ist.

Dies wird wahrscheinlich nicht der letzte Kampf sein, den Sie mit Ihrem kleinen Rolf auszufechten haben. Ich vermute, er ist ein durch und durch eigenwilliges Kind, und in den Jahren, die vor Ihnen liegen, müssen Sie und Jena sich auf einige hunderttausend weitere Zusammenstöße auf anderen Schlachtfeldern gefasst machen. Ihre große Befriedigung in der Erziehungsarbeit liegt darin, ein anstrengendes Kind wie Rolf innerhalb von zwanzig Jahren zu einem selbstbeherrschten, ausgeglichenen und leistungsfähigen Erwachsenen zu machen. Sie sind dazu fähig!

Nebenbei möchte ich hier anfügen, dass ich hier keinesfalls sagte, dass Sie oder andere Eltern ein *Neugeborenes* sich ausweinen lassen sollen. In den ersten Lebensmonaten ist Weinen die einzige Möglichkeit, die ein Baby hat, seine Eltern darauf aufmerksam zu machen, dass etwas nicht in Ordnung ist. Erst später, wenn sie lernen, diese

Methode »auszunutzen«, müssen wir verhindern, dass sie damit Erfolg haben.

Frage 33
Unser vierundzwanzig Monate alter Sohn ist noch nicht sauber, aber meine Schwiegermutter meint, er müsste jetzt so weit sein. Sollen wir ihm den Hintern versohlen, wenn er in die Hose macht anstatt in den Topf?

Nein. Sagen Sie Ihrer Schwiegermutter, sie soll sich etwas beruhigen. Es ist durchaus möglich, dass Ihr Kind sich in diesem Alter noch nicht unter Kontrolle hat. Sie wollen ja bestimmt nicht ein Kind, egal wie alt es ist, für etwas bestrafen, das es nicht verstehen kann. Um sicher zu gehen, würde ich lieber zu spät als zu früh mit der Sauberkeitserziehung beginnen. Außerdem ist es besser, auf diesem Gebiet lieber Belohnungen und Lob als Strafe einzusetzen. Geben Sie ihm einen Lutscher (oder ein zuckerfreies Bonbon), wenn es geklappt hat. Wenn Sie bewiesen haben, dass er fähig ist, den Topf zu benutzen, können Sie ihn in Zukunft zur Verantwortung ziehen.

Frage 34
Wenn es natürlich ist, dass ein Kleinkind gegen alle Regeln verstößt, sollte es dann für normales ungebührliches Benehmen bestraft werden?

Kleinkinder geraten meistens in Schwierigkeiten, weil sie von Natur aus den Drang haben, alles in ihrer Reichweite anfassen, beißen, schmecken, riechen und zerbrechen zu wollen. Dies sind normale, gesunde Reaktionen, die nicht verhindert werden sollen. Wann sollte dann das Kleinkind milden erzieherischen Maßnahmen unterworfen werden? Wenn es den eindeutigen Befehlen seiner Eltern bewusst nicht gehorcht! Wenn es in die andere Richtung läuft, obwohl es gerufen wird, wenn es absichtlich sein Milchglas auf den Fußboden schleudert, wenn es auf die Straße rennt, wenn man ihm sagt, stehen zu bleiben, wenn es beim Schlafengehen schreit und einen Wutanfall bekommt, wenn es seine Freunde schlägt. Diese Verhaltensmuster müssen unterbunden werden. Aber auch in diesen Situationen sind strenge Strafen nicht gerechtfertigt. Ein leichter Schlag auf die Finger oder ein paar Minuten auf einem Stuhl sitzen übermittelt dieselbe Botschaft genauso überzeugend. Schläge sollten Augenblicken höchsten Widerstandes, die in der Regel nach dem zweiten, dritten oder vierten Geburtstag auftreten, vorbehalten bleiben.

Ohne meine vorhergehenden Aussagen abzuschwächen, möchte ich klarstellen, dass ich den umsichtigen Gebrauch von Gnade (und Humor) in den Beziehungen zwischen Eltern und Kindern befürworte. In einer Welt, in der Kinder gedrängt werden, zu schnell und zu früh erwachsen zu werden, kann ihr Gemüt unter stetig kritischen Blicken austrocknen und verkümmern. Es ist erfrischend, wenn Eltern ihre Strenge mit einem Quentchen »unverdienter Güte« mildern. Und nichts muntert alle Familienmitglieder mehr auf als Lachen und eine unbeschwerte Familienatmosphäre.

Frage 35
Ich kann mich darauf verlassen, dass mein Dreijähriger sich ungezogen benimmt, wenn wir in einem Geschäft oder Restaurant sind. Er scheint zu wissen, dass ich ihn dort vor allen Leuten nicht bestrafe. Wie sollte ich dieser Taktik begegnen?

Zur Erläuterung möchte ich Ihnen ein Beispiel aus der Natur geben. Ich hörte, dass ein Waschbär einen Hund töten kann, wenn er ihn in einen See oder einen Fluß bringt. Er zieht den Hund einfach unter Wasser, bis er ertrunken ist. Die meisten Raubtiere kämpfen am liebsten auf dem Terrain ihrer eigenen Wahl. Kinder auch. Wenn sie mit Papa oder Mama einen Streit vom Zaun brechen, dann inszenieren sie ihn am liebsten in der Öffentlichkeit, etwa im

Supermarkt oder in der Kirche. Sie sind schlau genug zu wissen, dass sie in der Gegenwart anderer Leuten »sicher« sind. Sie grapschen nach Bonbons oder sprechen so respektlos, wie sie es zu Hause nicht einmal versuchen würden. Es ist auch bekannt, dass die Generäle am erfolgreichsten sind, die den Feind auf einem Terrain überraschen, auf dem ihre Truppen im Vorteil sind. Öffentliche Einrichtungen bieten einem aufmüpfigen Vorschulkind ideale Vorteile.

Vielleicht gehören Sie zu den Eltern, die in die Falle der Schaffung von »Schutzzonen« gegangen sind, in denen die altbekannten Regeln nicht durchgesetzt werden. Ohne Zweifel erkennt Ihr eigenwilliges Kind solche sicheren Zonen und benimmt sich dort dann ungehörig und ungezogen. Im Inneren eines eigensinnigen Kindes liegt etwas, das es praktisch dazu zwingt, die Grenzen in Situationen zu »testen«, in denen die Entschlossenheit der Erwachsenen fraglich ist. Deshalb empfehle ich Ihnen, die Grundregeln darzulegen, bevor Sie diese öffentlichen Gebäude betreten und klarzustellen, dass diese Regeln gelten. Wenn das Kind sich dann schlecht benimmt, gehen Sie einfach mit ihm zum Auto zurück oder um die Ecke und tun, was Sie zu Hause getan hätten. Sein Verhalten in der Öffentlichkeit wird sich merklich verbessern.

Frage 36

Ich brauche mehr Sachwissen, um das kindliche Verhalten deuten zu können. Mein Problem ist, dass ich nicht weiß, wie ich reagieren soll, wenn mein Sohn Chris mich ärgert. Ich bin sicher, dass Eltern von vielen geringfügigen Übertretungen keine Notiz nehmen oder über sie hinweggehen sollen. In anderen Fällen sind sofortige erzieherische Maßnahmen erforderlich. Ich bin mir nicht sicher, dass ich spontan richtig reagiere.

Es liegt auf der Hand, dass Sie zuerst herausfinden müssen, was Chris beabsichtigt, was er fühlt und denkt. Gibt es Hinweise darauf, dass Chris Ihre Autorität herausfordert? Je heftiger seine trotzige Herausforderung ist, um so wichtiger ist es, mit Entschlossenheit darauf zu reagieren. Aber wenn er nur aus kindlicher Unbedarftheit handelte, wenn er nur etwas vergessen oder einen Fehler gemacht hat, dann sollten Sie viel nachsichtiger sein. Hier liegt ein wichtiger Unterschied. Im ersten Fall weiß das Kind, dass es unrecht handelte und wartet ab, wie die Eltern jetzt reagieren; im zweiten Fall ist es aus Unbesonnenheit in eine Situation geraten, die es nicht geplant hat.

Ich möchte Ihnen ein Beispiel geben. Nehmen wir an, der kleine Chris albert im Wohnzimmer herum, stößt an einen Tisch und zerbricht dabei einige teure Porzellantassen und Nippes. Oder vielleicht verliert er seine Bücher auf dem Nachhauseweg von der Schule. Dieses Verhalten ist auf kindliche Verantwortungslosigkeit zurückzuführen und sollte dementsprechend behandelt werden. Die Eltern können entweder von dem Zwischenfall keine Notiz nehmen oder das Kind arbeiten lassen, damit es den Schaden ersetzen kann – aber das hängt natürlich vom Alter und von der Reife des Kindes ab. Mit diesen Missgeschicken und Fehlberechnungen wird die Autorität der Eltern jedoch nicht direkt in Frage gestellt. Da sie nicht dreister Herausforderung entspringen, sollen sie auch nicht strenge Rügen oder Strafen nach sich ziehen.

Wenn ein Kind jedoch seiner Mutter Kraftausdrücke ins Gesicht schleudert oder mit dem Fuß aufstampft und ihr sagt, sie solle die Klappe halten, handelt es sich um etwas ganz anderes. Damit hat es den Bereich absichtlicher, trotziger Herausforderung betreten. Wie die Worte besagen, handelt es sich hierbei um einen bewussten Akt des Ungehorsams, bei dem das Kind weiß, was seine Eltern wollen, aber seine Fäuste ballt, in Stellung geht und sich auf den Kampf vorbereitet. Es ist die Weigerung, die Führung der Eltern zu akzeptieren, wie etwa Wegrennen, wenn es gerufen wird oder Ungehorsam und dann als Folge vielleicht Lügen. Solch eine direkte Konfrontation zwischen den Generationen ist ein Angriff gegen die Führungsrolle der Eltern. Jetzt ist keine Zeit für ruhige Diskussionen über die Tugend des Gehorsams. Jetzt ist nicht der Moment für Bestechungen, Feilschen oder Versprechungen. Es ist auch nicht klug, mit der Ahndung des Fehlverhaltens zu warten, bis Papa von der Arbeit nach Hause kommt.

Sie haben Grenzen gesetzt und Chris hat sie absichtlich überschritten. Wer wird gewinnen? Wer hat mehr Mut? Wer ist hier der Herr? Das sind die Fragen, die er stellt, und Sie müssen ihm unbedingt eine Antwort geben. Wenn Sie ihm in diesem Augenblick keine eindeutige Antwort geben, wird er weitere Auseinandersetzungen heraufbeschwören, um diese Fragen immer wieder zu stellen. Das sind die Gedanken eines eigenwilligen Kindes. Ja, es klingt widersinnig: Kinder wollen geleitet werden, aber sie bestehen darauf, dass ihre Eltern sich das Recht verdienen, sie zu leiten.

Kurz gesagt, wenn ein Kind sich ungebührlich benimmt, müssen Sie zuerst nach seiner Absicht fragen und dann nach der Achtung vor Ihnen. Je nachdem, wie Sie diese beiden Einstellungen deuten, wissen Sie sofort, wie Sie reagieren sollen.

Frage 37
Meine kleine Tochter ist erst ein Jahr alt und mein Mann und ich haben unsere helle Freude an ihr. Ihre Beschreibung der Kleinkinderzeit macht mir jedoch Angst. Diese Zeit steht ja kurz vor der Tür. Ist das »schreckliche zweite Lebensjahr« wirklich so schrecklich?

Ich finde, die Kleinkinderzeit ist herrlich. Sie ist geprägt von Aufblühen und Entfaltung. Jeden Tag lernt das Kind neue Wörter und über die niedlichen Wortschöpfungen in diesem Alter schmunzelt man noch fünfzig Jahre später. Das Kind zeigt jetzt lebhaftes Interesse an Märchen, am Weihnachtsmann und an wuscheligen jungen Hunden. Noch wichtiger, es ist eine wertvolle Zeit der Liebe und Geborgenheit, die allzu schnell vergeht und nie wieder kommt.

Zugegeben, die Kleinkinderzeit kann für eine vielbeschäftigte Mutter auch recht belastend sein. Eine der wesentlichsten Frustrationen für sie ist die negative Grundhaltung in dieser Entwicklungsphase. Ich habe irgendwo gehört, dass man alle Menschen in zwei Gruppen einteilen kann: diejenigen, die zu den verschiedenen Vorhaben des Lebens ja sagen und diejenigen, die eher dazu neigen, nein zu sagen. Ich kann Ihnen mit voller Überzeugung versichern, dass jedes Kleinkind in jedem Teil der Welt ganz bestimmt zu den Neinsagern gehört! Wenn es ein typisches Wort für die Altersgruppe zwischen fünfzehn und vierundzwanzig Monaten gibt, dann ist es das Wort *nein*! Nein, er will seinen Brei nicht essen. Nein, er will nicht mit seinem Lastauto spielen. Nein, er will nicht in die Badewanne. Und Sie können sicher sein, dass er nicht ins Bett will, nein, nie. Wegen der negativen Einstellung, den Konflikten und der Unabhängigkeit dieses Alters ist es leicht verständlich, warum dieser Lebensabschnitt auch die »erste Pubertät« genannt wurde.

Das Ärgerlichste an diesem »schrecklichen zweiten Lebensjahr« ist vielleicht die Neigung der Kinder, alles auszuschütten, auseinanderzunehmen, kaputtzumachen, in die Toilette zu werfen, schreckliche Sachen in den Mund zu stecken, von überall herunterzufallen und in die unmöglichsten Situationen zu geraten. Sie verstehen sich auch vorzüglich darauf, peinliche Dinge zu tun, wie etwa den Mann, der in der Imbissstube neben ihnen steht, anzuniesen. Während dieser Kleinkinderzeit kann eine Stille, die mehr als dreißig Sekunden dauert, einen Erwachsenen plötzlich in Panik versetzen. Welche Mutter trifft nicht fast der Schlag, wenn sie die Schlafzimmertür öffnet und ihren kleinen Piraten von Kopf bis Fuß, ja bis zum Teppich, auf dem er steht, mit Lippenstift beschmiert sieht? An der Wand entdeckt sie sein Originalkunstwerk mit einem roten Händeabdruck in der Mitte, und der ganze Raum duftet nach Chanel Nr. 5, mit dem er seinen Babybruder eingerieben hat. Wäre es nicht interessant, einmal eine landesweite Mütterversammlung einzuberufen, in der von solchen Schocks berichtet wird?

Ja die Kleinkinderzeit ist anstrengend, aber sie ist auch ein herrlicher Lebensabschnitt. Sie ist nur von kurzer Dauer. Millionen Eltern erwachsener Kinder würden alles dafür geben, um noch einmal diese stürmischen Tage mit ihren Kleinkindern zu erleben. Genießen Sie diese Jahre in vollen Zügen.

Frage 38

Was würden Sie meinem Mann und mir raten? Wir bestrafen unsere Kinder viel zu oft. Gibt es eine andere Möglichkeit, sie dazu zu bringen, sich an die Regeln zu halten?

W enn Sie möchten, dass Kinder tun, was Sie wollen, sollten Sie viel Zeit mit ihnen verbringen, bevor Erziehungsprobleme auftreten, gemeinsam Spaß haben, miteinander lachen und sich vergnügen. Wenn es solche Zeiten der Liebe und Nähe gibt, sind Kinder weniger versucht, ihre Grenzen zu testen und sich gegen sie aufzulehnen. Viele Konfrontationen sind vermeidbar, wenn man eine freundschaftliche Beziehung zu den Kindern aufbaut und sie dazu bringt, dass sie zu Hause mitmachen wollen. Kinder werden dadurch gewiss mehr angesprochen als durch Ärger.

Gesundheit und Wohlergehen von Kindern

Frage 39

Ich habe große Angst, dass mein Baby stirbt, wenn ich es ins Bettchen lege. Was weiß man über den plötzlichen Kindstod? Haben Forscher herausgefunden, was die Ursachen dafür sind, dass scheinbar gesunde Babys im Schlaf sterben?

Der plötzliche Tod im Kindesalter ist immer noch ein großes Problem; etwa sechstausend Babys pro Jahr sterben alleine in den Vereinigten Staaten daran. Wir wissen jedoch mehr über die Umstände, die oft mit diesem schrecklichen Vorfall in Zusammenhang stehen. Die amerikanische Behörde für die Sicherheit von Verbrauchsgütern führte in Zusammenarbeit mit Forschern der Universität von Maryland und der Medizinischen Fakultät der Universität von Washington in St. Louis, Missouri, eine Untersuchung durch. Die Ergebnisse wurden bei einer Tagung der Kinderärztlichen Forschungsgesellschaft 1996 vorgestellt. Der Epidemiologe Dr. N. H. Scheers, der die Untersuchung leitete, berichtete: »Wir haben die Ursache des plötzlichen Todes im Kindesalter nicht gefunden, aber aus unseren Ergebnissen geht hervor, dass bestimmtes Schlafzubehör, wie etwa Schnuller und Kissen, mit einem erhöhten Todesrisiko bei Kindern in Zusammenhang gebracht werden, die auf dem Bauch schlafen und deren Gesicht zugedeckt wird, verglichen mit Kindern, die auf der Seite oder auf dem Rücken und nicht auf weichem Bettzeug schlafen.«

Daraus wurde gefolgert, dass es bei Babys, die auf weichem Bettzeug auf dem Bauch schlafen, wahrscheinlicher ist, dass sie ihr ausgeatmetes Kohlendioxid, das sich in den Decken und Kissen fängt, wieder einatmen. In über dreißig Prozent von 206 Fällen plötzlichen Kindstods, die während des Projekts untersucht wurden, fand man die Babys mit Bettzeug an Mund und Nase gedrückt. Die meisten waren noch keine vier Monate alt und konnten sich selbst nicht befreien.[8]

Ärzte geben Eltern den Rat, ihre Kinder auf den Rücken, nicht auf den Bauch, zu legen und so wenig loses Bettzeug wie möglich im Bett zu lassen. Die Befolgung dieses Rates kann nicht alle Fälle plötzlichen Kindstods verhindern, könnte aber einigen tausend Kindern im Jahr das Leben retten.

Frage 40
Sollten Eltern versuchen, ein Kind zum Essen zu zwingen?

Nein. Der Esstisch kann zum Schlachtfeld werden, auf dem Eltern leicht in einen Hinterhalt geraten. Hier können Sie nicht gewinnen! Ein Kind mit großer Willenskraft ist wie ein guter General, der ständig nach einem Standort Ausschau hält, von dem aus er es mit dem Feind aufnehmen kann. Das Kind braucht nicht weiter zu suchen. Verglichen mit allen möglichen Konflikten zwischen Eltern und Kindern – Schlafengehen, Frisur, Kleidung, Schularbeiten usw. – hat das Kind am Esstisch alle Vorteile in seiner Hand! Dreimal am Tag kann sich ein kleines Kind einfach weigern, den Mund aufzumachen. Nichts und niemand kann es zwingen, etwas zu essen, das es nicht essen will.

Ich erinnere mich an einen Dreijährigen, der beschlossen hatte, die Erbsen auf seinem Teller nicht zu essen, obwohl sein Vater darauf bestand. Es war die klassische Konfrontation zwischen einer unwiderstehlichen Kraft und einem unbeweglichen Gegenstand. Keiner gab nach. Nachdem der Vater eine Stunde lang geredet, gedroht, geschmeichelt und geschwitzt hatte, hatte er sein Ziel nicht erreicht. Der Kleine saß weinend am Tisch, während eine Gabel voll Erbsen verhängnisvoll auf seine fest verschlossenen Lippen gerichtet war.

Schließlich gelang es dem Vater mit reiner Einschüchterung eine Gabel Erbsen in den Mund des Kindes zu bekommen. Aber der

Junge schluckte nicht. Ich weiß nicht, wie es noch weiterging, aber die Mutter erzählte mir, dass sie keine andere Wahl hatten, als das Kind mit den Erbsen im Mund ins Bett zu bringen. Seine Willensstärke versetzte sie in größtes Erstaunen.

Am nächsten Morgen fand die Mutter ein Häufchen breiiger Erbsen am Fuß des Bettes. Eins zu null für das Kind. Der Vater hatte verloren. Kennen Sie einen anderen Kampfplatz, auf dem ein fünfzehn Kilo schweres Kind einen neunzig Kilo schweren Mann vernichtend schlagen kann?

Natürlich ist nicht jedes Kleinkind so willensstark. Aber viele sind bereit, den Kampf ums Essen aufzunehmen. Für sie ist es das Spiel, in dem sie die Macht in der Hand haben. Erfahrene Eltern oder Großeltern werden das bestätigen. Das Traurige an der Sache ist, dass diese Konflikte unnötig sind. Kinder essen, so viel sie brauchen, wenn Sie darauf achten, dass sie sich nicht mit Ungesundem vollstopfen. Sie werden nicht verhungern. Ehrenwort!

Wenn Ihr Kind schlecht isst, stellen Sie ihm gutes Essen hin. Wenn es vorgibt, keinen Hunger zu haben, decken Sie seinen Teller zu und stellen ihn in den Kühlschrank und lassen das Kind in Ruhe. Nach einigen Stunden wird es zurückkommen. Gott hat ein seltsames Gefühl in seinen Magen eingebaut, das sagt: »Gib mir zu essen!« Wenn das geschieht, geben Sie dem Kind keine Süßigkeiten, keine Salzstangen, Chips oder Gebäck. Holen Sie einfach seine Mahlzeit aus dem Kühlschrank, wärmen sie auf und stellen Sie sie vor das Kind. Auch wenn zwölf Stunden oder noch mehr vergehen, machen Sie so weiter, bis Essen – jedes Essen – herrlich aussieht und schmeckt. Danach müsste der Kampf beim Essen bald der Vergangenheit angehören.

Frage 41
Warum nässt ein Kind das Bett ein? Unser Fünfjähriger macht fast jede Nacht das Bett nass, worüber ich wütend werde.

Etwa sieben Millionen Kinder in den Vereinigten Staaten machen jede Nacht ihr Bett nass.[9] Sie werden oft missverstanden. Viele Eltern glauben, dass das Bettnässen absichtlich geschieht und dass es durch Strafen abgestellt werden kann. Andere denken, die Kinder seien einfach zu faul, um auf die Toilette zu gehen. Diese Ansichten sind falsch und verhängnisvoll.

Bettnässen ist oft organisch bedingt, zum Beispiel durch eine zu kleine Blase oder eine andere gesundheitliche Störung. Deshalb sollten Sie sich bei Bettnässen an einen Kinderarzt oder Urologen wenden. Etwa der Hälfte der Kinder kann durch medizinische Behandlung geholfen werden.

Bei anderen Jungen und Mädchen ist das Problem seelisch bedingt. Jede Änderung im psychologischen Umfeld der Familie kann mitternächtliches Einnässen verursachen. Bei Ferienlagern für kleine Kinder versehen die Leiter regelmäßig die Matratzen aller kleinen Gäste mit Gummieinlagen. Die Angst, von zu Hause weg zu sein, erhöht die Wahrscheinlichkeit des Bettnässens während der ersten Nächte und es ist besonders riskant, in einem der unteren Betten zu schlafen!

Es gibt einen dritten Faktor, der meiner Meinung nach eine häufige Ursache von Bettnässen ist. Das Kleinkind nässt das Bett einfach ein, weil es nachts seine Blase noch nicht kontrollieren kann. Um einem weiteren Missgeschick zuvorzukommen, beginnen einige Eltern, ihr Kind nachts aus dem Bett zu holen und aufs Töpfchen zu setzen. Dort sitzt es und schläft tief, und ihm wird gesagt, es solle »Pipi« machen. Wenn das Kind in dieser Weise konditioniert wurde und dann nachts urinieren muss, träumt es, dass man ihm sagt, es solle »Pipi« machen. Besonders wenn es nachts gestört wird, glaubt es, es werde zur Toilette gebracht. Ich rate den Eltern von größeren Bettnässern, sie nicht mehr nachts aufzuwecken, auch wenn das Bettnässen noch eine Weile anhält.

Frage 42
Ich werde so wütend auf meinem Sohn, wenn er das Bett einnässt.
Jeden Morgen muss ich das Bett abziehen und die Bettwäsche und
seinen Schlafanzug waschen. Ich sagte ihm letzte Woche, ich
würde ihm eine Tracht Prügel geben, wenn es wieder vorkommt.
Glauben Sie, das hilft?

Sicherlich nicht! Außer das Bettnässen Ihres Sohnes geschieht aus Trotz, wenn er schon wach ist, was ich aber nicht glaube; sein Bettnässen geschieht *unabsichtlich* und er kann dafür nicht verantwortlich gemacht werden. Unter diesen Umständen ist Strafe gefährlich und ungerecht. Ihr Sohn ist sowieso schon gedemütigt, wenn er morgens nass aufwacht, und je älter er wird, umso lächerlicher findet er sich.

Der Bettnässer braucht von seinen Eltern Ermutigung und Geduld und sie sollten für ihn oder für sie da sein. Sie wären gut beraten, wenn sie versuchen würden, das peinliche Problem vor denen zu verheimlichen, die ihn auslachen würden. Sogar gutmütiger Humor innerhalb der Familie ist in Zusammenhang mit Bettnässen oft sehr schmerzlich.

Frage 43
Was können Sie bei Bettnässen vorschlagen, von medizinischer
Hilfe abgesehen?

Andere Mittel helfen in manchen Fällen, zum Beispiel elektronische Geräte, die klingeln und das Kind aufwecken, wenn der Harn einen Stromkreis schließt. Dadurch wird ein Kind so konditioniert, dass es das Gefühl, urinieren zu müssen, mit der Klingel, die es aufweckt, in Verbindung bringt. Ich erlebte einige dramatische Erfolgsgeschichten, bei denen »eingefleischte« Bettnässer innerhalb weniger Wochen mit einem solchen Gerät geheilt wurden. Ein Versuch kann sicherlich nicht schaden.

Ich hoffe, Sie können Ihre Frustrationen auf ein Mindestmaß beschränken, bis das Problem gelöst ist. Manchmal hilft ein Lächeln. Ich erhielt einen Brief von einer Mutter, die mir das Abendgebet ihres dreijährigen Sohnes schrieb: »Ich lege mich zum Schlafen hin, schließe meine Augen und mache mein Bett nass.«

Frage 44
Seit kurzem quält mein siebenjähriger Sohn Tiere. Wir ertappten ihn dabei, wie er den Hunden und Katzen von Nachbarn recht schlimme Dinge antat. Wir bestraften ihn natürlich, aber ich frage mich, ob wir uns deshalb Sorgen machen müssen?

Tierquälerei ist oft ein Symptom einer ernst zu nehmenden psychologischen Störung, die von einem Fachmann geprüft werden soll. Bei Kindern, die so etwas tun, ist das normalerweise nicht nur eine vorübergehende Phase. Es sollte als Warnzeichen eines möglichen psychologischen Problems gesehen werden, das ziemlich hartnäckig sein kann. Manchmal wird es mit sexuellem Missbrauch während der Kindheit in Zusammenhang gebracht. Ich möchte Sie jetzt nicht beunruhigen oder den Fall aufbauschen, aber erwachsene Gewaltverbrecher waren als Kinder oft zu Tieren grausam. Dies wurde in einer neueren Untersuchung der amerikanischen Humane Association bestätigt.[10] Ich rate Ihnen, mit Ihrem Sohn zu einem Psychologen oder einem anderen Verhaltensspezialisten zu gehen, der seine psychische Gesundheit untersuchen kann. Und dulden Sie auf keinen Fall Tierquälerei.

Frage 45
Meine Tochter ist fünf Jahre alt und hatte in letzter Zeit einige schlimme Alpträume. Sie wacht mitten in der Nacht schreiend auf, kann uns aber nicht sagen, was sie so in Schrecken versetzt hat. Am nächsten Morgen scheint sie sich nicht an den Traum erinnern

zu können, aber offensichtlich ist sie über etwas beunruhigt. Meine Frau und ich machen uns Sorgen, dass sie psychologische Probleme hat, die in diesen schrecklichen Träumen zum Ausdruck kommen. Ist das möglich?

Ich denke, mit Ihrer Tochter ist alles in Ordnung. Bei ihr liegt wahrscheinlich »nächtliches Aufschrecken« vor und nicht ein Alptraum. Der Unterschied zwischen beiden ist folgender: Alpträume treten in erster Linie im sogenannten »Schlafstadium drei« auf und der Träumende kann sich oft an sie erinnern, wenn er aufwacht. Manchmal stehen sie in Zusammenhang mit seelischen Belastungen während des Tages und spielen eventuell eine Rolle bei der »Verarbeitung« dieser beunruhigenden Erfahrungen. Oft kann der Betroffene über einen Alptraum sprechen und die furchterregende Geschichte erzählen.

Nächtliches Aufschrecken dagegen tritt im »Schlafstadium vier«, also im Tiefschlaf auf, in dem der Schlafende noch weiter vom Bewusstsein entfernt ist. In diesem physiologischen Zustand sind die Körperfunktionen auf ein Minimum, nämlich die lebenserhaltenden Aufgaben beschränkt. Atmung, Herzschlag, Stoffwechsel und andere Funktionen sind stark verlangsamt. Manche Kinder erleben während dieser Phase seltsame Träume, aufgrund derer sie hochfahren und vor Schreck aufschreien. Wenn jedoch ein Erwachsener dem Kind zu Hilfe eilt, ist das Kind nicht ansprechbar. Die Augen sind weit geöffnet, aber das Kind ist offensichtlich nicht wach. Und am nächsten Morgen erinnert es sich an nichts Beunruhigendes.

Es scheint, dass dies bei Ihrer Tochter der Fall ist. Ich kann Sie beruhigen, denn man fand keine Verbindung zwischen nächtlichem Aufschrecken und psychologischer Belastung oder irgendwelchen bekannten gesundheitlichen Problemen oder seelischen Störungen. Wir kennen auch die Ursache dieses Aufschreckens nicht.

Die gute Nachricht ist, dass Ihrer kleinen Tochter nichts fehlt. Die schlechte Nachricht besagt, dass Sie wohl eine Zeitlang mit ihrem mitternächtlichen Aufschrecken leben müssen und aus Ihrem eigenen »Schlafstadium vier« gerissen werden.

Frage 46
Kann man das nächtliche Aufschrecken eines Kindes verhindern? Bei uns geschieht das fast jede Nacht und es ist wirklich sehr belastend für meinen Mann und mich.

Ja, Sie können mit gewissen Medikamenten meist verhindern, dass Ihr Kind in Schlafstadium vier eintritt. Ich würde Ihnen dazu jedoch nur dann raten, wenn das nächtliche Aufschrecken regelmäßig auftritt und den Schlafrhythmus der Erwachsenen erheblich stört. Wenn dies der Fall ist, sollten Sie mit Ihrem Arzt darüber sprechen.

Frage 47
Was denken Sie über die Gefahren von Marihuana? Ich hörte, es mache nicht süchtig und sei deshalb auch nicht schädlich; andererseits hörte ich, es sei sehr gefährlich. Was stimmt?

Lassen Sie mich den Arzt Harold Voth, Chefpsychiater der Menninger-Stiftung in Topeka, Kansas, und stellvertretender Leiter für Pädagogische Psychiatrie der Ärztlichen Dienststelle der Fürsorgeverwaltung für Kriegsteilnehmer in Topeka, Kansas, zitieren. Die Tatsachen, die er anführt, sprechen für sich:

Neunzig Prozent derjenigen, die harte Drogen nehmen, begannen mit Marihuana.

Fünf Marihuana-Zigaretten haben die gleiche krebserzeugende Wirkung wie 112 gewöhnliche Zigaretten.

Marihuana setzt sich in den Fettzellen ab und bleibt drei bis fünf Wochen im Körper. Während dieser gesamten Zeit wird die geistige und körperliche Leistungsfähigkeit beeinträchtigt.

Wenn jemand regelmäßig Marihuana raucht, kommt es zu einer Kumulation und Anreicherung von THC, einer giftigen Substanz, in den Fettzellen des Körpers, insbesondere im Gehirn. Es dauert drei bis fünf Monate, bis ein Gewohnheitskonsument tatsächlich entgiftet ist.

Der Teil des Gehirns, mit dem ein Mensch auf höherer Ebene überlegt, sich konzentriert, schöpferisch tätig ist, lernt und abstrahiert, ist bei Jugendlichen noch im Wachstum begriffen. Fortgesetzter, längerer Konsum von Marihuana verlangsamt das normale Wachstum dieser Gehirnzellen.

Eine Studie der Universität Columbia zeigte bei Marihuana-Raucherinnen eine starke Vermehrung der Zellen, die die DNS (Träger der Erbinformation) schädigen. Man fand ebenfalls, dass die weiblichen Eizellen besonders anfällig für Schädigungen durch Marihuana sind.

Eine zweite Studie der Universität Columbia zeigte, dass bei einer Gruppe, die ein Jahr lang jeden zweiten Tag eine einzige Marihuana-Zigarette rauchte, die Anzahl der weißen Blutkörperchen um neununddreißig Prozent unter dem Normalwert lag, was bedeutet, dass der Marihuana-Konsument anfälliger für Infektionen und Krankheiten ist.

Eine einzige Marihuana-Zigarette vermindert die Fahrtüchtigkeit um einundvierzig Prozent, zwei Zigaretten um dreiundsechzig Prozent.[11]

Unter diesen Umständen ist es gewissenlos, wenn Menschen, die es besser wissen müssten, weiterhin die Legalisierung von Marihuana befürworten.

Frage 48
Ich bin seit kurzem schwanger. Der Arzt sagte mir, ich solle nichts Alkoholisches trinken, bis das Baby geboren ist. Normalerweise trinke ich nach der Arbeit einige Gläser Bier und mehrmals in der Woche auch einen Cocktail. Muss ich wirklich auf allen Alkohol verzichten, bis das Baby da ist?

Ich bitte Sie dringend, den Rat Ihres Arztes zu befolgen. Ihr ungeborenes Baby kann ernsthaft geschädigt werden, wenn Sie in den nächsten Monaten weiter trinken. Ihr Kind könnte an der sogenannten »Alkoholembryopathie« erkranken, was zu Herzfehlern, Störungen des zentralen Nervensystems, Schädel- und Gesichtsanomalien und lebenslangen Verhaltensauffälligkeiten führen kann. Man nimmt an, dass Alkoholembryopathie auch die Hauptursache für geistige Retardierung ist.[12] Es ist schrecklich, einem Kind dies zuzufügen.

Babys können zu jedem Zeitpunkt der Schwangerschaft durch Alkohol im Blut ihrer Mutter geschädigt werden, aber während der ersten drei Monate sind sie besonders verletzbar. Deshalb sollten Sie während der restlichen sieben Monate Ihrer Schwangerschaft nicht trinken, aber vor allem jetzt noch nicht einmal einen Tropfen.

Vielleicht erinnern Sie sich an die Geschichte von Simson im Alten Testament, der seine Feinde, die Philister, in Schrecken versetzte. Vor seiner Geburt sagte ein Engel seiner Mutter, dass ihr Kind für Großes bestimmt sei und dass sie ihn nicht dadurch schwächen soll, indem sie während der Schwangerschaft starke Getränke zu sich nimmt. Die Medizin hat jetzt die Weisheit dieses Rates bestätigt. Deshalb ist es in manchen Teilen der Welt gesetzlich vorgeschrieben, dass eine dementsprechende Warnung an schwangere Frauen überall da ausgehängt wird, wo Alkohol, Bier oder Wein verkauft wird.

Ihnen und allen schwangeren Frauen und solchen, die es werden wollen, lege ich ans Herz: Setzen Sie die Zukunft Ihres Babys nicht aufs Spiel. Bei Alkohol gibt es keinen Grenzwert, der für sicher gehalten werden kann. Leben Sie die ganzen neun Monate lang enthaltsam. Sie und Ihr Baby werden darüber froh sein.

Frage 49
Erklären Sie die Begriffe *Anorexie* und *Bulimie* sowie die Ursachen dieser Essstörungen.

Ein Mensch, der an Anorexie leidet (meist handelt es sich um Frauen), lässt sich selbst verhungern, indem er sich weigert, genug für die Befriedigung der Mindestbedürfnisse seines Körpers zu essen. Innerhalb kurzer Zeit kann sich eine Frau mit einem Normalgewicht von sechzig Kilogramm auf sechsunddreißig Kilogramm herunter hungern. Auch wenn sie kurz vor dem Hungertod steht, denkt sie immer noch, sie habe Übergewicht.

Bulimie ist das Gegenteil. Eine Frau, die daran leidet, verschlingt unbeherrscht große Nahrungsmengen und »reinigt« sich dann durch Erbrechen oder den Gebrauch starker Abführmittel. Genau wie Anorexie kann auch Bulimie zu schweren Gesundheitsschäden führen, wenn sie nicht diagnostiziert und behandelt wird.

Man nimmt an, dass sowohl Anorexie als auch Bulimie einen starken Wunsch nach Beherrschung des eigenen Lebens ausdrücken. Der typische Anorexiepatient ist eine Frau gegen Ende des Jugendalters oder im frühen Erwachsenenalter. In der Regel ist sie nachgiebig, war immer ein »artiges kleines Mädchen«. Die ganzen Entwicklungsjahre hindurch unterdrückte sie ihren Ärger und ihre Frustration über ihre Machtlosigkeit. Dann, eines Tages, begann ihr Bedürfnis nach Macht sich in einer ernsthaften Essstörung bemerkbar zu machen. Zumindest hier war ein Gebiet, auf dem sie der Boss sein konnte. Diese Menschen merken auch, dass Dicke von Gleichaltrigen abgelehnt und lächerlich gemacht werden, was sie mit Schrecken erfüllt.

Ich empfehle allen Eltern von Mädchen, das Gewicht und Verhalten ihrer Tochter ab dem dreizehnten Lebensjahr genau zu beobachten. Die geeignete Behandlung einer Essstörung kann einem Mädchen das Leben retten.

Frage 50

Unsere Schulpsychologin meint, unser Sohn leide an kindlicher Depression. Du liebe Zeit! Er ist erst neun Jahre alt. Ist es sinnvoll zu glauben, dass dies sein Problem sein könnte?

Früher glaubte man, Depressionen seien ausschließlich ein Problem für Erwachsene, aber diese Sichtweise ändert sich. Wir erkennen jetzt Anzeichen ernsthafter Niedergeschlagenheit bei Kindern, die erst fünf Jahre alt sind.

Zu den Symptomen einer Depression bei Vorschulkindern gehören eine allgemeine Teilnahmslosigkeit, Gleichgültigkeit gegenüber Dingen, für die es sich vorher interessierte, Schlafstörungen, Nägelbeißen, Appetitmangel und heftige Gefühlsausbrüche. Andere häufige Reaktionen sind Magenbeschwerden und eine allgemein niedrige Frustrationsschwelle.

Wenn Ihr Kind eine Depression hat, ist dies nur ein Zeichen dafür, dass ihn etwas anderes belastet. Helfen Sie ihm, seine Gefühle in Worten auszudrücken. Versuchen Sie, die Erklärung für Traurigkeit vorauszuahnen, und führen Sie mit dem Kind Gespräche, die ihm die Möglichkeit bieten, sich zu äußern. Seien Sie bereit, zuzuhören, ohne zu urteilen oder die ausgesprochenen Gefühle abzuwerten. Verstanden zu werden ist für Kinder wie Erwachsene eine Wohltat.

Wenn die Symptome stark sind oder länger als zwei Wochen andauern, empfehle ich Ihnen, den Rat der Schulpsychologin zu befolgen oder fachkundige Hilfe für Ihren Sohn zu suchen. Anhaltende Depressionen können für Menschen jeden Alters schädlich sein, sind aber bei Kindern besonders gefährlich.

Frage 51
Ist es unvermeidlich, dass der Charakter eines Erwachsenen durch ein Kindheitstrauma verbogen und verbildet wird?

Nein. Es ist bekannt, dass manche Menschen durch eine schwierige Kindheit verletzt und benachteiligt, andere aber gerade dadurch zu großen Leistungen und Erfolg angespornt werden. Dies scheint vom persönlichen Temperament und der Befindlichkeit des Betroffenen abzuhängen.

In einer klassischen Studie mit dem Titel »Cradles of Eminence«
(Wiegen Prominenter) untersuchten Victor und Mildred Goertzel
die familiäre Herkunft von dreihundert höchst erfolgreichen Persönlichkeiten. Die Forscher wollten die frühkindlichen Erfahrungen
herausfinden, die zu hervorragenden Leistungen beitrugen. Alle
untersuchten Personen waren weltbekannt; zu ihnen gehörten
Einstein, Freud, Churchill und viele andere.
Die Vergangenheit dieser Menschen war äußerst interessant. Drei
Viertel von ihnen hatten eine sorgenvolle Kindheit, litten unter
Armut, zerrütteten Familienverhältnissen oder Misshandlung durch
ihre Eltern. Ein Viertel hatte eine körperliche Behinderung. Die meisten von denen, die Schriftsteller oder Bühnenautoren wurden, hatten
miterlebt, wie ihre eigenen Eltern in ein psychologisches Drama der
einen oder anderen Art verwickelt waren. Die Forscher kamen zu
dem Schluss, dass das Bedürfnis, diese Nachteile zu kompensieren,
ein Hauptfaktor bei dem Streben nach persönlicher Leistung war.[13]
Eines der besten Beispiele dafür sehen wir im Leben von Eleanor
Roosevelt, der Frau des ehemaligen Präsidenten der USA. Mit zehn
Jahren war sie Vollwaise und erlebte eine äußerst schmerzliche Kindheit. Sie war sehr ungewandt und hatte den Eindruck, zu niemandem
zu gehören. Zitieren wir Victor Wilson, Newhouse News Service:
»Sie war eine recht humorlose, introvertierte junge Frau, unglaublich
schüchtern, unfähig, ihre persönliche Unsicherheit zu überwinden
und von ihrer eigenen Unzulänglichkeit überzeugt.« Die Welt weiß
jedoch, dass Frau Roosevelt ihre seelischen Ketten abschüttelte. Wilson sagte: »... Aus einer inneren Quelle schöpfte Frau Roosevelt
hartnäckigen, unnachgiebigen Mut, der mit bemerkenswerter Selbstbeherrschung und Selbstdisziplin gepaart war ...« Diese »innere
Quelle« hat einen anderen, treffenden Namen: Kompensation!
Die Einstellung zu einer Behinderung oder Benachteiligung
bestimmt offensichtlich deren Auswirkung auf das Leben. Es ist
üblich, ungünstigen Umständen die Schuld an verantwortungslosem
Verhalten zu geben (z. B. Armut verursacht Verbrechen, aus zerrütteten Familien gehen jugendliche Straftäter hervor, eine kranke

Gesellschaft drängt Jugendliche in die Drogenabhängigkeit). Ein Quentchen Wahrheit liegt in dieser Annahme, denn es ist wahrscheinlicher, dass Menschen in solch schwierigen Umständen zerstörendes Verhalten an den Tag legen. Aber sie werden dazu nicht gezwungen. Die Behauptung, ungünstige Umstände *verursachen* verantwortungsloses Verhalten, nimmt dem Menschen die gesamte Verantwortung ab. Diese Entschuldigung ist nicht stichhaltig. Wir alle müssen entscheiden, was wir tun, trotz innerer Zweifel und äußerer Not. Was das für die einzelne Familie bedeutet, liegt auf der Hand. Wenn ein Kind eine traumatische Erfahrung gemacht hat oder körperlich benachteiligt ist, brauchen seine Eltern nicht die Hoffnung aufzugeben. Sie sollen seine Stärken und natürlichen Fähigkeiten herausfinden, die dazu genutzt werden können, die Hürde zu überwinden. Das Problem, das heute so gewaltig scheint, kann morgen die Triebfeder zu Einfluss und Größe werden.

Frage 52
Muss ich mir Sorgen machen, weil mein zweieinhalbjähriger Sohn hin und wieder stammelt und Wörter wiederholt? Wenn wirklich Stottern vorliegt, möchte ich möglichst bald etwas unternehmen.

Es ist zu früh, um sich über die Sprachstörungen Ihres Jungen Sorgen zu machen. Das DuPont-Kinderkrankenhaus in Wilmington, Delaware, das auf die Sprachtherapie bei Kindern spezialisiert ist, hat folgende Empfehlung herausgegeben:

Die ersten Anzeichen des Stotterns treten oft nach dem zweiten Geburtstag auf oder wenn ein Kind beginnt, Wörter aneinanderzureihen und Sätze zu formen. Für Eltern kann das beunruhigend sein, aber es gilt als normale Phase in der Sprachentwicklung. Im Vorschulalter ist es am besten, geduldig mit dem Kind zu sein und behutsam, freundlich und informiert zu reagieren. Ein

Kind spricht vielleicht einige Wochen oder mehrere Monate lang nicht fließend, wobei die Symptome allmählich verschwinden und vielleicht erneut auftreten. Bei den meisten Kindern, die vor dem Alter von fünf Jahren mit dem Stottern beginnen, verschwindet die Störung des Redeflusses in der Regel innerhalb von zwölf Monaten nach ihrem Einsetzen. Mit Beginn des Schulalters (im Alter von sechs oder sieben Jahren) verbessern Kinder ihre Kommunikationsfähigkeiten. Zu diesem Zeitpunkt sind normale Störungen des Redeflusses sehr selten.[14]

Demnach sagen die Fachleute, dass Sie warten sollen, bis Ihr kleiner Junge sechs oder sieben Jahre alt ist, bevor Sie etwas unternehmen. Wenn er dann immer noch stottert, sollte in einer Klinik eine komplette Sprachanalyse vorgenommen werden.

Frage 53

Jahrelang haben Sie empfohlen, dass Eltern mit ihren Kindern vor der Pubertät für ein Wochenende, das Sie »Vorbereitung auf die Teenagerzeit« nannten, wegfahren sollten, um während dieser Tage mit ihnen über die körperlichen und seelischen Veränderungen, die stattfinden, zu sprechen. Mich interessiert Ihre Bemerkung, dass Kinder diese Information wünschen, bevor sie Teenager werden, aber nach der Pubertät nicht mehr darüber sprechen wollen. Ändern sich ihre Einstellungen wirklich von einem Tag auf den anderen so sehr?

Ja, das tun sie tatsächlich. Eine Untersuchung von 1023 Kindern im Alter zwischen zehn und dreizehn Jahren zeigte, dass sich die Zahl derjenigen, denen es peinlich war, mit ihren Eltern über Sexualität zu sprechen, nach der Pubertät fast verdoppelte. Vorher waren sie sehr offen für Belehrung und Anweisung in der Familie. Dreiundneunzig Prozent der Zehn- bis Zwölfjährigen fühlten sich von ihren Eltern »die ganze Zeit« geliebt, sagte Dr. Alvin Poussaint, Psychiater an der

Harvard Universität. Er meinte:»Eltern mögen erstaunt darüber sein, dass ihre Kinder in diesem Alter sagen: ›Wir wollen euch nahe sein. Wir brauchen euch und fürchten uns noch. Wir brauchen das Gefühl der Sicherheit und Geborgenheit, das ihr uns gebt.‹«[15]

Diese Studie zeigte jedoch, dass sich die Einstellung der Kinder dramatisch veränderte, sobald sie in der achten Klasse waren. Diejenigen, die noch im Jahr zuvor offen für Ratschläge waren, wollten plötzlich nicht mehr mit ihren Eltern sprechen. Die Tür der Zugänglichkeit hatte sich geschlossen.

Die Moral der Geschichte? Investieren Sie in den Monaten vor der Pubertät etwas Zeit, um Ihre Kinder auf die Belastungen der Teenagerzeit vorzubereiten. Ihre Mühe wird sich auszahlen.

Frage 54

Unser Hausarzt möchte meinen dreizehnjährigen Sohn untersuchen, ohne dass ich im Zimmer dabei bin. Das finde ich in Ordnung, aber ich erwarte, dass er mich darüber informiert, was mein Junge sagte und wie sein Gesundheitszustand ist. Hier gehen unsere Meinungen auseinander. Er erklärt, er müsse das Gespräch mit meinem Sohn vertraulich behandeln. Habe ich Recht, wenn ich erwarte, informiert und mit einbezogen zu werden?

Jugendliche sind in der Regel verschämt und befangen, was ihren Körper betrifft – besonders, wenn ihre Eltern dabei sind – deshalb verstehe ich das Bedürfnis nach Diskretion während einer ärztlichen Untersuchung. Die wichtigere Frage hier ist jedoch die Verpflichtung des Arztes zur Rechenschaftslegung vor Ihnen als Mutter, und in diesem Punkt stimme ich voll und ganz mit Ihnen überein. Andere Eltern sind mit ähnlichen Bedenken an mich herangetreten.

Ich erinnere mich an eine Mutter, die mit ihrer vierzehnjährigen Tochter zu einer Routineuntersuchung zum Kinderarzt ging. Die Mutter war sich im Klaren darüber, dass bei ihrer Tochter die körperliche Entwicklung begonnen hatte und dass es für sie peinlich sein könnte, wenn sie bei der Untersuchung dabei wäre. Sie fragte ihre Tochter, ob sie lieber im Wartezimmer bleiben solle, aber das Mädchen protestierte.

»Ich möchte nicht alleine hineingehen«, sagte sie, »bitte komm mit mir.« Nach einigem Hin und Her war die Mutter einverstanden, ihre Tochter ins Untersuchungszimmer zu begleiten.

Am Ende der Untersuchung wandte sich der Arzt an die Mutter und kritisierte sie wegen ihrer ungebetenen Einmischung. In Gegenwart des Mädchens sagte er: »Wissen Sie, Sie hatten wirklich im Untersuchungszimmer nichts zu suchen. Es wird Zeit, dass ich mich direkt mit Ihrer Tochter unterhalte. Sie sollten nicht einmal über die Behandlung, die ich vornehme oder die Medikamente, die ich verschreibe, Bescheid wissen. Genauso wenig sollten Sie wissen, was wir besprechen. Die ärztliche Betreuung Ihrer Tochter sollte jetzt eine Privatangelegenheit zwischen ihr und mir sein.«

Das Mädchen durchlebte gerade eine Zeit der Auflehnung und die Mutter hatte den Eindruck, dass ihre Autorität durch die Bemerkungen des Arztes geschwächt wurde. Es war, als hätte er gesagt: »Die Zeit der Überwachung Ihrer Tochter ist vorüber. Sie sollte jetzt selbst Entscheidungen treffen.« Glücklicherweise war diese Mutter nicht bereit zu tun, was ihr gesagt wurde und suchte auf der Stelle nach einem anderen Arzt. Sehr gut!

Ich diskutierte über dieses Gespräch mit einigen Kinderärzten und alle stimmten in diesem Fall mit dem Arzt überein. Sie betonten, wie wichtig es sei, dass ein Jugendlicher vertraulich mit jemandem sprechen kann. Vielleicht. Aber ich bin gegen die Anmaßung des Arztes. Vierzehnjährige sind nicht erwachsen und ihre Eltern können immer noch am besten für sie sorgen und ihre Entwicklung überwachen. Es ist in Ordnung, wenn ein Arzt ein Weilchen alleine mit einem jungen Patienten spricht, aber er sollte nie vergessen, wem er Rechenschaft abzulegen hat.

Ein weiterer Punkt: Wenn einem Arzt ein höheres Maß an Autorität gewährt wird, sollten sich die Eltern lieber erkundigen, was er über empfängnisverhütende Mittel für Minderjährige, vorehelichen

Geschlechtsverkehr, geistliche Dinge und Ähnliches denkt. Haben Sie ein wachsames Auge darauf, wem Sie den Körper und die Seele Ihres Kindes anvertrauen. Das Leben ist so hektisch geworden, dass wir in gefährlicher Weise bereit geworden sind, die verschiedensten Fachleute, die durch unser Leben streifen, als Ersatzerzieher zu akzeptieren. Pädagogen, Jugendpfarrer, Sporttrainer, Musiklehrer, Psychologen, Berufsberater und Ärzte sind dazu da, Eltern bei der Erziehung ihrer Kinder zu unterstützen, nicht sie zu ersetzen.

Schwere
Konzentrationsschwäche
bei Kindern
und Erwachsenen

Frage 55
Ich höre sehr viel über Kinder, die an einer schweren Konzentra-
tionsschwäche leiden. Können Sie das Problem beschreiben und
mir sagen, wie ich sie eventuell bei meinem Sohn erkennen
kann?

Schwere Konzentrationsschwäche ist ein angeborenes neurologisches Syndrom, an dem etwa fünf Prozent aller Kinder in den
Vereinigten Staaten leiden. Der Begriff beschreibt Menschen, die sich
leicht ablenken lassen, Langeweile oder Frustration nur schwer ertragen und schnell impulsiv und launisch handeln. Einige sind
zusätzlich hyperaktiv, leiden also an Konzentrationsschwäche in
Verbindung mit Hyperaktivität.

Kinder mit schwerer Konzentrationsschwäche weisen ein Verhaltensmuster auf, bei dem Schulversagen und Konflikte mit den
Eltern vorprogrammiert sind. Es fällt ihnen schwer, Arbeiten zu
Ende zu bringen, sich an Einzelheiten zu erinnern, sich auf ein Buch
oder eine Aufgabe zu konzentrieren oder auch nur mehr als ein paar
Minuten sitzen zu bleiben. Manche jagen, als seien sie innerlich
getrieben, wie wild von einer Sache zur anderen. Oft sind sie sehr
intelligent und kreativ, aber doch werden sie für faul, störend und
schrecklich chaotisch gehalten. Diese Kinder leiden häufiger unter
einem niedrigen Selbstwertgefühl, weil sie als Tölpel oder Anarchi-
sten beschimpft werden, die keine Regeln einhalten wollen. Manchmal haben sie nur wenige Freunde, weil sie alle zur Weißglut bringen
– sogar ihre Altersgenossen.

Nun zu Ihrer Frage, wie man ein solches Kind in der eigenen Familie entdeckt. Ich denke, es ist unklug, wenn Eltern dies versuchen. Viele andere Probleme, psychologischer wie auch körperlicher Art, können ähnliche Symptome hervorrufen. Schilddrüsenerkrankungen können zum Beispiel dazu führen, dass ein Kind hyperaktiv oder träge ist; ansonsten können Depressionen und Angstzustände die Zerstreutheit verursachen, die mit Konzentrationsschwäche in Zusammenhang gebracht wird. Deshalb brauchen Sie zur Bestätigung der Diagnose die Hilfe eines Arztes oder eines Kinderpsychologen.

Wenn Sie die Symptome, die ich beschrieben habe, bei Ihrem Kind feststellen, sollten Sie es von einem Spezialisten untersuchen lassen. Aber Sie sollten auf keinen Fall versuchen, die Diagnose selbst zu stellen! Je früher dem Kind fachkundige Hilfe zuteil wird, um so besser.

Frage 56

Ich verstehe, dass ich bei meinem Kind keine Diagnose stellen kann. Aber es wäre hilfreich, wenn Sie eine Liste von Verhaltensweisen aufstellen würden, die vermuten lassen, dass ein Kind an einer schweren Konzentrationsschwäche leiden könnte. Sie gaben eine allgemeine Beschreibung dieses Zustandes, aber welche konkreten Merkmale weist ein Mensch mit dieser Störung auf?

Hallowell und Ratey, die Autoren einer ausgezeichneten Schrift mit dem Titel *Driven to Distraction*, haben die folgende Liste mit zwanzig Symptomen zusammengestellt, die oft bei Personen mit Konzentrationsschwäche oder Konzentrationsschwäche in Verbindung mit Hyperaktivität vorliegen:

Kriterien für die Diagnose von schwerer Konzentrationsschwäche

1. Ein Gefühl der Leistungsschwäche, das Gefühl, seine Ziele nicht zu erreichen (ungeachtet dessen, wie viel man schon geleistet hat)
2. Schwierigkeiten, systematisch zu arbeiten
3. Chronisches auf später Verschieben oder Schwierigkeiten, etwas zu beginnen
4. Viele Pläne werden gleichzeitig verfolgt; Schwierigkeiten, sie zu Ende zu bringen
5. Eine Neigung, alles zu sagen, was in den Sinn kommt, ohne darüber nachzudenken, ob die Bemerkung passend ist
6. Ständiges Suchen nach Anregung und Abwechslung
7. Eine Neigung, schnell gelangweilt zu sein
8. Große Zerstreutheit, Schwierigkeit, seine Aufmerksamkeit auf etwas zu konzentrieren, Neigung, mitten auf einer Seite oder in einem Gespräch abzuschalten und sich auszuklinken, oft zeitweise in Verbindung mit der Unfähigkeit, seine Aufmerksamkeit auf einen einzigen Gedanken zu lenken
9. Oft kreativ, intuitiv und sehr intelligent
10. Schwierigkeiten, eingefahrenen Bahnen zu folgen und sich nach ordnungsgemäßen Verfahrensweisen zu richten
11. Ungeduldig; niedrige Frustrationsschwelle
12. Impulsiv in Worten oder Taten, wie etwa aufgrund eines Augenblicksentschlusses Geld ausgeben, Pläne ändern, neue Projekte oder Berufspläne beschließen und Ähnliches
13. Neigung zu unnötigen, endlosen Sorgen; Neigung, den Horizont nach irgendetwas Beunruhigendem abzusuchen, dann wieder Nichtbeachtung oder Gleichgültigkeit gegenüber tatsächlichen Gefahren
14. Untergangsstimmung und Gefühl der Unsicherheit, dann wieder hohe Risikobereitschaft
15. Depressionen, besonders nach Aufgabe eines Projektes
16. Nervöse Unruhe

17. Suchtgefährdung
18. Chronische Probleme mit der Selbstachtung
19. Ungenaue Selbstbeobachtung
20. Familienvorgeschichte mit schwerer Konzentrationsschwäche, manisch-depressiven Erkrankungen, Depressionen, Medikamentenmissbrauch oder anderen Störungen in der Triebbeherrschung oder Verstimmungen[16]

Frage 57
Meine Tochter hat einige der Symptome, die Sie beschrieben haben, aber sie ist ein sehr stilles Kind. Sind manche Kinder mit Konzentrationsschwäche zurückgezogen und ruhig?

Ja. Konzentrationsschwäche ist insbesondere bei Mädchen nicht immer mit Hyperaktivität verbunden. Manche dieser Kinder sind »verträumt« und gedankenverloren. Bedauerlicherweise werden sie manchmal deswegen ausgelacht. Ein solches Kind kann eine Dreiviertelstunde lang dasitzen und in ein Buch schauen, ohne auch nur ein einziges Wort zu lesen. Eine Lehrerin erzählte mir von einem Mädchen ihrer Klasse, das regelmäßig jedes Kleidungsstück verliert, das nicht an ihrem Körper festgemacht ist. Fast jeden Tag muss die Lehrerin das Kind in den Pausenhof zurückschicken, damit es seinen Pullover oder Mantel holt, und nach einer Viertelstunde kommt es ohne das Kleidungsstück zurück. Es hatte vergessen, was es dort tun sollte. Ein Kind, das so zerstreut ist, findet es äußerst schwierig, wenn nicht gar unmöglich, jeden Tag mit Büchern und Schulaufgaben nach Hause zu kommen, dann die Arbeit fertig zu stellen und am nächsten Morgen abzugeben.

Ehrlich gesagt mache ich mir mehr Sorgen um das »geistesabwesende« Kind als um das übermäßig aktive. Ihre Tochter wird vielleicht für ein liebes kleines Mädchen gehalten, das einfach nicht sehr intelligent ist, während der Störenfried eher die Hilfe bekommt, die er braucht. Er ist zu nervenaufreibend, um nicht beachtet zu werden.

Seien sie nun hyperaktiv oder nicht, alle diese Kinder haben eine Eigenschaft gemeinsam. Das ist ihre Zerstreutheit. Auch wenn sie von einer Sache zur anderen springen, ist die Bezeichnung Konzentrationsschwäche nicht ganz treffend. Sie ist zwar besser als der alte Begriff (»minimale Funktionsstörung des Gehirns«), aber die jetzige Bezeichnung ist auch missverständlich. Das Problem besteht nicht darin, dass diese Kinder eine kurze Aufmerksamkeitsspanne haben. Zuweilen können sie sich in etwas, das sie stark interessiert, so sehr vertiefen, dass sie nichts von dem bemerken, was um sie herum geschieht. Sie haben jedoch, solange sie wach sind, ein unersättliches Bedürfnis nach geistiger Anregung. Sobald sie etwas, das sie gerade tun, langweilig finden, machen sie sich auf die Suche nach der nächsten anregenden Möglichkeit.

Ein Vater sprach mit mir über seinen vierjährigen Sohn, der an Konzentrationsschwäche litt. Er sagte: »Wenn man zulässt, dass dieses Kind sich langweilt, dann hat man verdient, was es einem antut.« Das gilt für Millionen Kinder.

Frage 58
Was ist die Ursache von schwerer Konzentrationsschwäche?

Man nimmt an, dass sie angeboren ist. Russell Barkley von der Medizinischen Fakultät der Universität von Massachusetts schätzt, dass vierzig Prozent der Kinder, die an Konzentrationsschwäche in Verbindung mit Hyperaktivität leiden, einen Elternteil mit ähnlichen Symptomen und fünfunddreißig Prozent einen Bruder oder eine Schwester mit dieser Störung haben. Wenn bei eineiigen Zwillingen der eine betroffen ist, leidet der andere mit zwischen achtzig- und zweiundneunzigprozentiger Sicherheit ebenfalls an dieser Störung. Schwere Konzentrationsschwäche ist bei Jungen zwei- bis dreimal häufiger als bei Mädchen.[17]

Die Ursache von schwerer Konzentrationsschwäche ist unbekannt, sie steht aber wahrscheinlich mit minimalen Unterschieden in der Struktur des Gehirns, seinen Nervenbahnen, seinen chemischen Eigenschaften, seiner Durchblutung oder seines elektrischen Systems in Zusammenhang. Zur Zeit werden einige interessante Hypothesen aufgeworfen, aber endgültige Schlüsse können daraus noch nicht gezogen werden.

Frage 59
Ich hörte, die so genannte Konzentrationsschwäche sei umstritten und dass es sie vielleicht gar nicht gibt. Offenbar sind Sie anderer Meinung.

Ja, ich bin anderer Meinung, obwohl die Störung in »Mode« gekommen ist und oft allzu schnell diagnostiziert wird. Wenn ein Kind tatsächlich dieses Problem hat, dann müssen seine Eltern und Lehrer ganz gewiss nicht erst davon überzeugt werden.

Frage 60
Verschwindet die Konzentrationsschwäche, wenn das Kind älter wird?

Früher glaubte man, daß das Problem mit dem Einsetzen der Pubertät verschwindet. Das hatte ich auch auf der Universität gelernt. Inzwischen weiß man, dass Konzentrationsschwäche ein lebenslanger Zustand ist, der in der Regel das Leben von der Wiege bis zum Grab beeinflusst. Einige lernen als Erwachsene im Laufe der Jahre etwas weniger chaotisch und impulsiv zu sein. Sie lenken ihre Energie in sportliche Betätigungen oder Berufe, in denen sie sehr erfolgreich sind. Anderen fällt es schwer, sich für eine Laufbahn zu entscheiden oder eine Arbeitsstelle zu halten. Ihr großes Problem bleibt, etwas zu Ende zu bringen, da sie von einer Aufgabe zur anderen hüpfen. Besonders ungeeignet für sie sind Büroarbeit, Buchführung oder andere Aufgaben, bei denen auf Details geachtet werden muss und bei denen langes Sitzen oder die Fähigkeit, mehrere Dinge gleichzeitig zu erledigen, erforderlich ist.

Eine weitere Folge schwerer Konzentrationsschwäche bei Jugendlichen und Erwachsenen ist ihre große Abenteuerlust. Sogar als Kinder passiert ihnen oft etwas, und ihre Eltern kennen die Notfallaufnahme des Krankenhauses recht gut. Wenn sie älter werden gehören Bergsteigen, Bungee-Jumping, Autorennen, Motorradfahren, Wildwasser-Rafting und Ähnliches zu ihren Lieblingsbeschäftigungen. Erwachsene mit Konzentrationsschwäche werden manchmal »Adrenalin-Junkies« genannt, weil sie nach dem Adrenalinstoß »süchtig« sind, der bei riskantem Verhalten freigesetzt wird. Andere sind für Drogen- und Alkoholmissbrauch und andere Süchte anfälliger. Etwa vierzig Prozent von ihnen haben es im Alter von achtzehn Jahren schon einmal mit der Polizei zu tun gehabt.[18]

Einige der Betroffenen haben auch mehr Ehekonflikte als der Durchschnitt der Bevölkerung. Für einen akkuraten, sehr ordentlichen Mann kann es wirklich nervenaufreibend sein, mit einer »Chaotin« verheiratet zu sein, einer Frau, die vergisst, Rechnungen zu bezahlen, das Auto zur Reparatur zu bringen und Belege für die Steuererklärung aufzubewahren. Solch ein Ehepaar benötigt in der Regel die Hilfe eines erfahrenen Eheberaters, damit sie lernen, miteinander zu arbeiten und aus den Stärken beider Partner Nutzen zu ziehen.

Frage 61
Sie zeichnen ein recht düsteres Bild. Können Sie all denjenigen, die ein Kind mit Konzentrationsschwäche und Hyperaktivität erziehen, auch etwas Gutes sagen?

Die Konzentrationsschwäche hat einige Vorteile. In gewisser Hinsicht ist der Ausdruck *Schwäche* irreführend, weil das Syndrom viel Positives enthält. *Time* berichtete: »[Erwachsene mit Konzentrationsschwäche] halten sich selbst für kreativ; ihre Impulsivität kann als Spontaneität betrachtet werden, ihre Hyperaktivität verleiht ihnen immense Energie und Triebkraft; sogar ihre Zerstreutheit hat den Vorzug, dass sie dadurch auf Veränderungen in ihrer Umgebung aufmerksam werden. Hyperaktive Kinder mit Konzentrationsschwäche sind wild, lustig, übersprudelnd. Sie haben fast unerschöpfliche Lebenskraft.«[19]

Und vergessen wir nicht, dass Konzentrationsschwäche in vielen Fällen erfolgreich behandelt werden kann.

Frage 62
Welche Behandlungsmöglichkeiten gibt es?

Zur Behandlung gehören mehrere Elemente, nicht zuletzt die Erziehung. Der Erwachsene mit Konzentrationsschwäche ist oft merklich erleichtert, wenn er erfährt, dass er unter einer konkreten Störung leidet, die behandelt werden kann. Dr. Robert Reid von der Universität von Nebraska nennt sie »das Etikett der Vergesslichkeit«. Er sagte: »An den Problemen des Kindes sind weder die Eltern noch die Lehrer noch das Kind selbst schuld.«[20] Das ist eine gute Nachricht für einen Menschen, der sein ganzes Leben lang gehört hat, er sei doof, dumm, faul, lästig und störend.

Der erste Schritt beim Wiederaufbau des Selbstverständnisses eines Erwachsenen besteht darin, zu erkennen, welche Kräfte in ihm wirken. Ich rate dem Betroffenen und seiner Familie, zu lesen und noch einmal zu lesen! Ein hilfreiches Buch für Laien ist *Driven to Distraction* von den Ärzten Edward Hallowell und John Ratey. Von beiden Autoren gibt es auch ausgezeichnete Kassetten. Ein anderes gutes Buch von einem christlichen Psychologen hat den Titel *The Hyperactive Child* von Grant Martin.[21]

Der zweite Schritt besteht darin, dass der Betroffene, insbesondere der Erwachsene, lernt, seine Zerstreutheit und Impulsivität auf ein Mindestmaß zu beschränken. Diese Menschen können lernen, eine Liste mit den Dingen, die erledigt werden müssen, zu erstellen und sich an Terminplaner für jeden Tag und schriftliche Tages-programme zu halten. »Es ist nicht leicht«, wie sie sagen, aber es ist möglich.

Der dritte Schritt ist die Hilfe eines »Trainers«, wie Hallowell und Ratey ihn nennen. Ein verständiger Freund muss mit einer Triller-pfeife in der Nähe stehen – und ermutigen, auf Fehler hinweisen, erklären und helfen, Verhaltensweisen zu ändern. Wenn ein Ausbil-der einem Anfänger Tennis- oder Golfspielen beibringen kann, dann kann ein liebevoller Trainer einem Menschen mit Konzentrations-schwäche auch helfen, glücklichere Verhaltensweisen zu erlernen.

Bei Kindern sollte ein verständiger Fachmann den Eltern mit Rat und Ermutigung zur Seite stehen, denn sie werden oft durch ein Verhalten, das sie weder steuern noch verstehen können, verwirrt und frustriert.

Schließlich gibt es verschreibungspflichtige Arzneimittel, die für Kinder und Erwachsene sehr hilfreich sein können. Etwa siebzig Prozent der Patienten mit Konzentrationsschwäche kann mit geeig-neten Medikamenten geholfen werden.[22] Erstaunlicherweise sind gewisse Anregungsmittel bei Kindern mit Konzentrationsschwäche oft hilfreich – einschließlich der hyperaktiven. Niemand weiß genau, wie sie wirken, wahrscheinlich wirken sie auf die elektrochemischen Prozesse in den Stirnlappen des Gehirns, die das Verhalten steuern. Ein häufig verschriebenes Medikament ist Methyl-Phenidat (Ritalin).[23]

Frage 63
Fürchten Sie, dass Ritalin und andere Medikamente zu oft ver-schrieben werden? Es widerstrebt mir, sie meinem Zehnjährigen zu geben. Habe ich Recht?

Ja. Verschreibungspflichtige Medikamente werden oft als Allheil-mittel bei allen möglichen Formen von Fehlverhalten benutzt. Das ist bedenklich. Wir sollten nie Kinder mit Arzneimitteln behandeln, nur weil ihre Eltern sie nicht richtig erziehen konnten oder weil

jemand sie ruhig stellen möchte. Jedes Medikament hat unerwünschte Nebenwirkungen und sollte nur nach sorgfältiger Abwä-
gung und Untersuchung verabreicht werden. Ritalin, zum Beispiel,
kann bei einigen Patienten den Appetit mindern und Schlaflosigkeit
verursachen.

Wenn Ihr Kind von einem Spezialisten, der in der Behandlung
dieses Problems erfahren ist, untersucht und eine Konzentrationsschwäche festgestellt wurde, sollten Sie nicht zögern, die Verschrei-
bung eines geeigneten Medikaments zu akzeptieren. Dramatische
Verhaltensänderungen können bewirkt werden, wenn ein richtiges
Mittel für das Kind gefunden wurde. Ein Kind, das dasitzt und vor
sich hinstarrt oder eines, das wie rasend an der Wand hochgeht,
braucht dringend Hilfe. Diesem Menschen Konzentrationsfähigkeit
und innere Ruhe zu schenken ist eine Wohltat. Medikamente können
oft gerade das bewirken.

Frage 64

**Wir haben einen fünf Jahre alten Sohn, bei dem eine schwere Kon-
zentrationsschwäche festgestellt wurde. Es ist wirklich schwer,
mit ihm fertig zu werden, und ich weiß nicht, wie ich mit ihm
umgehen soll. Ich weiß, dass er ein neurologisches Problem hat,
und denke, es ist nicht in Ordnung, wenn wir ihn genauso zum
Gehorsam anhalten wie unsere anderen Kinder. Für uns ist das ein
großes Problem. Was schlagen Sie vor?**

Ich verstehe Ihr Dilemma, bitte Sie aber eindringlich, Ihren Sohn
an Disziplin zu gewöhnen. Jedes Kind braucht die Sicherheit fest-
gesetzter Grenzen und ein Kind mit Konzentrationsschwäche oder
Hyperaktivität bildet hier keine Ausnahme. Ein solches Kind sollte
für sein Verhalten zur Rechenschaft gezogen werden, auch wenn das
Vorgehen etwas anders gehandhabt wird. Von den meisten Kindern
kann man zum Beispiel verlangen, aus erzieherischen Gründen eine
Zeit lang auf einem Stuhl sitzen zu bleiben, ein sehr hyperaktives

Kind kann das jedoch nicht lange aushalten. Auch körperliche Züchtigung ist manchmal bei sehr leicht erregbaren kleinen Energiebündeln wirkungslos. Wie jeder andere Aspekt der Erziehung müssen auch erzieherische Maßnahmen bei einem Kind mit Konzentrationsschwäche auf seine jeweiligen Eigenarten und Bedürfnisse abgestimmt werden.

Frage 65
Wie soll man dann mit einem solchen Kind umgehen?

Ich möchte Ihnen hier eine Liste mit achtzehn Vorschlägen vorlegen, die ich dem Buch *The Hyperactive Child* von Dr. Domeena Renshaw entnommen habe. Das Buch ist zwar vergriffen, aber Dr. Renshaws Ratschläge sind immer noch gültig.

1. Seien Sie konsequent im Einhalten von Regeln und Disziplin.

2. Sprechen Sie selbst immer langsam und mit ruhiger Stimme. Ärger ist normal. Ärger kann beherrscht werden. Ärger bedeutet nicht, dass Sie das Kind nicht lieben.

3. Versuchen Sie alles, um gelassen zu bleiben, indem Sie sich auf Unruhe gefasst machen. Loben Sie und äußern Sie sich anerkennend über jedes positive Verhalten und sei es noch so gering. Wenn Sie nach erfreulichen Dingen suchen, werden Sie einige finden.

4. Vermeiden Sie eine unaufhörlich negative Vorgehensweise: »Halt« – »Mach das nicht« – »Nein.«

5. Trennen Sie Verhalten, das Sie nicht gern haben, von der Person des Kindes, das Sie gern haben, zum Beispiel: »Ich mag dich, aber ich mag nicht, wenn du im ganzen Haus Dreckspuren hinterlässt.«

6. Machen Sie für dieses Kind eine ganz klare Zeiteinteilung zur Regel. Tragen Sie in einen Stundenplan die Zeiten für Aufstehen, Essen, Spielen, Fernsehen, Schulaufgaben, Hausarbeiten und Schlafengehen ein. Halten Sie sich flexibel daran, wenn das Kind ihn nicht befolgt. Allmählich findet es in Ihrer Struktur Sicherheit, bis es seine eigene findet.

7. Zeigen Sie ihm neue oder schwierige Aufgaben anhand praktischer Vorführung in Verbindung mit kurzen, klaren, ruhigen Erklärungen. Wiederholen Sie die Vorführung, bis das Kind alles verstanden hat. Die sensorisch-audiovisuelle Wahrnehmung verstärkt das Lernen. Bei einem hyperaktiven Kind dauert die Bildung von Engrammen (»Gedächtnisspuren«) länger. Bleiben Sie geduldig und wiederholen Sie oft.

8. Bestimmen Sie ein Zimmer oder den Teil eines Zimmers als seinen eigenen Bereich. Vermeiden Sie bei der Ausstattung grelle Farben oder komplizierte Muster. Schlichtheit, einfarbiges Dekor, möglichst wenig Sammelsurium und ein Arbeitstisch mit Blick auf eine kahle Wand, abseits aller Ablenkungen, helfen bei der Konzentration. Ein hyperaktives Kind kann noch nicht alleine Überstimulierung herausfiltern

9. Beschäftigen Sie sich immer nur mit einer Sache auf einmal: Geben Sie ihm ein Spielzeug aus einer geschlossenen Kiste; räumen Sie alles andere vom Tisch, wenn das Kind malt; schalten Sie das Radio oder den Fernseher ab, wenn es Schularbeiten macht. Mehrfachstimuli verhindern die Konzentration auf die Hauptaufgabe.

10. Übertragen Sie ihm Verantwortung, denn das ist für sein Wachstum unentbehrlich. Die Aufgabe sollte innerhalb seiner Fähigkeiten liegen, wenngleich die Arbeit stark überwacht werden muss. Lob und Anerkennung für seine Bemühungen (auch wenn sie unvollkommen sind) sollten nicht vergessen werden.

11. Erkennen Sie die Warnsignale, die eine Explosion ankündigen. Greifen Sie gelassen ein, um Explosionen zu vermeiden, indem Sie das Kind ablenken oder mit ihm ruhig über den Konflikt sprechen. Manchmal hilft es, das Kind für einige Minuten aus dem Kampfgebiet in den sicheren Bereich seines Zimmers zu bringen.

12. Lassen Sie es nur mit einem oder höchstens zwei Spielkameraden auf einmal zusammen sein, weil es so leicht erregbar ist. Am besten bei Ihnen zu Hause, damit Sie alles besser leiten und überwachen können. Erklären Sie dem Spielkameraden die Regeln und seinen Eltern kurz Ihre Gründe.

13. Bemitleiden oder necken Sie dieses Kind nicht, lassen Sie sich von ihm nicht einschüchtern und behandeln Sie es nicht zu nachsichtig. Sein Nervensystem ist besonders strukturiert, aber es ist lenkbar.

14. Merken Sie sich den Namen und die Dosis seines Medikamentes. Geben Sie es ihm regelmäßig. Beobachten und merken Sie sich die Wirkungen und berichten Sie Ihrem Arzt darüber.

15. Besprechen Sie offen mit Ihrem Arzt Ihre Befürchtungen über den Gebrauch von Medikamenten.

16. Sperren Sie alle Medikamente weg, um Missbrauch zu vermeiden.

17. Überwachen Sie immer die Einnahme der Medikamente, auch wenn sie regelmäßig über lange Jahre eingenommen werden. Die Verantwortung bleibt auf den Schultern der Eltern! Wenn das Kind älter und selbständiger wird, kann eine Tagesration an einen (immer gleichbleibenden) Platz gelegt und regelmäßig kontrolliert werden.

18. Teilen Sie Ihre erfolgreichen »Hilfen« seinen Lehrern mit. Die genannten Hilfen sind für Ihr hyperaktives Kind so wichtig wie Diät und Insulin für ein Kind mit Diabetes.[24]

Erfolgreiche Kindererziehung in unserer Zeit

Frage 66
Ich mache mir viele Sorgen um meine Kinder und frage mich, ob ich sie richtig erziehe. Alle paar Tage stehen mein Mann und ich vor einem Problem, bei dem wir ratlos sind. Geht es anderen Eltern auch so?

Ja, es war noch nie leicht, gesunde und leistungsfähige Kinder zu erziehen. Schließlich kommt ein Baby ohne Gebrauchsanweisung auf die Welt und Sie müssen schon selber mit ihm zurechtkommen. Babys sind auch entsetzlich kompliziert und es gibt keine garantierten Rezepte, die in allen Fällen klappen. Und schließlich können die Methoden, die bei einem Kind fabelhaften Erfolg erzielen, bei einem anderen entsetzlich schief gehen.

Diese Schwierigkeit bei der Kindererziehung ist ein Thema, das immer wieder in den Briefen angesprochen wird, die wir bei »*Focus on the Family*« (Brennpunkt Familie) erhalten. Wir wurden in der Tat so oft darauf angesprochen, dass wir beschlossen, eine Umfrage durchzuführen, um die häufigsten Frustrationen von Eltern in Erfahrung zu bringen. Die Antworten, die wir von über tausend Müttern und Vätern erhielten, waren sehr aufschlussreich. Einige antworteten humorvoll, besonders diejenigen, die Kleinkinder hatten. Sie erzählten die amüsantesten Geschichten über klebrige Telefone, nasse Toilettensitze und verknotete Schnürsenkel. Ihre Erfahrungen erinnerten mich an die Tage, an denen Shirley und ich hinter quicklebendigen Vorschulkindern herjagten.

Sagen Sie mir, warum ein Kleinkind sich nie im Bad übergeben muss. Niemals! Das würde irgendein bedeutendes ungeschriebenes Gesetz des Universums verletzen. Noch unverständlicher ist, warum es beim Anblick eines einfach köstlichen Frühstücks mit Müsli, frischen Brötchen und Orangensaft heftig würgt – und dann in der Toilettenschüssel spielt. Ich habe keine Ahnung, was ein Kind dazu bewegt. Ich weiß nur, dass es seine Mutter wahnsinnig macht! Leider teilten uns die meisten Eltern, die an unserer Umfrage teilgenommen hatten, keine lustigen Geschichten über niedliche Kinder mit. Viele von ihnen erlebten große Frustrationen mit ihrer Verantwortung als Eltern. Anstatt jedoch ihre Kinder zu kritisieren, sagten die meisten, sie seien über ihre *eigene* Unzulänglichkeit als Mütter und Väter besorgt! Ihre Antworten, von denen ich im Folgenden einige zitiere, offenbaren die Selbstzweifel, die heute unter Eltern weitverbreitet sind:

- »Ich weiß nicht, wie ich die Probleme meiner Kinder in den Griff bekommen kann.«
- »Ich kann meinen Kindern kein Gefühl von Geborgenheit und Geliebtwerden vermitteln.«
- »Ich habe das Vertrauen in meine Fähigkeit als Erzieherin verloren.«
- »Ich habe meine Pflicht gegenüber meinen Kindern nicht erfüllt.«
- »Ich bin nicht das Vorbild, das ich sein sollte.«
- »Ich sehe meine eigenen schlechten Gewohnheiten und Charakterzüge in meinen Kindern wieder.«
- »Unfähigkeit, mich meinen Kindern mitzuteilen.«
- »Ich habe Schuldgefühle, wenn ich den Eindruck habe, meinen Töchtern nicht gerecht geworden zu sein.«
- »Ich bekomme vieles nicht in den Griff.«
- »Es ist zu spät, umzukehren und es richtig zu machen.«
- »Die Verantwortung für all das erdrückt mich.«

Ist es nicht unglaublich, wie unsicher wir bei der Aufgabe, Kinder zu erziehen, geworden sind? Kindererziehung ist doch keine neue Technologie. Seit Adam und Eva im Paradies haben vielleicht fünfzehn Milliarden Menschen auf dieser Erde gelebt und doch werden wir immer ängstlicher bei der Erziehung eines Kindes. Dies ist ein Zeichen der Zeit.

Frage 67
Warum, glauben Sie, sind Eltern so schnell bereit, an sich selbst Kritik zu üben? Woher kommen die Selbstzweifel, von denen Sie sprachen?

Dies ist eine Erscheinung unserer Zivilisation. Insbesondere Müttern wurde an allem nur Denkbaren die Schuld gegeben, das mit den Kindern schief laufen kann. Auch wenn ihre Liebe und Hingabe nicht gemessen werden kann, wird ihnen von den Fachleuten vorgeworfen, schwerwiegende Fehler in der Sauberkeitserziehung, bei der Anhaltung zu Disziplin, beim Füttern, bei der medizinischen Behandlung und der Erziehung ihrer Kinder zu machen. Entweder wollen sie ihr Kind mit allen Mitteln an sich binden oder sie geben ihrem Kind nicht genügend Nestwärme. Entweder sie sind zu streng oder zu nachsichtig. Ein Psychiater schrieb sogar ein ganzes Buch über die Gefahren religiöser Erziehung, in dem er Eltern beschuldigte, ihre Kinder mit ihrem Reden von der kommenden Welt zu verängstigen. Eine Mutter kann noch so gewissenhaft ihre Verantwortung in der Erziehung wahrnehmen, wahrscheinlich wird ihr doch zur Last gelegt, den Charakter ihrer Kinder zu verbiegen und zu verbilden.

Hier liegt vielleicht die Erklärung dafür, dass Frauen kritischer gegen sich selbst eingestellt sind als Männer. Achtzig Prozent der Antworten aus unserer Umfrage stammten von Frauen und ihre häufigste Aussage war: »Ich bin als Mutter eine Versagerin!« Was für ein Unsinn! Frauen wurde beigebracht, von sich selbst abschätzig zu denken, und es wird Zeit, dies richtig zu stellen.

Gott hat nie geplant, dass Kindererziehung so mühevoll sein soll. Natürlich ist diese Aufgabe anspruchsvoll. Und sicherlich fordern uns die Kinder. Aber die Schuldgefühle und Selbstzweifel, die oft das Elternsein belasten, sind nicht Teil von Gottes göttlichem Plan. In der ganzen Bibel wird das Erziehen von Kindern als wunderbarer Segen Gottes betrachtet, als eine willkommene, freudige Erfahrung. Auch heute bleibt es eines der größten Privilegien im Leben, ein Kind in diese Welt zu bringen, es zu lieben und für es zu sorgen. Welch großartige Gelegenheit ist es, diesen Kleinen beizubringen, Gott mit ganzem Herzen zu ehren und ihrem Nächsten ein Leben lang zu dienen. Es gibt keine höhere Berufung als diese!

Frage 68

Ich glaube nicht, dass meine Eltern diese Sorgen hatten, als meine Schwestern und ich klein waren. Wir waren alle verhältnismäßig glücklich und keiner von uns rebellierte. Gehe ich richtig in der Annahme, dass es damals leichter war, ein gutes Familienleben zu führen?

Ich bin sicher, dass Sie sich recht erinnern, trotz der Ausnahmen, die wir alle kennen. Früher verbrauchten die meisten Eltern weniger Kraft mit Angst um ihre Kinder. Sie hatten andere Sorgen. Ich erinnere mich, wie ich mich mit meinem Vater einige Jahre vor seinem Tod über dieses Thema unterhalten hatte. Unsere Kinder waren damals noch klein und wie Sie bedrückte mich die schwere Verantwortung, sie richtig zu erziehen.

Ich wandte mich an meinen Vater und fragte ihn: »Erinnerst du dich daran, dass du dir Sorgen um mich gemacht hast, als ich ein Kind war? Hast du über all das nachgedacht, was schief gehen könnte, als ich in der Pubertät war? Wie hast du diesen Druck empfunden, den man mit Vaterschaft verbindet?«

Mein Vater wurde bei diesen Fragen verlegen. Er lächelte verschämt und sagte: »Ehrlich, Junge, ich habe darüber nie wirklich nachgedacht.«

Wie erklären wir diesen Mangel an Besorgnis? Liebte er mich etwa nicht oder war er mir, seinem Kind, gegenüber gleichgültig? Nein. Er betete für mich bis zu dem Tag, an dem er starb. Und wie ich schon bei vielen Gelegenheiten sagte, war er mir ein großartiger Vater. Seine Antwort spiegelt indes die Zeit wider, in der ich aufwuchs. Die Menschen sorgten sich wegen der Weltwirtschaftskrise, die gerade zu Ende ging, wegen des Zweiten Weltkrieges und später des kalten Krieges mit Russland. Sie verbrauchten ihre Kraft nicht mit Händeringen über ihre Kinder ... wenigstens nicht, bevor es ernste Probleme gab. Man rechnete einfach nicht mit Schwierigkeiten. Und warum nicht? Weil es damals weniger Fallstricke für Kinder gab. Ich ging während der »Happy Days« der fünfziger Jahre auf die Schule und ich habe nie gesehen oder auch nur davon gehört, dass jemand Drogen nahm. Es passierte, nehme ich an, war aber sicherlich keine Bedrohung für mich. Einige Schüler betranken sich gerne mal, aber Alkohol war in meinem sozialen Umfeld kein großes Problem. Andere beschäftigten sich mit Sex, aber die Mädchen, die so etwas machten, wurden wegen ihres lockeren Lebenswandels nicht hoch geachtet. Jungfräulichkeit war noch in Mode, für Jungen und Mädchen. Hin und wieder kam es auch vor, dass ein Mädchen schwanger wurde, doch es verließ schnell die Schule und ich erfuhr nie, wohin es ging. Ich hatte auch gehört, dass es einige Homosexuelle und Lesbierinnen in der Gegend gab, kannte sie aber nicht persönlich. Zweifellos hingen an unseren Anschlagbrettern keine Poster, die Homosexuellen-Partys oder die »Woche des Kondoms« ankündigten. Die meisten meiner Freunde achteten ihre Eltern, gingen am Sonntag in den Gottesdienst, lernten fleißig genug, um in der Schule mitzukommen, und führten ein ziemlich ordentliches Leben. Es gab natürlich Ausnahmen, aber so war die Regel.

Die Kinder von heute gehen dagegen durch das finstere Tal! Drogen, Sex, Alkohol, Rebellion und eine von der Norm abweichende Lebensweise sind allgegenwärtig. Diese Gefahren waren noch nie so greifbar wie jetzt und das Schlimmste liegt vielleicht noch vor uns.

Frage 69
Welche Hilfen bietet die Verhaltensforschung bei der Kindererziehung? Haben wissenschaftliche Untersuchungen herausbekommen, was funktioniert und was nicht, insbesondere im Hinblick auf richtiges Bestrafen?

M eine Antwort mag wie Ketzerei klingen, zumal ich zehn Jahre lang als Professor für Kinderheilkunde tätig und für Medizin- und Verhaltensforschung verantwortlich war, aber ich glaube nicht, dass die Wissenschaft die besten Erziehungsmethoden ermitteln kann. Es gab sicherlich einige hervorragende Untersuchungen, aber das Thema der Disziplin und Strafen entzieht sich so gut wie ganz einer klar umrissenen Forschung. Warum? Weil die einzige Möglichkeit einer wissenschaftlichen Untersuchung dieses Themas darin bestünde, Neugeborene aufs Geratewohl in »freizügigen« bzw. »disziplinorientierten« Familien unterzubringen und sie dann zehn oder fünfzehn Jahre lang eingehend zu beobachten. Da dies unmöglich ist, versuchten die Forscher, stückweise Informationen zusammenzutragen, wo immer sie sie fanden. Aber die Beziehungen innerhalb einer Familie sind so vielschichtig und kompliziert, dass sie sich einer exakten Forschungsarbeit praktisch entziehen. Die meisten Studien, über die in der Literatur berichtet wird, sind in der Tat wissenschaftlich unbrauchbar. Dr. David Larson, Psychiater und ehemaliger Forscher in staatlichen Gesundheitsinstituten, überprüfte zum Beispiel 132 Artikel in Fachzeitschriften, die behaupteten, die langfristigen Folgen körperlicher Züchtigung zu untersuchen. Er entdeckte, dass die meisten schon vom Ansatz her falsch waren. Neunzig Prozent der Studien unterschieden nicht zwischen guten Elternhäusern, in denen Schläge von liebevollen Eltern verabreicht wurden und solchen, in denen man fast (oder tatsächlich) von Kindesmisshandlung sprechen konnte. Diese Unterscheidung ist aus offensichtlichen Gründen wesentlich. Dr. Larson kam zu dem Schluss, dass die Ergebnisse wertlos sind, da die Beschaffenheit der Beziehungen innerhalb der Familie in ihrer Ganzheit außer Acht gelassen wurde.[25]

Ich betone nochmals, die Folgen verschiedener Bestrafungen bei der Kindererziehung scheinen außerhalb der Reichweite der Gesellschaftsforschung zu liegen. Es ist einfach nicht möglich, dieses komplexe Thema wissenschaftlich zu untersuchen, ohne Familien in die Bedürfnisse eines Forschungsplans zu zwängen. Auch wenn solche

Untersuchungen durchgeführt würden, würden die Forscher erdachte Familien untersuchen – keine typischen Eltern-Kind-Beziehungen.

Frage 70
Meine Frau und ich sind uns sehr wohl bewusst, wie schwierig es ist, gute Eltern zu sein, und zuweilen haben wir das Gefühl, unsere Aufgabe nur unzulänglich zu erfüllen. Wie kann eine Mutter oder ein Vater wissen, was tagtäglich für ein Kind das Beste ist?

Die liebevollsten Eltern erleben Zeiten, in denen sie fürchten, sich ihren Kindern gegenüber nicht richtig zu verhalten. Sie fragen sich, ob sie zu viel oder zu wenig Reaktion zeigen, zu streng oder zu nachsichtig sind. Sie befürchten, erhebliche Fehler zu machen, die langfristige Folgen haben. Glücklicherweise müssen Eltern nicht alles richtig machen. Wir alle machen Tausende von kleinen Fehlern (und auch ein paar große), die wir gerne rückgängig machen würden. Aber irgendwie gedeihen Kinder trotz dieser Fehler und entwickeln sich sehr gut.

Der Schlüssel zu einer guten Kindererziehung liegt meines Erachtens in Folgendem: Lernen Sie, sich in das Kind hineinzuversetzen, mit seinen Augen zu sehen, zu fühlen, was es fühlt. Wenn Sie seine Gemütsverfassung kennen, dann wissen Sie, wie Sie reagieren müssen. Wenn das Kind zum Beispiel einsam ist, braucht es Ihre Gesellschaft. Wenn es trotzig herausfordernd ist, braucht es Ihre Hilfe bei der Beherrschung seiner Impulse. Wenn es Angst hat, braucht es die Geborgenheit Ihrer Umarmung. Wenn es glücklich ist, muss es sein Lachen und seine Freude mit den Menschen teilen, die es liebt. Die Erziehung gesunder Kinder ist demnach weniger eine Wissenschaft als eine hochentwickelte Kunst; und die meisten von uns haben von Natur aus die Fähigkeit, sie zu erlernen.

Nehmen Sie sich die Zeit, die Kinder in Ihrer Familie zu beobachten. Wenn Sie genau auf das Acht haben, was sie sagen und tun, dann entdecken Sie bald die hinter diesen Verhaltensweisen liegenden Gefühle. Ihre Reaktion auf das, was Sie dann erkannt haben, verleiht Ihnen mehr Sicherheit bei der Kindererziehung.

Frage 71
Die Eltern meines Mannes sind großartige Menschen und wir mögen sie sehr gerne. Sie haben es immer unterlassen, sich in unsere Familienangelegenheiten einzumischen, das heißt, bis unsere Tochter auf die Welt kam. Jetzt streiten sie mit uns darüber, wie wir sie erziehen und untergraben das, was wir ihr beizubringen versuchen. Wir möchten Annes Erziehung auf biblischen Grundsätzen aufbauen, aber da meine Schwiegereltern keine Christen sind, verstehen sie das nicht recht. Wie sollen wir uns in dieser Situation verhalten? Wir wollen die Schwiegereltern ja nicht kränken.

Es wird Zeit, ein liebevolles, aber offenes Gespräch mit Ihren Schwiegereltern über Ihre Grundsätze bei der Kindererziehung zu führen. Ich würde vorschlagen, dass Sie sie einmal zum Abendessen einladen und dann das Gespräch auf dieses Thema bringen. Wenn der rechte Augenblick gekommen ist, sollten Sie ihnen ihre Befürchtungen mitteilen. Stellen Sie klar, dass Sie sie gerne haben und wollen, dass Sie an ihrer Enkelin Freude haben, dennoch aber die Verantwortung für die Erziehung allein in Ihren Händen bleibt. Erinnern Sie sie daran, dass auch sie früher einmal alle Entscheidungen bei der Kindererziehung alleine zu treffen hatten. Erklären Sie die Punkte, die Ihnen am wichtigsten sind, einschließlich Ihres Wunsches, Ihre Tochter nach christlichen Grundsätzen zu erziehen. Versuchen Sie, ihnen zu helfen, Ihre Gründe zu verstehen, aber seien Sie sich bewusst, dass Ihre Schwiegereltern aufgrund ihrer Weltanschauung Ihnen vielleicht nicht beipflichten können.

Wahrscheinlich werden bei diesem Gespräch die Funken fliegen. Geschieht dies, bleiben Sie ruhig und beharren auf Ihrem Standpunkt. Im schlimmsten Fall, wenn Ihre Schwiegereltern erregt das Haus verlassen, sollten Sie ihnen etwas Zeit zum Abkühlen lassen. Treten Sie ihnen beim nächsten Treffen mit Liebe und Achtung entgegen, aber schneiden Sie das besagte Thema nicht an. Sie sind im Recht. Ihre Schwiegereltern liegen verkehrt. Aber vergessen Sie nicht, dass Anne ihre Großeltern braucht, und Ihr Ziel sollte es sein, eine harmonische Beziehung zu schaffen. Mit der Zeit geschieht dies in den meisten Fällen.

Frage 72
Sollte man von Schulkindern verlangen, dass sie Kleidung tragen, die sie nicht mögen?

Im Allgemeinen nicht. Kinder haben große Angst davor, von ihren Freunden ausgelacht zu werden und tun oft alles, um diese Gefahr zu vermeiden. Aus Angst, lächerlich gemacht zu werden, passen sie sich an. Besonders Teenager scheinen der Ansicht zu sein: *Die Gruppe kann mich nicht auslachen, wenn ich genauso bin wie sie.* Unter diesem Gesichtspunkt ist es unklug, einem Kind unnötige soziale Demütigungen aufzuerlegen. Innerhalb der finanziellen Möglichkeiten und bestimmter Grenzen des guten Geschmacks sollten Kinder ihre Kleidung selbst aussuchen dürfen.

Frage 73
Sollte es Ihrer Meinung nach Kindern im Alter zwischen fünf und zehn Jahren erlaubt werden, im Radio, Fernsehen oder auf CDs Rockmusik zu hören?

Nicht, wenn man es vermeiden kann. Die heutige zeitgenössische Musik ist Ausdruck einer immer abstoßender werdenden Jugendkultur. Die Texte handeln oft von Drogengebrauch, Sex und Gewalt. Genau die Dinge, über die sich ein Siebenjähriger noch keine

Gedanken machen soll. Eine für ihn sinnvolle Unterhaltung umfasst stattdessen Abenteuerbücher, Kindermusik, biblische Geschichten und andere christliche Literatur sowie Unternehmungen mit der Familie: Zelten, Angeln, Sportveranstaltungen, Spiele usw. Andererseits ist es unklug, in diesen Dingen wie ein Diktator oder Tyrann aufzutreten. Das Beste ist, Ihr Kind so sehr mit anderen Dingen zu beschäftigen, dass es gar nicht das Bedürfnis hat, von kommenden Tagen zu träumen.

Frage 74

Ich habe den Eindruck, dass Kinder heutzutage viel zu ungezwungen, zu formlos, mit Erwachsenen umgehen. Als ich Kind war, sprachen wir Erwachsene immer mit »Herr« oder »Frau« an, und wenn sie mit uns verwandt waren, nannten wir sie »Onkel« oder »Tante« oder »Opa« oder »Oma«. Wir hätten nie einen Erwachsenen einfach mit dem Vornamen angesprochen. Aber heute bringen Eltern ihren Kindern diese Art Höflichkeit nicht mehr bei. Einige stellen sogar Vierjährigen fremde Erwachsene mit dem Vornamen vor. Bin ich die Einzige, die darüber beunruhigt ist? Was kann ich tun, um dieser Tendenz bei meinen eigenen Kindern entgegenzuwirken?

Die gleiche Beobachtung hat mich auch schon gestört. Es handelt sich um ein Nebenprodukt einer kulturellen Verschiebung in der Gesellschaft selbst. In vielerlei Hinsicht bringen wir einander heutzutage weniger Achtung entgegen. Vor fünfzig Jahren, zum Beispiel, fluchten Männer nicht in der Gegenwart von Frauen und kultivierte Frauen fluchten überhaupt nicht. Wie sich das geändert hat! Früher sprachen sich Männer und Frauen mit ihrem formellen Namen an (Herr, Frau, Fräulein usw.), außer sie waren sehr eng miteinander befreundet. Jetzt kommt eine Kellnerin, die Sie nie zuvor gesehen haben, an Ihren Tisch und sagt: »Hallo, ich bin Stefanie und bediene Sie heute.«

Ich denke nicht, dass die heutige Ungezwungenheit schädlich ist, obwohl ich auch der Meinung bin, dass Kinder im Gespräch mit Erwachsenen höflich sein sollten. Ich höre es noch immer gerne, wenn sie antworten:»Ja, Frau Soundso« und»Nein, Herr Soundso« anstelle von»Okay«,»Hmm« oder»Nö«. Wenn ihre Umgangsformen respektvoll sind, dann findet ihr ganzes Betragen auf einer höheren Ebene statt.

Wenn Sie Ihrem Kind diese und andere höfliche Umgangsformen beibringen möchten, dann brauchen Sie nur den Entschluss dazu zu fassen. Sie könnten dem Kind erklären, dass ihre Familie manches anders macht. Zum Beispiel:»Wir gebrauchen keine Kraftausdrücke, wir schauen eine gewisse Kategorie von Filmen nicht an, usw. Warum? Weil wir uns selbst einen höheren Maßstab gesetzt haben. Das macht uns als Familie einzigartig und wir glauben, dass Gott das von uns möchte. Eines Tages wirst du das auch verstehen.«

Frage 75
Wir können uns finanziell keine weiten Reisen oder teure Hobbys wie Skifahren leisten. Können Sie uns ein paar einfache Dinge nennen, die kleinen Kindern Spaß machen?

S ie müssen nicht Unmengen Geld ausgeben, um ein befriedigendes Familienleben zu führen. Kinder begeistern sich für einfache, sich wiederholende Beschäftigungen. Sie wollen, dass dieselbe Geschichte hundertmal vorgelesen wird und lachen über dieselben Witze, auch wenn sie sie schon lange kennen. Dieses Miteinander mit den Eltern macht ihnen oft mehr Spaß als teure Spielsachen oder besondere Veranstaltungen.

Ein Bekannter von mir fragte einmal seine erwachsenen Kinder nach ihren schönsten Erinnerungen aus ihrer Kindheit. Waren es die gemeinsamen Urlaubsreisen, die Besuche im Disney-Land oder im Zoo? Nein, sagten sie ihm. Das Schönste war, wenn er sich auf den Boden legte und sich mit allen vier Kindern balgte. Gemeinsam waren sie gegen ihn vorgegangen und haben sich fast kaputtgelacht. So denken Kinder. Die befriedigenderen Beschäftigungen in der Familie sind oft die, bei denen Spontaneität und Menschliches im Vordergrund stehen.

Deshalb können sich Eltern ihrer Verantwortung nicht mit Geld entledigen, obwohl viele das versuchen. Vielbeschäftigte und erschöpfte Mütter und Väter, besonders die Wohlhabenderen, versuchen manchmal, ihre Kinder, denen es an Zuwendung mangelt, mit Spielsachen, Autos und teuren Unternehmungen zu entschädigen. Das funktioniert selten. Was sich diese Jungen und Mädchen am sehnlichsten wünschen, ist Zeit mit ihren Eltern zu verbringen – in der Garage etwas miteinander zu bauen, im Auto zu singen oder zu einem alten Fischteich zu wandern.

Ich schlage auch vor, dass zumindest ein Abend in der Woche für gemeinsames Vorlesen mit der Familie eingeplant wird. Das kann schwierig sein, wenn Sie Kinder verschiedener Altersstufen haben. Wenn Ihre Söhne und Töchter jedoch altersmäßig nicht zu weit auseinander liegen, halte ich das für eine großartige Beschäftigung. Sie können *Tom Sawyer, Heidi, Die Schatzinsel* und andere Bücher lesen, die in all den Jahren nicht an Beliebtheit verloren haben. Der Zweck ist, gemeinsam als Familie zu lesen.

Kurz gesagt, viele Familien haben vergessen, im Alltag miteinander Spaß zu haben. Die Dinge, die sie miteinander tun, können den gemeinsamen Jahren ihr besonderes Gepräge geben. Kein Spielzeug, mit dem man alleine spielt, kann es jemals mit der Freude an solchen Augenblicken aufnehmen. Und Ihre Kinder werden diese ihr Leben lang nicht vergessen.

Frage 76

Wir haben eine Adoptivtochter, die im Alter von vier Jahren zu uns kam. Es ist schwierig, mit ihr zurechtzukommen und sie tut meist, was sie will. Wenn wir sie zum Gehorsam anhalten würden, wäre das sehr unangenehm für sie und offen gesagt, denken wir, dass

**wir nicht das Recht dazu haben. In ihrem kurzen Leben hat sie
schon viel mitgemacht. Außerdem sind wir nicht ihre richtigen
Eltern. Glauben Sie, dass sie sich gut entwickeln wird, wenn wir ihr
einfach viel Liebe und Zuwendung schenken?**

Ich fürchte, mit dieser Vorgehensweise ebnen Sie den Weg für
künftige ernsthafte Probleme mit diesem Mädchen. Die Gefahr
liegt darin, dass Sie sich als Ersatzeltern betrachten, die nicht das
Recht haben, das Kind zu leiten. Das ist ein Fehler. Da Sie das Mädchen rechtmäßig adoptiert haben, sind Sie seine »richtigen« Eltern,
und vielleicht wird das trotzig herausfordernde Verhalten, das Sie
erwähnten, dadurch verursacht, dass Sie das nicht so sehen. Dieser
Fehler wird häufig von Eltern älterer Adoptivkinder gemacht. Sie
haben so viel Mitleid mit den Kindern, dass sie sich ihnen nicht ent-
gegenstellen können. Sie meinen, das Leben sei für die Kinder schon
zu hart gewesen, sie dürften es nicht durch Disziplin und gelegentliche Strafen noch schlimmer machen. Infolgedessen gehen sie
unentschlossen und nachsichtig mit einem Kind um, das dringend
nach einer festen Hand verlangt.

»Verpflanzte« Kinder brauchen Führung und Disziplin ebenso
wie diejenigen, die bei ihren leiblichen Eltern aufwachsen. Eine
sichere Methode, einem Kind ein Gefühl der Unsicherheit zu vermitteln, besteht darin, es zu behandeln, als sei es andersartig, ungewöhnlich oder zerbrechlich. Wenn die Eltern es als armen, verlassenen Schlucker betrachten, der geschützt werden muss, wird es sich
selbst auch so sehen.

Eltern kranker oder behinderter Kinder machen oft den gleichen
Fehler. Es fällt ihnen schwerer, auf Disziplin zu bestehen, weil sie mit
diesem Kind Mitleid empfinden. Deshalb kann ein Junge oder ein
Mädchen mit einem Herzfehler oder einer unheilbaren Krankheit
zum kleinen Tyrannen werden, einfach, weil die normalen Verhaltensgrenzen nicht gezogen und eingehalten werden. Man darf nicht
vergessen, dass das Bedürfnis nach Disziplin und Leitung allgemein
bei allen Kindern vorhanden ist und nicht durch andere Probleme

und Schwierigkeiten im Leben gemindert wird. In einigen Fällen wird der Wunsch nach Grenzen durch andere Schwierigkeiten tatsächlich verstärkt, denn nur durch liebevolle Leitung lassen Eltern ein Gefühl der Geborgenheit und des Selbstwertes beim Kind entstehen.

Zurück zu Ihrer Frage. Ich rate Ihnen, das kleine Mädchen über alle Maßen zu lieben – und es zu denselben Verhaltensmaßstäben anzuhalten, die Sie von Ihrem eigenen Fleisch und Blut erwarten würden. Denken Sie daran, Sie sind seine Eltern!

Frage 77
Kommt Rebellion bei Adoptivkindern häufiger vor als bei Kindern, die bei ihren leiblichen Eltern aufwachsen? Wenn ja, kann man etwas tun, um den Konflikt zu verhindern oder zu entschärfen? Mein Mann und ich beabsichtigen, ein Kleinkind zu adoptieren, und diese Frage beunruhigt mich.

Jedes Kind ist ein Original und Adoptivkinder bilden hier keine Ausnahme. Sie treten in den unterschiedlichsten Ausführungen auf. Einige Jungen und Mädchen, die vor der Adoption misshandelt oder nicht geliebt wurden, reagieren irgendwie auf diese schmerzlichen Erfahrungen ... in der Regel negativ. Andere, auch die, die nicht schlecht behandelt wurden, kämpfen mit Identitätsproblemen und fragen sich, warum ihre »richtige« Mutter und ihr »richtiger« Vater sie nicht wollten. Als Jugendliche oder junge Erwachsene werden sie vielleicht innerlich getrieben, nach ihren leiblichen Eltern zu suchen, um mehr über ihr Erbe und ihre Herkunftsfamilie zu erfahren. Ich muss jedoch betonen, dass viele adoptierte Kinder diese Persönlichkeitskrisen nicht durchmachen. Sie schlagen da Wurzeln, wohin sie verpflanzt wurden und verschwenden keinen Gedanken an die Fragen, die einige ihrer Altersgenossen quälen. Wie bei vielen anderen Verhaltensfragen hängt alles vom jeweiligen Temperament des Kindes ab und davon, wie seine Eltern mit ihm umgehen.

Ich hoffe, dass Sie jetzt nicht zögern, dieses Kind zu adoptieren, weil einige besondere Probleme vielleicht – aber wahrscheinlich nicht – entstehen. *Jedes* Kind bringt seine eigenen Herausforderungen mit. Bei *jedem* Kind können Erziehungsschwierigkeiten auftauchen. *Jedes* Kind erfordert die gesamte kreative Energie und alle Gaben, die Eltern aufbringen können. Aber bei *jedem* Kind lohnt sich die Mühe und es gibt keine höhere Berufung als diese Aufgabe ausgezeichnet zu erfüllen.

Zum Schluss noch ein Gedanke. Ich kannte einen Mann und eine Frau, die jahrelang auf ein Baby warteten, das sie adoptieren wollten. Als ihnen schließlich ein kleines Mädchen vorgeschlagen wurde, waren sie begierig zu wissen, ob es gesund und frei von erblichen Krankheiten sei. Sie fragten, ob seine leiblichen Eltern Drogen nähmen, wie groß sie seien, ob sie studiert hätten oder nicht usw. Dann, sagte mir der Vater später, erkannte er, was er und seine Frau taten. Sie gingen an die Adoption dieses Babys fast wie an einen Autokauf heran. Sie »traten in die Reifen« und »testeten den Motor«. Aber dann dachten sie: »Was in aller Welt tun wir? Dieses kleine Mädchen ist ein Mensch mit einer unsterblichen Seele. Uns wird die Gelegenheit gegeben, aus ihm ein Kind Gottes zu machen, und wir fordern, dass es ein hochwertiges Produkt ist.« Sie bereuten ihre unangebrachte Haltung und schlossen das Kind mit Liebe in die Arme.

Wie alle anderen Kinder sind auch Adoptivkinder ein Segen Gottes und es ist wirklich eine besondere Ehre, eines seiner wertvollen Kinder erziehen zu dürfen.

Frage 78
Wie würden Sie einem Kind sagen, dass es adoptiert ist und wann ist der beste Zeitpunkt für diese Eröffnung?

Erstens würde ich mit einem Kleinkind darüber sprechen, dass es adoptiert ist, bevor es die Bedeutung der Worte verstehen kann. Dann ist eine Eröffnung überhaupt nicht nötig. Für ein Kind oder einen Jugendlichen kann es ein furchtbarer Schock sein, von einem Nachbarn oder einem anderen Familienmitglied von seiner Adoption zu erfahren. Riskieren Sie nicht den Schaden, der durch eine späte Aufklärung angerichtet werden kann, sondern nehmen Sie der Sache den Stachel, solange das Kind noch sehr klein ist.

Zweitens, feiern Sie jedes Jahr zwei Geburtstage mit gleicher Begeisterung: den tatsächlichen Tag seiner Geburt und den Tag, an dem es Ihr Kind wurde. Das ist eine sehr geschickte Strategie, auf die Adoption zu sprechen zu kommen. Es ist auch eine gute Möglichkeit, einen Ausgleich zwischen Geschwistern zu schaffen. Leibliche Kinder haben einen psychologischen Vorteil und spielen sich manchmal als Herr über ihren Adoptivbruder oder ihre Adoptivschwester auf. Diese kleine Überlegenheit kann etwas ausgeglichen werden, wenn das Adoptivkind zwei Geburtstage feiern darf.

Drittens, schildern Sie die Adoption als außerordentliches Geschenk (wie oben angedeutet), das das ganze Haus in erwartungsvolle Hochstimmung versetzt hat. Erzählen Sie auch, wie Sie für ein Kind beteten und geduldig auf Gottes Antwort warteten. Beschreiben Sie dann, wie Sie erfuhren, dass Gott diese Gebete erhört hat und wie die ganze Familie ihm für sein Liebesgeschenk dankte. Schildern Sie Ihrem Kind das Glücksgefühl, das Sie empfanden, als Sie es zum ersten Mal in seinem Bettchen liegen sahen und wie süß es in seiner blauen Decke aussah usw. Sagen Sie ihm, dass der Tag seiner Adoption einer der glücklichsten Tage Ihres Lebens war und wie Sie zum Telefon eilten und alle Bekannten und Verwandten anriefen, um ihnen die wunderbare Neuigkeit mitzuteilen. (Diese Einzelheiten sollten natürlich der Wahrheit entsprechen.)

Erzählen Sie Ihrem Kind die Geschichte von Mose und wie die Tochter des Pharao ihn adoptiert und Gott ihn für eine große Aufgabe mit den Kindern Israel auserwählt hatte. Suchen Sie nach ähnlichen Situationen, die dem Adoptivkind Anerkennung und Würde verleihen. Wie das Kind die Adoption auslegt, hängt, wie Sie sehen, fast vollständig davon ab, wie ihm dieser Sachverhalt in frühester Kindheit übermittelt wurde. Ganz sicherlich soll man über dieses

Thema nicht traurig sprechen, so als müsste jetzt ein dunkles, peinliches Geheimnis widerwillig eingestanden werden.

Viertens, wenn der Grund gelegt und die Frage entschärft ist, denken Sie nicht mehr daran. Erinnern Sie das Kind nicht ständig an seine Einzigartigkeit, bis es gar albern wirkt. Erwähnen Sie die Sache, wenn dies angebracht ist, aber zeigen Sie keine Ängstlichkeit oder Spannung, indem Sie dem Kind ständig seine Adoption unter die Nase reiben. Kinder sind erstaunlich feinfühlig für solch unterschwellige Geisteshaltungen.

Wenn Sie diese praktischen Vorschläge befolgen, ist es meiner Meinung nach möglich, ein Adoptivkind vor einem psychischen Trauma oder persönlicher Kränkung zu bewahren.

Frage 79
Glauben Sie nicht, dass die meisten Unterschiede zwischen den Geschlechtern kulturell bedingt sind? Würde man Jungen und Mädchen gleich erziehen, würden diese Unterschiede verschwinden.

Da bin ich völlig anderer Meinung. Gott schuf zwei Geschlechter, nicht eines. Er stattete Männer und Frauen mit genetischen Eigenschaften aus, die durch keine Schulung während der Kindheit beseitigt werden können. Ich möchte hier Christina Hoff Sommers, Autorin des Buches *Who Stole Feminism?* (Wer stahl den Feminismus?) zitieren. Sie schrieb:

Der feministische Kampf gegen einfache Tatsachen des Lebens hört nicht auf. Letztes Jahr führte der Spielzeughersteller *Hasbro Toys* Tests mit einem Puppenhaus durch, das für Jungen wie auch Mädchen auf den Markt kommen sollte. Die Forscher von Hasbro entdeckten, dass Mädchen und Jungen mit dem Puppenhaus nicht in derselben Weise spielten. Die Mädchen zogen die Puppen an und spielten Haushalt; die Jungen schleuderten den Kinderwagen mit Schwung vom Dach. Sharon Hartley, leitende Ange-

stellte bei Hasbro, erklärte, was früher für selbstverständlich gehalten wurde:»Jungen und Mädchen haben ein grundsätzlich unterschiedliches Spielverhalten.«
Trotz überwältigender Beweise dafür, dass Männer und Frauen ungleiche Gehirnstrukturen haben, beharren Feministinnen immer noch auf dem irrigen Glauben, dass nur kulturelle Einflüsse zwischen ihnen stehen. Sie haben Unrecht. Trotzdem glaubt Gloria Steinem immer noch:»Wir müssen unsere Jungen unbedingt mehr wie Mädchen erziehen.«[26]

Ein altes Sprichwort heißt:»Jungen bleiben Jungen.« Wissen Sie was? Das stimmt. Und Mädchen bleiben Mädchen. Denn so wurden sie geschaffen.

Frage 80
Wie kann ich als Vater auf die Einstellung meiner Tochter gegenüber jungen Männern Einfluss nehmen? Wenn sie später einmal heiratet, muss sie Männer verstehen und wissen, wie man mit ihnen eine Beziehung aufbaut. Sollte ich mir darüber Gedanken machen?

Ja. Lange bevor ein Mädchen ihren ersten Freund hat oder sich verliebt, wurde ihre Einstellung Männern gegenüber still und leise von ihrem Vater geprägt. Warum? Weil die Vater-Tochter-Beziehung den Rahmen für alle künftigen Liebesbeziehungen festlegt.
Wenn eine junge Frau von ihrem Vater Ablehnung erfährt, wird sie ihr Leben lang nach einem Mann suchen, der die Bedürfnisse ihres Herzens befriedigt, die der Vater nie erfüllte. Wenn er warmherzig und fürsorglich ist, wird sie nach einem Partner Ausschau halten, der ihm gleich ist. Wenn er sie für schön und weiblich hält, sieht sie sich auch so. Aber wenn er sie als reizlos und uninteressant ablehnt, wird sie wahrscheinlich noch als Erwachsene Probleme mit ihrem Selbstwertgefühl haben.

Es stimmt auch, dass die Beziehung einer Frau zu ihrem Mann weitgehend davon beeinflusst wird, wie sie die Autorität ihres Vaters empfand. Wenn er hochfahrend oder launisch war, wird sie möglicherweise während ihrer ganzen Ehe Machtkämpfe mit ihrem Mann entfesseln. Wenn der Vater aber Liebe und Disziplin miteinander verband und auf diese Weise Stärke vermittelte, dann wird sie sich bei dem Geben und Nehmen in einer von gegenseitiger Achtung geprägten Ehe wohl fühlen.

Vieles in einer Ehe beginnt mit dem Vater der Braut. Deshalb ist es erforderlich, dass Männer mit Töchtern sich alle Mühe geben, sie richtig zu erziehen. Sie haben Recht, wenn Sie sich über diese grundlegende Beziehung Gedanken machen.

Frage 81
Wann beginnen Kinder, geschlechtliche Regungen zu empfinden? Geschieht dies plötzlich während der Pubertät?

Nein, dies geschieht lange vor der Pubertät. Freuds wichtigste Entdeckung war möglicherweise, dass Kinder nicht geschlechtslos sind. Er erklärte, dass die geschlechtliche Befriedigung in der Wiege beginnt und zunächst mit Nahrungsaufnahme in Verbindung steht.[27] Das Verhalten während der Kindheit wird in hohem Maße von sexueller Neugierde und Wissbegier beeinflusst, obwohl die Geschlechtshormone erst zu Beginn der Jugendjahre voll in Aktion treten. Es ist also nichts Ungewöhnliches, wenn sich Vierjährige für Nacktheit und die Sexualorgane des anderen Geschlechts interessieren.

Die Grundschuljahre spielen eine große Rolle bei der Prägung der Einstellung zur Sexualität. Eltern sollten auf keinen Fall schockiert oder mit Abscheu auf diese Art Neugierde reagieren, auch wenn sie »Doktorspiele« missbilligen müssen. Man nimmt an, dass viele sexuelle Probleme aufgrund einer ungeeigneten Erziehung in der frühen Kindheit entstehen.

Frage 82

**Mein vierjähriger Sohn hat vor kurzem seinen Penis »entdeckt«
und scheint sich ziemlich viel damit abzugeben. Denken Sie, dass
es ungewöhnlich oder sündig ist, wenn er sich so viel streichelt?**

Die Antwort auf Ihre beiden Fragen ist ein ausdrückliches Nein!
Unbeabsichtigte (und sogar beabsichtigte) Selbsterregung ist
bei kleinen Kindern, insbesondere Jungen, weder ungewöhnlich
noch sündig. Ihr kleiner Sohn zeigt ganz einfach, dass er richtig
»konstruiert« ist. Dieses unschuldige kindliche Gebaren hat keine
langfristigen Auswirkungen und wird sich bald von alleine legen.

Die einzige Bedeutung dieses Streichelns liegt in der Art und
Weise, wie Sie als Eltern damit umgehen. Ich erhielt Briefe von Müttern, die sagten, sie hätten ihr Vorschulkind geschlagen, weil es sich
selbst betastete. Einige drückten große Sorgen über dieses Verhalten
aus, da sie es als Beweis für eine unsittliche Veranlagung betrachteten,
die ausradiert werden muss. Das ist ein sehr gefährlicher Standpunkt.
Ich würde vorschlagen, dass Sie nicht so viel Aufhebens davon
machen.

Frage 83

**Das ist leicht gesagt. Meine vierjährige Tochter streichelt sich
nicht nur zu Hause, wo wir nicht darauf achten. Sie reibt sich sogar
jedes Mal, wenn wir in der Öffentlichkeit sind, zum Beispiel in der
Kirche oder im Restaurant. Wie soll ich damit umgehen?**

Sie sollten als Lehrerin und nicht als Zuchtmeisterin handeln.
Nehmen Sie Ihre Tochter auf die Seite und sprechen Sie mit ihr
über das Problem. Erklären Sie, dass es Dinge gibt, die man in der
Öffentlichkeit nicht tut – nicht weil sie falsch, sondern weil sie unhöflich sind. Genau wie man nicht vor anderen auf die Toilette geht,
sollte man sich auch nicht berühren, wenn andere es sehen können.
Wenn sie sich weiterhin streichelt, denken die Leute, sie sei seltsam

oder lachen gar über sie – etwas, was sie sicherlich nicht will. Ihre Absicht bei diesem Gespräch ist es, das Kind auf die sozialen Folgen seines Tuns aufmerksam zu machen. Sie selbst sollten Ruhe und Selbstvertrauen, nicht Bestürzung oder Verlegenheit erkennen lassen. Auf alle Fälle sollten sie ihr nie zu verstehen geben, ihr Körper sei schmutzig oder schlecht oder böse. Dies würde eine Unmenge weiterer Probleme für Ihre Tochter heraufbeschwören, mit denen sie womöglich noch als Jugendliche oder Erwachsene zu kämpfen hat.

Frage 84
Ich bin über den Einfluss des Fernsehens in unserer Familie beunruhigt. Wie können wir es in Grenzen halten, ohne diktatorische Regeln und Vorschriften anzuordnen?

Ich denke, als Eltern haben wir drei Ziele: Erstens wollen wir die Qualität der Programme, die unsere Kinder anschauen, überwachen. Zweitens wollen wir die Zeit, die unsere Kinder vor dem Fernseher verbringen, begrenzen. Sogar gute Programme können einen unerwünschten Einfluss auf die anderen Betätigungen der Kinder haben, wenn sie zu viel Zeit mit Fernsehen zubringen. Drittens sollte die ganze Familie gemeinsam festlegen, welche Regeln im Umgang mit dem Fernsehen einzuhalten sind.

Vor kurzem las ich von einer Methode, mit der alle drei Ziele effektiv erreicht werden können. Zunächst wurde vorgeschlagen, dass Eltern und Kinder sich zusammensetzen und eine Absprache über eine Liste mit erlaubten Programmen treffen, die für die verschiedenen Altersgruppen geeignet sind. Schreiben Sie diese Liste mit der Schreibmaschine ab (oder schreiben Sie sie wenigstens leserlich) und stecken sie in eine Plastikhülle, dass jeder im Verlauf der Woche immer wieder nachschauen kann.

Zweitens, kaufen oder basteln Sie eine Rolle mit Eintrittskarten. Geben Sie jedem Kind einige Eintrittskarten pro Woche, mit denen er oder sie sich das Recht »kaufen« kann, die Programme auf der erlaubten Liste anzuschauen. Wenn die Karten aufgebraucht sind, ist das Fernsehen für diese Woche erledigt. Dadurch lernt das Kind, kritisch zu bewerten, was es anschaut.

Diese Methode kann abgeändert und an die jeweilige Familiensituation oder die Umstände angepasst werden. Wenn es ein besonderes Programm gibt, das alle Kinder anschauen wollen, wie etwa einen Spielfilm oder ein Ferienprogramm an Weihnachten oder Ostern, können Sie eventuell mehr Karten ausgeben. Sie könnten auch zusätzliche Karten als Belohnung für eine besondere Leistung oder etwas anderes Löbliches aushändigen.

Die Probe aufs Exempel ist, wenn Eltern zeigen, ob sie den Mut haben, sich auch diesem einschränkenden System zu unterwerfen. Wir bräuchten oft dieselben Regelungen bei unseren Fernsehgewohnheiten!

Frage 85
Ich bin sehr verärgert über all den Sex und die Gewalt, die Abend für Abend im Fernsehen gezeigt werden. Die Filme sind schon schlimm genug, aber inzwischen sind die Fernsehkomödien auch nicht besser. Können wir auf die Fernsehanstalten einwirken, damit sie bei der Programmgestaltung verantwortungsbewusster werden?

Wir haben mehr Macht, Einfluss auf die Programmgestaltung beim Fernsehen zu nehmen, als wir denken. Ich hörte, man schätzt, dass jeder eingehende Brief für vierzigtausend Zuschauer steht, die sich nicht die Zeit nahmen zu schreiben. Es ist jedoch wichtig zu wissen, wohin man diese Briefe schicken soll. Früher schrieb ich an die Direktoren, Produzenten und andere leitende Persönlichkeiten der Fernsehanstalten. Auf meine Klagen erhielt ich entweder unfreundliche oder gar keine Antworten. Inzwischen habe ich gelernt, dass es sinnvoller ist, an die Sponsoren zu schreiben – die

Leute, die bezahlen. Sie haben mehr Grund, sich um das zu kümmern, was ich denke.

Erinnern Sie sich an den Erfolg, den Dr. Richard Neill, ein Zahnarzt aus Fort Worth, hatte, als ihm der Schmutz zu viel wurde, der regelmäßig während der Phil-Donahue-Show zu einer Zeit gesendet wurde, in der es durchaus möglich war, dass Kinder fernsehen. Er begann, an die Firmen zu schreiben, die für ein Programm bezahlen und dafür am Anfang oder Ende des Programms Werbung betreiben dürfen, und informierte sie über das, was sie mit ihrem Geld unterstützten. Über hundert dieser Werbekunden begannen, einer nach dem anderen, die Show fallen zu lassen. 1996 war das Donahue-Programm nicht mehr existenzfähig und wurde abgesetzt. Fast alleine nahm es Dr. Neill mit einem Mediengiganten auf und setzte dem Schund, den er produzierte, ein Ende.[28] Solche Aktionen können und sollten im ganzen Land nachgeahmt werden. Nur so können wir die Fernsehröhre sauber machen.

Werbekunden sind sehr offen für die Meinungen der Zuschauer, denn sie geben Millionen Dollar aus, um für ihre Produkte zu werben. Wir können Druck auf sie ausüben, indem wir ihnen mitteilen, was wir denken, positiv wie negativ. Ja, wir müssen das wirklich tun.

Frage 86
Den Kindern aus der Nachbarschaft, die mit meinen Kindern spielen, sind die schrecklichsten Fernsehprogramme wohlbekannt. Ich kann es kaum glauben, dass ihre Eltern es zulassen, dass sie Filme, in denen vorrangig Gewalt und Sex dargestellt werden, anschauen. Welche langfristigen Folgen haben solche Programme für Kinder?

Es ist traurig und sehr schwer zu verstehen, warum so viele Eltern nicht kontrollieren, was ihre Kinder anschauen. Denjenigen, die ihre Kinder alles anschauen lassen, was sie wollen, würde ich folgenden Vorschlag machen: Nehmen wir an, ein vollkommen Fremder käme an Ihre Tür und würde sagen: »Sie sehen müde aus. Warum überlassen Sie mir nicht Ihre Kinder für einen oder zwei Tage?« Ich bezweifle, dass viele sagen würden: »Tolle Idee. Kommen Sie herein.«[29]

Diese Geschichte erzählt Peggy Charren, Vorsitzende der Kampagne für Kinderfernsehen, sehr gerne. Man versteht schnell, worauf sie hinauswill. Wenn wir unsere Kinder vor den Fernseher setzen, übergeben wir vollkommen Fremden die Gewalt über sie, und das wird ein immer riskanteres Unterfangen. Zahlreiche Untersuchungen ergaben, dass Gewalt im Fernsehen oft später bei Kindern und Jugendlichen zu aggressivem Verhalten führt.

Eine der beweiskräftigsten Untersuchungen wurde von Dr. Leonard D. Aaron durchgeführt. Er untersuchte eine Gruppe von Kindern im Alter von acht Jahren und dann wieder mit neunzehn und schließlich im Alter von dreißig Jahren. Kinder aus den Vereinigten Staaten, aus Australien, Finnland, Israel und Polen wurden untersucht. Das Ergebnis war überall das gleiche. Je häufiger die Teilnehmer im Alter von acht Jahren Gewalt im Fernsehen sahen, um so wahrscheinlicher war es, dass sie bis zum Alter von dreißig Jahren wegen eines Verbrechens verurteilt waren und um so aggressiver war ihr Verhalten, wenn sie getrunken hatten.[30]

Es wird Zeit, dass Eltern in die Hand nehmen, wie viel und was ihre Kinder im Fernsehen anschauen. Wenn sie das nicht tun, kann dies katastrophale Folgen haben.

Frage 87
Was halten Sie von Nintendo und anderen Videospielen? In den letzten Monaten verbringt mein Sohn einen Großteil seiner Zeit damit und ich bin darüber beunruhigt.

Je nachdem, um welche Spiele es sich konkret handelt, kann Ihre Sorge berechtigt sein. Dr. Vince Hammond, Vorsitzender der Amerikanischen Koalition zur Gewalt im Fernsehen, beschrieb die möglicherweise schädliche Beschaffenheit von Videospielen, insbesondere solchen mit gewalttätigen Themen.[31] Einige Forscher kamen zu dem Schluss, dass diese Spiele zwanghaft werden und aggressives Verhalten fördern können. Es gibt sogar Hinweise darauf, dass die Wahrscheinlichkeit um achtzig Prozent erhöht wird, dass Kinder im Alter zwischen acht und zehn Jahren sich schlagen, wenn sie damit gespielt haben.[32]

Ich rate Ihnen, genau festzulegen, wie lange Ihr Sohn sich mit Videospielen oder dem Nintendo beschäftigen kann, damit er nach diesen Dingen nicht süchtig wird. Bestehen Sie darauf, dass gewalttätige Spiele auf gar keinen Fall in Frage kommen. Mit realistischen Richtlinien ist es, denke ich, möglich, diese Art Beschäftigung unter Kontrolle zu halten und dafür zu sorgen, dass diese Spiele nicht Ihren Sohn und Ihre Familie beherrschen.

Frage 88
Wie wird es sich Ihrer Meinung nach auswirken, wenn wir Abend für Abend extreme Gewalt anschauen?

Walter Lippmann schrieb einmal, dass eine Sättigung mit dieser Art Nervenkitzel ein Volk und eine Kultur in der Tat zerstören kann. Ich stimme ihm darin vollkommen zu. Bei uns ist es schon soweit, dass anständige Leute sich davor fürchten, nachts aus dem Haus zu gehen. Wir leben in Angst. Niemand ist sicher, nicht einmal alte Menschen, die so wenig von den Dingen besitzen, auf die Verbrecher es wirklich abgesehen haben. Das Fernsehen hat die Macht, uns als Volk zu zerstören. Ich fürchte, es hat bei uns schon nicht wieder gutzumachenden Schaden angerichtet.

Die Erziehung
des Grundschulkindes

Frage 89
**Theoretisch weiß ich, dass ich die Leitung meiner Kinder überneh-
men muss, aber ich brauche konkretere Hilfen. Zeigen Sie mir
Schritt für Schritt, wie ich bei der Erziehung vorgehen soll, damit
ich meine Aufgabe richtig erfüllen kann.**

Ich möchte hier sechs allgemeine Richtlinien in groben Zügen darstellen, die Ihnen sicherlich hilfreich sein werden. Diese Grund-
züge stellen den Kern meiner Erziehungstheorie dar.

Erstens: Setzen Sie Grenzen fest, bevor Sie auf deren Einhaltung
achten. Der wichtigste Schritt bei jedem erzieherischen Handeln
besteht darin, im Voraus vernünftige Erwartungen und Grenzen zu
bestimmen. Das Kind muss wissen, was erlaubtes Verhalten ist und
was nicht, bevor es wegen dieser Regeln zur Rechenschaft gezogen
wird. Durch diese Vorbedingung wird das Entstehen des Ungerech-
tigkeitsgefühls verhindert, das ein Kind empfindet, wenn es für Miss-
geschicke, Fehler und Schnitzer geschlagen oder bestraft wird. Sie
dürfen ein Kind nicht für etwas bestrafen, was Sie vorher nicht genau
festgelegt haben.

Zweitens: Reagieren Sie mit zuversichtlicher Entschlossenheit,
wenn Sie trotzig herausgefordert werden. Wenn ein Kind verstanden
hat, was von ihm erwartet wird, dann sollte es auch die Verantwortung für dementsprechendes Verhalten tragen. Das klingt einfach,
aber wie wir bereits sahen, greifen die meisten Kinder die Autorität
ihrer Eltern an und stellen ihr Recht auf Führung in Frage. Im
Augenblick der Auflehnung denkt ein Kind über die Anweisungen
seiner Eltern nach und trifft die trotzige Entscheidung, nicht zu
gehorchen. Wie ein General vor der Schlacht berechnet es das poten-
tielle Risiko, bietet seine Kräfte auf und greift den Feind mit klirren-

den Waffen an. Bei solch einer direkten Konfrontation zwischen den Generationen ist es äußerst wichtig, dass der Erwachsene entscheidend und zuversichtlich gewinnt. Das Kind hat deutlich zu verstehen gegeben, dass es einen Kampf will, und ich möchte seinen Eltern raten, es nicht zu enttäuschen! Nichts untergräbt die führende Rolle der Eltern mehr als während dieses Kampfes klein beizugeben. Wenn Eltern beständig diese Kämpfe verlieren, wenn sie weinen, schreien oder in sonstiger Weise ihre Frustration zeigen, dann ändert sich das Bild, das ihre Kinder von ihnen haben, gravierend. Eltern sind dann nicht mehr die zuverlässigen und vertrauenswürdigen Leiter, sondern werden zu rückgratlosen Waschlappen, die keinerlei Achtung und keines Gehorsams würdig sind.

Drittens: Unterscheiden Sie zwischen absichtlicher Herausforderung und kindlicher Verantwortungslosigkeit. Ein Kind sollte nicht für Verhalten bestraft werden, mit dem es nicht absichtlich die Eltern herausforderte. Wenn ein Kind vergisst, den Hund zu füttern oder sein Bett zu machen oder den Abfalleimer zu leeren, wenn es Ihren Tennisschläger im Regen liegen lässt oder sein Fahrrad verliert, dann denken Sie daran, dass ein solches Verhalten typisch für Kinder ist. Durch solche Gedankenlosigkeit wird sein unreifes Gemüt vor den Ängsten und Nöten der Erwachsenen geschützt. Versuchen Sie freundlich, ihm beizubringen, wie es sich in Zukunft besser verhalten kann. Wenn es auf Ihre geduldigen Unterweisungen nicht reagiert, dann wird es sinnvoll, einige wohlverdiente Konsequenzen zu ziehen (vielleicht muss das Kind arbeiten, um für einen beschädigten oder unbrauchbaren Gegenstand zu zahlen usw.). Denken Sie einfach daran, dass kindliche Verantwortungslosigkeit etwas ganz anderes ist als absichtliche Herausforderung, und deshalb sollte man ihr auch mit mehr Geduld entgegentreten.

Viertens: Sobald die Konfrontation vorüber ist, sollten Sie Ihrem Kind versichern, dass Sie es lieben und es belehren. Nach einem Konflikt, wenn der Vater oder die Mutter das Recht auf Leitung deutlich gemacht hat (insbesondere wenn es für das Kind in Tränen endete), will ein Kind zwischen zwei und sieben Jahren (oder älter) geliebt und getröstet werden. Öffnen Sie auf jeden Fall Ihre Arme und lassen es kommen! Halten Sie es fest und sagen Sie ihm, dass Sie es lieben. Wiegen Sie es sanft und erklären ihm noch einmal, warum es gestraft wurde und wie es das nächste Mal die Misere vermeiden kann. Diese Gelegenheit der Verständigung bewirkt Liebe, Treue und Einigkeit in der Familie. Und für die christliche Familie ist es äußerst wichtig, jetzt auch mit dem Kind zu beten, vor Gott zu bekennen, dass wir alle Sünder sind und dass keiner von uns vollkommen ist. Die Vergebung Gottes ist eine wunderbare Erfahrung, sogar für ein sehr kleines Kind.

Fünftens: Vermeiden Sie unmögliche Anforderungen. Vergewissern Sie sich, dass Ihr Kind tun kann, was Sie von ihm verlangen. Strafen Sie es nie, wenn es das Bett unabsichtlich nass machte oder wenn es mit einem Jahr noch nicht sauber ist oder für schlechte Schulnoten, wenn es nicht in theoretischen Fächern begabt ist. Diese unmöglichen Anforderungen stellen das Kind in einen unlösbaren Konflikt: Es gibt keinen Ausweg. Diese Lage fügt der Psyche des Menschen unvermeidlich Schaden zu.

Sechstens: Lassen Sie sich von Liebe leiten! Eine Beziehung, die von echter Liebe und Zuneigung geprägt ist, ist wahrscheinlich gesund, auch wenn es unvermeidlich ist, dass Eltern Fehler machen.

Frage 90
Ich möchte mit meinem eigenwilligen Kind richtig umgehen und es leiten, fürchte aber, dass ich seine Persönlichkeit zerbreche und es in irgendeiner Weise schädige. Wie kann ich mich mit seinem ungebührlichen Verhalten auseinandersetzen, ohne sein Selbstwertgefühl zu verletzen?

Ich habe den Eindruck, Sie verstehen nicht klar den Unterschied zwischen dem Zerbrechen der Persönlichkeit und der Formung des Willens eines Kindes. Die menschliche Persönlichkeit, wie ich sie definierte, bezieht sich auf das Selbstwertgefühl eines Kindes. Sie ist in allen Altersstufen außerordentlich zerbrechlich und muss mit Vorsicht behandelt werden. Als Mutter haben Sie Recht in der Annahme, dass Sie die Persönlichkeit Ihres Kindes recht leicht schädigen können – durch Spott, Geringschätzung, Drohung mit Liebesentzug und durch Ablehnung mit Worten. Alles, was seinen Selbstwert herabsetzt, kann seiner Persönlichkeit teuer zu stehen kommen. Während jedoch die Persönlichkeit empfindlich ist und sanft behandelt werden muss, ist der Wille aus Stahl. Der Wille gehört zu den wenigen verstandesmäßigen Fähigkeiten, die bei der Geburt bereits ihre volle Stärke erreicht haben. In einer früheren Ausgabe von *Psychology Today* beschrieb folgende Überschrift die Ergebnisse einer Untersuchung von Kleinkindern: »Ein Baby weiß, wer es ist, bevor es sprechen kann. Bewusst strebt es nach Macht über seine Umgebung, insbesondere über seine Eltern.«[33] Diese wissenschaftliche Offenbarung ist für die Eltern eines eigenwilligen Kindes keine Überraschung. Sie trugen es in den frühen Morgenstunden in der Wohnung hin und her und hörten, wie dieser winzige Diktator seine Wünsche und sein Begehren mehr als deutlich ausdrückte.

Später können einige trotzige Kleinkinder so zornig werden, dass sie in der Lage sind, ihren Atem anzuhalten, bis sie bewusstlos werden. Jeder, der jemals Zeuge des vollen Ausmaßes absichtlichen Trotzes wurde, war von seiner Macht schockiert. Ein eigensinniger Dreijähriger weigerte sich vor kurzem mit folgenden Worten, einer direkten Anordnung seiner Mutter nachzukommen: »Weißt du, du bist nur meine Mama!« Eine andere Mutter schrieb mir, dass sie in eine ähnliche Konfrontation mit ihrem Dreijährigen geriet, der etwas nicht essen wollte. Er war so wütend über ihre Beharrlichkeit, dass er zwei volle Tage jedes Essen und Trinken verweigerte. Er wurde schwach und apathisch, blieb aber unerschütterlich bei seinem Entschluss. Die Mutter war beunruhigt und bekam Schuldgefühle, wie man sich leicht denken kann. Schließlich schaute der Vater in seiner Verzweiflung dem Kind fest in die Augen und beteuerte ihm, dass es eine wohlverdiente Tracht Prügel bekäme, wenn es nicht zu Abend äße. Damit war die Auseinandersetzung beendet. Der Kleine gab nach. Er begann, alles zu verschlingen, was er nur erreichen konnte, und leerte praktisch den Kühlschrank.

Nun sagen Sie mir bitte, warum so wenige Autoritäten auf dem Gebiet der kindlichen Verhaltenspsychologie dieses absichtliche, trotzig herausfordernde Verhalten erkannten? Warum schrieben sie so wenig darüber? Ich denke mir, dass die Anerkennung kindlicher Unvollkommenheit nicht zu der humanistischen Vorstellung passt, dass kleine Menschlein voller Sonnenschein und Güte sind und erst später die Bedeutung von Selbstsucht und Ungehorsam lernen. Zu denen, die die Dinge in diesem rosigen Licht sehen, kann ich nur sagen: »Schauen Sie genauer hin!«

Um auf Ihre Frage zurückzukommen: Ihr Ziel als Vater oder Mutter ist es, den Willen Ihres Kindes zu formen, seine Persönlichkeit aber unversehrt zu lassen.

Frage 91
Ab welchem Alter ist ein Kind fähig, solchen Widerstand zu leisten?

Je nach Temperament des Einzelnen kann trotzig herausforderndes Verhalten schon bei sehr kleinen Kindern auftreten. Ein Vater erzählte mir einmal, dass er mit seiner dreijährigen Tochter zu einem Basketball-Spiel ging. Das Kind interessierte sich natürlich für alles in der Sporthalle, außer für den sportlichen Wettkampf. Der Vater erlaubte ihr, frei herumzulaufen und auf den Sitzen herumzuklettern, aber er setzte genaue Grenzen, wie weit sie sich von ihm entfernen durfte. Er nahm sie bei der Hand und ging mit ihr zu einem Strich, der auf den Boden der Sporthalle gemalt war. »Du kannst überall im Gebäude spielen, Hanna, aber gehe nicht weiter als bis zu dieser Linie«, erklärte er ihr.

Kaum war Papa zu seinem Sitz zurückgegangen, da trippelte die Kleine auch schon hurtig auf das verbotene Gebiet zu. Sie blieb eine Zeit lang an der Grenze stehen, grinste schnell ihren Vater verschmitzt über die Schulter an und stellte bewusst einen Fuß über die Linie, als wollte sie sagen: »Was tust du jetzt?« Fast allen Eltern in allen Teilen der Welt wurde diese Frage irgendwann einmal gestellt. So sind Kinder eben.

Frage 92
Mein kleiner Sohn will immer wissen, wie weit er bei mir gehen darf. Wenn er mich einmal auf die Probe gestellt und gemerkt hat, dass ich es ernst meine, ist er in der Regel gehorsam. Was geht in seinem Kopf vor?

Wie alle anderen Kinder will auch Ihr Kind unbedingt wissen, wo die Grenzen für sein Verhalten sind und wer den Mut hat, für die Einhaltung dieser Grenzen zu sorgen. Ich möchte Ihnen erklären, wie dies funktioniert.

Vor Jahren, zu Beginn der fortschrittlichen Erziehungsbewegung, beschloss ein begeisterter Theoretiker, den Drahtzaun um das Kindergartengelände wegzunehmen. Er dachte, die Kinder würden sich ohne diese sichtbare Begrenzung freier fühlen. Als der Zaun weg war, kauerten sich die Jungen und Mädchen in der Mitte des Spielplatzes zusammen. Nicht nur, dass sie nicht fortliefen. Sie trauten sich nicht einmal bis zum Rand des Geländes vor. Es liegt auf der Hand: feste Grenzen vermitteln uns allen Sicherheit. Deshalb treibt ein Kind seine Eltern manchmal fast bis zur Verzweiflung. Es stellt die Entschlossenheit der Mutter oder des Vaters auf die Probe und kundschaftet die Grenzen seiner Welt aus.

Wollen Sie noch mehr Beweise für seine Beweggründe? Denken Sie an eine Familie, in der Papa mit fester Hand, aber liebevoll für Disziplin sorgt, die Mutter aber entschlusslos und schwach und das Kind ein eigenwilliger Hitzkopf ist. Sie werden sehen, wie die Mutter bedrängt, herausgefordert und beleidigt wird, wie sie statt Gehorsam unverschämte Antworten erhält – wogegen der Vater mit ein oder zwei Worten Ordnung schafft. Was geht hier vor? Das Kind versteht und akzeptiert ganz einfach Papas Stärke. Die Grenzen sind klar. Es gibt keinen Grund, ihn noch einmal auf die Probe zu stellen. Aber Mama hat keine klaren Regeln und sie ist Freiwild im Kampf – wenn nötig jeden Tag.

Allein die Tatsache, dass Ihr Kind die Grenzen, die Sie setzten, akzeptiert, zeigt Ihnen, dass Sie respektiert werden. Das Kind will nur gelegentlich die äußeren Grenzen testen, um zu sehen, ob der »Zaun« noch da ist.

Frage 93
Sind Kinder wirklich so berechnend, wenn sie sich ungebührlich benehmen? Wenn ja, verstehe ich sie überhaupt nicht.

Manche ja, andere nein. Wir sprechen hier über das Kind, das sein eigener Boss sein und von niemandem Befehle annehmen will. Ein solches Kind kann sehr bewusst und zielorientiert vorgehen. Als ich Kind war, hatte ich einen Freund, der typisch für diese berechnende Haltung war. Earl war wie ein General, der den feindlichen Code entziffert hatte und deshalb seine Gegner immer und überall geschickt übervorteilen konnte. Er schien jeden Zug im Voraus zu wissen, den seine Eltern machen würden. Ich blieb einmal über Nacht bei ihm, und als wir gemütlich im Bett lagen, gab er mir eine erstaunliche Beschreibung der Wesensart seines Vaters.

Earl sagte: »Wenn mein Papa sehr wütend wird, gebraucht er einige Kraftausdrücke, über die du erstaunt sein wirst.« Er nannte mir drei oder vier erschreckende Beispiele von Aussprüchen, die sein Vater sagen würde.

Ich antwortete: »Das glaube ich nicht!«

Herr Walker war ein sehr großer, zurückhaltender Mann, der aussah, als bliebe er in jeder Lage beherrscht. Ich konnte mir einfach nicht vorstellen, dass er die Ausdrücke benutzen würde, die Earl zitiert hatte.

»Soll ich es dir beweisen?«, fragte Earl schelmisch, »wir brauchen nur weiterhin lachen und sprechen anstatt zu schlafen. Mein Papa wird immer wieder kommen und sagen, wir sollen ruhig sein, und je öfter er uns zur Ruhe ermahnen muss, umso aufgebrachter wird er. Dann wirst du seine Schimpfwörter hören. Warte nur ab.«

Ich stand diesem Plan etwas skeptisch gegenüber, wollte aber den würdevollen Herrn Walker in seiner hemmungslosen Höchstform erleben. Also ließen wir Earls Vater über eine Stunde lang wie einen Roboter hin- und herrennen. Wie vorausgesagt wurde er jedes Mal, wenn er in unser Schlafzimmer kam, etwas gereizter und ärgerlicher. Ich wurde allmählich nervös und hätte das Vorhaben am liebsten abgeblasen, aber Earl hatte das alles ja schon durchgemacht. Er sagte mir immer wieder: »Jetzt dauert es nicht mehr lange.«

Schließlich, es war wohl Mitternacht, geschah es. Herr Walker verlor die Geduld. Das ganze Haus zitterte, als er donnernd auf unser Schlafzimmer zustampfte. Er preschte zur Tür herein, stürzte sich auf Earls Bett und drosch auf den Jungen ein, der unter einer Lage von drei oder vier Decken geschützt vergraben lag. Dann quoll ein Strom von Worten aus seinem Mund, die meine empfindsamen Ohren selten vorher vernommen hatten. Ich war schockiert, Earl aber hocherfreut.

Sogar als sein Vater auf die Decken einschlug und ihn mit Verwünschungen überschüttete, rief mir Earl unter seinen Decken hervor zu: »Hast du gehört? He? Hab' ich es nicht gesagt? Ich sagte, er würde das sagen!« Ein Wunder, dass Herr Walker seinen Sohn in dieser Nacht nicht umbrachte!

Ich lag noch länger im Dunkeln wach und dachte über das Geschehene nach und beschloss, dass ich später, als Erwachsener, mich niemals von einem Kind so manipulieren lassen würde. Verstehen Sie jetzt, wie wichtig erzieherisches Eingreifen ist, damit ein Junge oder Mädchen seine Eltern achtet? Wenn ein kleines Biest von zwanzig Kilo absichtlich seinen mächtigen Vater oder seine Mutter in ein zitterndes, schnaubendes, überreiztes Nervenbündel verwandeln kann, dann ändert sich in ihrer Beziehung etwas. Etwas Wertvolles geht verloren. Im Kind entsteht eine Haltung der Verachtung, die sicherlich während der stürmischen Jugendjahre zum Durchbruch kommt. Ich wünsche ehrlich, dass jeder Erwachsene diesen einfachen Wesenszug der menschlichen Natur versteht.

Frage 94
Ich verstehe, dass Sie großen Wert darauf legen, dass ein Kind lernt, die Autorität seiner Eltern zu achten. Aber hat die Medaille nicht zwei Seiten? Müssen Eltern nicht ebenso ihre Kinder achten?

Sicher! Das Selbstwertgefühl eines Kindes ist außerordentlich zerbrechlich und muss mit Vorsicht behandelt werden. Ein Kind soll sich zu Hause vollkommen geborgen fühlen, es soll nie erniedrigt oder absichtlich in Verlegenheit gebracht werden, es soll nie vor Kameraden bestraft und nie ausgelacht werden. Auf seine starken Gefühle und Forderungen sollte, auch wenn sie töricht sind, immer eingegangen und höflich geantwortet werden. Ein Kind sollte spüren, dass es seinen Eltern »wirklich wichtig« ist. Ich bin davon überzeugt, dass Achtung *der* entscheidende Faktor in allen menschlichen Beziehungen ist, und genau wie Eltern darauf bestehen sollen, von ihren Kindern geachtet zu werden, so sind sie auch verpflichtet, diesbezüglich selbst ein Vorbild zu sein.

Frage 95
Manchmal sind mein Mann und ich uns in Erziehungsfragen nicht einig. Wir streiten dann vor den Kindern, was das Beste wäre. Halten Sie das für schädlich?

Ja. Sie und Ihr Mann sollten eine geschlossene Front bilden, besonders wenn Sie von den Kindern beobachtet werden. Wenn Sie sich in einer Sache nicht einig sind, können Sie später, wenn Sie alleine sind, darüber diskutieren. Wenn Sie beide keine Übereinstimmung erzielen, bekommen Ihre Kinder den Eindruck, dass die Maßstäbe für »richtig« und »falsch« willkürlich festgelegt werden. Sie werden auch versuchen, den strengeren Elternteil zu umgehen, um die Antwort zu bekommen, die sie wollen. Wenn die Eltern völlig verschiedene Ansichten haben, sind die Folgen für Kinder noch schwerwiegender.

Hier liegt eine Gefahr: Einige der feindseligsten, aggressivsten Jugendlichen, die ich kenne, stammen aus Familien, in denen die Eltern in puncto Disziplin entgegengesetzte Extreme vertraten. Nehmen wir an, der Vater ist lieblos und am Wohl seiner Kinder nicht sonderlich interessiert. Er ist streng und ihm rutscht leicht die Hand aus. Er kommt müde nach Hause und schlägt die Kinder vielleicht, wenn sie ihm in die Quere kommen. Die Mutter dagegen ist von ihrer Veranlagung her nachsichtig. Täglich macht sie sich Sorgen über den Mangel an Liebe in der Vater-Kind-Beziehung. Sie bemüht sich, einen Ausgleich zu schaffen. Wenn Papa die Kinder ohne Abendessen ins Bett schickt, bringt Mama ihnen heimlich Milch und Kekse. Wenn er etwas ablehnt, findet sie Mittel und Wege, es zu erlauben. Sie lässt den Kindern alles durchgehen, weil sie nicht den Mut hat, ihnen entgegenzutreten.

Unter diesen Umständen wirken die elterlichen Autoritäten in entgegengesetzten Richtungen und heben sich gegenseitig auf. Folglich hängt das Kind irgendwo in der Mitte und empfindet später oft Hass für beide. Wir müssen den Mittelweg zwischen den beiden Extremen von Liebe und Disziplin suchen, wenn wir gesunde, verantwortungsbewusste Kinder erziehen wollen.

Frage 96
Unser Ziel ist es doch, Kinder zu erziehen, die Selbstdisziplin und Selbstvertrauen besitzen. Wenn dem so ist, wie kann dann Ihre Methode, bei der Disziplin von *außen*, von den Eltern, diktiert wird, in *innere* Selbstbeherrschung umgewandelt werden?

Viele Fachgrößen sind aus den Gründen, die in Ihrer Frage angesprochen wurden, der Meinung, dass Eltern sich ihren Kindern gegenüber passiv verhalten sollten. Sie wollen, dass die Kinder selbst Disziplin erlernen. Aber da junge Menschen noch nicht über die Reife für Selbstbeherrschung verfügen, stolpern sie durch ihre Kindheit und erfahren dabei weder innere noch äußere Disziplin. So treten sie ins Erwachsenenleben ein, ohne jemals eine unangenehme Aufgabe durchgeführt oder eine Weisung, die ihnen nicht gefiel, erledigt oder sich der Leitung ihrer Eltern gefügt zu haben. Können wir erwarten, dass solch ein Mensch als junger Erwachsener Selbstdisziplin übt? Ich denke nicht. Er kennt nicht einmal die Bedeutung des Wortes.

Ich glaube, dass Eltern ihre Kinder, solange sie klein sind, mit allen zur Verfügung stehenden Mitteln zu Disziplin und Selbstbeherrschung anleiten sollen. Wenn von dem Kind verantwortungsbewusstes Verhalten verlangt wird, sammelt es wertvolle Erfahrungen in der Beherrschung seiner Impulse und Gaben. Wenn es dann heranwächst, wird Jahr um Jahr Verantwortung von den Schultern der Eltern direkt auf das Kind übertragen. Dann muss nicht mehr von ihm verlangt werden, dass es tut, was es von klein auf gelernt hat, in der Hoffnung, dass es von sich aus handeln will. Zum Beispiel sollte ein Kind von klein auf dazu angehalten werden, sein Zimmer verhältnismäßig ordentlich zu halten. Irgendwann mit vierzehn oder fünfzehn Jahren müsste ihn seine Selbstdisziplin dazu veranlassen, die Aufgabe weiterzuführen. Ist dies nicht der Fall, sollten die Eltern die Türe schließen und ihn in seiner Müllgrube leben lassen, wenn er das will.

Kurz gesagt, Selbstdisziplin fällt denen nicht automatisch zu, die nie Erfahrungen damit gemacht haben. Selbstbeherrschung muss gelernt, sie muss einem Menschen beigebracht werden.

Frage 97
Sie beschrieben trotzig herausforderndes Verhalten und wie Eltern damit umgehen sollen. Ist eigentlich jedes unangenehme Verhalten die Folge von Rebellion und Ungehorsam?

Nein. Aufsässigkeit kann ganz andere Ursachen haben als das »herausfordernde« Verhalten, das ich beschrieben habe. Die widerspenstige Haltung eines Kindes kann durch Frustration, Enttäuschung, Übermüdung, Krankheit oder Ablehnung verursacht werden und muss deshalb als Warnsignal unbedingt beachtet werden. Die vielleicht schwierigste Aufgabe von Eltern liegt darin, den Unterschied zwischen diesen Verhaltensbotschaften zu erkennen. Das aufsässige Verhalten eines Kindes enthält immer eine Botschaft an seine Eltern, die sie entschlüsseln müssen, bevor sie handeln.

Zum Beispiel könnte ein ungehorsamer Junge sagen: »Ich fühle mich ungeliebt, seit dieser schreiende kleine Bruder da ist. Früher hat sich Mama um mich gekümmert, aber jetzt will mich niemand mehr. Ich hasse sie alle.« Wenn eine solche Botschaft hinter dem aufsässigen Verhalten liegt, sollten die Eltern schnell etwas unternehmen, um die Ursache zu beseitigen.

Frage 98
Welches ist der häufigste Fehler, den Eltern bei der Erziehung ihrer Kinder machen?

Ich würde sagen, der unpassende Einsatz von Ärger beim Versuch, mit Kindern fertig zu werden. Dies ist wohl die unwirksamste Methode, die man wählen kann, wenn man Einfluss auf andere Menschen (aller Altersstufen) nehmen möchte. Leider verlassen sich die meisten Erwachsenen in erster Linie auf ihre eigenen emotionalen Reaktionen im Umgang mit Kindern. Ein Lehrer sagte einmal im Fernsehen: »Ich bin sehr gerne Fachlehrer, aber ich hasse die tägliche

Arbeit des Unterrichtens. Die Kinder sind so ausgelassen, dass ich die ganze Zeit wütend sein muss, nur um die Kontrolle über die Klasse nicht zu verlieren.« Wie frustrierend, Jahr um Jahr in seinem Beruf gemein und wütend sein zu müssen. Doch viele Lehrer (und Eltern) kennen kein anderes Mittel, um mit ihren Kindern fertig zu werden. Glauben Sie mir, das ist aufreibend, und es funktioniert nicht!

Denken Sie einmal über Ihre eigenen Motive nach und darüber, wie Sie auf den Ärger anderer reagieren. Stellen Sie sich vor, Sie fahren heute Abend nach der Arbeit mit Ihrem Auto nach Hause und überschreiten die Geschwindigkeitsbegrenzung um sechzig Stundenkilometer. An der Straßenecke steht ein einsamer Polizist, der keine Möglichkeit hat, Sie anzuhalten. Er hat keinen Streifenwagen und kein Motorrad, er hat kein Abzeichen, keine Schusswaffe und kann keinen Strafzettel schreiben. Er ist einzig und allein befugt, am Straßenrand zu stehen und Ihnen Beschimpfungen nachzuschreien, wenn Sie an ihm vorbeibrausen. Würden Sie langsamer fahren, nur weil er rot im Gesicht wird und zum Protest mit der Faust droht? Natürlich nicht! Sie könnten ihm vielleicht sogar zuwinken, wenn Sie an ihm vorbeiflitzen. Sein Ärger würde wenig erreichen, höchstens, dass er komisch und dümmlich aussieht.

Andererseits ändert sich Ihr Fahrverhalten drastisch, wenn Sie ein weiß-grünes Auto mit Blaulicht im Rückspiegel erkennen, das Ihnen nachjagt. Wenn Sie Ihren Wagen am Straßenrand zum Halten bringen, kommt ein würdevoller, höflicher Polizeibeamter auf Sie zu. Er ist eins neunzig groß, hat eine markige Stimme und an seinem Gürtel baumelt eine Pistole.

Höflich, aber bestimmt sagt er: »Unser Radargerät zeigt an, dass Sie hier, wo die Geschwindigkeit auf dreißig Stundenkilometer begrenzt ist, mit neunzig Stundenkilometern gefahren sind. Dürfte ich Ihren Führerschein sehen, bitte?« Er öffnet sein in Leder gebundenes Notizbuch und lehnt sich zu Ihnen herunter. Er zeigt keinerlei Feindseligkeit und kritisiert Sie nicht und doch sind Sie zu keinem Widerstand mehr fähig. Nervös und mit zittrigen Händen suchen Sie nach dem Führerschein mit dem hässlichen Foto. Warum werden

Ihre Hände feucht und Ihr Mund trocken? Warum schlägt Ihnen das Herz bis zum Hals? Weil der Vertreter des Gesetzes jetzt zu einer Maßnahme schreitet, die offenkundig unangenehm ist. Diese *Maßnahme* wird einschneidende Auswirkungen auf Ihr künftiges Fahrverhalten haben. Leider denken und reagieren Kinder praktisch genau so wie Sie.

Erzieherische *Maßnahmen* haben Einfluss auf das Verhalten, Ärger nicht. Ich bin sogar davon überzeugt, dass der Ärger Erwachsener in Kindern eine Art hämische Verachtung hervorruft. Sie spüren, dass unsere Frustration von unserer Unfähigkeit, die Situation unter Kontrolle zu halten, verursacht wird. Für sie verkörpern wir die Justiz, aber wir sind indes den Tränen nahe, fuchteln mit den Händen in der Luft herum und schreien leere Drohungen und Warnungen heraus. Ehrlich: Würden Sie einen Richter respektieren, der sich so verhalten würde, wenn er Recht spricht? Sicher nicht. Deshalb ist unser Gerichtswesen so aufgebaut, dass es sachlich, vernünftig und würdevoll wirkt.

Ich will jetzt Eltern und Lehrern nicht nahe legen, ihre berechtigten Gefühle vor ihren Kindern zu verbergen. Ich bin auch nicht der Meinung, dass wir als gutmütige oder teilnahmslose Roboter auftreten sollen, die alles in sich hineinfressen. Es gibt Zeiten, in denen unsere Kinder unverschämt und ungehorsam werden und unsere Verärgerung durchaus angebracht ist. Dies *sollte* sogar gezeigt werden, sonst wirken wir unnatürlich und unehrlich. Ich meinte nur, dass Ärger oft als Mittel zur Beeinflussung von Verhaltensweisen benutzt wird. Das ist unwirksam und kann die Beziehung zwischen den Generationen beeinträchtigen. Greifen Sie stattdessen zu Maßnahmen, die Ihre Kinder nicht gleichgültig lassen. Setzen Sie dann diese Maßnahmen »kaltblütig« in die Tat um.

Frage 99
Ich erkenne jetzt, dass ich bei meinen Kindern viel falsch gemacht habe. Kann ich den Schaden wieder gutmachen?

Ich glaube nicht, dass es jemals zu spät ist, etwas richtig zu machen, obwohl Ihre Möglichkeit, Einfluss auf Ihre Kinder zu nehmen, mit der Zeit abnimmt. Zum Glück dürfen wir in der Kindererziehung viele Fehler machen. Kinder sind nicht unterzukriegen und überstehen in der Regel unsere Ermessensirrtümer. Das ist gut so, denn niemand von uns kann ein perfekter Vater oder eine perfekte Mutter sein. Außerdem sind es nicht die gelegentlichen Fehler, die einem Kind schaden, wohl aber der ständige Einfluss ungünstiger Zustände durch die ganze Kindheit hindurch.

Frage 100
Welche Stelle sollte Furcht in der Haltung eines Kindes zu seiner Mutter oder seinem Vater einnehmen?

Es liegt nur ein feiner Unterschied zwischen angebrachtem, gesundem Respekt und unguter Furcht. Ein Kind sollte eine allgemeine Bangigkeit vor den Folgen haben, die eintreten, wenn es seinen Eltern Widerstand entgegensetzt. Aber es sollte nicht nachts wach liegen und sich Sorgen wegen der Strenge der Eltern oder über Strafandrohungen machen. Ein einfaches Beispiel kann vielleicht den Unterschied zwischen diesen Vorstellungen der Furcht veranschaulichen. Es ist gefährlich, auf einer verkehrsreichen Schnellstraße einen Spaziergang zu machen. Ja, es wäre geradezu selbstmörderisch, am Freitagabend um sechs Uhr auf der Überholspur einer Autobahn dahinzuschlendern. Ich wäre nicht so dumm, mir auf diese Weise die Beine zu vertreten, weil ich eine gesunde Angst vor schnell fahrenden Autos habe. Solange ich mich jedoch nicht dumm verhalte, habe ich keinen Grund zur Beunruhigung. Ich werde von dieser Gefahrenquelle nicht bedroht, wenn ich nicht absichtlich ein Wagnis eingehe. Ohne die Analogie zu weit zu treiben, möchte ich, dass mein Kind mich mit derselben gesunden Achtung betrachtet. Solange es mich nicht offen und vorsätzlich herausfordert, lebt es in vollkommener Sicherheit. Es braucht sich nicht zu ducken oder zusammenzuzucken, wenn ich mich plötzlich an der Stirne kratze. Es braucht nicht zu fürchten, dass ich es auslache oder lieblos behandle. Es kann sich vollkommener Sicherheit und Geborgenheit erfreuen, solange es mich nicht herausfordert. In einem solchen Fall muss es allerdings die Konsequenzen tragen. Diese Bedeutung von Furcht, die man besser mit »Ehrfurcht« oder »Achtung« bezeichnen sollte, ist ein Abbild von Gottes Beziehung zum Menschen. »Die Furcht des Herrn ist der Weisheit Anfang«, sagt die Bibel. Er ist ein Gott der Gerechtigkeit und gleichzeitig ein Gott unendlicher Liebe und Barmherzigkeit. Diese Eigenschaften ergänzen sich gegenseitig und sollten in unseren Familien zugegen sein.

Frage 101

Ich finde, dass ich zu meinen Kindern eher nein sage als ja, auch wenn ich keine entschiedenen Ansichten über die Bitten habe, die sie an mich richten. Ich frage mich, warum ich automatisch so ablehnend reagiere.

Man gewöhnt sich leicht daran, Kindern etwas abzuschlagen. »Nein, du kannst nicht draußen spielen.« »Nein, du kannst keinen Keks haben.«

»Nein, du darfst nicht telefonieren.« »Nein, du darfst nicht bei deiner Freundin übernachten.«

Alle diese Bitten hätten wir gewähren können, aber wir sagen fast automatisch nein. Warum? Weil wir uns nicht die Zeit nehmen, über die Folgen nachzudenken; weil wir dadurch vielleicht mehr Arbeit oder Mühe haben; weil unsere Kinder jeden Tag um tausend Gefälligkeiten bitten und wir es bequem finden, sie alle abzuschlagen.

Jedes Kind muss natürlich mit abschlägigen Antworten auf einige seiner ausgefalleneren Wünsche Bekanntschaft machen, aber Eltern sollten jeden Wunsch auf seinen wesentlichen Inhalt hin prüfen. Es gibt so viele notwendige Entsagungen im Leben, dass wir, wo immer wir können, ja sagen sollten.

Frage 102
Die Kinder aus unserer Nachbarschaft sind miteinander flegelhaft und Erwachsenen gegenüber unhöflich. Das verunsichert mich, aber ich weiß nicht, wie ich mich verhalten soll. Ich habe nicht das Recht, die Kinder meiner Nachbarn zu bestrafen, also geht ihnen alles durch. Wie soll ich mich verhalten?

Eltern, die im selben Wohngebiet leben, müssen lernen, miteinander über ihre Kinder zu sprechen – obwohl dies schwierig ist! Eine Mutter gerät durch nichts schneller in Wut, als wenn eine andere Frau ihre edle Nachkommenschaft kritisiert. Dies ist in der Tat ein heikles Thema. Deshalb ist es typisch, dass Eltern von ihren Nachbarn kaum etwas über das Verhalten ihrer Kinder erfahren. Die Kinder wissen, dass zwischen den Erwachsenen nur wenig Informationsübermittlung erfolgt und sie nutzen das aus. Jeder Wohnblock braucht eine Mutter, die den Mut hat, zu ihren Nachbarn zu sagen: »Ich möchte erfahren, was mein Kind tut, wenn es die Wohnung verlassen hat. Wenn mein Sohn mit anderen Kindern flegelhaft ist, möchte ich es wissen. Wenn meine Tochter unhöflich gegenüber Erwachsenen ist, sagen Sie es mir bitte. Ich werde das nicht als Klatsch verstehen und ich werde es Ihnen nicht übel nehmen, wenn Sie zu mir kommen. Ich hoffe, dass ich Ihnen auch mitteilen kann, was ich von Ihren Kindern sehe und höre. Keines unserer Kinder ist vollkommen und wir können sie besser erziehen, wenn wir als Erwachsene offen miteinander sprechen.«

Bevor es eine solche Offenheit zwischen Eltern, die nahe beieinander wohnen, gibt, schaffen die Kinder in ihrem Wohngebiet ihre eigenen Regeln und leben nach ihnen.

Frage 103
Mein Mann und ich sind geschieden, also muss ich die ganze Erziehung der Kinder alleine übernehmen. Ändert sich dadurch etwas an den Empfehlungen, die Sie zum Thema Disziplin in der Familie gaben?

Überhaupt nicht. Die Prinzipien guter Disziplin bleiben ungeachtet des familiären Hintergrundes gleich. Es wird gewiss für alleinerziehende Eltern schwieriger sein, da sie niemanden haben, der sie unterstützt, wenn die Kinder aufmüpfig werden. Alleinerziehende Mütter und Väter müssen beide Rollen spielen, was nicht leicht ist. Trotzdem nehmen Kinder auf schwierige Umstände keine Rücksicht. Wenn Eltern von ihren Kindern geachtet werden wollen, müssen sie sich diese Achtung verdienen.

Frage 104
Manchmal ist meine kleine Tochter Tanja bezaubernd, dann wieder unausstehlich. Wie kann ich ihr aus ihrer schlechten Laune heraushelfen, wenn sie eigentlich nichts getan hat, das eine Strafe verdient?

Ich würde sie in den Arm nehmen und Folgendes zu ihr sagen: »Ich weiß nicht, ob du es bemerkt hast oder nicht, Tanja, aber du hast zwei ›Wesensarten‹. Eine Wesensart ist die Art und Weise, wie man handelt, spricht und sich verhält. Eine deiner Wesensarten ist bezaubernd und liebevoll. Wenn diese Wesensart die Oberhand hat, kann praktisch kein Mensch liebenswerter und glücklicher sein. Diese Wesensart ist fleißig und sucht nach Mitteln und Wegen, den Rest der Familie glücklich zu machen. Aber wenn du einen kleinen roten Knopf drückst, peng, dann kommt eine andere Wesensart hervor. Sie ist launisch und laut und albern. Sie will mit deinem Bruder streiten und deiner Mama nicht gehorchen. Sie steht morgens griesgrämig auf und beklagt sich den ganzen Tag. Nun weiß ich, Tanja, dass du den Knopf für die nette oder den für die unangenehme Wesensart drücken kannst. Manchmal muss dir jemand helfen, damit du den richtigen Knopf drücken willst. Das werde ich machen. Wenn du dauernd den falschen Knopf drückst, wie heute, dann werde ich irgendetwas tun, was dir nicht gefällt. Ich habe dieses launische Wesen satt und möchte wieder das vergnügte sehen. Können wir ein Abkommen treffen?«

Wenn, wie in einem solchen Gespräch, Disziplin zum Spiel wird, haben Sie Ihr Ziel ohne Konflikt oder Zwistigkeiten erreicht.

Frage 105
Unser Sechsjähriger ist äußerst ablehnend und unangenehm. Er macht die ganze Familie unglücklich, und unsere Erziehungsversuche sind wirkungslos geblieben. Er ist ganz einfach griesgrämig veranlagt. Wie sollen wir mit ihm umgehen?

Das Ziel bei einem solchen Kind liegt darin, die erforderlichen Änderungen festzulegen und Verbesserungen, die erfolgen, zu verstärken. Leider sind Haltungen etwas Abstraktes, das ein Sechsjähriger noch nicht ganz verstehen kann. Deshalb brauchen Sie ein System, das ihm das »Ziel« veranschaulicht. Als Hilfe dazu habe ich eine »Haltungstabelle« entworfen (siehe Abbildung), die diese ausgeklügelten Verhaltensweisen in konkrete mathematische Begriffe umsetzt. Bitte beachten Sie: Dieses System eignet sich nicht für ein Kind, das nur einen schlechten Tag hatte oder dessen unangenehmes Verhalten mit Krankheit, Übermüdung oder situationsbedingten Umständen in Zusammenhang gebracht werden kann. Es ist vielmehr ein Hilfsmittel zur Änderung ständig ablehnender oder respektloser Haltungen, indem es das Kind auf sein Problem aufmerksam macht.

Die »Haltungstabelle« muss fertig aufgezeichnet und dann kopiert werden, da für jeden Tag ein neues Blatt erforderlich ist. Kreuzen Sie jeweils die zutreffenden Kästchen an und zählen dann die Punkte vor dem Schlafengehen zusammen. Obwohl diese abendliche Abrechnung dem Kind neutral erscheint, können die Eltern das Ergebnis doch beeinflussen, indem sie vorher darüber nachdenken (man nennt das Schummeln). Mama und Papa wollen, dass ihr Sohn am ersten Abend achtzehn Punkte hat, dass er also knapp der Strafe entrinnt, aber erkennt, dass er sich am folgenden Tag anstrengen muss. Ich muss hier jedoch betonen, dass das System kläglich versagt, wenn ein ungezogenes Kind die verdiente Strafe nicht bekommt oder wenn ein Kind sich um Verbesserungen bemüht, aber dann nicht das versprochene Vergnügen erhält. Diese Methode ist nichts mehr als der Einsatz von Belohnung und Strafe für Haltungen, und zwar in einer Weise, die Kinder verstehen und sich merken können. Für ein Kind, das Zahlen noch nicht ganz begreift, könnte es hilfreich sein, die Punktzahlen für jeden Tag zusätzlich in einem Diagramm (siehe Abbildung) grafisch darzustellen.

Ich erwarte nicht, dass alle dieses System gut finden oder es in ihrer Familie anwenden. Eltern von willigen, glücklichen Kindern werden sich sowieso fragen, warum dies überhaupt nötig ist. Mütter und Väter von mürrischen, schlecht gelaunten Kindern werden es schneller verstehen. Machen Sie von diesem System Gebrauch oder nicht, je nach Ihrer persönlichen Familiensituation.

Meine Haltungstabelle   Datum: _____

	sehr gut	gut	in Ordnung	schlecht	schrecklich
	1	2	3	4	5
Mein Haltung gegenüber Mutter					
Mein Haltung gegenüber Vater					
Mein Haltung gegenüber meiner Schwester					
Mein Haltung gegenüber Freunden					
Mein Haltung gegenüber meiner Arbeit					
Mein Haltung bei der Schlafenszeit					

Punkte insgesamt _____

Folgen

6-9 Punkte	Die Familie macht etwas Lustiges zusammen
10-18 Punkte	Nichts geschieht, weder Gutes noch Schlechtes
19-20 Punkte	Ich muss eine Stunde lang in meinem Zimmer bleiben
21-22 Punkte	Ich bekomme einen Klaps mit einem Rührlöffel
über 23 Punkte	Ich bekomme zwei Klapse mit einem Rührlöffel

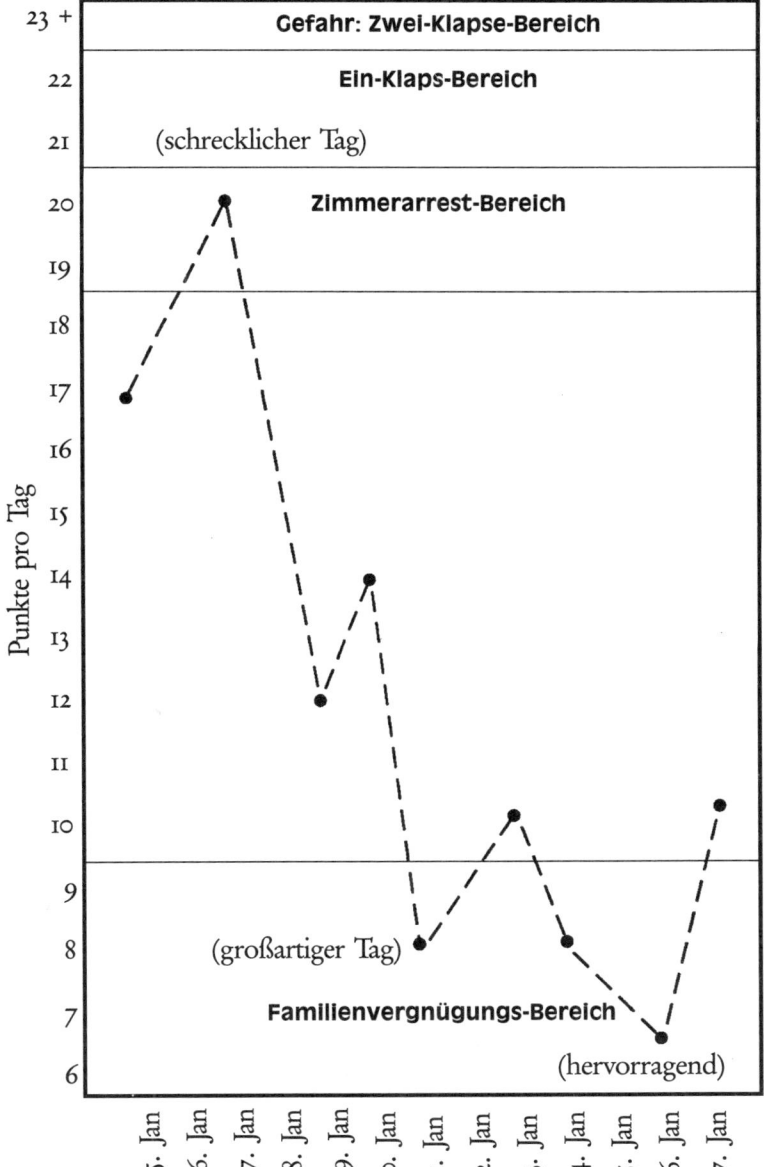

Frage 106

Ich nehme an, dass Belohnungen und Bestrafungen bei kleinen Kindern besser wirken, wenn sie sehr schnell gegeben werden. Hinausgezögerte Folgen haben nicht dieselbe Schlagkraft. Wenn dem so ist, warum belohnt oder bestraft Gott uns nicht schneller? Ich habe den Eindruck, dass manche jahrelang mit ihrem schlechten Verhalten davonkommen und dass diejenigen, die ein Leben nach christlichen Maßstäben führen, im Endeffekt erst nach ihrem Tod belohnt werden. Ich bin sicher, dass Gott den Grundsatz der »sofortigen Verstärkung« kennt.

Dessen bin ich mir auch sicher. Er schuf die Eigenschaften, die wir beobachten und zu begreifen versuchen. Warum verstärkt er also nicht schneller das Verhalten, das er wünscht? Ich weiß es nicht, obwohl der Grundsatz der sofortigen Reaktion in der Bibel anerkannt wird: Salomo, einer der weisesten Männer, die je lebten, schrieb:»Weil das Urteil über böses Tun nicht sogleich ergeht, wird das Herz der Menschen voll Begier, Böses zu tun. Wenn ein Sünder auch hundertmal Böses tut und lange lebt, so weiß ich doch, dass es wohl gehen wird denen, die Gott fürchten, die sein Angesicht scheuen« (Pred 8, 11-12).

Der 37. Psalm behandelt ebenfalls das Problem, dass es bösen Menschen trotz ihrer Missetaten scheinbar gut geht. Obwohl sie allem Anschein nach Erfolg haben, versichert der Psalmist, dass letzten Endes die Gerechtigkeit siegen wird. Es steht geschrieben:»Entrüste dich nicht über den, dem es gut geht, der seinen Mutwillen treibt« (Ps 37, 7).»Noch eine kleine Zeit, so ist der Gottlose nicht mehr da; und wenn du nach seiner Stätte siehst, ist er weg. Aber die Elenden werden das Land erben und ihre Freude haben an großem Frieden« (Ps 37, 10-11). Die Warnungen und Zusicherungen der Bibel sind verlässlicher als alles andere auf der Welt, ob die Folgen des Bösen pünktlich eintreffen oder nicht.

Frage 107

Ich bräuchte einen Rat für ein kleines Problem, das wir haben. Tim, mein Sechsjähriger, gebraucht gerne dumme Namen, wenn er mit meinem Mann oder mit mir spricht. Diese Woche ist es beispielsweise: »Heißes Würstchen«. Fast jedes Mal, wenn er mich sieht, sagt er: »Hallo, heißes Würstchen!« Davor war es »Doofie«, dann »Elch« (als sie E wie Elch in der Schule durchnahmen). Ich weiß, es ist dumm, und es ist kein großes Problem, aber nach so langer Zeit wird es wirklich lästig. Er macht das jetzt seit einem Jahr. Wie können wir ihn dazu bringen, respektvoller mit uns zu sprechen und uns Mama und Papa zu nennen anstatt »Heißes Würstchen« oder »Elch«?

Normalerweise wäre es keine große Sache, wenn ein Kind seinen Eltern spielerisch Namen gibt. Aber darum geht es bei Tim anscheinend nicht. Es klingt eher wie ein klassischer Machtkampf. Und im Gegensatz zu dem, was Sie sagten, ist es nicht so unbedeutend. Ihr Sohn tut fortwährend etwas, von dem er weiß, dass es Sie und Ihren Mann ärgert, und dennoch können Sie ihn nicht dazu bringen aufzuhören. Hier liegt das Problem. Ein ganzes Jahr lang hat er Spaß als Taktik für seine Auflehnung benutzt.

Es ist an der Zeit, dass Sie sich hinsetzen und mit dem kleinen Tim ein Wörtchen reden. Sagen Sie ihm, dass er sich respektlos verhält und dass er, wenn er Ihnen das nächste Mal irgendeinen komischen Namen gibt, bestraft wird. Sie müssen darauf vorbereitet sein, die Drohung wahr zu machen, weil er Sie solange weiter herausfordern wird, bis es kein Spaß mehr ist. So ist er eben. Wenn diese Reaktion niemals kommt, werden seine Beleidigungen wahrscheinlich deutlicher. Für ein eigenwilliges Kind ist Beschwichtigung eine Aufforderung zum Kampf. Jetzt ist es an der Zeit, dem entgegenzutreten.

Frage 108
Wie kann ich meinem Zwölfjährigen klar machen, dass er sein ganzes Leben lang verantwortungsbewusst handeln muss? Er muss das unbedingt verstehen.

Ein bedeutendes Ziel während der Vorpubertät ist es, dem Kind beizubringen, dass alle Handlungen unweigerlich Konsequenzen haben. Zu den schlimmsten Schäden, die in einer freizügigen Gesellschaft entstehen, gehört die Unfähigkeit, eine Verbindung zwischen Verhalten und Konsequenzen herzustellen. Ein Dreijähriger schleudert seiner Mutter Beleidigungen ins Gesicht, aber Mama blinzelt nur fassungslos mit den Augen. Ein Erstklässler widersetzt sich seiner Lehrerin, aber die Schule hält ihm sein Alter zugute und unternimmt nichts. Eine Fünfzehnjährige nimmt heimlich die Autoschlüssel, aber ihr Vater zahlt die Strafe, wenn sie erwischt wird. Ein Achtzehnjähriger fährt wie ein Verrückter und seine Eltern zahlen die Reparatur, wenn er im Graben landet. Das ganze Kindes- und Jugendalter hindurch wollen liebevolle Eltern anscheinend unbedingt helfend eingreifen; aber auf diese Weise unterbrechen sie die Verbindung zwischen Verhalten und Konsequenzen und verhindern wertvolle Lernschritte.

Folglich ist es möglich, dass ein junger Mann oder eine junge Frau ins Erwachsenenalter tritt, ohne zu wissen, dass das Leben unerbittlich ist, dass alles, was wir tun, sich unmittelbar auf unsere Zukunft auswirkt und dass verantwortungsloses Verhalten letztendlich zu Leid und Gram führt. Solch ein Mensch tritt seine erste Stelle an und kommt bereits in der ersten Woche dreimal zu spät zur Arbeit. Später, wenn er nach einem hitzigen Wortwechsel gefeuert wird, ist er verbittert und frustriert. Es ist das erste Mal in seinem Leben, dass Mama und Papa nicht zu Hilfe eilen können, um ihm die unangenehmen Konsequenzen zu ersparen. (Leider versuchen in unserem Land Eltern immer noch, ihren erwachsenen Kindern »aus der Patsche zu helfen«, auch wenn sie schon Mitte zwanzig sind und nicht mehr zu Hause wohnen.) Wozu führt das? Diese Überbehütung erzeugt seelische Krüppel, die oft dauerhafte Abhängigkeitssymptome aufweisen und irgendwie nie aus den Kinderschuhen herauswachsen.

Wie stellt man die Verbindung zwischen Verhalten und Konsequenzen her? Indem man zulässt, dass das Kind bis zu einem gewissen Grad Schmerzen und Unannehmlichkeiten in Kauf nehmen muss, wenn es verantwortungslos handelt. Wenn Joachim wegen seiner Trödelei den Schulbus versäumt, muss er zwei oder drei Kilometer zu Fuß gehen und zu spät zum Unterricht kommen (es sei denn, Sicherheitsgründe sprechen dagegen). Wenn Hanna aus Unachtsamkeit das Geld für die Kantine verliert, muss sie einmal ohne Mittagessen auskommen. Natürlich kann man dieses Prinzip zu weit treiben und mit einem unreifen Kind hart und unerbittlich werden. Das Beste ist, zu erwarten, dass Jungen und Mädchen so viel Verantwortung tragen, wie es ihrem Alter entspricht, und sie gelegentlich die bitteren Folgen der Verantwortungslosigkeit kosten lassen. So werden Verhalten und Konsequenzen in Zusammenhang gebracht, genau wie im wirklichen Leben.

Frage 109

Jeden Morgen habe ich schreckliche Schwierigkeiten, dafür zu sorgen, dass meine zehnjährige Tochter rechtzeitig fertig wird und den Schulbus erwischt. Sie steht auf, wenn ich darauf bestehe, aber sobald ich ihr Zimmer verlassen habe, trödelt sie und spielt. Alle paar Minuten muss ich sie antreiben und drängen, sonst kommt sie zu spät. Ich werde dann immer wütender und schließlich schreie und schimpfe ich. Ich weiß, dass das nicht die beste Methode ist, aber ich gebe zu, dass ich manchmal Lust habe, sie zu verprügeln. Gibt es eine Möglichkeit, sie jeden Tag ohne Kampf in Schwung zu bringen?

In gewisser Hinsicht erhalten Sie die mangelnde Einsicht Ihrer Tochter dadurch aufrecht, dass Sie die Verantwortung dafür übernehmen, dass sie jeden Morgen rechtzeitig fertig wird. Eine Zehnjährige sollte nun wirklich in der Lage sein, dieser Aufgabe selbständig nachzukommen, aber mit Wut werden Sie das wohl kaum erreichen. Wir hatten ein sehr ähnliches Problem mit unserer Tochter, als sie zehn Jahre alt war. Vielleicht hilft Ihnen die Lösung, die wir fanden. Danaes Zeitprobleme am Morgen kamen zum größten Teil daher, dass sie ihr Zimmer übertrieben genau in Ordnung brachte. Sie ging keinen Tag zur Schule, wenn ihr Bett nicht perfekt gemacht und jedes Kinkerlitzchen an seinem Platz lag. Das haben wir ihr nicht beigebracht, sie war schon immer übergenau mit ihren Sachen. Danae hätte alle diese Arbeiten locker rechtzeitig erledigen können, wenn sie das wirklich gewollt hätte, aber sie beeilte sich nie. Deshalb nahm meine Frau die gleiche Gewohnheit an, die Sie eben beschrieben haben: sie warnte, drohte, strafte und wurde schließlich immer wütender, je weiter der Uhrzeiger vorrückte.

Shirley und ich besprachen dieses Problem und kamen zu dem Schluss, dass es eine bessere Methode geben müsse, den Morgen zu bewältigen. Ich dachte mir ein System aus, das wir »Kontrollpunkte« nannten. Danae bekam den Auftrag, jeden Morgen vor halb sieben aufzustehen. Sie war selbst dafür verantwortlich, ihren Radiowecker einzustellen und aus dem Bett zu steigen. Wenn es ihr gelang, pünktlich aufzustehen (sogar eine Minute später war zu spät), ging sie sofort in die Küche, wo eine Tabelle an der Kühlschranktür hing. Sie umkreiste dann *ja* oder *nein* hinter dem ersten Kontrollpunkt dieses Tages. Es hätte nicht einfacher sein können. Entweder sie stand vor sechs Uhr dreißig auf oder nicht.

Der zweite Kontrollpunkt war auf vierzig Minuten später festgelegt, auf sieben Uhr zehn. Bis dahin musste sie ihr Zimmer so aufgeräumt haben, dass sie selber damit zufrieden war, sie musste angezogen sein, die Zähne mussten geputzt, das Haar gekämmt sein usw., und sie musste soweit sein, etwas Klavier zu üben. Vierzig Minuten waren reichlich Zeit für diese Arbeiten, die eigentlich in zehn oder fünfzehn Minuten zu schaffen wären, wenn sie sich beeilen würde. Deshalb konnte sie den zweiten Kontrollpunkt nur versäumen, wenn sie absichtlich nicht auf die Zeit achtete.

Welche Bedeutung hatten nun die Kontrollpunkte? Gab es Ärger, Zorn und Zähneknirschen, wenn sie einen verpasste? Natürlich nicht. Die Konsequenzen waren einfach und unmissverständlich. Wenn Danae einen Kontrollpunkt versäumte, musste sie an diesem Abend eine halbe Stunde früher als normalerweise ins Bett gehen. Wenn sie zwei versäumte, ging sie eine Stunde früher als sonst in die Federn. Sie durfte während dieser Zeit im Bett lesen, aber nicht fernsehen und nicht telefonieren.

Dieses kleine Spiel nahm den ganzen morgendlichen Stress von Shirleys Schultern und übertrug ihn auf unsere Tochter, da wo er hingehörte. Manchmal kam es vor, dass meine Frau morgens aufstand, um Frühstück zu richten und Danae am Klavier sitzend vorfand, fertig angezogen und in guter Verfassung.

Dieses System kann den Eltern als Beispiel dienen, die ähnliche Verhaltensprobleme mit ihren Kindern haben. Es war nicht diktatorisch; Danae schien es im Grunde Freude zu machen, ein Ziel zu haben. Die Leistungen waren eindeutig definiert. Die Verantwortung wurde ganz klar dem Kind übertragen. Und die Erwachsenen mussten weder zornig werden noch mit dem Fuß aufstampfen.

Diese Methode kann an die jeweilige Problemsituation in Ihrer Familie angepasst werden. Lassen Sie Ihrer Kreativität und Fantasie freien Lauf.

Frage 110
Ich habe ein ungutes Gefühl bei dem Gedanken, meine Kinder mit Belohnungen zu beeinflussen. Für mich klingt das nach Bestechung. Ich würde gerne Ihre Meinung dazu hören.

Viele Eltern vertreten eine ähnliche Ansicht wie Sie und als Antwort möchte ich Ihnen sagen: Wenden Sie diese Strategie nicht an, wenn Sie sie grundsätzlich ablehnen. Es ist jedoch bedauerlich, dass eines der wirksamsten Lehrmittel oft – wie ich glaube aufgrund eines gedanklichen Missverständnisses – abgelehnt wird. Unsere gesamte Gesellschaft ist nach dem Belohnungssystem aufgebaut und doch wollen wir es nicht da einsetzen, wo es am dringendsten gebraucht wird: bei kleinen Kindern. Als Erwachsene gehen wir jeden Tag zur Arbeit und erhalten am Monatsende unsere Gehaltszahlung. Wir werden dafür belohnt, dass wir jeden Morgen aufstehen und den Arbeitsanforderungen entsprechen. Tapfere Soldaten erhalten Medaillen, erfolgreiche Unternehmer Ehrennadeln, und Angestellte, die in Rente gehen, eine goldene Uhr. Belohnungen bewirken, dass es der Mühe wert ist, verantwortungsbewusst sein Bestes zu geben.

Der Hauptgrund für den überwältigenden Erfolg des Kapitalismus ist, dass harte Arbeit und persönliche Disziplin materiell belohnt werden. Die große Schwäche des Sozialismus liegt im Fehlen der positiven Verstärkung: Warum sollte man sich um mehr Leistung bemühen, wenn man dabei doch nichts Besonderes gewinnt? Dieses System zerstört jegliche Motivation, doch manche Eltern sind anscheinend davon überzeugt, dass man so mit Kindern umgehen muss. Sie erwarten, dass der kleine Marvin verantwortungsbewusst handelt, einfach, weil es sich so gehört. Sie wollen, dass er aus purer Freude über persönliche Leistung arbeitet und lernt und schwitzt. Er wird sich darauf nicht einlassen!

Betrachten wir die Alternative zu der »Bestechung«, die ich empfehle. Wie bringen Sie Ihr fünfjähriges Kind dazu, sich verantwortungsvoller zu verhalten? Durch Nörgelei, Klagen, Flehen, Schreien, Drohen und Strafen? Die Mutter, die Belohnungen ablehnt, geht möglicherweise jeden Abend mit Kopfschmerzen ins Bett und schwört, keine Kinder mehr zu bekommen. Sie lehnt zwar alles ab, was nach Bestechung aussieht, gibt aber später ihrem Kind Geld, wenn sich die Gelegenheit ergibt. Da ihr Kind nie eigenes Geld verdient, lernt es nicht, Geld zu sparen oder mit Bedacht auszugeben oder den Zehnten zu geben. Das Spielzeug, das Mutter ihm kauft, wird mit ihrem Geld bezahlt – und vom Kind weniger wertgeschätzt. Das Wichtigste aber: Das Kind lernt weder Selbstdisziplin noch persönliches Verantwortungsbewusstsein, was durch sorgfältige Verstärkung dieses Verhaltens ermöglicht würde.

Ja, ich glaube, dass der wohlüberlegte Gebrauch von Belohnungen für Eltern sehr hilfreich sein kann. Aber diese Methode eignet sich nicht für alle.

Frage 111
Ist es nicht Manipulation, wenn eine Mutter mit Hilfe von Belohnungen und Bestrafungen ihr Kind so weit bringt, dass es tut, was sie will?

Genauso wenig wie ein Betriebsleiter seine Angestellten manipuliert, wenn er ihnen den Lohn kürzt, für den Fall dass sie zu spät zur Arbeit kommen. Genauso wenig wie ein Polizist einen Autofahrer manipuliert, wenn er ihm einen Strafzettel wegen einer Geschwindigkeitsüberschreitung ausstellt. Genauso wenig wie eine Versicherungsgesellschaft diesen Autofahrer manipuliert, indem sie seine Versicherungsprämie erhöht. Genauso wenig wie das Finanzamt den Steuerzahler manipuliert, der seine Steuererklärung zu spät abgibt und deshalb einen Zuschlag zahlen muss. Das Wort »Manipulation« deutet auf ein übles, ichsüchtiges Motiv des Handelnden hin. Dem stimme ich nicht zu.

Frage 112
In welchen Fällen würden Sie den Gebrauch von Belohnungen nicht empfehlen?

Eine Belohnung sollte nie als Bestechung und Ersatz für Autorität eingesetzt werden. Mama hat zum Beispiel Schwierigkeiten, ihre dreijährige Tochter in einem Supermarkt unter Kontrolle zu halten. »Komm her«, ruft sie, aber die Kleine schreit: »Nein!« und rennt in die entgegengesetzte Richtung. In ihrer Erregung bietet Mama schließlich ihrer Tochter einen Lutscher an, wenn sie schnell zu ihr kommt. In diesem Fall verstärkt die Mutter den Eigensinn des Kindes, anstatt Gehorsam zu belohnen.

Ein weiterer Missbrauch von Belohnungen liegt vor, wenn das Kind für Routinearbeiten belohnt wird, für die es als Mitglied der Familie zuständig ist. Den Abfalleimer leeren oder sein Bett machen sind Beispiele für solche immer wiederkehrenden Aufgaben. Wenn Ihr Sohn jedoch seinen halben Samstag für das Reinigen der Garage oder für Unkraut jäten opfern soll, dann ist es angebracht, ihn dafür zu entlohnen.

Frage 113
Ich fürchte, dass ich bei meinen Kindern zu viel Wert auf das Materielle lege. Müssen Belohnungen immer in Form von Geld oder Spielsachen gegeben werden?

Sicherlich nicht. Ein Wort des Lobes ist für manche Kinder ein großer Ansporn. Ein interessanter kleiner Imbiss kann auch ihre Aufmerksamkeit wecken, obwohl das auch eine Kehrseite hat. Als meine Tochter drei Jahre alt war, fing ich an, ihr einige Grundlagen des Lesens beizubringen, einschließlich der Buchstaben des Alphabets. Da die Übungsstunden immer nach dem Abendessen stattfanden, benutzte ich hauptsächlich Schokoladenbonbons als Quelle der Motivation. (Damals machte ich mir weniger Sorgen über die Auswirkungen eines übermäßigen Zuckerverzehrs als heute.) An einem Spätnachmittag saß ich gerade auf dem Fußboden und paukte einige neue Buchstaben mit ihr, als ein ohrenbetäubender Knall das Haus erschütterte. Die ganze Familie stürzte aus dem Haus, um zu sehen, was geschehen war. Ein Jugendlicher hatte sein Auto in unserem ruhigen Wohngebiet zu Schrott gefahren. Er war nicht schwer verletzt, aber sein Auto hatte Totalschaden. Wir besprühten das qualmende Fahrzeug mit Wasser und riefen die Polizei. Erst als sich die Aufregung gelegt hatte, merkten wir, dass unsere Tochter uns nicht aus dem Haus gefolgt war. Ich kehrte ins Arbeitszimmer zurück und fand sie, die Arme bis zu den Ellbogen in der Riesentüte Bonbons. Sie hatte wohl ein halbes Pfund Schokolade in den Mund gesteckt, der

Rest war auf Kinn, Nase und Stirn verteilt. Als sie mich kommen sah, stopfte sie schnell noch eine Hand voll in ihre vollen Backen. Diese Erfahrung lehrte mich eine der Grenzen materieller oder zumindest essbarer Belohnungen.

Alles, was ein Kind gerne hat, kann als Verstärker benutzt werden, angefangen von Lob bis hin zu Pizza oder Zeit zum gemeinsamen Spielen.

Frage 114
Meine vierjährige Tochter Karin quengelt den ganzen Tag. Sie spricht kaum mit normaler Stimme. Wie kann ich ihr das abgewöhnen?

Es gibt ein Prinzip, das »Löschung« genannt wird und in solchen Situationen sehr nützlich ist. Es funktioniert folgendermaßen: Jedes Verhalten, das durch Verstärkung (z. B. Belohnungen) gelernt wurde, kann wieder verlernt werden, wenn die Belohnung ausbleibt. Das klingt kompliziert, ist aber sehr einfach und lässt sich auf Karins Problem sehr gut anwenden.

Warum, glauben Sie, quengelt Karin, anstatt mit normaler Stimme zu sprechen? Weil Sie die Quengelei verstärkt haben, indem Sie dem Quengeln Aufmerksamkeit schenkten. Solange Karin mit normaler Stimme spricht, sind Sie zu beschäftigt, um ihr zuzuhören. Wie die meisten Kleinkinder plappert sie wahrscheinlich sowieso den ganzen Tag, also nehmen Sie oft den größten Teil ihres Wortschwalls gar nicht auf. Aber wenn Karin in einem weinerlichen, verdrießlichen, aufdringlichen Ton spricht, wenden Sie sich ihr zu, um zu sehen, was los ist. Karins Quengeln hat Erfolg, ihre normale Stimme nicht. Infolgedessen wird sie quengelig.

Um ihr das Quengeln abzugewöhnen, brauchen Sie nur den Vorgang umzukehren. Zunächst sollten Sie sagen: »Ich kann dich nicht verstehen, wenn du quengelst, Karin. Ich habe komische Ohren; sie können Quengeln nicht hören.« Wenn Sie das einen oder zwei Tage lang durchgezogen haben, sollten Sie keinen klagenden Ton mehr beachten. Andererseits sollten Sie dem Kind sofort Ihre Aufmerksamkeit schenken, wenn es etwas mit normaler Stimme sagt. Wenn diese Belohnungsmethode richtig angewandt wird, führt Sie ganz bestimmt zu den erwünschten Ergebnissen. Fast alles Lernen beruht auf diesem Prinzip und die Folgen sind sicher und gewiss. Natürlich kann es sein, dass Oma oder Onkel Albert das Verhalten, das Sie löschen möchten, weiterhin verstärken und dass es deshalb aufrechterhalten wird.

Frage 115
Ich muss *jedesmal* mit meiner neunjährigen Tochter kämpfen, wenn ich möchte, dass sie etwas tut, was sie nicht tun will. Das ist so unangenehm, dass ich beschlossen habe, mich nicht mehr mit ihr anzulegen. Warum sollte ich versuchen, sie zur Arbeit oder Mithilfe im Haushalt zu zwingen? Was ist der Nachteil, wenn ich einfach mit dem Strom schwimme und sie in Ruhe lasse?

In der Regel wollen Neunjährige natürlich nicht arbeiten, aber sie müssen trotzdem mit Arbeit bekannt gemacht werden. Wenn Sie zulassen, dass sich bei Ihrer Tochter Verantwortungslosigkeit in den prägenden Jahren einschleift, dann verzögert sich eventuell bei ihr die Entwicklung des völligen Verantwortungsbewusstseins im Erwachsenenalter. Als Zehnjährige wird sie nicht fähig sein, etwas Unangenehmes zu tun, weil sie nie bis zum Ende an einer Aufgabe bleiben musste. Sie wird einem anderen Menschen nichts geben können, weil sie immer nur an sich selbst gedacht hat. Sie wird es schwer finden, Entscheidungen zu treffen oder Herr über ihre Impulse zu werden. In ein paar Jahren wird sie in die Pubertät kommen und dann erwachsen werden, aber sie wird völlig unvorbereitet auf die Freiheit und die Pflichten, die dann auf sie zukommen, sein. Ihrer Tochter wird dann die Einübung dieser gewaltigen Verantwortungen des Erwachsenenlebens bitterlich fehlen.

Natürlich habe ich hier den ungünstigsten Fall für Ihre Tochter geschildert. Sie haben noch viele Gelegenheiten, ihr zu helfen, dieses zu vermeiden. Ich hoffe nur, dass Ihr Wunsch nach Eintracht nicht dazu führt, dass Sie etwas tun, das Ihrer Tochter in einigen Jahren schaden wird.

Frage 116
Sie sagten, dass Sie Ihre Erziehungstheorie (und Ihre Familienberatung im Allgemeinen) aus der Bibel beziehen. Auf welche konkreten Verse stützen Sie Ihre Ansichten?

Da Gott der Schöpfer der Kinder ist, muss er auch wissen, wie sie erzogen werden sollten und wie unser Familienleben gelingt. Wir finden tatsächlich in Gottes Wort sehr logische und leichtverständliche Anleitungen für Eltern, die sich nach Gottes Willen richten wollen. Aus der Bibel ergeben sich drei Hauptgrundsätze: 1. Die Autorität der Eltern ist bestätigt; 2. Disziplin dient dem Wohl des Kindes; 3. Disziplin darf nicht hart sein und dem Gemüt des Kindes nicht schaden. Lesen Sie die folgenden Bibelstellen nach: 1. Timotheus 3, 4-5; Epheser 6, 1-3; Epheser 6, 4; Kolosser 3, 20-21; Hebräer 12, 5-11; Sprüche 29, 17.

Frage 117
Wie können Eltern auf langen Autofahrten und im Urlaub selbst etwas Ruhe finden und für Eintracht sorgen?

Manchmal hilft es, vor dem gemeinsamen Urlaub die Grenzen noch einmal klarzulegen. Sagen Sie den Kindern genau, was Sie tun werden und was von ihnen erwartet wird. Wenn sie sich trotzdem schlecht benehmen, lassen Sie von Anfang an gute, liebevolle Disziplin walten.

Im Urlaub wollen Eltern keine Unmenschen sein, aber es ist hilfreich, am Anfang ein bisschen Entschlossenheit an den Tag zu legen, damit der Rest der gemeinsamen Zeit für die ganze Familie zum Vergnügen wird.

Frage 118
Würden Sie sich bei einem Kind entschuldigen, wenn Sie denken, dass Sie im Unrecht waren?

Sicherlich würde ich das tun – und ich tat es auch schon. Vor Jahren hatte ich zahllose Verpflichtungen, die mich sehr belasteten und erschöpften. An einem Abend verhielt ich mich meiner zehnjährigen Tochter gegenüber besonders schlecht gelaunt und gereizt. Ich wusste, dass ich mich nicht richtig verhielt, war aber einfach zu müde, um mein Verhalten zu korrigieren. Im Laufe des Abends schimpfte ich Danae mehrmals wegen Dingen, die nicht ihre Schuld waren und regte sie mehrmals unnötigerweise auf. Als ich im Bett lag, tat mir mein Verhalten Leid, und ich beschloss, mich am nächsten Morgen zu entschuldigen. Nach einem erholsamen Schlaf und einem reichhaltigen Frühstück fühlte ich wieder Lebensfreude in mir aufkommen. Ich wandte mich an meine Tochter, bevor sie zur Schule ging und sagte:»Danae, sicher weißt du, dass Väter nicht perfekt sind. Wir werden müde und reizbar, genau wie alle andern Menschen, und es gibt Zeiten, in denen wir auf unser Verhalten nicht stolz sind. Ich weiß, gestern Abend verhielt ich mich dir gegenüber ungerecht. Ich war schrecklich schlecht gelaunt und ich möchte, dass du mir vergibst.«

Danae schlang ihre Arme um mich und schockierte mich zutiefst. Sie sagte:»Ich wusste, dass du dich entschuldigen musst, Papa, und es ist in Ordnung. Ich vergebe dir.«

Kann es noch einen Zweifel daran geben, dass Kinder oft mehr von Generationskonflikten wissen als ihre vielbeschäftigten, gestressten Eltern?

Frage 119

Meine Kinder sind noch in der Grundschule und ich möchte, wenn möglich, Rebellion im Teenageralter vermeiden. Wie kann ich mich auf diese beängstigende Zeit vorbereiten?

Ich kann verstehen, weshalb Sie mit einem Gefühl der Sorge den Teenagerjahren entgegenblicken. Für Eltern ist dies keine leichte Zeit. Viele Jugendliche durchleben diese Zeit ohne außergewöhnliche Spannungen oder Probleme, andere jedoch verfallen in ein von Rebellion geprägtes Verhaltensmuster, das Familien entzweit und ihre Eltern in Panik versetzt. Jahrzehntelang versuchte ich, dieses Phänomen zu ergründen und ausfindig zu machen, wie man es verhindern kann. Tröstlich ist, dass die rebellischsten Teenager schließlich zu verantwortungsbewussten und ausgeglichenen Erwachsenen heranreifen, die sich nicht mehr daran erinnern können, warum sie früher einmal so aufgebracht waren.

Die Teenagerjahre können herausfordernd sein, sie sind aber auch eine Zeit der Anregung und des Wachstums. Ich denke, Sie sollten sich vor dieser Erfahrung nicht fürchten, sondern ihr als einer dynamischen Zeit entgegensehen, in der Ihre Kinder den Übergang von der Kindheit zum Erwachsenenalter bewältigen.

Frage 120

Könnten Sie Ihre Erziehungstheorie noch einmal in einem einzigen Absatz zusammenfassen? Was ist das Fazit?

Um meinen Standpunkt unmissverständlich klarzulegen, werde ich zunächst beschreiben, was ich nicht für richtig halte. Ich empfehle kein hartes, unterdrückendes Familienleben. Ich lege Ihnen nicht nahe, Ihren Kindern jeden Morgen zum Frühstück eine Tracht Prügel zu verabreichen oder Ihre Buben zu zwingen, mit gefalteten Händen und gekreuzten Beinen im Wohnzimmer zu sitzen. Ich denke nicht, dass Sie versuchen sollen, aus Ihren Kindern kleine

Erwachsene zu machen, um Ihre Bekannten mit Ihrem erzieherischen Können zu beeindrucken, oder dass Sie Ihre Kinder je nach Laune bestrafen, sie schlagen und anschreien, ohne dass diese wissen, was sie falsch gemacht haben. Ich empfehle nicht, dass Sie vor lauter Würde und Autorität zu Ihren Kindern Distanz wahren, dass Sie kalt und unnahbar sein sollen. Ein solches Vorgehen der Eltern bringt keine gesunden, verantwortungsbewussten Kindern hervor. Ich schlage im Gegenteil einen einfachen Grundsatz vor: Wenn Sie trotzig herausgefordert werden, müssen Sie klar und unmissverständlich gewinnen. Wenn ein Kind fragt: »Wer ist Herr im Haus?«, sagen Sie es ihm. Wenn es flüstert: »Wer liebt mich?«, schließen Sie es in die Arme und umgeben es mit Liebe und Zärtlichkeit. Behandeln Sie es mit Achtung und Würde und erwarten Sie das Gleiche von ihm. Dann können Sie bald die angenehmen Früchte rechter Erziehung genießen.

Frage 121

Meine Frau und ich haben ein äußerst eigenwilliges Kind, mit dem sehr schwierig umzugehen ist. Ich glaube ehrlich, dass wir unsere Aufgabe den Umständen entsprechend so gut wie möglich erfüllen, unsere Tochter bricht jedoch alle Regeln und stellt unsere Autorität in Frage. Ich denke, ich brauche etwas Ermutigung. Sagen Sie mir erstens, ob es möglich ist, ein ausnehmend eigenwilliges Kind so weit zu bringen, dass es lächelt, andere beschenkt, arbeitet und sich kooperativ zeigt. Wenn ja, wie bringt man das zuwege? Zweitens, wie steht es mit der Zukunft meiner Tochter? Ich rechne mit Problemen, weiß aber nicht, ob diese pessimistische Voraussage gerechtfertigt ist.

Ohne Frage kann es schwierig sein, mit einem besonders eigensinnigen Kind wie Ihrem umzugehen, auch wenn seine Eltern es mit großem Geschick und viel Hingabe leiten. Es kann mehrere Jahre dauern, bis Sie Ihre Tochter soweit gebracht haben, dass sie einigermaßen gehorcht und sich in die Familiengemeinschaft einfügt, aber der Tag wird kommen. Solange dieser Anleitungsprozess noch andauert, ist es wichtig, nicht in Panik zu geraten. Versuchen Sie nicht, die Verwandlung über Nacht zustande zu bringen. Behandeln Sie Ihre Tochter mit aufrichtiger Liebe und Würde, verlangen Sie aber, dass sie Ihrer Leitung folgt. Wählen Sie sorgfältig die Angelegenheiten, die eine Auseinandersetzung wert sind; nehmen Sie dann ihre Herausforderung in diesen Punkten an und gewinnen Sie eindeutig. Belohnen Sie jede positive, kooperative Geste Ihrer Tochter mit Aufmerksamkeit, Zuneigung und Lob.

Das Für und Wider
der Prügelstrafe

Frage 122

Ich habe meiner Dreijährigen noch nie eine Tracht Prügel gegeben, weil ich Angst habe, dass sie dadurch lernen könnte, andere zu schlagen und ein gewalttätiger Mensch zu werden. Meinen Sie, dass ich Unrecht habe?

Sie haben eine sehr wichtige Frage angesprochen, die ein weitverbreitetes Missverständnis über Kindererziehung aufzeigt. Erstens möchte ich betonen, dass es – sogar leicht – möglich ist, dass ein Kind gewalttätig und aggressiv wird, wenn es dieses Verhalten bei seinen Eltern beobachtet. Wenn ein Kind gewohnheitsmäßig von feindseligen, launischen Eltern geschlagen wird, wenn es Zeuge physischer Gewaltakte zwischen wütenden Erwachsenen wird oder wenn es sich in seiner Familie ungeliebt und lästig vorkommt, wird es diese Umgangsformen übernehmen. Deshalb ist körperliche Züchtigung riskant, wenn sie nicht nach sorgfältig durchdachten Regeln durchgeführt wird. Als Eltern haben wir nicht das Recht, ein Kind zu schlagen oder einzuschüchtern, nur weil wir einen schlechten Tag hatten oder schlecht gelaunt sind. Wegen dieser Art ungerechter Bestrafung lehnen wohlmeinende Fachleute körperliche Züchtigung als Erziehungsmethode ab.

Es besteht jedoch kein Grund dafür, ein Hilfsmittel nur deshalb abzulehnen, weil es falsch angewendet wird. Viele Kinder brauchen Schläge als Reaktion auf ihren Ungehorsam. Wenn ein Kind im Alter von zwei bis zehn Jahren klar verstanden hat, was es soll oder nicht soll, sich aber der Führung des Erwachsenen nicht beugen will, ist eine angemessene Tracht Prügel der beste und kürzeste Weg zu einer Verhaltensänderung. Wenn das Kind den Kopf senkt, die Fäuste ballt und zeigt, dass es aufs Ganze gehen will, muss die Gerechtigkeit schnell und deutlich sprechen. Diese Reaktion wird nicht nur in dem Kind keine Aggressionen hervorrufen, sie hilft ihm, seine Gefühlswandlungen zu beherrschen und mit den verschiedenen Formen wohlwollender Autorität im Leben auszukommen. Viele sind natürlich anderer Meinung. Ich kann Ihnen nur sagen, dass es keine einzige gut durchdachte wissenschaftliche Untersuchung gibt, die die Hypothese erhärtet, dass Schläge, die von liebenden Eltern verabreicht werden, in Kindern Gewaltbereitschaft hervorrufen.

Frage 123
Ich finde, es ist einfach barbarisch, einem wehrlosen Kind Schmerzen zuzufügen. Warum ist es Ihrer Meinung nach förderlich, ein Kind zu schlagen?

Wenn körperliche Züchtigung liebevoll und richtig angewendet wird, ist sie gewinnbringend für das Kind, weil sie im Einklang mit der Natur selbst steht. Betrachten wir den Zweck kleinerer Schmerzen im Leben eines Kindes und was es daraus lernt. Nehmen wir an, der zweijährige Peter zieht an der Tischdecke und die Vase mit Rosen, die darauf stand, fällt ihm auf den Kopf. Dank dieser Schmerzen lernt er, dass es gefährlich ist, an einer Tischdecke zu ziehen, wenn man nicht weiß, was darauf steht. Wenn er einen heißen Ofen anfasst, lernt er schnell, dass man sich vor etwas Heißem in Acht nehmen muss. Auch wenn er hundert Jahre alt wird, wird er nie mehr die rotglühenden Heizspiralen des Backofens berühren. Die gleiche Lektion lernt er, wenn er den Hund am Schwanz zieht und in die Hand gebissen wird oder wenn er in einem unbeobachteten Augenblick aus seinem Hochstuhl klettert und dabei das Gesetz der Schwerkraft entdeckt.

Im Verlauf der Kinderjahre sammelt er in der Regel Beulen, blaue Flecken, Schrammen und Verbrennungen und jede dieser kleineren Verletzungen lehrt ihn die Grenzen des Lebens. Machen ihn diese Erfahrungen zu einem gewalttätigen Menschen? Nein! Die Schmerzen, die er mit diesen Ereignissen verbindet, lehren ihn, dieselben Fehler nicht noch einmal zu machen. Gott hat diesen Mechanismus als wertvolles Lehrmittel geschaffen.

Wenn Eltern als Reaktion auf bewussten Ungehorsam dem Kind eine angemessene Tracht Prügel verabreichen, wird dem Kind in ähnlicher Weise eine nonverbale Botschaft übermittelt. Das Kind muss verstehen, dass nicht nur in seinem materiellen Umfeld Gefahren lauern, die man vermeiden muss. Es sollte sich auch der Gefahren in seinem sozialen Umfeld bewusst werden, wie etwa Trotz, Aufsässigkeit, Ichsucht, Wutausbrüche, Verhalten, das sein Leben gefährdet oder andere verletzt usw. Die kleinen Schmerzen, die mit diesem absichtlichen Fehlverhalten in Zusammenhang gebracht werden, führen zu einem allmählichen Rückgang dieses Verhaltens, genau wie unangenehme Erfahrungen das Verhalten im materiellen Umfeld beeinflussen. Keines von beiden führt zu Hass oder Ablehnung und das Kind wird dadurch auch nicht gewalttätiger.

Kinder, die von liebenden Eltern körperlich gezüchtigt werden, haben keine Schwierigkeiten zu verstehen, was das bedeutet. Ich denke dabei an gute Freunde, Art und Ginger Shingler, die vier wunderbare Kinder haben, die ich sehr gerne mag. Einer ihrer Söhne hatte eine Zeit, in der er es genau wissen musste und sozusagen »um Watschen bettelte«. Der Konflikt kam in einem Restaurant zum Höhepunkt, als der Junge alles tat, um sich ungezogen zu benehmen. Schließlich ging Art mit ihm zum Parkplatz und gab ihm die überfällige Tracht Prügel. Eine vorbeikommende Frau beobachtete den Zwischenfall und wurde zornig. Sie beschuldigte den Vater, seinen Sohn zu »misshandeln« und drohte, die Polizei zu rufen. Da hörte das Kind sofort zu weinen auf und fragte seinen Vater: »Was hat diese Frau, Papa?« Das *Kind* verstand die erzieherische Maßnahme, seine Retterin nicht. Ein Kind, das weiß, dass zu Hause Liebe herrscht, nimmt eine wohlverdiente Tracht Prügel nicht übel. Ein ungeliebtes oder vernachlässigtes Kind hasst jegliche erzieherische Maßnahme!

Frage 124

Befürchten Sie als Befürworter von Schlägen nicht, dass Sie der Kindesmisshandlung in unserem Land Vorschub leisten?

D och, darüber mache ich mir Sorgen. Bei der Beratung von Eltern ist es sehr frustrierend für mich zu sehen, wie schwierig es ist, ein Gleichgewicht zwischen Freizügigkeit und extremer Härte zu finden. Die Menschen scheinen dauernd von einem Extrem ins andere zu fallen. Lassen Sie mich alle Zweifel ausräumen: Ich befürworte keine Hartherzigkeit gegenüber Kindern. Sie kann das Kind innerlich verwunden und dauerhafte Narben in seiner Seele hinterlassen.

Kein Thema erfüllt mich mehr mit Sorge als das Umsichgreifen von Kindesmisshandlungen. Tag für Tag werden in Millionen Familien Verbrechen an Kindern begangen. Es ist kaum zu glauben, wie grausam manche Mütter und Väter zu einem wehrlosen Kind sein können, das mit weit aufgerissenen Augen dasteht und nicht versteht, warum es gehasst wird. Ich erinnere mich an den abscheulichen Vater, der regelmäßig den Kopf seines kleinen Sohnes in das Betttuch wickelte, das dieser nachts eingenässt hatte. Dann steckte er den Kleinen zur Strafe mit dem Kopf nach unten in die Klosettschüssel. Ja, es ist höchst wahrscheinlich, dass ein Kind, das nur einen oder zwei Kilometer von Ihrer Wohnung entfernt lebt, in der einen oder anderen Weise misshandelt wird. Brian G. Fraser, Anwalt des amerikanischen Zentrums für die Vorbeugung und Behandlung von Kindesmisshandlung und Kindesverwahrlosung, schrieb:»Kindesmisshandlung wurde früher in erster Linie für ein Problem armer und unterprivilegierter Bevölkerungsschichten gehalten, tritt jedoch in allen Gesellschaftskreisen auf und ist möglicherweise die Haupttodesursache von Kindern.«[34]

Ich betone, dass aggressive, hartherzige und demütigende Disziplin zerstörerisch auf Kinder wirkt und nicht geduldet werden darf. Angesichts der Tragödie, vor der wir stehen, will ich nicht um alles in der Welt für etwas Derartiges eine Rechtfertigung liefern. Ich bin nicht für harte Disziplin, auch wenn sie wohlgemeint ist. Kinder brauchen Raum zum Atmen, zum Wachsen und Lieben. Aber das andere Extrem, übermäßige Freizügigkeit, ist auch schädlich, und viele Eltern fallen bei dem ernsthaften Versuch, einer Falle auszuweichen, in die andere.

Frage 125
Sie beschrieben zwei Extreme, übermäßige Freizügigkeit und übermäßige Härte, die beide für Kinder schädlich sind. Welcher Fehler wird heute bei uns am häufigsten gemacht?

Freizügigkeit ist seit den fünfziger Jahren dieses Jahrhunderts weiter verbreitet. Aber Härte und Strenge kommen auch noch häufig vor. Diese beiden Gefahren sind gleichermaßen schädlich für Kinder und wurden von Marguerite und Willard Beecher in ihrem Buch *Parents on the Run* beschrieben. Sie schilderten die beiden Extreme so:

In der auf die Erwachsenen ausgerichteten Familie von gestern waren Eltern die Herren und Kinder ihre Sklaven. In der kindzentrierten Familie von heute wurden die Eltern zu Sklaven und die Kinder zu Herren. In einer Herren-Sklaven-Beziehung gibt es keine wirkliche Zusammenarbeit und deshalb keine Demokratie. Weder die einengend autoritäre Methode der Kindererziehung noch die neuere »Alles ist erlaubt«-Methode fördern die Begabung des Einzelnen, weil keine von beiden ihm hilft, selbständig zu werden.[35]

Wir müssen den goldenen Mittelweg zwischen beiden Extremen finden, wenn wir gesunde Kinder großziehen wollen.

Frage 126

Welchen Rat würden Sie Eltern geben, die in sich einen Hang zur Misshandlung ihrer Kinder entdecken? Vielleicht fürchten sie, die Beherrschung zu verlieren, wenn sie ein ungehorsames Kind schlagen. Sollten solche Personen körperliche Züchtigung als Erziehungsmittel meiden?

Ja, grundsätzlich. Niemand, der bereits ein Kind misshandelt hat oder den Eindruck hatte, dass er die Beherrschung verliert, wenn er schlägt, sollte riskieren, sein Kind in solches Leid zu stürzen. Niemand, der aufbrausend veranlagt und manchmal nicht mehr Herr seiner selbst ist, sollte auf dieses Erziehungsmittel zurückgreifen. Niemand, der im Geheimen Spaß an körperlicher Züchtigung hat, sollte sie durchführen. Auch sollten Großeltern ihre Enkel nicht schlagen, außer sie haben die Erlaubnis der Eltern.

Frage 127

Soll man ein Kind jedes Mal, wenn es ungehorsam und trotzig ist, schlagen?

Nein. Körperliche Züchtigung sollte recht selten vorkommen. Manchmal ist es gut, wenn ein Kind eine Zeit lang auf einem Stuhl sitzt und über sein Fehlverhalten nachdenkt. Man kann auch seine Privilegien kürzen, es für eine Weile auf sein Zimmer schicken oder es eine Arbeit verrichten lassen, obwohl es eigentlich spielen wollte. Anders gesagt, Ihre Reaktion auf Fehlverhalten sollte flexibel sein, in der Hoffnung, dem Kind immer einen Schritt voraus zu sein. Ihr Ziel ist, ständig so zu reagieren, wie es für das Kind am besten und seinem »Vergehen« angemessen ist. In diesem Punkt kommen Eltern nicht ohne Weisheit und Fingerspitzengefühl aus.

Frage 128
Auf welchen Körperteil würden Sie ein Kind schlagen?

Man sollte ein Kind nur auf das Gesäß hauen, wo bleibender Schaden sehr unwahrscheinlich ist. Ich bin dagegen, ein Kind ins Gesicht zu schlagen oder an den Armen herumzuzerren. Eine häufige Verletzung, die ich während meiner Arbeit in der Ambulanz eines Kinderkrankenhauses sah, waren ausgerenkte Schultern. Eltern hatte wütend an den Ärmchen gezerrt und die Schulter oder den Ellbogen verrenkt. Wenn Sie ein Kind nur auf den Hintern schlagen, ist es unwahrscheinlich, dass Sie es verletzen.

Frage 129
Wenn ich meine kleine Tochter geschlagen habe, möchte sie in der Regel die Arme um mich schlingen und Frieden schließen. Ich habe ein ungutes Gefühl dabei, weil ich denke, ich muss ihr zeigen, dass mir das, was sie getan hat, nicht gefiel. Deshalb verhalte ich mich ein paar Stunden lang abweisend. Denken Sie, das ist richtig?

Nein. Ich denke, es ist sehr wichtig, ein Kind nach einer Bestrafung mit Liebe zu umgeben. Es ist der Augenblick, in dem Sie Ihrer Tochter bekräftigen können, dass Sie ihr Fehlverhalten ablehnen, aber nicht sie selbst. Es ist auch der beste Zeitpunkt, darüber zu sprechen, warum sie in Schwierigkeiten geraten ist und wie sie in Zukunft Ähnliches vermeiden kann. Es ist der ideale Moment, dem Kind den Zweck der Strafe zu erklären. Solch ein Gespräch ist schwierig oder unmöglich, wenn ein aufmüpfiges, bockiges Kind die Fäuste ballt und gegen Sie aufbegehrt. Aber nach einer Auseinandersetzung, insbesondere, wenn sie in Tränen endete, will ein Kind Sie in der Regel in die Arme schließen und bestätigt bekommen, dass Sie es lieb haben.

Viele Eltern sagen wie Sie, dass sie ein ungutes Gefühl haben, wenn sie nach einer Strafe ihrem Kind Zuwendung schenken, da sie sich ja über das Kind ärgerten. Ich denke, das ist falsch. Am besten öffnen Sie Ihre Arme weit und lassen Ihr Kind kommen.

Frage 130
Wie lange sollte man einem Kind erlauben, nach einer Strafe oder nach Schlägen zu weinen? Gibt es eine Grenze?

Ja, ich glaube, es sollte eine Grenze geben. Solange die Tränen einen echten Gefühlsausbruch darstellen, soll man sie fließen lassen. Aber das Weinen ändert sich schnell von einem inneren Schluchzen zu einem Ausdruck des Protests, der das Ziel hat, den Feind zu bestrafen. Echtes Weinen dauert gewöhnlich zwei Minuten oder weniger, es kann aber auch fünf Minuten anhalten. Danach klagt das Kind nur noch, die Wandlung kann am Ton oder an der Intensität der Stimme erkannt werden. Ich würde das Kind auffordern, mit dem Protestweinen aufzuhören. Bei kleineren Kindern kann man dem Weinen leicht ein Ende bereiten, indem man das Interesse des Kindes für etwas anderes weckt.

Frage 131
Es ist strittig, ob Eltern mit der Hand oder mit einem anderen Gegenstand, etwa einem Gürtel oder Rührlöffel schlagen sollen. Was würden Sie empfehlen?

Ich empfehle irgendeinen neutralen Gegenstand. Wenn jemand nicht meiner Meinung ist, sollte er so handeln, wie er es für richtig hält. Für mich ist das nur eine zweitrangige Frage. Ich empfehle den Gebrauch einer Rute oder eines Rührlöffels, weil die Hand als Objekt der Liebe gesehen werden soll – zum Halten, Umarmen, Tätscheln und Liebkosen. Sollten Sie die Gewohnheit haben, plötzlich und unvermutet mit der Hand zu schlagen, weiß Ihr Kind vielleicht nicht, wann es Schläge zu erwarten hat, und zuckt jedes Mal zusammen, wenn Sie eine unerwartete Bewegung machen. Dieses Problem wird vermieden, wenn Sie sich die Zeit nehmen, einen neutralen Gegenstand zu holen.

Meine Mutter benutzte immer eine kleine Rute, die keinen bleibenden Schaden anrichten konnte. Aber sie schmerzte genug, um eine deutliche Botschaft zu übermitteln. Eines Tages, als ich sie bis zum Äußersten getrieben hatte, schickte sie mich tatsächlich in den Hof, um mein eigenes Strafmittel zu holen. Ich brachte einen winzig kleinen Zweig, kaum länger als fünfzehn Zentimeter. Damit konnte sie mich kaum mehr als kitzeln. Danach schickte sie mich nie wieder zu ähnlichen Besorgungen.

Wie ich weiter oben einräumte, glauben manche (insbesondere diejenigen, die von vornherein gegen Schläge sind), dass der Gebrauch eines neutralen Gegenstandes mit Kindesmisshandlung gleichzusetzen ist. Ich verstehe ihre Bedenken, besonders in den Fällen, in denen Eltern glauben»Macht ist Recht«, oder wenn Eltern jähzornig werden und das Kind verletzen. Deshalb müssen Erwachsene immer dafür sorgen, dass Liebe und Disziplin sich die Waage halten, egal mit welcher Methode sie erzieherische Maßnahmen durchführen.

Frage 132
Ab welchem Alter kann man ein Kind schlagen?

Es ist unentschuldbar, Babys oder Kinder, die jünger als fünfzehn bis achtzehn Monate alt sind, zu schlagen. Sogar Hin- und Herschütteln kann bei einem Kind in diesem zarten Alter zu Gehirnverletzungen oder zum Tod führen. Aber in der Mitte des zweiten Lebensjahres (mit achtzehn Monaten) beginnen Kinder zu verstehen, was sie tun oder lassen sollen. Sie können ganz sachte für ihr Verhalten zur Rechenschaft gezogen werden. Nehmen wir an, ein Kind greift nach einer Steckdose oder einem Gegenstand, mit dem es sich verletzen kann. Sie sagen: »Nein!«, aber das Kind schaut Sie an und greift weiter zu. Sie sehen ein schelmisches Lächeln auf seinem Gesicht, während es denkt:»Ich tue es doch!« Sprechen Sie jetzt mit fester Stimme, damit Ihr Sohn weiß, dass er es zu weit treibt. Wenn er weitermacht, geben Sie ihm einen Klaps auf die Finger, gerade so, dass es ein bisschen schmerzt. Kleine Schmerzen haben in diesem Alter große Wirkung und machen Kinder mit der Wirklichkeit des Lebens vertraut; und das Kind lernt, dass es wichtig ist, auf Sie zu hören.

Im Verlauf der folgenden achtzehn Monate behaupten Sie sich allmählich als wohlwollender Boss, der wirklich meint, was er sagt und sagt, was er meint. Im Gegensatz zu dem, was Sie im gängigen Schrifttum lesen, schadet diese konsequente, aber liebevolle Methode der Erziehung einem Kleinkind *nicht* und macht es auch nicht gewalttätig. Im Gegenteil, sie führt wahrscheinlich zu gesunden, selbstbewussten Kindern.

Frage 133
Ich habe meine Kinder wegen ihres Ungehorsams verhauen, aber anscheinend hilft es nicht. Hat diese Methode bei manchen Kindern keinen Erfolg?

K inder sind so unterschiedlich, dass es manchmal schwer fällt zu glauben, dass sie alle Mitglieder derselben menschlichen Familie sind. Manche Kinder kann man mit einem strengen Blick niederschmettern; andere brauchen anscheinend strenge und sogar schmerzhafte erzieherische Maßnahmen, um nachhaltig beeindruckt zu sein. Dieser Unterschied hängt gewöhnlich davon ab, wie sehr das Kind Beifall und Anerkennung von Erwachsenen braucht. Die Hauptaufgabe von Eltern besteht darin, die Dinge mit den Augen des Kindes zu sehen und die erzieherischen Maßnahmen genau auf seine individuellen Bedürfnisse abzustimmen. Deshalb sollte man ein Kind auf jeden Fall dann strafen, wenn es weiß, dass es die Strafe verdient hat.

Nun zu Ihrer Frage zurück: Wenn erzieherische Maßnahmen scheitern, wurden in der Regel grundlegende Fehler bei ihrer Anwendung gemacht. Es ist möglich, dass doppelte Strafe nur die Hälfte der gewünschten Ergebnisse erzielt. Ich untersuchte Fälle, in denen Eltern mir sagten, dass ihre Kinder einer Strafandrohung keine Beachtung schenken und sich weiter ungebührlich verhalten. Es gibt vier Hauptgründe für einen solchen Mangel an Erfolg:

1. Der häufigste Fehler ist inkonsequente Bestrafung. Wenn sich die Regeln jeden Tag ändern und die Strafe für Fehlverhalten launenhaft und wechselhaft ist, werden die Bemühungen um eine Verhaltensänderung untergraben. Es muss mit keiner unvermeidlichen Folge gerechnet werden. Das verleitet Kinder dazu, auszuprobieren, ob sie das System durchbrechen können. In der Gesellschaft im Ganzen wird dadurch kriminelles Verhalten bei denen gefördert, die glauben, dass sie sowieso nicht vor Gericht gestellt werden.

2. Das Kind hat einen stärkeren Willen als seine Eltern – und beide Seiten wissen es. Das Kind erkennt vermutlich, dass eine Auseinandersetzung mit Mama oder Papa in Wirklichkeit ein Willenskampf ist. Wenn es dem Druck standhalten kann und bei einem größeren Streit nicht klein beigibt, kann es diese Form der Bestrafung als Werkzeug aus dem Repertoire der Eltern verbannen. Überlegt das Kind diesen Vorgang bewusst? In der Regel nicht, aber es versteht ihn instinktiv. Es erkennt, dass Schläge keinen Erfolg haben *dürfen*. Also beißt es die Zähne zusammen und hält durch. Vielleicht weigert es sich sogar zu weinen und sagt: »Es tut nicht weh.« Erregt ziehen die Eltern den Schluss: »Bei diesem Kind nützen Schläge nichts.«

3. Vielleicht sind die Schläge zu schwach. Wenn es nicht weh tut, sieht das Kind keinen Grund darin, das nächste Mal die Konsequenzen zu vermeiden. Ein Klaps mit der Hand auf den in dicke

Windeln verpackten Hintern eines dreißigmonatigen Kindes ist kein Abschreckungsmittel. Das Kind muss spüren, was Sie ihm sagen wollen – aber geben Sie Acht darauf, nicht zu weit zu gehen.

4. Für manche Kinder ist diese Methode ungeeignet. Ein Kind mit schwerer Konzentrationsstörung, das zudem hyperaktiv ist, kann durch körperliche Züchtigung noch wilder und ungebärdiger werden. Ein Kind, das misshandelt wurde, setzt vielleicht liebevolle Disziplin mit dem einst erlebten Hass gleich. Und ein sehr sensibles Kind muss eventuell anders angefasst werden. Ich möchte noch einmal betonen, dass jedes Kind ein Original ist. Man kann ein Kind nur dann richtig erziehen, wenn man jeden Jungen und jedes Mädchen als einzigartige Persönlichkeit versteht und seine Erziehungsmethoden auf die Bedürfnisse und Eigenarten dieses besonderen Kindes abstimmt.

Was soll eine Mutter tun?

Frage 134
**Wir sind vor kurzem umgezogen und an meinem neuen Wohnort
habe ich noch keine Freunde und Bekannten. Meine Verwandten
wohnen alle weit weg, so dass ich nur mit meinem Mann über die
Probleme der Kinder sprechen kann. Er ist beruflich sehr einge-
spannt, so dass mir die ganze »Hausarbeit« alleine bleibt. Wie kann
ich mit den Gefühlen der Einsamkeit als Mutter umgehen?**

Es ist wichtig, dass Sie Beziehungen zu anderen Frauen aufbauen,
um Ihr Bedürfnis nach Freundschaft und emotionaler Unterstützung zu befriedigen. Wenn Sie das nicht tun, wird Ihre Ehe zu
sehr belastet, was zu ernsthaften Problemen zwischen Ihnen und
Ihrem Mann führen kann. Ich will damit nicht sagen, dass Ihr Mann
keinerlei Verantwortung dafür hat, Ihnen durch diese Zeit der Einsamkeit hindurch zu helfen, aber wenn er nicht ein ganz außer-
gewöhnlicher Mann ist, ist er nicht in der Lage, Sie emotional zu »tragen« und dabei noch den Lebensunterhalt für die Familie zu verdienen und die anderen Pflichten des Lebens zu erfüllen. Deshalb empfehle ich Ihnen, nach Frauengruppen zu suchen, die die Bedürfnisse,
die Sie beschrieben haben, befriedigen können. Viele Kirchen bieten
Bibelkreise oder Mutter-und-Kind-Treffs für Mütter mit Vorschulkindern an, eine ausgezeichnete Idee, um Frauen miteinander in
Kontakt zu bringen. Ich möchte Ihnen damit sagen, dass Sie nicht
alleine sind, auch nicht in einer neuen Stadt. Auch hier leben andere
Frauen, die Sie brauchen, genauso wie Sie diese Frauen brauchen.
Mit etwas Anstrengung können Sie sich finden. Unter den
Umständen, die Sie beschrieben haben, ist es gefährlich, einfach nur
dazusitzen und zu warten, dass neue Bekannte Ihnen ins Haus ge-
liefert werden.

Frage 135

Was halten Sie von Kindertagesstätten, die es Müttern ermöglichen, berufstätig zu sein?

Sichere, saubere, liebevolle Kinderkrippen sind heutzutage eine Notwendigkeit, besonders für die Millionen von Müttern, die aus finanziellen Gründen gezwungen sind, arbeiten zu gehen. Insbesondere sind sie für die vielen Alleinerziehenden unverzichtbar, die allein für den Unterhalt ihrer Familie aufkommen müssen. Deshalb brauchen wir nicht darüber zu sprechen, ob es nützlich ist, gut beaufsichtigte Stätten für Kinder zur Verfügung zu stellen, deren Mütter und Väter Unterstützung bei der Erziehung brauchen. Die Diskussion darüber ist abgeschlossen.

Man kann jedoch darüber streiten, ob Kinder in einer Kindertagesstätte besser aufgehoben sind als zu Hause bei einer nicht berufstätigen Mutter. Ich persönlich (andere werden anders darüber denken) glaube nicht, dass irgendeine Einrichtung für Kinder sich mit einer intakten Familie messen kann, in der die Mutter ihre Kinder versorgt und der Vater ebenfalls eine wichtige Rolle in deren Leben spielt. Dafür sprechen mindestens vier Gründe.

Erstens gedeihen und lernen Kinder besser, wenn sie als Einzelner eine Beziehung zu einem Erwachsenen haben, als wenn sie Mitglied einer Gruppe sind. Zweitens können Sie keine Angestellte einer Kindertagesstätte so gut bezahlen, dass sie sich genauso um ein Kind kümmert wie seine eigene Mutter. Kinder sind Mutters große Liebe und das merkt man. Drittens ist es wissenschaftlich erwiesen, dass Kinder zu Hause gesünder sind als Kinder, die regelmäßig den Krankheiten, dem Husten und Niesen anderer Jungen und Mädchen ausgesetzt sind.[36] Viertens entsteht ein enges Verhältnis zwischen Eltern und Kindern eher, wenn die bedeutenden Ereignisse in der Entwicklung aus erster Hand erlebt werden. Die Familie sollte da sein, wenn das Kind den ersten Schritt tut, das erste Wort spricht und wenn Ängste und Unsicherheiten auftreten. Sicherlich können andere Menschen in diesen besonderen Augenblicken Mama vertreten, aber etwas Wertvolles geht verloren, wenn nur ein Stellvertreter zugegen ist.

Kurz gesagt, ich verstehe, dass gute Kindertagesstätten in manchen Situationen erforderlich sind, aber das Leben in einer Gruppe liegt nicht im besten Interesse des Kindes.

Frage 136
Wenn Eltern auf die Fremdbetreuung ihrer Kinder angewiesen sind, welche Hilfe halten Sie dann für die beste?

Staatliche Einrichtungen stehen ganz unten auf meiner Liste, weil christliche Unterweisung in ihnen nicht erlaubt ist. Mit den Kindern wird kein Tischgebet gesprochen und Jesus kann ihnen nicht als Freund und Herr nahe gebracht werden. In staatlichen Einrichtungen mache ich mir auch mehr Sorgen um sexuellen Missbrauch von Kindern, obwohl dies selten vorkommt. Aus diesen und anderen Gründen ziehe ich kirchliche Einrichtungen vor. Noch besser, wenn möglich, ist die Unterbringung der Kinder bei Verwandten, wie etwa Großeltern oder Tanten oder auch bei Tagesmüttern. Kinder müssen mit den Personen, die sie versorgen, Beziehungen aufbauen. Sie sollen möglichst von Erwachsenen betreut werden, die sie kennen und lieben und nicht gezwungen werden, sich tagtäglich in öffentlichen Einrichtungen mit anderen Angestellten auseinanderzusetzen.

Frage 137
Ich bin als Mutter von drei Vorschulkindern den ganzen Tag zu Hause. Ich liebe sie sehr, bin aber erschöpft davon, den ganzen Tag hinter ihnen her zu sein. Ich fühle mich auch einsam, weil ich jeden Tag in der Woche hier ans Haus gebunden bin. Was schlagen Sie Müttern wie mir vor?

Ich spreche mit vielen Frauen, die wie Sie den Eindruck haben, kurz vor dem »burn out« zu stehen. Sie haben den Eindruck, zusammenzubrechen, wenn sie noch eine Waschmaschine voll Wäsche waschen oder noch einen Schuh binden müssen. In unserer beweglichen, technisierten Gesellschaft sind junge Mütter viel isolierter als früher. Viele kennen kaum die Frauen, die nebenan wohnen, und ihre Schwestern und Mütter wohnen Hunderte Kilometer weit weg. Deshalb ist es für Mütter mit kleinen Kindern so wichtig, mit der Außenwelt in Kontakt zu bleiben. Obwohl es sicherer und weniger anstrengend ist, sich in seine vier Wände zurückzuziehen, ist dies doch ein Fehler. Einsamkeit bringt auf schlechte Gedanken. Außerdem gibt es viele Möglichkeiten, sich mit anderen Frauen zusammenzutun, unter anderem in kirchlichen Einrichtungen, in Bibelkreisen oder Treffen von Müttern für Schul- oder Vorschulkinder.

Die Männer von nicht berufstätigen Müttern müssen die Bedeutung ihrer Tätigkeit zu Hause anerkennen. Klug ist der Mann, der mindestens einmal in der Woche einen romantischen Abend zu zweit organisiert und der hin und wieder die Kinder betreut, damit Mama eine dringend erforderliche Verschnaufpause bekommt.

»Burn out« ist auch in einem betriebsamen Haushalt nicht unvermeidlich. Es kann verhindert werden, wenn man die Symptome erkennt und rechtzeitig etwas dagegen unternimmt.

Frage 138
Sie sprachen von Müttern, die nicht zur Arbeit gehen und von Frauen, die ganztägig berufstätig sind. Was halten Sie von einer Frau, die beides gleichzeitig vereint? Ist dies machbar und ist es klug?

Manche Frauen schaffen es wunderbar, voll berufstätig zu sein und gleichzeitig ein lebhaftes Familienleben zu führen. Ich bewundere ihre Disziplin und Hingabe. Ich beobachtete jedoch, dass diese Doppelbelastung für viele zu Erschöpfung und Frustration führt. Sie kann zu einem nie endenden Kampf ums Überleben werden. Warum? Weil der menschliche Körper nur eine bestimmte Menge Energie besitzt und wenn diese Energie an einer bestimmten Stelle eingesetzt wird, ist sie an anderer Stelle nicht mehr verfügbar. Denken Sie darüber nach, was es für eine Mutter von kleinen Kindern bedeutet, morgens früh aufzustehen, ihre Kinder anzuziehen, ihnen Frühstück zu machen und sie zur Kindertagesstätte zu bringen, dann zur Arbeit zu fahren, von neun bis fünf Uhr hart zu arbeiten, anschließend zum Supermarkt zu fahren, um etwas fürs Abendessen zu kaufen, die Kinder in der Kindertagesstätte abzuholen und dann nach Hause zu fahren. Sie ist jetzt hundemüde und hat das Bedürfnis, sich ein paar Minuten hinzusetzen und nichts zu tun. Aber sie kann sich nicht ausruhen. Die Kinder sind hungrig und haben den ganzen Tag darauf gewartet, sie zu sehen.

»Lies mir eine Geschichte vor, Mama«, bettelt eines.

Für diese bedauernswerte Frau beginnen jetzt vier bis sechs Stunden anstrengendes Muttersein, das bis spät in den Abend hinein andauert. Sie muss das Abendessen kochen, das Geschirr spülen, das Baby baden, bei den Schularbeiten helfen und jedem Kind etwas Zeit schenken. Dann muss sie die Schar ins Bett bringen, Gebete sagen und kichernden Kindern, die Hinhaltemanöver im Sinn haben, sechs Gläser Wasser bringen. Ich bin schon erschöpft, wenn ich nur an einen solchen Stundenplan denke.

Sie möchten die verheiratete Frau jetzt vielleicht fragen: »Wo ist der Ehemann und Vater bei all diesen Belastungen? Warum erledigt er nicht seinen Teil der Hausarbeit?« Nun, er hat vielleicht selbst einen Zwölfstundentag bei seiner Arbeit. Wenn man ein Geschäft aufbaut oder sich selbständig macht, muss man oft solche Verpflichtungen auf sich nehmen. Oder vielleicht will er seiner Frau einfach nicht helfen. Das ist eine Klage, die ich häufig von arbeitenden Müttern zu hören bekomme.

»Das ist nicht recht«, antworten Sie.

Stimmt, aber so ist es oft in Wirklichkeit.

Das Schwierigste an diesem Lebensstil ist die Fortdauer der Belastung. Die meisten von uns könnten diesen Stundenplan eine Woche oder zwei durchhalten, aber die arbeitende Mutter muss dies jahrelang, Monat um Monat aushalten. Am Wochenende müssen das Haus geputzt, Wäsche gebügelt und Hosen geflickt werden. In diesem Rhythmus arbeitet sie, wenn alles glatt läuft. Sie hat keine Zeit- oder Kraftreserven für Tage, an denen ein Familienmitglied krank wird oder das Auto eine Panne hat oder Eheprobleme entstehen. Jede zusätzliche Kleinigkeit ist zu viel.

Zugegeben, in den meisten Familien geht es nicht ganz so stressig zu. Aber ich habe nicht sehr übertrieben. Überanstrengte und erschöpfte Familien sind bei uns nichts Außergewöhnliches. Ehepaare haben keine Zeit mehr füreinander. Das Leben ist nur noch Arbeit, Arbeit, Arbeit. Sie sind ständig frustriert, reizbar und aufgeregt. Sie machen keine Spaziergänge, lesen nicht gemeinsam in der Bibel und unternehmen nichts Entspannendes. Ihre Sexualität leidet, weil erschöpfte Menschen sich nicht einmal befriedigend lieben können. Allmählich leben sie sich auseinander und entdecken schließlich, dass ihre Ehe »unheilbar zerrüttet« ist. Diese tragische Gesetzmäßigkeit habe ich in den vergangenen fünfundzwanzig Jahren immer wieder beobachtet.

Die Frage ist nicht, ob eine Frau voll berufstätig und auch Mutter sein kann. Natürlich hat sie dieses Recht und es geht nur sie und ihren Mann etwas an. Ich würde Sie nur inständig bitten, nicht zuzulassen, dass Ihre Familie in dieses dunkle Loch der Erschöpfung gezogen wird. Wenn Sie sich jedoch dafür entscheiden, die Belastungen von Arbeit und Familie zu teilen, dann sollten Sie sich etwas Zeit und Kraft für sich – und füreinander – aufsparen. Auch Ihre Kinder verdienen das Beste, das Sie ihnen geben können.

Frage 139
Was würden Sie und Ihre Frau tun, wenn Sie es sich finanziell leisten könnten, dass sie zu Hause bleibt, wenn die Kinder in der Schule sind?

Über die Antwort auf diese Frage muss ich nicht lange Mutmaßungen anstellen. Shirley und ich hatten diese Wahl (obwohl wir anfangs einen Volkswagen verkauften und vom Erlös lebten, um dies möglich zu machen) und sie blieb »hauptamtlich« als Mutter zu Hause. Weder sie noch ich haben jemals diese Entscheidung bereut. Jetzt, wo unsere Kinder erwachsen sind, würden wir um nichts auf der Welt die Zeit, die wir in sie investierten, missen wollen. Im Rückblick finden wir heute, dass es *besonders* wichtig war, dass Shirley während der Teenagerjahre unserer Kinder zu Hause war.

Frage 140
Welche Antwort haben Sie für Frauen, die sagen, dass es langweilig und monoton ist, Mutter kleiner Kinder und Hausfrau zu sein?

Einige Frauen sehen diese Aufgabe in dieser Weise, aber wir sollten uns bewusst machen, dass die meisten anderen Berufe auch langweilig sind. Wie spannend ist die Arbeit eines Kellners, der jeden Tag seinen Kunden Essen vorsetzt – oder die eines Pathologen, der von früh bis spät Objektträger und Bakterienkulturen untersucht – oder die eines Zahnarztes, der sein Leben lang bohrt und plombiert, bohrt und plombiert oder die eines Schriftstellers, der Seite um Seite um Seite schreibt? Nur wenige von uns erleben in jedem Moment ihres Berufslebens nur Interessantes. Sogar hoch eingestufte Tätigkeiten haben ihre langweiligen Seiten.

Als ich vor einigen Jahren in Washington D.C. war, lag mein Hotelzimmer neben dem Zimmer eines berühmten Cellisten, der am selben Abend in der Stadt ein Konzert geben sollte. Ich konnte durch die Wand hören, wie er Stunde um Stunde übte. Er spielte keine glanzvollen Symphonien, sondern wiederholte Tonleitern und Läufe und Übungen, immer und immer und immer wieder. Früh am Morgen (glauben Sie mir!) begann er zu üben und hörte nicht auf, bis es Zeit für sein Konzert war. Als er an jenem Abend auf die Bühne trat, dachten bestimmt viele im Publikum: »Welch großartiges Leben!«

Wirklich großartig! Zufällig weiß ich, dass er den ganzen Tag in seinem einsamen Hotelzimmer mit seinem Cello verbracht hat. Wie Sie wissen, sind Musikinstrumente sagenhaft unterhaltsame Gesprächspartner.

Nein, ich zweifle wirklich daran, ob die Arbeit einer Hausfrau und Mutter viel langweiliger als die meisten anderen Arbeiten ist, besonders, wenn die Frau sich nicht von Kontakten mit Erwachsenen fernhält. Was aber die Bedeutung des Auftrags betrifft, so kann sich keine Arbeitsstelle mit der Verantwortung, einen Menschen zu Beginn seines Lebens zu formen und zu prägen, messen.

Frage 141
Mein Kind hat vor der Dunkelheit Angst. Wie kann ich diese Angst abbauen?

Ich beriet einmal eine Mutter, die sich wie Sie Sorgen darüber machte, dass ihre dreijährige Tochter Angst vor der Dunkelheit hatte. Vielleicht kann ihre Geschichte Ihnen helfen. Trotz einer Nachtlampe und trotz der offenen Schlafzimmertür fürchtete sich Maria davor, allein in ihrem Zimmer zu bleiben. Sie bestand darauf, dass ihre Mutter jeden Abend bei ihr saß, bis sie einschlief, was sehr zeitraubend und lästig wurde. Wenn Maria zufällig nachts wach wurde, rief sie um Hilfe. Es stand fest, dass das Kind nichts vortäuschte; seine Angst war echt.

Solche Ängste eines Kindes sind nicht angeboren, sie werden erlernt. Eltern müssen sehr sorgfältig darauf achten, wie sie ihre eigenen Unsicherheiten ausdrücken, denn Kinder übernehmen unversehens die Ängste der Erwachsenen. Sogar gutmütige Scherze können die Ursache der Probleme des Kindes sein. Wenn ein Kind in ein dunkles Zimmer tritt und jemand plötzlich hinter der Tür hervorstürzt, lernt es etwas aus diesem Jux: Die Dunkelheit ist nicht immer leer! In Marias Fall ist unklar, wo sie ihre Angst vor der Dunkelheit gelernt hat, aber ich meine, ihre Mutter vergrößerte unabsichtlich das Problem. In ihrer Sorge für Maria übertrug sie ihre Angst und Maria kam auf den Gedanken, dass ihre Ängste gerechtfertigt sein müssen: *Sogar Mutter macht sich Sorgen darüber!* Die Angst wurde so groß, dass Maria nicht mehr ohne Begleitung durch ein halbdunkles Zimmer gehen konnte. Dann wurde mir das Kind überwiesen. Ich schlug der Mutter vor, mit einer Methode, die »Löschung« genannt wird, an Marias Ängsten zu arbeiten. Man musste ihr zeigen, dass es keinen Grund zur Angst gibt. (Es ist in der Regel sinnlos, zu versuchen, einem Kind seine Ängste auszureden, aber es hilft, wenn Sie dem Kind zeigen, dass Sie, die Mutter, zuversichtlich und angstfrei darauf reagieren.) Die Mutter kaufte eine Tüte voller Papiersterne und zeichnete eine Tabelle, auf der dargestellt war, wie Maria sich einen neuen CD-Player verdienen konnte. Dann stellte die Mutter ihren Stuhl in den Flur, direkt vor die Tür von Marias Zimmer. Maria wurde dann ein Stern für den Fall angeboten, dass sie kurze Zeit (zehn Sekunden) in ihrem Zimmer blieb, während das Licht brannte und die Tür offenstand.

Dieser erste Schritt war nicht sehr beängstigend und das Spiel gefiel Maria. Es wurde einige Male wiederholt, dann bat man sie, ein paar Schritte ins halbdunkle Zimmer hineinzugehen, während die Tür noch offenstand und die Mutter (deutlich sichtbar) im Flur stand und bis zehn zählte. Sie wusste, dass sie das Zimmer jederzeit verlassen konnte, wenn sie wollte. Sie hörte, wie ihre Mutter zuversichtlich und ruhig sprach. Die Zeit, die sie im Dunkeln verbrachte, wurde allmählich verlängert, und anstatt Angst hervorzurufen, brachte es Sterne ein und zum Schluss einen CD-Player − ein Grund zur Freude für ein kleines Kind. Ihr Mut wurde gestärkt und die Angst gelöscht. Der Teufelskreis der Angst wurde durchbrochen und durch eine gesündere Einstellung ersetzt.

Das Prinzip der Löschung kann auch Ihrem Kind helfen, seine Angst vor der Dunkelheit zu überwinden. Zusammengefasst lässt sich sagen, dass die beste Methode, eine erlernte Verhaltensweise zu ändern, darin besteht, Verstärkungen des unerwünschten Verhaltens vorzuenthalten und Belohnungen für eine neue Verhaltensweise zu geben.

Das Schulwesen

Frage 142
Ich studierte Erziehungswissenschaften und lernte, dass Kinder von sich aus die Motivation zum Lernen entwickeln, wenn man ihnen die Gelegenheit dazu gibt. Meine Professoren befürworteten einen »von Schülern bestimmten« Unterricht und waren eher gegen eine starke Führungsrolle des Lehrers. Man sagte uns, die Kinder wollen in diesem Fall lernen anstatt zum Lernen gezwungen zu werden. Sehen Sie das auch so?

Ich bin gewiss dafür, dass wir versuchen sollten, Kinder zum Arbeiten und Lernen zu motivieren. Sie haben mehr Spaß dabei und können die Informationen länger behalten, wenn die Motivation aus ihnen selbst kommt. Deshalb denke ich, dass Ihre Professoren Recht haben, wenn sie sagen, dass wir, wo immer wir können, aus dem natürlichen Interesse der Schüler Nutzen ziehen sollten. Aber es ist naiv zu glauben, dass jedes Bildungsprogramm diese Art Interesse an jedem Fach hervorrufen und für die Mehrheit der Schüler tagein tagaus aufrechterhalten kann. Das klappt nicht. Kinder müssen Dinge lernen, die sie möglicherweise langweilig finden, wie etwa Mathematik oder Grammatik, ob sie es wollen oder nicht.

Ein ehemaliger Oberschulrat aus Kalifornien antwortete einmal folgendermaßen auf die Bemerkung, dass Kinder ein natürliches Interesse an allem haben, das sie, wie Erwachsene denken, wissen müssten: »Die Behauptung, dass Kinder eine angeborene Neigung zum Lernen haben, ist so unüberlegt wie die Behauptung, dass alle Kinder eine angeborene Neigung zum Fußballspielen haben. Bei manchen ist das der Fall, bei anderen nicht. Auf sich selbst gestellt, wird ein Großteil der Kleinen lieber angeln gehen, einen Streit anzetteln, Mädchen necken oder vor der Glotze sitzen und Superman anschauen. Genau wie Sie und ich!«[37]

Der Pädagoge hatte Recht. Meistens investieren Schüler kein bisschen mehr Mühe als nötig ins Lernen und seit Jahrhunderten sind Lehrer darüber frustriert. Deshalb müssen unsere Schulen über so viel Organisation und Disziplin verfügen, dass sie gewisse Verhaltensweisen von Kindern fordern können, ob diese ein natürliches Interesse an dem jeweiligen Fach haben oder nicht.

Frage 143
Sie befürworten demnach einen streng durchstrukturierten, vom Lehrer bestimmten Unterricht, bei dem das Verhalten der Schüler in genau bestimmte Bahnen gelenkt wird. Warum?

Zu den Zielen der Schule gehört es, einen jungen Menschen auf das spätere Leben vorzubereiten. Wer in unserer Gesellschaft als Erwachsener überleben will, muss gelernt haben, wie man arbeitet, rechtzeitig am Arbeitsplatz erscheint, mit anderen auskommt, so lange an einer Aufgabe zu bleiben, bis sie abgeschlossen ist und, jawohl, sich einer Autorität zu fügen. Kurz gesagt, man braucht ein hohes Maß an Selbstdisziplin und Selbstbeherrschung, um den Anforderungen des heutigen Lebens gerecht zu werden. Vielleicht ist es deshalb eine der größten Gaben, die ein liebevoller Lehrer einem unreifen Kind mitgeben kann, wenn er ihm hilft, stillzusitzen, wenn es herumlaufen will, die Hand zu heben, wenn es sprechen möchte, zu seinem Banknachbarn höflich zu sein, in der Reihe zu stehen, ohne seinen Vordermann zu schubsen, und Grammatik zu üben, wenn es eigentlich lieber Fußball spielen würde.

Wenn man das Erfolgsgeheimnis eines siegreichen Fußballclubs, eines ausgezeichneten Orchesters oder eines aufstrebenden Unternehmens untersucht, stößt man ausnahmslos auf Disziplin. Die Vorbereitung auf diesen disziplinierten Lebensstil sollte im Kindesalter beginnen. Deshalb ist es meiner Meinung nach ein Fehler, von Kindern nichts zu verlangen, keine Anforderungen an ihr Verhalten zu stellen, es zuzulassen, dass sie im Klassenzimmer kichern, kämpfen, sprechen und spielen. Wir alle müssen uns an vernünftige Regeln halten und die Schule ist der geeignete Ort, dies zu lernen.

Frage 144
In den vergangenen Jahren kritisierten Sie immer wieder unsere öffentlichen Schulen. Wen halten Sie verantwortlich für das, was schief gelaufen ist?

Ich teile die Sorgen vieler Menschen über sinkende schulische Leistungen, ansteigende Gewalt auf den Schulhöfen, die hohe Analphabetenquote und andere bedrohliche Probleme in den heutigen Schulen. Aber wir dürfen nicht vorschnell den Lehrern die Schuld für alles, was schief gelaufen ist, in die Schuhe schieben. Lehrer und Schulleiter, die unsere Kinder anleiten, gehören zu den am meisten verleumdeten und am wenigsten geachteten Menschen in unserer Gesellschaft. Leicht werden sie zur Zielscheibe von Beschimpfungen. Sie müssen eine äußerst schwierige Arbeit verrichten und doch werden sie fast täglich für Dinge kritisiert, die außerhalb ihres Einflussbereiches liegen. Einige der Kritiker tun so, als würden die Lehrer unsere Kinder absichtlich zum Misserfolg führen. Das kann ich nicht gelten lassen. Selbst wenn die Lehrer alles richtig machen würden, hätten wir immer noch ernsthafte Probleme in unseren Schulen. Warum? Weil das, was in den Klassenzimmern geschieht, nicht von den Problemen der Kultur im Ganzen getrennt werden kann.

Lehrer sind nicht für die Verfassung verantwortlich, in der unsere Kinder jeden Tag zur Schule kommen. Es ist nicht ihre Schuld, dass Familien auseinanderbrechen und dass viele ihrer Schüler sexuell missbraucht und/oder misshandelt wurden, verwahrlost und unterernährt sind. Sie können nicht verhindern, dass Kinder bis Mitternacht geistlose Fernsehsendungen oder zensierte Videos anschauen, Suchtmittel und Alkohol zu sich nehmen. Wenn die Kultur allmählich zerfällt, sieht es auch in den Schulen schlecht aus. Obwohl ich viele Tendenzen des modernen Bildungswesens ablehne, sympathi-

siere ich mit den gewissenhaften Lehrern und Schulleitern, die versuchen, ihr Bestes für unsere Kinder zu tun. Sie sind entmutigt und
brauchen unsere Unterstützung.

Frage 145
Was können wir als Eltern zur Verbesserung der öffentlichen Schulen in unserer Gegend beitragen?

Viele Lehrer wissen, dass das Engagement der Eltern für den
Erfolg der Schule ausschlaggebend ist. Andere (glücklicherweise nicht die Mehrheit) halten sich selbst für Experten und missbilligen jede Einmischung der Eltern. Darauf sollten wir uns nie einlassen. Eltern tragen letztlich die Verantwortung für die Erziehung
ihrer Kinder und sie sollten diese Autorität nicht aufgeben. Lehrer
sind Arbeitnehmer, die mit den Steuergeldern der Eltern bezahlt
werden, und sie müssen vor den von den Eltern gewählten Eltern-
und Lehrervertretern Rechenschaft ablegen. Je mehr Eltern sich
engagieren, um so besser ist die Schule.

Aus diesem Grunde bitte ich Sie eindringlich, die Schule Ihres
Kindes zu besuchen, damit Sie Antwort auf wichtige Fragen bekommen. Weiß man in Ihrer Schule, dass Ordnung, Achtung und Disziplin im Unterricht unerlässlich sind? Wenn ja, warum rufen Sie dann
nicht den Lehrer Ihres Kindes oder den Schulleiter an und bringen
Ihre Anerkennung zum Ausdruck? Sie haben einen lobenden
Zuspruch dringend nötig. Sagen Sie ihnen, dass Sie bei ihrer wichtigen Aufgabe hinter ihnen stehen. Wenn Ihre Schule anders ausgerichtet ist, setzen Sie sich dafür ein, dass eine andere Richtung eingeschlagen wird. Sprechen Sie mit anderen Eltern. Treten Sie einer Eltern-
Lehrer-Vereinigung bei. Lesen Sie die Schulbücher durch. Unterstützen Sie die Wahl von Eltern- und Lehrervertretern, denen an traditionellen Werten und einem hohen schulischen Leistungsniveau gelegen
ist. Ich wiederhole: Schulen funktionieren am besten, wenn die
bewährten Grundsätze der Mitbestimmung – durch die Eltern –

angewandt werden. Ich glaube, wir kehren allmählich zu den alten Werten zurück!

Frage 146

Wie Sie habe ich beobachtet, dass Grundschüler – und sogar Gymnasiasten – oft die strengeren Lehrer bewundern. Der gesunde Menschenverstand würde uns vermuten lassen, dass sie die Lehrer besonders mögen, die nachsichtiger sind. Warum, glauben Sie, fühlen sie sich zu den strengeren Lehrern hingezogen?

Sie haben Recht. Lehrer, die Ordnung halten und von ihren Schülern Höchstleistungen fordern, werden oft in der ganzen Schule am meisten respektiert, vorausgesetzt sie sind nicht gemein oder unfreundlich. Wer eine Klasse unter Kontrolle halten kann, ohne tyrannisch zu sein, wird fast immer von den Schülern geschätzt. Der Grund dafür liegt erstens darin, dass Ordnung Sicherheit bietet. Wenn eine Klasse, besonders auf Grundschulebene, außer Kontrolle gerät, haben die Kinder voreinander Angst. Wenn die Lehrerin es nicht schafft, in der Klasse für ordentliches Benehmen zu sorgen, wie kann sie dann einen Raufbold von seinen Missetaten abhalten? Wie kann sie verhindern, dass ein weniger Begabter ausgelacht wird? Kinder können sehr niederträchtig miteinander sein und sie fühlen sich sicher, wenn sie eine starke, aber freundliche Lehrerin haben.

Zum Zweiten lieben Kinder Gerechtigkeit. Wenn jemand eine Regel übertreten hat, verlangen sie sofortige Vergeltung. Sie bewundern die Lehrerin, die eine entsprechende Rechtsordnung durchsetzen kann, und vernünftige soziale Erwartungen verleihen ihnen ein Gefühl der Sicherheit. Im Vergleich dazu lässt eine Lehrerin, die ihre Klasse nicht unter Kontrolle hat, zu, dass jemand mit einem Vergehen ungeschoren davonkommt, was gegen die Grundlage des kindlichen Wertesystems verstößt.

Drittens bewundern Kinder strenge Lehrer, weil Chaos nervenaufreibend ist. Schreien und Schlagen und Raufen machen zehn

Minuten lang Spaß, dann wird die Verwirrung allmählich ermüdend und lästig.

Manches Mal lächle ich amüsiert, wenn Zweit- und Drittklässler scharfsinnig die Fähigkeit ihrer Lehrer, Disziplin einzuhalten, beurteilen. Sie wissen genau, wie eine Schulklasse geführt werden sollte. Ich wünschte nur, alle ihre Lehrer wären sich über diese wichtige Voraussetzung genauso im Klaren.

Frage 147
Können Sie uns in etwa sagen, wie viel Arbeit man von Kindern verlangen soll?

M an sollte auf ein gesundes Gleichgewicht zwischen Arbeit und Spiel achten. Viele Bauernkinder hatten früher täglich so viele Arbeiten zu verrichten, dass ihr Leben recht schwer war. Bei Tagesanbruch und dann wieder nach der Schule mussten sie die Schweine füttern, Eier einsammeln, Kühe melken und Holz holen. Wenig Zeit blieb da für Spaß und Spiel und die Kinderzeit wurde zu einer recht trostlosen Erfahrung. Das war eine Extremsituation und ich bin ganz bestimmt nicht dafür, dass sie zurückkehrt.

Vergleichen Sie diese alltägliche Verantwortung mit einigen Familien heute, die nichts von den Kindern verlangen, sie nicht einmal bitten, den Abfalleimer zu leeren, den Rasen zu sprengen oder die Katze zu füttern. Beide Extreme sind, wie immer, für das Kind schädlich. Der gute Mittelweg besteht darin, dem Kind Verantwortung und Arbeit zu übertragen, gleichzeitig aber Zeit für Spiel und Spaß freizuhalten. Der Zeitaufwand für jede Tätigkeit sollte dem Alter des Kindes angepasst werden. Je älter das Kind wird, umso mehr Arbeit kann nach und nach von ihm verlangt werden.

Frage 148
Heutzutage werden Schulen gebeten, viele Dinge für unsere Kinder zu leisten. Man erwartet sogar von ihnen, dass sie den Schülern beibringen, wie man Geschlechtsverkehr ausübt, ohne die Verbreitung von Krankheiten zu riskieren. Welchen Teil des Lehrplans halten Sie für besonders dringlich?

Schulen, die versuchen, alles zu tun, tun letzten Endes vielleicht sehr wenig. Deshalb glaube ich, sollten die allgemeinbildenden Grundlagen – das, was früher »Lesen, Schreiben und Rechnen« genannt wurde – vorrangig unterrichtet werden. Von diesen dreien ist die Fähigkeit zu lesen und zu schreiben am wichtigsten. Eine erschreckend hohe Zahl von Hauptschülern sind nach ihrem Schulabschluss nicht in der Lage, die Seite mit den Stellenanzeigen in der Zeitung oder ein ganz einfaches Buch zu lesen. Jeder Einzelne dieser jungen Männer und Frauen muss jahrelang wegen unseres Versagens mit Kummer und Ratlosigkeit fertig werden. Das Elend beginnt schon früh im Leben. Einmal wurde mir ein Zehntklässler überwiesen, weil er angekündigt hatte, er wolle die Schule verlassen. Als ich ihn fragte, warum er aufhören wolle, antwortete er: »Seit der ersten Klasse schon bin ich unglücklich. Jahr für Jahr fühlte ich mich hilflos und dumm. Ich muss aufstehen und lesen, aber ich kann noch nicht einmal das Buch der zweiten Klasse verstehen. Ihr habt mich jetzt die längste Zeit ausgelacht. Ich steige aus.« Ich sagte ihm, dass ich es ihm nicht verübeln konnte, dass er so dachte; wir tragen die Verantwortung für sein Leiden.

Den Kindern das Lesen beibringen sollte die erstrangige Aufgabe der Schule sein. Diese elementare Fertigkeit ist die Grundlage, auf die alles andere Lernen aufbaut. Leider sind Millionen junger Menschen nach zehn Schuljahren und sogar mit dem Hauptschulabschluss immer noch funktionelle Analphabeten. Für dieses Versagen gibt es keine Entschuldigung. Untersuchungen haben bewiesen, dass jeder Schüler, mit sehr wenigen Ausnahmen, lesen lernen kann, wenn diese Aufgabe kreativ angegangen und auf die persönlichen Bedürfnisse des Einzelnen eingegangen wird. Anerkanntermaßen können manche nicht in einer Gruppe lernen, weil ihre Gedanken abschweifen und sie nicht so bereitwillig Fragen stellen. Sie brauchen Einzelunterricht von speziell ausgebildeten Lehrern. Es wird bestimmt teuer, wenn die Schule zusätzliche Lehrer für Lesenachhilfe einstellen muss, aber ich kann mir keine Ausgabe denken, die nützlicher wäre. Spezielle Methoden, Lernmaschinen und verhaltensändernde Methoden sind in Einzelfällen erfolgreich. Wir müssen alles, was erforderlich ist, zur Verfügung stellen. Und je früher diese Hilfe gegeben wird, um so besser ist es für das seelische und schulische Wohl des Kindes. Wenn man erst in der vierten oder fünften Klasse anfängt, hat das Kind bereits stark unter den Demütigungen des Versagens gelitten.

Frage 149
Worin liegt die Ursache dafür, dass ein Kind »lernbehindert« ist — also nicht wie andere Kinder in der Klasse lernen kann?

Zahlreiche erbliche, umweltbedingte und körperliche Faktoren beeinflussen den Intellekt und es ist schwierig, die einzelnen Ursachen voneinander zu trennen. Bei vielen Kindern, die in der Schule Schwierigkeiten haben, werden wir nie genau wissen, warum ihre Lernfähigkeit begrenzt ist. Im Folgenden werde ich darlegen, was wir bisher über die intellektuelle Entwicklung wissen; dies erklärt vielleicht einige – aber nicht alle – Fälle von Lernbehinderungen.

Viel scheint darauf hinzudeuten, dass Lernbehinderungen und sogar Grenzfälle geistiger Unterentwicklung manchmal durch das Fehlen geistiger Anregung während der ersten Lebensjahre verursacht werden. Anscheinend gibt es eine kritische Phase während der ersten drei oder vier Jahre, in der die geistige Entwicklungsfähigkeit ausgenutzt werden muss. Während dieser kurzen Zeitspanne müssen die Enzymsysteme im Gehirn angeregt werden. Wenn diese

Gelegenheit versäumt wird, kann das Kind vielleicht nie alle seine Fähigkeiten entwickeln.

Kinder, die in einer unterprivilegierten Umgebung aufwachsen, sind eher gefährdet, lernbehindert zu sein. Sie haben womöglich die Sprache der Erwachsenen nicht regelmäßig gehört. Sie bekamen vielleicht keine interessanten Bücher und Spiele zur Anregung ihrer Sinnesorgane. Niemand ging mit ihnen in den Zoo, zum Flughafen oder zu andern fesselnden Orten. Sie mussten ohne die tagtägliche Erziehung und Anleitung Erwachsener auskommen. Dieser Mangel an Anregung kann dazu führen, dass sich das Gehirn nicht richtig entwickelt.

Die Auswirkungen früher Anregung auf das Gehirn wurde bei einigen faszinierenden Tierversuchen erforscht. So wurden Ratten desselben Wurfs in zwei gleiche Gruppen geteilt. Die erste Gruppe bekam während der ersten Lebensmonate so viele Anregungen wie möglich. Diese Ratten wohnten in gut beleuchteten Käfigen und waren von interessanten Schaufelrädern und anderem Spielzeug umgeben. Sie wurden regelmäßig angefasst und durften auch außerhalb des Käfigs auf Entdeckungsreise gehen. Man machte Lernexperimente mit ihnen und belohnte sie, wenn sie sich an etwas erinnerten. Die zweite Gruppe lebte ganz anders. Diese Ratten kauerten in schlecht beleuchteten, düsteren, unfreundlichen Käfigen ohne Spielzeug. Sie wurden weder berührt noch irgendwie angeregt und durften auch nicht aus den Käfigen heraus. Beide Gruppen bekamen das gleiche Futter.

Als sie 105 Tage alt waren, wurden alle Ratten getötet, damit ihr Nervensystem untersucht werden konnte. Die Forscher waren überrascht, als sie entdeckten, dass das Gehirn der Ratten, die viele Anreize erhalten hatten, sich deutlich von dem der anderen unterschied: 1. Die Rinde (der Kortex, der »denkende« Teil des Gehirns) war dicker und breiter; 2. Die Durchblutung war besser; 3. Die Enzyme, die zum Lernen notwendig sind, waren höher entwickelt. Die Forscher kamen zu dem Schluss, dass die vielen Anregungen, die der ersten Gruppe zu Beginn des Lebens gegeben worden waren, bei diesen Ratten zu einem weiterentwickelten und komplexeren Gehirn geführt hatten.[38] Es ist immer gefährlich, von Ergebnissen aus der Tierforschung direkte Schlussfolgerungen auf Menschen zu ziehen, aber wahrscheinlich geschehen ähnliche Umwandlungen im Gehirn von Kindern, die vielen Anregungen ausgesetzt sind. Wenn Eltern wollen, dass ihre Kinder gescheit werden, sollten sie schon im Säuglingsalter viel mit ihnen sprechen. Interessante Mobiles und blinkende Spielsachen sollten um das Kinderbettchen herum aufgestellt werden. Im frühen Kindesalter sollten regelmäßig Lernaktivitäten eingeplant werden. Natürlich dürfen Eltern Anregung nicht mit Druck verwechseln. Einem Dreijährigen Bücher zu geben ist Anregung. Ihn auszulachen oder zu bedrohen, weil er sie nicht lesen kann, ist Druck. Es ist schädlich für Kinder, wenn man unerfüllbare Erwartungen an sie stellt.

Wenn die frühe Anregung so wichtig ist, wie es jetzt scheint, kann das Fehlen von Anregung die Hauptursache von Lernschwächen bei Schulkindern sein. Eltern müssen sich unbedingt die Zeit nehmen, all ihre Gaben in ihre Kinder zu investieren. Die Notwendigkeit, kleinen Kindern umfassende und lehrreiche Erfahrungen zu vermitteln, war noch nie so offensichtlich wie heute.

Frage 150
Eben erklärten Sie uns, in welcher häuslichen Umgebung Kinder mit den größten intellektuellen Möglichkeiten heranwachsen. Gibt es noch andere Untersuchungen, die uns zeigen, wie man Kindern zu ausgeglichenen Einstellungen zu sich und zu anderen verhilft?

Eine mehrjährige Studie mit dem Ziel, genau diese Frage zu beantworten, wurde vor einigen Jahren von Dr. Stanley Coopersmith, Lehrbeauftragter für Psychologie an der Universität von Kalifornien, durchgeführt. Er untersuchte 1738 unauffällige Jungen der Mittelschicht und ihre Familien, angefangen von der Vorpubertät bis hin zum jungen Mannesalter. Nachdem er die Jungen mit dem höchsten Selbstwertgefühl ausgemacht hatte, verglich er ihr häusliches Umfeld während der Kindheit mit denjenigen, die ein niedrigeres Selbstwertgefühl hatten. Er entdeckte drei wichtige Unterscheidungsmerkmale:

1. Die Kinder mit dem höheren Selbstwertgefühl wurden zu Hause deutlich mehr geliebt und geschätzt als die Jungen mit dem niedrigen Selbstbewusstsein.

2. Die Gruppe mit dem hohen Selbstbewusstsein kam aus Familien, in denen die Eltern wesentlich strenger hinsichtlich der Disziplin waren. Im Gegensatz dazu hatten die Eltern der Gruppe mit niedrigem Selbstwertgefühl durch ihre Freizügigkeit Unsicherheit und Abhängigkeit erzeugt. Ihre Kinder hatten öfter den Eindruck, dass Regeln nicht durchgesetzt wurden, weil es niemandem wichtig genug war, sich dafür einzusetzen. Außerdem fand man im späteren Abschnitt der Untersuchung, dass die erfolgreichsten und unabhängigsten jungen Männer aus Familien kamen, in denen die strengste Rechenschaftspflicht und Verantwortlichkeit gefordert wurde. Und wie vorauszusehen war, blieben die Familienbande nicht in den entschlusslosen Familien am stärksten, sondern in Familien, in denen Disziplin und Selbstbeherrschung zur Lebensführung gehörten.

3. Die Familien der Gruppe mit hohem Selbstwertgefühl zeichneten sich auch durch Demokratie und Offenheit aus. Nachdem die Verhaltensgrenzen festgelegt waren, hatten die Einzelnen Freiheit zu wachsen und sich zu entfalten. Die Jungen konnten sich ausdrücken, ohne befürchten zu müssen, ausgelacht zu werden, und die gesamte Atmosphäre war von gegenseitiger Annahme und Geborgenheit geprägt.[39]

Frage 151

Wenn das Alter ein so ungeeignetes Kriterium für die Festlegung des Schulanfangs ist, warum wird es dann in unserem Land allgemein angewandt?

W eil es so praktisch ist. Eltern können einplanen, dass ihr Kind mit sechs Jahren ganz sicher in die Schule kommt. Schulbehörden behalten den Überblick über ihre Bezirke und wissen, mit wie vielen Schulanfängern sie im nächsten Jahr zu rechnen haben. Wenn ein Achtjähriger im Oktober in den Bezirk zieht, wissen die Behörden, dass das Kind in die zweite Klasse geht usw. Das Alter als Kriterium für den Schuleintritt ist für alle Beteiligten ausgezeichnet – außer für den Spätentwickler, der noch nicht reif zum Besuch der Schule ist.

Frage 152

Wir haben einen sechsjährigen Sohn, der Spätentwickler ist und Schwierigkeiten mit dem Lesen hat. Er ist zwar unreif, aber doch verstehe ich nicht, warum ihn das am Lesen hindern sollte.

E s ist wahrscheinlich, dass Ihr unreifes Kind einen wesentlichen neurologischen Prozess, der mit einem organischen Stoff zusammenhängt, der Myelin genannt wird, noch nicht abgeschlossen hat. Bei der Geburt ist das Nervensystem des Körpers nicht isoliert. Deshalb kann ein Neugeborenes seine Hand nicht ausstrecken und nach einem Gegenstand greifen; der elektrische Befehl oder Impuls geht unterwegs zwischen Gehirn und Hand verloren. Allmählich beginnt ein weißlicher Stoff (Myelin), die Nervenfasern zu bedecken, wodurch dann die Steuerung der Muskeltätigkeit ermöglicht wird.

Die Myelinbildung schreitet vom Kopf aus nach unten fort und von der Körpermitte aus nach außen. Mit anderen Worten: Ein Kind beherrscht die Bewegungen seines Kopfes und seines Halses, bevor es den Rest des Körpers beherrscht. Die Beherrschung der Schulter geht der Beherrschung des Ellenbogens voraus, der Ellenbogen kann vor dem Handgelenk gesteuert werden, danach kommt der große Handmuskel und schließlich die Koordinierung der kleinen Fingermuskeln.

Da der Sehapparat des Menschen in der Regel der letzte Nervenmechanismus ist, der myelinisiert wird, kann es durchaus sein, dass Ihr unreifes Kind diesen notwendigen Entwicklungsvorgang im Alter von sechs Jahren noch nicht abgeschlossen hat. Deshalb ist es möglich, dass ein äußerst unreifes und unkoordiniertes Kind für die intellektuellen Aufgaben des Lesens und Schreibens neurologisch noch nicht ausgerüstet ist. Insbesondere Lesen ist ein höchst komplizierter neurologischer Vorgang. Der visuelle Reiz muss unverzerrt an das Gehirn weitergeleitet werden, wo er gedeutet und im Gedächtnis behalten werden soll. Nicht alle Sechsjährigen sind dazu schon fähig. Leider erlaubt unsere Gesellschaft nur wenige Ausnahmen oder Abweichungen vom festgelegten Zeitplan. Ein sechsjähriges Kind muss lesen lernen oder es muss die seelischen Folgen des Versagens tragen. Deshalb empfehle ich, den Schuleintritt eines unreifen Kindes um ein Jahr zu verschieben.

Frage 153
Ist die Wiederholung eines Schuljahres für ein Kind ratsam, das kein Spätentwickler ist? Wie steht es mit dem lernbehinderten Kind?

Für manche Schüler ist die Wiederholung einer Klasse gewinnbringend, für andere nicht. Die beste Orientierungshilfe ist folgende: Lassen Sie ein Kind nur dann eine Klasse wiederholen, wenn sich im nächsten Jahr für dieses Kind etwas ändern wird. Für ein Kind, das in einem Schuljahr sieben Monate lang krank war, wird wahrscheinlich das Wiederholen der Klasse, wenn es wieder gesund ist, von Vorteil sein. Und wie ich bereits sagte, sollte ein Spätentwickler ein Jahr länger im Kindergarten bleiben (oder spätestens die erste

Klasse wiederholen), damit er mit Kindern eines vergleichbaren Entwicklungsstadiums zusammenkommt. Einem Lernbehinderten jedoch – dem Kind mit unterdurchschnittlicher Begabung – wird das Sitzenbleiben nicht helfen. Wenn es im Juni in der vierten Klasse nicht mitkam, wird es auch im September in der vierten Klasse nicht mitkommen. Untersuchungen haben das eindeutig bewiesen.

Nur selten macht man sich klar, dass der Lehrplan jeder Klasse dem der vorigen und dem der nächsten Klasse inhaltlich sehr ähnlich ist. Die Lehrinhalte wiederholen sich oft. Die Schüler werden zwar in jeder Klasse etwas weiter geführt, aber viel Zeit wird zur Wiederholung des Unterrichtsstoffs verwendet. Die Rechenarten Addition und Subtraktion werden zum Beispiel in der Grundschule gelernt, aber diesen Aufgaben wird auch in der sechsten Klasse noch beträchtliche Aufmerksamkeit gewidmet. Haupt- und Zeitwörter werden mehrere Jahre lang wiederholt.

Das irrtümlichste Argument für das Sitzenbleiben ist also, dem Lernbehinderten noch ein Jahr für das Lernen leichterer Inhalte zu geben. Er wird es auch das zweite Mal nicht besser schaffen! Die (in den Vereinigten Staaten übliche) Sommerschule ist auch kein Wundermittel. Manche Eltern hoffen, dass ein sechswöchiges Programm im Juli und August das erreichen kann, was in zehn Monaten zwischen September und Juni unmöglich war. Sie werden oft enttäuscht.

Frage 154

Ich habe gehört, dass wir achtzig Prozent von allem Gelernten vergessen. Wenn man über die Kosten des Bildungswesens nachdenkt, frage ich mich, warum wir so viel Mühe für Prüfungen, Schulbücher, Hausaufgaben und jahrelanges Sitzen in langweiligen Klassenzimmern aufwenden. Ist die Bildung wirklich das wert, was wir in sie investieren?

Ja, sie ist es tatsächlich. Es gibt viele überzeugende Gründe für das Lernen, auch wenn die Vergesslichkeit ihren Tribut fordert. Erstens: Eine wichtige Funktion des Lernprozesses ist das Einüben von Selbstdisziplin und Selbstbeherrschung. Gute Schüler lernen, Anweisungen zu befolgen, Aufgaben zu erledigen und ihre geistigen Fähigkeiten in eine gewisse Richtung zu lenken. Zweitens: Auch wenn die gelernten Fakten und Begriffe nicht behalten werden, weiß der Mensch, dass sie existieren und wo er sie finden kann. Drittens: Frühes Lernen erleichtert späteres Lernen. Jede geistige Übung vermittelt uns Zusammenhänge, anhand derer wir künftige Ideen und Vorstellungen leichter verstehen können. Außerdem werden wir durch den Lernprozess verändert. Viertens: Wir vergessen nicht wirklich alles, an das wir uns nicht mehr erinnern können. Die Informationen bleiben im Gehirn gespeichert und kehren ins Bewusstsein zurück, wenn sie richtig aktiviert werden. Und fünftens prägt uns der Einfluss der intelligenten Persönlichkeiten, die uns lehren.

Ich wünschte, es gäbe einen leichteren, wirksameren Weg, um den menschlichen Geist zu formen, als die langsame, schmerzhafte Erfahrung der Ausbildung. Ich fürchte aber, wir werden uns solange mit dieser altmodischen Methode abfinden müssen, bis eine »Lernpille« erfunden wird.

Frage 155
Unser Zwölfjähriger ist der chaotischste Junge, den ich je erlebte. Sein Leben ist ein einziges Durcheinander vergessener Aufgaben und versäumter Termine. Was kann ich tun, um ihm zu helfen?

Ihnen fällt es bestimmt nicht schwer zu glauben, was die Erziehungsberaterin Cheri Fuller für die häufigste Ursache von Schulversagen hält. Ihrer Meinung nach ist dies weder Faulheit noch mangelnde Begabung. Das Hauptproblem ist das, was Sie an Ihrem Sohn sehen: maßloses Durcheinander. »Zeig mir den Ordner eines Schülers«, sagt Frau Fuller, »und ich sage dir, ob er mehr Zweier oder

Vierer schreibt. Der Ordner eines erfolgreichen Schülers ist sauber angeordnet, mit Unterteilungen und Hüllen für Fotokopien und Hausaufgaben. Der Ordner eines unzulänglichen Schülers ist in der Regel ein heilloses Durcheinander und wird vielleicht gar nicht benutzt.«

Manche Kinder sind von Natur aus schlampig, aber die meisten können lernen, besser Ordnung zu halten. Frau Fuller meint, diese Fähigkeit sollte in den Grundschuljahren gelernt werden. Wenn sie in der Realschule oder dem Gymnasium sind, haben die Schüler meistens fünf verschiedene Lehrer oder mehr, die alle verschiedene Hausaufgaben aus verschiedenen Schulbüchern, Arbeitsbüchern, Fotokopien u.ä. zu den verschiedenen Schulfächern aufgeben. Es ist einfältig, zu glauben, dass Kinder, die nie in Organisation angeleitet wurden, in der Lage sind, diese Einzelheiten richtig und wieder auffindbar einzuordnen. Wenn wir möchten, dass unsere Kinder in diesem System Erfolg haben, müssen wir ihnen die dafür erforderlichen Werkzeuge geben.[40]

Vielleicht sollten Sie Ihren Sohn untersuchen lassen, um zu sehen, ob er eine schwere Konzentrationsschwäche oder sonst eine konstitutionelle Besonderheit aufweist, die es für ihn schwierig macht, Ordnung zu halten. Wenn Sie entdeckt haben, wozu er fähig ist, versuchen Sie zusammen mit einem Erziehungsberater oder einem Schulpsychologen ein System auszuarbeiten, das ihm hilft, ein geordneteres Leben zu führen.

Frage 156
Ich las, es sei möglich, vierjährigen Kindern das Lesen beizubringen. Sollte ich das bei meinem Kind versuchen?

W enn ein Kind besonders aufgeweckt ist und ohne übermäßigen Druck seitens der Eltern lesen lernen kann, könnte es vorteilhaft sein, ihm diese Fertigkeit beizubringen. Das Wörtchen »wenn« ist aber wichtiger als meist angenommen wird. Für manche

Eltern ist es schwierig, mit ihren Kindern zu arbeiten, ohne über Unreife oder Desinteresse verärgert zu werden. Außerdem sollten neue Fertigkeiten in einem Alter gelernt werden, in dem sie am meisten gebraucht werden. Warum soll man sich unnötig abplagen, einem Kind das Lesen beizubringen, wenn es noch nicht gelernt hat, die Straße zu überqueren, seine Schuhe zu binden, bis zehn zu zählen oder zu telefonieren? Es scheint töricht, sich wegen des Lesens im Vorschulalter verunsichern zu lassen. Das Beste ist, Kindern interessante Bücher und Materialien zu geben, ihnen jeden Tag vorzulesen und ihre Fragen zu beantworten. Sie können ihnen dann eine Einführung in die Lautlehre geben und Acht geben, ob ihnen ein Licht aufgeht. Es macht Spaß, wenn Sie nicht allzu sehr drängen.

Frage 157

Ich nehme an, dass Sie einen streng strukturierten Lehrplan befürworten, in dem das Auswendiglernen von Fakten betont wird, was ich für ein sehr niedriges Niveau des Lernens halte. Wir müssen unseren Kindern Begriffe beibringen, die ihnen helfen zu lernen, wie man denkt – nicht nur ihre Köpfe mit einer Unzahl von Einzelheiten füllen.

Auch ich bin der Ansicht, dass wir den Schülern Begriffe beibringen müssen, aber das geschieht nicht im luftleeren Raum. Zum Beispiel möchten wir, dass sie den Begriff des Sonnensystems verstehen und welche Stellung die Planeten einnehmen, wenn sie um die Sonne kreisen. Wie macht man das? Eine Möglichkeit ist, dass sie die Entfernungen zwischen den Himmelskörpern lernen, d. h. dass die Sonne 149,6 Millionen Kilometer von der Erde entfernt ist, der Mond jedoch nur 384.000. Der Begriff relativer Stellungen wird dann aufgrund faktischen Wissens verstanden. Ich will damit sagen, dass das Verständnis richtigen faktischen Wissens zum Lernen und Verstehen von Zusammenhängen führen kann und soll.

Frage 158
**Hier wieder betonen Sie den Prozess des Auswendiglernens zu
sehr, der ein niedriges Lernziel darstellt.**

Das menschliche Gehirn kann im Lauf eines Lebens etwa zwei Milliarden Informationen speichern. Die Programmierung kann auf verschiedene Arten geschehen und Auswendiglernen gehört dazu. Lassen Sie es mich anders sagen: Wenn Sie sich jemals operieren lassen müssen, hoffen Sie, dass der Chirurg jeden Muskel, jeden Knochen, jedes Blutgefäß und jeden Knoten, der im Buch steht, auswendig kennt. Ihr Leben hängt davon ab, ob er während der Operation auf faktisches Wissen zurückgreifen kann. Ich lehne entschieden die These ab, die in manchen Pädagogenkreisen vertreten wird und besagt: »Es gibt nichts, das wir sicher wissen, warum sollen wir also überhaupt etwas lernen?« Wer so eingestellt ist, hat seinen Beruf als Lehrer verfehlt. Er ist wie ein Verkäufer, der nichts zu verkaufen hat!

Frage 159
**Wie kann ich meinem Kind helfen, anständige und respektvolle
Einstellungen gegenüber Menschen anderer Rassen und Volks-
gruppen zu entwickeln?**

Am besten leben wir als Eltern unseren Kindern die Einstellungen vor, die wir ihnen beibringen wollen. Jemand schrieb: »Die Fußstapfen, in die Kinder treten, sind höchstwahrscheinlich die, von denen seine Eltern annahmen, sie hätten sie verwischt.« Das stimmt. Unsere Kinder beobachten uns genau und instinktiv ahmen sie unser Verhalten nach. Deshalb können wir kaum von ihnen erwarten, dass sie freundlich zu allen Kindern Gottes sind, wenn wir voller Vorurteile und Geringschätzung sind. Desgleichen können wir Dankbarkeit nicht lehren, wenn wir zu Hause oder anderswo nie bitte oder danke sagen. Wir werden keine ehrlichen Kinder großziehen, wenn wir ihnen den Auftrag geben, am Telefon zu lügen und zu sagen: »Papa ist nicht zu Hause.« In solchen Angelegenheiten erkennen unsere Kinder sofort die Kluft zwischen dem, was wir sagen, und dem, was wir tun. Und in der Regel identifizieren sie sich mit unserem Verhalten und schenken unseren leeren Reden keine Beachtung. Wenn Sie nie geringschätzig über Minderheiten sprechen und auf keinen Fall rassistische Witze und Verunglimpfungen dulden, werden Ihre Kinder das bemerken. Dies ist der beste Anfang für ihren Lernprozess.

Sexualerziehung:
Wo, wann und wie?

Frage 160

Man sagt, dass Programme zur Sexualerziehung die Häufigkeit von Teenagerschwangerschaften verringern. Stimmt das?

Wohl kaum! Obwohl die »Safe Sex«-Ideologie in allen Schulen des Landes gelehrt wurde, schnellte die Zahl der Schwangerschaften und der Schwangerschaftsabbrüche von Teenagern nach oben. Eine umfassende, von Stan Weed und Joseph Olson am Institute for Research and Evaluation durchgeführte Untersuchung bestätigt, dass die landesweite Aufklärungskampagne das Problem der Sexualität von Teenagern verschärfte, anstatt Abhilfe zu schaffen.

Weed und Olson verglichen die Schwangerschafts-, Abtreibungs- und Geburtenziffern von verschiedenen Bundesstaaten Amerikas. Sie kamen zu dem Schluss, dass unter gleichen Umständen man pro tausend Teenagern zwischen fünfzehn und neunzehn Jahren, die in Familienplanungszentren eingetragen sind, zwischen fünfzig und hundert mehr Schwangerschaften erwarten kann! Ihre Untersuchung, die sich auf die Unterlagen von *Planned Parenthood* (Organisation für Familienplanung) selbst stützte, zeigte auch erhebliche Widersprüche zwischen den von der Organisation geplanten Schwangerschafts- und Abtreibungsziffern im Vergleich zu dem tatsächlichen Anstieg beider. Die Forscher kamen zu dem Schluss: »Wenn ein Programm eigentlich Erfolg bringen müsste, dies aber nicht tut, muss man die Gründe dafür herausfinden.«[41]

Frage 161

Unsere Schulverwaltung diskutiert zur Zeit darüber, ob Jungen und Mädchen im Sexualkundeunterricht getrennt werden sollen oder nicht. Was halten Sie von einem gemeinsamen Sexualkundeunterricht für Jungen und Mädchen?

Ich habe ernsthafte Vorbehalte gegen sehr ausführliche Diskussionen in Gegenwart beider Geschlechter. Dadurch werden die natürlichen Schranken, die helfen, die Jungfräulichkeit zu erhalten, abgebaut und unvorhergesehenem sexuellem Experimentieren Vorschub geleistet. Weiterhin beraubt es Kinder – insbesondere Mädchen – ihres natürlichen Schamgefühls, wenn Anatomie, Physiologie und Kondomgebrauch in allen Einzelheiten in Anwesenheit beider Geschlechter erklärt werden. Jugendliche, die dann mit den intimsten Themen bekannt und vertraut sind, sehen später Sexszenen im Kino, in einem Rock-Video oder einem heißen Fernsehprogramm. Man muss kein Wissenschaftler sein, um die sich gegenseitig verstärkende Wirkung dieser Einflüsse zu erkennen. Während es vor einigen Jahrzehnten eine riesige Entscheidung war, seine Jungfräulichkeit aufzugeben, ist dies jetzt nur ein winziger Schritt für diejenigen, die schon im Klassenzimmer konditioniert wurden. Vertrautheit hat Folgen, wie wir alle wissen. Ich bin davon überzeugt, dass es am Abbau der Schranken liegt, die einem Mädchen helfen, sich zu schützen, wenn immer mehr junge Männer das Mädchen vergewaltigen, mit dem sie abends ausgehen.

Zweifellos sind in einigen Fällen Schulleiter aus Pflichtgefühl für gemeinsamen Sexualkundeunterricht eingetreten. Sie hatten irgendwie den Eindruck, dass das von ihnen erwartet wurde, dass die Eltern und die Allgemeinheit das wollten. Sagen Sie es Ihnen, wenn Sie anderer Meinung sind! Sprechen Sie mit Ihrer Schulverwaltung über die pädagogischen Vorteile getrennten Unterrichts. Vielleicht verstehen sie Ihren Standpunkt, wenn Sie ihn von diesem Blickwinkel her unterbreiten.

Frage 162

Es liegt auf der Hand, dass umfassende Sexualerziehungsprogramme kläglich versagt haben, wenn es darum ging, eine Lösung für das Problem von Teenagerschwangerschaften und von Krankheiten, die durch Geschlechtsverkehr übertragen werden, zu finden, die bekanntlich in den vergangenen zwanzig Jahren dramatisch angestiegen sind. Wie kann man die sexuelle Aktivität von Teenagern eingrenzen?

Eine wichtige Studie, die von Stephen Small von der Universität Wisconsin-Madison und Tom Luster aus Michigan beschrieben und im *Journal of Marriage and the Family* veröffentlicht wurde, bewies überzeugend, dass das Engagement der Eltern und die Übermittlung der Werte der Eltern bei der Verhinderung früher sexueller Betätigung eine bedeutende Rolle spielen. Sie sagen:»Freizügige Werte der Eltern gegenüber dem Sexualverhalten von Jugendlichen erwiesen sich als beträchtlicher Risikofaktor für Jungen und auch Mädchen. Es ist nicht erstaunlich, dass Jugendliche, die erkannten, dass ihre Eltern vorehelichen Geschlechtsverkehr Jugendlicher billigten, mit größerer Wahrscheinlichkeit auf sexuellem Gebiet Erfahrungen hatten.«[42] Der Apfel fällt nie weit vom Stamm.

Eine weitere wichtige Studie, die von Dr. Sharon White und Dr. Richard DeBlassie durchgeführt wurde (veröffentlicht in *Adolescence*), fand heraus, dass Eltern, die bei Verabredungen und Ausgehen mit dem anderen Geschlecht für ihre Teenager gemäßigte und vernünftige Regeln aufstellten, die besten Ergebnisse erzielten – im Gegensatz zu denen, die allzu streng waren (die geringeren Erfolg hatten) und denen, die überhaupt keine Richtlinien vorgaben (deren Position von allen am wenigsten wirksam war).[43]

Aus diesen und anderen Untersuchungen ergibt sich, dass die Menschen, die ihre Kinder am besten vom Abgrund vorehelichen Geschlechtsverkehrs fernhalten konnten, diejenigen sind, die verstanden haben, dass die Erziehung von Jugendlichen eine schwierige Kunst ist. Dies sind Eltern, die aufmerksam sind und sich einsetzen, die ihre eigenen Werte und Haltungen mitteilen und vorleben, die Fragen stellen, die sorgfältig überwachen, mit wem ihre Kinder wohin gehen und die darauf bestehen, dass ihr Kind zu einer vernünftigen Uhrzeit wieder zu Hause ist. Aber sie leiten soweit wie möglich mit milder Hand, weil sie wissen, dass die eiserne Faust ihre eigenen Probleme schafft. Das Fazit? Kein Sexualerziehungsprogramm, kein Lehrplan, keine Schule oder Institution der Welt kann sich mit der Macht und dem Einfluss eines derartigen Engagements der Eltern messen.

Interessant ist vielleicht noch, dass Kinder, die in intakten Familien mit Vater und Mutter aufwachsen, sich mit geringerer Wahrscheinlichkeit auf sexuelle Experimente einlassen als ihre Altersgenossen, die in einer Ein-Eltern-Familie oder weniger beständigen Lebensumständen aufwachsen. Außerdem sind Jugendliche, die unerschütterliche religiöse Überzeugungen haben und aktive Kirchenmitglieder sind, mit größerer Wahrscheinlichkeit enthaltsamer als ihre Altersgenossen. Es ist schwierig, nicht die Schlussfolgerung zu ziehen, dass Glaube und Treue in der Elterngeneration die beste Versicherung gegen Geschlechtsverkehr mit wechselnden Partnern in der Generation der Jungen ist.

Frage 163
Ich bin entschieden gegen das, was meine zwölfjährige Tochter im Sexualkundeunterricht unserer Schule lernt. Habe ich das Recht, Einspruch zu erheben? Wenn ja, wie soll ich dabei vorgehen?

Sicher haben Sie dieses Recht. Letzten Endes sind die Eltern für die Erziehung ihrer Kinder verantwortlich. Die Schule ist ein wichtiger Verbündeter bei diesen Bemühungen, aber die Familie hat die letzte Entscheidung zu treffen. Wenn Unterrichtsmaterial und Lehrinhalte den Grundüberzeugungen einer Familie widersprechen, haben die Eltern das Recht, die Schule zu bitten, ihnen dabei zu helfen, ihre Kinder zu schützen. Die meisten Lehrer sind bereit, den

Bedürfnissen der einzelnen Familien in dieser Weise entgegenzukommen. Wenn sie sich weigern, haben Sie als Eltern zwei Möglichkeiten: Sie halten durch und kämpfen für Ihre Überzeugung oder Sie suchen nach einer anderen Schule. Wenn Sie sich den Lehrinhalten widersetzen wollen, brauchen Sie die Unterstützung möglichst vieler Eltern. Gegebenenfalls müssen Sie sich mit der Schulaufsichtsbehörde in Verbindung setzen. Verlieren Sie dabei nicht den Mut. Sie *können* gewinnen. Eltern in New York waren verärgert, weil in Grundschulen homosexuelles Material benutzt wurde. Der Oberschulrat und die Schulaufsichtsbehörde weigerten sich, etwas zu tun, was ihnen zum Verderben gereichte. Zu guter Letzt wurden der Oberschulrat und einige Mitglieder der Schulaufsichtsbehörde gefeuert und die Eltern gewannen wieder mehr Mitspracherecht bei der Erziehung ihrer Kinder.[44] Für manche Dinge lohnt es sich zu kämpfen. Für unsere Kinder ganz bestimmt!

Frage 164
Da Sie gegen den derzeitigen Sexualkundeunterricht in Schulen sind, möchte ich Sie fragen, wer Ihrer Meinung nach die Kinder aufklären soll und wann diese Aufklärung beginnen sollte.

Eltern, die dazu fähig sind, sollten die Verantwortung für die Sexualerziehung ihrer Kinder selbst übernehmen. Es liegt auf der Hand, dass den Eltern ganz allmählich immer mehr Erziehungsbereiche aus der Hand genommen (oder von ihnen selbst aufgegeben) werden. Das ist unklug. Am besten ist es, mit der sexuellen Aufklärung zwanglos und natürlich in der frühen Kindheit zu beginnen und sie im Lauf der Jahre fortzusetzen, und zwar offen, aufrichtig und ehrlich. Nur Eltern können diese ununterbrochene Aufklärung durchführen, weil sie in Reichweite sind, wenn Fragen auftauchen und der Wunsch nach Erklärungen geäußert wird.

Leider sind viele Mütter und Väter dazu nicht in der Lage. Manche sind zu gehemmt, um die Sache mit Gelassenheit anzupacken, manchen fehlt auch das notwendige Fachwissen über den menschlichen Körper. Ein anderer Fehler, der häufig gemacht wird, ist, bis zur Pubertät zu warten und dann zu versuchen, ein bestürztes, spannungsgeladenes Gespräch zu beginnen, das das Kind verlegen macht und die Eltern aufreibt. Bevor es soweit kommt, sollte man nach einer anderen Möglichkeit Ausschau halten.

Frage 165
Wer könnte Ihrer Meinung nach Eltern bei der Sexualerziehung helfen?

Ich bin zutiefst davon überzeugt, dass Kirchen, die an Enthaltsamkeit vor der Ehe und an lebenslange eheliche Treue glauben, hier einspringen und den Familien bei der Erfüllung dieser Aufgabe helfen sollten. Wo sonst finden Mütter und Väter in diesen freizügigen Tagen Verfechter traditioneller Moralvorstellungen? Keine andere Organisation oder Institution kann wahrscheinlich die Theologie der Kirche besser vertreten als Kirchenvertreter selbst. Es ist mir ein Rätsel, warum angesichts der heutigen Angriffe auf biblische Moralvorstellungen so wenige diese Herausforderung angenommen haben.

Einige wenige Eltern, deren Kinder christliche Privatschulen besuchen, können dort die nötige Hilfe bei der Sexualerziehung erhalten. Aber auch hier wird das Thema oft übergangen oder unzulänglich behandelt. Stattdessen entstand leider eine Informationslücke, die den Weg für weitreichende Programme in den öffentlichen Schulen bahnte, die über die Wünsche der Eltern hinausgehen und in manchen Fällen bereits im Kindergarten beginnen.

Frage 166

Ich möchte gerne mein Kind selbst über die menschliche Sexualität aufklären, bin mir aber nicht sicher, wie ich das handhaben soll. Wann ist der richtige Zeitpunkt gekommen? Wann soll man was sagen?

E iner der Fehler, der am häufigsten von Eltern und vielen über-eifrigen Erziehern begangen wird, ist, zu viel zu früh zu sagen. Eine Mutter erzählte zum Beispiel, dass den Kindergartenkindern in ihrem Bezirk Filme über Tiere bei der Paarung gezeigt wurden. Das ist unklug und gefährlich! Untersuchungen zeigten, dass die zu frühe Behandlung des Themas zahlreiche Gefahren in sich birgt. Kinder können einen schweren seelischen Schock erleiden, wenn sie mit Tatsachen konfrontiert werden, auf die sie nicht vorbereitet sind.

Außerdem ist es unklug, einem Kind zu früh im Leben vollständige Kenntnisse zu vermitteln. Wenn achtjährige Kinder Informationen über reifes Sexualverhalten bekommen, werden sie wahrscheinlich nicht zehn oder zwölf Jahre warten, um ihre Kenntnisse innerhalb des Schutzraums einer Ehe in die Praxis umzusetzen. Im Großen und Ganzen sollten Kinder die Information erhalten, die sie in ihrem jeweiligen Alter brauchen. Sechsjährige zum Beispiel brauchen nicht die sexuelle Lust Erwachsener zu verstehen. In diesem Entwicklungsstadium sind sie noch nicht soweit, sich mit diesem Begriff auseinanderzusetzen. Man sollte ihnen sagen, woher Babys kommen und wie sie geboren werden. Zwischen sechs und neun, je nach Reife und Interesse des Kindes (und was in der Nachbarschaft gesprochen wird), sollte es erfahren, wie die Empfängnis erfolgt. Der Rest der Geschichte kann später im Grundschulalter erzählt werden.

Dieser ideale Zeitplan kann jedoch durch frühreife Freunde, obszöne Videos oder unkluge Erwachsene auf den Kopf gestellt werden. Geschieht dies, müssen Sie so gut wie möglich damit klarkommen. Es ist bedauerlich, dass wir unsere verletzlichen Kinder viel zu viel mit der falschen Art Sexualität konfrontieren.

Frage 167

Wie soll ich beginnen? Gibt es einen natürlichen Einstieg in das Thema?

Glücklicherweise fragen die meisten Kinder nach den Dingen, die sie wissen müssen. Diese Gelegenheiten sollten Sie auf der Stelle wahrnehmen. Manchmal werden Fragen ohne große Vorwarnung gestellt. Unsere Tochter fragte im Alter von sieben Jahren nach sehr konkreten Einzelheiten und brachte damit ihre Mutter aus der Fassung. Meine Frau hielt sie eine Stunde lang hin und benachrichtigte mich. Dann setzten wir uns alle drei zusammen, tranken heiße Schokolade und sprachen über Dinge, von denen wir gedacht hätten, dass wir sie erst in einigen Jahren anschneiden müssten. Man weiß nie, wann solch ein Augenblick kommt, und man sollte sich frühzeitig darauf gefasst machen.

Spontane Gespräche sind zwar am leichtesten, aber einige Kinder stellen nie die richtigen Fragen. Manche Jungen und Mädchen sind neugierig und »wollen es wissen«, andere denken einfach nicht weiter über das Thema Sex nach. Wenn Ihr Kind zu den scheinbar Desinteressierten gehört, sind Sie immer noch nicht aus dem Schneider. Sie müssen Ihre Aufgabe erledigen. Wenn Sie es nicht tun, wird es jemand anders übernehmen – jemand, der vielleicht nicht dieselben Wertvorstellungen hat wie Sie.

Frage 168

In einem Ihrer früheren Bücher sprachen Sie über etwas, das Sie Ihrer Tochter schenkten und das ein Sinnbild für die Bedeutung sittlicher Reinheit ist. Können Sie es noch einmal beschreiben?

Ja, vor Jahren schenkten Shirley und ich unserer Tochter einen kleinen goldenen Schlüssel. Er hing an einem Kettchen, das sie um den Hals trug, und stellte den Schlüssel zu ihrem Herzen dar. Sie legte das Versprechen ab, diesen Schlüssel nur einem einzigen Mann zu geben – dem Mann, der für den Rest ihres Lebens ihre Liebe erwidern wird. Sie könnten ein ähnliches Geschenk für Ihre Tochter in Erwägung ziehen oder einen besonderen Ring für Ihren Sohn. Diese Geschenke begleiten sie durch die Teenagerjahre hindurch und sind eine greifbare Erinnerung an das bleibende, wertvolle Geschenk der Enthaltsamkeit bis zur Ehe und der Treue zum Partner fürs Leben. Ich empfehle das mit Nachdruck.

Hier ist ein Brief, den ich von einem fünfzehnjährigen Mädchen erhielt, das beschreibt, wie viel ihr diese Erfahrung bedeutete: »Ich möchte Ihnen von einem sehr beglückenden Erlebnis berichten ... An meinem fünfzehnten Geburtstag veranstalteten meine Eltern eine Party, auf der sie mir meinen Ring geben wollten. Als mein Vater mir den Ring an den Finger steckte, stand ich da und sah meine ungläubigen Verwandten und Klassenkameraden. Plötzlich erkannte ich, dass das die Gelegenheit war, auf die ich schon lange gewartet hatte. Nach einem kurzen Stoßgebet sagte ich: ›Es ist mir eine große Ehre, diesen Ring zu tragen, weil er ein Sinnbild für das Versprechen ist, das ich vor Gott, mir selbst, meiner Familie, meinen Freunden, meinem zukünftigen Mann und meinen zukünftigen Kindern ablege, dass ich nämlich von heute an bis zu dem Tag, an dem ich eine Ehe im biblischen Sinne eingehe, sexuell enthaltsam bleibe. Ich weiß, es wird nicht leicht sein, aber solange ich meine Augen auf Jesus richte, wird es leichter. Versuchungen werden kommen, aber ich bete aus tiefstem Herzen, dass Gott mir den Mut und die Kraft gibt, standzuhalten. Und schließlich möchte ich immer, heute und in alle Ewigkeit, dem Herrn dienen, ihn ehren und ihm gefallen.‹ ... Die Reaktion der Leute war einfach unglaublich ... Gott hatte meine aufrichtige Erklärung dazu gebraucht, auch die härtesten Herzen zu bewegen ... Mit diesem Brief möchte ich Sie ermutigen, wenn Sie niedergeschlagen sind und am liebsten aufgeben möchten (wie wir das alle manchmal tun); denken Sie an mich und an diesen Brief; denken Sie daran, dass Gott Ihnen geholfen hat, Millionen wie mich auf der ganzen Welt zu erreichen, weil Sie dem Ruf treu geblieben sind.«

Frage 169

Sie sagten, wann Sexualerziehung beginnen sollte. Wann sollte sie enden?

Sie sollten sich vornehmen, Ihr formelles Aufklärungsprogramm kurz bevor Ihr Sohn oder Ihre Tochter in die Pubertät kommt zu beenden. (Pubertät ist die Zeit schneller geschlechtlicher Entwicklung zu Beginn der Adoleszenz.) Die Pubertät beginnt normalerweise bei Mädchen im Alter zwischen zehn und dreizehn Jahren und bei Jungen zwischen elf und vierzehn Jahren. In diesem Entwicklungsabschnitt sind ihnen Gespräche mit ihren Eltern über Sexualität peinlich. Während dieser Zeit nehmen Jugendliche die Einmischung Erwachsener übel – außer sie sprechen das Thema selber an. Mit anderen Worten, auf diesem Gebiet sollten Eltern warten, bis der Teenager sie in ihr Leben einlädt.

Ich denke, wir sollten ihre Wünsche respektieren. Uns stehen zehn bis zwölf Jahre zur Verfügung, um ihnen das richtige Verständnis der menschlichen Sexualität zu vermitteln. Nachdem diese Grundlage gelegt ist, dienen wir in erster Linie als Quelle, an die das Kind sich wenden kann, wenn es das Bedürfnis verspürt. Das bedeutet nicht, Eltern sollten ihre Verantwortung nicht wahrnehmen, Weisung zu Fragen der Sexualität, Verabredungen, Ehe usw. zu geben, wenn sich die Gelegenheit bietet. Wiederum ist es von größter Bedeutung, mit Fingerspitzengefühl auf die Empfindungen der Teenager einzugehen. Wenn er oder sie sprechen will, sollten Sie auf jeden Fall gesprächsbereit sein. In anderen Fällen zeitigt die Unterweisung der Eltern die beste Wirkung, wenn sie indirekt gegeben wird. Jugendarbeiter aus der Kirche oder einem Verein, zu denen Sie Vertrauen haben, können oft das Eis brechen, wenn Eltern nicht weiter kommen.

Frage 170
Wenn Sie als Vater oder Mutter wüssten, dass Ihr Sohn oder Ihre Tochter daran denkt, Geschlechtsbeziehungen aufzunehmen, würden Sie ihm oder ihr dann nicht den richtigen Gebrauch von Kondomen erklären? Wenn unsere Kinder sowieso Geschlechtsverkehr haben, sollten wir dann nicht dafür sorgen, dass sie richtig geschützt sind?

Nein, denn das hätte unbeabsichtigte Folgen. Wenn man Teenagern den Gebrauch von Kondomen empfiehlt, übermittelt man ihnen unvermeidlich fünf gefährliche Vorstellungen: 1. dass »sicherer Sex« möglich ist; 2. dass es jeder macht; 3. dass verantwortungsbewusste Erwachsene es von ihnen erwarten; 4. dass es in Ordnung ist; 5. dass ihre Altersgenossen wissen, dass sie über diese Dinge *Bescheid wissen*, was wiederum zu zwanglosem Geschlechtsverkehr mit wechselnden Partnern führt. Diese Ideen sind für Jugendliche sehr gefährlich.

Außerdem zeigen die Unterlagen von *Planned Parenthood* (Organisation für Familienplanung) selbst, dass der *Druck Gleichaltriger* der Hauptgrund dafür ist, dass Teenager Geschlechtsverkehr haben![45] Alles, womit wir auch nur andeuten, dass »alle es machen«, führt deshalb dazu, dass mehr – nicht weniger – Teenager sich an diesem Spiel versuchen. Damit möchte ich sagen, dass sich auf Grund der Aktionen, bei denen Kondome verteilt werden, die Zahl gefährdeter Jugendlicher nicht verringert, sondern drastisch erhöht!

Seit Beginn der großangelegten Empfängnisverhütungskampagne im Jahr 1970 ist die Zahl der Schwangerschaften unverheirateter Mädchen im Alter zwischen fünfzehn und neunzehn Jahren um siebenundachtzig Prozent gestiegen.[46] In gleicher Weise stiegen die Schwangerschaftsabbrüche bei Teenagern um siebenundsechzig Prozent;[47] die Zahl unehelicher Geburten erhöhte sich um 83, 8 Prozent.[48] Und eine ganze Generation junger Menschen ist mit Geschlechtskrankheiten infiziert. Die Statistiken sprechen für sich.

Bedenken Sie auch Folgendes: Die Forschung zeigt, dass die Versagerquote von Kondomen bei der Krankheitsverhütung unglaublich hoch ist, vielleicht fünfzig Prozent oder höher.[49] Kondome versagen ebenfalls als Schutz vor Geschlechtskrankheiten, die von Bereichen übertragen werden, die nicht bedeckt sind (von der Basis der männlichen Geschlechtsorgane, zum Beispiel). Nachdem fünfundzwanzig Jahre lang die Ideologie von »sicherem Sex« verbreitet worden ist und mehr als zwei Milliarden Dollar in den Verkauf dieses Begriffs investiert wurden, stehen wir jetzt vor einer medizinischen Katastrophe. Jedes Jahr treten 500.000 neue Fälle von Herpes auf,[50] und die Zahl gemeldeter Chlamydia-Infektionen stieg seit 1987 um 281 Prozent. Sechsundvierzig Prozent der Chlamydia-Infektionen betreffen Mädchen im Alter zwischen fünfzehn und neunzehn Jahren.[51] Außerdem gibt es jetzt vierundzwanzig Millionen Fälle von Infektionen mit Humanpapillomaviren (HPV) in den Vereinigten Staaten; die meisten Betroffenen sind Teenager.[52]

Wie könnte ich meinem Sohn oder meiner Tochter diese so genannte Lösung empfehlen, wenn ich all diese Probleme kenne? Betrachten wir die Situation einmal anders. Nehmen wir an, meine Kinder sind Fallschirmspringer, und es wäre bewiesen, dass sich ihre Fallschirme in fünfzig Prozent der Fälle nicht öffnen würden. Würde ich ihnen empfehlen, einfach die Gurte fester zu schnallen? Bestimmt nicht. Ich würde sagen: »Bitte springt nicht! Euer Leben ist in Gefahr!« Was könnte ich als liebender Vater anderes tun?

Ich möchte noch hinzufügen, dass Teenager, trotz gegenteiliger Behauptungen, die Botschaft von der Enthaltsamkeit verstehen, akzeptieren und verwirklichen *können*. Es stimmt nicht, dass junge Menschen sexuelle Roboter sind und hoffnungslos unfähig, ihr eigenes Verhalten zu beherrschen. Es ist eine Tatsache, dass fast fünfzig Prozent aller Oberschüler heute noch keinen Geschlechtsverkehr hatten,[53] obwohl ihnen fast niemand gesagt hat, dass das gut sei. Diese jungen Menschen müssen unbedingt in ihrer Entscheidung bestärkt und für andere als positive Vorbilder hingestellt werden. Das erreicht man jedoch nicht, wenn man jungen Leuten Kondome aufdrängt.

Es gibt aber noch einen anderen Grund als »sicheren Sex«, um mit Teenagern über Enthaltsamkeit zu sprechen. Und er ist sogar noch wichtiger als die oben erwähnte Sache auf Leben und Tod. Ich spreche hier natürlich vom Plan des Schöpfers, von Gottes ausdrücklichem Willen für die menschliche Sexualität. »Geschützter Geschlechtsverkehr mit wechselnden Partnern« hat keinen Platz in diesem Plan. Sex im Rahmen dessen, wofür er geschaffen wurde – einer lebenslangen, monogamen Ehe – ist *immer* sicher. *Das* ist die Botschaft, die unsere Kinder vom frühesten Alter an hören müssen! Alles andere ist wertlos.

Frage 171

Wenn man die Probleme des Kondomgebrauchs und die Epidemie der durch Geschlechtsverkehr übertragenen Krankheiten bedenkt, fragt man sich, warum enthaltsamkeitsorientierte Erziehungsprogramme in unseren Schulen auf so viel Widerstand stoßen. Was verlieren wir, wenn wir unseren Kindern sagen, was für sie auf dem Spiel steht?

Wenn Sie diese Frage den Sex-Gurus stellen, werden die meisten Ihnen antworten, dass Teenager sexuell aktiv sein werden, egal, was wir tun. Deshalb, sagen sie, sollten wir ihnen zeigen, wie man es sicherer macht. Ich glaube jedoch nicht, dass diese Antwort völlig ehrlich ist. Sie gibt nämlich keine Erklärung für die marktschreierische, aggressive Propaganda für freien Geschlechtsverkehr mit wechselnden Partnern unter jungen Menschen oder dafür, weshalb sie dünne Gummihüllen als einzigen Schutz vor möglicherweise tödlichen Krankheiten empfehlen. Dahinter muss etwas anderes stehen. Diese Leute geraten in Wut, wenn das Wort *Enthaltsamkeit* auch nur erwähnt wird.

Während der Regierungszeit Präsident Reagans, als ich von Gesundheitsminister Otis Bowen zum Mitglied des Gremiums zur Verhinderung von Teenagerschwangerschaften ernannt wurde, begann ich, ihren Eifer zu verstehen. Ich nahm diese Verantwortung an, denn ich glaubte, unser Ziel sei die Verhinderung von Teenagerschwangerschaften. Aber während unseres ersten Treffens in Washington D. C. erkannte ich, dass fünfzehn der achtzehn Gremiumsmitglieder andere Leitgedanken hatten. Sie wollten Millionen für die Verteilung von Kondomen an alle Teenager des Landes ausgeben. Es ist unbeschreiblich, wie emotional sie dieses Ziel angingen. Es dauerte nicht lange, bis ich ihre Beweggründe verstand.

Millionen von Arbeitsplätzen und ganze Industrien leben von der sexuellen Verantwortungslosigkeit von Teenagern. Allein das Abtreibungsgeschäft bringt jährlich eine Milliarde Dollar ein. Warum sollten Ärzte und Krankenschwestern, die in Abtreibungskliniken arbeiten, Medikamentenhersteller und Sexualberater dafür sein, dass Jugendliche bis zur Ehe enthaltsam leben? Und wie steht es mit den Organisationen für Familienplanung wie *Planned Parenthood,* die ihre Existenz der sexuellen Verantwortungslosigkeit von Teenagern verdanken? Sie erhalten von der amerikanischen Regierung jedes Jahr über sechshundert Millionen Dollar.[54] Dazu kommen unzählige Millionen von Firmen und privaten Spendern. Wie viele Arbeitsplätze gingen verloren, wenn Jugendliche nicht mehr von einem Bett ins andere hüpfen würden! Deshalb reagieren meiner Meinung nach viele Fachleute, die Jugendliche über Sex beraten, so ärgerlich, wenn das Wort Enthaltsamkeit erwähnt wird. Sollte diese Idee sich ausbreiten, wer bräuchte dann noch die Dienste solcher Organisationen?

Frage 172

Neulich hörte ich, dass es mehr als zwanzig zum Teil unheilbare Krankheiten gibt, die durch Geschlechtsverkehr übertragen werden und sich epidemieartig ausbreiten. Ich hatte in der Schule fünf Jahre lang Sexualkundeunterricht, aber niemand hat mir das gesagt. Ich finde, das ist ein Skandal!

E s ist wirklich ein Skandal, dass diese Tatsachen unseren jungen
Menschen vorenthalten werden. Aus diesem Grunde veröffentlichte unsere Organisation *Focus on the Family* (Brennpunkt Familie)
eine ganzseitige Anzeige, um diese Information bekannt zu machen.
Darin wurden die Gefahren von Viren- und Bakterieninfektionen
geschildert und mit einschlägigen medizinischen Beweisen belegt.
Diese Anzeige mit dem Titel »Das Für und Wider der Enthaltsamkeit« wurde inzwischen in 1300 Zeitungen, einschließlich *USA
Today*, veröffentlicht. Wir erhielten Tausende Briefe von Schülern
und Eltern, die uns dafür dankten, dass wir ihnen zum ersten Mal die
Wahrheit sagten.

Inzwischen leiden sechsundfünfzig Millionen Amerikaner – jeder
fünfte – an unheilbaren Viruskrankheiten.[55] Noch größer ist die Zahl
derer mit Bakterien- und Pilzinfektionen, die zu Unfruchtbarkeit
und anderen Gesundheitsproblemen führen. Und natürlich werden
jedes Jahr 1,5 Millionen Babys abgetrieben.[56] Es ist wirklich an der
Zeit, dass wir jungen Menschen die Wahrheit sagen.

Dieses Informationsbedürfnis fällt uns von *Focus on the Family*
besonders ins Auge. Wir erhalten herzzerreißende Briefe von jungen
Menschen, die zu zerstörerischem Verhalten verführt wurden. Manche sind noch Kinder, wie das Mädchen, das uns den folgenden Brief
schickte. Sie schrieb:

> Das liegt mir schon lange auf dem Herzen. Ich hörte, wenn man
> Sex während der Periode hat, wird man nicht schwanger. Wenn
> nicht, habe ich ein Problem. Ich bin erst 11.
> [Unterschrift] Ehrlich in Sorge

Welche Schande, dass wir es zugelassen haben, dass unschuldige
Kinder wie dieses in zerstörerisches Verhalten hineingezogen wurden, bevor sie richtig zu leben begannen. Wir müssen ihnen endlich
die ganze Wahrheit über vorehelichen Sex und die sich daraus
ergebenden Schwierigkeiten sagen.

Frage 173

Als ich versuchte, Befürwortern von »sicherem Sex« gegenüber den »Enthaltsamkeitsstandpunkt« zu vertreten, sagten sie: »Du lebst nicht in der Realität. Die Jugendlichen tun, wozu sie sich instinktiv hingezogen fühlen. Es ist lächerlich, von ihnen zu fordern, enthaltsam zu sein. Also zeigen wir ihnen, wie man es richtig macht.« Ist es wirklich Zeitverschwendung, wenn man versucht, der jungen Generation moralische Grundsätze nahe zu bringen?

Ich hörte dieselben Argumente von den Befürwortern von »sicherem Sex«. Sie wollen nicht, dass Jugendliche enthaltsam leben, deshalb sagen sie, es sei dumm, für dieses Verhalten Werbung zu treiben. Nichts könnte unrichtiger sein.

Ich erinnere mich, dass vor einigen Jahren eine Reporterin der *New York Times* zu *Focus on the Family* kam, um ein Zitat von uns zu bekommen. Sie wollte eine Geschichte über die sexuell aktiven Jugendlichen von heute schreiben, die darauf hinauslief, dass moralische Grundsätze tot und begraben sind. Wir waren anderer Meinung und luden sie zu einer Jugendveranstaltung nach Lexington, Kentucky, ein, die wir zusammen mit den örtlichen Kirchengemeinden organisierten. Dort wurde mit Jugendlichen offen über Sex, Drogen, die Auswahl von Freunden und andere Fragen gesprochen.

Die Reporterin nahm unsere Einladung an und war sprachlos. Das Stadion hatte 18.000 Sitzplätze, aber 26.000 Jugendliche erschienen. Mehrere tausend, für die kein Platz mehr war, standen außerhalb des Stadions und hörten über eine Übertragungsanlage zu, wie verschiedene Redner sie dringend aufforderten, verantwortungsbewusst zu leben und nicht vor der Ehe miteinander zu schlafen.

Die Reporterin kehrte nach New York zurück und – Sie haben es erraten – schrieb, dass für Jugendliche moralische Grundsätze tot seien. Nein, das stimmt nicht. Aber es wird bald soweit kommen, wenn wir weiterhin unter Jugendlichen Propaganda für unmoralische Grundsätze machen.

Frage 174

Die Verbreitung von Krankheiten, die durch Geschlechtsverkehr übertragen werden, beunruhigt mich sehr. Ich habe drei Töchter im Teenageralter und fürchte, sie verstehen nicht, wie leicht diese Krankheitserreger sich ausbreiten und was sie im Körper anrichten. Das ist ein Thema, das einem Angst machen kann.

Wie Sie frage ich mich, was denn noch geschehen muss, damit unsere jungen Leute aufwachen. Mitte der achtziger Jahre interviewte ich Dr. C. Everett Koop, den damaligen höchsten beamteten Arzt im amerikanischen Gesundheitswesen. Er sagte: »Die AIDS-Epidemie wird bald das Verhalten aller ändern. Wenn erst einmal angesteckte junge Menschen um uns herum sterben, werden die andern Angst bekommen, einen anderen auch nur zu küssen.«[57]

Die Epidemie hat sich seitdem ausgebreitet, wie Dr. Koop vorhersagte. Aber was die Angst vor Sex betrifft, hatte er Unrecht. Die Leute hüpfen weiter von einem Bett zum andern, als ob sie gegen alle Viren und Bakterien, die die Menschheit bedrohen, immun wären.

Frage 175

Warum sind junge Menschen so blind gegen die Gefahr? Warum gehen sie ein solches Risiko ein?

Zunächst einmal sagen ihre Film-, Fernseh- und Rockmusik-Idole, dass absolut jeder Sexualbeziehungen hat. Leider verraten diese Stimmen nicht, was es bedeutet, Herpes, Infektionen mit HPV oder eine der anderen unheilbaren Viruskrankheiten zu haben, die sich wie Epidemien ausbreiten. Und zweitens haben die »Safe-Sex«-Gurus die Jugendlichen davon überzeugt, dass diese schrecklichen Krankheiten einfach durch den Gebrauch von Kondomen vermieden werden können. Warum also nicht?

Gott sei Dank gibt es einige Ärzte, die Alarm schlagen und versuchen, unseren Jugendlichen die unbeschönigten Tatsachen zu übermitteln. In der Presse liest man nicht viel von ihnen, aber eines Tages wird man sehen, dass sie Recht hatten. Besonders lautstark unter den besorgten Ärzten spricht mein Freund, der Geburtshelfer und Gynäkologe Dr. Joe McIlhaney, Vorsitzender einer Organisation mit Namen *Medical Institute for Sexual Health* (MISH, Medizinisches Institut für sexuelle Gesundheit). Häufig ist er Gast in dem Rundfundprogramm *Focus on the Family* (Brennpunkt Familie). Vor kurzem sprach er über die Irreführung vom »sicheren Sex«:

»In der Presse hört man meist, was die Wissenschaft alles für Menschen tut, die eine Geschlechtskrankheit haben, wie die Wissenschaft einen Impfstoff oder ein Medikament gegen AIDS entwickelt, wie Antibiotika Gonorrhö- und Chlamydia-Erreger abtöten. Wovon man nichts hört, ist, dass diese durch Geschlechtsverkehr übertragenen Krankheiten lebenslang Narben im gesamten Beckenbereich einer Frau hinterlassen, dass diese dadurch unfruchtbar wird oder erst nach teuren Behandlungen schwanger werden kann.

In den zweiundzwanzig Jahren, in denen ich praktiziere, musste ich bei zahllosen Patientinnen eine Hysterektomie vornehmen, bevor die Frau die Kinder geboren hatte, die sie sich wünschte. Der Grund war eine Unterleibsentzündung, die von Chlamydia und Gonorrhö verursacht wurde. Die öffentlichen Erklärungen über »sicheren Sex« machen mich wütend, denn sie behaupten, dass man beim Geschlechtsverkehr außerhalb der Ehe nichts riskiert, wenn man Kondome benutzt, dass man sich dann keine Sorgen machen muss, eine durch Geschlechtsverkehr übertragene Krankheit zu bekommen. Das ist eine Lüge. Die Versagerquote bei Kondomen ist extrem hoch. Deshalb benutzen verheiratete Paare sie nicht.«

Er fuhr fort: »In meiner Praxis sehe ich tagtäglich die Opfer dieses Versagens. Unter ihnen sind Opfer von Chlamydia, wahrscheinlich die am weitesten verbreitete Krankheit, die durch Geschlechts-

verkehr übertragen wird, und Opfer des humanen Papillomavirus
(HPV), das eine hartnäckige Entzündung der weiblichen Geschlechtsorgane und Vulva-, Scheiden- und Gebärmutterhalskrebs
hervorrufen kann. Dies ist eine Krankheit, die äußerst schwer zu
behandeln ist und an der jährlich 4800 Frauen sterben. Ich sehe auch
die Opfer von Herpes, von dem einige Untersuchungen behaupten,
dass dreißig bis vierzig Prozent der ledigen, sexuell aktiven Personen
daran leiden. Dann sehe ich auch die Opfer der Syphilis, die ihren
Höchststand seit vierzig Jahren erreicht hat.«[58]

Anstatt zu erwarten, dass die Wissenschaft unsere Probleme löst,
liegt die bessere Lösung laut Dr. McIlhaney darin, zu den geistigen
und moralischen Richtlinien zurückzukehren, nach denen die
Menschheit seit Tausenden von Jahren lebt. Dr. McIlhaney schloss:
»Die Leute, die mein Auto bauten, wissen am besten, wie es funktioniert und was ich tun muss, um Probleme mit ihm zu vermeiden. Das
steht in meinem Handbuch. Genauso weiß Gott, wie wir am besten
funktionieren, und er gab uns das ›Handbuch des Herstellers‹ für die
Menschheit: die Bibel. Darin sagt er uns, keinen Geschlechtsverkehr
zu haben, solange wir nicht verheiratet sind, nur mit unserem Ehepartner Geschlechtsverkehr zu haben und für den Rest unseres
Lebens mit diesem Partner verheiratet zu bleiben. Das ist wirklich das
einzige Rezept für sicheren Sex.«[59]

Frage 176

**Wir alle wissen über die AIDS-Epidemie Bescheid, aber vor kurzem
hörte ich, dass bei einer Studienkollegin von mir, die Geschlechtsverkehr mit häufig wechselnden Partnern hatte, HPV festgestellt
wurde. Ich bin nicht ganz sicher, was das ist, aber es klingt, als sei
es etwas Ernstes. Kennen Sie diese Krankheit?**

Ja, und es handelt sich um eine sehr ernsthafte Krankheit. Sie haben
gehört, dass HIV tödlich ist, weil es AIDS hervorruft, aber das
Humanpapillomavirus (HPV) verursacht in den Vereinigten Staaten

noch viel mehr Todesfälle pro Jahr bei Frauen.[60] Tausende amerikanischer Frauen sterben jedes Jahr daran. Dieses Virus verursacht Genitalwarzen und führt bei einigen Patientinnen zu Gebärmutterhalskrebs. Man schätzt, dass neunzig Prozent aller Fälle von Gebärmutterhalskrebs durch HPV hervorgerufen werden, und wenn das Virus einmal im Körper ist, kann es nicht mehr ausgemerzt werden.[61]

An der Universität von Kalifornien in Berkeley wurde 1992 dieses Virus medizinisch erforscht. Ein Jahr lang wurden alle jungen Frauen mit einem Durchschnittsalter von einundzwanzig Jahren, die zu gynäkologischen Routineuntersuchungen in die Ambulanz auf dem Universitätsgelände kamen, auf HPV untersucht. Können Sie glauben, dass dabei festgestellt wurde, dass siebenundvierzig Prozent der Studentinnen dieses Virus in sich trugen?[62] Jede Einzelne von ihnen wird für den Rest ihres Lebens an schmerzhaften Symptomen leiden und einige werden an Gebärmutterhals- oder Gebärmutterkrebs sterben.

Noch beunruhigender ist, dass HPV übertragen werden kann, auch wenn der Mann ein Kondom trägt. Das Virus lauert in den Bereichen der Geschlechtsorgane, die von einem Kondom nicht bedeckt werden. Das ist einer der Gründe, weshalb einige von uns energisch gegen die Kampagne vorgehen, die junge Menschen von »geschütztem Sex« überzeugen will. Sie bekommen dadurch ein falsches Gefühl der Sicherheit. Es gibt keinen sicheren Sex mit wechselnden Partnern oder außerhalb der Ehe. Nur Enthaltsamkeit vor der Ehe bietet Sicherheit.

Frage 177
Diese Information über HPV ist besorgniserregend. Wenn wirklich jedes Jahr Tausende von Frauen an Gebärmutterhalskrebs sterben, der von diesem Virus verursacht wurde, dann ist es geradezu gewissenlos, dass darüber in Schulen und im Fernsehen nicht gesprochen wird.

Ich bin von ganzem Herzen Ihrer Meinung und die Opfer von HPV ganz bestimmt auch. Ich möchte Sie einen Brief lesen lassen, den ich von einer Frau erhielt, die dieses Virus in sich trägt, aber noch keinen Gebärmutterhalskrebs hat. Sie schildert ihren Fall sehr dramatisch und bat mich, ihre Geschichte so vielen Menschen wie möglich zu erzählen.

Sehr geehrter Herr Dobson,
in einer Ihrer Rundfunksendungen sprachen Sie darüber, dass es [HPV] eine Veränderung des Gebärmutterhalsgewebes verursachen kann, die zu Gebärmutterhalskrebs führt. Aber es hat noch andere Wirkungen, von denen ich noch nie etwas gelesen habe.

Ich möchte Ihnen von dieser Krankheit erzählen und was sie in meinem Leben angerichtet hat. Ich bin fünfundzwanzig Jahre alt und habe mein Studium abgeschlossen. Ich bin ledig und habe keine Kinder. Meine Ehelosigkeit wird mir durch meinen Gesundheitszustand aufgezwungen. Die letzten vier Jahre meines Lebens waren von chronischen Schmerzen geprägt, ich ließ zwei ambulante chirurgische Eingriffe und zahlreiche Biopsien über mich ergehen, gab Unsummen für Medikamente aus und habe doch keine Hoffnung. Die Wirkung dieser Beschwerden ist eine immerwährende Infektion. Dieser Zustand kann so schlimm sein, dass die Schmerzen fast unerträglich werden. Geschlechtsverkehr oder die Möglichkeit einer Ehe stehen außer Frage.

Die Einsamkeit ist wie ein Messer, das mir jeden Tag ins Herz schneidet. Depression, Wut und Hoffnungslosigkeit und ein sehr beeinträchtigtes soziales Leben sind das Ergebnis. Die Ärzte sagen, dass sie diese Erkrankung immer häufiger sehen. Frauen sind dazu verurteilt, ihr Leben lang zuzusehen, wie andere leben, heiraten und Babys bekommen. Bitte sprechen Sie im Radio von dem, was ich sagte.

Danke, dass Sie mir zugehört haben, Herr Doktor Dobson. Dieses Hindernis kann ich nicht besiegen.

Das religiöse Leben in der Familie

Frage 178

Manchmal wünschte ich mir, es gäbe einen Ort, an dem ich meine Kinder vor all dem Bösen in der Welt schützen kann – einen Ort, an dem ich sie erziehen kann, wie ich erzogen wurde. Aber es gibt keinen solchen geschützten Ort, oder?

Nein, die negativen Einflüsse auf junge Menschen überschreiten alle kulturellen und internationalen Grenzen. Bei meinen Reisen in andere Länder stellte ich mit Erstaunen fest, wie sehr Teenager einander ähnlich sind, egal, wo sie leben. Sie schmieren die gleiche Graffiti an Wände und Anschlagbretter; ihre Werte, ihre Einstellungen und sogar ihre Kleidung ähneln sich. Warum? Weil sie dieselben Filme anschauen, dieselbe Musik hören, dieselben Idole bewundern, sich mit denselben Video- und Cyberspielen abgeben und dieselben Fernsehsendungen sehen. MTV ist zum Beispiel der Kabelsender mit den höchsten Einschaltquoten der Welt. Es ist unglaublich, aber wahr, dass kleine Massaikinder in Kenia in ihren Grashütten dieselben obszönen und idiotischen Sendungen sehen wie amerikanische Großstadtkinder.[63]

Die heutige Jugendkultur wird in allen größeren Städten der Welt zur Schau gestellt, einschließlich London, wo ich vor einigen Jahren mit meiner Familie zu Besuch war. Diese wunderbare historische Stadt ist wie ein lebendes Museum, in dem über tausend Jahre kultureller Evolution ausgestellt sind. Aber hier sind auch einige der bemitleidenswertesten jungen Leute zu Hause, die ich je gesehen habe. Auf den Straßen sind Rocker und Punks und Drogensüchtige auf der Suche nach irgendetwas. Wer weiß wonach? Mädchen mit grünem und orangefarbenem Haar gehen mit merkwürdig aussehenden Freunden vorbei. (Ich nehme zumindest an, dass es Jungen sind.) Sie haben blaue Irokesenfrisuren, die zehn Zentimeter hoch senkrecht in die Luft ragen. Während man sie noch bestaunt, ertönt ein schepperndes Geräusch von hinten. Die Hare Krishnas kommen. Sie tanzen mit ihren rasierten Köpfen und mönchsähnlichen Gewändern vorbei. Homosexuelle stolzieren Arm in Arm vorüber und Prostituierte bieten ihre Dienste an. Da stand ich im Zentrum von London und dachte:»Was in aller Welt haben wir mit der kommenden Generation geschehen lassen?«

Dasselbe gilt natürlich auch für andere Länder. Es ist erschütternd zu sehen, was mit einem Wertesystem passierte, das so gewinnbringend für uns war. Als meine Tochter achtzehn war, nahm ich an einer Musikveranstaltung ihrer Schule teil. Vor mir saß eine von Danaes Freundinnen. Während der Pause unterhielten wir uns über ihre Zukunftspläne und sie erzählte mir, dass sie sich an der Universität von Kalifornien in Berkeley einschreiben wollte. Sie war gerade von einem Besuch der Universität zurück und erwähnte nebenbei, dass sie an dem Wohnheim, in das sie ziehen würde, etwas störte. Sie hatte erfahren, dass Männer und Frauen im selben Haus in benachbarten Zimmern wohnten und dieselben Waschräume benutzten. Was diese junge Dame störte, war nur der fehlende Vorhang an der Duschkabine!

Das ist die Welt, in der unsere Kinder aufwachsen. Natürlich gibt es konservative Gemeinden, in denen die traditionellen Werte geachtet werden. Millionen von jungen Menschen wollen immer noch das tun, was richtig ist. Aber es gibt gefährliche Verlockungen und Eltern wissen das. So leben wir in der Angst, dass die Gegenkultur unsere Söhne und Töchter verschlingt, bevor sie ihr Leben überhaupt richtig begonnen haben. Diese Furcht kann einem die Freude an Kindern nehmen.

Frage 179

Sie sagten einmal, die größte Verantwortung christlicher Eltern sei es, ihre Kinder zu unterweisen und ihnen Jesus Christus nahe zu bringen. Wir sind junge Eltern, die noch nicht lange gläubig sind. Wie sollen wir unsere kleine Tochter mit unserem Glauben bekannt machen?

Am besten folgen Sie den Anweisungen, die Mose vor über vier-tausend Jahren den Kindern Israels gab. Er schrieb: »Und diese Worte, die ich dir heute gebiete, sollst du zu Herzen nehmen und sollst sie deinen Kindern einschärfen und davon reden, wenn du in deinem Hause sitzt oder unterwegs bist, wenn du dich niederlegst oder aufstehst. Und du sollst sie binden zum Zeichen auf deine Hand, und sie sollen dir ein Merkzeichen zwischen deinen Augen sein, und du sollst sie schreiben auf die Pfosten deines Hauses und an die Tore« (5. Mose 6, 7-9).

Dieses Gebot ist der Schlüssel für erfolgreiche religiöse Erziehung in der Familie. Es genügt nicht, jeden Abend mit seinen Kindern zu beten, obwohl Familienandachten wichtig sind. Wir müssen die Grundsätze des Glaubens den ganzen Tag hindurch leben. Hinweise auf den Herrn und unseren Glauben sollten unsere Gespräche und unseren ganzen Umgang mit den Kindern prägen. Wir sollten ihnen zu verstehen geben, dass unsere Liebe zu Jesus die höchste Priorität in unserem Leben hat. Wir dürfen keine Gelegenheit versäumen, die Wesenszüge unseres Glaubens und die große Liebe, die dahinter steht, zu zeigen. Wie Sie sagten, glaube ich, dass *Unterweisung* die wichtigste Aufgabe ist, die Gott uns Eltern gegeben hat.

Der Grund, weshalb dies ein so wesentlicher Auftrag ist, liegt darin, dass die Welt Ihren Kindern später ganz andere Botschaften übermitteln wird. Durch diese Botschaften werden sie zur Hölle geführt, wenn nicht eine feste geistliche Grundlage in der Familie ein Gegengewicht bildet. Wir können es uns nicht leisten, diesen Auftrag auf die leichte Schulter zu nehmen.

Frage 180
Für uns ist es schwierig, tiefgründige Familienandachten zu haben, da unsere kleinen Kinder so gelangweilt und interesselos sind. Sie gähnen, rutschen unruhig hin und her und kichern, wenn wir aus der Bibel lesen. Andererseits denken wir, dass es wichtig ist, sie im Gebet und Gottes Wort zu unterweisen. Können Sie uns helfen, eine Lösung für dieses Dilemma zu finden?

K *ürze* ist die Losung. Man kann von Kindern nicht erwarten, eine ausgiebige geistliche Einkehr Erwachsener zu verstehen und Gefallen daran zu finden. Vier oder fünf Minuten Beschäftigung mit einem oder zwei Bibelversen, gefolgt von einem kurzen Gebet, und die Grenzen der Aufmerksamkeit sind im Vorschulalter in der Regel erreicht. Kleine Kinder zu zwingen, ewige Wahrheiten in einer ewig langen Andacht zu verstehen, kann für alle Ewigkeit gefährlich sein.

Frage 181
Für mich war es schon immer schwierig zu verstehen, wer Gott eigentlich ist. Ich bin immer noch nicht sicher, ob ich ihn richtig verstehe. Wie können dann meine Kinder begreifen, wer er wirklich ist?

D enken Sie daran, dass Jesus sagte: »Wer mich sieht, der sieht den Vater« (Joh 14, 9). Man kann Kindern das Wesen Gottes am besten nahe bringen, wenn man ihnen die Person Jesu nahe bringt. Bereits Vorschulkinder können die Bilder verstehen, die er in den Evangelien gab. Kinder können nicht nur geistliche Dinge verstehen, sondern Jesus sagte auch: »Wer nicht das Reich Gottes annimmt *wie ein Kind*, der wird nicht hineinkommen« (Lk 18, 17; Kursivschrift vom Autor). Von Natur aus verstehen sie diese Dinge besser als Leute, die älter sind.

Außerdem lernen Kinder etwas von Gott, indem sie Papa und Mama beobachten. Es ist allgemein bekannt, dass Kinder ihre

Eltern – und insbesondere ihren Vater – mit Gott gleichsetzen. Das berührt uns Erwachsene natürlich unangenehm, weil wir uns unserer Unvollkommenheiten und Mängel bewusst sind. Trotzdem gab Gott uns die gewaltige Verantwortung, unseren verletzlichen kleinen Kindern Gott vor Augen zu führen. Die Fehler, die wir dabei machen, werden oft zu geistlichen Problemen in der nächsten Generation. Für die Kinder von tyrannischen oder niederträchtigen Eltern ist es oft schwierig, Gott als den Liebenden und Mitfühlenden zu erfassen. In gleicher Weise machen es allzu freizügige Eltern ihren Kindern schwer, die Gerechtigkeit Gottes zu verstehen.

Eine unserer schwierigsten Aufgaben als Mütter und Väter ist es, diese zwei Seiten von Gottes Wesen, seine Liebe und seine Gerechtigkeit, unseren Kindern vor Augen zu führen. Wenn wir unseren Kleinen Liebe ohne Autorität entgegenbringen, ist das eine genauso ernsthafte Verzerrung von Gottes Wesen wie wenn wir mit eiserner Faust Autorität ohne Liebe walten lassen.

Wenn Sie sich mit allem Eifer und von ganzem Herzen ans Werk machen, glaube ich, dass Sie Ihren Kinder das beibringen können, was sie verstehen müssen. Und während Sie Ihren Kinder das Wesen Gottes näher bringen, begreifen Sie selbst es vielleicht auch ein bisschen besser.

Frage 182
Wie kann sich ein Vater oder eine Mutter der Vorstellung eines kleinen Kindes, dass wir gottähnlich sind, jemals würdig erweisen? Keiner von uns kann dieser Erwartung gerecht werden!

Ich weiß. Es ist beängstigend, nicht wahr? Ich erinnere mich noch daran, wie schockiert ich war, als mein zweijähriger Sohn Ryan mich mit Gott gleichsetzte. Er hatte beobachtet, dass seine Mutter und ich vor dem Essen beteten, aber wir hatten ihn selbst nie gebeten, das Tischgebet zu sprechen. Eines Tages, als ich auf Geschäftsreise war, wandte sich Shirley spontan an den Kleinen und fragte ihn, ob er nicht beten möchte, bevor er und seine Schwester zu Mittag aßen. Zunächst stutzte er, aber dann faltete er seine kleinen Hände, senkte den Kopf und sagte: »Ich liebe dich, Papa. Amen.«

Als ich zurückkehrte, erzählte mir Shirley von dem Vorfall, und ich war darüber bestürzt. Ich hatte nicht erkannt, wie sehr mich Ryan mit seinem »himmlischen Vater« in Verbindung brachte. Ich war mir nicht einmal sicher, ob ich diesen Platz überhaupt einnehmen wollte. Diese Aufgabe war mir zu schwer und die Verantwortung zu groß. Aber ich hatte keine andere Wahl – und Sie haben sie übrigens auch nicht. Gott hat uns Eltern die Aufgabe übertragen, ihn während der frühen Jahren im Leben unserer Kinder zu vertreten. Deshalb ist es so ungeheuer wichtig, unseren Kindern die zwei wichtigsten Wesenszüge Gottes zu verdeutlichen: seine unergründliche Liebe und seine Gerechtigkeit. Wenn wir unsere Kinder lieben, ihnen aber erlauben, uns frech und herablassend zu behandeln, verfälschen wir ihr Verständnis von Gott dem Vater. Wenn wir andererseits eine eiserne Disziplin walten lassen und keine Liebe zeigen, fallen wir ins andere Extrem. Was wir unseren Kindern über Gott vermitteln, hängt weitgehend davon ab, wie wir Liebe und Disziplin in unseren Beziehungen zu ihnen in die Tat umsetzen.

Frage 183
Welches ist die wichtigste Zeitspanne für die religiöse Erziehung kleiner Kinder?

Jede ist wichtig, aber ich glaube, das fünfte Lebensjahr ist oft das entscheidendste. Bis zu dieser Zeit glaubt das Kind an Gott, weil seine Eltern es ihm so sagten. Es glaubt an Jesus Christus, genau wie an eine Geschichte vom Weihnachtsmann oder vom Osterhasen – unkritisch und unschuldig. Im Alter von fünf oder sechs Jahren jedoch beginnt es, mehr über das nachzudenken, was ihm gesagt wird. Manche Kinder gelangen zu diesem Zeitpunkt an eine Wegkreuzung. Entweder sie beginnen zu verinnerlichen, was ihnen gesagt wurde und machen es sich zu eigen, oder die biblischen Geschichten werden zu Märchen, die es in Wirklichkeit nicht gibt. Es ist eine Zeit für sorgfältige Unterweisung zu Hause und in der Kirche.

Damit meine ich keinesfalls, dass Eltern mit der religiösen Erziehung warten sollen, bis das Kind fünf oder sechs Jahre alt ist. Und die folgenden Jahre sind auch nicht unbedeutend. Aber ich bin davon überzeugt, dass unsere sorgfältigsten Bemühungen innerhalb der Familie und unsere besten Sonntagsschullehrer für das fünf- oder sechsjährige Kind bestimmt sein sollten. Später wird es noch weitere kritische Phasen geben, aber diese hier ist grundlegend.

Frage 184

Als Kind war mir immer Weihnachten die liebste Zeit des Jahres. Mit großem Interesse hörte ich die Geschichten von der Geburt des Heilands. Ich habe auch besondere Kindheitserinnerungen an die Erwartung der Ankunft des Weihnachtsmannes am Heiligen Abend. Ich möchte dieselben glücklichen Erlebnisse auch meinen kleinen Kindern ermöglichen, aber viele meiner christlichen Bekannten denken, es ist falsch oder schädlich, mythische Persönlichkeiten in ein christliches Fest einzubeziehen. Was denken Sie darüber?

M eine Gefühle sind genau wie Ihre. Alles, was mit Weihnachten zusammenhängt, gehört zu meinen liebsten Kindheitserinnerungen. Die Vorstellung, dass der Weihnachtsmann am Heiligen Abend kommt, war ein wichtiger Teil des Spaßes. Es widerstrebt mir, Kindern vorzuenthalten, was für mich ein so aufregendes Erlebnis war.

Andererseits verstehe ich die Bedenken vieler christlicher Eltern über das heidnische Feiern von Weihnachten. Sie wollen den Weihnachtsmann, eine mythische Gestalt, nicht mit dem Jesuskind, das in Bethlehem in Judäa geboren wurde, in Verbindung bringen. Sie haben guten Grund zu befürchten, dass die christliche Geschichte an Bedeutung verliert, wenn man sie mit Fantasie vermischt.

Wir stehen also vor einem Dilemma: der Weihnachtsmann bringt Spaß, aber er kann verwirrend wirken. Was sollen christliche Eltern tun? Das ist eine Entscheidung, die jede Familie selbst treffen muss. Shirley und ich beschlossen, mit unseren Kindern das Spiel mit dem Weihnachtsmann zu spielen, und wir hatten keine Schwierigkeiten, ihnen beizubringen, wer Jesus war und ist. Andere Familien bedauern, beides vermischt zu haben.

Was ist das Beste? Ich weiß es nicht. Aber wenn ich noch einmal die Wahl hätte, würde ich meine Kinder wieder die Spannung über die Ankunft des Weihnachtsmannes am Heiligen Abend erleben lassen.

Frage 185
Sollte es dem Kind überlassen bleiben, in puncto Gott »selbst eine Entscheidung zu treffen«? Zwingen wir ihm unseren Glauben nicht auf, wenn wir ihm sagen, was es glauben muss?

Ich möchte diese Frage mit einem Bild aus der Natur beantworten. Ein Gänschen hat eine seltsame Eigenart, die in diesem Zusammenhang interessant ist. Kurz nachdem es aus seiner Schale geschlüpft ist, bindet es sich an den ersten Gegenstand, der sich in seiner Nähe bewegt, es wird »geprägt«. Von diesem Augenblick an folgt das Gänschen diesem Gegenstand. Normalerweise wird es auf die Muttergans geprägt, die beim Ausbrüten der jungen Generation zugegen ist.

Wenn man sie aber wegnimmt, entscheidet sich das Gänschen für jeden anderen beweglichen Ersatz, sei er lebendig oder nicht. Ein Gänschen kann deshalb ganz leicht auf eine blaue Fußballblase geprägt werden, die an einer Schnur gezogen wird. Eine Woche später wird es hinter der Fußballblase herwatscheln, wenn sie sich vorbeibewegt.

Zeit ist bei diesem Vorgang der entscheidende Faktor. Das Gänschen kann nur ein paar Sekunden nach dem Ausschlüpfen geprägt werden. Wenn diese Gelegenheit versäumt wird, kann man sie später nicht nachholen. Mit anderen Worten, es gibt eine kurze »kritische Phase« im Leben des Gänschens, in der dieses Instinktverhalten gelernt werden kann.

Um auf Ihre Frage zurückzukommen, es gibt auch im Leben von Kindern eine kritische Phase, in der gewisse Arten der Unterweisung leichter sind. Obwohl Menschen keine Instinkte haben (nur Triebe, Reflexe, Handlungstendenzen usw.), gibt es während der Kindheit eine kurze Phase, in der Kinder für religiöse Unterweisung offen sind. Ihre Vorstellungen von Recht und Unrecht werden während dieser Zeit geformt und die Festigung der Gottesvorstellung beginnt. Wie beim Gänschen muss die Gelegenheit, die diese Phase bietet, aufgegriffen werden, solange sie vorhanden ist. Führer der katholischen Kirche sollen gesagt haben: »Gib uns ein Kind, bevor es sieben Jahre alt ist, und es wird uns sein Leben lang gehören.« Ihre Behauptung trifft in der Regel zu, weil bleibende Einstellungen während dieser sieben aufnahmebereiten Jahre eingeimpft werden können.

Leider ist jedoch das Gegenteil auch wahr. Keine oder schlechte Unterweisung während dieser grundlegenden Phase kann die Tiefe der späteren Gotteshingabe des Kindes stark einschränken. Wenn Eltern ihren kleinen Kindern die Unterweisung vorenthalten und sie »selbst entscheiden« lassen, dann ist praktisch sicher, dass sie eine negative »Entscheidung« fällen. Wenn Eltern wollen, dass ihre Kinder einen sinnvollen Glauben entwickeln, müssen sie jeden irregeleiteten Versuch zur Objektivität aufgeben. Kinder hören genau zu, sie wollen entdecken, wieviel ihre Eltern von dem glauben, was sie predigen. Jede Unentschlossenheit oder ethische Verwirrung seitens der Eltern wird beim Kind wahrscheinlich verstärkt auftreten.

Nach der Mitte der Pubertät (mit etwa fünfzehn Jahren) nehmen Kinder alle strengen Verhaltensmaßregeln übel – unter anderem auch, wenn man ihnen vorschreibt, was sie glauben sollen. Wenn aber die frühe religiöse Unterweisung richtig durchgeführt wurde, haben die Kinder einen inneren Halt, der ihnen hilft, die Orientierung zu behalten. Die frühe Unterweisung ist also der Schlüssel zu den geistlichen Einstellungen, die sie auch als Erwachsene haben werden.

Frage 186

Sie sagten, dass Kinder gläubiger Eltern manchmal schlimm rebellieren und niemals zu dem Glauben zurückfinden, in dem sie unterwiesen wurden. Ich habe erlebt, wie das in einigen wunderbaren Familien passierte, die den Herrn liebten und sich in der Kirche engagierten. Dennoch scheint dies im Widerspruch zur Bibel zu stehen. Wie interpretieren Sie Sprüche 22,6, wo es heißt: »Gewöhne einen Knaben an seinen Weg, so lässt er auch nicht davon, wenn er alt wird«? Bedeutet dieser Vers nicht, wie er zu verstehen gibt, dass die Kinder treuer christlicher Eltern niemals verloren gehen? Verspricht er nicht, dass alle abtrünnigen Sprösslinge früher oder später wieder auf den rechten Weg zurückkehren?

Ich wünschte, Salomos Botschaft an uns könnte mit solcher Zuversicht interpretiert werden. Ich weiß, dass das allgemeine Verständnis dieses Verses dahin geht, ihn als göttliche Garantie aufzufassen, aber er wurde nicht in diesem Zusammenhang gesagt. Der Psychiater John White, der darüber in seinem Buch »Parents in Pain« (Eltern im Schmerz) schrieb, hat mir geholfen zu verstehen, dass die Sprüche niemals als absolute Verheißungen Gottes gedacht waren. Stattdessen sind sie Wahrscheinlichkeiten, also Dinge, die wahrscheinlich geschehen.[64] Salomo, der die Sprüche schrieb, war zu der Zeit der weiseste Mann auf der Erde. Es war seine Absicht, seine von Gott eingegebenen Beobachtungen über die Vorgänge in der menschlichen Natur und im Universum Gottes weiterzugeben. Von bestimmten Gegebenheiten kann man erwarten, dass sie gewisse Konsequenzen zur Folge haben. Leider wurden mehrere dieser Beobachtungen, einschließlich Sprüche 22, 6, aus diesem Zusammenhang herausgenommen und als göttliche Verheißungen hingestellt. Wenn wir auf dieser Interpretation beharren, müssen wir erklären, weshalb so viele andere Sprüche sich nicht als unfehlbar zutreffend erweisen. Zum Beispiel:

»Lässige Hand macht arm; aber der Fleißigen Hand macht reich« (10, 4). (Haben Sie schon einmal einen fleißigen, aber armen Christen gesehen? Ich schon.)

»Der Segen des Herrn allein macht reich und nichts tut eigene Mühe hinzu« (10, 22).

»Die Furcht des Herrn mehrt die Tage; aber die Jahre der Gottlosen werden verkürzt« (10, 27). (Ich habe einige Kinder mit einem christlichen Zeugnis auf den Lippen sterben sehen.)

»Es wird dem Gerechten kein Leid geschehen; aber die Gottlosen werden voll Unglücks sein« (12, 21).

»Die Pläne werden zunichte, wo man nicht miteinander berät; wo aber viele Ratgeber sind, gelingen sie« (15, 22).

»Der Mensch wirft das Los; aber es fällt, wie der Herr will« (16, 33).

Uns allen fallen Ausnahmen zu diesen Aussagen ein. Wie gesagt geben sie eher Wahrscheinlichkeiten wieder und nicht etwas Absolutes, das Gott persönlich verheißt. Diese Auslegung der Sprüche ist unter Laien etwas umstritten, aber weniger unter biblisch Geschulten. Der Kommentar zur Bibel, der von der Fakultät des Theologischen Seminars in Dallas erstellt wurde, akzeptiert beispielsweise die Sichtweise, die ich dargelegt habe. Dieser Kommentar ist dafür bekannt, dass er die Bibel sehr wörtlich interpretiert, doch die Theologen schrieben Folgendes:

Einige Eltern versuchten dieser Anweisung zu folgen, allerdings ohne dieses Ergebnis. Ihre Kinder sind von der christlichen Erziehung, die ihre Eltern ihnen angedeihen ließen, abgewichen. Das erklärt das Wesen eines »Spruches«. Ein Spruch ist ein literarisches Mittel, mit dem man eine allgemeine Wahrheit auf eine bestimmte Situation beziehen kann. Viele der Sprüche Salomos sind keine absoluten Garantien, weil sie Wahrheiten aussprechen, die notwendigerweise durch die herrschenden Umstände bestimmt sind. Zum Beispiel drücken die Verse 3, 4, 9, 11, 16 und 29 in den Sprüchen 22 keine allezeit verbindlichen Versprechen aus. Obwohl die Sprüche im Allgemeinen und in der Regel wahr sind, lassen sich gelegentliche Ausnahmen beobachten. Das kann am Eigenwillen oder an dem absichtlichen Ungehorsams eines Einzelnen liegen, der lieber seinen eigenen Weg geht – den Weg des Unverstands anstelle des Weges der Weisheit. Dafür wird er zur Verantwortung gezogen. Dennoch trifft es im Allgemeinen zu, dass die meisten Kinder, die in einem christlichen Elternhaus unter dem Einfluss gläubiger Eltern aufwachsen, die Gottes Maßstäbe vermitteln und vorleben, sich nach dieser Unterweisung richten.[65]

Diejenigen, die glauben, dass Sprüche 22, 6 eine Garantie dafür bietet, dass die nächste Generation errettet wird, sind der Meinung, dass man ein Kind so gründlich programmieren kann, dass sein Weg unabwendbar vorherbestimmt ist. Wenn sie das Kind richtig erziehen, also »an seinen Weg gewöhnen«, ist das Ergebnis garantiert. Aber denken Sie einen Augenblick nach. Ist der Schöpfer nicht in unendlicher Weisheit und Liebe mit Adam und Eva umgegangen? Er hat als »Vater« keine Fehler begangen. Sie waren auch in einer vollkommenen Umgebung zu Hause, ohne all den Druck, dem wir ausgesetzt sind. Sie hatten keine Probleme mit Schwiegereltern, keine Geldnot, keine frustrierenden Arbeitgeber, kein Fernsehen, keine Pornographie, keinen Alkohol oder Drogen, keinen Gruppenzwang und keinen Kummer. Sie hatten keine Ausreden! Trotzdem missachteten sie die ausdrückliche Warnung Gottes und stolperten in die Sünde hinein. Wenn es je möglich gewesen wäre, sich den Verstrickungen des Bösen zu entziehen, so wäre es in dieser sündenfreien Welt geschehen. Aber es geschah anders. In seiner Liebe gab Gott Adam und Eva die Wahl zwischen Gut und Böse und sie missbrauchten sie. Wird er Ihren Kindern die gleiche Freiheit vorenthalten?

Nein. Letztendlich werden sie für sich selbst entscheiden. In dieser Zeit der Entscheidung stockt den Eltern der Atem, denn alles, was sie ihren Kindern gelehrt haben, scheint auf dem Spiel zu stehen. Aber das steht uns allen bevor.

Frage 187
Offensichtlich geht Ihnen diese falsche Interpretation der Bibel sehr nahe. Wie wirkt sie sich aus?

Ich sorge mich am meisten um die engagierten und ernsthaften gläubigen Eltern, deren erwachsene Kinder sich gegen Gott und die eigene Familie auflehnen. Diese Mütter und Väter haben ihr Bestes gegeben, um ihre Kinder ordentlich zu erziehen, aber sie haben sie trotzdem verloren. Diese Situation an sich ruft gewaltige Schuldgefühle hervor, von der Auslegung der Bibel ganz abgesehen. Dann wird ihnen versichert, dass Gott das geistliche Heil von Kindern, deren Eltern sie ordentlich erzogen haben, verheißen – ja uneingeschränkt garantiert hat. Welchen Schluss werden sie im Licht der andauernden Rebellion und Sünde ihrer Kinder ziehen? Es gibt nur eine Antwort! Es muss ihr Fehler sein. Sie liefern ihre eigenen Kinder der Verdammnis aus, weil sie ihren Teil des Vertrages nicht eingehalten haben. Durch ihre Erziehungsfehler schicken sie ihre geliebten Kinder in die Hölle. Dieser Gedanke ist für sensible Gläubige so schrecklich, dass ihre seelische Gesundheit darunter leiden kann.

Ich glaube einfach nicht, dass Gott beabsichtigt hat, die völlige Verantwortung für die Sünden der Kinder auf den Rücken verletzlicher Eltern zu laden. Wenn wir die Bibel als Ganzes betrachten, finden wir für diesen extremen Standpunkt keinen Anhaltspunkt. Die Ermordung Abels durch Kain wurde nicht seinen Eltern zur Last gelegt. Josef war ein gottesfürchtiger Mann und seine Brüder waren Schurken, aber ihre Eltern (Jakob, Lea und Rahel) wurden nicht für die Unterschiede zwischen ihnen zur Verantwortung gezogen.

Es liegt mir ferne, Eltern, die während ihrer Jahre der Kindererziehung nachlässig waren und sich wenig einsetzten, zu entlasten. Es gibt zumindest ein biblisches Beispiel, in dem Gottes Zorn einen Vater trifft, der versäumt hat, seinen Söhnen Gehorsam beizubringen und sie zu unterweisen. Dieses Geschehnis wird in 1. Samuel 2, 22-36 beschrieben, wo der Priester Eli seinen Söhnen erlaubte, den Tempel zu entweihen. Sie wurden alle drei vom Herrn zum Tode verurteilt. Offensichtlich nimmt er unsere Aufgaben als Eltern ernst und erwartet, dass wir das auch tun. Aber er möchte nicht, dass wir wegen Umständen, die außerhalb unserer Macht liegen, von Schuld gebeugt herumlaufen.

Frage 188

Für unsere drei Kinder wurde gebetet, bevor sie empfangen wurden, und seit sie leben, haben wir ihre Namen fast jeden Tag vor Gott im Gebet genannt. Doch unsere mittlere Tochter hat beschlossen, unseren Glauben abzulehnen und Dinge zu tun, die wir nicht für richtig halten. Sie lebt mit einem bereits zweimal geschiedenen Mann zusammen und hat offensichtlich nicht die Absicht, ihn zu heiraten. Sie hat mindestens zwei Schwangerschaftsabbrüche hinter sich, von denen wir wissen, und gebraucht unflätige Ausdrücke. Meine Frau und ich beteten, bis wir erschöpft waren, und doch hat sie noch kein Interesse daran gezeigt, zum Glauben zurückkehren zu wollen. Zeitweise war ich sehr wütend auf Gott, dass er so etwas Schreckliches zugelassen hat. Ich weinte, bis ich keine Tränen mehr hatte. Sagen Sie mir, ob Fürbitte etwas bewirkt, und wenn ja, was. Gibt es einen Bereich, in den Gott sich nicht hineindrängt?

Ich kann Ihren Schmerz gut verstehen. Vielleicht wurden mehr Menschen wegen der Halsstarrigkeit eines Sohnes oder einer Tochter von Gott enttäuscht als aus irgendeinem anderen Grund. Den meisten gläubigen Eltern ist nichts wichtiger als das Heil ihrer

Kinder. Jedes andere Ziel und jeder andere Erfolg im Leben verblasst und schwindet, verglichen mit der Weitergabe des Glaubens an ihre Kinder. Nur dadurch können die beiden Generationen in der Ewigkeit zusammen sein und Eltern wie Sie haben Tag und Nacht für geistliches Erwachen gebetet. Wenn Gott diese Gebete nicht alsbald beantwortet, ist man leider schnell dabei, ihm die Schuld zuzuweisen und mit starker Verbitterung zu kämpfen. Der »Treuebruch« fordert noch ein Opfer!

Oft entsteht diese Wut auf Gott aus einem Missverständnis darüber, was er im Leben derer, für die wir beten, tun wird oder nicht tun wird. Die Schlüsselfrage ist: Wird Gott von unseren Kindern fordern, ihm zu dienen, wenn sie sich für einen Weg der Auflehnung entschieden haben? Das ist eine entscheidende Frage.

Ich möchte noch einmal erklären, dass Gott sich niemandem aufzwingt. Sonst ginge ja niemand verloren. Im zweiten Petrusbrief 3, 9 heißt es: »Er hat Geduld mit euch und will nicht, dass jemand verloren werde, sondern dass jedermann zur Buße finde.« Doch für dieses große Heil gibt es eine Bedingung. Der Mensch muss sie ergreifen und annehmen. Er muss seine Sünden bereuen und an den Namen des Herrn Jesus Christus glauben. Ohne diesen Glaubensschritt ist das Geschenk der Vergebung und das ewige Leben unmöglich.

Nun zu Ihrer Frage über die Fürbitte und was sie bewirkt. Ich beziehe mich noch einmal auf Dr. Whites hilfreiches Buch *Parents in Pain*, aus dem ich zitiere:

Hier liegt der Schlüssel zum Verstehen, wie wir für unsere Kinder oder andere Menschen beten dürfen. Wir können voll Zuversicht bitten, dass Gott die Augen der seelisch und geistlich Blinden öffnet. Wir dürfen bitten, dass die Selbsttäuschungen, hinter denen sich Sünder verstecken, im hellen Licht der Wahrheit dahinschmelzen, dass dunkle Höhlen geöffnet werden, damit das Licht der Sonne eindringen kann, dass einem Mann oder einer Frau die Maske weggenommen wird und die Schande ihrer Nacktheit im heiligen Licht Gottes offenbar wird. Wir dürfen vor allem bitten, dass die Herrlichkeit des Angesichtes Christi durch die geistliche Blindheit scheint, die durch den Gott dieser Welt verursacht wurde (2. Kor 4, 4). All das dürfen wir bitten in der Gewissheit, dass Gott uns nicht nur hören, sondern mit Freuden erhören wird. Aber wir dürfen ihn nicht bitten, einen Mann, eine Frau oder ein Kind zu zwingen, ihn zu lieben und ihm zu vertrauen. Sie von einer übermächtigen Versuchung zu erlösen: ja. Ihnen jede Möglichkeit zu geben: ja. Seine Schönheit, seine Güte, seine Vergebung zu zeigen: ja. Aber einen Menschen gegen seinen Willen zu zwingen, seine Knie zu beugen: nicht in diesem Leben. Und einen Menschen zu zwingen, ihm zu vertrauen: nie.[66]

Anders gesagt, der Herr wird niemanden gegen seinen Willen retten, aber er hat tausend Möglichkeiten, einen Menschen williger zu machen. Unsere Gebete setzen die Kraft Gottes im Leben eines anderen frei. Wir haben das Vorrecht, Fürbitte für die Menschen, die wir lieben, zu üben und ihre Namen und ihr Wesen vor Gott zu bringen. Er macht dafür diesem Menschen die entscheidenden Alternativen sonnenklar und bringt positive Einflüsse in sein Leben, um die Wahrscheinlichkeit, dass er das Richtige tut, auf ein Höchstmaß zu steigern. Darüber hinaus geht er nicht.

Frage 189
Ihre Antwort gibt zu verstehen, dass wir Jahr um Jahr weiter für unsere Tochter beten sollen, bis sie zu ihrem Glauben zurückfindet. Bedeutet das, dass Gott nicht missgestimmt reagiert, wenn wir immer wieder dieselbe Bitte an ihn richten? Will Gott, dass wir das für unsere Tochter tun?

Ja. Wenn das, worum Sie bitten, unstreitig nach Gottes Willen ist, wie das Gebet für die Errettung Ihrer Tochter, denke ich, sollten Sie die Sache vor ihn bringen, bis Sie eine Antwort erhalten. Ein geistlicher Kampf tobt ständig um die Seele Ihrer Tochter, und Ihre

Gebete sind entscheidend wichtig für den Sieg in diesem Ringen. Paulus ermahnte uns: »Betet ohne Unterlass« (1. Thess 5, 17). Und hat das nicht auch Jesus im Gleichnis vom ungerechten Richter gelehrt? Im Lukasevangelium lesen wir:

> Er sagte ihnen aber ein Gleichnis darüber, dass sie allezeit beten und nicht nachlassen sollten, und sprach: Es war ein Richter in einer Stadt, der fürchtete sich nicht vor Gott und scheute sich vor keinem Menschen. Es war aber eine Witwe in derselben Stadt, die kam zu ihm und sprach: Schaffe mir Recht gegen meinen Widersacher!
>
> Und er wollte lange nicht. Danach aber dachte er bei sich selbst: Wenn ich mich schon vor Gott nicht fürchte noch vor keinem Menschen scheue, will ich doch dieser Witwe, weil sie mir so viel Mühe macht, Recht schaffen, damit sie nicht zuletzt komme und mir ins Gesicht schlage.
>
> Da sprach der Herr: Hört, was der ungerechte Richter sagt! Sollte Gott nicht auch Recht schaffen seinen Auserwählten, die zu ihm Tag und Nacht rufen, und sollte er's bei ihnen lange hinziehen? Ich sage euch: Er wird ihnen Recht schaffen in Kürze. Doch wenn der Menschensohn kommen wird, meinst du, er werde Glauben finden auf Erden? (Lk 18, 1-8)

Diese Bibelstelle gefällt mir, denn sie sagt uns, dass Gott über unsere beharrlichen Gebete nicht ärgerlich wird. Er drängt uns dazu, nicht aufzugeben und den Himmel mit unseren Herzenswünschen zu bestürmen. Das ermutigt mich, mein Leben lang zu beten.

Winston Churchill sagte während des Zweiten Weltkriegs: »Gebt nie auf. Gebt nie, nie, nie auf!«[67] Dieser Rat gilt nicht nur für bedrängte Nationen sondern auch für Gläubige, die auf der Suche nach einem Zeichen des Allmächtigen sind. Ich sage es noch einmal: Mütter und Väter, eure vorrangigste Aufgabe ist es, eure Kinder in die Gemeinde Christi zu führen. Hören Sie nicht auf zu beten, bis dieses Ziel erfüllt ist.

Frage 190

Meine Frau und ich beten seit über fünfundzwanzig Jahren für die Errettung unserer Kinder und wir sehen nicht das geringste Zeichen dafür, dass Gott unsere Gebete auch nur gehört hat. Ich weiß, dass er unsere Familie liebt, aber ich bin ziemlich entmutigt. Können Sie uns etwas sagen, das unseren Glauben wieder aufrichtet?

Ich habe ein ermutigendes Wort für Sie und andere, die den Herrn um ein Wunder gebeten haben, das nie eintraf. Es steht in einer meiner Lieblingsstellen im 1. Buch Mose. Sie erinnern sich daran, dass Abraham im Alter von fünfundsiebzig Jahren die Verheißung von Gott erhielt, dass er der Vater eines großen Volkes sein wird und dass alle Völker der Welt in ihm gesegnet werden. Das war eine außerordentliche Nachricht für einen alternden Mann und seine unfruchtbare Frau Sara, die sich danach sehnte, Mutter zu werden.

Doch auf diese interessanten Verheißungen folgten Saras anhaltende Unfruchtbarkeit und viele Jahre des Schweigens Gottes. Was sie und Abraham in dieser Zeit durchlebten, war ein klassischer Fall von »Gott widerspricht Gott«. Der Herr hatte sein Versprechen nicht erfüllt und seinen Aufschub nicht erklärt. Die Tatsachen passten nicht zusammen. Es ging nicht auf. Sara hatte ihre Menopause, was ihre Hoffnung auf Mutterschaft ganz bestimmt zunichte machte. Jetzt waren sie und ihr Mann alt und wir können annehmen, dass ihre sexuelle Leidenschaft abgenommen hatte. Die Wahrscheinlichkeit, dass ihnen ein Erbe geschenkt würde, war wirklichkeitsfremd.

Abrahams Reaktion in diesem entmutigenden Augenblick wurde fast zweitausend Jahre später vom Apostel Paulus beschrieben. Ihm wurden die folgenden Worte eingegeben:

Und er [Abraham] wurde nicht schwach im Glauben, als er auf seinen eigenen Leib sah, der schon erstorben war, weil er fast hundertjährig war, und auf den erstorbenen Leib der Sara. Denn er zweifelte nicht an der Verheißung Gottes durch Unglauben, sondern wurde stark im Glauben und gab Gott die Ehre und wusste aufs allergewisseste: was Gott verheißt, das kann er auch tun. Darum ist es ihm auch zur Gerechtigkeit gerechnet worden. (Röm 4, 19-22)

Mit anderen Worten: Abraham glaubte Gott, auch wenn er ihn nicht verstand. Die Tatsachen machen eine deutliche Aussage: »Es ist unmöglich, dass dies geschieht.« Der Herr hatte fast fünfundzwanzig Jahre lang »leere Versprechungen« gemacht und es war noch kein Zeichen der Erfüllung zu erkennen. Unbeantwortete Fragen und quälende Widersprüche lagen in der Luft. Doch Abraham »zweifelte nicht durch Unglauben«. Warum? Weil er davon überzeugt war, dass Gott größer als Vernunft und Tatbestände war. Und deshalb wird er der »Vater unseres Glaubens« genannt.

Ist das kein wunderbares Beispiel des Glaubens in einer ernsten Prüfung? Es sollte uns Mut machen, unser geistliches Vertrauen zu behalten, auch wenn nichts zusammenpasst. Denken Sie daran, auch wenn nichts geschieht, geschieht etwas bei Gott. Und wenn wir nicht zweifeln, werden wir es eines Tages verstehen, und unsere Treue wird uns »zur Gerechtigkeit gerechnet werden«.

Bleiben Sie auf den Knien. Und halten Sie an Ihrem Glauben wie an einem Rettungsgürtel fest! Der Herr ist im Leben Ihrer Kinder am Werk, auch wenn Sie zur Zeit nichts davon bemerken.

Frage 191

Meine Frau und ich sind seit kurzem gläubig und erkennen jetzt, dass wir unsere Kinder nach den falschen Grundsätzen erzogen haben. Sie sind nun erwachsen, aber wir machen uns immer noch Sorgen wegen der Vergangenheit und empfinden großes Bedauern für unsere Fehler als Eltern. Können wir zu diesem Zeitpunkt noch etwas tun?

L assen Sie mich zunächst etwas zu den schrecklichen Schuldgefühlen sagen, die Sie offensichtlich mit sich herumtragen. Es gibt kaum Eltern, die nicht einiges bedauern und schmerzliche Erinnerungen an ihr Versagen als Mutter oder Vater haben. Wie gesagt, Kinder sind unendlich kompliziert, und wir können genauso wenig perfekte Eltern wie perfekte Menschen sein. Die Anforderungen des täglichen Lebens verursachen Stress und wir werden müde und gereizt; wir werden von unserem Körper und unseren Gefühlen beeinflusst, was uns manchmal davon abhält, die richtigen Dinge zu sagen und das Vorbild zu sein, das wir sein sollten. Wir gehen mit unseren Kindern nicht immer so ausgeglichen um, wie wir uns das im Nachhinein wünschen, und es geschieht häufig, dass wir ein oder zwei Jahre später zurückblicken und sehen, wie falsch wir das Problem angegangen sind.

Jeder von uns macht solche Erfahrungen des Versagens! Niemand ist perfekt! Deshalb sollte jeder von uns im Stillen zu Gott sagen: »Herr, du kennst meine Unzulänglichkeiten. Du kennst meine Schwächen, nicht nur bei der Erziehung, sondern überall in meinem Leben. Ich habe mein Bestes gegeben, aber es war nicht gut genug. So wie du die Fische und Brotlaibe gebrochen hast, um die Fünftausend satt zu machen, nimm jetzt meine unzulänglichen Bemühungen und gebrauche sie, um meine Familie zu segnen. Mach du die Dinge wieder gut, die ich falsch gemacht habe. Befriedige du die Bedürfnisse, die ich nicht befriedigt habe. Lege du deine starken Arme um meine Kinder und ziehe sie nahe zu dir hin. Und sei da, wenn sie an den bedeutenden Wegkreuzungen zwischen richtig und falsch stehen. Ich kann nur mein Bestes geben und das habe ich getan. Deshalb befehle ich dir meine Kinder und mich selbst und die Arbeit, die ich als Vater oder Mutter leistete, an. Das Ergebnis liegt in deiner Hand.«

Ich weiß, dass Gott dieses Gebet belohnen wird, sogar bei den Eltern, deren Aufgabe beendet ist. Der Herr möchte nicht, dass Sie Schuldgefühle für Geschehenes empfinden, auf das Sie keinen Einfluss mehr haben. Was vergangen ist, ist vergangen. Lassen Sie die Vergangenheit ruhen. Übergeben Sie die Situation Gott, ein für allemal. Sie werden überrascht sein zu erfahren, dass Sie nicht mehr allein sind!

»Ich vergesse, was dahinten ist, und strecke mich aus nach dem, was da vorne ist, und jage nach dem vorgesteckten Ziel, dem Siegespreis der himmlischen Berufung Gottes in Christus Jesus« (Phil 3, 13 - 14).

Frage 192
Ich bin glückliche Großmutter von vierzehn Enkeln. Ich betreue sie oft und freue mich, wenn sie bei mir sind. Ich möchte jedoch mehr für sie tun, als nur auf sie aufzupassen. Wie kann ich wirklich Einfluss auf ihr Leben gewinnen?

Vor allem anderen hoffe ich, dass Sie helfen, Ihre Enkel zu Jesus Christus zu führen. Sie haben die besten Voraussetzungen dafür. Meine Großmutter hatte einen bedeutenden Einfluss auf meine geistliche Entwicklung – in meiner frühen Kindheit sogar mehr als mein Vater, der Pfarrer war. Jeden Tag sprach sie über den Herrn und schilderte ihn als sehr guten Freund, der bei uns wohnt. Ich werde nie unsere Gespräche über den Himmel vergessen und wie herrlich es sein wird, in alle Ewigkeit dort zu wohnen. Heute ist die kleine Dame schon drüben und wartet darauf, dass der Rest der Familie ihr in die schöne Stadt nachkommt.

Auch Sie können eine solche Wirkung auf Ihre Familie ausüben. Großeltern haben einen riesigen Einfluss auf ihre Enkel, wenn sie sich Zeit für sie nehmen. Es kann so viel getan werden, solange sie klein sind. Ein weiterer großer Beitrag, den Sie leisten können, ist, das Erbe Ihrer Familie zu bewahren, indem Sie den Kindern die Familiengeschichte beschreiben und sie mit ihren Ahnen bekannt machen.

In einem afrikanischen Volkslied heißt es, wenn ein alter Mensch stirbt, ist es, als sei eine Bücherei niedergebrannt. Das stimmt. In Ihrem Gedächtnis schlummert eine reiche Geschichte von früherer

Zeit und sie wird verloren gehen, wenn Sie sie nicht an die nächste Generation weitergeben.

Um dieses Erbe zu bewahren, sollten Sie Ihren Enkeln wahre Geschichten aus vergangenen Tagen erzählen. Sprechen Sie von Ihrem Glauben, von Ihrer Kindheit, von den Hindernissen, die Sie zu überwinden hatten und auch von Ihren Misserfolgen. Solche Erinnerungen binden eine Familie aneinander und vermitteln ihr ein Zusammengehörigkeitsgefühl.

Ich sprach bereits von meiner Großmutter. In unserer Familie gab es noch eine andere wunderbare Frau, meine Urgroßmutter, die half, mich von meiner Geburt an zu versorgen. Sie war schon hochbetagt, als ich auf die Welt kam und wurde fast hundert Jahre alt. Mit Vergnügen hörte ich zu, wenn sie Geschichten aus ihrer Jugend im Gebiet an der Siedlungsgrenze erzählte. Eine meiner Lieblingsgeschichten handelte von Berglöwen, die nachts um die Blockhütte herumstrichen und das Vieh angriffen. Sie konnte hören, wie sie knurrten und an ihrem Fenster vorbeizogen, als sie im Bett lag. Ihr Vater versuchte immer, die Raubkatzen zu erschießen oder fortzujagen, bevor sie ein Schwein oder eine Ziege töteten. Ich lauschte fasziniert, als die liebenswürdige Dame eine Welt beschrieb, die schon längst vergangen war, als ich das Licht der Welt erblickte. Ihre Berichte vom Leben in der Prärie erweckten in mir das Interesse an Geschichte, ein Thema, das mich noch heute fasziniert.

Die Geschichten Ihrer Vergangenheit, Ihrer Kindheit, als Sie ihren Großvater kennen lernten und sich verliebten usw. können für Ihre Enkel Schätze sein. Wenn Sie diese Erfahrungen nicht mit ihnen teilen, wird dieser Teil ihrer Geschichte für immer entschwunden sein. Nehmen Sie sich die Zeit, den Kindern in Ihrer Familie die Vergangenheit lebendig zu machen, und tun Sie alles, um der jungen Generation Ihren Glauben zu vermitteln.

Schwierigere religiöse Fragen

Frage 193

Der Herr erhörte wunderbar die Gebete für meinen Sohn, als er acht Jahre alt war. Er musste sich einer Herzoperation unterziehen und überlebte ohne bleibende Probleme. Aber vor drei Jahren wurde bei meinem Mann Krebs festgestellt und wir beteten Tag und Nacht für ihn. Trotzdem starb er im Januar dieses Jahres. Ich kann einfach nicht verstehen, warum Gott mein Gebet für unseren Sohn erhörte, aber es zuließ, dass mein Mann starb. Ist er da — oder nicht?

Ich kann Ihnen versichern, dass er da ist und dass die Gebete für Ihren Mann genau so aufmerksam und mitfühlend gehört wurden wie die Gebete für Ihren Sohn, als er in Gefahr war. Was Sie erlebten, ist der Beweis der Souveränität Gottes. Er wird immer selbst entscheiden, was für die, die ihm dienen, das Beste ist.

Zu den eindrucksvollsten Beispielen dieser göttlichen Wesensart gehört das, was meine guten Freunde Von und Joann Letherer erlebten. Als Von ein Jahr alt war, bemerkten seine Eltern, dass er immer schlimme blaue Flecken bekam, wenn er sich an Möbelstücken stieß oder sogar wenn er sich in seinem Bettchen herumwälzte. Sie brachten ihn zu ihrem Hausarzt, der bei dem Kind Hämophilie feststellte, eine erbliche »Bluterkrankheit«. In seinem Blut fehlte der Stoff, der zur Blutgerinnung nötig ist, was dazu führte, dass jede winzige Verletzung für ihn lebensgefährlich war. In jenen Tagen gab es nur wenige Behandlungsmöglichkeiten für Hämophilie und man dachte, Von würde noch als Kind sterben. In der Tat überlebte er, weil viel für ihn gebetet wurde und ihm bis zum Ende seiner Jugendzeit fast zweihundert Liter Blut übertragen worden waren.

Während der Teenagerjahre, als Vons Leben immer wieder nur an einem Faden hing, stand eine junge Dame an seiner Seite. Ihr Name war Joann und sie war seine Jugendliebe. Joann verstand sehr gut, dass Vons Zukunft unsicher war, aber sie liebte ihn sehr. Sie beschlossen, dass Hämophilie ihren Lebensweg nicht bestimmen würde. Sie heirateten, als er zweiundzwanzig und sie neunzehn Jahre alt war. Einige Jahre später, als Joann ihr zweites Kind erwartete, trat eine neue Krise auf. Sie wurde ernsthaft krank und bei ihr wurde die Hodgkin-Krankheit festgestellt, eine Art Lymphdrüsenkrebs. Zu jener Zeit verlief die Krankheit fast immer tödlich. Obwohl eine Therapie entwickelt wurde, konnten die Ärzte sie wegen Joanns Schwangerschaft nicht anwenden. Joann und Von hätten sich natürlich für einen Schwangerschaftsabbruch entscheiden können, aber stattdessen stellten sie sich in die Hand des Herrn.

Sie begannen, um ein Wunder zu beten – und erhielten es prompt. Einige Wochen nach der ersten Diagnose wiederholte das Krankenhaus die Labortests und die klinischen Untersuchungen. Die Ärzte kamen zu dem Schluss, dass bei Joann kein Zeichen der Hodgkin-Krankheit festzustellen ist. Von diesem Tag an bis heute ist sie krebsfrei.

Überlegen Sie jetzt, was in diesem Fall geschah. Wie wir sahen, wurde Von mit einer schmerzhaften, zehrenden Krankheit geboren, für die sein Vater, ein Pastor, und seine Mutter treu beteten. Sie baten Gott wiederholt, ihren Sohn zu heilen. Als Von älter wurde, begann er, für sich selbst zu beten. Dann gesellte sich Joann dem Kreis der Beter hinzu. Trotz dieser und vieler anderer Fürbitten heilte der Herr Vons Hämophilie nicht. Im Alter von dreiundsechzig Jahren wird er immer noch von diesen Beschwerden geplagt und leidet täglich an unbeweglichen Gelenken und all den damit zusammenhängenden Schwierigkeiten. Von nahm jahrelang jeden Tag Medikamente, nur um seine Schmerzen ertragen zu können. Doch all die Jahre hindurch war seine unbezwingbare Grundhaltung ein Zeugnis für mich und Tausende anderer.

Warum wollte der Herr diesen guten Mann nicht heilen? Ich weiß es nicht. Manche sagen, dass die, die für ihn beteten, nicht genug Glauben hatten, Joann jedoch wurde auf ihre Gebete hin geheilt.

Dieselben Menschen, die für sie beteten, beteten auch für Von. In einem Fall war die Antwort ja, im andern Fall nein. Und das Leben geht weiter. Der Herr gab keine Erklärung oder Deutung seiner Antwort; man kann nur den Schluss ziehen:»Das ist mein Wille für dich.«

Aus diesem und zahllosen anderen Geschehnissen, die sich auf dieser Welt ereignen, können wir nur einen einzigen Schluss ziehen: Gott tut, was das Beste ist, und wir müssen ihm weiterhin vertrauen, egal, wie die Sache ausgeht.

Der Frau, deren Mann vor kurzem einem Krebsleiden erlag, möchte ich ein Wort der Ermutigung zusprechen: Der Vater im Himmel hat Ihre Lebenslage nicht aus den Augen verloren, auch wenn Sie den Eindruck haben, dass alles planlos drunter und drüber geht. Halten Sie inmitten dieser unbeantworteten Fragen an Ihrem Glauben fest. Eines Tages werden Sie Gottes Absichten verstehen und Sie haben die ganze Ewigkeit, mit ihm darüber zu sprechen. In der Zwischenzeit bete ich, dass der Herr Ihnen helfen wird, mit diesem tragischen Verlust, oder sollte ich besser sagen, der zeitweiligen Trennung von Ihrem Lebenspartner und Freund, fertig zu werden.

Frage 194
Ich weiß, dass Gott Wunder tun und sogar Tote auferwecken kann. Ich muss jedoch zugeben, dass es mir schwer fällt, ihm zu vertrauen, wenn ich durch dunkle Zeiten hindurch gehe. Bedeutet das, dass ich nicht genug Glauben habe?

Die meisten von uns haben Schwierigkeiten mit der Aufforderung »Sorgt euch um nichts« (Phil 4, 6), wenn wir durch Ereignisse in unserem Leben erschüttert oder in Angst versetzt werden. Wir können jedoch lernen, Gott Gott sein zu lassen und seine Führung und sein Urteil anzunehmen. Um auf Ihre Frage zu antworten, denke ich, Sie verwechseln vielleicht die Begriffe Glaube und Vertrauen. Eine sehr alte Geschichte verdeutlicht den Unterschied zwischen beiden anschaulich: Stellen Sie sich vor, Sie stehen vor den herrlichen, aber gefährlichen Niagarafällen an der Grenze zwischen Kanada und dem Staat New York. Nehmen wir an, ein Zirkusartist hat ein Seil über die Fälle gespannt und hat vor, einen Schubkarren auf die andere Seite zu schieben. Wenn er das Gleichgewicht verliert, wird er gewiss ertrinken oder von den tosenden Wassern zermalmt werden. Kurz bevor er auf das Seil steigt, wendet sich der Akrobat an Sie und fragt:»Denken Sie, ich kann dieses Kunststück vollbringen?«

Sie antworten, dass ihm sein Ruhm vorausgeeilt ist und dass Sie hundertprozentig davon überzeugt sind, dass er fähig ist, auf dem Drahtseil zu gehen. Mit anderen Worten, Sie haben den Glauben, dass er es schafft.

Aber dann sagt er:»Wenn Sie wirklich glauben, dass ich es tun kann, dann setzen Sie sich doch in den Schubkarren und begleiten mich auf die andere Seite.« Wenn Sie diese Aufforderung annehmen, wäre das ein Beispiel von außergewöhnlichem Vertrauen.

Für manche unter uns ist es nicht schwierig zu glauben, dass Gott mächtige Taten vollbringen kann. Schließlich schuf er das ganze Universum aus dem Nichts. Er hat die Macht, alles zu tun, was er will. Der Glaube an ihn kann sehr unproblematisch sein.

Vertrauen jedoch geht einen Schritt weiter. Es schließt ein gewisses Risiko ein. Es erfordert, dass wir uns voll und ganz darauf verlassen, dass er seine Verheißungen hält, auch wenn es keine Beweise dafür gibt. Es bedeutet, weiter zu glauben, auch wenn alles für das Gegenteil spricht. Ja, es bedeutet, in den Schubkarren zu steigen und die gefahrvolle Fahrt über die Wasserfälle anzutreten. Ich bin davon überzeugt, dass in Krisenzeiten Glaube nicht genügt, wenn wir nicht auch bereit sind, unser Leben seiner Fürsorge anzuvertrauen. Diese Reaktion muss gelernt werden und manchen Menschen fällt sie auf Grund ihres Temperaments schwerer als anderen.

Frage 195
Glauben Sie, dass Gott heute noch Wunder tut, oder ist die Zeit übernatürlichen Eingreifens zu Ende?

Ich zweifle nicht daran, dass heute noch jeden Tag Wunder geschehen, obwohl ich argwöhnisch werde, wenn Leute versuchen, sie auf Verlangen feilzubieten. Ich durfte in meinem Leben und im Leben von Menschen, die mir nahe stehen, Zeuge von mehreren unglaublichen Zeichen von Gottes Macht werden. Eines der größten Wunder widerfuhr meinem Freund Jim Davis, als er 1970 mit seiner Familie den Yellowstone Nationalpark besuchte. Kurze Zeit danach war Jim als Gast in unserer Rundfunksendung *Focus on the Family* (Brennpunkt Familie) und erzählte unseren Hörern diese Geschichte. Er erzählte in etwa Folgendes:

Meine Frau und ich wuchsen beide in gläubigen Familien auf und hatten viel von der Macht des Gebetes gehört. Aber wir lebten nicht nach christlichen Maßstäben. Wir beteten nicht zusammen und hielten auch keine Familienandachten. Aber dann entschied sich meine Frau für ein verbindliches Leben mit Gott und begann, für mich zu beten. Sie kaufte mir eine Studienbibel und ich begann, darin zu lesen. In meinem Herzen änderte sich etwas, aber ich war geistlich noch nicht reif.

Letzten Sommer verbrachten wir mit vier anderen Ehepaaren unseren Urlaub im Yellowstone Park. Einige dieser Freunde fuhren am ersten Tag mit einem Aluminiumboot zum Fischen und eine der Damen hatte eine Forelle am Haken hängen. Sie lehnte sich hinüber, um den Fisch zu holen, da fiel ihr die Brille von der Nase. Diese sank sofort auf den Grund des Sees. Die Frau war über diesen Verlust sehr erregt, denn es war der Beginn ihres Urlaubs und ohne Brille konnte sie weder Auto fahren noch lesen. Sie bekam auch starke Kopfschmerzen, wenn sie die Brille nicht trug.

An diesem Abend sprachen alle von der Brille und wie beklagenswert der Verlust sei. Plötzlich sagte meine Frau: »Keine Panik. Jim ist ein ausgezeichneter Taucher. Er holt sie dir wieder.«

»Danke für das Kompliment«, sagte ich, »weißt du, dass der Yellowstone-See eine Uferlänge von 318 Kilometern hat und dass dort nur Nadelbäume stehen, die alle haargenau gleich aussehen? Ich habe keinerlei Anhaltspunkte, wo ihr wart, als die Brille über Bord fiel. Außerdem ist das Wasser sehr, sehr kalt, zehn Grad. Man darf dort nicht einmal Wasserski fahren. Und ich habe keinen Taucheranzug dabei, nur ein Paar Flossen und einen Schnorchel.«

Meine Einwände trafen auf taube Ohren. Unter vier Augen sagte mir meine Frau, sie würde beten, dass Gott mir helfe, die Brille zu finden.

»Ganz gewiss!«, dachte ich.

Am nächsten Morgen setzten wir uns ins Boot und fuhren etwa achthundert Meter weit auf den See hinaus. »So, wo denkt ihr, dass sie herunterfiel?«, fragte ich. »Ich glaube ungefähr hier«, sagte jemand.

Ich stieg ins Wasser, es war eisig. Ich hielt mich an einem Seil fest und das Boot zog mich über die Wasseroberfläche, während ich den Grund des Sees absuchte. Das Wasser war etwa drei Meter tief und kristallklar. Wir fuhren etwa zwanzig Meter weit, dann wendeten wir und fuhren wieder zurück. Nach etwa zwanzig Minuten Suche war ich klamm gefroren. Ich sprach ein kurzes Stoßgebet: »Herr, wenn du weißt, wo die Brille ist, würde ich mich wirklich freuen, wenn du es mir sagen würdest.« Ich war nicht davon überzeugt, dass er es wusste. Der See war sehr groß. Aber eine leise Stimme in meinem Inneren sagte: »Ich weiß genau, wo die Brille liegt. Steig ins Boot, ich bringe dich dorthin.« Nun, ich sagte keinem etwas von dieser Stimme, das wäre mir zu peinlich gewesen. Aber etwa zwanzig Minuten später flüsterte ich zitternd vor Kälte: »Herr, wenn du noch weißt, wo diese Brille ist, steige ich ins Boot.« Ich rief meinen Freunden und sagte: »Wir sind an der falschen Stelle. Fahren wir dort hinüber.«

Ich stieg ins Boot und zeigte an die Stelle, von der ich annahm, dass der Herr sie mir zeigte. Der Bootsführer sagte: »Nein, wir waren nicht so weit draußen.« Aber wir fuhren weiter und ich sagte: »Halt. Genau hier. Das ist der Ort.« Ich sprang ins Wasser zurück und schaute hinunter. Wir befanden uns genau über der Brille. Ich tauchte zum Grund und kam mit der Beute hoch. Das war eine der deutlichsten Gebetserhörungen, die ich je erlebte, und sie gab mir geistlich Auftrieb. Das war auch ein unglaubliches Zeugnis für meine Frau und alle meine Freunde. Nie werde ich diese funkelnde Brille auf dem Grund des Yellowstone-Sees vergessen.

So dramatisch diese Geschichte auch klingen mag, ich kann persönlich für ihre Richtigkeit bürgen. Viele Zeugen können sich an jenen außergewöhnlichen Tag am Yellowstone-See erinnern. Was ich nicht weiß, ist, warum der Herr sich auf diese Weise offenbaren wollte oder warum er es nicht öfter tut. Er hat zweifelsohne Pläne und Absichten, die uns verborgen sind.

Ich kann es mir nicht verkneifen, Ihnen von einem anderen Ereignis zu erzählen, das zu den interessantesten Beispielen von Gottes Eingreifen gehört, von denen ich je gehört habe. Es geschah 1945, kurz nach dem Ende des Zweiten Weltkriegs. Ein junger Vikar namens Cliff und seine Verlobte Billie wollten heiraten, obwohl sie sehr wenig Geld hatten. Es gelang ihnen, genug Geld für eine einfache Hochzeit aufzutreiben sowie für zwei Zugfahrkarten in eine Stadt, wo Cliff zusammen mit einem Freund eine Evangelisation halten sollte. Sie dachten, wenn sie diese Verpflichtung mit ihrer Hochzeitsreise verbinden, könnten sie sich die Reise leisten. Sie wollten in einem nahe gelegenen Touristenhotel wohnen.

Das Paar stieg aus dem Zug und fuhr mit dem Bus zum Hotel. Dort angekommen erfuhren sie, dass das Hotel vom Militär als Umschulungszentrum übernommen worden war. Gäste wurden keine mehr aufgenommen. Da standen sie, mit nur ein paar Dollar in der Tasche, in einer fremden Stadt. Es blieb ihnen kaum etwas übrig als zu versuchen, auf der nahe gelegenen Fernstraße per Anhalter mitgenommen zu werden. Bald hielt ein Auto und der Fahrer fragte sie, wohin sie wollten. »Wir wissen es nicht«, sagten sie und erklärten ihre missliche Lage. Der Mann war entgegenkommend und sagte, er könne ihnen vielleicht einen Vorschlag machen. Ein paar Kilometer weiter sei ein Lebensmittelgeschäft, das einer Frau gehörte, die er kannte. Sie hatte im oberen Stockwerk ein paar Zimmer, die sie vielleicht billig vermieten würde. Nun, sie konnten nicht wählerisch sein.

Die Dame vermietete ihnen ein Zimmer für fünf Dollar und sie zogen ein. Gleich am ersten Tag verbrachte die Braut den Nachmittag mit Klavierspielen und Cliff übte auf der Posaune, die er mitgebracht hatte. Die Ladenbesitzerin saß in ihrem Schaukelstuhl und lauschte der Musik. Als sie erkannte, dass beide Christen waren, schickte sie sie zu einem Bekannten, der sie einlud, den Rest ihrer Hochzeitsreise bei ihm zu verbringen. Einige Tage später erwähnte der Gastgeber, dass ein junger Evangelist in einem nahe gelegenen christlichen Konferenzzentrum bei einer Jugendveranstaltung sprechen würde. Sie wurden dazu eingeladen.

An diesem Abend wurde der Chorleiter krank und Cliff wurde gebeten, einzuspringen und die musikalische Leitung zu übernehmen. Welch ein Ereignis! Der Evangelist war ein sehr junger Mann namens Billy Graham. Der Bräutigam war Cliff Barrows. An jenem Abend lernten sie sich kennen und eine lebenslange Partnerschaft entstand daraus. Wie die christliche Welt weiß, waren Cliff und seine Frau Billie bis zu Billies Tod im Jahre 1994 Mitglieder der Billy Graham Evangelistic Association.[68] Cliff dient weiter dem Herrn bei Evangelisationen auf der ganzen Welt. Ich denke, Paul Harvey würde sagen: »Und jetzt kennen Sie ... den Rest der Geschichte.«

Ist es nicht erstaunlich, was der Herr alles tat, um die jetzt unzertrennlichen Mitarbeiter zusammenzubringen? Manche würden ihre Begegnung Zufall nennen, aber dem stimme ich nicht zu. Ich erkenne die Hand Gottes, wenn ich sie sehe.

Geschehen heute noch Wunder wie zu biblischen Zeiten? Ja, aber sie ereignen sich so, dass Glaube trotzdem notwendig ist. Sogar

Menschen, die Zeugen dieser Wunder sind, müssen sich dafür entscheiden, ob sie an ihre Stichhaltigkeit glauben oder nicht. Ich habe mich entschieden, daran zu glauben!

Frage 196
Sie schrieben über den Stolz der Menschen und dass er eine Beleidigung Gottes ist. Ich verstehe nicht ganz, was das bedeutet. Sollen wir auf unsere Leistungen und Entdeckungen nicht stolz sein? Bewundern Sie nicht die Errungenschaften der modernen Naturwissenschaft, der Medizin und der Geisteswissenschaften? Was ist an ein bisschen Selbstzufriedenheit und Selbstvertrauen auszusetzen? Will Gott, falls es ihn gibt, dass wir wie Bettler vor ihm auf den Knien rutschen?

Lassen Sie mich klarstellen, was ich sagen wollte. Als ich Professor an der Medizinischen Fakultät einer großen Universität war, musste ich über die Wunder staunen, die von der Forschung und Wissenschaft vollbracht wurden. Ich bin dankbar, dass wir in einer Zeit leben, in der riesiges Wissen allen Menschen zur Verfügung steht, die Zugang zu einem Computer oder einer Bibliothek haben. Das ist sicher ein bemerkenswerter Fortschritt. Wir haben auch guten Grund, über die Bemühungen, menschliches Leiden zu verringern und das Leben aller zu verbessern, Befriedigung zu empfinden. Gott nimmt keinen Anstoß am Fortschritt an sich.

Aber an der herrschenden Meinung, dass der Mensch Gott nicht mehr braucht, dass wir sehr gut alleine zurechtkommen, ist etwas durch und durch Böses. Noch abscheulicher ist die Philosophie des New Age, die gewöhnlichen Sterblichen einen gottähnlichen Status verleiht. New-Age-Anhänger verehren den menschlichen Verstand, als ob dieses Pfund faltiger grauer Substanz sich irgendwie selbst aus dem Nichts erschaffen hätte. Shirley MacLaines Jünger verkünden mit Ehrfurcht: »Wir machen von nur fünf Prozent unseres Gehirns Gebrauch. Stellen Sie sich vor, was möglich wäre, wenn wir unser ganzes Leistungsvermögen zum Einsatz brächten.« Diese Vergötterung des »menschlichen Leistungsvermögens« ist Unsinn. Wenn es möglich wäre, fünfundneunzig Prozent mehr Intelligenz zu nutzen, hätte bestimmt ein Gescheiter unter den fünf Milliarden, die jetzt leben, herausgefunden, wie das geht. Und auch wenn dies geschehen würde, wäre unser Gehirn doch im Vergleich mit der Weisheit und Allmacht Gottes unbedeutend.

In diesem Zusammenhang fällt mir das Wort *Arroganz* ein. Obwohl wir dank der Güte eines Gottes der Liebe leben, versucht die Menschheit systematisch, ihn als moralische Autorität des Universums zu entmachten. Wir haben seine Gebote über Bord geworfen und unsere eigenen belanglosen Begriffe und Ideen an ihre Stelle gesetzt. Die Menschen der Postmoderne kamen zu dem Schluss, dass es keine ewigen Wahrheiten, keine jenseitigen Werte und kein absolutes Recht oder Unrecht gibt. Was zu einer gegebenen Zeit recht scheint, ist *recht*. Moralische Grundsätze werden durch Meinungsumfragen bestimmt, als ob unsere vereinte Unwissenheit irgendwie Wahrheit hervorbrächte. Bei alledem haben wir den Glauben unserer Väter vergessen, der uns in Liebe überliefert und anvertraut wurde.

Natürlich ist Arroganz nichts Neues. Jesus erzählte uns von einem reichen Bauern, der Gott nicht brauchte. Er hatte sein Leben gut geplant. In diesem Jahr wurde ihm eine solche Rekordernte zuteil, dass er sie nicht einmal unterbringen konnte. Mitten in einer Welt voll Leid und Hungersnot war sein Hauptproblem Folgendes:

Und [er] sprach: Das will ich tun: ich will meine Scheunen abbrechen und größere bauen und will darin sammeln all mein Korn und meine Vorräte und will sagen zu meiner Seele: Liebe Seele, du hast einen großen Vorrat für viele Jahre; habe nun Ruhe, iss, trink und habe guten Mut!
Aber Gott sprach zu ihm: Du Narr! Diese Nacht wird man deine Seele von dir fordern; und wem wird dann gehören, was du angehäuft hast? (Lk 12, 18-20)

Dieser reiche Bauer, der sich in Selbstüberheblichkeit sonnte, erinnert mich an Superstars und Prominente von heute. Nehmen Sie
irgendeine Zeitschrift der Regenbogenpresse und der Hauch des
Stolzes schlägt Ihnen auf jeder Seite entgegen.

Wenn ich an Arroganz und Gottesverachtung denke, fällt mir der
verstorbene Rockstar John Lennon ein. Er und die anderen Beatles
rebellierten gegen alles, was heilig und sauber war. Sie waren bei den
abscheulichsten homosexuellen und heterosexuellen Sexorgien dabei
und machten den Gebrauch von Marihuana und harten Drogen in
einer ganzen Generation junger Menschen bekannt.[69] Wir leiden
immer noch unter dieser Geißel. Einige ihrer Musikstücke, so melo-
disch und durchdacht sie auch sind, spiegeln diese Dekadenz wider
und ebneten der dämonischen Enthemmung der heutigen Rock-
musikindustrie den Weg.

Lennon war auch ein unverhohlener Atheist. Eine seiner bekannten Kompositionen ist ein Lied mit dem Titel »Imagine«, das eine
Welt fordert, in der keine Religion die Menschheit zerrüttet. Lennon
war der Ansicht, dass Vaterlandsliebe und der Glaube an Gott für
Krieg und andere soziale Missstände verantwortlich sind. 1966 sagte
er Folgendes:

Das Christentum wird vergehen. Darüber brauchen wir gar nicht
diskutieren. Ich habe Recht und es wird sich herausstellen, dass
ich Recht habe. Wir sind jetzt schon bekannter als Jesus; ich weiß
nicht, was zuerst verschwinden wird, der Rock' n' Roll oder das
Christentum. Jesus war in Ordnung, aber seine Jünger waren dick
und mittelmäßig. Sie verdrehten es so, dass es für mich kaputt
ist.[70]

Wie sich erwies, war es Lennon, der ging, als er 1980 unter fünf
Kugeln zusammenbrach, die ein Psychopath in den Straßen New
Yorks abfeuerte. Jetzt muss er sich mit dem auseinandersetzen, der
sagte: »Die Rache ist mein; ich will vergelten, spricht der Herr«
(Röm 12, 19).

Jeder Mensch, egal wie intelligent er ist oder was er leistet, ist ein Narr, wenn er nicht mit dem Gott des Universums rechnet. So einfach ist es.

Frage 197
Wie können wir Gottes Willen in unserem Leben erkennen? Er spricht ja nicht mit hörbarer Stimme zu uns. Müssen wir erraten, was er will?

Das ist eine sehr wichtige Frage. Man kann Gott nicht gehorchen, wenn man nicht genau weiß, was er von einem will. Aber die meisten Menschen wissen nicht genau, wie sie seine Stimme wahrnehmen können. Sie verlassen sich auf Gefühle und Eindrücke, die unzuverlässig und gefährlich sind, wenn es darum geht, Gottes Willen zu erkennen. Gefühle sind höchst subjektiv. Sie werden von Wünschen, von Erlebnissen und Erfahrungen und davon, wie gut man letzte Nacht geschlafen hat, beeinflusst. Einige schreckliche Fehler wurden von Gläubigen gemacht, die dachten, sie hätten die Stimme des Herrn gehört.

Ich kenne einen Studenten, der mitten in der Nacht von einem Traum aufwachte und den starken Eindruck hatte, dass er eine bestimmte junge Dame heiraten sollte. Sie waren nur zweimal miteinander ausgegangen und kannten sich kaum – doch »Gott« hatte ihm zugesichert, dass »dies die Richtige ist«! Am nächsten Morgen rief er die Studentin an und erzählte ihr von seinem Eindruck. Das Mädchen fühlte nichts dergleichen, wollte aber gegen den Herrn keine Einwände erheben. Das Paar heiratete kurz darauf und litt in einer gescheiterten, unglücklichen Ehe.

Ich könnte viele ähnliche Geschichten erzählen von Leuten, die falsch verstanden, was sie für den Willen Gottes hielten. Denken Sie daran, dass Satan sich »als Engel des Lichts« (2. Kor 11, 14) verstellt, was bedeutet, dass er die Stimme Gottes nachmacht. Wenn er Sie dazu bringen kann, dass Sie auf Ihre Eindrücke unkritisch und unbedacht eingehen, dann kann er Sie verwirren und täuschen.

Wenn es um das Erkennen von Gottes Willen mit Hilfe von Gefühlen und Eindrücken geht, dann muss ich immer an den Tag denken, an dem ich meine Ausbildung an der Universität von Südkalifornien abschloss und den Doktorgrad erhielt. Mein Professor schüttelte mir die Hand und gratulierte mir und ich verließ das Universitätsgelände mit dem Preis, für den ich so hart gearbeitet hatte. Auf der Fahrt mit dem Auto nach Hause dankte ich Gott für all das Gute, das er mir im Leben getan hatte und bat ihn, mich so einzusetzen, wie er es für richtig hielt. Die Gegenwart des Herrn schien sehr greifbar, als ich mit ihm in diesem kleinen roten Volkswagen sprach.

Als ich dann abbog (ich erinnere mich genau an die Stelle), hatte ich den starken Eindruck, dass ein mir nahe stehender Mensch innerhalb der nächsten zwölf Monate sterben würde. Der Herr schien mir zu sagen, ich solle nicht verzweifeln, wenn dieser Verlust eintrete, sondern solle ihm weiter vertrauen und mich auf ihn verlassen.

Da ich nicht über Tod oder etwas anderes nachgedacht hatte, das die plötzliche Vorwarnung erklären könnte, war ich beunruhigt. Mein Herz klopfte etwas stärker, als ich überlegte, wer wohl sterben und wie das Ende eintreten würde. Als ich aber an diesem Abend nach Hause kam, erzählte ich niemandem von diesem Erlebnis.

Ein Monat verging ohne Tragödie oder Verlust eines Nahestehenden. Zwei oder drei Monate gingen hin und immer noch nicht hatte die Hand des Todes in meiner Familie zugeschlagen. Schließlich kam der Jahrestag meines morbiden Eindrucks und verging ohne Folgen. Zehn weitere Jahre verstrichen, bevor mein Vater starb und ich bin sicher, dies hatte nichts mit meiner Vorahnung in dem Volkswagen zu tun.

Im Verlauf meiner Beratungstätigkeit lernte ich, dass ein falscher Eindruck gar nicht so selten ist. Ähnliche Erlebnisse kommen häufig vor, besonders bei intuitiven Menschen, die solchen Gedanken gegenüber empfänglicher sind.

Frage 198
Wie kann man wissen, was richtig ist, wenn man sich nicht immer auf seine Gefühle verlassen kann?

Es gibt mindestens fünf Möglichkeiten, um den Willen des Herrn zu erkennen. Erstens schrieb der Apostel Paulus im Epheser-brief: »[Ich] gedenke euer in meinem Gebet, dass der Gott unseres Herrn Jesus Christus, der Vater der Herrlichkeit, euch gebe den Geist der Weisheit und der Offenbarung, ihn zu erkennen« (Eph 1, 16-17). Er hätte das nicht gesagt, wenn es nicht möglich wäre, durch Gebet geistliche Weisheit und Offenbarung zu erhalten. Deshalb sollte die Suche nach Gottes Willen auf den Knien beginnen. Dort werden Sie ihm begegnen. Jesus hat versprochen: »Bittet, so wird euch gegeben; suchet, so werdet ihr finden; klopfet an, so wird euch aufgetan« (Mt 7, 7).

Zweitens sollten Sie in der Bibel nach Grundsätzen suchen, die mit Ihrer jeweiligen Frage in Zusammenhang stehen. Der Herr wird nie etwas von Ihnen verlangen, das moralisch falsch oder im Wider-spruch zu seinem Wort steht. Wenn das, was Sie ins Auge fassen, einer Aussage der Bibel widerspricht, können Sie es vergessen.

Drittens ist es hilfreich, Rat von Menschen zu suchen, die geistlich reif und im Glauben gefestigt sind. Ein gläubiger Berater oder Pastor kann Ihnen helfen, Fehler zu vermeiden, die junge Menschen häufig verwirren.

Viertens sollten Sie genau auf sogenannte »Schicksalsfügungen« achten. Der Herr spricht oft durch Türen, die sich öffnen oder schlie-ßen. Wenn Sie bei einer bestimmten Sache auf allen Seiten blockiert sind, sollten Sie die Möglichkeit ins Auge fassen, dass Gott andere Pläne für Sie hat. Ich meine damit nicht, dass Sie beim ersten Hindernis aufgeben, sondern dass Sie versuchen sollen, die Ereignisse in Ihrem Leben nach Beweisen von Gottes Einfluss zu »durchforschen«.

Fünftens und letztens, tun Sie nichts übereilt. Geben Sie Gott die Möglichkeit zu sprechen. Schlagen Sie, bis es soweit ist, Zeit heraus und konzentrieren Sie sich auf die ersten vier Ratschläge.

Außer diesen fünf Schritten, die helfen, Gottes konkreten Willen zu erkennen, kann ich Ihnen jetzt sagen, was sein allgemeiner Wille für alle von uns ist. Die Bibel gibt allen Gläubigen denselben Auftrag, der auch das große Gebot genannt wird. Wir finden diesen Auftrag in den Worten Jesu: »Gehet hin in alle Welt und predigt das Evangelium aller Kreatur« (Mk 16, 15). Diese Verantwortung gilt uns allen. Unsere Aufgabe als Gläubige ist es, so vielen Menschen wie möglich zu sagen, dass Jesus Christus für unsere Sünden am Kreuz starb und denen, die an seinen Namen glauben, ewiges Leben anbietet. Egal, wo Ihr Platz ist, ob Sie Zahnarzt, Lkw-Fahrer, Künstler, Autohändler oder Hausfrau sind, es wird von Ihnen erwartet, dass Sie diese Stellung als Ausgangspunkt für das Zeugnis für den Herrn benutzen.

Frage 199

Immer wenn Christen über Schmerz und Leiden sprechen, kann man damit rechnen, dass jemand Römer 8,28 zitiert: »Wir wissen aber, dass denen, die Gott lieben, alle Dinge zum Besten dienen, denen, die nach seinem Ratschluss berufen sind.« Aber wie kann das wörtlich stimmen? Sie haben eingeräumt, dass Gläubige dieselben Leiden durchmachen wie Ungläubige. Wie kann man also sagen, dass alle ihre Schwierigkeiten irgendwie »zu ihrem Besten dienen«?

Zunächst muss man zu dieser Bibelstelle anmerken, dass Paulus nicht sagte, dass alles gut oder bestens ist. Er behauptet nicht, dass Tod, Krankheit und Schmerz in Wirklichkeit erfreuliche Dinge in Verkleidung sind. Aber er sagte uns, dass Gott versprochen hat, diese Nöte in die Hand zu nehmen und Gutes aus ihnen hervorzubringen. Solange alles, was mit mir geschieht, mit dem vollkommenen Willen Gottes übereinstimmt, habe ich keinen Grund zur Furcht – sogar wenn es mich das Leben kosten sollte. Es gehört zu unserem Glauben, dass wir darauf vertrauen, dass er das Beste tut, auch wenn es unseren Wünschen und den gängigen Meinungen widerspricht.

Ich werde die Frage von einer anderen Seite her beantworten. Die Gesetze der Physik besagen, dass Energie im Universum nie verloren geht. Sie wird nur von einem Zustand in einen anderen verwandelt. So ist es auch mit der menschlichen Erfahrung. Nichts geht je völlig verloren. Gott benutzt jedes Geschehen, um seine göttlichen Ziele zu erreichen. Der Missionar Jim Elliot und seine Begleiter wurden zum Beispiel von den Waorani-Indianern in Ecuador mit Speeren durchbohrt und umgebracht. Ihr Opfer schien eine entsetzliche Tragödie zu sein und ein sinnloser Verlust von Menschenleben. Aber in Gottes Plan hatte es einen Zweck. Jeder dieser Indianer lernte in den folgenden Jahren Jesus Christus als seinen persönlichen Retter kennen. Das Evangelium fasste in diesem Stamm festen Fuß. Deshalb werden sich Elliot und die Missionare, die ihn begleitet hatten, in der Ewigkeit zusammen mit den Männern freuen, die ihnen das Leben nahmen. Das ist »gut«. Römer 8, 28 muss also vom Blickwinkel der Ewigkeit her verstanden werden und nicht vom zeitlichen, irdischen Standpunkt aus.

Ich möchte jetzt noch ein Beispiel erzählen, das in unserem Land geschah. Vor einigen Monaten erhielten wir in *Focus on the Family* einen Anruf von einem Herrn Greg Krebs. Er wollte mir etwas ausrichten lassen und erzählte der Telefonistin Folgendes: Herr Krebs und seine Frau haben einen einundzwanzig Jahre alten Sohn namens Chris, bei dem die Ärzte zu einem Schwangerschaftsabbruch geraten hatten, als er noch nicht geboren war. Sie beschlossen, dem Kind das Leben zu schenken, und er wurde mit einer Zerebrallähmung geboren. Er ist auch geistig sehr zurückgeblieben. Seine Eltern bereuen ihre Entscheidung, ihn in die Welt gesetzt zu haben, nicht, weil sie glauben, dass jedes Leben wertvoll ist. Sie sind für diesen Sohn dankbar, der ihr Leben auf seine warmherzige und wunderbare Art beeinflusst hat.

»Gott hat ihn gebraucht, wie er ist«, sagte Herr Krebs.

Dann beschrieb er etwas, das geschah, als Chris erst sieben Jahre alt war. Er sagte:»Meine Frau arbeitete damals in einem Krankenhaus und ich nahm Chris mit, um sie abzuholen. Sie musste noch etwas länger arbeiten, also warteten Chris und ich in einem der Wartezimmer für Familienangehörige. Ein anderer Mann saß auch noch da. Er war nicht gut gekleidet und roch auch schlecht. Ich ging zum Schwesternzimmer, um zu fragen, wie lange meine Frau noch bleiben müsse, und als ich zurückkam, sah ich, dass Chris bei dem Mann saß. Der Mann schluchzte, und ich fragte mich, was Chris getan hatte, um ihn zu kränken. Ich begann mich zu entschuldigen.

›Es tut mir leid, wenn mein Sohn Sie gekränkt hat‹, sagte ich.

Der Mann antwortete: ›Mich gekränkt? Mich gekränkt? Ihr Sohn ist der einzige Mensch seit zwanzig Jahren, der mich umarmt hat!‹

Ich erkannte in diesem Augenblick, dass Chris mehr christusähnliche Liebe zu diesem Mann hatte als ich.«

Danke, Herr und Frau Krebs, dass Sie Ihren Sohn trotz seiner Grenzen lieben und wertschätzen. Ich stimme Ihnen von ganzem Herzen darin zu, dass es in Gottes Wertsystem keinen »Ausschuss« gibt. Er liebt jeden gleich, und er gebraucht jeden – auch die schwer geistig Behinderten – um einen Teil seines Zieles zu erreichen. Er wird auch Ihren Schmerz gebrauchen, auch wenn es nicht immer sofort möglich ist, das zu verstehen.

Kurz zusammengefasst lautet meine Behauptung: Wenn wir uns unter den souveränen Willen Gottes beugen, können wir voll Zuversicht sagen, dass alle Dinge, ja, alle Dinge »zum Besten dienen denen, die nach seinem Ratschluss berufen sind«.

Frage 200
Ich habe oft gehört, dass Gott uns nicht verlässt, wenn wir durch die Feuerprobe gehen. Aber ich weiß nicht, was das wirklich bedeutet. Sie sagten, dass er uns einige schwere Zeiten erleben lässt. Was können wir in Krisenzeiten von ihm erwarten?

Mir fehlen die Worte, um auszudrücken, was in Zeiten persönlicher Krisen mit den Getreuen geschieht. Sagen wir einfach, dass inmitten des Chaos oft die ruhige Gewissheit besteht, dass der Herr da ist und dass er Herr der Lage ist. Millionen von Menschen berichteten von dieser ständigen Gegenwart, als ihr Leben praktisch zusammenstürzte. Zu anderen Zeiten lässt er uns im kritischen Moment, wenn wir es am meisten brauchen, Zeichen seiner Liebe sehen.

Ich erinnere mich noch an die schwere Zeit, als 1987 vier sehr gute Freunde von mir bei dem Absturz eines Privatflugzeugs ums Leben kamen. Noch am Abend zuvor waren wir zusammen und ich hatte für ihre sichere Rückreise gebetet. Früh am nächsten Morgen flogen sie nach Hause zurück, kamen aber nie an. Ich werde nie den Anruf vergessen, in dem ich erfuhr, dass das Wrack in einem fernen Cañon gefunden worden war und dass es keine Überlebenden gab. Ich liebte diese Männer wie Brüder und war von diesem Verlust erschüttert.

Zwei der Familien baten mich, bei der Beerdigung kurz zu sprechen. Der vorzeitige Tod von solch lebensprühenden und tief geliebten Männern schien geradezu nach einer Erklärung zu schreien. Wo war Gott, als sie abstürzten? Warum ließ er das geschehen? Warum nahm er diese gläubigen Männer ihren Familien weg, die in Gram und Schmerz gebeugt waren? Es gab keine Antworten auf diese quälenden Fragen und ich versuchte nicht, welche zu konstruieren. Aber ich sagte, dass Gott nicht die Herrschaft über ihr Leben verloren hat und dass er will, dass wir ihm vertrauen, auch wenn wir nichts verstehen. Seine Gegenwart war greifbar.

Als wir an diesem Tag das Gotteshaus verließen, stand ich noch mit Freunden und Bekannten zusammen, die sich verabschieden wollten, und sprach mit ihnen. Plötzlich zeigte jemand zum Himmel und rief: »Schaut!« Direkt über dem Kirchturm hing ein kleiner Regenbogen in der Form eines Lächelns. An diesem Tag hatte es nicht geregnet, und es waren höchstens ein paar Schäfchenwolken am Himmel. Und doch erschien dieser schöne kleine Regenbogen über der Kirche. Später erfuhren wir, dass er fast während des gesamten Trauergottesdienstes dort schwebte. Es war, als würde der Herr den trauernden Frauen und Kindern sagen:»Friede sei mit euch. Eure Männer sind bei mir und alles ist gut. Ich weiß, dass ihr das nicht versteht, aber ich möchte, dass ihr mir vertraut. Ich werde für euch sorgen und dieser Regenbogen ist das Zeichen, das euch daran erinnert.«

Einer der Umherstehenden war so geistesgegenwärtig, in diesem Moment ein Photo zu machen. Als es entwickelt war, sahen wir, was damals niemand erkannt hatte. Da, fast in der Mitte des Regenbogens, lag wie in einer Wiege ein kleines Privatflugzeug.

Zyniker und Ungläubige werden sagen, dass der Regenbogen und das Flugzeug ein zufälliges Zusammentreffen ohne geistliche Bedeutung war. Sie haben das Recht auf ihre Meinung. Aber für jedes Mitglied der leidgeprüften vier Familien und ganz sicher für mich benutzte der Herr dieses Zeichen, um uns alle mit seinem Frieden zu erfüllen. Er hat sein Versprechen gehalten, für diese vier mutigen Witwen und ihre Kinder zu sorgen.

Beispiele von Gottes Gegenwart und Zusicherungen in Zeiten des Unglücks könnten viele Bücher füllen. Wir finden folgende Verheißung in der Heiligen Schrift:»Dennoch bleibe ich stets an dir; denn du hältst mich bei meiner rechten Hand, du leitest mich nach deinem Rat und nimmst mich am Ende mit Ehren an. Wenn ich nur dich habe, so frage ich nichts nach Himmel und Erde. Wenn mir gleich Leib und Seele verschmachtet, so bist du doch, Gott, allezeit meines Herzens Trost und mein Teil« (Ps 73, 23-26)).

Frage 201
Zeitweilig fühle ich mich dem Herrn sehr nahe und ich spüre, dass er mein Leben gutheißt. Dann wieder habe ich den Eindruck, dass er Millionen Kilometer von mir entfernt ist. Wie kann es in meinem geistlichen Leben Beständigkeit geben, wenn die Zusicherung und Gegenwart des Herrn so unbeständig sind?

Seine Gegenwart ist nicht unbeständig. Ihre Wahrnehmung von Gott ist, was kommt und geht. Wenn Ihr geistlicher Wandel von der Ebbe und Flut Ihrer Gefühle abhängt, schlingert und stampft Ihr Vertrauen wie ein Schiff auf stürmischer See. Sehr wenig im Menschenleben ist so unzuverlässig wie unsere Gefühle, die jeden Tag anders sind. Deshalb muss unser Glaube auf einen festen Willensentschluss, auf unser Gebet, auf die Gemeinschaft der Gläubigen und ein gründliches Studium der Heiligen Schrift gegründet sein.

Noch etwas anderes ist äußerst wichtig, wenn man Gottes Eingreifen in die Angelegenheiten der Menschen verstehen will. Es geht um den natürlichen Rhythmus unseres Lebens – den dauernden Wechsel von Gefühlen und Gegebenheiten von positiv zu negativ und wieder zu positiv. Selten erleben wir mehr als zwei Wochen Ruhe, bis wieder etwas schief läuft. Entweder wird das Dach undicht oder das Auto hat einen Getriebeschaden oder die Kinder bekommen Windpocken oder das Geschäft erleidet einen Rückschlag. Mark Twain sagte, das Leben sei nur ein verflixtes Ding nach dem anderen. So ist es eben in dieser unvollkommenen Welt.

Wenn es ein Trost für diejenigen unter Ihnen ist, die auf der Achterbahn der Gefühle ständig auf und ab gezogen werden, dann denken Sie daran, dass wir der Bibel entnehmen können, dass sogar Jesus diese Schwankungen erlebte. Sein Dienst begann offiziell am Jordan, als er von Johannes dem Täufer getauft wurde. Das muss der fröhlichste Tag seines dreißigjährigen Erdenlebens gewesen sein. Aus Matthäus 3, 16-17 erfahren wir: »Und als Jesus getauft war, stieg er alsbald herauf aus dem Wasser. Und siehe, da tat sich ihm der Himmel auf, und er sah den Geist Gottes wie eine Taube herabfahren und über sich kommen. Und siehe, eine Stimme vom Himmel herab sprach: Dies ist mein lieber Sohn, an dem ich Wohlgefallen habe.«

Welch unglaubliches Erlebnis muss das für den jungen Messias gewesen sein. Mit Worten kann man nicht beschreiben, was es bedeutete, vom Vater auf diese Weise eingesetzt und gesegnet zu werden. Aber achten Sie darauf, dass bereits im nächsten Vers steht: »Da wurde Jesus vom Geist in die Wüste geführt, damit er von dem

Teufel versucht würde« (Mt 4, 1). Ist es nicht interessant, dass Jesus vom gefühlsmäßig beglückendsten Erlebnis seines Lebens direkt in eine der schrecklichsten Prüfungen geführt wurde – einen vierzig Tage dauernden Kampf mit dem Satan? Achten Sie auch darauf, dass er nicht in die Wüste ging. Es war auch nicht sein eigener Plan, dorthin zu gehen. Er wurde vom Geist dahin geführt, damit er vom Teufel versucht würde!

Die Erhöhung in Jesu Leben war nur der Anfang. Gewissermaßen war sein ganzer Dienst durch diese Schwankungen geprägt. Nach seiner schwierigen Zeit in der Wüste lobhudelte ihm das Volk, da sich das Gerücht verbreitet hatte, ein »Prophet« sei in ihrer Mitte. Können Sie sich die hysterischen Auftritte ausmalen, als Kranke und Behinderte sich drängten, um an ihn heranzukommen?

Dann begannen die Hohenpriester und Pharisäer, Pläne zu schmieden, um Jesus zu töten. Er wurde ein gehasster Mann und schließlich ein gesuchter Verbrecher. Sie versuchten, ihn überall, wo er war, in Verlegenheit zu bringen oder einzuschüchtern. Das Lob der einfachen Leute und die Feindschaft der religiösen Führer wechselten einander ab.

Kommen wir nun zu den Ereignissen an Jesu letzten Tagen auf Erden. Als er sich Jerusalem näherte, kam die Volksmenge, um ihn zu begrüßen; sie riefen: »Hosianna! Gelobt sei, der da kommt in dem Namen des Herrn, der König von Israel« (Joh 12, 13). Einige Tage später jedoch durchlitt er die schreckliche Prüfung seiner Verfolgung und seines Prozesses. Dasselbe Volk, das ihn verehrt hatte, verlangte jetzt seine Hinrichtung. Dann wurde er auf Golgatha zwischen zwei Dieben gekreuzigt. Auf diesen dunkelsten Tag der Menschheitsgeschichte folgte nach drei Tagen die wunderbarste Nachricht, die die Menschheit jemals erfahren hat. Bald darauf, an Pfingsten, erhielten hundertzwanzig Jünger die Taufe des Heiligen Geistes und die Gemeinde war geboren. Darauf folgte die schreckliche Verfolgung der Heiligen und das Märtyrertum vieler. An einem Tag gab es gute Nachrichten, am anderen schlechte. Jakobus wurde umgebracht, aber Petrus gerettet. Die frühen Christen erlebten glückliche Augenblicke und Tiefschläge, während sie am Aufbau der Kirche arbeiteten. Was ich anhand des ständigen Auf und Ab im Dienst Jesu zeigen wollte, ist, dass es in dieser unvollkommenen Welt keine Beständigkeit oder Berechenbarkeit gibt. So ist es auch für Sie und mich. Wir müssen uns auf Unerwartetes, auf Beunruhigendes, auf Ärgerliches gefasst machen. An einem Tag werden wir hoch über allem stehen und am nächsten Tag ganz unten liegen. Woher kommt aber Beständigkeit in diese auf den Kopf gestellte, chaotische Welt? Wir finden sie, wenn wir unseren Glauben auf den unveränderlichen, ewigen Herrn setzen, dessen Verheißungen nie ausbleiben und dessen Liebe allumfassend ist. Unsere Freude und unsere Hoffnung können so unwandelbar wie der Sonnenaufgang sein, sogar wenn das Geschehen um uns herum sich von wunderbar in tragisch verwandelt. Das lehrt uns die Bibel, und sein Frieden ist für alle da, die ihn haben wollen.

Geschwisterrivalität

**Warum müssen meine Kinder die ganze Zeit streiten? Ich habe
drei Kinder und sie machen mich verrückt. Warum können sie
nicht nett miteinander sein?**

Gute Frage! Ich kann dazu nur sagen, dass es Geschwisterrivalität schon sehr lange gibt. Sie war die Ursache für den ersten schriftlich niedergelegten Mord (als Kain Abel umbrachte) und trat seither im Grunde genommen in jeder Familie mit zwei Kindern auf. Die eigentliche Quelle dieses Konfliktes ist die altbekannte Eifersucht und Konkurrenz zwischen Kindern. Marguerite und Willard Beecher schrieben in ihrem Buch *Parents on the Run*, dass dieser Kampf unvermeidlich ist. Ich zitiere:

Früher glaubte man, wenn Eltern einem Kind erklären, dass es bald einen kleinen Bruder oder eine kleine Schwester bekommt, dann würde es das Baby nicht ablehnen. Dem Kind wurde gesagt, seine Eltern hätten so viel Freude an ihm gehabt, dass sie ihr Glück noch steigern wollten. Dadurch sollte eifersüchtige Konkurrenz und Rivalität vermieden werden. Es funktionierte nicht. Warum sollte es auch? Wenn ein Mann seiner Frau sagt, er liebe sie so sehr, dass er vorhabe, eine andere Frau nach Hause zu bringen, um »sein Glück zu steigern«, dann würde sie bestimmt auch nicht gegen Eifersucht gefeit sein. Im Gegenteil, der Kampf würde erst recht beginnen – genau wie das bei Kindern der Fall ist.[71]

Frage 203

Wenn Eifersucht unter Kindern so üblich ist, wie können dann Eltern die natürliche Feindseligkeit, die Kinder für ihre Geschwister empfinden, auf ein Mindestmaß verringern?

Hilfreich ist es, Situationen zu vermeiden, in denen einer es nicht mit dem anderen aufnehmen kann. Kinder reagieren äußerst dünnhäutig auf den Aspekt der Konkurrenz in ihrer Beziehung zueinander. Die Frage ist nicht: »Wie gut bin ich?«, sondern »Wie gut bin ich verglichen mit Hans oder Stefan oder Marion?« Es ist nicht wichtig, wie schnell ich laufen kann, sondern wer als Erster die Ziellinie passiert. Einem Jungen ist es egal, wie groß er ist, aber er ist brennend daran interessiert, wer der Größte ist. Jedes Kind misst sich systematisch mit seinen Altersgenossen und reagiert sehr empfindlich auf Versagen innerhalb der eigenen Familie. Deshalb sollten sich Eltern davor hüten, Vergleiche anzustellen, bei denen ein Kind in der Regel besser abschneidet.

Vielleicht kann ich das anhand eines Bildes verdeutlichen. Als ich etwa zehn Jahre alt war, spielte ich gerne mit ein paar Hunden, die zwei Familien aus der Nachbarschaft gehörten. Einer war ein schwarzer Scotchterrier, der gerne hinter Tennisbällen herjagte. Der andere war eine Bulldogge mit einem berüchtigt unangenehmen Charakter. Eines Tages, als ich den Ball dem Scotchterrier zuwarf, kam ich auf den Gedanken, den Ball auch einmal in die Richtung des alten Griesgrams zu werfen. Das war nicht sehr klug von mir. Der Ball rollte unter die Bulldogge, die den Scotchterrier an der Kehle packte, als dieser versuchte, den Ball zu holen. Es war ein schrecklicher Anblick. Die Nachbarn rannten herbei, als der Scotchterrier vor Schmerzen aufheulte. Erst nach zehn Minuten und mit Einsatz eines Gartenschlauchs gelang es, den Griff der Bulldogge zu lockern und bis dahin war der Scotchterrier schon halbtot. Er verbrachte zwei Wochen in der Tierklinik und ich zwei Wochen »in Ungnade«. Heute noch tut es mir Leid, dass ich damals den Ball geworfen habe.

Ich dachte oft über dieses Erlebnis nach und erkannte, inwieweit es auch auf zwischenmenschliche Beziehungen Anwendung findet. Es ist in der Tat sehr einfach, einen Streit zwischen Menschen heraufzubeschwören. Man braucht nur, bildlich gesprochen, dem Aggressiveren von beiden einen Ball zuzuwerfen und sich auf den darauf folgenden Kampf gefasst machen. Das geschieht, indem man negative Kommentare, die einer abgegeben hat, wiederholt oder indem man einen in Gegenwart des anderen aufzieht. Im Geschäftsleben geschieht das, wenn man zwei Managern Bereiche zuweist, die sich überschneiden. Sie werden einander in einem unvermeidlichen Konkurrenzkampf in Stücke zerreißen. Leider geschieht das jeden Tag. Dieses Prinzip gilt auch für Geschwister. Es ist außerordentlich leicht, sie zu Todfeinden zu machen. Dazu braucht nur ein Vater oder eine Mutter einen Ball in die falsche Richtung zu werfen. Ihre natürliche Feindseligkeit besorgt dann den Rest.

Frage 204
Welches sind die denkbaren Konfliktbereiche, die mit Vorsicht zu behandeln sind? Wie kann man die Bulldogge und den Scotchterrier getrennt halten?

Es gibt drei Bereiche, die besonders heikel sind. Erstens sind Kinder besonders empfindlich, was gutes Aussehen und körperliche Eigenschaften betrifft. Es ist höchst brisant, ein Kind auf Kosten des anderen lobend zu erwähnen. Nehmen wir zum Beispiel an, dass Susanne folgende beiläufige Bemerkung über ihre Schwester hört: »Bettina wird einmal ein großartiges Mädchen.« Allein die Tatsache, dass Susanne nicht erwähnt wird, macht wahrscheinlich beide Mädchen zu Rivalen. Wenn zwischen beiden ein bedeutender Schönheitsunterschied besteht, können Sie sicher sein, dass Susanne bereits den Schluss gezogen hat: »Ja, ich bin die Hässliche.« Wenn ihre Befürchtungen dann von ihren Eltern bestärkt werden, entstehen Groll und Eifersucht.

Unter jungen Menschen in Europa und Amerika ist Schönheit der wichtigste Faktor bei der Bestimmung des Selbstwertgefühls. Eltern sollten sorgfältig prüfen, was sie in Hörweite von Kindern diesbezüglich äußern. Es hat die Macht, Hass unter Brüdern und Schwestern zu säen.

Zweitens ist Intelligenz ein empfindlicher Punkt, der vorsichtig zu behandeln ist. Es ist nicht ungewöhnlich, dass Eltern vor ihren Kindern sagen: »Ich denke, der Jüngere ist gescheiter als sein Bruder.« Erwachsene können kaum verstehen, welche Wirkung diese Art Beurteilung auf das Gemüt eines Kindes hat. Auch wenn die Bemerkungen ungeplant sind und ohne Überlegen dahergesagt werden, drücken sie aus, wie ein Kind in der Familie gesehen wird. Gegen solche Bekundungen sind wir alle allergisch.

Drittens, für Kinder (und vor allem Jungen) sind sportliche Fähigkeiten äußerst wichtig. Diejenigen, die langsamer, schwächer und weniger gut koordiniert sind als ihre Brüder, können das Etikett »Zweitbester« nur selten mit Anstand und Würde akzeptieren. Bedenken Sie zum Beispiel folgendes Briefchen, das mir die Mutter von zwei Jungen gab. Ihr neunjähriger Sohn hatte es seinem achtjährigen Bruder an einem Abend geschrieben, nachdem der Jüngere ihn bei einem Wettlauf besiegt hatte.

Lieber Jochen,
ich bin der Größte und du der Schlechteste. Und ich kann jeden beim Wettlauf besiegen. Ich bin der Schlauste und du der Dümmste. Ich bin der beste Sportler und du der schlechteste Sportler. Ich kann jeden verdreschen. Das ist die Wahrheit. Und das ist das Ende der Geschichte.
Gruß, Richard.

Dieses Briefchen finde ich lustig, weil Richards Beweggrund so schlecht verstellt ist. Seine Demütigung auf dem Ehrenfeld hat ihn sehr gekränkt, also hisste er zu Hause die Kampfflagge. Wahrscheinlich sucht er in den nächsten acht Wochen nach Gelegenheiten,

Jochen an seinen verwundbaren Stellen zu treffen. So ist die menschliche Natur.

Frage 205

Meine ältere Tochter ist eine hervorragende Schülerin, die Jahr um Jahr ein Zeugnis voller Einser nach Hause bringt. Ihre jüngere Schwester, die jetzt in die sechste Klasse geht, ist an der Schule völlig desinteressiert und gibt sich nicht die geringste Mühe. Das Schlimme an der ganzen Sache ist, dass die Jüngere wahrscheinlich intelligenter ist als ihre große Schwester. Woran liegt es, dass sie ihre Fähigkeiten nicht nutzt?

Ihr schulisches Desinteresse kann viele Ursachen haben. Wahrscheinlich liegt es an Folgendem: Kinder lassen sich oft auf keinen Konkurrenzkampf ein, wenn sie von vornherein davon überzeugt sind, dass sie doch nur den zweiten Platz belegen werden. Ein jüngeres Kind wird es deshalb sorgfältig vermeiden, den älteren Bruder oder die ältere Schwester auf den Gebieten herauszufordern, auf denen die Älteren Hervorragendes leisten. Wenn Sohn Nummer Eins ein großer Athlet ist, dann wird Sohn Nummer Zwei möglicherweise lieber Schmetterlinge sammeln. Wenn Tochter Nummer Eins eine begabte Klavierspielerin ist, dann ist das vielleicht der Grund dafür, dass Tochter Nummer Zwei nur hinter Jungs her ist.

Natürlich gilt diese Regel nicht in allen Fällen. Es kommt darauf an, wie groß die Furcht des Kindes vor Versagen ist und wie es seine Chancen bei einem Wettstreit einschätzt. Wenn es großes Selbstvertrauen besitzt, dringt es vielleicht erst recht in den Bereich des älteren Bruders ein, entschlossen, ihn zu übertreffen. Die typische Reaktion besteht allerdings darin, neue Gebiet der Kompensation zu suchen, die noch nicht von einem Familienstar beherrscht werden.

Wenn dies die Erklärung für das Verhalten Ihrer jüngeren Tochter ist, sollten Sie von ihr keine erstklassigen Schulleistungen verlangen.

Jedes Kind ist aus anderem Holz geschnitzt – und wir können sie nicht zwingen, gleichartig zu sein.

Frage 206
Manchmal habe ich den Eindruck, dass sich meine Kinder nur streiten und zanken, um meine Aufmerksamkeit zu erregen. Wie soll ich mich verhalten, wenn dies der Fall ist?

Wahrscheinlich haben Sie mit Ihrer Vermutung Recht. Geschwisterrivalität ist oft ein Mittel, um die Eltern zu manipulieren. Streit und Zank gibt beiden Kindern eine Gelegenheit, die Aufmerksamkeit der Erwachsenen zu »ergattern«. Ich las einmal: »Manchen Kindern ist ungute Aufmerksamkeit lieber als gar keine Aufmerksamkeit.« Böswillige Kinder können sich deshalb stillschweigend darin einig werden, ihre Eltern zu reizen, bis sie eine Reaktion bekommen – auch wenn sie unangenehm ausfällt.

Ein Vater erzählte mir, dass sich sein Sohn und sein Neffe zankten und dann mit den Fäusten aufeinander losschlugen. Beide Väter waren in der Nähe und beschlossen, den Streit seinen natürlichen Gang nehmen zu lassen. Während der ersten Kampfpause warf einer der Jungen einen schnellen Blick zu den tatenlosen Männern hin und sagte: »Hält uns keiner auf, bevor wir uns verletzen?« Wie Sie sehen, wollte keiner der Jungen den Streit. Ihr gewaltsamer Kampf stand in direkter Beziehung zur Gegenwart der beiden Erwachsenen und wären die Jungen alleine gewesen, wäre alles ganz anders gelaufen. Auf diese Art und Weise »erzwingen« Kinder die Aufmerksamkeit und das Eingreifen ihrer Eltern.

Ob Sie es glauben oder nicht, dieser Art Geschwisterrivalität ist am leichtesten beizukommen. Die Eltern müssen nur das Verhalten für jeden Beteiligten unrentabel machen. Ich schlage vor, Sie besprechen das Problem (zum Beispiel einen Morgen lang Zänkerei) mit den Kindern und sagen: »Hört mal zu. Wenn ihr beide euch zanken und heruntermachen wollt, bitte sehr [vorausgesetzt, beide sind etwa gleich stark]. Geht hinaus und streitet, bis ihr genug habt, aber nicht vor meinen Augen und Ohren. Damit ist Schluss! Und ihr wisst, dass ich es ernst meine. Verstanden?«

Nachdem die Grenzen klar festgelegt sind, würde ich entschlossen handeln, sobald einer der Jungen wieder mit dem Zanken beginnt. Wenn sie getrennte Zimmer haben, würde ich ein Kind mindestens eine halbe Stunde lang in sein Zimmer schicken, damit es sich ohne Radio, Computer oder Fernsehen gründlich langweilt. Oder ich würde einen beauftragen, die Garage sauber zu machen oder den Rasen zu mähen. Oder ich würde ihnen einen Mittagsschlaf verordnen. Mein Ziel dabei wäre, ihnen klar zu machen, dass es mir ernst ist, wenn ich das nächste Mal um Frieden und Ruhe bitte.

Man braucht wirklich nicht zulassen, dass Kinder einem die Freude am Leben vergällen. Und man kann es kaum glauben, aber Kinder sind am glücklichsten, wenn ihre Eltern mit Liebe und Würde vernünftige Grenzen festsetzen.

Frage 207

Ich habe immer sorgfältig darauf geachtet, mit meinen Kindern gerecht zu sein und ihnen keinen Anlass zu geben, aufeinander böse zu sein. Trotzdem streiten sie fortwährend. Was kann ich tun?

Das Problem muss daran liegen, dass Sie zu Hause nicht genügend für Disziplin sorgen. Geschwisterrivalität ist am schlimmsten, wenn Gerechtigkeit zwischen den Kindern unzureichend durchgesetzt wird – wenn ein »Gesetzesbrecher« nicht ertappt wird oder, falls er erwischt wird, ungestraft davonkommt. In einer Gesellschaft werden Gesetze erlassen und durchgesetzt, um Menschen voreinander zu schützen. Dementsprechend ist die Familie eine Gesellschaft im Kleinen, in der die Menschenrechte ebenso geschützt werden müssen.

Nehmen wir zur Veranschaulichung an, dass ich in einer Grenzstadt wohne, in der es keine Gesetze gibt. Es gibt keine Polizisten und keine Gerichte, an die man sich bei Meinungsverschiedenheiten wenden kann. Unter diesen Umständen können mein Nachbar und ich einander ungestraft Schaden zufügen. Er kann meine Pferde stehlen und Steine durch meine Fenster werfen, während ich die Äpfel von seinem Lieblingsbaum raube und nachts seinen Pflug wegnehme. Diese gegenseitige Feindseligkeit eskaliert jeden Tag etwas mehr und wird im Laufe der Zeit immer gewalttätiger. Wenn man den Dingen ihren Lauf lässt, wie das zu Beginn der Geschichte Amerikas der Fall war, kann das Endergebnis Sippenhass und Blutrache sein.

Wie ich bereits sagte, brauchen Familien Recht und Ordnung, ähnlich wie Gesellschaften. Wenn es keine Rechtsprechung gibt, beginnen »benachbarte« Geschwister, einander anzugreifen. Das ältere Kind ist größer und widerstandsfähiger und kann deshalb seine jüngeren Brüder und Schwestern unterdrücken. Aber das jüngste Familienmitglied steht nicht ohne eigene Waffen da. Es schlägt zurück, indem es das Spielzeug und die hochgeschätzten Kostbarkeiten der älteren Geschwister kaputtmacht oder bei Besuchen von Freunden stört. Gegenseitiger Hass bricht dann wie ein Vulkan aus und spuckt seine zerstörerischen Funken auf jeden, der ihm in die Quere kommt.

In vielen Familien sind die Eltern, was Disziplin betrifft, nicht genügend Herr der Lage, um ihre Urteile durchzusetzen. In anderen sind sie von dem ständigen Zanken der Geschwister so ausgelaugt, dass sie sich überhaupt nicht mehr darum kümmern. In wieder anderen Familien verlangen die Eltern von einem älteren Kind, mit einer anerkannten Ungerechtigkeit zu leben, »weil dein Bruder kleiner ist als du«. So binden sie seine Hände und setzen ihn dem Unfug seines frechen kleinen Bruders oder seiner kleinen Schwester völlig hilflos aus. Noch häufiger kommt es heutzutage vor, dass Vater und Mutter arbeiten gehen und die Kinder sich gegenseitig zu Hause zerfleischen.

Ich möchte noch einmal den Eltern ans Herz legen: Eine Ihrer Hauptaufgaben besteht darin, zu Hause für ein angemessenes System der Gerechtigkeit und für ein Gleichgewicht der Kräfte zu sorgen. Es sollte vernünftige »Gesetze« geben, die für jedes Familienmitglied gerecht durchgesetzt werden. Zur Verdeutlichung möchte ich Ihnen die Grenzen und Regeln auflisten, die sich im Laufe der Jahre in meiner Familie entwickelt haben.

1. Kein Kind durfte ein anderes hänseln. Punkt! Das war eine verbindliche Regel, für die es keine Ausnahme gab.

2. Das Zimmer eines jeden Kindes war sein Privatbereich. An der Tür jedes Kinderzimmers war ein Schloss und man durfte nur mit Genehmigung eintreten. (Familien, bei denen mehrere Kinder ein Zimmer teilen, können jedem einen bestimmten Bereich zuteilen.)

3. Das ältere Kind darf das jüngere nicht necken.

4. Das jüngere Kind darf das ältere Kind nicht ständig belästigen.

5. Die Kinder mussten nicht miteinander spielen, wenn sie lieber alleine oder mit anderen Freunden spielen wollten.

6. Bei jedem echten Konflikt vermittelten wir so schnell wie möglich und achteten dabei auf Unparteilichkeit und größtmögliche Fairness.

Wie jeder andere Plan zur Durchsetzung von Gerechtigkeit erfordert auch dieser Plan erstens die Achtung der Kinder vor der Autorität der Eltern, zweitens die Bereitschaft der Eltern, als Vermittler tätig zu werden und drittens gelegentliches Strafen. Wenn diese Handhabung mit Liebe durchgeführt wird, kann sich die Stimmung in der Familie von Hass (zumindest) in Toleranz wandeln.

Hilfe für Alleinerziehende und Stiefeltern

Frage 208

Welche Ermutigung können Sie uns Alleinerziehenden geben? Jeder Tag scheint schwieriger als der vorhergehende zu sein. Können Sie denjenigen, die keine Ahnung davon haben, was wir durchstehen, unsere Anliegen erklären?

Meiner Meinung nach verrichten Alleinerziehende die schwierigste Arbeit auf der ganzen Welt! Selbst Herkules würde vor der Unmenge von Aufgaben, die Sie jeden Tag erledigen müssen, außer Fassung geraten. Für zwei Elternteile in einer stabilen Ehe und geordneten finanziellen Verhältnissen ist es schon schwierig genug, den Anforderungen der Kindererziehung gerecht zu werden. Wenn eine alleinstehende Mutter oder ein alleinstehender Vater diese Aufgabe jahrelang ausgezeichnet verrichtet, ist das ein Beweis von Heroismus.

Das größte Problem für Alleinerziehende, insbesondere für eine junge Mutter wie Sie, ist die riesige Menge Arbeit, die zu bewältigen ist. Den Lebensunterhalt verdienen, Kochen, Kinderbetreuung, Hilfe bei den Hausaufgaben, Putzen, Rechnungen bezahlen, das Auto reparieren (wenn sie eines hat), mit Versicherungen verhandeln, Bankgeschäfte, Steuererklärung, Einkaufen usw. kann zwölf Stunden am Tag oder mehr beanspruchen. Sie muss das sieben Tage in der Woche das ganze Jahr lang durchhalten. Manche bekommen keinerlei Unterstützung von der Familie oder von anderswoher. Es genügt, um die stärkste und gesündeste Frau auszulaugen. Woher nimmt sie dann noch die Zeit und Energie, um ihre sozialen und emotionalen Bedürfnisse zu befriedigen, und wie baut sie die Freundschaften auf, von denen ein Teil ihres Lebens abhängt? Für die meisten Väter ist diese Aufgabe auch nicht leichter, wenn sie zum

Beispiel ihrer Tochter die Haare kämmen und einem Mädchen in der Vorpubertät alles über Menstruation erklären müssen.

Es gibt nur eine Antwort auf die Belastungen, mit denen Alleinerziehende zu kämpfen haben: Wir alle müssen ihnen helfen. Sie brauchen unbedingt praktische Hilfe, einschließlich der Freundschaft von Familien mit beiden Elternteilen, die gelegentlich die Kinder übernehmen, um dem Alleinerziehenden etwas Freiraum zu schaffen. Alleinstehende Mütter brauchen die Hilfe junger Männer, die mit ihren vaterlosen Söhnen Fangen spielen und sie zu einem Fußballspiel begleiten. Sie brauchen Männer, die kleine Reparaturen am Auto und im Haus vornehmen. Sie brauchen Gebetspartner, denen sie Rechenschaft über ihr Leben als Christ ablegen können und die ihnen helfen, ihre Last zu tragen. Sie brauchen eine Großfamilie der Gläubigen, die sich um sie kümmert, sie aufrichtet und an das erinnert, was Vorrang hat. Und vielleicht am wichtigsten, Alleinerziehenden muss immer wieder gesagt werden, dass Gott auf ihre Verhältnisse Acht hat.

Ich bin fest davon überzeugt, dass es die Aufgabe der Gläubigen ist, Ihnen bei Ihren Erziehungsaufgaben zu helfen. Diese Pflicht ist in Jesu Gebot, dass wir die Bedürftigen lieben und unterstützen sollen, enthalten. Er sagte: »Was ihr getan habt einem von diesen meinen geringsten Brüdern, das habt ihr mir getan« (Mt 25, 40). Unsere Bemühungen um ein vaterloses oder mutterloses Kind betrachtet Jesus als direkten Dienst für ihn selbst!

Dieses biblische Gebot ist in Jakobus 1, 27 noch deutlicher ausgedrückt: »Ein reiner und unbefleckter Gottesdienst vor Gott, dem Vater, ist der: die Waisen und Witwen in ihrer Trübsal besuchen und sich selbst von der Welt unbefleckt halten.«

Glücklicherweise stehen Kirchen heutzutage den Bedürfnissen Alleinerziehender offener gegenüber. Immer mehr Kirchengemeinden bieten Programme und Veranstaltungen an, die auf die Anliegen von Menschen mit besonderen Bedürfnissen zugeschnitten sind. Ich möchte allen Alleinerziehenden den Rat geben, sich eine solche Kirche oder Gemeinde zu suchen und sich dort eine geistliche

Heimat zu schaffen. Christliche Gemeinschaft und Unterstützung kann der Schlüssel zum Überleben sein.

Frage 209

Mein Mann starb vor drei Jahren und ließ mich alleine mit einem zehnjährigen Sohn und einer neunjährigen Tochter zurück. Seit einem Jahr bin ich mit einem sehr liebenswürdigen gläubigen Mann befreundet, der selbst drei Kinder hat. Vor kurzem begannen wir, über eine Heirat zu sprechen, wozu ich wirklich Lust hätte. Ich habe jedoch eine große Sorge, nämlich dass meine Kinder mit der Beziehung nicht einverstanden sind, obwohl Bernd sehr gut zu ihnen ist und sie schnell in viele unserer Unternehmungen einbezogen hat. Ich weiß, dass Chris und Laura ihr Vater sehr fehlt und dass sie ihn nicht vergessen wollen, aber ich brauche eine Partnerschaft und das ist ganz bestimmt gut. Wie soll ich mit dieser Situation umgehen?

Wenn Sie Bernd lieben und er Sie liebt, dann denke ich, sollen Sie Ihre Heiratspläne weiter verfolgen, besonders, wenn Sie darüber gebetet haben. Ich muss Ihnen aber unmissverständlich sagen, dass der Zusammenschluss Ihrer beiden Familien nicht leicht sein wird. In meiner ganzen Berufslaufbahn habe ich nicht einmal fünf »Patchwork-Familien« erlebt, bei denen es ohne größere Anpassungsschwierigkeiten und Auseinandersetzungen abging. Einige Streitpunkte sind vorhersehbar und in der Beziehung muss man schon bald mit ihnen rechnen und sich mit ihnen auseinandersetzen. Ein solcher Punkt ist die Situation, die Sie beschrieben haben, in der die Kinder eines Partners den neuen Stiefvater oder die Stiefmutter nicht akzeptieren wollen. Für diese Probleme gibt es Lösungen, aber Sie müssen sich bewusst daran machen, sie zu finden.

Frage 210
Wie sollten wir mit dem Aufbau unserer neuen Familie beginnen? Würden Sie bitte die Punkte nennen, die wahrscheinlich am schwierigsten für uns sein werden?

Ich würde Ihnen dringend raten, dass Sie sich bei dem Zusammenschluss der beiden Familien von einem Außenstehenden helfen lassen. Es ist äußerst schwierig, dies selbst zuwege zu bringen, und manche Menschen schaffen es überhaupt nicht alleine. Wenn Sie sich die fachkundige Hilfe eines Ehe-, Familien- und Erziehungsberaters leisten können, der bereits Erfahrung mit »Patchwork-Familien« hat, wäre es angebracht, seine Hilfe in Anspruch zu nehmen. Ein Pastor könnte Ihnen auch mit Rat zur Seite stehen, obwohl einige schwierige Beziehungsfragen besser von einem Fachmann behandelt werden, der damit vertraut ist.

Sie erleben bereits die dornige Frage des Konflikts zwischen Bernd und Ihren Kindern, was sehr häufig vorkommt. Eines der Kinder wird ihn wahrscheinlich als Eindringling betrachten. Wenn eine Mutter oder ein Vater stirbt oder wenn eine Ehe geschieden wird, tritt das Kind oft in das Machtvakuum, das von dem scheidenden Ehepartner zurückgelassen wird. Das Kind wird dann zum Ersatzehepartner. Ich spreche hier nicht von sexuellen Dingen. Dieser Junge oder dieses Mädchen wird vielmehr reifer als er oder sie vom Alter her sein müsste und verhält sich zum zurückgebliebenen Ehepartner eher wie ein gleichberechtigter Erwachsener. Der Status, der mit dieser Unterstützungsrolle einhergeht, ist sehr verlockend, und das Kind gibt ihn in der Regel nicht gerne auf. Der Stiefvater wird für dieses Kind zu einer Bedrohung. Viel Arbeit ist nötig, um beide zusammenzubringen.

Die Treue der Kinder zum Andenken an ihren Vater ist eine andere Frage, die mit Feingefühl angegangen werden muss. Einen Neuankömmling mit offenen Armen willkommen zu heißen wäre in ihren Augen Verrat. Das ist verständlich und mit diesen Kindern müssen gewisse Dinge aufgearbeitet werden. Das erfordert Zeit, Geduld, Verständnis und Gebet.

Ich würde jedoch sagen, dass das größte Problem darin liegt, wie Sie und Bernd zu Ihren Kindern stehen. Jeder von Ihnen ist emotional an seine eigenen Kinder gebunden und mit den anderen nur bekannt. Wenn die Kinder der verschiedenen Elternteile miteinander streiten und sich beschimpfen, neigen Sie dazu, für die Kinder Partei zu ergreifen, die Sie in die Welt gesetzt haben, und Bernd wird wahrscheinlich sein eigen Fleisch und Blut begünstigen. Von Natur aus neigen Patchwork-Familien dazu, sich in bewaffnete Lager aufzuteilen: wir gegen die da. Wenn die Kinder eine Spannung zwischen Ihnen und Bernd wegen ihrer Konflikte spüren, werden sie dies ausnutzen und aufbauschen, um über die anderen Kinder Macht zu gewinnen usw. Wenn keine Möglichkeit besteht, diese Fragen durchzusprechen und aufzuarbeiten, kommt es zu Kämpfen, die man sein Leben lang nicht mehr vergisst.

Ich habe jetzt den schlimmsten Fall geschildert, um Sie auf das vorzubereiten, was geschehen kann. Jetzt möchte ich Sie ermutigen. Viele dieser Probleme können vorausgesehen und entschärft werden. Wieder andere können ganz vermieden werden. Es ist möglich, Familien erfolgreich zusammenzuschließen. Millionenfach ist das schon gelungen. Aber die Aufgabe ist schwierig und anfangs werden Sie dazu etwas Hilfe benötigen.

Frage 211
Ich möchte gerne meine Kinder ein paar Tage lang bei Bekannten oder Verwandten lassen, um etwas Zeit für mich zu haben, aber ich mache mir Sorgen, wie sich das auf sie auswirkt. Werden sie sich wieder im Stich gelassen vorkommen?

Wenn Sie nur kurze Zeit von Ihren Kindern wegbleiben, wird ihnen das wahrscheinlich nicht schaden, es wird vermutlich sogar Gewinn bringend für sie sein. Eine der besonderen Gefahren, die Alleinerziehenden drohen, ist die eventuelle Entwicklung einer Abhängigkeit, in der die Kinder in einem Stadium der Unreife

bleiben. Dieses Risiko erhöht sich, wenn verletzte Menschen sich in
schweren Zeiten ausschließlich aneinander klammern und nur beieinander Unterstützung suchen. Eine angemessene Zeit getrennt zu
sein kann zur Eigenständigkeit anleiten und jedem zu ein bisschen
Abwechslung von der Routine verhelfen. Wenn Sie also einen sauberen, sicheren Platz haben, an dem Sie Ihre Kinder eine oder zwei
Wochen lassen können, dann tun Sie das auf jeden Fall. Sie sind dann
ausgeruhter und können Ihren Alltag wieder besser bewältigen.

Frage 212
Ich bin alleinstehende Mutter eines fünfjährigen Sohnes. Wie kann ich ihn zu einem gesunden Mann mit gutem männlichen Selbstbewusstsein erziehen?

Ich denke, aus Ihrer Frage lässt sich entnehmen, dass Ihr Sohn
Bedürfnisse hat, die Sie Ihrer Meinung nach nicht angemessen
befriedigen können. Die beste Alternative wäre, einen Mann zu finden, der ihm als Mentor dient, der ein männliches Rollenvorbild für
ihn ist.

Die verstorbene Jean Lush spricht in ihrem Buch *Mothers and Sons*
(Mütter und Söhne) von den Herausforderungen, denen sich alleinstehende Mütter bei der Erziehung ihrer Söhne gegenübersehen. Sie
sagt, dass die Altersspanne von vier bis sechs besonders wichtig und
schwierig ist.[72] Dieser Meinung bin ich auch. In diesem Alter liebt ein
Junge seine Mutter noch, aber er hat das Bedürfnis, sich von ihr zu
trennen und sich einem männlichen Leitbild zuzuwenden. Wenn er
in der Familie einen Vater hat, will er in der Regel mehr Zeit mit
seinem Vater verbringen, ohne seine Mutter und Schwestern. Wenn
er keinen Zugang zu seinem Vater hat, muss ein Ersatz gefunden
werden.

Ich gebe zu, dass es schwierig sein kann, einen guten Mentor zu
finden. Denken Sie an Ihre Bekannten, Verwandten oder Nachbarn,
die nur eine oder zwei Stunden im Monat erübrigen können. Notfalls

könnten Sie sogar einen reifen Vierzehn- oder Fünfzehnjährigen, der Kinder gerne hat, dafür bezahlen, dass er mit Ihrem Jungen Fußball spielt oder Angeln geht.

Wenn Sie Mitglied einer Kirche sind, könnten Sie unter den männlichen Mitgliedern der christlichen Gemeinschaft Unterstützung für Ihren Sohn finden. Die Bibel beauftragt Gläubige, für Kinder ohne Vater zu sorgen. In Jesaja 1, 17 steht: »Schaffet den Waisen Recht, führet der Witwen Sache!« Jesus selbst nahm Jungen und Mädchen auf den Schoß und sagte: »Und wer ein solches Kind aufnimmt in meinem Namen, der nimmt mich auf« (Mt 18, 5). Ich glaube, es ist unsere Aufgabe als christliche Männer, alleinstehenden Müttern bei ihrer schwierigen Erziehungsaufgabe zu helfen.

Sicher ist die Zeit und Kraft alleinstehender Mütter sehr beansprucht, aber die Mühe, einen Mentor für ihre Söhne zu finden, könnte das Wertvollste sein, das sie tun können.

Frage 213
Ich bin eine alleinstehende Mutter, die ums Überleben kämpft. Von all den Dingen, über die ich frustriert bin, beunruhigt mich am meisten, dass ich im Sommer meine Kinder für drei Wochen zu ihrem Vater zu Besuch schicken muss. Nächsten Monat ist es soweit und mir ist jetzt schon beklommen zumute, wenn ich daran denke, dass ich sie ins Flugzeug setzen muss. Können Sie mir helfen, dass ich annehmen kann, was ich durchmachen muss?

Vielleicht hilft Ihnen das Bewusstsein, dass viele andere alleinstehende Mütter und Väter ähnliche Gefühle haben. Eine dieser Mütter beschrieb ihre Frustration folgendermaßen:

Ich stehe auf der Aussichtsplattform des Flughafens und beobachte, wie das Flugzeug der Kinder in den Wolken verschwindet. Ich empfinde ein unglaubliches Verlustgefühl. Die Einsamkeit ergreift auf der Stelle von mir Besitz. Ich mache mir ständig

Sorgen um ihre Sicherheit, aber ich widerstehe dem Drang, jede Stunde anzurufen, um zu fragen, wie es ihnen geht. Und wenn sie mich anrufen und mir erzählen, wie viel Spaß sie haben, empfinde ich Schmerz darüber, dass sie ein Leben kennen, das von meinem vollkommen getrennt ist. Mein einziger Trost ist das Wissen, dass sie bald zurückkommen. Aber mich verfolgt die Angst, dass sie nicht mehr zu mir nach Hause zurückkommen wollen.

Wenn die Ängste dieser Mutter Ihre Gefühle wiedergeben, dann möchte ich Ihnen einige Vorschläge machen, wie Sie das meiste aus Ihren Tagen alleine machen können. Betrachten Sie die nächsten drei Wochen nicht als Zeit der Isolierung, sondern als Gelegenheit, Ihre Batterien aufzuladen und Ihre Seele zu stärken. Alleine für die Erziehung der Kinder verantwortlich zu sein ist erschöpfend und kann zum Ausbrennen führen, wenn keine Entspannung möglich ist. Nutzen Sie diese Zeit, um ein paar entspannte Abende mit Ihren Bekannten zu verbringen. Lesen Sie ein interessantes Buch oder widmen Sie sich einem Hobby, das Sie vernachlässigt haben. Füllen Sie Ihre Tage mit Dingen, die nicht möglich sind, wenn Sie Kinder betreuen müssen und bejahen Sie, dass Ihre Kinder davon profitieren, wenn Sie neue Kräfte geschöpft haben. Ihre Kinder kommen dann zu einer Mutter voll frischer Tatkraft zurück und nicht zu einer, die eine dreiwöchige Depression durchgemacht hat.

Frage 214

Zu meiner Gemeinde gehören einige Alleinerziehende, die offensichtlich Hilfe benötigen. Ich würde ihnen gerne helfen, bin aber, ehrlich gesagt, kaum in der Lage, alles Notwendige für meine eigene Familie zu tun. Welche Verantwortung habe ich Ihrer Meinung nach als Christin, diesen anderen Familien zu helfen?

Heutzutage ist jeder viel beschäftigt. Ich kenne keine Familie, die nicht unter Abgespanntheit und Zeitdruck leidet. Sicherlich braucht keiner von uns zusätzliche Aufgaben, aber ich glaube, es ist unsere Pflicht, uns denen zuzuwenden, die schwierige Zeiten durchmachen. Das gilt insbesondere für Alleinerziehende, weil es in erster Linie ihre verletzlichen Kinder sind, die leiden. Ich bin sicher, Jesus möchte, dass wir für diese kleinen Familien sorgen, finanziell und mit unserer Liebe und Anteilnahme.

Vor vielen Jahren machte meine Frau Shirley gerade ihre Hausarbeit, als sie ein Klopfen an der Haustür hörte. Als sie öffnete, stand eine junge Frau vor ihr, die Sally hieß und noch nicht einmal zwanzig Jahre alt war. »Ich verkaufe Bürsten«, sagte sie, »wollen Sie nicht eine kaufen?«

Meine Frau sagte ihr, dass sie heute nichts kaufen wolle, und Sally antwortete: »Ich weiß. Niemand will etwas kaufen.« Und dann begann sie zu weinen.

Shirley lud sie zu einer Tasse Kaffee ein und bat sie, ihre Geschichte zu erzählen. Es stellte sich heraus, dass sie eine unverheiratete Mutter war, die sich abplagte, um den Unterhalt für sich und ihren zweijährigen Sohn zu verdienen. An diesem Abend gingen wir in ihre schäbige kleine Wohnung über einer Garage, um zu sehen, wie wir dieser Mutter und ihrem kleinen Kind helfen konnten. Als wir die Schränke öffneten, fanden wir nichts zu essen für sie und ich meine wirklich nichts. Ihr ganzes Abendessen war eine Dose Ravioli gewesen. Wir gingen mit ihr in den Supermarkt und taten, was wir konnten, um ihr auf die Beine zu helfen.

Offensichtlich ist Sally nicht die einzige alleinstehende Mutter, die verzweifelt versucht, in einer immens feindlichen Welt zu überleben. Alle diese Mütter bräuchten ein bisschen Entgegenkommen – Babysitten, eine Mahlzeit, die Reparatur der Waschmaschine oder einfach ein bisschen Aufmerksamkeit.

Kinder alleine zu erziehen ist wie das Besteigen eines Zweitausenders. Können Sie es übers Herz bringen, an einem Nachmittag in der Woche das Kind einer alleinstehenden Mutter zu betreuen? Oder vielleicht können Sie manchmal etwas mehr kochen und ihr eine Mahlzeit bringen? Stellen Sie sich vor, was diese Anteilnahme einer Mutter oder einem Vater vermittelt, wenn er oder sie abends erschöpft nach Hause kommt und entdeckt, dass jemand sich um seine oder ihre kleine Familie kümmert. Dadurch wird nicht nur dieser Alleinerziehende ermutigt, sondern Sie werden auch von einem oder mehreren Kindern glücklich gemacht.

Leben mit einem Teenager

Frage 215
Warum sind Ihrer Meinung nach Jugendliche heute sexuell aktiver als früher? Leidenschaftliches Verlangen ist sicher nicht neu. Worin liegt die Ursache dafür, dass diese Generation zu wahllosen Geschlechtsbeziehungen mit wechselnden Partnern neigt?

Viele Faktoren haben zu der Epidemie geführt, vor der wir heute stehen, nicht zuletzt der Schund, der im Fernsehen, in Filmen und von der Rockmusik-Industrie auf Teenager losgelassen wird. Junge Menschen werden heutzutage von einer unmoralischen Unterhaltung geradezu bombardiert, in der ihnen Geschlechtsverkehr mit wechselnden Partnern als Vorbild dargestellt und in der ihnen eingehämmert wird, dass »es alle machen«. Der schwindende Einfluss der traditionellen christlichen Lehre ist ebenfalls verantwortlich für die sich ändernden Sitten unserer Kinder.

Vor kurzem wurde von der Verhaltensforschung ein weiterer äußerst wichtiger Gesichtspunkt in Erfahrung gebracht. Ein Forscherteam aus Oregon fand heraus, dass die Ehescheidung der Eltern einen direkten Anstoß zu sexuellen Experimenten der Jugendlichen gibt.

Die Forscher untersuchten das Verhalten von 201 zwölf- bis achtzehnjährigen Jungen, die in Gebieten mit hoher Kriminalitätsrate wohnten. Sie fanden heraus, dass vor allem Jungen, die zwei oder mehr Wechsel in der Beziehung ihrer Eltern erlebten (Scheidung, Wiederverheiratung oder neue Partnerschaft), am häufigsten in einem sehr jungen Alter Geschlechtsverkehr hatten. Nur achtzehn Prozent dieser Jungen, die Geschlechtsverkehr mit wechselnden Partnern hatten, stammten aus intakten Familien. Dagegen stammten siebenundfünfzig Prozent der Jungen, die noch keinen Geschlechtsverkehr hatten, aus Familien, in denen die Eltern nicht ge-

schieden waren. Im Durchschnitt hatten diese enthaltsamen Jungen
weniger als einen Wechsel in der Beziehung ihrer Eltern erlebt.[73]
Eine ähnliche Studie wurde von dem Soziologen Lawrence
L. Wu von der Universität Wisconsin, Madison, über junge Frauen
durchgeführt. Er untersuchte 2411 weiße und 1275 schwarze Frauen
und entdeckte einen direkten Zusammenhang zwischen Frauen, die
ein uneheliches Kind zur Welt brachten und solchen, die als Kind
»Veränderungen in der Familienstruktur« erlebten. Wu kam zu dem
Schluss, dass Kinder, die unter den Belastungen einer Ehescheidung
und/oder Wiederverheiratung ihrer Eltern leiden, häufiger uneheliche Kinder haben.[74]

Eine Studie nach der anderen bestätigt, dass Ehescheidung, Erziehung durch nur einen Elternteil und das Auseinanderbrechen von
Familien für Kinder schädlich sind. Damit will ich nicht diejenigen
kritisieren, die in solchen Verhältnissen leben, aber wir können auch
nicht weiterhin abstreiten, dass intakte Familien mit beiden Elternteilen
die gesündesten sind und einen direkten Beitrag zu einer stabilen
Gesellschaft leisten. Wenn dies stimmt (und die Beweise dafür sind
überwältigend), dann sollten Politik und Behörden die traditionellen
Familien unterstützen und ermutigen. Alles, was sie aufweicht und
schwächt, wie ruinierende Steuern oder behördliche Einmischung, ist
mit Misstrauen zu betrachten. Die Zukunft eines Volkes hängt buchstäblich von Millionen starker, engagierter, liebevoller Familien ab.

Frage 216
**Heutzutage scheinen Kinder schneller als früher erwachsen zu
werden. Stimmt das und wenn ja, welches sind die Ursachen für
ihre schnellere Entwicklung?**

Ja, es stimmt. Statistisch ist nachgewiesen, dass unsere Kinder größer werden als in der Vergangenheit, wahrscheinlich aufgrund bes-
serer Ernährung, medizinischer Versorgung, Bewegung im Freien,
Ruhe, Spiel und Sport. Diese bessere äußere Umgebung ist offen-

sichtlich auch der Grund dafür, dass die sexuelle Reife in einem
immer früheren Alter einsetzt. Man nimmt an, dass die Pubertät bei
einem Kind in Gang gesetzt wird, wenn es ein bestimmtes Wachstum
erreicht hat; wenn deshalb Umweltfaktoren und der allgemeine
Gesundheitszustand das Wachstum eines Kindes beschleunigen,
setzt die sexuelle Reife früher ein.

1850 zum Beispiel lag bei norwegischen Mädchen das Durchschnittsalter bei der ersten Menstruation bei 17, 0 Jahren; 1950 waren
es 13, 0 Jahre. Das durchschnittliche Alter der Pubertät bei Mädchen
sank innerhalb eines Jahrhunderts um vier Jahre. In den Vereinigten
Staaten fiel das Durchschnittsalter für die erste Menstruation von
16, 5 Jahren im Jahre 1840 auf 12, 9 Jahre im Jahre 1950.[75] Neuere Erhebungen zeigen, dass sie jetzt im Durchschnittsalter von 12, 8 Jahren
einsetzt![76] Zumindest teilweise liegt es an diesem beschleunigten
Wachstum, dass Jugendliche immer früher miteinander ausgehen
und sich ihrer Geschlechtlichkeit bewusst werden.

Frage 217
**Gibt es Grenzen für diesen Trend immer frühzeitigerer sexueller
Entwicklung? Wenn nicht, können in Zukunft Kinder mitten im
Kindesalter in die Pubertät kommen. Beträchtliche Probleme
könnten entstehen, wenn das sexuelle Bewusstsein zehn Jahre
oder mehr vor der seelischen Reife einsetzt.**

Das könnte geschehen, ist aber unwahrscheinlich. Neuere Studien lassen in der Tat eine Stabilisierung und vielleicht sogar
eine Umkehr des Trends erkennen. Im Jahre 1988 erreichte das
Durchschnittsalter der ersten Menstruation einen Tiefstand von 12, 5
Jahren.[77] Für 1993 jedoch fanden die Forscher Dann und Roberts,
dass die Kurve einen Umschwung in die andere Richtung nahm. Die
Pubertät scheint ein wenig später einzusetzen. Warum? Nun, wie
bessere Ernährung und Gesundheitsvorsorge in jüngster Vergangenheit zu einer Senkung des Durchschnittsalters führten, verlangsamt

die heutige Betonung superschlanker Körper und intensiver körperlicher Bewegung offensichtlich die Entwicklung ein bisschen.[78] Viele Ärzte sind besorgt über den heutigen Fimmel für Magerkeit. Extreme, sagen sie, sind dem Menschen nur selten zuträglich, sei es hochgradiges Übergewicht oder übertriebene Hagerkeit. Dr. Sam Bessman, ein bekannter Biochemiker an der Universität von Südkalifornien, sagte mir einmal:»Denken Sie daran, dass der Körper nie zu essen aufhört. Wenn man ihn nicht richtig ernährt, beginnt er, sich selbst aufzuzehren.« Genau das geschieht bei einem Mädchen, das nicht genug Kalorien zu sich nimmt; sie hat jahrelang keine Regel mehr.

Frage 218
Welcher Zeitabschnitt der Adoleszenz ist der schwierigste und was steht hinter diesen Problemen?

In der Regel finden im achtzehnten Lebensjahr die meisten Konflikte zwischen Eltern und Kindern statt. Aber das dreizehnte und vierzehnte Jahr sind für den Jugendlichen die schwierigsten vierundzwanzig Monate seines Lebens. Während dieser Zeit erreichen Selbstzweifel und Minderwertigkeitskomplexe einen noch nie dagewesenen Höchststand. Dazu kommt ein sozialer Druck, wie der Jugendliche ihn vorher nicht erlebt hat. Das Selbstwertgefühl eines Heranwachsenden ist völlig von der Annahme Gleichaltriger abhängig und es kann sehr schwierig sein, diese immer zu erhalten. Verhältnismäßig unbedeutende Anzeichen von Ablehnung oder Spott haben beträchtliches Gewicht für die, die sich sowieso schon für Trottel und Versager halten. Man kann kaum ermessen, welche Bedeutung es hat, wenn keiner beim Schulausflug im Bus neben einem sitzen will, wenn man nicht zu einem wichtigen Ereignis eingeladen wird, wenn man von denen, die»in« sind, ausgelacht wird, wenn man morgens aufwacht und sieben neue glänzende Pickel auf der Stirn entdeckt oder eine Ohrfeige von dem Mädchen bekommt,

von dem man annahm, dass es einen genauso gerne hat wie man es
selbst lieb hat. Manche Jungen und Mädchen müssen die gesamten
Teenagerjahre hindurch solche persönlichen Probleme ertragen.
Dr. Urie Bronfenbrenner, Professor an der Cornell Universität
und eine Autorität auf dem Gebiet der Entwicklungspsychologie,
sagte vor einem Senatsausschuss, dass das Alter zwischen zwölf und
fünfzehn wahrscheinlich die kritischste Zeit für die Entwicklung der
seelischen Gesundheit eines jungen Menschen ist. Während dieser
Zeit der Selbstzweifel wird die Persönlichkeit oft angegriffen und
unwiederbringlich geschädigt. Deshalb, sagte Bronfenbrenner, ist es
nicht selten, dass aus gesunden, glücklichen Elfjährigen zwei oder
drei Jahre später geknickte, entmutigte Teenager werden.[79]

Frage 219
**Beschreiben Sie den sozialen Druck, dem viele Teenager ausge-
setzt sind. Warum reagieren sie während dieser Zeit auf alles so
übertrieben?**

Es ist allgemein bekannt, dass ein zwölf oder dreizehn Jahre altes
Kind plötzlich in einer für es völlig neuen Welt erwacht, so als
würde es seine Augen zum ersten Mal öffnen. Diese Welt ist voller
Altersgenossen, die ihm schreckliche Furcht einflößen. Seine größte
Angst, die bei weitem größer ist als die Angst vor dem Tode, ist die
Möglichkeit, von seinen Altersgenossen abgelehnt oder vor ihren
Augen gedemütigt zu werden. Diese höchste Gefahr lauert jahrelang
im Hintergrund und bewegt es zu Handlungen, die in den Augen der
Erwachsenen völlig sinnlos sind. Es ist unmöglich, die Gedanken-
gänge eines Jugendlichen zu begreifen, ohne diese panische Angst vor
der Gruppe der Gleichaltrigen zu verstehen.

Ich werde niemals ein verletzliches Mädchen namens Lisa vergessen, das eine meiner Mitschülerinnen war. Sie nahm Unterricht in
modernem Tanz und wurde gebeten, bei einer Schulveranstaltung
aufzutreten. Lisa war in der neunten Klasse, aber körperlich noch

nicht entwickelt. Als sie an diesem Tag über die Bühne wirbelte, passierte das Unvorstellbare! Das trägerlose Oberteil verlor plötzlich den Halt (es hatte nichts, woran es Halt hätte finden können) und rutschte hinab. Die Mitschüler schnappten nach Luft und brüllten vor Lachen. Es war entsetzlich! Lisa stand dort einen Moment lang und versuchte verzweifelt, ihren nackten Oberkörper zu bedecken, dann floh sie in Tränen aufgelöst von der Bühne. Jahre später hatte sie sich noch nicht von dieser Katastrophe erholt. Und Sie können darauf wetten, dass ihre »Freundinnen« dafür gesorgt haben, dass sie sich für den Rest ihres Lebens daran erinnert.

Eine ähnliche Situation würde natürlich auch einen Erwachsenen demütigen, aber für eine Jugendliche wie Lisa war sie viel schlimmer. Eine Blamage dieser Größenordnung könnte sogar den Lebenswillen fortnehmen und tatsächlich bringen sich jedes Jahr Tausende von Jugendlichen um. Das zeigt, wie stark das Bedürfnis, geachtet und angenommen zu werden, in den Teenagerjahren ist. Diejenigen, die von Gleichaltrigen verspottet und abgelehnt werden, sind oft noch als Erwachsene niedergeschmettert.

Frage 220

Es liegt auf der Hand, dass Sie ein großes Einfühlungsvermögen für jüngere Teenager haben, besonders für solche, die von ihren Altersgenossen abgelehnt und verlacht werden. War Ihre Einstellung zu Jugendlichen dieser Altersgruppe, mit denen Erwachsene im Allgemeinen nicht gerne zusammen sind, schon immer so?

Mein Interesse an jüngeren Jugendlichen entstand in den Jahren, als ich sie unterrichtete. Ich war damals erst fünfundzwanzig Jahre alt und verliebte mich in 250 Schüler, die ich in den naturwissenschaftlichen Fächern und Mathematik unterrichtete. An dem Tag, an dem ich die Schule verließ, um andere Aufgaben anzunehmen, hatte ich mit den Tränen zu kämpfen. Einige der Kinder machten Schlimmes durch und ich versuchte, mich in ihre Misere einzufühlen. Ich möchte Ihnen anhand eines Bildes erklären, wie ich sie sah.

Jahre später saß ich in meinem Auto in einem Schnellimbiss und aß einen Hamburger mit Pommes frites. Zufällig schaute ich in den Rückspiegel. Auf einem Mäuerchen hinter meinem Auto saß ein erbärmliches, abgemagertes, schmutziges kleines Kätzchen. Es sah so hungrig aus, dass es mir zu Herzen ging. Ich stieg aus, riss ein Stück von meinem Hamburger ab und warf es dem Kätzchen zu. Aber bevor es zugreifen konnte, sprang ein riesiger grauer Kater aus dem Gebüsch, schnappte den Brocken und verschlang ihn. Das Kätzchen tat mir Leid, als es sich umdrehte und ins Dunkel zurückrannte, immer noch hungrig und ängstlich.

Ich musste sofort an die Kinder denken, die ich unterrichtet hatte. Sie waren genauso bedürftig, genauso verloren und litten genauso Mangel wie dieses kleine Kätzchen. Sie benötigten keine Nahrung, sondern dringend Liebe und Aufmerksamkeit und Achtung. Und jedes Mal, wenn sie sich öffneten und ihren inneren Schmerz zeigten, demütigte und verspottete sie eines der beliebteren Kinder. Daraufhin zogen sie sich ins Dunkel zurück, verängstigt und einsam.

Wir Erwachsene dürfen nie vergessen, wie weh der Versuch, erwachsen zu werden, tut und wie hart der Konkurrenzkampf in der Welt der Jugendlichen heute ist. Einen Moment lang zuhören, Anteilnahme zeigen und einen solchen Jugendlichen zu führen ist vielleicht die beste Investition Ihres Lebens.

Frage 221

Warum sind Kinder so verletzlich? Wie erklären wir diese lähmende soziale Angst in einem Alter, in dem sie doch sonst nur allzu wagemutig sind? Sie fürchten sich vor kaum etwas. Sie fahren wie die Irren mit ihren Autos und die Jungen sind im Krieg die tapfersten Soldaten. Warum kann man einem Achtzehnjährigen beibringen, ein feindliches MG-Nest anzugreifen oder durch ein Minenfeld zu rennen, wenn er dennoch in der geräuschvollen Gemeinschaft seiner Altersgenossen in Panik gerät? Warum haben sie solche Angst voreinander?

Ich denke, die Antwort lässt sich im Wesen der Macht und wie diese das menschliche Verhalten beeinflusst, finden. Die Gesellschaft der Jugendlichen gründet sich auf rohe Gewalt. Sie ist Herz und Seele ihres Wertsystems. Sie tritt natürlich in verschiedenen Formen auf. Für Mädchen gibt es keine größere soziale Überlegenheit als körperliche Schönheit. Eine blendend aussehende junge Frau ist so mächtig, dass oft sogar die Jungen vor ihr Angst haben. Sie regiert ihr Schulimperium wie eine Königin. Die Art, wie sie diesen Status benutzt, um ihre Untertanen einzuschüchtern, wäre in sich selbst ein faszinierendes Thema für eine Untersuchung jugendlichen Verhaltens.

Jungen erhalten ebenfalls Macht durch körperliche Attraktivität, aber auch durch besondere Leistungen in bestimmten Sportarten. Das höchste Ansehen genießen diejenigen, die sich in Sportarten hervortun, in denen reine Körperkraft (Fußball) oder Körpergröße (Basketball) erforderlich sind.

Erinnern Sie sich noch daran, wie die Welt der Jugendlichen zu Ihrer Zeit aussah? Erinnern Sie sich an die Machtkämpfe, die stattfanden – das feindliche, von Konkurrenzdenken geprägte Umfeld, in dem Sie sich Tag für Tag bewegten? Können Sie immer noch die Angst spüren, die Sie überkam, wenn ein beliebter (mächtiger) Mitschüler Sie »blöde Pfeife« oder »Trottel« nannte oder wenn er seine große Hand auf Ihr Gesicht drückte und Sie aus dem Weg schubste? Er trug ein T-Shirt, das Sie daran erinnerte, dass er einer Clique angehörte, die Sie bei lebendigem Leibe zerreißen würde, wenn Sie so dumm sein sollten, sich zu wehren. Fällt Ihnen ab und zu noch die Party ein, bei der Sie entweder von dem Mädchen, das Sie liebten, abgewiesen oder vom Jungen Ihrer Träume nicht eingeladen wurden? Haben die Schulhelden sich jemals über den einen Fehler, den Sie am allermeisten verbergen wollten, lustig gemacht und dann gedroht, Sie auf dem Heimweg in Stücke zu reißen?

Vielleicht hatten Sie nie solche belastenden Begegnungen. Vielleicht gehörten Sie zur mächtigen Elite, die den Rest unterdrückte. Aber Ihr Sohn oder Ihre Tochter könnte sich am anderen Ende der

Rangordnung befinden. Vor einigen Jahren sprach ich mit einer Mutter, deren Tochter in der siebten Klasse war und jeden Tag in der Schule fertig gemacht wurde. Sie sagte, dass das Mädchen jeden Tag eine Stunde, bevor sie aufstehen musste, aufwachte, dalag und darüber nachdachte, wie sie den Tag überstehen könnte, ohne gedemütigt zu werden.

Natürlich finden Machtkämpfe bei männlichen Jugendlichen sehr viel mehr auf körperlicher Ebene statt als bei Mädchen. Die Rabauken zwingen ihren Willen im wahrsten Sinne des Wortes den Schwächeren auf. Daran erinnere ich mich sehr deutlich aus meiner eigenen Schulzeit. Ich hatte damals einige Kämpfe zu bestehen, nur um mich zu behaupten. Der Name des Spieles war Macht! Und für heutige Jugendliche hat sich nicht viel geändert.

Frage 222
Erklären Sie etwas genauer die Rolle der Macht im Leben eines Teenagers.

Beginnen wir mit einer Definition. *Macht* ist die Fähigkeit, andere zu beherrschen, die Umstände zu beherrschen und insbesondere sich selbst zu beherrschen. Das leidenschaftliche Verlangen danach liegt tief im Herzen des Menschen. Wir alle wollen der Boss sein und dieser Drang macht sich sehr früh im Leben bemerkbar. Untersuchungen zeigen, dass Babys bereits im Alter von einem Tag nach Herrschaft über die Erwachsenen ihrer Umgebung streben. Schon in diesem zarten Alter verhalten sie sich so, dass ihre Betreuer ihre Bedürfnisse befriedigen.

Das Verlangen nach Macht zeigt sich, wenn ein Kleinkind im Supermarkt seiner Mutter davonläuft oder wenn ein Zehnjähriger sich weigert seine Hausaufgaben zu machen oder wenn ein Mann und eine Frau um Geld streiten. Der rote Faden in diesen und tausend anderen Beispielen ist der leidenschaftliche Wunsch, unser Leben selbst zu bestimmen – und alles andere auch, wenn wir die

Möglichkeit dazu bekommen. Die Intensität dieses Drangs ist von Mensch zu Mensch unterschiedlich, aber er scheint uns alle bis zu einem gewissen Grade anzutreiben.

Wie steht es mit Ihren Söhnen und Töchtern? Haben Sie sich schon gefragt, warum sie so schlecht gelaunt aus der Schule nach Hause kommen? Haben Sie sie gefragt, warum sie den ganzen Abend lang so zerfahren und reizbar sind? Vielleicht können sie ihre Gefühle nicht beschreiben, aber möglicherweise waren sie den ganzen Tag lang in einen Kampf der einen oder anderen Art verwickelt. Auch wenn sie nicht mit den Fäusten zu kämpfen hatten, mussten sie sich wahrscheinlich in einer hochgradig von Rivalität bestimmten, offen feindseligen Umgebung behaupten, in der an allen Ecken emotionale Gefahren lauern. Denken Sie, ich übertreibe? Ja, für das Kind, das gut zurechtkommt. Was aber die machtlosen jungen Damen und Herren betrifft, so habe ich noch nicht einmal den Anfang ihrer Geschichte erzählt.

Deshalb sind sie am ersten Schultag oder bevor die Mannschaft das entscheidende Spiel hat oder bei jeder anderen Gelegenheit, bei der ihre Machtposition auf dem Spiel steht, nervöse Wracks. Die empfindliche Stelle ist, wie Sie sehen, nicht Überlegenheit, sondern Selbstachtung. Das Selbstwertgefühl ist in diesem Alter abhängig von der Annahme Gleichaltriger und deshalb hat die Gruppe diesen riesigen Einfluss auf den Einzelnen. Wenn der Jugendliche lächerlich gemacht, nicht respektiert, verspottet und ausgeschlossen wird – mit anderen Worten, wenn man ihm seine Macht nimmt –, dann geht ihm das tief zu Herzen.

Frage 223
Wenn Macht so wichtig für Teenager ist, dann muss sie auch in den Beziehungen innerhalb der Familie eine Schlüsselrolle spielen. Wie äußert sie sich hier?

Sie haben eine scharfsinnige Frage gestellt. Klug sind die Eltern, die intuitiv wissen, wie man der nächsten Generation Macht und Unabhängigkeit überträgt. Diese Aufgabe ist ein Balanceakt zwischen zwei gleichermaßen gefährlichen Extremen. Sie wagen es nicht, ihren Teenagern Freiheit zuzugestehen, bevor sie reif genug sind, mit der Unabhängigkeit umzugehen – obwohl sie lautstark danach verlangen. Jugendliche brauchen noch die Leitung ihrer Eltern und Eltern sind vom Gesetz her verpflichtet, diese Leitung zu übernehmen. Zu den Eigenschaften von Menschen, die zu früh Macht erwerben, gehört Respektlosigkeit vor Autoritäten, zum Beispiel vor Lehrern, Pfarrern, Polizisten, Richtern und sogar Gott selbst. Solch ein Mensch hat sich zu Hause nie der elterlichen Leitung gebeugt. Warum sollte er sich jemand anderem unterordnen? Für einen rebellierenden Teenager ist es nur ein kleiner Schritt von diesem Standpunkt hin zu Drogenmissbrauch, sexuellen Experimenten, Ausreißen und so weiter. Der frühe Machterwerb forderte in dieser Hinsicht schon viele junge Opfer.

Andererseits muss ein ebenso großer Fehler gegen Ende der Jugendzeit vermieden werden. Wir dürfen nicht zu lange warten, bevor wir den jungen Erwachsenen Freiheit gewähren. Selbstbestimmung ist ein Grundrecht des Menschen, das jedem Erwachsenen zusteht. Wenn man diese Freiheit zu lange vorenthält, stachelt man zu Revolutionskriegen auf.

Mein Freund Jay Kesler bemerkte, dass »Mutter England« genau diesen Fehler mit ihren »Kindern«, den amerikanischen Kolonien, machte. Sie wuchsen zu rebellischen »Teenagern« heran, die ihre Unabhängigkeit verlangten. »Mutter England« weigerte sich, sie loszulassen, und die Folge war unnötiges Blutvergießen. Glücklicherweise lernte England aus dieser schmerzlichen Erfahrung. Etwa 171 Jahre später gewährte es eine friedliche und geordnete Übertragung der Macht an einen anderen stürmischen »Sprössling«: Indien. Eine Revolution wurde abgewendet.[80]

Auf die Gefahr hin, dass ich mich wiederhole, möchte ich unser Ziel als Eltern zusammenfassen: Erstens dürfen wir die Macht nicht zu früh übertragen, auch wenn unsere Kinder tagtäglich mit uns darum kämpfen. Mütter, die diesen Fehler begingen, gehören zu den frustriertesten Menschen auf der ganzen Erde. Andererseits dürfen wir als Eltern die Macht nicht zu lange für uns behalten. Die Herrschaft wird uns entrissen, wenn wir uns weigern, sie freiwillig abzutreten. Selbstbestimmung sollte Schritt um Schritt, je nach Reife, gewährt werden und im frühen Erwachsenenalter mit dem endgültigen Loslassen seinen Höhepunkt finden.

Klingt einfach, oder? Wir wissen es besser. Ich glaube, dass diese geordnete Machtübertragung zu den anspruchsvollsten und schwierigsten Aufgaben der gesamten Erziehung gehört.

Frage 224
Gibt es Richtlinien, die uns helfen, Macht zum rechten Zeitpunkt – weder zu früh noch zu spät, zu übertragen?

Es gibt mehrere Methoden, die sich bei der Entschärfung dieses Konflikts bewährt haben. Die religiöse Gemeinschaft der Amish hat eine einzigartige Tradition entwickelt, die sich für sie als brauchbar erwiesen hat. Solange die Kinder klein sind, werden sie sehr streng gehalten. Von klein auf gelten für Kinder strenge Disziplin und harte Verhaltensmaßstäbe. Wenn sie allerdings sechzehn werden, beginnt ein völlig neuer Lebensabschnitt, eine Zeit, die »Rumspringa« genannt wird. Plötzlich werden alle Einschränkungen aufgehoben. Sie dürfen trinken, rauchen, sich verabreden, heiraten oder sich so verhalten, dass es ihren Eltern graust. Einige tun das auch. Aber die meisten nicht. Sie haben sogar das Recht, die Amish-Gemeinschaft zu verlassen, wenn sie wollen. Aber wenn sie bleiben, müssen sie sich nach den Regeln der Gemeinschaft richten. Die Mehrheit akzeptiert das Erbe der Vorväter, nicht weil sie müssen, sondern weil sie es so wollen.

Obwohl ich die Amish und viele ihrer Erziehungsansätze bewundere, glaube ich, dass das »Rumspringa«-Konzept für Kinder, die in einer offeneren Gesellschaft aufgewachsen sind, vieles überstürzt. Einen Teenager über Nacht von strenger Aufsicht in die absolute Freiheit zu entlassen, heißt, der Anarchie Tür und Tor zu öffnen. Es funktioniert im geregelten Umfeld des Amish-Gebiets, aber für den Rest von uns wäre es in den meisten Fällen verhängnisvoll. Ich habe erlebt, wie Familien bei ihren Jugendlichen die Methode des »Erwachsenseins über Nacht« anwandten und es dann bitter bereuten. Das Ergebnis ähnelte den Ereignissen in den afrikanischen Kolonien nach dem plötzlichen Abzug der europäischen Führungsmächte. Blutige Revolutionen wurden oft in dem entstandenen Machtvakuum ausgefochten.

Wenn also die plötzliche Übertragung der Macht an junge Menschen nicht klappt, wie kann man sie dann zu eigenständigen Erwachsenen machen, ohne dabei einen Bürgerkrieg heraufzubeschwören? Ich habe schon öfter vorgeschlagen, dass Eltern bereits dem Kleinkind kleine Stücke Unabhängigkeit gewähren. Wenn ein Kind seine Schuhe binden kann, sollte es das Recht – nein, die Pflicht – haben, es auch zu tun. Wenn es seine eigenen Kleider aussuchen kann, soll es in gewissem Rahmen seine Wahl treffen. Wenn es sicher alleine zur Schule gehen kann, sollte ihm das auch erlaubt werden. Jedes Jahr müssen dem Kind mehr Verantwortung und Freiheit (sie gehören zusammen) zugestanden werden, so dass das endgültige Loslassen des jungen Erwachsenen nur ein kleiner Schritt, die letzte Lockerung der Autorität ist. Zumindest theoretisch. Die praktische Umsetzung ist manchmal etwas ganz anderes.

Letztendlich wird Ihr Sohn oder Ihre Tochter Ihnen zeigen, wann die Zeit für Unabhängigkeit gekommen ist. Sie müssen die Reife und Weisheit Ihres Kindes sowie seine seelische Bereitschaft zu mündigem Erwachsensein abschätzen. Gewähren Sie dann völlige Freiheit – und beten Sie treu für die nächsten dreißig Jahre.

Frage 225

Meine dreizehn Jahre alte Tochter wurde in den letzten Jahren immer fauler. Sie liegt im Haus herum und will den halben Samstag lang schlafen. Sie klagt viel über Müdigkeit. Ist das typisch für den Beginn der Teenagerzeit? Wie soll ich damit umgehen?

Es kommt sehr häufig vor, dass Jungen und Mädchen während der Pubertät unter Müdigkeit leiden. In dieser Zeit werden ihre Körperkräfte in einen rasanten Wachstumsprozess investiert und es bleibt weniger Energie für andere Betätigungen. Diese Zeit dauert nicht sehr lange und in der Regel folgt darauf die schwungvollste Zeit des Lebens.

Ich würde vorschlagen, dass Sie Ihre Tochter zu einer Routineuntersuchung beim Arzt anmelden, um eine ernsthaftere Ursache ihrer Müdigkeit auszuschließen. Wenn sich herausstellt, dass es sich nur um eine Pubertätserscheinung handelt, was ich vermute, dann sollten Sie »mit dem Strom schwimmen«. Sorgen Sie dafür, dass sie genügend Ruhe und Schlaf bekommt. Das kommt oft zu kurz, weil Teenager der Meinung sind, sie müssen nicht mehr so früh ins Bett gehen wie als Kind. Deshalb bleiben sie lange auf und schleppen sich dann müde und schlapp durch den nächsten Tag. Erstaunlicherweise braucht ein Dreizehn- oder Vierzehnjähriger tatsächlich mehr Schlaf als ein Neun- oder Zehnjähriger, schlicht und einfach wegen der beträchtlichen Wachstumsbeschleunigung.

Kurz und gut, Ihre Tochter wird über Nacht vom Mädchen zur Frau. Einige der äußeren Zeichen, die Sie beobachten, sind Teil dieser Umwandlung. Tun Sie Ihr Möglichstes, um diesen Vorgang zu erleichtern.

Frage 226

Ich höre viel über die Bedeutung der Kommunikation zwischen Eltern und Kindern und dass man auf derselben Wellenlänge bleiben muss. Wie kann ich das während der Teenagerjahre zuwege bringen?

Sie können damit rechnen, dass die Kommunikation einige Jahre lang sehr schwierig sein wird. In gewisser Weise erinnert mich die Adoleszenz an die ersten Raumsonden, die von Cap Canaveral in Florida aus gestartet wurden. Ich kann mich noch erinnern, wie aufgeregt ich war, als Colonel John Glenn und die anderen Astronauten zu ihren gefährlichen Reisen ins All aufbrachen. Zu dieser Zeit war es ein großartiges Gefühl, Amerikaner zu sein.

Menschen, die diese Jahre erlebten, werden sich erinnern, dass es beim Wiedereintritt in die Erdatmosphäre einen Augenblick gab, in dem die Raumkapsel in höchster Gefahr war. Die Astronauten im Inneren waren völlig davon abhängig, dass der Hitzeschild am Boden der Kapsel sie vor Temperaturen von über 500 Grad Celsius schützte. Würde die Kapsel im falschen Winkel in die Erdatmosphäre eintreten, würden die Astronauten verbrennen. Genau in diesem Augenblick reicherten sich immer negative Ionen im Umkreis der Kapsel an und verhinderten etwa sieben Minuten lang jegliche Kommunikation mit der Erde. Die Welt hielt den Atem an und wartete auf die Nachricht, dass die Astronauten in Sicherheit seien. Schließlich ertönte die beruhigende Stimme von Chris Craft: »Hier spricht das Flugkontrollzentrum. Wir haben Kontakt zu Friendship Sieben. Alles bestens. Die Wasserung steht kurz bevor.« Jubelrufe ertönten in Restaurants, Banken, Flughäfen und Millionen von Familien im ganzen Land. Sogar der Nachrichtensprecher schien erleichtert zu sein.

Die Analogie zur Teenagerzeit ist nicht schwer zu erkennen. Nachdem die Ausbildung und die Vorbereitung in der Kindheit abgeschlossen sind, marschiert der pubertierende Sprössling zur Startrampe. Seine Eltern sehen besorgt zu, wie er in die Kapsel mit Namen »Adoleszenz« klettert und darauf wartet, dass seine Raketen zünden. Sein Vater und seine Mutter würden ihn gerne begleiten, aber im Raumschiff ist nur für eine Person Platz. Außerdem hat sie niemand eingeladen. Ohne Vorwarnung fangen die riesigen Raketentriebwerke an aufzuheulen und die »Nabelschnur« wird abgekoppelt. »Er hebt ab! Er hebt ab!«, schreit der Vater des Jungen.

Der Junior, der gestern noch ein Baby war, ist auf dem Weg zum Rand des Universums. Einige Wochen später machen seine Eltern die schrecklichste Erfahrung ihres Lebens: Sie verlieren plötzlich jeden Kontakt zur Kapsel. »Negative Ionen« stören die Kommunikation zu einem Zeitpunkt, an dem sie sich am allermeisten von der Sicherheit ihres Sohnes überzeugen wollen. Warum will er nicht mit ihnen sprechen? Diese Zeit des Schweigens dauert nicht, wie bei Colonel Glenn und seinen Freunden, nur wenige Minuten. Sie kann Jahre anhalten. Dasselbe Kind, das immer wie ein Wasserfall redete und Millionen Fragen stellte, hat seinen Wortschatz jetzt auf neun einsilbige Ausdrücke reduziert: »Weiß nicht«, »Hab ich vergessen«, »Hä?«, »Nein!«, »Nö«, »Ja«, »Wer – ich?« und »Er war es«. Ansonsten kommen nur atmosphärische Störungen über den Empfänger – Stöhnen, Grunzen, Murren und Brummen. Welch sorgenvolle Zeit für diejenigen, die auf der Erde warten!

Jahre später, wenn das Flugkontrollzentrum fürchtet, das Raumschiff wäre verschollen, werden unerwartet einige verzerrte Signale von einem entfernten Sender aufgenommen. Die Eltern jubeln und spitzen die Ohren. War das wirklich seine Stimme? Sie ist tiefer und reifer, als sie sie in Erinnerung haben. Da ist sie wieder. Diesmal ist die Absicht unmissverständlich. Ihr raumfahrender Sohn hat bewusst den Versuch unternommen, mit ihnen in Verbindung zu treten! Er war vierzehn Jahre alt, als er in den Weltraum startete, und jetzt ist er fast zwanzig. Könnte es sein, dass die negative Umgebung hinweggefegt wurde und Kommunikation wieder möglich ist?

Ja. In den meisten Familien spielt sich genau das ab. Nach Jahren stiller Sorge erfahren die Eltern zu ihrer großen Erleichterung, dass an Bord des Raumschiffs alles bestens ist. Die »Wasserung«, die Anfang zwanzig stattfindet, kann eine wunderbare Zeit für beide Generationen sein.

Frage 227

Gibt es eine Möglichkeit, diese Funkstille und die anderen Belastungen im Zusammenhang mit dieser Reise des Jugendlichen zu vermeiden?

Bei einigen Jugendlichen, ja vielleicht der Mehrheit, nicht. Es kommt auch in den liebevollsten und intelligentesten Familien zu Spannungen. Warum? Weil mächtige hormonelle Kräfte Jungen und Mädchen zu Beginn der Pubertät überwältigen und von ihnen Besitz ergreifen. Ich denke, dass Eltern und sogar Verhaltensforscher die Auswirkungen der biochemischen Veränderungen, die in der Pubertät stattfinden, unterschätzt haben. Wir können den Einfluss, den die Hormone auf den Körper haben, sehen, aber im Gehirn findet ebenfalls ein dynamischer Prozess statt. Wie sonst können wir erklären, warum aus einem fröhlichen, zufriedenen, gehorsamen Zwölfjährigen plötzlich ein mürrischer, wütender, niedergeschlagener Dreizehnjähriger wird? Manche behaupten, dass alleine der soziale Druck für diese Veränderung verantwortlich ist. Das glaube ich einfach nicht.

Die emotionalen Merkmale eines plötzlich rebellierenden Jugendlichen ähneln eher den Symptomen des prämenstruellen Syndroms oder besonders beschwerlichen Wechseljahren bei Frauen oder vielleicht einer stürmischen Midlife-Crisis bei Männern. Offensichtlich finden im Innern nervenaufreibende Veränderungen statt! Außerdem wäre, wenn der Aufruhr ausschließlich von Umweltfaktoren ausgelöst würde, sein Einsetzen in der Pubertät nicht so präzise vorhersehbar. Die seelischen Veränderungen, die ich beschrieben habe, treten exakt nach Plan auf, so berechnet, dass sie genau mit dem Beginn des sexuellen Reifeprozesses zusammenfallen. Ich behaupte, dass beide Veränderungen von einem gemeinsamen hormonellen Sturmangriff verursacht werden. Die menschliche Chemie spielt scheinbar ein paar Jahre verrückt und wirkt sich dabei auf den Verstand genauso aus wie auf den Körper.

Frage 228

Wenn diese Erklärung zutrifft, welche Tragweite hat sie dann für die Eltern von Kindern im Frühstadium der Pubertät?

Erstens ist es, wenn man diesen Aufstand der Drüsen versteht, leichter, die auftretenden seelischen Erschütterungen zu ertragen und mit ihnen umzugehen. Manche Kinder sind einfach ein paar Jahre lang nicht ganz bei Verstand! Genau wie eine Frau, die große Probleme mit den Wechseljahren hat, ihren unschuldigen und total verblüfften Ehemann der Untreue beschuldigt, kann auch ein durch hormonelle Veränderungen trübselig gewordener Teenager seine Welt nicht richtig deuten. Sein soziales Urteilsvermögen ist beeinträchtigt. Deshalb sollten Eltern nicht verzweifeln, wenn es so aussieht, als ob alles, was sie ihrem Kind versucht haben beizubringen, in Vergessenheit geraten ist. Es macht eine Umgestaltung durch, in der das Unterste zuoberst gekehrt wird. Aber bleiben Sie dran. Er wird wieder Boden unter die Füße bekommen!

Ich rate sehr dazu, dass die Eltern eigenwilliger und rebellischer Mädchen im Stillen über den Menstruationszyklus ihrer Tochter Buch führen. Sie sollten nicht nur aufschreiben, wann ihre Periode beginnt, sondern auch jeden Tag eine Anmerkung zu ihrer Stimmung machen. Ich denke, Sie werden sehen, dass die Gefühlsausbrüche, die die Familie strapazieren, zyklischer Natur sind. Prämenstruelle Spannungen können in diesem Alter alle achtundzwanzig Tage eine Serie von Wirbelstürmen heraufbeschwören. Wenn Sie wissen, wann sie kommen, können Sie sich in den sturmsicheren Keller zurückziehen, wenn das Unwetter losbricht. Sie können diese Aufzeichnungen auch dazu benutzen, Ihren Töchtern das prämenstruelle Syndrom und den Umgang damit zu erklären. Leider scheinen viele Eltern die Regelmäßigkeit und die Vorhersehbarkeit ernster Auseinandersetzungen mit ihren Töchtern niemals zu bemerken. Noch einmal rate ich Ihnen, den Kalender im Auge zu behalten. Er kann Ihnen so viel über Ihre Mädchen erzählen.

Frage 229
Wie steht es mit heranwachsenden Jungen? Haben sie auch einen hormonbedingten Zyklus?

Ihre Gefühlsregungen und ihr Verhalten werden gewiss von Hormonen beeinflusst. Alles, von sexuellem Verlangen bis zu Aggressivität, wird durch die neuen chemischen Verbindungen, die durch ihre Adern strömen, hervorgerufen. Bei ihnen gibt es jedoch keine zyklischen Schwankungen, die dem Menstruationszyklus der Mädchen vergleichbar wären. Deshalb können sie den ganzen Monat hindurch wankelmütiger und unberechenbarer sein als Mädchen.

Frage 230
Mein vierzehn Jahre alter Sohn ist launisch, boshaft, verantwortungslos und faul. Wenn ich nicht aufmerksam hinter ihm her bin, zieht er sich Unannehmlichkeiten zu – nicht wirklich schlimme Dinge, nur läppische Dummheiten. Aber ich fürchte, ich könnte ihn genau jetzt verlieren. Was kann ich tun, um ihn auf dem rechten Kurs zu halten?

Es ist äußerst wichtig, dass Sie Ihren lebhaften Jungen in Bewegung halten. Wenn Sie zulassen, dass er sich langweilt, nutzt er die unausgefüllte und nicht überwachte Zeit auf zerstörerische Weise. Mein Rat ist, ihn am allerbesten kirchlichen Angebot für Jugendliche teilnehmen zu lassen. Wenn die Angebote in Ihrer Gemeinde einschläfernd und einfallslos sind, sollten Sie einen Wechsel der Gemeinde ins Auge fassen. Ich weiß, dass das für den Rest der Familie lästig sein kann, aber es könnte Ihnen helfen, Ihren wankelmütigen Sohn zu retten. Das kann nicht nur durch kirchliche Angebote, sondern auch durch Sport, Musik, Pferde oder andere Tiere und Nebenjobs geschehen. Es besteht die Hoffnung, dass er an einer dieser Möglichkeiten irgendwie Gefallen findet und seine grenzenlose Energie auf etwas Konstruktives lenkt. Bis dahin müssen Sie dafür sorgen, dass dieser energiegeladene Junge beschäftigt ist!

Frage 231

Man nimmt im Allgemeinen an, dass der Druck Gleichaltriger die Ursache dafür ist, dass Teenager anfangen zu rauchen und Drogen zu nehmen. Ist das wirklich der Grund dafür, dass sie gefährliche Gewohnheiten annehmen?

Genau diese Frage war vor kurzem das Thema einer Untersuchung. Die Forscher untersuchten über sechzehntausend Schüler im Kreis Orange, Kalifornien. Sie entdeckten, dass Familienmitglieder und nicht Klassenkameraden oder Lehrer den größten Einfluss auf einen eventuellen Drogen-, Alkohol- oder Tabakgebrauch eines Kindes haben. Wenn Teenager der Meinung waren, dass ihre Eltern oder Geschwister Rauchen guthießen, dann taten sie es ihnen wahrscheinlich nach. Wenn sie jemand davon überzeugen konnte, nicht mitzumachen, dann war es in der Regel ein Mitglied der eigenen Familie. Viele Eltern glauben, dass dieses Gebiet in der Schule zu behandeln ist und sprechen zu Hause nicht darüber. Aber diese Studie zeigt, dass der Druck der Familie und nicht der Druck Gleichaltriger die größte Wirkung auf Kinder hat.[81]

Weiterhin ergab sich aus der Untersuchung, dass Kinder sich der Risiken des Rauchens in beunruhigender Weise nicht bewusst sind. Offensichtlich wurden sie nicht ausreichend gewarnt.

Wie bei allen anderen Dingen, von denen wir wollen, dass unsere Kinder sie erfahren, sind wir Eltern dafür verantwortlich, sie unseren Kindern mitzuteilen. Sprechen Sie mit Ihren Söhnen und Töchtern, solange sie klein sind, über die Gefahren des Zigarettenrauchens. Sagen Sie ihnen, dass Sie diese Gewohnheit nicht guthießen. Sprechen Sie über die gesundheitlichen Gefahren, einschließlich des Risikos, an Krebs oder einem Lungenleiden zu erkranken. Und bieten Sie ihnen fachkundige Hilfe an, wenn sie bereits begonnen haben.

Warnen Sie Ihre Kinder immer wieder vor Drogenmissbrauch und davor, was er im Körper anrichten kann. Wenn Eltern sich die Zeit nehmen, mit ihren Kindern zu sprechen, können sie ihnen weitgehend helfen, Suchtverhalten zu meiden. Die meisten Eltern können sogar den Gruppenzwang wettmachen.

Frage 232

Mein dreizehn Jahre alter Sohn steht voll in der Pubertät. Ich befürchte, dass er masturbiert, wenn er alleine ist, aber ich weiß nicht, wie ich ihn daraufhin ansprechen soll. Muss ich mir Sorgen machen, und wenn ja, was soll ich ihm sagen?

Ich denke nicht, dass Sie in diese Privatsphäre eindringen sollten, außer ganz außergewöhnliche Umstände veranlassen Sie dazu. Ich gebe Ihnen diesen Rat in dem Wissen, dass Masturbation ein höchst umstrittenes Thema ist und dass Kirchenoberhäupter diesbezüglich sehr unterschiedliche Standpunkte vertreten. Ich werde Ihre Frage beantworten, hoffe aber, dass Sie verstehen, dass einige Theologen mir entschieden widersprechen werden.

Betrachten wir die Masturbation zunächst vom medizinischen Standpunkt. Ohne Furcht vor Widersprüchen können wir sagen, dass wissenschaftlich *nichts* darauf hindeutet, dass sie dem Körper schadet. Trotz furchterregender Warnungen, die früher jungen Menschen erteilt wurden, verursacht sie weder Blindheit noch Schwächezustände, noch geistige Behinderung, noch sonst ein körperliches Problem. Wenn es so wäre, dann wäre die gesamte männliche und etwa die Hälfte der weiblichen Bevölkerung blind, schwach, dümmlich und krank. Zwischen fünfundneunzig und achtundneunzig Prozent aller Jungen masturbieren – und der Rest wurde der Lüge überführt. Es ist ein Verhalten, das auf der ganzen Welt geübt wird. Ein kleinerer, aber immer noch bedeutender Prozentsatz der Mädchen praktiziert das, was früher »Selbstbefriedigung« genannt wurde.

Was die seelischen Folgen der Masturbation betrifft, sollten nur vier Umstände zu Sorge Anlass geben. Der erste Fall tritt ein, wenn

Masturbation mit bedrückenden Schuldgefühlen in Verbindung gebracht wird, denen der Einzelne nicht entrinnen kann. Dieses Schuldgefühl kann beträchtlichen psychologischen und geistlichen Schaden anrichten. Jungen und Mädchen, die unter der göttlichen Verdammung leiden, können allmählich zu der Überzeugung kommen, dass sogar Gott sie nicht lieben kann. Sie versprechen tausendmal mit großer Aufrichtigkeit, nie mehr diese verachtungswürdige Handlung zu vollführen. Dann vergehen eine oder zwei Wochen oder vielleicht mehrere Monate. Schließlich staut sich der hormonelle Druck an, bis fast jede wache Minute von sexuellem Verlangen aufgewühlt ist. Schließlich, in einem schwachen Augenblick (und ich meine wirklich *Augenblick*), geschieht es wieder. Was nun? Was sagt ein junger Mensch zu Gott, nachdem er oder sie das eintausendunderste feierliche Versprechen an ihn gebrochen hat? Ich bin davon überzeugt, dass einige Teenager nur deshalb ihren Glauben weggeworfen haben, weil sie in dieser Frage der Masturbation meinten, Gott nicht zu gefallen.

Der zweite Fall, bei dem Masturbation schädliche Auswirkungen haben kann, tritt ein, wenn sie zwanghaft wird. Das tritt mit höherer Wahrscheinlichkeit ein, wenn der Einzelne sie als »verbotene Frucht« versteht. Ich glaube, diese Art zwanghafter Reaktion kann am besten dadurch vermieden werden, dass Erwachsene sie nicht überbetonen oder verdammen. Egal was Sie tun, Sie werden Ihre Teenager nicht von Masturbation abhalten. Das steht fest. Sie werden sie nur verdrängen – unter die Bettdecke. Es gibt keine wirksame »Kur«. Kalte Duschen, viel Sport, viele Beschäftigungen und furchteinflößende Drohungen bleiben wirkungslos. Die Bemühungen, diese Handlung abzustellen, sind zum Scheitern verurteilt. Warum sollte man es also überhaupt versuchen?

Der dritte Fall, bei dem wir uns Sorgen machen müssen, betrifft junge Menschen, die der Pornographie zugetan sind. Das obszöne Material, das heutzutage Teenagern zugänglich ist, kann sich eines Jungen für den Rest seines Lebens bemächtigen. Eltern sollen unbedingt eingreifen, wenn es Anzeichen dafür gibt, dass ihr Sohn

oder ihre Tochter auf diesem ausgetretenen Pfad in den Abgrund
rast.

Der vierte Anlass zur Sorge wegen der Masturbation betrifft nicht
Jugendliche, sondern uns Erwachsene. Diese Gewohnheit kann uns
bis in die Ehe verfolgen und zum Ersatz für gesunde Geschlechtsbeziehungen zwischen Mann und Frau werden. Das, glaube ich, meinte
der Apostel Paulus, als er sagte, wir sollten uns als Ehepartner einander nicht »entziehen«: »Entziehe sich nicht eins dem andern, es sei
denn eine Zeitlang, wenn beide es wollen, damit ihr zum Beten Ruhe
habt; und dann kommt wieder zusammen, damit euch der Satan
nicht versucht, weil ihr euch nicht enthalten könnt« (1. Kor 7, 5).

Was die geistlichen Folgen der Masturbation im Einzelnen betrifft,
muss ich auf die Theologen verweisen. Ich finde jedoch bemerkens-
wert, dass die Bibel dieses Thema nur einmal im Alten Testament
anspricht, nämlich in der Geschichte eines Mannes namens Onan. Er
unterbrach den Geschlechtsverkehr mit seiner Schwägerin und ließ
sein Sperma auf die Erde fallen, damit er für seinen Bruder keine
Nachkommen zeugte, wozu der »verpflichtet« war (1. Mose 38, 8).
Obwohl dieser Vers oft als Beweis für Gottes Missfallen an Masturbation zitiert wird, scheint der Zusammenhang ein ganz anderer zu
sein.

Was sollten Eltern nun ihren Kindern zu diesem Thema sagen?
Mein Rat ist, nach Eintritt der Pubertät nichts zu sagen. Sie würden
damit nur Verlegenheit und Unbehagen hervorrufen. Bei jüngeren
Kindern wäre es angebracht, das Thema der Masturbation bei dem
sogenannten Gespräch zur »Vorbereitung der Adoleszenz« anzu-
schneiden, das ich bei anderen Gelegenheiten bereits empfohlen
habe. Ich rate Eltern, insbesondere mit ihren zwölf- oder dreizehnjährigen Jungen über das Thema genauso allgemein zu sprechen wie
meine Eltern das mit mir taten. Wir fuhren im Auto, als mein Vater
sagte: »Jim, als ich jung war, machte ich mir solche Sorgen über
Masturbation. Sie wurde für mich etwas wirklich Furchterregendes,
weil ich dachte, Gott würde mich wegen etwas verdammen, das ich
nicht ändern konnte. Ich sage dir jetzt, dass ich hoffe, dass du es nicht

tun musst, wenn du größer wirst, aber wenn es vorkommt, sollst du dir nicht allzu viele Sorgen darüber machen. Ich glaube nicht, dass es etwas mit deiner Beziehung zu Gott zu tun hat.« An jenem Abend im Auto hat mein Vater mir unsagbar Gutes getan. Er war ein sehr konservativer Pastor, der bis zu seinem Tod kompromisslos an seinen moralischen Richtlinien festhielt. Wie ein Fels trat er für biblische Grundsätze und Gebote ein. Dennoch nahm er die Last der Schuldgefühle von meinen Schultern, an denen einige meiner Freunde aus der Kirchengemeinde fast zugrunde gingen. Diese Art »vernünftiger« Glaube, in dem meine Eltern mich unterwiesen, ist einer der Hauptgründe, weshalb ich nie das Bedürfnis verspürte gegen die elterliche Autorität oder Gott aufzubegehren.

Nun, das ist meine unmaßgebliche Meinung. Ich weiß, dass meine Empfehlungen einige Gemüter erhitzen werden. Wenn Sie zu ihnen gehören, bitte ich Sie um Verzeihung. Ich kann nur nach bestem Wissen und Gewissen einen Rat erteilen. Ich bete, dass er richtig ist.

Frage 233
Was halten Sie von der Veränderung der Umgangsformen zwischen Jungen und Mädchen? Zu meiner Zeit riefen immer die Jungen an. Als ich vierzehn war, hätte meine Mutter mir nie erlaubt, einen Jungen anzurufen. Jetzt bitten Mädchen Jungen um ein Rendezvous und werden manchmal recht forsch, um zu bekommen, was sie wollen. Ist das von Bedeutung? Was soll ich meiner Tochter in dieser Hinsicht beibringen?

Sie haben Recht. Die Beziehungen zwischen den Geschlechtern haben sich in allen Altersstufen radikal verändert. Früher brachte man jungen Mädchen bei, zurückhaltend zu sein – ihre Impulse streng unter Kontrolle zu halten –, besonders wenn es um Liebesdinge ging. Üblicherweise wurde die Initiative immer von den Jungen ergriffen und Mädchen begnügten sich, darauf eine Reaktion zu zeigen. Aber was wir jetzt erleben, ist eine neue sexuelle Aggressivität der Mädchen, die viele Eltern beunruhigt. Mich übrigens auch. Es gibt Mädchen, die so zudringlich sind, dass sie die Jungen, hinter denen sie her sind, abschrecken. Das männliche Ich ist so angelegt, dass es sich nicht recht wohl fühlt, wenn es sich zurückziehen muss. Auch heute, wo die alten Einschränkungen und Tabus für Frauen weggefallen sind, glaube ich, dass Eltern ihren Töchtern immer noch eine gewisse Zurückhaltung, eine gewisse Selbstachtung bei Liebesbeziehungen beibringen sollten. Das gilt insbesondere für die unbeholfenen Erfahrungen zu Beginn des Jugendalters.

Vielleicht fällt es einem Mädchen schwer, einen kühlen Kopf zu bewahren, aber wenn sie es schafft, wird sie für den Gegenstand ihrer Zuneigung anziehender und sie wird weniger verwundbar sein, als wenn sie ihm ständig nachstellt. Mag diese Ansicht auch altmodisch sein, ich halte sie doch noch für richtig.

Frage 234
Glauben Sie an den sogenannten »doppelten Moralkodex«? Mit anderen Worten, ist es in Ordnung, dass Jungen Dinge tun, die Mädchen nicht tun dürfen?

Ich bin ganz entschieden gegen einen doppelten Moralkodex. Wenn die Bibel unsittliches Verhalten verbietet, macht sie keinen Unterschied zwischen den Geschlechtern. Vorehelicher Geschlechtsverkehr ist genauso falsch für einen Jungen wie für ein Mädchen. Doch gibt es einen Grund, weshalb in der Vergangenheit den Mädchen ein anderer Verhaltenskodex als den Jungen gegeben wurde.

Der doppelte Moralkodex entstand, vermute ich, weil Eltern erkannten, dass vorehelicher Intimverkehr einem Mädchen wahrscheinlich mehr schadet. Natürlich werden nur Mädchen schwanger und ihre komplizierteren Geschlechtsorgane sind für Geschlechtskrankheiten und Infektionen anfälliger. Mädchen und Frauen haben seelisch auch mehr zu verlieren. Nach beiläufigem Geschlechtsverkehr fühlen sie sich oft verletzt und benutzt, wogegen Jungen die Erfahrung vielmehr als weitere Trophäe betrachten, mit der sie prahlen können. Deshalb machten Eltern und Lehrer sich mehr Gedanken über Mädchen und trafen Vorkehrungen, um ihre Jungfräulichkeit zu bewahren. Viele tun das immer noch.

Aufgrund dieser Unterschiede zwischen den Geschlechtern ist die sexuelle Revolution der größte Streich, den Männer Frauen gespielt haben. Indem sie sie davon überzeugten, dass die alten Regeln nicht mehr gelten, verleiteten Männer Frauen dazu, das zu tun, was sie schon immer von ihnen wollten. Aber welcher Preis wurde für die neue »Freiheit« bezahlt! Und, wie vorherzusehen, blieb der größte Teil der Kosten an den Frauen hängen.

Ich wiederhole: Die moralische Bedeutung von Geschlechtsverkehr mit wechselnden Partnern ist für beide Geschlechter gleich und Sünde schadet jedem, der sich auf sie einlässt. Doch die körperlichen und seelischen Folgen der geschlechtlichen Unordnung stehen im Missverhältnis zueinander. Frauen verlieren in der Regel mehr.

Frage 235
Können Sie Ihre Bedenken über die Texte der modernen Teenagermusik erklären, insbesondere insoweit sie sich auf die Einstellung zu den Eltern beziehen?

Vielleicht ist es hilfreich, zu untersuchen, inwieweit Schlager sich im Lauf der Jahre verändert haben.
Gehen wir zurück ins Jahr 1953, als der beliebteste Schlager in den Vereinigten Staaten, der Titel »O mein Papa«, von Eddie Fisher gesungen wurde. In Deutschland machte Lys Assia das Lied berühmt. Hier ein Teil des Textes:

O mein Papa war eine wunderbare Mann,
O mein Papa war eine große Künstler,

O mein Papa, wie war er herrlich anzusehn,
O mein Papa war eine schöne Mann.[82]

Dieses sentimentale Lied gab genau die Gefühle wieder, die viele Menschen damals ihrem Vater gegenüber hatten. Natürlich gab es auch Konflikte und Meinungsverschiedenheiten, aber die Familie blieb die Familie. Letzten Endes hatten die Eltern Anspruch auf Achtung und Loyalität und in der Regel wurde ihnen das auch von ihren Kindern zuteil.

Als ich mit dem Studium begann, setzten Änderungen ein. Das Thema des Konfliktes zwischen Eltern und Teenagern wurde ein bevorzugtes Thema in der Kultur. Der Film *Denn sie wissen nicht, was sie tun* zeigte, wie das Leinwandidol James Dean in der Hauptrolle vor Wut gegen seinen »Alten« kochte. In *Der Wilde*, einem anderen Film mit dem Thema Auflehnung, spielte Marlon Brando die Hauptrolle. Die Rock 'n' Roll-Musik schilderte dieselben Themen.

Was als fesselndes Drama begann, wurde in den sechziger Jahren bitterböse. In jenen Tagen sprachen alle vom »Generationskonflikt«, der zwischen jungen Menschen und ihren Eltern ausgebrochen war. »Trau keinem über dreißig!« war die Parole von Teenagern und Studenten und ihre Wut gegen ihre Eltern kam immer deutlicher zum Vorschein. The Doors veröffentlichten 1968 ein Lied mit dem Titel »The End« (Das Ende), in dem der Hauptsänger Jim Morrison mit dem Gedanken spielte, seinen Vater umzubringen. Das Lied endete mit Schüssen, gefolgt von schrecklichem Ächzen und Stöhnen.[83]

1984 veröffentlichten die Twisted Sisters »We're Not Gonna Take It« (Wir nehmen das nicht hin), in dem ein Vater »widerlicher Banause« und »nichtswürdig und schwach« genannt wird.[84] Dann wurde er aus dem Fenster einer Wohnung aus dem zweiten Stock geschleudert. Das Umbringen der Eltern wurde in diesem Jahrzehnt regelmäßig aufgegriffen. Eine Gruppe namens Suicidal Tendencies (Neigung zum Selbstmord) veröffentlichte 1983 eine Aufnahme mit

dem Titel »I Saw Your Mommy« (Ich sah deine Mama). Einige Sätze
in diesem Lied lauten: »Ich sah deine Mama und deine Mama ist
tot ... abgebissene Zehen an ihren abgehackten Füßen ... Ich sah sie
in einer roten Pfütze liegen; ich denke, es ist das Großartigste, das ich
je gesehen habe – deine tote Mama.«[85]
Ich glaube, keine Produktion kommt an Geistlosigkeit »Momma's Gotta Die Tonight« (Mama muss heute Nacht sterben) von Ice-
T und Body Count gleich. 500.000 Exemplare des Albums mit den
abscheulichen Texten auf der CD-Hülle wurden verkauft. Die meisten von ihnen können hier fürwahr nicht zitiert werden. Anschaulich
wird geschildert, wie die Mutter des Rappers im Bett verbrannt wird,
dann mit einem Baseballschläger, den sie ihm geschenkt hat, erschla-
gen und wie schließlich die Leiche in »winzig kleine Stückchen« zer-
stückelt wird. Welch unglaubliche Gewalt! Der Rapper, der uns von
diesem Mord erzählt, drückt nicht im Geringsten Schuldgefühle
oder Reue aus. In der Tat nennt er seine Mutter eine »rassistische
Hure« und lacht, während er singt: »Brenne, Mama, brenne.«[86]
Ich möchte darauf hinaus, dass die beliebtesten Schlager unserer
Kultur in kaum mehr als einer Generation von dem begeisterten »O
mein Papa« zu dem grausigen »Momma's Gotta Die Tonight«
(Mama muss heute Nacht sterben) fortgeschritten sind. Und wir
müssen uns fragen: *Wie wird es weitergehen?*
Eines ist sicher: Die junge Generation von heute wurde mit mehr
familienfeindlichen Reden bombardiert als jede andere zuvor.
Nimmt man die genauso beunruhigenden Botschaften über Drogengebrauch, Sex und Gewalt gegen Frauen hinzu, dann muss die
Wirkung verheerend sein. Und die liederlichsten und obszönsten
Rockstars sind zu den Idolen vieler leicht beeinflussbarer Teenager
geworden. MTV, das die minderwertigsten Programme, die verfügbar sind, sendet, erreicht 231 Millionen Haushalte in fünfundsiebzig
Ländern, mehr als jedes andere Kabelprogramm.[87] Auf die Gefahr
hin, mich unbeliebt zu machen, äußere ich die Meinung, dass viele
der quälenden Probleme unserer Zeit, angefangen von Teenagerschwangerschaften bis hin zu Selbstmord und Mord, auf das Gift

zurückzuführen sind, das die Unterhaltungsindustrie im Allgemeinen in die Adern junger Menschen träufelt.

Zu den Folgen dieser Verschiebung der volkstümlichen Kultur gehört, dass die junge Generation sich selbst und die Älteren weniger achtet als je zuvor in der Vergangenheit. Natürlich gibt es noch Millionen verantwortungsbewusster und zuvorkommender Teenager, aber die Kultur, in der sie aufwachsen, hat sich verändert – zum Schlechteren hin.

Frage 236
Ich glaube nicht, dass Kinder so leicht beeinflussbar sind, wie Sie sagen. Was sie sehen, muss nicht unbedingt ihr Verhalten bestimmen.

Betrachten wir die Dinge folgendermaßen. In den achtziger Jahren hieß der beliebteste Film *E. T. Der Außerirdische*. In einer kurzen Szene erhielt das kleine Wesen aus dem All ein paar Bonbons der Marke Reese's Pieces. Der Markenname wurde nicht genannt, aber die Kinder erkannten ihn in den wenigen Sekunden auf dem Bildschirm. In den darauf folgenden Monaten erreichte der Umsatz von Reese's Pieces astronomische Zahlen. Ist das nicht ein deutliches Beispiel dafür, dass ein Film das Denken der Kinder beeinflusst?

Warum werden Milliarden für Reklame ausgegeben, wenn das Verhalten der Menschen nicht von dem beeinflusst wird, was sie sehen und hören? Warum kaufen Schulen und Universitäten Bücher für Kinder und junge Erwachsene, wenn das, was sie lesen, sich nicht in irgendeiner Weise auswirkt? *Natürlich* sind Kinder empfänglich für das, was sie sehen und hören! Wie wir alle auch. Um wie viel größer ist die Wirkung dramatischer, sexorientierter Musicals und Theaterstücke, die keine Tabus kennen, auf die Herzen und Seelen unserer Kinder! Wen führen wir an der Nase herum, wenn wir sagen, dass das Schlimmste ihnen nicht schadet?

Frage 237

Als ich jung war, beklagten sich die Erwachsenen auch über die Musik, die wir jungen Leute gerne hörten. Glaubt nicht jede Eltern-generation, dass ihre Kinder zu weit gehen?

Das stimmt, aber hier sprechen wir über etwas besonders Absto-ßendes in der heutigen Musik. Vielleicht erinnern Sie sich an die Aufregung um die Rap-Gruppe 2 Live Crew und ihr Album *As Nasty As They Wanna Be* (So widerwärtig wie sie sein wollen). Ein Richter aus Florida prüfte die schmutzigen Texte dieses Albums und zum ersten Mal wurde ein »Musikstück« für obszön und illegal erklärt.[88]

Wie vorherzusehen machten Phil Donahue (kurz bevor seine Show gestrichen wurde) und seine Genossen in der Presse ihrem Ärger in gewohnter Weise Luft, als die Nachricht bekannt wurde. »Zensur!«, schrien sie von den Dächern. Hunderte von Zeitungshe-rausgebern und Fernsehkommentatoren veröffentlichten Leitartikel und spezielle Berichte über die Dreistigkeit des Richters, der uns allen seine moralischen Maßstäbe aufzwingt.

Was die Medien dem amerikanischen Volk jedoch vorenthielten, war der Inhalt des Albums von 2 Live Crew. Sie verschwiegen der Öffentlichkeit diese Information und sprachen stattdessen abstrakt von »verfassungsmäßigen Rechten« und »rechtsextremen Funda-mentalisten«.

Ist es nicht interessant, dass diejenigen, die besorgte Bürger der Zensur beschuldigten, selbst die Wahrheit vor der Veröffentlichung zurechtbiegen? Millionen Wörter wurden über die obszönen Texte eines einzigen Albums gesprochen, doch nicht mit einem Wort wur-den sie direkt zitiert. Warum nicht? Weil Erwachsene über ihren Schmutz und ihre Verkommenheit schockiert und bestürzt wären. Ausdrucksweisen, die man nicht in Zeitungen drucken oder im Fernsehen äußern kann, sind jedoch für junge Menschen anschei-nend durchaus geeignet. Das ist die Logik gewisser Meinungs-macher.

Auf die Gefahr hin, meine Leser aus der Fassung zu bringen, möchte ich jetzt – so diskret wie möglich – die Wörter auflisten, die im Album *As Nasty As They Wanna Be* enthalten sind. Dazu gehören:

– 226-mal das Wort *ficken*
– 117 Ausdrücke für die männlichen oder weiblichen Geschlechtsorgane
– 87 Beschreibungen von Oralverkehr
– 163-mal das Wort *Hündin*
– 15-mal das Wort *Nutte*, wenn von Frauen die Rede ist
– 81-mal das Wort *Scheiße*
– 42-mal das Wort *Arsch*
– 9 Beschreibungen der Ejakulation
– 6 Anspielungen auf Erektionen
– 4 Beschreibungen von Gruppensex
– 3 Erwähnungen von Anilingus
– 2 Einfügungen von Urinieren oder Darmentleerung
– 1 Hinweis auf Inzest
– über 12 Erläuterungen von Gewaltsex

Bitte verstehen Sie, dass diese Wörter nicht für sich alleine in dem Album vorkamen. Sie wurden gebraucht, um konkrete Handlungen und Einstellungen zu beschreiben. Denken Sie auch daran, dass Kinder – manche erst acht oder zehn Jahre alt –, die diese »Musik« kauften, sie normalerweise dutzend, ja hundert Mal anhörten.

Beschreibungen von oralem Sex und extremer Gewalt gegen Frauen wurden dabei auswendig gelernt und in das Bewusstsein von Kindern eingebrannt, die kaum die Grundschule verlassen hatten. Über zwei Millionen Alben wurden verkauft. Und mit Ausnahme von Florida und einigen anderen Orten, wo dieses Album verboten war, gab es keine Einschränkungen bezüglich seines Vertriebs. Ein Kind jeden Alters konnte es kaufen.

Dies ist nur ein Beispiel aus einer Industrie, die half, den Moralkodex der abendländischen Zivilisation zu zerstören. In den vergangenen dreißig Jahren wurde dies methodisch und absichtlich, in Zusammenarbeit mit Fernseh- und Filmproduzenten durchgeführt. Der angerichtete Schaden ist unermesslich! Mir geht es wie dem Stammvater Lot in Sodom und Gomorra, dem vor über viertausend Jahren »die schändlichen Leute viel Leid antaten mit ihrem ausschweifenden Leben« (2. Petr 2, 7). Übrigens wurde die Verurteilung von 2 Live Crew wegen Obszönität von einem Berufungsgericht aufgehoben.[89] Es stellte sich heraus, dass die aggressive Ausdrucksweise in ihrem Album von der amerikanischen Verfassung geschützt ist. Können Sie sich vorstellen, was die Väter der Verfassung davon gehalten hätten?

Frage 238

Als die Tochter meiner Schwester achtzehn war, begann sie mit dem Studium und wurde sofort ein bisschen verrückt. Sie war immer ein liebes Kind gewesen, aber als sie auf sich gestellt war, begann sie zu trinken, hatte Geschlechtsverkehr mit wechselnden Partnern und fiel mehrmals bei ihren Prüfungen durch. Meine Tochter ist erst zwölf und ich möchte nicht, dass sie dieselben Fehler macht, wenn sie einmal außerhalb unserer Einflusssphäre ist. Wie kann ich sie auf den rechten Umgang mit Freiheit und Unabhängigkeit vorbereiten?

Nun, Sie beginnen die Vorbereitung Ihrer Tochter auf diesen Augenblick des Loslassens vielleicht schon mit zwölf Jahren Verspätung. Das Geheimnis ist, ihr von frühester Kindheit an allmählich Freiheit und Verantwortung zu übertragen, damit sie Ihre Überwachung nicht mehr braucht, wenn sie nicht mehr überwacht werden kann. Der plötzliche Wechsel von strenger Aufsicht zur absoluten Freiheit öffnet einer Katastrophe Tür und Tor.

Diesen Grundsatz lernte ich von meiner Mutter, die sich bewusst darum bemühte, mir Unabhängigkeit und Verantwortungsbewusstsein beizubringen. Nachdem sie in jüngeren Jahren die Grundlage

gelegt hatte, führte sie eine »Abschlussprüfung« durch, als ich siebzehn war. Meine Eltern fuhren für zwei Wochen weg und ließen
mich mit dem Auto zu Hause und der Erlaubnis, dass meine Freunde
bei mir übernachten können. Toll! Vierzehn nächtliche Partys an
einem Stück! Ich konnte es kaum glauben. Wir hätten das ganze
Haus zertrümmern können, aber wir taten es nicht. Wir verhielten
uns ziemlich verantwortungsbewusst.

Ich fragte mich immer, warum meine Mutter ein solches Risiko
einging und als ich erwachsen war, fragte ich sie danach. Sie lächelte
nur und sagte: »Ich wusste, dass du ein Jahr danach zum Studium
weggehst, wo du völlige Freiheit hast und wo niemand auf dich auf-
passt. Ich wollte dich dieser Unabhängigkeit aussetzen, solange du
noch unter meinem Einfluss warst.«

Ich rate Ihnen, dass Sie gelegentlich Ihre Tochter die Wasser der
Freiheit ausprobieren lassen; das ist besser, als sie schlagartig bei Ein-
tritt ins Erwachsenenalter ins tiefe Meer zu stoßen. Dazu gehört
Weisheit und Fingerspitzengefühl, aber es ist möglich. Wenn Sie es
richtig anstellen, wird die Zeit des Loslassens in sechs oder sieben
Jahren ein sanfter Übergang und kein umwälzendes Ereignis.

Frage 239
Meine sechzehnjährige Tochter macht mich verrückt. Sie ist frech, laut und egoistisch. Ihr Zimmer sieht wie ein Schweinestall aus und in der Schule arbeitet sie nicht mehr als absolut notwendig. Alles was ich ihr beigebracht habe, von Benehmen bis hin zum Glauben, scheint zu einem Ohr hinein und zum anderen wieder hinausgegangen zu sein. Was in aller Welt sollen mein Mann und ich jetzt tun?

Ich werde Ihnen jetzt einen bewährten Rat geben, der Ihnen vielleicht nicht sinnvoll vorkommt oder von dem Sie meinen, dass er
Ihre Frage nicht beantwortet. Aber lesen Sie weiter. Das Wichtigste,
das Sie für Ihre Tochter tun können, ist, »ihr da durchzuhelfen«. Das

klingt etwas unverständlich, deshalb versuche ich es mit Hilfe eines Bildes zu erklären.

Stellen Sie sich vor, Ihre Tochter sitzt in einem kleinen Boot mit dem Namen »Pubertät« und fährt auf dem Fluss »Adoleszenz«. Bald erreicht sie eine Strecke mit Strudeln, die ihr Schiffchen heftig hin und her werfen. Es besteht die Gefahr, dass es kentert und sie ertrinkt. Auch wenn sie heute die Stromschnellen überlebt, gerät sie bestimmt bald stromabwärts in die reißende Strömung und stürzt den Wasserfall hinunter. Das befürchten viele Eltern, wenn ihre Kinder auf dem Wildwasser dahinstürmen. Vor dem Wasserfall haben sie die meiste Angst.

Tatsächlich ist die Reise auf dem Fluss viel sicherer als man annimmt. Stromabwärts wird das Wasser nicht tobender. Im Gegenteil: Nach den beängstigenden Stromschnellen beginnt der Fluss allmählich wieder ruhiger zu fließen. Damit möchte ich sagen, dass mit Ihrer Tochter alles okay wird, auch wenn sie jetzt planscht und strampelt und nach Luft schnappt. Ihr Schiffchen hat bessere Schwimmeigenschaften als Sie vielleicht denken. Ja, einige wenige Jugendliche stürzen den Wasserfall hinab, in der Regel wegen Drogenmissbrauchs oder anderen Suchtverhaltens. Aber sogar einige von diesen klettern wieder ins Boot und paddeln weiter den Fluss hinunter. In der Tat könnte die größte Gefahr, dass das Boot sinkt, von ... den Eltern ausgehen!

Frage 240
Warum richten Sie Ihr Augenmerk jetzt auf die Eltern? Es sind doch die Kinder, die verrückte Dinge tun.

Ich mache mir vor allem Sorgen um idealistische und perfektionistische Eltern, die entschlossen sind, ihre Jugendlichen dazu zu bringen, den höchsten Maßstäben zu genügen. Dabei bringen sie das Boot, das ohnehin schon durch Stromschnellen bedroht ist, noch mehr ins Schwanken. Ein anderes Kind könnte vielleicht mit zusätzlichen Turbulenzen fertig werden, aber das unsichere Kind – das für eine Weile keinen klaren Kopf hat und sich sogar unvernünftig verhält – könnte kentern, wenn Sie nicht vorsichtig sind. Bringen Sie sein Boot nicht mehr ins Wanken als unbedingt notwendig!

Das erinnert mich an eine Kellnerin, die mich erkannte, als ich das Restaurant, in dem sie arbeitete, betrat. Sie hatte an jenem Tag nicht viel zu tun und wollte mit mir über ihre zwölfjährige Tochter sprechen. Als alleinerziehende Mutter hatte sie bereits schlimme Auseinandersetzungen mit dem Mädchen, das sie als sehr eigenwillig beschrieb.

»Wir haben uns das ganze Jahr lang bis aufs Messer bekämpft«, sagte sie, »es ist schrecklich! Wir streiten uns fast jeden Abend und meistens geht es dabei um dieselbe Sache.«

Ich fragte sie, was den Konflikt ausgelöst habe, und sie antwortete: »Meine Tochter ist noch ein kleines Mädchen, aber sie will sich die Beine rasieren. Ich halte sie dafür noch zu jung und darüber wird sie so wütend, dass sie kein Wort mehr mit mir spricht. Dieses Jahr war das schlimmste in unserem Zusammenleben.«

Ich schaute die Kellnerin an und rief aus: »Kaufen Sie Ihrer Tochter einen Rasierer!« Dieses zwölfjährige Mädchen paddelte auf einen Lebensabschnitt zu, in dem ihr Schiffchen kräftig durchgeschüttelt würde. Als Alleinerziehende würde die Mutter bald versuchen müssen, dieses rebellische Kind vor Drogen, Alkohol, Sex und Schwangerschaft, verfrühter Heirat, Schulversagen und eventuell dem Ausreißen zu bewahren. In einem oder zwei Jahren würde ihr Fluss vielleicht vor ausgehungerten Krokodilen nur so wimmeln. Vor diesem Hintergrund schien es unklug, sich über etwas aufzuregen, was eigentlich völlig belanglos war. Während ich mit der Mutter einer Meinung bin, dass man Kinder nicht verfrüht in die Pubertät drängen soll, gibt es dennoch höhere Ziele als das Einhalten eines richtigen Entwicklungszeitplans.

Ich erlebte andere Eltern, die ähnliche Auseinandersetzungen wegen Nichtigkeiten ausfochten, wie etwa dem Kauf des ersten Büstenhalters für ein flachbrüstiges, vorpubertäres Mädchen. Du meine Güte! Wenn sie ihn unbedingt will, hat das wahrscheinlich soziale Gründe. Gehen Sie, nein, rennen Sie ins nächste Kaufhaus und kaufen ihr einen BH. Das Ziel ist, wie Charles und Andy Stanley schrieben, dass Sie Ihr Kind in Ihrer Mannschaft behalten.[90] Setzen Sie nicht Ihre Freundschaft wegen eines Verhaltens aufs Spiel, das keine große moralische Bedeutung hat. Es wird genügend ernste Streitpunkte geben, bei denen felsenfeste Standhaftigkeit erforderlich wird. Sparen Sie Ihre schweren Geschütze für diese entscheidenden Konfrontationen auf.

Ich möchte noch einmal ganz deutlich sagen, dass dieser Rat nicht für alle Jugendlichen gilt. Der Umgang mit einem willigen Kind, das in der Schule gut mitarbeitet, nette Freunde hat, sich anständig benimmt und seine Eltern liebt, ist bei weitem nicht so schwierig. Vielleicht können seine Eltern es dazu bringen, ein noch höheres Niveau bei seinen Leistungen und seiner Lebensgestaltung anzustreben. Meine Sorge gilt aber dem Jugendlichen, der den Wasserfall hinabstürzen könnte. Zu Hause ist er ausgesprochen aggressiv und er wird von einer Schar mieser Freunde beeinflusst. Gehen Sie vorsichtig mit ihm um. Prüfen Sie genau, worum es sich zu kämpfen lohnt, und geben Sie sich in den Punkten, die nicht wirklich wichtig sind, mit etwas weniger als Vollkommenheit zufrieden. Helfen Sie ihm einfach nur da durch!

Frage 241
Was bedeutet das in der Praxis? Geben Sie mir einige Beispiele von Forderungen, die das Boot meiner Tochter unnötig ins Schwanken bringen.

Nun, Sie müssen entscheiden, in welchen Punkten für Sie und Ihren Mann keine Kompromisse möglich sind. Verteidigen Sie diese Forderungen, aber lockern Sie Ihren Griff bei allem, was weniger wichtig ist. Das könnte bedeuten, dass Sie bereit sind, hinzunehmen, dass das Zimmer Ihrer Tochter eine Zeit lang wie ein Schuttabladeplatz aussieht. Schließen Sie die Tür und tun Sie so, als würden Sie es nicht bemerken. Überrascht Sie das? Ich mag faule, unordentliche, disziplinlose Kinder genauso wenig wie Sie, aber wenn man sich das Chaos vorstellt, das dieses Mädchen heraufbeschwören kann, dann ist ein blank geputztes Zimmer nicht mehr so wichtig.

Sie müssen sich folgende Frage stellen: »Ist das Verhalten, das ich beanstande, so schlimm, dass es das Boot zum Kentern bringen kann?« Wenn das, worum es geht, wichtig genug ist, dann wappnen Sie sich und beharren auf Ihrem Standpunkt. Aber überdenken Sie diese unverrückbaren Dinge im Voraus und planen Sie ihre Verteidigung gründlich.

Eines Tages, wenn der Fluss wieder ruhig fließt, empfinden Sie vielleicht Befriedigung darüber, dass Sie die Turbulenzen nicht verstärkt haben, als Ihre Tochter wie ein Korken auf der stürmischen See auf und ab tanzte.

Frage 242
Ich denke, ich verstehe, worauf Sie hinauswollen. Sie sagen nicht, dass unsere Tochter tun und lassen kann, was sie will. Aber wir sollen unsere Auseinandersetzungen sorgfältig auswählen und sie nicht noch mehr in die Rebellion treiben, indem wir versuchen, aus ihr etwas zu machen, was sie jetzt noch nicht sein kann.

Genau. Die Methode, die wir bei unseren Teenagern anwandten (und die Sie bei Ihren ausprobieren können), kann man »Loslassen und Heranziehen« nennen. Damit meine ich, dass wir versuchten, unseren Griff bei allem, was nicht von dauerhafter Bedeutung war, zu lockern, bei allem Wichtigen aber unnachgiebig blieben. Wir sagten »Ja«, wann immer wir konnten, um das gelegentliche »Nein« zu bekräftigen. Und das Wichtigste war für uns, dass wir uns emotional nie zu weit von unseren Kindern entfernten.

Es ist einfach unklug, einen Sohn oder eine Tochter abzuschreiben, auch wenn das Kind noch so dumm, nervtötend, eigensüchtig oder verrückt zu sein scheint. Sie müssen da sein, nicht nur wenn das Boot dem Kentern nahe ist, sondern auch, wenn der Fluss wieder ruhiger fließt. Sie haben den Rest Ihres Lebens, um die Beziehung wieder aufzubauen, die momentan in Gefahr ist. Lassen Sie den Ärger nicht allzu lange an Ihnen nagen. Tun Sie den ersten Schritt zur Versöhnung. Und versuchen Sie, Ihren Kindern nicht ständig mit etwas in den Ohren zu liegen. Sie hassen es, wenn man an ihnen herumnörgelt. Wenn Sie sie mit einer Klage nach der anderen verfolgen, sind sie fast gezwungen, sich zu ihrem eigenen Schutz taub zu stellen. Und schließlich, behandeln Sie sie weiterhin mit Achtung, auch wenn Strafen und Verbote notwendig sind. Warten Sie dann auf ruhiges Wasser Anfang zwanzig.

Frage 243
Geben Sie mir eine möglichst kurze Antwort auf die Frage: Wie kann ich am besten die stürmischen Jahre meiner drei Teenager überstehen?

Auf die Schnelle würde ich Folgendes raten:

1. Gestalten Sie den Tagesablauf der Familie einfach.
2. Gönnen Sie sich viel Ruhe.
3. Ernähren Sie sich gesund.
4. Sorgen Sie dafür, dass Ihr Teenager ununterbrochen mit Konstruktivem beschäftigt ist.
5. Bleiben Sie auf den Knien.

Wenn sich Erwachsene aufgrund von Erschöpfung oder schlechter Gesundheit wie jähzornige Teenager benehmen, dann ist in einer Familie alles möglich.

Frage 244

Würden Sie bitte beschreiben, welche Auswirkungen die Abwesenheit des Vaters hat, insbesondere in den problematischen Jahren der Teenagerzeit?

Ich denke, es ist nichts Neues, wenn ich sage, dass Väter während der Teenagerzeit dringend in der Familie gebraucht werden. Sind sie abwesend, müssen die Mütter mit allen Erziehungsproblemen alleine zurechtkommen. Dies ist heute in Millionen Familien mit alleinerziehenden Müttern als Familienvorstand der Fall und man kann kaum ermessen, wie schwierig ihre Aufgabe geworden ist. Sie erledigen nicht nur eine Arbeit, die eigentlich für zwei Personen bestimmt ist, sondern müssen sich auch mit Verhaltensproblemen auseinandersetzen, für deren Bewältigung Väter besser geeignet sind. Es liegt auf der Hand, dass die Körpergröße, die tiefere Stimme und das männliche Auftreten es ihm erleichtern, mit dem herausfordernden Verhalten der jüngeren Generation umzugehen. Viele Mütter erziehen ihre Teenager alleine und erfüllen diese Aufgabe bewundernswert. Aber der Auftrag bleibt eine große Herausforderung.

Frage 245

Was sollte ich als Vater versuchen, bei meinem Sohn während der Teenagerjahre zu erreichen?

Jemand hat gesagt: »Geben Sie einen Jungen dem richtigen Mann in die Hände, dann wird nur selten nichts aus ihm.« Ich glaube, das stimmt. Wenn Vater und Sohn gemeinsamen Hobbys oder Interessen nachgehen, können die rebellischen Jahre verhältnismäßig friedlich verlaufen. Das, was sie miteinander erleben, könnte ihnen ein Leben lang in Erinnerung bleiben.

Ich erinnere mich an ein Lied von Dan Fogelberg, das von einem Mann handelt, der seine Liebe zur Musik mit seinem alten Vater teilte. Es trägt den Titel »Leader of the Band« (Bandleader) und der

Text spricht mich tief im Herzen an. Der Sohn erzählt von seinem Vater, der »seine Liebe mit Disziplin verdiente, mit donnernder, samtweicher Hand«. Des Vaters »Lied ist in meiner Seele«. Der Sohn selbst wurde zu einem »lebendigen Vermächtnis des Bandleaders«.[91] Können Sie sich vorstellen, wie dieser Mann heute seinen gealterten Vater besucht, mit einem ganzen Leben voller Liebe, das sie verbindet? Daran muss Gott gedacht haben, als er Jungen Väter gab.

Nun direkt zu Ihrer Frage: Welche Gemeinsamkeiten pflegen Sie mit Ihrem für Eindrücke empfänglichen Sohn? Manche Väter bauen oder reparieren Autos mit ihnen; manche setzen Modellflugzeuge zusammen oder tischlern gemeinsam. Mein Vater und ich gingen zusammen auf die Jagd und zum Angeln. Ich kann kaum beschreiben, was mir diese Tage bedeuteten, wenn wir in den frühen Morgenstunden den Wald betraten. Wie hätte ich auf diesen Mann wütend werden können, der sich Zeit nahm, mit mir zusammen zu sein. Auf dem Nachhauseweg, nach einem Tag im Freien, voller Lachen und Spaß, führten wir wunderbare Gespräche. Ich versuchte, diese Art Verbindung mit meinem eigenen Sohn zu halten.

Möglichkeiten für eine offene Kommunikation und einen Aufbau der Vater-Sohn-Beziehung müssen geschaffen werden. Es lohnt sich, dieses Ziel mit allen Mitteln anzustreben.

Frage 246
Meine Frau bemüht sich, meinen Söhnen beizubringen, mich als Vater zu achten, und das erleichtert mir meine Aufgabe. Auch wenn sie sich über mich ärgert, lässt sie das die Kinder nie merken. Glauben Sie nicht, dass das großmütig von ihr ist?

Sie ist nicht nur großmütig, sie ist auch eine kluge Frau. Mütter können helfen, zwischen den Generationen eine Verbundenheit herzustellen oder sie können einen Keil zwischen sie treiben. Dieser Gedanke wurde in einem Buch mit dem Titel *Fathers and Sons* (Väter und Söhne) von Lewis Yablonsky sehr schön ausgeführt. Der

Autor beobachtete, dass Mütter für ihre Söhne die bedeutendsten und grundlegendsten Vermittler der Persönlichkeit, des Charakters und der Integrität des Vaters sind. Mit anderen Worten, die Meinung, die ein Sohn von seinem Vater hat, hängt weitgehend von dem ab, was die Mutter von ihrem Mann sagt und wie sie zu ihm steht. Im Falle Yablonskys hat seine Mutter den Respekt, den er vor seinem Vater hätte haben können, zerstört. Er schrieb Folgendes:

> Ich erinnere mich lebhaft, wie ich mit meinen beiden Brüdern, Vater und Mutter am Abendbrottisch saß und bei den Angriffen meiner Mutter auf meinen Vater zusammenzuckte. »Seht ihn euch an«, sagte sie fast jeden Abend auf Jiddisch, »sein Kopf ist gebeugt, seine Schultern hängen herab. Er ist ein Versager. Er hat nicht den Mut, eine bessere Arbeit zu suchen oder mehr Geld zu verdienen. Er ist ein geschlagener Mann.« Er hielt seinen Blick auf den Teller gerichtet und antwortete ihr nie. Sie lobte niemals seine guten Seiten, seine Ausdauer oder dass er so hart arbeitete. Stattdessen konzentrierte sie ihren Blick auf das Negative und schuf so für seine drei Söhne das Bild eines Mannes, der sich nicht zur Wehr setzen konnte und von einer Welt, die ihm über den Kopf gewachsen war, erdrückt wurde.
>
> Dass er sich nicht gegen ihre ständige Kritik wehrte, bewirkte, dass seine Söhne glaubten, sie habe Recht. Hinzu kommt, dass ich aufgrund der Art, wie meine Mutter meinen Vater behandelte, sowie des Bildes, das sie von ihm vermittelte, nicht den Eindruck bekam, dass die Ehe etwas Glückliches ist oder dass Frauen ihren Mitmenschen zur Seite stehen. Die Beobachtungen meines schikanierten Vaters spornten mich nicht besonders an, selbst die Rolle eines Ehemanns und Vaters zu übernehmen.
>
> Meine umfassenden Forschungen ergeben deutlich, dass die Mutter wie ein Filter wirkt und eine gewaltige Bedeutung in der Vater-Sohn-Beziehung hat.[92]

Auch wenn Yablonsky dies nicht sagte, trifft es auch zu, dass Väter der Meinung, die Kinder von ihrer Mutter haben, großen Schaden zufügen können. Sehr früh fand ich Folgendes heraus: Wenn ich mich aus irgendeinem Grund über Shirley geärgert hatte, übernahmen unser Sohn und unsere Tochter diese Stimmung sofort. Sie schienen zu spüren: »Wenn Papa mit Mama streiten kann, dann können wir das auch.« Mir wurde deutlich, wie ungeheuer wichtig es war, dass ich meine Liebe und Bewunderung für Shirley zum Ausdruck brachte. Dennoch konnte ich die Achtung vor meiner Frau nicht so gut aufbauen wie sie die Achtung der Kinder vor mir aufbaute! Sie machte mich zum König in meinen vier Wänden. Wenn unser Sohn und unsere Tochter nur die Hälfte von dem geglaubt hätten, was sie über mich erzählte, wäre ich schon ein glücklicher Mann gewesen. Die enge Beziehung, die ich heute zu Danae und Ryan habe, ist zum großen Teil das Ergebnis von Shirleys großer Liebe zu mir und der Art, in der sie mich in den Augen unserer Kinder »darstellte«. Ich werde ihr dafür immer dankbar sein!

Frage 247
Ein Vater hat nicht nur Söhne! Sprechen Sie über den Einfluss eines Vaters auf seine Tochter und was er in dieser Beziehung erreichen kann.

Väter haben einen unermesslichen Einfluss auf ihre Töchter. Die meisten Psychologen, mich eingeschlossen, glauben, dass alle zukünftigen Liebesbeziehungen im Leben eines Mädchens von ihrer Einstellung zu ihrem Vater und ihrem Umgang mit ihm positiv oder negativ beeinflusst werden. Wenn er sie ablehnt oder nicht beachtet, wird sie ihr Leben lang versuchen, ihn in ihrem Herzen zu ersetzen. Wenn er warmherzig und fürsorglich ist, wird sie nach einem Geliebten suchen, der ihm gleicht. Denkt er, sie ist schön, wertvoll und weiblich, wird sie dazu neigen, sich selbst ebenso zu sehen. Aber wenn er sie für reizlos und uninteressant hält, wird sie wahrscheinlich noch als Erwachsene unter Problemen mit der Selbstachtung zu leiden haben.

Ich habe auch beobachtet, dass die Achtung, die eine Frau ihrem Mann entgegenbringt, entscheidend dadurch beeinflusst wird, wie sie ihren Vater erlebte. Wenn er während ihrer Entwicklungsjahre herrisch, gleichgültig oder launisch war, kann es sein, dass sie ihren Mann nicht achtet und seine Meinung in Frage stellt. Wenn ihr Vater aber Liebe und Disziplin in einer Art verband, die Stärke vermittelte, wird sie höchstwahrscheinlich harmonisch mit ihrem Mann zusammenleben. Natürlich sind diese Tendenzen nicht absolut zu sehen. Individuelle Unterschiede können immer zu Ausnahmen und Widersprüchen führen. Aber folgende Aussage wird schwierig zu widerlegen sein: Ein guter Vater prägt seine Tochter für den Rest ihres Lebens.

Frage 248

Zwischen meiner Tochter Cynthia (im Teenageralter) und mir kommt es manchmal zu unglaublichen Auseinandersetzungen. Noch nie hat mich jemand so fertig gemacht wie sie. Wir schreien uns bei diesen Streitereien regelrecht an. Ist dieser Konflikt zwischen Müttern und Töchtern ungewöhnlich? Gibt es eine Hoffnung für uns?

Leider kommt dies sehr häufig vor. Viele Psychologen beschreiben, dass sich zwischen manchen Müttern und ihren Töchtern im Teenageralter »etwas« abspielt. Auch wenn sie einander lieben, kann die Spannung zwischen ihnen recht hitzig werden. Wahrscheinlich liegt der Grund dafür in einem Phänomen, das »zwei Frauen in einer Küche« genannt wird, einer Art natürlicher Konkurrenz zwischen Frauen in einer Familie. Ein weiterer Grund liegt vielleicht darin, dass die Mutter mit einer äußerst schwierigen, negativ eingestellten Tochter nicht umgehen kann. Woran immer es liegen mag, das Leben kann dadurch mehrere Jahre lang recht unangenehm werden. Ich kenne Frauen, die ihr Leben für ihre Tochter hingeben würden, und doch sagen sie mit blitzenden Augen: »Ich *mag* sie zur

Zeit gar nicht besonders.« Anscheinend erleben Sie das mit Ihrer Tochter zur Zeit. Gibt es Hoffnung auf eine bessere Beziehung in den kommenden Jahren? Ja, ich glaube, Sie werden diese Zeit überstehen. Wenn Cynthia die Jugendjahre hinter sich gebracht hat und erwachsen wird, ändert sich alles. Es würde mich nicht wundern, wenn sie später eine Ihrer besten Freundinnen wird. Fassen Sie Mut. Die Zukunft wird besser.

Frage 249
Was können wir in der Zwischenzeit tun? Wie soll ich mit dieser Raubkatze unter meinem Dach umgehen?

Erzählen Sie mir, welche Beziehung Cynthia zu Ihrem Mann hat, bevor ich darauf antworte.

Frage 250
Sie haben eine sehr gute Beziehung zueinander. Ihm schleudert sie nicht dieselben Dinge ins Gesicht wie mir. Worauf wollen Sie hinaus?

Darin liegt vielleicht die Lösung für die Spannungen in Ihrer Familie. In Zeiten wie diesen können Väter eine wertvolle Rolle als Friedensstifter und Vermittler spielen. Sie können helfen, dass dem Ärger Ausdruck gegeben wird und dass akzeptable Kompromisse gefunden werden, wenn dies angebracht ist. Cynthia hört vielleicht auf ihren Vater. Wenn Jugendliche über einen Elternteil sehr verärgert sind, versuchen sie manchmal, zum anderen eine engere Beziehung aufzubauen. Ein Land, das Krieg führt, ist ja auch auf der Suche nach Verbündeten, die es unterstützen. Wenn Väter als Verbündete ausgewählt werden, können sie die Wogen glätten und verhindern, dass die beiden Frauen einander zerfleischen. Ohne diesen männlichen Einfluss kann aus alltäglichem Geplänkel der dritte Welt-krieg werden.

Frage 251

Sie haben empfohlen, dass Eltern bereit sein sollen, sich bei ihren Kindern zu entschuldigen, wenn sie Unrecht haben und dass sie »in der Mannschaft ihres Kindes bleiben« sollen, auch wenn die Mannschaft verliert. Das fällt mir zur Zeit schwer, weil mein Sohn gerade total rebelliert. Er nimmt Drogen, schwänzt die Schule und jagt uns einen Schrecken nach dem andern ein. Gibt es eine Zeit, in der Eltern aufhören müssen, nett und verständnisvoll zu sein und gezwungen sind, hart mit dem Teenager zu werden?

Zweifellos. Es gibt Zeiten, in denen Entschuldigungen, gütliche Vergleiche, Kompromisse und Verhandlungen angemessen sind. Aber der Augenblick kommt, in dem man einen Strich ziehen und sagen muss: »Jetzt reicht es!« Jugendliche, die ihre Familien tyrannisieren, deuten die Bereitschaft ihrer Eltern, immer wieder »zu vergeben und zu vergessen«, als Schwäche. Wir wissen, dass ein Kampfhahn mit Beschwichtigung nicht besänftigt werden kann. Dadurch wird er nur noch zorniger und rücksichtsloser.

Die Verhaltensforschung hat diese Behauptung bestätigt. Dr. Henry Harbin und Dr. Denis Madden von der Medizinischen Fakultät der Universität Maryland untersuchten die Umstände, unter denen Teenager ihre Eltern gewalttätig angriffen.[93] Sie fanden heraus, dass »Gewalt gegen Eltern« in der Regel dann auftritt, wenn »ein oder beide Elternteile ihre Führungsposition aufgegeben haben« und wenn keiner mehr das Sagen hat. Keiner außer dem gewalttätigen Kind. Rebellische, böswillige Teenager respektieren Stärke und verachten Schwäche – insbesondere Schwäche, die aus Liebe erwachsen ist.

Harbin und Madden beobachteten weiterhin, dass in den Fällen von Gewalt gegen Eltern deren Widerwille, den Ernst der Situation zuzugeben, »ein fast in jedem Fall anzutreffendes Element« war. Sie riefen nicht die Polizei, auch wenn ihr Leben in Gefahr war; sie logen, um ihre Kinder zu schützen, und sie gaben weiter deren Forderungen nach. Die elterliche Autorität war zusammengebrochen. Ein Vater kam fast ums Leben, als sein wütender Sohn ihn eine Treppe hinunterstieß. Er bestand darauf, dass der Junge keinesfalls jähzornig sei. Eine Frau wurde von ihrem Sohn durch Messerstiche verletzt, die das Herz nur knapp verfehlten. Trotzdem ließ sie ihn weiter zu Hause wohnen.

Dr. Harbin und Dr. Madden kamen zu dem Schluss, dass Beschwichtigung und Nachgiebigkeit mit der Gewalttätigkeit Jugendlicher in Zusammenhang stehen und dass beide Eltern mit Festigkeit leiten sollen. »Irgendjemand muss die Verantwortung haben«, sagten sie.[94]

Ich stimme diesen Psychiatern aus vollem Herzen zu. Da ich von Präsident Ronald Reagan in die Nationale Beratungskommission des Amtes für Jugendrecht und Verhütung von Jugendkriminalität berufen wurde, bin ich mit dem Verhaltensmuster jugendlicher Gewalttäter bestens vertraut. Ich sah kaltblütige Mörder, die nicht älter als dreizehn Jahre waren. Viele von ihnen kamen aus Elternhäusern, in denen die Autorität schwach oder gar nicht vorhanden war. Das ist das Rezept für die Erzeugung besonders hartgesottener Verbrecher in jungen Jahren.

Wenn Sie in Ihrer Familie möglicherweise vor einer Gewaltsituation stehen, müssen Sie Ihre Möglichkeiten abwägen und entschlossen handeln. Die Organisation Tough Love, die Phyllis und David York gründeten, hilft Eltern, die mit dem Rücken zur Wand stehen. Tough Love will Eltern helfen, die die Herrschaft über die Lage verloren haben, die Oberhand in ihren eigenen vier Wänden zurückzugewinnen. Der zugrunde liegende Gedanke zielt auf Konfrontation mit dem Ziel, einen streitsüchtigen Jugendlichen wieder zu Verstand zu bringen. Sie können sich mit dieser Organisation in Verbindung setzen. Wenn Sie nichts unternehmen, riskieren Sie das Unvorstellbare.

Frage 252
Neulich las ich in der Zeitung, dass ein vierzehnjähriger Junge einer Frau ohne jeden Grund ins Gesicht schoss. Ähnliche Dinge geschehen laufend in unserer Umgebung. Als ich jung war, hätte ich einem Lehrer niemals frech geantwortet, geschweige denn ihn tätlich angegriffen. Die Gewaltbereitschaft junger Leuten ist so hoch wie nie zuvor. Was ist los?

Sie haben Recht. Eine Epidemie der Gewalt hat unsere jungen Menschen erfasst und in den nächsten Jahren muss man noch mit einer Verschlechterung der Lage rechnen. Bei einem Treffen von Bewährungshelfern in unserer Stadt sagte eine Gruppe abgehärteter ehemaliger Krimineller, sie hätten Angst vor den heutigen Jugendlichen, weil diese kein Gewissen haben. Sie können töten, ohne das geringste Anzeichen von Reue zu zeigen. Das stimmt.

Vor einigen Jahren erschlugen zwei zwölf und dreizehn Jahre alte Jungen eine Person, die aus einem Supermarkt kam. Es gab keinerlei Motiv, außer den Wunsch, jemanden – irgendjemanden – mit einem Baseballschläger brutal zusammenzuschlagen.[95]

In Virginia schoss ein Vierzehnjähriger dem Fahrer eines Autos sechs Mal ins Gesicht. Warum? »Weil er mich anschaute«, meinte der Junge.[96]

1995 bog eine Familie in Los Angeles in eine falsche Straße ab und wurde mit einem Geschosshagel begrüßt, bei dem ihre kleine Tochter ums Leben kam. Bandenmitglieder beschossen das Auto aus reinem Spaß.[97]

Und wer kann schließlich den fünfjährigen Jungen aus Chicago vergessen, der aus dem Fenster eines Hochhauses geschubst wurde und zu Tode stürzte? Seine Mörder waren zehn und elf Jahre alt.[98]

Diese Art unmotivierter Gewalt ist unter heutigen Kindern und Jugendlichen weiter verbreitet als jemals zuvor in der Geschichte.

Frage 253
Aber warum? Weshalb sind viele Jugendliche so gewalttätig?

Millionen wurden bereits für Forschungsprojekte ausgegeben, die eine Antwort auf diese Frage geben sollen. Die Ergebnisse sind erschreckend. Zusätzlich zu der Gewalt, die Kinder im Fernsehen und im Kino anschauen und abgesehen von den Drogenkriegen, die sie mitbekamen, steht die Neigung zu Gewalt in direkter Abhängigkeit zu der Verwahrlosung und Misshandlung, die so viele dieser Kinder erlebten. Das gilt besonders für bestimmte Großstadtbezirke. Man brachte in Erfahrung, dass Millionen Kinder, von denen viele drogen- und alkoholabhängige Eltern hatten, unvorstellbaren Entbehrungen ausgesetzt waren. Tagelang lagen sie mit schmutzigen Windeln in ihren Bettchen, so dass Gesäß und Beinchen wund wurden und brannten. Manche wurden wiederholt geschlagen oder sie wurden verbrüht oder hungerten. Andere hatten einfach niemanden, der sie liebte und im Arm hielt, wenn sie Angst hatten. Viele wurden im zartesten Alter – manche schon als Babys – sexuell missbraucht. Wenn sie überlebten, wuchsen sie auf der Straße auf, ohne die Anleitung oder Fürsorge Erwachsener. Nachts schliefen sie in der Mülltonne, damit sie keine verirrte Kugel, die aus fahrenden Autos abgeschossen wurden, traf.[99] Wenn Sie diese Beschreibung übertrieben finden, sollten Sie mit Sozialarbeiterinnen und Polizeibeamten sprechen, die täglich in den Slums der Großstädte arbeiten.

Wie wirkt es sich aus, wenn ein Kind vom frühesten Alter an unsägliche Schmerzen, Angst und Entbehrungen erlebt? Die Antworten werden allmählich gegeben. Man stellte fest, dass Kinder, die im ersten oder zweiten Lebensjahr diese seelischen Erschütterungen erleben, einen hohen Spiegel an Stresshormonen produzieren – insbesondere Kortisol und Adrenalin. Diese Hormone versetzen den Körper in »Alarmbereitschaft«, damit er die augenblickliche Krise bewältigen kann. Aber bei einem kleinen Kind saugt das Gehirn stressbedingte Hormone regelrecht an. Das menschliche Nervensystem wird mit chemischen Stoffen bombardiert, die bei einem

Kind in diesem Alter nicht vorhanden sein sollten. Das führt zu einer Beeinträchtigung des Denkapparates und der seelischen Entwicklung. Insbesondere der »Zündmechanismus« einiger Teile des Gehirns wird funktionsunfähig.

Damit möchte ich sagen, dass die misshandelten und verwahrlosten Kinder von heute ohne Gewissensbisse töten und zerstören können, weil sie buchstäblich hirngeschädigt sind. Sie fühlen nicht so wie Sie und ich. Sie können mit hilflosen Opfern kein Mitgefühl empfinden, wie sie eigentlich sollten, weil das Mitgefühl aus Wahrnehmungsfunktionen hervorgeht, die nicht mehr ordnungsgemäß ablaufen. Manche sind wahrhaftig fähig, einen Mord zu begehen und warten nur auf eine günstige Gelegenheit, um jemanden zu erschießen, zu erstechen oder niederzuknüppeln.

Natürlich entschuldige ich ihr gewalttätiges Verhalten nicht, und die Gesellschaft kann es sich nicht leisten, es zu dulden. Aber dies ist die Erklärung für einige der schweren Körperverletzungen, die Tag um Tag in gewissen Vierteln der Großstädte geschehen.

Das Fazit: Wir bezahlen einen schrecklichen Preis für den Zerfall der Familie und die Vernachlässigung der Kinder. Jede Gesellschaft, die die Schwächsten in ihrer Mitte nicht schützt, muss damit rechnen, dass diese misshandelten Menschen sich rächen, wenn sie alt genug sind, um zurückzuschlagen.

Also verriegeln Sie Ihre Türen und vermeiden Sie Augenkontakt, wenn Sie durch bestimmte Bezirke Ihrer Stadt fahren. Dort gibt es Kinder, die Sie ohne weiteres umbringen, wenn Sie einen Blick auf sie werfen.

Frage 254

Sie sagten früher, Sie seien dagegen, einen Jugendlichen zu schlagen. Was würden Sie tun, um meinen dreizehnjährigen Sohn, der sich absichtlich »unmöglich« benimmt, dazu zu bringen, sich an einige Familienregeln zu halten? Er wirft seine Kleidung überall hin, weigert sich, bei Routinearbeiten im Haus mitzuhelfen und

ärgert unablässig seinen kleinen Bruder. Wie kann ich ihm klar machen, dass es so nicht geht, wenn ich ihn nicht schlagen darf?

Wenn es etwas gibt, das seine erschöpften Batterien aufladen und ihn dazu bewegen kann, sich an die Regeln zu halten, dann ist es wahrscheinlich ein Programm auf der Grundlage von anspornenden und hemmenden Faktoren. Die folgenden drei Schritte könnten Ihnen bei der Erstellung eines solchen Programms helfen:

1. Stellen Sie fest, was dem Jugendlichen wichtig ist und von ihm als Ansporn empfunden wird. Der wohl stärkste Ansporn der Welt für einen älteren Jugendlichen, der vor kurzem seinen Führerschein gemacht hat, ist, ihm das Auto der Familie zur Verfügung zu stellen, wenn er mit einem Mädchen verabredet ist. (Das könnte auch der teuerste Ansporn sein, wenn der junge Fahrer etwas unsicher hinter dem Steuerrad sitzt.) Ein Geldbetrag kann einen Jugendlichen ebenfalls erheblich motivieren. Heutzutage haben Teenager einen großen Bedarf an Bargeld. Eine Verabredung mit einem Mädchen kann 30 Mark – in einigen Fällen noch viel mehr – kosten. Ein weiterer Ansporn ist vielleicht ein modisches Kleidungsstück, das sich der Teenager normalerweise nicht leisten kann. Wenn Sie dem jungen Herrn oder der jungen Dame solche Luxusgüter in Aussicht stellen, ist das eine erfreuliche Alternative zu dem Quengeln, Weinen, Betteln, Klagen und Maulen, das sich sonst vielleicht abspielt. Mama sagt: »Natürlich bekommst du den Skipulli, aber du musst ihn dir verdienen.« Sobald ein annehmbarer Anreiz vereinbart ist, kommt der zweite Schritt.

2. Schließen Sie eine feste Vereinbarung. Ein Vertrag ist ein ausgezeichnetes Mittel, ein gemeinsames Ziel festzulegen. Wenn das Abkommen schriftlich niedergelegt ist, wird es von den Eltern und dem Jugendlichen unterschrieben. Der Vertrag umfasst ein

Punktesystem, das in einem vernünftigen Zeitraum zum Ziel führt. Wenn Sie sich über die Punkte nicht einigen können, bitten Sie einen Außenstehenden, Schiedsrichter zu spielen. Untersuchen wir einmal eine typische Vereinbarung. Martin will einen CD-Player, aber er ist pleite und hat erst in zehn Monaten Geburtstag. Der Plattenspieler kostet ungefähr 300 Mark. Sein Vater verspricht, das Gerät zu kaufen, wenn Martin sich in den nächsten sechs bis zehn Wochen 10.000 Punkte verdient, indem er verschiedene Aufgaben verrichtet. Viele dieser Verdienstmöglichkeiten werden im Voraus festgelegt, aber die Liste kann bei Bedarf erweitert werden:

a) jeden Morgen Bett machen und Zimmer
   aufräumen   50 Punkte
b) für jede Stunde Schularbeiten   150 Punkte
c) für jede Stunde Haus- oder Gartenarbeit   300 Punkte
d) für Pünktlichkeit beim Frühstück
   und Mittagessen   40 Punkte
e) auf kleine Geschwister aufpassen (ohne Streit)
   pro Stunde   150 Punkte
f) jede Woche das Auto waschen   250 Punkte
g) samstags um 8.00 Uhr aufstehen   100 Punkte

Dieses Prinzip wirkt fast immer, aber die praktische Umsetzung muss jeweils angepasst werden. Mit etwas Phantasie können Sie eine Liste von Aufgaben und Punkten erstellen, die für Ihre Familie geeignet ist. Wichtig ist, dass durch Bereitwilligkeit Punkte gewonnen, durch Widerspenstigkeit aber verloren werden können. Unangenehmes und unvernünftiges Verhalten kann fünfzig Punkte oder mehr kosten. (Punktabzüge müssen aber gerecht durchgeführt werden und selten sein, sonst bricht das ganze System zusammen.) Für besonders lobenswertes Verhalten können auch Extrapunkte gewährt werden.

3. Versuchen Sie schließlich, Belohnungen sofort zu geben. Denken Sie daran, dass sofortige Verstärkung zu den besten Ergebnissen führt. Dadurch wird das Interesse des Jugendlichen bekräftigt, bis zum erstrebten Ziel durchzuhalten. Ein Schaubild in Form eines Thermometers kann gezeichnet werden, auf dem die Punkte auf der einen Seite eingetragen sind. Ganz oben ist die 10.000-Punkt-Marke, neben dem Bild eines CD-Players oder eines anderen Gegenstandes. Jeden Abend werden die Punkte zusammengezählt und der rote Strich des Thermometers nach oben weiter gezeichnet. Beständiger Fortschritt in kurzer Zeit bringt Martin vielleicht ein Extrageschenk ein, vielleicht eine CD seiner Lieblingsband oder eine besondere Vergünstigung. Wenn er seine Meinung bezüglich des Wunsches ändert, können die Punkte auch für den Kauf eines anderen Gegenstandes verwendet werden. 5000 Punkte sind zum Beispiel fünfzig Prozent von 10.000 Punkten, haben also einen Wert von 150 Mark. Geben Sie Ihrem Kind aber die Belohnung nicht, wenn es sie nicht verdient hat. Das würde in Zukunft den Gebrauch positiver Verstärkung unmöglich machen. Es wäre auch unklug, das Geschenk vorzuenthalten oder zu verschieben, wenn das Ziel erreicht worden ist.

D as hier beschriebene System ist flexibel. Es sollte dem Alter und der Reife des Jugendlichen angepasst werden. Ein Jugendlicher findet diese Methode vielleicht beleidigend, während ein anderer davon begeistert ist. Gehen Sie mit Ideenreichtum an die Sache heran und arbeiten Sie die Einzelheiten zusammen mit Ihrem Kind aus. Dieser Vorschlag ist nicht für jeden Teenager geeignet, aber einige sind davon sehr angetan. Ich wünsche Ihnen viel Glück dabei.

Frage 255
Ganz allgemein gesprochen, wie würden Sie einen Teenager bestrafen, der einem gewohnheitsmäßig das Leben schwer macht?

Wenn man sich verständlich machen will, ist es meistens besser zu handeln statt sich zu ärgern. Jedes Mal, wenn es Ihnen gelingt, ohne Schimpfen Jugendliche dazu zu bringen, das zu tun, was nötig ist, sind Sie ihnen eine Nasenlänge voraus. Hier einige Beispiele, wie das zu bewerkstelligen ist.

1. Ich hörte, dass in Russland Jugendliche, die des Drogenmissbrauchs überführt worden sind, auf Jahre hinaus keinen Führerschein bekommen. Das ist eine sehr wirksame Methode.

2. Meine Tochter hatte als Teenager die Angewohnheit, meinen Rasierer, meine Rasiercreme, meine Zahnpasta oder meinen Kamm »auszuleihen«. Natürlich brachte sie diese Dinge nie zurück. Nachdem sie zur Schule gegangen war, entdeckte ich dann, dass die Gegenstände fehlten. Da stand ich nun und wollte mich kämmen und Zähne putzen und musste erst meine Sachen suchen. Es war nichts Weltbewegendes, aber damals ziemlich ärgerlich. Kommt Ihnen das bekannt vor?
Ich habe Danae ein Dutzend Mal gebeten, es nicht zu tun, aber ohne Erfolg. Deshalb schlug eines kalten Morgens ohne Vorwarnung der »Kobold« zu. Ich versteckte alles, was sie brauchte, um sich zurechtzumachen und ging ins Büro. Meine Frau erzählte mir, sie hätte noch nie solches Gejammer und Gezeter gehört wie an diesem Tag. Unsere Tochter wühlte verzweifelt in allen Badezimmerschubladen auf der Suche nach ihrer Zahnbürste, dem Kamm und dem Fön. Das Problem ist nie wieder aufgetreten.

3. Eine Familie, die nur einen kleinen Heißwasserspeicher hatte, ärgerte sich über das endlose Duschen ihres Teenagers. Schimpfen und Zetern half nichts. Wenn er erst mal im Bad war, blieb er in der dampfenden Kabine, bis der letzte Tropfen warmes Wasser verbraucht war. Die Lösung? Mittendrin stoppte der Vater den Heißwasserzulauf, indem er das Ventil am Speicher schloss. Plötzlich schoss kaltes Wasser aus dem Duschkopf. Der Junior

sprang innerhalb von Sekunden mit einem Satz aus der Dusche. Von da an versuchte er fertig zu sein, bevor der Wasserhahn nur noch kaltes Wasser ausspuckte.

4. Eine alleinerziehende Mutter konnte ihre Tochter morgens nicht aus dem Bett bekommen, bis sie einen neuen Grundsatz ankündigte: Das Warmwasser würde pünktlich um 6.30 Uhr abgestellt werden. Das Mädchen könne entweder rechtzeitig aufstehen oder in eisigem Wasser duschen. Eine andere Mutter hatte jeden Morgen Probleme damit, ihren Achtjährigen aus dem Bett zu bekommen. Dann begann sie, jeden Morgen eisgekühlte Murmeln unter seine Bettdecke zu schütten. Egal, wie er sich drehte, sie rollten auf seinen Körper zu. Der Junge verließ das Bett recht schnell.

5. Statt auf dem Parkplatz zu stehen und den Schülern, die zu schnell fahren, hinterher zu schreien, lassen Schulverwaltungen jetzt künstliche Buckel quer über die Straße bauen, die jedem die Zähne aufeinander schlagen lassen, der sie nicht beachtet. Das funktioniert ganz prima.
Sie als Eltern haben das Auto, das ein Jugendlicher braucht, das Geld, auf das er brennt, und die Autorität, Privilegien zu vergeben oder sie zu verweigern. Wenn es hart auf hart geht, kann man diese Trumpfkarten gegen die Verpflichtung eintauschen, sich verantwortungsvoll zu betragen, bei der Hausarbeit mitzuhelfen und den kleinen Bruder in Ruhe zu lassen. Dieser Handel funktioniert auch bei kleineren Kindern. Besonders gut finde ich diesen »Eins-zu-Eins«-Tauschhandel beim Fernsehen: für jede Minute, die ein Kind gelesen hat, darf es eine Minute fernsehen.

Die Möglichkeiten sind unbegrenzt und bei keiner gibt es Ärger, Drohungen oder Streitigkeiten.

Frage 256

Unsere vierzehn Jahre alte Tochter kam kürzlich zu meinem Mann und mir und sagte: »Ich bin schwanger.« Noch nie hat uns etwas mehr schockiert als diese Worte. Wie sollen wir jetzt mit ihr umgehen?

Eine Teenagerschwangerschaft gehört zum Schwersten, mit dem Eltern sich auseinanderzusetzen haben. Es ist normal, zunächst einmal ärgerlich auf das Mädchen zu sein, das diese Demütigung und diesen Schmerz in ihr Leben gebracht hat. Wie wagt es dieses Kind, etwas so Dummes zu tun, das für sie und die ganze Familie so schmerzlich ist!

Wenn Sie sich vom ersten Schrecken erholt haben, sollten Sie jedoch überlegter und liebevoller reagieren. Vorhaltungen sind jetzt fehl am Platz. Mehr als je zuvor braucht Ihre Tochter jetzt Ihr Verständnis und Ihre Lebenserfahrung. In den nächsten Monaten werden viele wichtige Entscheidungen auf sie zukommen und Sie dürfen sich jetzt nicht von ihr zurückziehen. Sie braucht auch Ihre geistliche Leitung, Sie müssen sie auf den Herrn hinweisen, bei dem sie Vergebung und Richtungsweisung erhalten kann.

Wenn Sie in dieser belastenden Zeit genügend Kraft und Liebe aufbringen können, dann gelingt es Ihnen wahrscheinlich, die Bande herzustellen, die oft zwischen Menschen entstehen, die gemeinsam eine Krise überstanden haben.

Frage 257

Ich habe den Verdacht, dass mein sechzehn Jahre alter Sohn Drogen nimmt. Er ist einfach nicht mehr der Alte und seine Freunde sind die eigenartigsten Typen, die ich je gesehen habe. Können Sie die gängigsten Symptome des Drogenmissbrauchs beschreiben? Worauf sollte ich achten?

E ine vollständige Antwort würde ein ganzes Buch füllen, weil es heute so viele verbotene Substanzen auf dem Markt gibt, von denen jede ihre eigenen, typischen Symptome erzeugt. Aber die folgenden acht physischen und psychischen Symptome lassen eventuell auf eine Drogenproblematik schließen:

1. Entzündung der Lider und der Nase kommen häufig vor. Die Pupillen sind entweder stark erweitert oder verkleinert, je nachdem welche Droge genommen wurde.

2. Die Tatkraft kann sich extrem verändern. Entweder wird der Betroffene träge, schwermütig und zurückgezogen oder er wird laut, aufgedreht und hektisch.

3. Der Appetit ist extrem – entweder sehr groß oder sehr schlecht. Gewichtsverlust ist möglich.

4. Die Persönlichkeit ändert sich plötzlich. Der Betroffene kann gereizt, unaufmerksam und verwirrt oder aggressiv, misstrauisch und aufbrausend werden.

5. Oft schlechter Körper- und Atemgeruch. Die Körperpflege wird häufig vernachlässigt.

6. Das Verdauungssystem kann in Mitleidenschaft gezogen werden – Durchfall, Übelkeit und Erbrechen kommen vor. Kopfschmerzen und Doppeltsehen sind ebenfalls häufig. Andere Zeichen gesundheitlicher Verschlechterung sind unter anderem Veränderungen der Hautfarbe und der Körperhaltung.

7. Nadelstiche am Körper, in der Regel an den Armen, sind ein wichtiges Symptom. Durch Infektionen entstehen an diesen Stichstellen manchmal Geschwüre und Furunkel.

8. Die sittlichen Werte verfallen und werden durch neue, avantgardistische Ideen und Werte ersetzt.

Ich muss Sie noch darauf hinweisen, dass es Jugendliche gibt, die ihren Drogenkonsum besser als andere verheimlichen können. Vielleicht erkundigen Sie sich einmal bei Ihrer örtlichen Drogenberatungsstelle. Dort können Sie bestimmt konkretere Informationen zu dem Fall Ihres Sohnes bekommen.

Frage 258
Soll ich im Zimmer meines Sohnes »herumschnüffeln«, um zu sehen, was er treibt? Glauben Sie, Eltern sollten das tun?

Ganz bestimmt gibt es Zeiten, in denen Mütter und Väter diskret Ermittlungen anstellen müssen, auch wenn sie dabei womöglich in die Privatsphäre ihres Teenagers eindringen. Vor einigen Jahren wurde diese Frage ausführlich in den Medien diskutiert, als die Schauspielerin Carol Burnett entdeckte, dass ihre Tochter Drogen nahm. Als das Problem schließlich ans Licht kam, bedauerte Carol, dass sie selbst nichts unternommen hatte, um zu erfahren, was vor sich ging. In vielen Talkshows sagte sie in der Tat, dass es für Kinder unbedingt erforderlich ist, dass ihre Eltern sie in einem solchen Augenblick »erwischen«. Ihre Achtung vor der Privatsphäre ihrer Kinder darf nicht dazu führen, dass Sie den Kopf in den Sand stecken und nicht merken, was in nächster Nähe geschieht.[100] Dem kann ich nur zustimmen.

Natürlich müssen Eltern ihre Kinder auch kennen. Es gibt Jugendliche, die nie etwas Verbotenes oder Schädliches tun würden. Das liegt einfach nicht in ihnen. In solchen Fällen würde ich nicht raten, in ihrem Zimmer und privaten Dingen herumzustöbern. Aber wenn ein verschlossener Teenager (Mädchen oder Junge) verdächtige Dinge tut, mit miesen Freunden herumzieht und dann zu Hause großen Wert auf seine Privatsphäre legt, dann würde ich mir alle

Informationen beschaffen, die ich brauche, um richtig reagieren zu können.

Frage 259
Sie sagten, dass es eine Schande ist, wie falsch wir mit der heutigen Generation der Kinder umgegangen sind. Erklären Sie, was Sie damit meinen.

Ich bezog mich auf schädliche Einflüsse, denen frühere Generationen nicht ausgesetzt waren, wenigstens nicht in dem Ausmaß, wie das heute der Fall ist. Dazu gehören die Ideologie von sicherem Sex, Gewalt und die sexuelle Bildersprache in Filmen, im Fernsehen und der Rockmusik. Dazu gehören Bandenkriminalität, Drogenmissbrauch und viele andere gefährliche Aspekte der Kultur. Ich sprach auch über die schrecklichen Auswirkungen, die die Überbetonung körperlicher Anziehungskraft und des Körperbewusstseins im Abendland auf Kinder hat. Dies kann sogar lebensgefährlich für sie werden.

Eine Untersuchung der Universität von Kalifornien ergab, dass achtzig Prozent der Mädchen in der vierten Klasse versucht haben, Diät zu halten, weil sie sich zu dick vorkamen. Ein Grundschulmädchen rechtfertigte ihre Schlankheitskur mit dem Ausspruch, sie wolle so dünn werden, dass sie von niemandem mehr gehänselt wird.[101] Wie traurig, dass Kindern in unserem Kulturkreis beigebracht wurde, ihren Körper zu hassen, ihren Wert an einem Maßstab zu messen, den sie nie erreichen können. Zu einer Zeit, in der sie einfach nur Kinder sein sollen, machen sie sich Sorgen um ihr Gewicht, ihr Aussehen und wie andere sie sehen.

Diese Betonung einer schlanken Figur wird für junge Mädchen durch die sprichwörtliche Grausamkeit der Kinder verstärkt. Zahlreiche Untersuchungen zeigen, dass übergewichtige Kinder bereits in einem frühen Alter von ihren Kameraden gering geachtet werden. Einer Studie gemäß wurden dicke Kinder von Sechsjährigen als »faul«, »dumm« und »hässlich« beschrieben.[102]

Diese Überbetonung der Schönheit findet natürlich nicht im luftleeren Raum statt. Unsere Kinder haben unsere Vorurteile und unser Wertsystem übernommen. Auch wir messen den Wert eines Menschen weitgehend anhand seiner körperlichen Anziehungskraft. Es ist schon schlimm genug, wenn Erwachsene sich in dieser Weise bewerten. Aber es ist tragisch, wenn Millionen Kinder, noch bevor ihr Leben richtig begonnen hat, zu dem Schluss kommen, dass sie hoffnungslos hässlich sind.

Wir müssen die Schuld für die vielen Belastungen, denen die heutigen Kinder ausgesetzt sind, auf uns nehmen. Vor fünfzig Jahren waren Eltern und andere Erwachsene gemeinsam darum bemüht, Kinder vor Pornographie, sexuellem Missbrauch, schädlichem Gedankengut und Drogen fernzuhalten. Millionen Ehepaare blieben »zum Wohl der Kinder« zusammen. Jeder war davon überzeugt, dass zarte Körper und Seelen vor Dingen abgeschirmt werden müssen, die sie verletzen können. Aber jetzt greifen Kindesmissbrauch, Vergewaltigung der Freundin und durch Geschlechtsverkehr übertragene Krankheiten um sich. In dem Maße wie die Familie auseinanderbricht und Erwachsene immer ichbezogener werden und immer mehr von anderen Dingen in Anspruch genommen sind, müssen Kinder sich in einer gefährlichen Welt ganz alleine durchschlagen. Für unser Volk könnte dies unser größter Fehler sein.

Frage 260

Ich bin davon überzeugt, dass Mütter von Vorschulkindern zu Hause bleiben sollen, wenn sie es sich finanziell und von ihrem Temperament her leisten können. Aber wie ist es, wenn die Kinder in der Schule sind? Glauben Sie, dass es, sagen wir in den Teenagerjahren, immer noch wichtig ist, dass die Mutter zu Hause bleibt?

In dieser Frage werden viele anderer Meinung sein als ich, aber meine Ansicht leitet sich aus der Erfahrung mit Tausenden von Familien ab. Ich glaube, dass die Mutter zu Hause gebraucht wird,

auch wenn die Kinder größer werden. Warum? Weil die harten
Anforderungen der Kindererziehung mit der Zeit nicht geringer wer-
den. In Wirklichkeit verursachen die Teenagerjahre so viel Belastung
für die Eltern wie jede andere Zeitspanne. Ein Jugendlicher stellt ein
Haus auf den Kopf – im wörtlichen und im übertragenen Sinn.
Nicht nur die typische Rebellion in diesen Jahren ist eine belastende
Erfahrung, auch das Chauffeur spielen, die Aufsicht, das Kochen
und Putzen für einen Teenager kann recht anstrengend werden.
Jemand in der Familie muss Zeit und Kraft haben, mit diesen neuen
Herausforderungen fertig zu werden. Mutter ist der Wunschkandi-
dat. Denken Sie auch daran, dass die Wechseljahre und die Midlife-
Crisis des Mannes mit der Adoleszenz der Kinder zusammenfallen
können, was für eine brisante Mischung sorgt! Die Mutter handelt
klug, die sich zu einer Zeit, in der so viel in der Familie los ist, nicht
verausgabt.

Lassen Sie mich anhand eines Bildes erläutern, warum Mütter
während der Teenagerzeit zu Hause gebraucht werden. Ein guter
General wird niemals alle seine Truppen gleichzeitig in die Schlacht
schicken. Er behält eine Reserve zurück, die die erschöpften Soldaten
ablösen kann, wenn sie an vorderster Front zu wanken beginnen. Ich
wünschte, die Eltern von Jugendlichen würden dieselbe Strategie
anwenden. Stattdessen setzen sie jeden Augenblick ihrer Zeit für die
Bewältigung des normalen Lebens ein und behalten nichts als
Reserve für die Herausforderung des Jahrhunderts zurück. Das ist
ein klassischer Fehler, der für Eltern eigenwilliger Jugendlicher verhängnisvoll sein kann.

Damit möchte ich Folgendes sagen: Eine berufstätige Frau hat alle
ihre Truppen in der vordersten Kampflinie. Sie kann auf keine Reserven zurückgreifen. In diesem geschwächten Zustand können die
ganz normalen Belastungen bei der Erziehung eines Jugendlichen
zuviel werden. Lassen Sie es mich wiederholen. Übermütige Teenager zu erziehen ist eine interessante und lohnende, aber auch eine
frustrierende Erfahrung. Ihre extremen Höhen und Tiefen wirken
sich auf unsere Stimmung aus. Der Lärm, die Unordnung, die

Klagen, die Auseinandersetzungen, die Rivalität unter den Geschwistern, die nicht eingehaltenen Abmachungen, wann sie abends nach Hause kommen sollten, ihr Auf- und Abgerenne, die verpatzte Klassenarbeit, das Mädchen, das ihm den Laufpass gegeben hat, die falschen Freunde, das ständige Telefonieren, die Pizza auf dem Boden, die zerrissene neue Bluse, die Auflehnung, die zugeschlagenen Türen, die gemeinen Worte, die Tränen – all das kann eine ausgeruhte Mutter an die Grenzen ihrer Kraft bringen. Aber wie verkraftet es eine berufstätige Frau, die sich schon bei der Arbeit »verausgabt« hat und dann in dieses Chaos heimkehrt? Jede unerwartete Krise oder auch nur ein belangloses Ärgernis kann einen stürmischen Gefühlsausbruch auslösen. Es gibt keine Reserve, aus der sie schöpfen könnte. Kurz gesagt, die Eltern von Jugendlichen sollten etwas Energie aufsparen, um für Unvorhergesehenes gerüstet zu sein!

Ob Sie meinen Rat annehmen oder nicht, ist Ihre Sache. Meine ist es, ihn anzubieten. Allgemein gesprochen steht die berufstätige Mutter vor einer herausfordernden Aufgabe. Zugegeben, viele Frauen können Beruf und Familie mit der Unterstützung anpackender Ehemänner oder einer Haushaltshilfe sehr gut unter einen Hut bringen. Andere Mütter mit weniger Energie und Männern, die nicht helfen, schaffen es weniger gut. Jede Familie muss selbst entscheiden, wie sie am besten mit den Belastungen und Möglichkeiten des Lebens umgeht.

Die Kunst des Loslassens

Frage 261

Man hört häufig, dass Mütter deprimiert sind und unfähig, sich mit dem leeren Nest abzufinden, wenn die Kinder die Familie verlassen haben. Bei uns hat es Vater hart getroffen. Über einen Monat lang war er wie durchgedreht. Ist das außergewöhnlich?

Nein, das kommt sogar sehr oft vor. Vor kurzem wurden im Rahmen einer Studie 189 Eltern von Studienanfängern gefragt, was sie fühlten, als ihr Sohn oder ihre Tochter auszog. Erstaunlicherweise war es für die Väter härter als für die Mütter.[103]

Die Abneigung gegen das leere Nest war das Thema des Filmes *Father of the Bride*, eine lustige und ergreifende Würdigung der Liebe eines Vaters zu seiner Tochter. Als George, der Vater, seiner Tochter am Esstisch gegenüber saß und erfuhr, dass sie verlobt war, traf es ihn hart. Er konnte es nicht glauben. Vor seinem inneren Auge sah er seine Tochter als kleines Baby, dann als zehnjährigen Wildfang und jetzt saß sie als schöne junge Frau von achtzehn Jahren vor ihm. Sein kleines Mädchen war so schnell erwachsen geworden und bald würde sie von zu Hause wegziehen. Er würde nie mehr der wichtigste Mann im Leben seiner geliebten Tochter sein; er musste noch viel Trauerarbeit leisten.

Warum trifft manche Männer das leere Nest so hart? Eine der Haupterklärungen ist Reue. Sie waren so beschäftigt, sie arbeiteten so hart, dass die Jahre fast unmerklich vergingen. Dann merken sie plötzlich, dass es zu spät ist, mit dem Kind, das bald das Haus für immer verlässt, eine Beziehung aufzubauen.

Wenn Sie noch Kinder oder Teenager zu Hause haben, genießen Sie bewusst die gemeinsame Zeit, die Ihnen noch bleibt. Diese Tage sind im Nu vergangen.

Frage 262
Warum fällt es Ihrer Meinung nach Eltern so schwer, Ihre Kinder loszulassen, wenn sie erwachsen sind?

Ein Grund liegt darin, dass Eltern fürchten, ihre Kinder seien noch nicht bereit, auf eigenen Füßen zu stehen, und sie machen sich Sorgen, was ihnen zustoßen könnte. Sie wollen sie so lange schützen wie sie können. Wichtiger jedoch ist, dass sie nicht wollen, dass die Kindheit zu Ende geht. Ich bin davon überzeugt, dass Mütter und Väter in Nordamerika zu den besten der Welt gehören. Wir sorgen hingebungsvoll für unsere Kinder und würden alles tun, um ihre Bedürfnisse zu befriedigen. Aber wir gehören zu den schlimmsten, wenn es darum geht, unsere erwachsenen Söhne und Töchter loszulassen. Diese beiden Eigenschaften gehören in der Tat zusammen.

Dasselbe Engagement, das dazu führt, dass wir so gute Eltern sind, solange unsere Kinder klein sind (Hingabe, Liebe, Fürsorge, Einsatz), bewirkt auch, dass wir sie zu fest halten, wenn sie größer werden. Ich räume meine eigenen Schwierigkeiten auf diesem Gebiet ein. Ich verstand die Bedeutung des Loslassens, bevor unsere Kinder geboren wurden. Ich schrieb ausführlich über das Thema, als sie noch klein waren. Ich erstellte eine Filmreihe, in der alle richtigen Grundsätze ausgedrückt wurden. Aber als die Zeit kam, in der ich meine Hand öffnen und die Vögelchen fliegen lassen musste, hatte ich mächtig zu kämpfen! Das Vatersein hat mir sehr gefallen und ich war nicht bereit, es aufzugeben. Aber jetzt stehe ich mit meinen großen Kindern als Erwachsenen in Beziehung und finde auch das interessant und gewinnbringend. »Alles hat seine Zeit«, schrieb Salomo. Ja, auch die Zeit, in der alles ein Ende hat.

Frage 263
Ich finde es sehr schwer, meine Kinder loszulassen und mich mit dem leeren Nest abzufinden. Ich weiß, dass ich sie freilassen muss, aber es ist so schwer. Können Sie mir helfen?

Die Humoristin Erma Bombeck beschrieb diesen schwierigen Prozess in einem Bild, das ich sehr hilfreich fand.[104] Sie verglich die Kindererziehung mit dem Versuch, einen Drachen an einem Tag steigen zu lassen, an dem kein Wind weht. Mama und Papa rennen die Straße hinunter und ziehen das hübsche kleine Ding am Ende einer Leine. Es springt am Boden entlang und macht keinerlei Anstalten, sich vom Boden zu erheben.

Schließlich gelingt es ihnen mit viel Mühe, es fünf Meter hoch in die Luft zu bringen, aber plötzlich droht eine große Gefahr. Der Drachen stürzt auf Stromleitungen zu und wirbelt um Bäume herum. Es ist ein beängstigender Augenblick. Werden sie ihn je sicher auf seine Reise schicken können? Dann, völlig unerwartet, wird der Drachen vom Wind ergriffen und segelt nach oben. So schnell sie können geben Mama und Papa mehr Leine.

Der Drachen beginnt, an der Leine zu ziehen, es wird schwierig, ihn festzuhalten. Unvermeidlich erreichen sie das Ende ihrer Leine. Was sollen sie jetzt tun? Der Drachen verlangt nach mehr Freiheit. Er will höher steigen. Papa steht auf den Zehenspitzen und hebt die Hände, um dem Ziehen standzuhalten. Die Leine ist jetzt nur noch zwischen Zeigefinger und Daumen geklemmt, die nach oben, in den Himmel gerichtet sind. Der Augenblick des Loslassens kommt. Die Leine gleitet durch seine Finger und der Drachen schwingt sich majestätisch hoch in Gottes schönen Himmel.

Mama und Papa stehen da und starren ihrem geliebten »Baby« nach, das jetzt in der Sonne funkelt, nur noch ein Punkt am Horizont. Sie sind stolz auf ihre Leistung – aber traurig, weil ihre Aufgabe jetzt zu Ende ist. Es war eine Arbeit der Liebe. Aber wo sind all die Jahre geblieben?

An diesem Punkt stehen Sie heute – auf Zehenspitzen strecken Sie sich zum Himmel hin, das Ende der Leine in den Fingern festgeklammert. Es ist Zeit, loszulassen. Aber wenn Sie es tun, merken Sie, dass eine neue Beziehung entsteht. Ihre Erziehungsaufgabe ist fast beendet. An ihre Stelle tritt eine Freundschaft, die ihre eigenen Früchte trägt.

Denken Sie daran: Der Drachen wird sich sowieso losreißen. Das Beste ist, ihn loszulassen, wenn der rechte Zeitpunkt gekommen ist!

Frage 264

Als unsere Tochter einundzwanzig Jahre alt war, kam sie vom Studium nach Hause und zog in ihr ehemaliges Zimmer zurück. Jetzt, drei Jahre später, ist sie immer noch da. Sie arbeitet nicht, hat keinen Ehrgeiz und kein Ziel und scheint sich völlig damit zufrieden zu geben, sich von ihrem Vater und mir durchfüttern zu lassen. Ich weiß, dass sie ihr Leben in die Hand nehmen muss, aber was kann ich tun? Ich kann sie doch nicht einfach aus dem Haus werfen, oder?

Ihre Tochter ist nicht alleine. Millionen junger Erwachsener leben zu Hause und es gefällt ihnen so. Sie haben nicht die Absicht, erwachsen zu werden – und warum sollten sie es auch? Das Nest ist zu bequem. Das Essen kommt auf den Tisch. Die Kleider werden gewaschen und die Rechnungen bezahlt. Es besteht kein Anreiz, der kalten Welt der Realität entgegenzutreten, und sie sind entschlossen, sich nicht von der Stelle zu bewegen. Einige, wie Ihre Tochter, weigern sich sogar zu arbeiten. Ich weiß, dass es schwierig ist, einen Sohn oder eine Tochter auf die Straße zu setzen. Sie sind wie wuschelige Hündchen, die um die Türe streichen und auf ein Schüsselchen warmer Milch warten. Aber wenn man sie Jahr um Jahr bleiben lässt, besonders wenn sie keine Berufsziele verfolgen, fördert man Verantwortungslosigkeit und Abhängigkeit. Das ist nicht Liebe, auch wenn es so aussieht. Es kommt die Zeit, in der Sie freundlich, aber bestimmt Ihrer erwachsenen Tochter die Zügel übergeben und sie zwingen müssen, auf eigenen Beinen zu stehen. Ich denke, es wird Zeit, dass Sie ihr beim Packen helfen.

Einer vierundzwanzig Jahre alten Frau einen Schubs zu geben, mag grausam anmuten, aber ich ermutige Sie, ihre Loslösung ins Auge zu fassen. Die elterliche Futterkrippe sollte wahrscheinlich abgeschafft werden. Wenn das nie geschieht, können bleibende Abhängigkeit und Unreife die Folge sein.

Ich schlage vor, dass Sie sich mit Ihrer Tochter zusammensetzen und ihr erklären, warum die Zeit gekommen ist, dass sie ihr eigenes Leben führt. Setzen Sie ihr eine Frist, vielleicht in zwei oder drei Wochen, und beginnen Sie, für sie Vorbereitungen zu treffen. Dann umarmen Sie sie fest, versprechen ihr, für sie zu beten, und schicken sie auf ihren Weg.

Frage 265
Im Herbst wird unser Sohn mit dem Studium beginnen. Können wir etwas tun, um den Übergang von zu Hause ins Studentenwohnheim zu erleichtern?

Die Schriftstellerin Joan Wester Anderson schlägt vor, dass Sie zunächst sicherstellen, dass Ihr Sohn die grundlegenden Fähigkeiten hat, um in einem Studentenwohnheim überleben zu können. Kann er eine Waschmaschine und einen Wäschetrockner bedienen, mit seinem Geld haushalten, mit einem Scheckheft umgehen, mit Zimmergenossen auskommen und seine Zeit vernünftig einteilen?

Weiterhin ist es wichtig, Ihren Sohn auf die negativen Seiten des Studentenlebens vorzubereiten. Zu oft malen Erwachsene ein rosarotes Bild vom Studium als den »besten Jahren des Lebens«, was unrealistische Erwartungen hervorruft, die wiederum zu Enttäuschung führen. Erinnern Sie Ihren Sohn daran, dass er mit Heimweh rechnen muss und dass er jederzeit zu Hause anrufen kann, einfach nur um zu plaudern. Abends ist das Telefonieren billiger, so dass jeder es sich hin und wieder leisten kann.

Im ersten Semester können Briefe und Päckchen von zu Hause den Schmerz der Trennungsangst lindern. Und seien Sie freundlich, wenn der junge Mann zu Besuch nach Hause zurückkommt. Wenn er sich wie ein Eindringling vorkommt, könnte er genauso gut beschließen, in künftigen Ferien jemand anderen zu besuchen.[105]

Zum Studium zu gehen ist ein Meilenstein für junge Menschen. Mit richtiger Planung kann es eine positive Zeit des Wachstums für die ganze Familie werden.

Ratschläge für junge Erwachsene

Frage 266
Ich bin einundzwanzig Jahre alt und wohne noch zu Hause. Ich werde noch verrückt dabei. Meine Eltern bedrängen mich die ganze Zeit. Sie wollen, dass ich eine ganztägige Beschäftigung annehme, weil ich nur halbtags in einer Tankstelle arbeite. Warum können sie mich nicht einfach in Ruhe und Frieden lassen?

Ich denke, es wird höchste Zeit, dass Sie Ihre Sachen packen. Viele junge Erwachsene wie Sie hängen einfach weiter zu Hause herum, weil sie keine Pläne für die Zukunft haben. Das führt unweigerlich zu Schwierigkeiten. Ihre Mutter und Ihr Vater können nicht anders als »Eltern spielen«, wenn Sie direkt vor ihrer Nase leben. Ihnen kommt es so vor, als seien Sie erst gestern geboren. Es fällt ihnen schwer, Sie als Erwachsenen anzuerkennen.

Wahrscheinlich ärgern sie sich auch über Ihre Lebensweise. Sie können Ihr unordentliches Zimmer nicht ausstehen und sagen, man müsse sich erst gegen Tetanus impfen lassen, bevor man es betritt. Sie mögen Ihre Musik nicht. Ihre Eltern gehen früh zu Bett und stehen mit den Hühnern auf, während Sie eher ein Nachtvogel sind. Sie brausen mit dem Auto Ihrer Eltern wie ein Kamikaze-Fahrer durch die Gegend. Ihre Eltern möchten, dass Sie eine Arbeitsstelle annehmen, eine Ausbildung absolvieren, dass Sie etwas tun. Jeder Tag bringt eine neue Auseinandersetzung, einen neuen Streit. Wenn es einmal soweit gekommen ist, wird es Zeit auszuziehen.

Frage 267
Ich bin einundzwanzig und wohne noch zu Hause. Ich fühle mich dort sehr wohl und da ich keine feste Freundin habe, plane ich,

noch länger bei meinen Eltern zu bleiben. Warum nicht? Warum glauben Sie, dass es unklug ist, weiterhin da zu wohnen, wo es billiger und leichter ist als in einer eigenen Wohnung?

E s gibt Fälle, in denen es sinnvoll ist, längere Zeit bei den Eltern zu wohnen, und vielleicht gehören Sie dazu. Ich möchte Sie jedoch warnen, nicht länger zu bleiben, als Sie willkommen sind. Das wäre weder für Sie noch für Ihre Eltern gut. Zu lange unter dem Dach der Eltern zu bleiben ist in etwa mit einem ungeborenen Baby zu vergleichen, das sich weigert, den Schoß der Mutter zu verlassen. Es hat gute Gründe, noch eine Weile zu bleiben. Dort ist es warm und gemütlich. In einer stressfreien Umgebung werden alle seine Bedürfnisse befriedigt. Es muss nicht arbeiten, nicht lernen und sich nicht sich zusammenreißen.

Aber es wäre irrsinnig, länger als die neun Monate, die Gott vorgesehen hat, zu bleiben. Es kann nicht wachsen und lernen, wenn es nicht die Geborgenheit dieses Ortes verlässt. Seine Entwicklung kommt zum Stillstand, bis es die kalte Welt betritt und ein paar Klapse auf den Hintern bekommt. Es dient dem Vorteil aller, besonders dem Wohlbefinden seiner Mutter, dass es die Geburtswege hinunterrutscht und im Leben vorankommt.

Genauso ist es auch mit jungen Erwachsenen. Solange Sie nicht die Nabelschnur durchtrennen, bleiben Sie in einem Zustand des Entwicklungsstillstandes verhaftet. Das ist eine Falle, die einen Menschen zehn Jahre oder länger in einem unreifen Stadium zurückhält. Die Bibel deutet auf die Notwendigkeit hin, vorwärts zu gehen. Der Apostel Paulus schrieb: »Als ich ein Kind war, da redete ich wie ein Kind und dachte wie ein Kind und war klug wie ein Kind; als ich aber ein Mann wurde, tat ich ab, was kindlich war« (1. Kor 13, 11). Zu Hause bei Papa und Mama zu bleiben ist die Fortführung der Kindheit. Vielleicht wird es Zeit, damit Schluss zu machen.

Frage 268
**Meine Situation ist anders. Ich ging zum Studium fort und kehrte
dann wieder nach Hause zurück. Ich gebe zu, dass es Spannungen
zwischen mir und meinen Eltern gibt, aber wir würden gut miteinander auskommen, wenn sie mich als vollwertigen Erwachsenen
akzeptieren würden. Warum können sie nicht sehen, dass ich
erwachsen bin? Warum lassen sie mich nicht mein eigenes Leben
führen?**

D as Elternhaus verlassen und dann wieder zurückkommen wird
das »elastische Nest« genannt und wie Sie sehen, kann sich das
sehr schwierig gestalten. Sie standen auf eigenen Beinen, trafen viele
Entscheidungen und hatten Ihr Leben in der Hand. In dieser Zeit
haben Sie sich sehr verändert. Aber dann kommen Sie zurück und
erkennen, dass sich Ihre Eltern nicht verändert haben. Sie sind noch
so, wie Sie sie verlassen haben. Sie wollen Ihnen vorschreiben, wie Sie
Ihr Leben zu führen haben, was Sie essen, was Sie anziehen, mit
welchen Freunden Sie ausgehen sollen usw. Das führt unweigerlich
zu Konflikten.

Ich verstehe Ihre Situation, weil ich Ähnliches erlebt habe. Gegen
Ende meiner Teenagerzeit gingen meine Eltern klug mit mir um und
verfielen nur selten in die Fehler, die Eltern häufig machen. Genau
das geschah jedoch, als ich neunzehn Jahre alt war. Wir waren eine
eng verbundene Familie gewesen und meiner Mutter fiel es schwer,
sich an die veränderten Verhältnisse anzupassen, als ich das Gymnasium verließ.

In jenem Sommer begann ich in Kalifornien mit dem Studium,
2000 Kilometer von zu Hause entfernt. Ich werde nie das erregende
Gefühl der Freiheit vergessen, das mich in diesem Herbst überkam.
Nicht, dass ich etwas Schlechtes oder Verbotenes tun wollte. Ich
fühlte mich einfach für mein eigenes Leben verantwortlich und
musste niemandem erklären, was ich tat. Es war wie eine frische,
kühle Brise an einem Frühlingsmorgen. Junge Erwachsene, die auf
diesen Augenblick nicht gründlich vorbereitet wurden, werden

manchmal kopflos, aber ich blieb recht besonnen. Allerdings wurde ich schnell von dieser Freiheit abhängig und war nicht willens, sie aufzugeben. Im folgenden Sommer kam ich zu Besuch nach Hause. Sofort befand ich mich mit meiner Mutter in Konflikt. Sie stieß mich nicht absichtlich vor den Kopf. Sie reagierte einfach wie vor einem Jahr, als ich noch zur Schule ging. Aber inzwischen war ich unabhängig geworden. Sie fragte mich, wann ich abends nach Hause komme, bat mich, vorsichtig mit dem Auto zu fahren und achtete darauf, was ich aß. Sie meinte es nicht böse. Es war ihr nur nicht aufgefallen, dass ich mich verändert hatte, und sie musste sich erst auf die neuen Gegebenheiten einstellen.

Schließlich gab es ein kurzes Wortgefecht zwischen uns und ich lief eingeschnappt aus dem Haus. Ein Freund holte mich ab und ich sprach über meine Gefühle, als wir im Auto fuhren. »Verflixt noch mal, Bill!«, sagte ich. »Ich brauche keine Mutter mehr.«

Dann überkam mich eine Welle von Schuldgefühlen. Es war, als hätte ich gesagt: »Ich liebe meine Mutter nicht mehr.« Das meinte ich überhaupt nicht. Was ich empfand, war der Wunsch, mit meinen Eltern gut Freund zu sein, statt mich ihrer Autorität zu beugen. Kurze Zeit später wurde mir die Freiheit gewährt.

Ich hoffe, Sie sind mit Ihren Eltern ein bisschen geduldiger als ich es mit meinen war. Ich war erst neunzehn und wollte alles, und zwar sofort. Ich hätte ihnen ein weiteres Jahr Zeit lassen sollen, damit sie sich an die neue Situation gewöhnen. Ihre Eltern werden auch ihre Denkweise ändern, wenn Sie ihnen ein bisschen Zeit dazu lassen. Sie werden Sie schneller als Erwachsenen akzeptieren, wenn Sie ausziehen und Ihr Leben unabhängig führen.

Frage 269

Ich bin neunzehn Jahre alt und kämpfe schon mein ganzes Leben lang mit einem schlechten Selbstwertgefühl. Ich habe den Eindruck, dass alle, die ich kenne, mehr zu bieten haben als ich. Ich beneide die Mädchen, die besser aussehen, sportlicher oder intel-

ligenter sind als ich. Ich entspreche einfach nicht meinen Erwartungen. Wie kann ich mit meinen Minderwertigkeitskomplexen umgehen?

Jemand sagte einmal: »Vergleich ist die Wurzel aller Minderwertigkeit.« Das stimmt. Wenn Sie die Stärken eines Menschen betrachten und sie mit Ihren Schwächen vergleichen, dann können Sie unmöglich eine gute Meinung von sich gewinnen. Genau das tun Sie, wenn Sie sich mit den »Besten« Ihrer Umgebung messen. Dieses zerstörerische Spiel fängt schon in der Grundschule an, wenn wir beginnen, uns selbst kritisch zu beurteilen. Schon in diesem frühen Alter wird unser Selbstbild davon geprägt, wie wir im Vergleich mit unseren Altersgenossen abschneiden. Wichtig ist nicht, wie groß wir sind, sondern wer der Größte ist. Es kommt nicht darauf an, wie schnell wir laufen, sondern wer am schnellsten läuft, nicht wie intelligent wir sind, sondern wer am intelligentesten ist. Es kommt nicht darauf an, wie hübsch oder gutaussehend wir sind, sondern wer am tollsten aussieht. So werden Selbstzweifel regelrecht in Gang gesetzt, die während der Jugendjahre oft alles aufzehren. Bei manchen Menschen dauern diese Selbstzweifel noch im Erwachsenenalter an. Deshalb beneiden Millionen Frauen die Schönheit von Fotomodellen. Deshalb schauen wir im Fernsehen die Wahl der Miss Germany an und deshalb lesen manche Männer Berichte über erfolgreiche und mächtige Geschäftsleute. Wenn wir das tun, messen wir uns an den am meisten bewunderten Eigenschaften anderer. Das bringt uns nur Schmerz und Kummer, aber trotzdem machen wir weiter.

Aus Ihrer Frage geht hervor, dass Sie in diesem zerstörerischen Verhaltensmuster gefangen sind. Vielleicht könnte Ihnen ein erfahrener Berater oder Pastor helfen zu erkennen, dass Sie genau so, wie Sie sind, ein wertvoller Mensch sind und dass Gott Sie in einer besonderen Absicht geschaffen hat. Seelische und geistliche Gesundheit beginnen damit, dass man das Leben so annimmt, wie es ist und bereit ist, das Beste aus seinen Gaben zu machen. Wenn man das zuwege bringt, spielen Vergleiche mit anderen keine Rolle mehr.

Frage 270

Meine ehemalige Freundin und ich waren vollständig sicher, dass wir uns lieben, weil wir vom ersten Augenblick an total ineinander verknallt waren. Wir trafen uns jeden Tag und alle dachten, wir würden heiraten. Aber unsere Beziehung kühlte sehr schnell ab und jetzt können wir einander kaum ausstehen. Ich mag es nicht einmal, in ihrer Nähe zu sein. Was glauben Sie, ist mit uns geschehen?

Da ich keinen von Ihnen beiden kenne, ist es schwierig, eine sichere Aussage zu machen. Aber ich kann Ihnen versichern, dass die Art, wie Ihre Beziehung begann, etwas damit zu tun hat, wie sie endete. Eine Liebesbeziehung ist in der Regel zum Scheitern verurteilt, wenn sie sehr heftig beginnt. Sie brennt fast immer mit der Zeit aus.

Ihre Freundin und Sie liefen Ihr Rennen gewissermaßen, als sei es ein Hundertmeter-Sprint. Sie hätten es eher wie einen Marathonlauf angehen müssen. Deshalb waren Sie erschöpft, bevor Sie Ihre Reise richtig begonnen haben. Wenn eine Liebesbeziehung von Dauer sein soll, muss ein gemächliches Tempo eingeschlagen werden, damit die beiden Partner sich nicht gegenseitig verzehren. Dann wird es möglich, dass ein Band entsteht – und dass »der Kitt trocknet«.

Frage 271

Ich habe große Angst, dass ich einmal geschieden werde. Ich habe das bei meinen Eltern erlebt wie auch bei mehreren meiner Onkel und Tanten. Es ist sehr bitter für alle. Ich würde am liebsten gar nicht heiraten, um dieses Risiko zu vermeiden. Ist es möglich, sich heute vor einer Scheidung zu schützen?

Sie sind nicht die einzige, die sich Gedanken über all das macht, was gegen eine erfolgreiche Ehe spricht. Diese Sorge kommt auch in einem Lied zum Ausdruck, das Carly Simon vor einigen Jahren bekannt machte. Der Text ist niederschmetternd. Es heißt dort in der Tat: »Es ist unmöglich, in der Ehe Vertrautheit zu erreichen, und unser Leben wird immer einsam, sinnlos und inhaltslos sein. Aber wenn du das willst ... dann werden wir heiraten.«[107] Ich verstehe zwar den Pessimismus, den dieses Lied ausdrückt, lehne aber die Botschaft, die es vermittelt, entschieden ab. Die Familie war Gottes Gedanke, nicht unserer, und sie ist immer noch eine wunderbare Institution.

Außerdem ist es ein Märchen, dass Ehen zum Scheitern verurteilt sind. Einundsechzig Prozent aller in den Vereinigten Staaten lebenden Menschen sind verheiratet, dreiundzwanzig Prozent waren nie verheiratet, acht Prozent sind verwitwet und nur acht Prozent sind geschieden.[107] Fünfundsiebzig Prozent der Familien mit Kindern werden von beiden Elternteilen, die miteinander verheiratet sind, geführt.[108] Trotz all dem Schlechten, was man über Familien hört, leben die meisten Menschen in einer und sind glücklich dabei. Wir wissen jedoch auch, dass Ehen zerbrechlich sind. Sie müssen gepflegt und geschützt werden, wenn sie ein Leben lang bestehen bleiben sollen. Wird eine Ehe vernachlässigt, verkümmert und stirbt sie.

Frage 272
Sie sind jetzt seit über dreißig Jahren glücklich verheiratet. Waren Sie jemals in der Versuchung, Ihrer Frau untreu zu werden? Auf welche Gefahrenpunkte sollten wir, die wir jünger sind, achten?

Ehrlich gesagt, habe ich nie ins Auge gefasst, Shirley zu betrügen. Allein der Gedanke ihr wehzutun und Gottes Gericht herauszufordern genügte, um mich auf dem rechten Weg zu halten. Außerdem wollte ich nie die einzigartige Gemeinsamkeit, die wir in all den Jahren erlebten, zerstören. Aber auch Ehen, die sich auf diese Art Verpflichtung gründen, sind nicht gegen die Angriffe Satans gefeit.

Er stellte mir eine Falle, als ich für Versuchungen besonders anfällig war. Shirley und ich waren erst wenige Jahre verheiratet, als wir eine kleine Meinungsverschiedenheit hatten. Es war keine große

Sache, aber damals waren wir beide ziemlich erregt. Ich stieg ins Auto und fuhr etwa eine Stunde lang herum, um mich zu beruhigen. Als ich auf dem Nachhauseweg war, überholte mich ein sehr attraktives Mädchen und lächelte mir zu. Offensichtlich flirtete sie mit mir. Dann fuhr sie langsamer, schaute zurück und bog in eine Seitenstraße ab. Ich wusste, das war eine Einladung, ihr zu folgen. Ich ging nicht in die Falle, sondern fuhr nach Hause und versöhnte mich mit Shirley. Aber später dachte ich, wie heimtückisch Satan war, dass er den momentanen Konflikt zwischen uns ausnutzte. Die Bibel nennt den Teufel einen »brüllenden Löwen«, der umhergeht »und sucht, wen er verschlinge« (1. Petr 5, 8). Ich erkannte, wie zutreffend diese Beschreibung ist. Er wusste, dass der günstigste Augenblick, unsere Ehe zu schädigen, für ihn in den ein oder zwei Stunden gekommen war, in denen wir aufeinander ärgerlich waren. Das ist typisch für seine Strategie. Er stellt Ihnen eine Falle, wahrscheinlich zu einem Zeitpunkt, in dem Sie besonders anfällig für Versuchungen sind. Er bietet eine schöne, verlockende, verbotene Frucht, wenn Ihr Hunger am größten ist. Wenn Sie töricht genug sind, nach ihr zu greifen, versinken Ihre Finger in dem verfaulten Matsch auf der Rückseite. So wirkt die Sünde in unserem Leben. Sie verspricht alles, bringt aber nichts als Ekel und Herzeleid.

Frage 273
Glauben Sie, dass es Liebe auf den ersten Blick gibt?

Einige meiner Leser werden jetzt anderer Meinung sein, wenn ich sage, dass »Liebe auf den ersten Blick« physisch und seelisch unmöglich ist. Warum? Weil Liebe viel mehr als ein romantisches Gefühl ist. Liebe ist mehr als sexuelle Anziehung oder der Kitzel der Eroberung oder der Wunsch zu heiraten. Dies sind Reaktionen, die »auf den ersten Blick« eintreten und sogar nach einiger Zeit zu echter Liebe führen können. Aber in der Regel sind diese Gefühle sehr vergänglich und wenn ein Mensch sie empfindet, hat das nichts mit »Liebe« zu tun. Ich wünschte, jeder würde diesen Sachverhalt kennen!

Den Hauptunterschied zwischen Verliebtheit und echter Liebe erkennt man daran, was ins Gewicht fällt. Vergängliche romantische Anziehung ist oft sehr ichbezogen. Eine junge Dame sagt: »Ich kann nicht glauben, was mir geschieht. Es ist das Phantastischste, das ich je erlebt habe! Das muss Liebe sein.« Haben Sie bemerkt, dass von dem anderen Menschen keine Rede ist? Sie ist ganz von ihrer eigenen Befriedigung eingenommen. Sie liebt nicht den anderen Menschen, sie liebt die Liebe!

Echte Liebe dagegen ist Ausdruck tiefster Wertschätzung des anderen Menschen. Echte Liebe kennt die Bedürfnisse, die Stärken und die Persönlichkeit des anderen. Sie teilt die Sehnsüchte, Hoffnungen und Träume des anderen. Sie ist selbstlos, schenkend und fürsorglich. Und glauben Sie mir, diese Gesinnung bekommt man nicht auf den ersten Blick, so wie man Masern oder Windpocken bekommt.

Ich entwickelte eine lebenslange Liebe für meine Frau, aber das kam nicht schlagartig. Ich wuchs in diese Liebe hinein und dieser Vorgang erforderte Zeit. Ich musste sie erst kennen lernen, bevor ich die Tiefe und Beständigkeit ihres Charakters schätzen konnte, ich musste erst mit allen Nuancen ihrer Persönlichkeit vertraut werden, bis ich sie gerne haben konnte. Die Vertrautheit, aus der die Liebe erwächst, kann einfach nicht an einem »zauberhaften Abend« entstehen, in dem man sich »in einem Raum voller Menschen Blicke zuwirft«. Einen Unbekannten kann man nicht lieben, egal wie attraktiv oder sexy oder heiratsfähig er oder sie ist!

Frage 274
Ist es möglich, jemanden zu lieben und es nicht zu fühlen?

Sicher ist das möglich, denn Liebe ist mehr als ein Gefühl. Liebe ist in erster Linie eine Entscheidung. Ehepaare, die das nicht wissen, bekommen ernsthafte Probleme, wenn das Gefühl der Liebe eine Zeit lang verschwindet. Ehepaare, die sich wirklich lieben, erleben Zeiten der Nähe, Zeiten, in denen sie Gleichgültigkeit empfinden und Zeiten, in denen sie verärgert und gereizt sind. So sind eben Gefühlszustände. Was hält sie dann fest, wenn die Gefühle ständig hin und her taumeln? Die Quelle der Beständigkeit ist eine Willensentscheidung. Man beschließt ganz einfach, dass man sich nicht von schwankenden und unzuverlässigen Gefühlen umhauen lässt.

Frage 275

Mein Freund und ich gehen seit fast einem Jahr miteinander. Am Anfang brachte er mir viel Achtung und Zuneigung entgegen. Seit einiger Zeit jedoch sehe ich immer weniger von diesen Aufmerksamkeiten. Ich möchte nicht überempfindlich sein, aber auch nicht sein Fußabtreter werden. Wie kann ich sicher wissen, was los ist?

Führen Sie einen kleinen Test durch, indem Sie sich die folgenden Fragen über Ihre Beziehung beantworten: Sind es immer Sie, die Ihren Freund anrufen? Sagt er Ihnen allezeit die Wahrheit? Hat er Sie schon einmal ohne stichhaltige Entschuldigung »sitzen lassen«? Fürchten Sie, dass er Ihnen entgleitet, und versuchen Sie deshalb, mit aller Macht zu »klammern«? Dulden Sie Beleidigungen, die andere nicht akzeptieren würden? Gibt es Beweise dafür, dass er Sie gerne hat und Sie glücklich machen will? Plaudert er Ihre Geheimnisse aus und macht er in der Öffentlichkeit Bemerkungen über Sie, die Sie peinlich berühren? Behandelt er Sie manchmal grob? Geht er manchmal auf Sie zu oder sind es immer Sie, die auf ihn zugehen? Haben Ihre Freundinnen schon einmal gesagt: »Warum lässt du dir das von ihm gefallen?«

Das sind Fragen, die nur Sie alleine beantworten können. Aber wenn Sie mit sich selbst ehrlich sind, wird es Ihnen nicht schwer fallen, Rücksichtslosigkeiten in Ihrer Beziehung zu erkennen. Wenn Sie zu den falschen Antworten kommen, hilft es nichts, ihn zu bitten, sich zu bessern. Dann hilft nur eines: Ziehen Sie sich zurück und warten Sie, ob er Ihnen nachfolgt. Tut er das nicht, sollten Sie sich nach einem anderen Freund umsehen.

Frage 276
Mein Freund spricht nicht sehr viel. Er ist einfach ein sehr ruhiger und zurückhaltender Mensch. Wird er immer so bleiben? Ich wünschte mir, er würde mir erzählen, was er denkt und fühlt.

Ihre Frage erinnert mich an den zwölfjährigen Jungen, der nie ein Wort gesprochen hatte. Seine Eltern und Geschwister dachten, er könne nicht sprechen, weil sie nie seine Stimme gehört hatten. Eines Tages stellte die Mutter des Jungen einen Teller Suppe vor ihn hin. Er aß einen Löffel davon, dann schob er den Teller von sich und sagte: »Von dieser Brühe esse ich keinen Löffel mehr!«

Die Familie war außer sich. Er hatte tatsächlich einen ganzen Satz von sich gegeben. Alle sprangen frohgestimmt um ihn herum und schließlich fragte ihn sein Vater: »Warum hast du bisher nicht mit uns gesprochen?«

Der Junge erwiderte: »Weil bisher alles okay war.«

Vielleicht wird Ihr Freund Sie eines Tages auch mit einem wahren Wortschwall überraschen, aber ich bezweifle es. Ein zurückhaltendes und introvertiertes Wesen ist angeboren und hält sich normalerweise ein ganzes Leben lang. Untersuchungen haben gezeigt, dass etwa fünfzehn Prozent aller Kinder genetisch bedingt introvertiert sind, genau wie Ihr Freund, und dass die meisten von ihnen es bleiben werden.[109] Es scheint, dass manche Menschen einfach »laut« auf die Welt kommen, andere behalten ihre Gedanken lieber für sich. Ihr Freund könnte zu der zuletzt genannten Gruppe gehören.

Wenn Sie sich entschließen, ihn zu heiraten, tun Sie es hoffentlich mit weit geöffneten Augen. Sie werden ihn wahrscheinlich nicht ändern können. Viele Frauen verlieben sich in den starken, ruhigen Typ und ärgern sich dann ihr ganzes Leben lang über ihren Mann, weil er nicht mit ihnen spricht. Häufig sind Frauen darüber frustriert. Aber so ist es eben.

Frage 277
Ich bin der Freund, der nicht sehr viel spricht. Ich war mein ganzes Leben lang schon so. Zum Teil liegt das Problem daran, dass ich nicht gerne offen über meine Gefühle spreche. Auch weiß ich nicht so recht, wie ich mich mit anderen unterhalten soll. Ich fühle mich nicht wohl, wenn ich mit anderen zusammen bin und von mir erwartet wird, dass ich etwas sage. Können Sie mir ein paar Tips geben, wie ich lernen kann, mich auszudrücken?

Vielleicht hilft es Ihnen, einmal die Grundlagen guter Konversation zu verstehen. Stellen Sie sich vor, wir beide stehen uns in einem Abstand von etwa zweieinhalb Metern gegenüber. Sie halten vier Tennisbälle in der Hand und werfen mir einen zu. Anstatt ihn zurückzuwerfen, behalte ich den Ball und warte darauf, dass Sie mir den nächsten zuwerfen. Schließlich sind alle vier Bälle in meiner Hand. Wir stehen da, sehen einander verlegen an und wissen nicht so recht, was wir als Nächstes tun sollen. Das Spiel ist aus.

Gute Gesprächsführung ist wie ein Ballspiel. Eine Person wirft der anderen einen Gedanken oder eine Bemerkung zu und er oder sie wirft sie zurück. Doch wenn die zweite Person nicht zurückwirft, ist das Spiel zu Ende. Ich möchte das noch weiter ausführen.

Stellen Sie sich vor, ich sage zu meinem Sohn, wenn er heimkommt: »Wie war's heute in der Schule?« Antwortet er: »Gut«, hat er den Ball gefangen und behalten. Wir haben einander nichts mehr zu sagen, außer mir fällt eine weitere Bemerkung ein – ein weiterer »Ball«, den ich ihm zuwerfen kann.

Wenn mein Sohn aber sagt: »Der Tag war super. Ich bekam eine Eins in Geschichte«, hat er den Ball gefangen und zurückgeworfen. Dann kann ich fragen: »War diese Klassenarbeit schwierig?« oder »Hast du viel dafür lernen müssen?« oder »Ich wette, du bist mächtig stolz auf dich.«

Falls mein Sohn erwidert: »Ja«, hat er das Spiel wieder zunichte gemacht. Um das Gespräch in Gang zu halten, muss er etwas zurückwerfen, das eine Aussage enthält, etwa: »Die Klassenarbeit war schwierig, aber fair.« Dann kann unser »Spiel« weitergehen.

Ich hoffe, Sie sehen, dass die Kunst, sich mit Menschen zu unterhalten, wirklich sehr einfach ist. Man muss nur den Konversations-Ball hin und her werfen.

Was Ihre Beziehung zu einer zukünftigen Ehefrau betrifft, wird es nicht ausreichen, ihr einfach nur den Ball zurückzuwerfen. Sie möchte, dass das Gespräch persönlicher wird. Sie will wissen, was Sie ihr gegenüber empfinden, wovon Sie träumen, Dinge, die Sie beunruhigen, was Sie von ihr wünschen, Ihre Einstellung zu Gott usw. Sie können lernen, diese Gedanken in Worte zu fassen, auch wenn Sie vielleicht nie ein großer Redner werden. Ich würde vorschlagen, dass Sie sich selbst ein wenig in diese Richtung schieben, anstatt einfach zu sagen: »So bin ich nun einmal«. Auch Ihre Frau wird sich in einigen Bereichen an Sie anpassen müssen. Darin liegt das Geheimnis einer guten Ehe.

Frage 278
Glauben Sie, dass es in Ordnung ist, wenn eine Frau nur von einem Berufsziel träumt: Ehefrau und Mutter? Oder sollte es auch noch etwas anderes geben?

Und ob es in Ordnung ist! Muttersein ist ein achtbarer Beruf, der vor hundert Jahren nicht verteidigt werden musste. Aber in den letzten Jahrzehnten wird jungen Frauen eingeredet, sie seien töricht, wenn sie es nur zu erwähnen wagen, dass ihr Ziel Hausfrau sei.

Ich erinnere mich an eine Studentin im letzten Semester, die mit mir über ihre Zukunftspläne nach Abschluss des Studiums sprach. Wir diskutierten über verschiedene Arbeitsmöglichkeiten und ein eventuelles Aufbaustudium. Plötzlich hielt sie inne und blickte schnell über ihre Schulter. Dann neigte sie sich zu mir und sagte fast im Flüsterton: »Darf ich ganz ehrlich mit Ihnen sein?«

»Natürlich, Debbie«, antwortete ich, »wir sind unter uns. Du kannst alles sagen, was du willst.«

»Nun«, fuhr sie mit gedämpfter Stimme fort, »ich möchte gar nicht Karriere machen. Eigentlich will ich nur Ehefrau und Mutter werden.« Ich fragte: »Warum sagst du das, als sei es eine Art Geheimnis? Es geht um dein Leben. Was ist falsch daran, wenn du mit deinem Leben machst, was du willst?«

»Ist das Ihr Ernst?«, erwiderte sie, »wenn meine Professoren und Kommilitonen wüssten, was ich will, würden sie mich so auslachen, dass ich gehen müsste.«

Es ist unglaublich, aber wahr: Es ist heute oft nicht mehr erstrebenswert geworden, Kinder zu bekommen und ein paar Jahre für ihre Erziehung hinzugeben. Das ist töricht und beleidigend. Auf der ganzen Welt gibt es keinen wichtigeren Beruf als ein Kind so zu erziehen, dass es Gott liebt, es anzuleiten sinnvoll zu leben und der Menschheit zu dienen. Wie lächerlich, wenn eine Frau sich dafür entschuldigen muss, dass sie diese bedeutsame Aufgabe erfüllen will.

Natürlich entscheidet sich nicht jede Frau dafür, Ehefrau und Mutter zu werden. Manche interessieren sich nur für ihre berufliche Laufbahn. Andere haben keine Heiratspläne. Das ist auch in Ordnung. Aber wer sich dafür entscheidet, hauptamtlich als Mutter zu Hause zu bleiben, sollte sich nicht schämen, das zuzugeben – auch nicht auf dem Universitätsgelände.

Frage 279
**Einige meiner Bekannten heirateten mit der gegenseitigen Ver-
einbarung, dass sie »aussteigen« können, wenn es nicht klappen
sollte. Fast alle dieser Paare sind heute geschieden. Dem, was Sie
sagten, entnehme ich, dass Sie das nicht überrascht.**

Überhaupt nicht. Eine Ehe gelingt nur als lebenslange Verpflichtung ohne Rücktrittsklauseln. In früheren Generationen war
dieser Entschluss gang und gäbe. Ich möchte Ihnen jetzt erzählen,
welche Einstellung mein Vater zu meiner Mutter hatte, als sie 1935
heirateten. Vierzig Jahre später ging ich mit ihm in einem Park spazieren und wir sprachen über die Bedeutung der Verbindlichkeit zwischen Ehepartnern. Da griff er in seine Tasche und zog ein vergilbtes
Stück Papier heraus. Darauf stand das Versprechen, das er meiner
Mutter gegeben hatte, als sie seinen Heiratsantrag annahm. Er hatte
Folgendes zu ihr gesagt:

Ich möchte, dass du dir über meine Haltung zu dem Ehebündnis,
das wir bald schließen, ganz im Klaren bist. Von Kindesbeinen an
und in Übereinstimmung mit Gottes Wort lernte ich, dass ein
Ehegelübde unantastbar ist, und wenn ich es ablege, binde ich
mich uneingeschränkt und lebenslang. Eine Entfremdung von dir
durch Scheidung aus welchem Grund auch immer (obwohl Gott
einen zulässt: Untreue) wird nie Raum in meinen Gedanken
erhalten. Das ist nicht naiv von mir. Im Gegenteil, ich bin mir vollkommen bewusst, dass die Möglichkeit besteht, wenn dies jetzt
auch unwahrscheinlich scheinen mag, dass eine unüberwindliche
Abneigung oder andere unvorhersehbare Umstände zu großem
seelischen Leiden führen können. Sollte dies der Fall sein, bin ich
meinerseits entschlossen, dies als Folge der Verpflichtung, die ich
jetzt eingehe, anzunehmen und zu tragen, wenn nötig bis zum
Ende unseres gemeinsamen Lebens.
Ich habe dich als Freundin herzlich geliebt und werde dich als
meine Frau weiter lieben. Aber zusätzlich liebe ich dich mit einer

christlichen Liebe, die erforderlich macht, dass ich nie in einer Weise mit dir umgehe, die unsere Aussichten, in den Himmel zu kommen, gefährdet, denn das ist das höchste Ziel von uns beiden. Und ich bete, dass Gott selbst unsere Zuneigung zueinander vollkommen und ewig macht.

Wenn Sie mit dieser Einstellung Ihr Eheversprechen ablegen, verbessern sich die Aussichten, dass Sie glücklich zusammen leben, gewaltig. Auch die Bibel bekräftigt die Beständigkeit der ehelichen Beziehung: »Was Gott zusammengefügt hat, soll der Mensch nicht scheiden« (Mk 10, 9).

Frage 280

Die folgende Frage wurde gestellt, als wir die Videoserie »Life on the Edge« (Leben aus erster Hand) mit 175 Teenagern im Zuschauerraum drehten. Während der Fragestunde sagte eine junge Dame mit Tränen in den Augen: »Ich möchte gerne in allem, was ich tue, Jesus Christus nachfolgen. Aber ich habe keine Ahnung, was er von mir will oder was ich tun soll. Ist es genug, dass ich willig bin?«

In der Bibel lesen wir, dass Gott unendlich liebevoll und mitfühlend zu uns, seinen Kindern, ist. In Psalm 103, 13 steht: »Wie sich ein Vater über Kinder erbarmt, so erbarmt sich der Herr über die, die ihn fürchten.« In Jesaja 66, 13 lesen wir: »Ich will euch trösten, wie einen seine Mutter tröstet.« Können Sie sich bei diesen Beschreibungen Gottes als den besten Vater und die beste Mutter vorstellen, dass er Ihre Bitte um Führung und Leitung für Ihr Leben nicht beachtet? Besteht auch nur die Möglichkeit, dass er sagt: »Sie kümmert mich nicht. Sie will meinen Willen tun, aber ich verberge ihn vor ihr. Ich lasse sie einfach im Dunkeln tappen!«?

Ausgeschlossen! Er sieht die Tränen in Ihren Augen. Er kennt den Wunsch in Ihrem Herzen. Und Sie werden von ihm hören – gerade rechtzeitig, um den nächsten Schritt zu tun.

Frage 281

Ich glaube, Gott beruft mich dazu, Jugendpfarrer zu werden, wenn ich mit dem Studium fertig bin, aber ich mache mir Sorgen, wie ich das finanziell schaffe. Pastoren verdienen nicht viel Geld und wenn ich eine Familie habe, bin ich nicht sicher, dass ich sie mit diesem Beruf ernähren kann.

Ich möchte Ihnen einen sehr wichtigen geistlichen Grundsatz nennen, der mir selbst eine große Hilfe war. Wir lesen in Psalm 119, 105: »Dein Wort ist meines Fußes Leuchte und ein Licht auf meinem Wege.« Denken Sie über das Bild nach, das in diesem Vers beschrieben wird. Wir bekommen keinen dreihundert Watt starken Lichtkegel, der die ganze Landschaft ausleuchtet. Wir haben keinen Hut mit eingebauten Scheinwerfern, die auf den Horizont gerichtet sind. Stattdessen gibt uns der Herr eine Laterne in die Hand, die den Weg bescheint, auf dem wir gehen. Mit anderen Worten, er zeigt uns, wohin wir den nächsten Schritt setzen sollen, nicht mehr. Wir müssen vertrauen, dass er uns durch die Dunkelheit führt, die außerhalb unseres Blickfeldes liegt.

Dies gilt direkt für Ihre Frage. Sie fragen, wie der Herr Sie und Ihre Familie in den kommenden Jahren versorgt. Aber das Licht, das Sie tragen, zeigt nur, was Sie heute wissen müssen. Das ist genug. »Wandeln« Sie einfach weiter »in dem Licht«, das Ihnen gegeben wurde und lassen Sie die Zukunft in Gottes Hand. Wenn er Sie in eine Arbeit beruft, macht er es Ihnen möglich, für Ihre Familie zu sorgen und andere Hindernisse, die dieser Aufgabe entgegenstehen, zu überwinden.

Frage 282

Ich hörte, wie Sie in Ihrer Videoserie »Life on the Edge« (Leben aus erster Hand) von etwas sprachen, das Sie die »Grenze der Achtung« zwischen einem Mann und seiner Frau nannten. Könnten Sie das noch einmal erklären?

Ja. Dazu gehört ein System der Verantwortlichkeit, die eine Ehe gesund erhält. Ich möchte jetzt kurz erklären, wie es funktioniert. Nehmen wir an, ich muss zwei Stunden länger als sonst arbeiten und weiß, dass meine Frau Shirley an jenem Abend ein Festessen im Kerzenschein vorbereitet. Das Telefon steht auf meinem Schreibtisch, aber ich versäume es, sie kurz anzurufen, um sie zu benachrichtigen. Der Abend zieht sich in die Länge und Shirley wickelt das kalte Essen ein und stellt es in den Kühlschrank. Nehmen wir an, wenn ich schließlich nach Hause komme, entschuldige ich mich nicht. Ich setze mich einfach hin, lese die Zeitung und verlange dann unvermittelt mein Abendessen. Sie können sich vorstellen, dass ein paar Minuten lang in der Familie Dobson die Funken sprühen. Shirley wird zu Recht mein Verhalten beleidigend finden und die »Grenze der Achtung« zwischen uns verteidigen. Wir werden uns aussprechen und ich werde das nächste Mal rücksichtsvoller sein.

Nun ein Beispiel, bei dem die Schuld nicht bei mir liegt. Nehmen wir an, Shirley weiß, dass ich um 14.00 Uhr das Auto für eine wichtige Angelegenheit brauche, aber sie lässt mich absichtlich warten. Vielleicht sitzt sie mit einer Freundin in einem Lokal und trinkt Kaffee und erzählt. Inzwischen laufe ich zu Hause ungeduldig auf und ab und frage mich, wo sie bleibt. Wahrscheinlich wird meine holde Frau etwas zu hören bekommen, wenn sie nach Hause kommt. Die »Grenze der Achtung« wurde verletzt, auch wenn ihr »Vergehen« nur geringfügig war.

Das meinte ich, als ich von gegenseitiger Verantwortlichkeit sprach. Diese geringfügigen Konflikte in einer Ehe spielen eine positive Rolle bei der Bestimmung von annehmbarem und nicht annehmbarem Verhalten. Wenn man sich hin und wieder rücksichtslos verhält, scheint das unbedeutend zu sein, aber wenn es unbemerkt hingenommen wird, geschieht zweierlei. Erstens merkt der »Täter« nicht, dass er die Grenze überschritten hat und wiederholt wahrscheinlich später noch einmal seine unbedachte Handlung. In der Tat dringt er vielleicht das nächste Mal weiter in das »Hoheitsgebiet« des anderen ein. Zweitens verinnerlicht der Partner, der sich gekränkt fühlt, meistens die leichte Verärgerung, anstatt sich mit ihr auseinanderzusetzen. In dem Maße wie das rücksichtslose Verhalten wächst und die entsprechende Erregung sich aufstaut, bahnt sich eine mögliche Explosion an und das ist schlimmer als eine Reihe kleinerer Aussprachen.

Damit möchte ich sagen, dass es Dinge gibt, um die es sich zu streiten lohnt, und ganz oben auf dieser Liste steht die »Grenze der Achtung«. Die meisten meiner Konflikte mit Shirley entstanden wegen eines Verhaltens, das einer von uns als schädlich für unsere Beziehung betrachtete. Shirley kann tatsächlich zu mir sagen: »Jim, das war egoistisch von dir, und ich kann das nicht durchgehen lassen.« Sie achtet darauf, dass sie mich bei dieser Konfrontation nicht kränkt und richtet ihre Kritik nur auf das Verhalten, gegen das sie etwas einzuwenden hat.

Ein funktionierendes Kontroll- und Ausgleichssystem dieser Art hilft einem Paar, seine Ehe für einen Marathonlauf und nicht nur einen Kurzstreckenlauf fit zu halten.

Frage 283
Ich bin einundzwanzig Jahre alt und weiß immer noch nicht, was ich mit meinem Leben anfangen will. Ich weiß, dass ich einen Beruf wählen muss, aber ich schaffe es einfach nicht, mich auf etwas Sinnvolles festzulegen. Wie kann ich ein erreichbares Ziel finden und beginnen, es anzusteuern?

Die Wahl eines Berufes und der dazugehörenden Ausbildung kann sehr schwierig sein. Es ist nicht leicht, vorherzusehen, was man mit fünfzig oder sechzig gerne macht, und doch ist man gezwungen, dies zu erraten. Man muss seine Entscheidung auf sehr begrenzte Informationen stützen. Man weiß vielleicht nicht einmal, wie die Arbeit aussehen wird, und doch beginnt man ein langes Studium oder sucht andere Ausbildungsmöglichkeiten für das Erlernen dieses Berufes.

Die Entscheidungen, die man unter diesen Umständen trifft, legen einen vielleicht auf etwas fest, das man später verabscheut. Auch sozialer Druck beeinflusst diese Wahl. Wie viele junge Frauen zum Beispiel wollen Ehefrau und Mutter werden, haben aber Angst, dies in der heutigen »emanzipierten« Gesellschaft zuzugeben? Außerdem, wie kann sich ein Mädchen etwas vornehmen, wozu es die Beteiligung eines anderen – eines Ehemannes – braucht, der sie liebt und sich für den Rest seines Lebens an sie bindet? Eine Ehe kommt für sie vielleicht in Frage, vielleicht aber auch nicht. Ja, in Ihrem Alter gibt es für Männer und Frauen viel zu überlegen.

Ich hatte das Glück, als ich jung war, in einen Beruf zu gelangen, in dem ich gute Leistungen vollbringen konnte. Hätte ich aber zu Jesu Zeiten gelebt und wäre gezwungen gewesen, meinen Lebensunterhalt mit meinen Händen zu verdienen, vielleicht als Zimmermann oder Steinmetz, wäre ich wahrscheinlich verhungert. Ich könnte mir vorstellen, wie ich vor dem Tempel in Jerusalem sitze, mit einem Schild, auf dem steht: »Arbeite für Essen.« Handwerkliche Arbeiten liegen mir einfach nicht. Meine einzigen Vierer im Gymnasium bekam ich im Werken und sie waren ein Geschenk meines Lehrers Herrn Peterson. Ich verbrachte ein ganzes Halbjahr mit dem Versuch, eine Kiste für Schuhputzzeug herzustellen. Welche Verschwendung! Wenigstens half mir diese Erfahrung, einige Berufsmöglichkeiten auszuschließen. Das Zimmerer- und Schreinerhandwerk gehören dazu.

Um eine fundierte Entscheidung für einen Beruf treffen zu können, müssen sechs Punkte zusammentreffen, nämlich:

1. Es muss etwas sein, das Sie wirklich gerne tun. Dazu müssen Sie Ihre eigenen Stärken, Schwächen und Interessen herausfinden.

2. Es muss etwas sein, wozu Sie fähig sind. Sie würden vielleicht gerne Rechtsanwalt werden, haben aber nicht die Begabung für das Studium und die folgende Ausbildung.

3. Es muss etwas sein, womit Sie Ihren Lebensunterhalt verdienen können. Sie möchten vielleicht gerne Künstler werden, aber wenn niemand Ihre Bilder kauft, verhungern Sie möglicherweise vor Ihrer Staffelei.

4. Es muss etwas sein, was Sie tun dürfen. Sie könnten vielleicht ein ausgezeichneter Arzt werden und auch die Ausbildung durchhalten, bekommen aber keine Zulassung für das Medizinstudium.

5. Es muss etwas sein, das gesellschaftliche Bestätigung bringt. Mit anderen Worten, für die meisten Menschen ist es bis zu einem gewissen Grade wichtig, dass ihre Zeitgenossen das, was sie tun, anerkennen. Das ist einer der Gründe, weshalb es Frauen schwer fällt, zu Hause zu bleiben und ihre Kinder zu erziehen.

6. Und das Wichtigste für einen gläubigen Christen: Es muss etwas sein, von dem Sie denken, dass Gott es gutheißt. Wie erkennt man den Willen Gottes in einer solch persönlichen Entscheidung?

Was die Berufswahl so schwer macht, ist, dass alle sechs Bedingungen gleichzeitig erfüllt werden müssen. Wenn fünf erfüllt sind, Ihnen aber nicht gefällt, was Sie ausgewählt haben, dann entstehen Schwierigkeiten für Sie. Wenn Sie fünf Punkte zusammen bekommen, aber von den Ausbildungsstätten abgelehnt werden, sind Sie in einer Sackgasse. Wenn fünf Bedingungen erfüllt sind, Sie aber mit dem Beruf Ihrer Wahl nicht Ihren Lebensunterhalt verdienen können, dann geht es nicht weiter. Es darf kein Glied in der Kette fehlen.

Unter diesen Umständen ist es nicht erstaunlich, dass viele junge Menschen wie Sie Anfang zwanzig mit sich ringen. Jahrelang bleiben sie wie angewurzelt sitzen und wissen nicht, was sie als Nächstes tun sollen. Sie wohnen bei ihren Eltern, zupfen auf einer Gitarre herum und warten darauf, dass in der Küche die Teller klappern.

Junge Erwachsene in dieser Situation erinnern mich an Raketen, die auf der Startrampe hängen bleiben. Die Motoren heulen auf und spucken Rauch und Feuer aus, aber nichts bewegt sich. Das Raumschiff sollte durch die Stratosphäre jagen, aber es bleibt wie angenagelt auf der Startrampe. Ich traf viele Männer und Frauen Anfang zwanzig, deren Raketen sie einfach nicht vom Boden emporheben wollten. Und ich kenne auch einige, deren Motoren explodierten und auf der ganzen Startrampe verstreut einen Trümmerhaufen zerbrochener Träume hinterließen.

Frage 284
Was raten Sie einem Menschen wie mir? Was kann ich tun, damit meine Rakete von der Startrampe abhebt?

Als Erstes brauchen Sie Informationen. Sie könnten zunächst einen Berufsberater oder einen anderen gut unterrichteten Berater aufsuchen, der Ihre Fähigkeiten und Interessen beurteilen kann. Heute gibt es ausgezeichnete psychometrische Tests, anhand derer Sie Ihre Begabungen erkennen können. Ihre Antworten werden von einem Computer ausgewertet und mit denen von Menschen verglichen, die in bestimmten Berufen erfolgreich und zufrieden tätig sind. Sie werden erstaunt sein, was man über sich selbst bei einem Berufseignungstest erfährt.

Als Zweites sollten Sie acht oder zehn Berufe, die Sie interessant finden, genau unter die Lupe nehmen. Besuchen Sie Menschen, die in diesen Bereichen arbeiten und bitten Sie sie um Ratschläge und Tips. Gehen Sie dabei wie ein Privatdetektiv vor, der entschlossen ist, ein Geheimnis zu lüften. Lassen Sie kein Mittel unversucht.

Drittens, wenn Sie das Gebiet gefunden haben, für das Sie sich am meisten interessieren, dann halten Sie daran fest. Ab dann gibt es kein Zurückschauen mehr. Auch wenn es irgendwo noch attraktivere Ziele gibt, kommt einmal der Punkt, an dem man sein Leben in die Hand nehmen muss. Wählen Sie das Bestmögliche und bleiben dann dabei, bis sich eine sicherere Alternative bietet.

Denken Sie schließlich daran, dass auch der Herr auf Ihre Entscheidung achtet. Es ist ihm wichtig, was Sie mit Ihrem Leben tun, weil er sich um Sie kümmert. Beten Sie intensiv und suchen Sie den Rat gläubiger Christen, bevor Sie Ihre Wahl treffen. Das gilt übrigens auch für alle anderen bedeutenden Entscheidungen im Leben. Der Psalmist schrieb: »Wenn der Herr nicht das Haus baut, so arbeiten umsonst, die daran bauen« (Ps 127, 1).

Diese Worte sind von unermesslicher Bedeutung für Sie und Ihre Altersgenossen in diesem Lebensabschnitt. Was immer Sie auch zu erreichen suchen, es wird vergeblich sein, wenn Sie es aus eigener Kraft tun. Das mag sehr altmodisch klingen, aber ich verspreche Ihnen, dass es stimmt.

Frage 285
In Ihrem Buch »Love Must Be Tough« (Liebe muss hart sein) gaben Sie Unverheirateten einige Ratschläge, wie sie eine gesunde Beziehung aufbauen können, bei der sie einander gegenseitig nicht ersticken. Könnten Sie diese Ratschläge wiederholen? Würden Sie den Grundsatz der »harten Liebe« auf uns Unverheiratete anwenden? Inwieweit gilt die Frage der Achtung für unsere Liebesbeziehungen und wie können wir Achtung aufbauen und bewahren?

Die Grundsätze liebender Härte sind dieselben, ob Sie alleinstehend oder schon jahrzehntelang verheiratet sind. Es gibt jedoch einige Gegebenheiten, die nur für die Zeit vor der Ehe gelten. Ich möchte Ihnen jetzt siebzehn Vorschläge machen, die Ihnen helfen, die häufigsten Fehler zu vermeiden, wenn Sie versuchen, das Herz eines anderen Menschen zu gewinnen.

1. Lassen Sie die Beziehung nicht zu schnell Fortschritte machen. Liebesbeziehungen, die in lodernder Begeisterung beginnen, brennen aus. Tun Sie einen Schritt nach dem anderen.

2. Besprechen Sie Ihre persönlichen Unzulänglichkeiten und Fehler nicht in allen Einzelheiten, wenn Ihre Beziehung noch neu ist. Egal, wie warmherzig und verständnisvoll Ihr Freund oder Ihre Freundin ist, jede umfangreiche Enthüllung eines niedrigen Selbstwertgefühls oder einer peinlichen Schwäche kann verhängnisvoll werden, wenn Sie in Ihrer Beziehung ein »Tal« erleben. Und solche »Täler« werden kommen.

3. Denken Sie daran, dass Achtung vor Liebe kommt. Bauen Sie diese Stein um Stein auf.

4. Rufen Sie nicht zu oft an und achten Sie darauf, dass der andere keinen Anlass hat, Ihrer überdrüssig zu werden.

5. Offenbaren Sie nicht allzu schnell Ihren Wunsch nach einer Ehe. Wenn Ihr Partner nicht zu demselben Schluss gekommen ist, gerät er oder sie in Panik.

6. Sehr wichtig: Beziehungen werden von vorsichtigen Liebenden ständig getestet. Man möchte erst einige Belastungsproben vornehmen, bevor man sich bindet. Diese Testverfahren können viele Formen annehmen, aber in der Regel zieht ein Partner sich vom anderen zurück, um zu sehen, was geschieht. Vielleicht wird ein dummer Streit vom Zaun gebrochen. Vielleicht vergehen zwei Wochen ohne Anruf. Oder manchmal flirtet ein Partner mit einem Rivalen (oder einer Rivalin). In jedem Fall wird die Frage gestellt: »Wie wichtig bin ich dir und was würdest du tun, wenn du mich verlierst?« Dahinter steht eine noch grundlegendere Frage. Man möchte wissen: »Wie frei bin ich, fortzugehen, wenn ich will?« In diesen Fällen ist es außerordentlich wichtig, ausgeglichen, selbstbewusst und genauso unabhängig zu erscheinen. Klammern Sie sich nicht an den Partner und betteln Sie nicht um Barmherzigkeit. Manche Menschen bleiben ihr Leben lang ledig, weil sie bei einem Test der Versuchung, vor dem Partner zu kriechen, nicht widerstehen können.

7. Etwas weiter gefasst bedeutet dieser Grundsatz, dass praktisch jede Freundschaft, die ein Jahr oder länger dauert und auf eine Ehe hinzudeuten scheint, einem letzten Test unterworfen wird. Einer der Liebenden wird einen Abbruch der Beziehung hervorrufen. Der abgelehnte Partner muss wissen, dass die gemeinsame Zukunft davon abhängt, wie geschickt er oder sie mit dieser Krise umgeht. Wenn der verletzte Partner ruhig bleiben kann, sind die nächsten beiden Schritte vielleicht Versöhnung und Eheschließung. Das geschieht oft. Wenn nicht, ist alles Flehen umsonst.

8. Suchen Sie nicht ausschließlich beieinander die Befriedigung aller emotionaler Bedürfnisse. Bewahren Sie Freundschaften und Interessen außerhalb dieser Liebesbeziehung, auch nach einer Heirat.

9. Hüten Sie sich vor Egoismus in Ihrer Liebesbeziehung. Weder der Mann noch die Frau sollte immer nur geben. Ich machte einmal mit einem Mädchen Schluss, weil sie erwartete, dass ich sie spazieren fuhr, ihr Blumen brachte, sie zum Essen einlud usw. Ich wollte das alles tun, erwartete aber, dass sie sich irgendwie revanchierte. Das tat sie nicht.

10. Seien Sie nicht blind gegenüber Warnzeichen, die darauf hinweisen, dass Ihr potentieller Ehepartner im Grunde untreu, hasserfüllt, geistlich unverbindlich, drogen- oder alkoholabhängig, selbstsüchtig usw. ist. Glauben Sie mir, eine schlechte Ehe ist viel schlimmer als die einsamsten Momente der Ehelosigkeit.

11. Behandeln Sie gleich zu Beginn Ihrer Freundschaft den anderen mit Achtung und erwarten Sie dasselbe von ihm. Ein Mann sollte bei feierlichen Anlässen einer Frau die Türe aufhalten, eine Frau sollte in der Öffentlichkeit mit Achtung von ihrem Begleiter sprechen usw. Bewahren Sie diese respektvolle Haltung

nicht, wenn die Grundlagen der Ehe gelegt werden, wird es praktisch unmöglich, sie später aufzubauen.

12. Setzen Sie den Wert eines Menschen nicht mit fehlerloser Schönheit oder gutem Aussehen gleich! Wenn Sie von Ihrem Partner körperliche Vollkommenheit verlangen, wird er dieselben Anforderungen an Sie stellen. Keiner von Ihnen wird das lange durchhalten. Lassen Sie die Liebe nicht entkommen, nur weil Sie falsche Werte haben.

13. Wenn Sie bisher die wahre Liebe noch nicht kennen gelernt haben, glauben Sie nicht, dass »niemand mich will«. Das ist eine tödliche Falle, die Sie seelisch kaputtmachen kann! Millionen von Menschen sind auf der Suche nach jemanden, den sie lieben können. Das Problem ist, einander zu finden!

14. Egal wie großartig Ihre Liebesbeziehung bisher war, nehmen Sie sich die Zeit, mit Ihrem Partner »Ihre Erwartungen zu prüfen«, bevor Sie sich für eine Ehe verpflichten. Es ist erstaunlich, wie oft Männer und Frauen sich in die Ehe stürzen, ohne sich jemals bewusst zu werden, dass jeder etwas völlig anderes von der Ehe erwartet.

15. Sexuelle Vertrautheit kann für eine Beziehung tödlich werden. Außer moralischen, geistlichen und körperlichen Gründen, die dafür sprechen, vor der Ehe keine Geschlechtsbeziehungen zu haben, gibt es auch zahlreiche psychologische und persönliche Vorteile. Die Redensart mag altmodisch sein, aber es stimmt, dass Männer vor »leichten« Mädchen keine Achtung haben und oft das Interesse an denen verlieren, die sich nichts aufgespart haben. In gleicher Weise haben Frauen keine Achtung vor Männern, die nur an eines denken. Beide Geschlechter müssen sich an den Gebrauch eines sehr alten Wortes erinnern. Es heißt »Nein!«

16. Der Liedermacher Tom T. Hall schrieb ein Lied, in dem er den Gedanken, den ich eben erläuterte, voller Einfühlungsvermögen beschrieb. Sein Text lautet: »Wenn du die Liebe nicht fest genug hältst, fliegt sie fort; wenn du sie zu fest hältst, stirbt sie. Das ist eines der Geheimnisse des Lebens.«[110] Halls Beobachtung stimmt. Wenn der Verbindlichkeit zwischen einem Mann und einer Frau nicht genügend Bedeutung im Leben eingeräumt wird, welkt sie wie eine Pflanze ohne Wasser dahin. Das weiß die ganze Welt. Aber wenige Liebende scheinen sich bewusst zu sein, dass extreme Abhängigkeit genauso tödlich für eine Liebesbeziehung sein kann. Ich hörte einmal, dass der Partner, der den anderen am wenigsten braucht, normalerweise die führende Rolle in der Beziehung spielt. Ich glaube, das trifft zu.

17. Nichts in der Ehe beseitigt das grundlegende Bedürfnis nach Freiheit und Achtung in einem Liebesverhältnis. Bewahren Sie das Geheimnisvolle und die Würde in Ihrer Beziehung. Wenn der andere Partner beginnt, sich gefangen zu fühlen und sich für eine Weile zurückzieht, geben Sie ihm oder ihr Freiraum und halten Sie sich zurück. Bauen Sie keinen Käfig um Ihren Partner. Lockern Sie stattdessen voll Vertrauen Ihren Griff, ohne unsittliches oder zerstörerisches Verhalten gutzuheißen.

Das sind die Grundgedanken der Aussage »Liebe muss hart sein«. Ich könnte noch hundert weitere Vorschläge aufzählen, aber jetzt verstehen Sie, worauf ich hinauswill.

Frage 286

Ich bin neunzehn Jahre alt und sage voll Stolz, dass ich noch Jungfrau bin. Ich habe vor, bis zur Heirat Jungfrau zu bleiben, auch wenn es schwierig ist, meine Gefühle immer zu beherrschen. Haben Sie Vorschläge, die Menschen wie mir helfen, in einer sehr unsittlichen Welt sittlich zu bleiben? Damit meine ich, dass fast

alle meine Bekannten mit jemandem schlafen, aber ich will das nicht tun. Und doch brauche ich Hilfe, damit ich tun kann, was richtig ist. Welche Vorschläge können Sie mir machen?

I ch bewundere Ihre Entschlossenheit, sich für Ihren künftigen Ehepartner aufzubewahren. Sie werden diese Entscheidung nie bereuen. Um bei Ihrem Entschluss zu bleiben, müssen Sie jedoch wissen, dass Sex sich fortschreitend entwickelt. Je mehr Zeit ein Mann und eine Frau miteinander verbringen, um so vertrauter wird ihre Beziehung.

Am Anfang begnügen sie sich vielleicht mit Händchenhalten oder einem Kuss. Aber dann werden sie in körperlicher Hinsicht jede Woche etwas intimer, bis sie schließlich im Bett landen. Das ist die Macht des Geschlechtstriebes.

Ich las eine Untersuchung, die herausfand, dass ein Paar, das etwa dreihundert Stunden gemeinsam verbracht hat, Dinge tut, die beide Partner ursprünglich nicht vorhatten, sogar wenn beide Partner versuchen, dies nicht geschehen zu lassen.[III] Sie werden sich vielleicht nicht einmal bewusst, wohin ihre Beziehung treibt, bis es geschehen ist.

Damit möchte ich sagen, dass die Entscheidung, keinen Geschlechtsverkehr zu haben, getroffen werden muss, lange bevor sich die Gelegenheit dazu bietet. Man kann Maßnahmen ergreifen, um das natürliche Fortschreiten zu verlangsamen, bevor es beginnt. Es funktioniert nicht, alle einleitenden Intimitäten zu erlauben und zu hoffen, das Fortschreiten kurz vor dem Geschlechtsverkehr zu stoppen. Nur wenige Menschen haben die dazu erforderliche Willenskraft.

Stattdessen sollte sehr früh die Entscheidung getroffen werden, Küsse, Liebkosungen, Schmusen und andere Formen körperlichen Kontaktes hinauszuschieben. Wenn es Ihnen nicht gelingt, in der Beziehung einen langsameren Zeitplan zu fahren, führt das möglicherweise zu Dingen, die überhaupt nicht vorgesehen waren.

Ein anderer wichtiger Grundsatz besteht darin, Situationen zu vermeiden, in denen ein Kompromiss denkbar ist. Ein Mädchen, das seine Jungfräulichkeit bewahren will, sollte nicht alleine in einem Haus oder einer Studentenbude mit jemandem sein, zu dem sie sich hingezogen fühlt. Auch soll sie nicht alleine mit jemandem ausgehen, dem sie nicht sicher vertrauen kann. Ein junger Mann, der keinen Geschlechtsverkehr vor der Ehe haben möchte, sollte sich von dem Mädchen fernhalten, von dem er weiß, dass sie mit ihm ins Bett gehen würde. Denken Sie an die Worte Salomos: »Lass deine Wege ferne von ihr sein und nahe nicht zur Tür ihres Hauses« (Spr 5, 8).

Ich weiß, dass dieser Rat sehr engstirnig klingt in einer Zeit, in der Jungfräulichkeit verspottet und Keuschheit für altmodisch gehalten wird. Aber dies ist keine Entschuldigung. Die Heilige Schrift ist ewig, und Gottes Maßstäbe für Recht und Unrecht ändern sich nicht mit den Launen der jeweiligen Kultur. Er erweist denen Ehre und Hilfe, die versuchen, seine Gebote zu halten. Der Apostel Paulus sagt: »Gott ist treu, der euch nicht versuchen lässt über eure Kraft« (1. Kor 10, 13). Halten Sie sich an dieses Versprechen und benützen Sie weiterhin Ihren Verstand. Sie werden einmal darüber froh sein.

Frage 287
Ich habe viele Gründe, meinen Eltern Vorwürfe zu machen. Sie haben mich nie misshandelt oder etwas Schlimmes angetan, aber sie tun solche dumme Sachen. Für meinen Vater zählt nur seine Arbeit. Meine Mutter nörgelt ohne Unterlass. Wie kann ich vor solchen Menschen Achtung haben?

Nehmen wir an, Ihre Klagen über Ihre Eltern seien gerechtfertigt, das heißt, dass sie viele Fehler bei Ihrer Erziehung und der Ihrer Geschwister machten. Trotzdem bitte ich Sie dringend, Ihren Eltern etwas Respekt zu zollen. Erstens, weil die Bibel gebietet, dass Kinder ihre Eltern achten sollen. Sie sagt nichts darüber, ob sie dieser Achtung würdig sind. Zweitens, weil sie eines Tages selbst erfahren, wie schwer es ist, ein guter Vater oder eine gute Mutter zu sein. Sogar

Menschen, die fest entschlossen waren, es richtig zu machen, haben
es völlig verpatzt.

Warum? Weil Kinder unendlich kompliziert sind. Es gibt kein
Rezept, das immer erfolgreich ist. In der Tat glaube ich, dass es jetzt
schwieriger als je zuvor ist, Kinder zu erziehen. Ganz sicher werden
Sie diese Aufgabe auch nicht perfekt erfüllen. Eines Tages, falls Sie
Kinder haben, wird zumindest eines, wenn nicht mehrere, Sie wegen
Ihrer Fehlleistungen anklagen, genau wie Sie Ihre Eltern kritisie-
ren.

Ich möchte jetzt Ihnen und anderen, die auf ihre Eltern wütend
sind, einen Rat geben. Können Sie sich in Anbetracht der Kürze des
Lebens und der Vergänglichkeit aller menschlichen Beziehungen
dazu aufraffen, Ihren Eltern zu vergeben? Vielleicht hilft Ihnen meine
eigene Erfahrung weiter. Meine Mutter schloss am 26. Juni 1988 für
immer die Augen und ging zum Herrn. Sie war so voller Leben – so
wichtig für jedes Familienmitglied. Nur wenige Jahre vorher hätte ich
mir ein Leben ohne sie nicht vorstellen können. Aber die Zeit verging
so schnell und bevor wir es richtig merkten, war sie alt und krank und
gebrechlich. So ist das Menschenleben. In einem Augenblick sind
unsere vergänglichen Tage dahin wie eine Blume des Feldes und wie
König David sagte: »Ihre Stätte kennet sie nicht mehr« (Ps 103, 16).

Beim Trauergottesdienst für meine Mutter überkamen mich zahllose Erinnerungen und ein tiefes Verlustgefühl. Aber ich empfand
nicht im Geringsten Bedauern, Gewissensbisse oder Schuldgefühle.
Keine verletzenden Worte bedrängten mich, die ich am liebsten
zurückgenommen hätte. Kein Gezänk, keine lang anhaltenden Konflikte standen ungelöst zwischen meinen Eltern und mir. Warum
nicht? War ich der perfekte Sohn fehlerloser Eltern? Natürlich nicht.
Aber ich erinnere mich, dass ich 1962, als Shirley und ich zwei Jahre
verheiratet waren und ich sechsundzwanzig Jahre alt war, zu Shirley
sagte: »Unsere Eltern werden nicht immer bei uns sein. Ich erkenne
jetzt die unglaubliche Kürze des Lebens, die sie uns eines Tages wegnimmt. Wir müssen in unserem Alltag daran denken. Ich möchte
mich deinen und meinen Eltern gegenüber so verhalten, dass wir ein-

mal nichts bereuen müssen, wenn sie gegangen sind. Ich glaube, der Herr erwartet das von uns.«

Diejenigen, die diesen Rat benötigen, bitte ich inständig, diese guten, wertvollen Zeiten nicht wegzuwerfen. Ihre Eltern werden nicht immer für Sie da sein. Bitte überdenken Sie das, was ich geschrieben habe und achten Sie darauf, dass Sie keine bitteren Erinnerungen belasten, wenn Sie nichts mehr gutmachen können. Kein Konflikt ist es wert, dass es so weit kommt.

Frage 288
Mein Vater war Alkoholiker, meine Mutter ist spielsüchtig. Ich sah, wie diese Probleme meine Familie ruinierten und ich möchte nicht dieselben Fehler machen. Wie kann ich sicher sein, dass ich nicht von etwas Zerstörerischem abhängig werde?

Sie brauchen sich nicht um Süchte zu kümmern, wenn Sie diesen erst gar nicht die Tür öffnen. Auf die Gefahr hin, selbstgefällig zu wirken, möchte ich Ihnen meine Erfahrungen mitteilen, die mir diesbezüglich sehr geholfen haben. Ich erlaubte mir nie, gewisse Laster auch nur auszuprobieren, da ich weiß, dass ich nie von etwas abhängig werden kann, das nicht den geringsten Raum in meinem Leben einnimmt. Zum Beispiel gingen Shirley und ich nach Las Vegas, ohne auch nur eine Kupfermünze in einen Spielautomaten zu werfen, obwohl uns mit der Zimmerreservierung im Hotel zwei Münzrollen ausgehändigt wurden. Ich weigerte mich, sie zu dem Zweck zu benutzen, zu dem der Hoteldirektor sie mir gab. Er wusste, wenn es ihm gelang, die Tür zu unbedeutendem Spielen zu öffnen, dann ist es möglich, dass ich durch diese Tür hindurch gehe. Aber ich wollte sein Spiel nicht mitmachen.

Ebenso hielt ich mich mein Leben lang vom Alkohol fern. Ich kenne viele Leute, die gern Wein zum Essen trinken, und das ist ihre Sache. Aber wir werden nie ein Problem mit dem Alkohol bekommen, wenn wir strikt abstinent leben. Ich maße mir nicht an, anderen

zu empfehlen, so zu handeln wie wir, aber es gäbe weniger Sucht-
opfer, wenn sie es täten.

Als Mitglied des Pornographie-Ausschusses des Justizministeriums hörte ich die Aussagen von Menschen, die dachten, sie könnten
ihr Sexualleben durch das Betrachten obszönen Materials »aufmö-
beln«. Sie entdeckten, dass das Zeug, das sie anschauten, schnell fade
und sogar langweilig schien. Das führte dazu, dass sie nach schlüpf-
rigeren, immer brutaleren Darstellungen suchten. Und dann rutsch-
ten sie immer weiter in die Tiefe, zu immer härterem und brutalerem
Material. Für einige, nicht alle, wurde daraus ein Zwang, der ihre
Welt mit Perversion und Krankhaftigkeit füllte. Es gelüstete sie nach
Sex mit Tieren, Kindesmissbrauch, Urinieren und Defäkieren, Sado-
masochismus, Verstümmelung der Geschlechtsteile und Inzest. Und
wie kam es dazu? Die Türe wurde still und leise der Obszönität
geöffnet und ein Ungeheuer sprang hinter ihr hervor.

Damit möchte ich sagen: Die Einschränkungen und die Gebote
der Bibel haben die Absicht, uns vor Bösem zu schützen. Obwohl es
schwierig ist, daran zu glauben, wenn man jung ist, stimmt es, dass
»der Sünde Sold der Tod ist« (Röm 6, 23). Wenn wir unser Leben rein
halten und uns nicht zugestehen, mit dem Bösen zu spielen, dann
können uns die Süchte, die die Menschheit ruinieren, nichts anhaben.
Das ist ein sehr altmodischer Gedanke. Aber ich halte viel von ihm.

Aufbau des Selbstvertrauens von Kindern und Teenagern

Es liegt zum Teil an der ungerechten Beurteilung des Wertes eines Menschen in unserer Gesellschaft. Nicht jeder wird wert geachtet, nicht jeder wird akzeptiert. Unser Lob und unsere Bewunderung bleiben denen vorbehalten, die von Geburt an all die Eigenschaften besitzen, die wir am meisten schätzen. Das ist ein verwerfliches Gedankengut und wir als Eltern müssen ein Gegengewicht zu seinen Auswirkungen schaffen.

Auf Platz eins der Werterangliste in unserer Gesellschaft steht die körperliche Attraktivität. Wer sie zufällig hat, wird oft geehrt und sogar gefürchtet. Wer sie nicht hat, wird oft ohne seine Schuld gering geachtet und abgelehnt. Dieser Maßstab für den Wert eines Menschen zeigt sich schon in den ersten Augenblicken des Lebens, wenn ein hübsches Baby für wertvoller als ein weniger schönes gehalten wird. Deshalb sind viele Mütter nach der Geburt ihres ersten Babys deprimiert. Die Mutter hatte gehofft, ein prächtiges, sechs Wochen altes Alete-Baby mit vier Schneidezähnen und rosigen Bäckchen auf die Welt zu bringen. Stattdessen reicht man ihr ein krebsrotes, zahnloses, kahles, schreiendes Geschöpf mit einem verschrumpelten Gesicht, das bestimmt nicht ihren Erwartungen entspricht.

Wenn das Kind heranwächst, wird sein Wert als Person nicht nur von seinen Eltern, sondern auch von Außenstehenden beurteilt. Schönheitswettbewerbe, die Stipendien und Preise für Pracht-Babys in Aussicht stellen, werden in den Vereinigten Staaten immer häufiger, als ob das hübsche Kind nicht schon genügend Vorteile im Leben hätte. Welch verdrehtes System für die Beurteilung des Wertes eines Menschen. Der Schriftsteller George Orwell schrieb: »Alle [Menschen] sind gleich, aber manche [Menschen] sind gleicher als andere.«[112] Die wirkliche Tragödie ist, wie oft sich diese Worte im Leben unserer Kinder als wahr erweisen.

Frage 290
Welche Aussichten hat das außergewöhnlich hübsche, gut aussehende Kind? Fällt ihm alles in den Schoß?

W ie ich bereits sagte, hat dieses Kind einige beachtliche Vorteile. Wahrscheinlich fällt ihm die Selbstannahme leichter und deshalb kann es leichter Selbstvertrauen entwickeln. Aber es muss sich auch mit Problemen auseinandersetzen, die sich dem reizloseren Kind nicht stellen. In unserer Gesellschaft bedeutet Schönheit Macht und Macht in unreifen Händen kann gefährlich werden. Eine Vierzehnjährige zum Beispiel, die schon frühzeitig ausgeprägte weibliche Rundungen aufzuweisen hat, sieht sich möglicherweise bereits früh von Männern verfolgt, die sich ihrer Schönheit bedienen wollen. Wird sie sich der Macht ihres koketten Wesens bewusst, wird sie manchmal zu Geschlechtsverkehr mit wechselnden Partnern gedrängt. Außerdem werden Frauen, die seit ihrer frühesten Kindheit körperlich begehrt wurden, oftmals verbittert und enttäuscht, wenn sie altern. Ich denke dabei insbesondere an die berückend schönen Sexköniginnen Hollywoods, wie Marilyn Monroe und Brigitte Bardot, denen es schwer fiel, mit dem Körperkult, der keinen Persönlichkeitswert zulässt, umzugehen, als die Jahre verstrichen.

Interessant ist auch, was uns die Forschung über die Stabilität von Ehen »schöner« Menschen zu berichten weiß. In einer umfangreichen Studie wurde entdeckt, dass die hübscheren Hochschulstudentinnen fünfundzwanzig Jahre später weniger glücklich verheiratet waren.[113] Es ist anscheinend schwierig, die »Macht« des Sexus für einen einzigen Partner aufzubewahren und nicht auf die Befriedigung des Egos einzugehen, die außerhalb der ehelichen Bande wartet. Schließlich noch etwas: Je schöner ein Mensch in seiner Jugend war, desto schmerzlicher empfindet er das Altern.

Zusammenfassend lässt sich sagen: Der Wert eines Menschen lässt sich nicht auf einer Schönheitsskala ablesen. Das schadet den »Besitzenden« und den »Habenichtsen« gleichermaßen.

Frage 291
Wie wir feststellten, ist Schönheit das wichtigste Merkmal zur Bestimmung des Wertes eines Menschen in unserer Kultur. Welches ist dann das zweitwichtigste Merkmal?

Das ist die Intelligenz oder besser gesagt die geistigen Fähigkeiten. Wenn die Geburt des ersten Kindes bevorsteht, beten seine Eltern, dass es »normal« ... das heißt »durchschnittlich« wird. Aber dann ist »durchschnittlich« nicht gut genug. Ihr Kind muss sich auszeichnen. Es muss erfolgreich sein. Es muss als Erstes in seinem Alter laufen oder sprechen oder Dreirad fahren können. Es muss tolle Zeugnisse nach Hause bringen und seine Lehrer mit seinem Scharfsinn und seiner Klugheit in Erstaunen versetzen. In der Juniorenmannschaft des Fußballvereins muss es gut sein und später muss es ein Leichtathletikstar oder der erste Posaunist oder der Schüler sein, der bei der Abschlussfeier die Rede hält. Die Schwester muss Schulsprecherin, Solistin oder Klassenbeste sein.

Während dieser prägenden Jahre der Kindheit vermitteln Eltern ihren Kindern Tag für Tag: »Wir rechnen damit, dass du etwas Phantastisches wirst. Du darfst uns nicht enttäuschen!« Die Hoffnungen, Träume und Ambitionen einer ganzen Familie liegen bisweilen auf den Schultern eines unreifen Kindes. In dieser harten Konkurrenzsituation haben die Eltern, die ein intellektuell begabtes Kind vorzuweisen haben, das große Los gezogen.

Leider sind außergewöhnliche Kinder nun einmal die Ausnahme. Selten kann ein Fünfjähriger die Lutherbibel auswendig hersagen oder mit verbundenen Augen Schach spielen oder wie Mozart Symphonien komponieren. Im Gegenteil, die meisten unserer Kinder sind nicht genial, überaus geistreich, ungewöhnlich begabt oder allgemein beliebt! Sie sind ganz einfach Kinder mit einem ungeheuer großen Bedürfnis, so geliebt und angenommen zu werden wie sie sind. So ist der Boden bereitet für unrealistischen Druck auf die Kinder und beträchtliche Enttäuschungen für ihre Eltern.

Frage 292
Neulich machte ich beiläufig eine belanglose Bemerkung über die Haare meiner Tochter; daraufhin weinte sie eine Stunde lang. Ich wollte sie nicht verletzen. Ich denke, sie ist einfach empfindlicher, als ich dachte. Muss ich sie mit Glacéhandschuhen anfassen?

Sie sollten immer daran denken, dass Ihre Tochter hört, was Sie über sie sagen und dass sie die unmerklichen Überzeugungen, die Sie möglicherweise verbergen wollen, mitkriegt. Kinder sind außerordentlich empfindsam gegenüber der Liebe und Achtung ihrer Eltern. Deshalb müssen Erwachsene lernen, darauf Acht zu geben, was sie in Gegenwart ihrer Kinder sagen. Wie oft schon bin ich von einer Mutter zu einem bestimmten Problem ihres Kindes um Rat gefragt worden. Während die Mutter die Probleme ihres Sohnes oder ihrer Tochter beschreibt, steht eben dieses Kind etwa einen Meter hinter ihr. Aufmerksam spitzt es die Ohren und lauscht der freimütigen Beschreibung all seiner Fehler. Das Kind wird dieses Gespräch sein Leben lang nicht vergessen.

Oft übermitteln Eltern unbeabsichtigt einem Kind, das sie aufrichtig lieben, Geringschätzung. Zum Beispiel wird Mama angespannt und nervös, wenn der kleine Hans mit Gästen oder Fremden spricht. Sie fällt ihm ins Wort, um zu erklären, was er sagen wollte oder lacht nervös, wenn ihr seine Bemerkungen dumm vorkommen. Wenn jemand direkt an ihn eine Frage richtet, unterbricht sie und gibt die Antwort für ihn. Sie zeigt ihre Unzufriedenheit, wenn sie versucht, die Haare ihrer Tochter zu kämmen oder sie für ein bedeutendes Ereignis »hübsch zu machen«. Die Tochter weiß, dass Mama denkt, dies sei ein aussichtsloses Unterfangen. Wenn die Tochter ein Wochenende bei einer Freundin verbringen will, hält Mutter ihr vorher einen ausführlichen Vortrag, wie sie sich benehmen soll, damit sie sich nicht blamiert. All diese unterschwelligen Verhaltensweisen verraten dem Kind, dass die Mutter fürchtet, es könnte ihr Image herabsetzen, es könnte die ganze Familie in Verruf bringen, wenn es nicht streng beaufsichtigt wird. Das Kind liest im Verhalten der Mutter Geringschätzung, obwohl es von echter Liebe umrahmt ist.

Der erste Schritt zum Aufbau eines starken Selbstvertrauens besteht darin, genau darauf zu achten, was Sie in der Gegenwart Ihrer Tochter sagen. Seien Sie besonders vorsichtig, wenn es um körperliche Attraktivität und Intelligenz geht. Dies sind die beiden »Schwachstellen«, an denen Jungen und Mädchen am verwundbarsten sind.

Frage 293
Wie können Eltern ihre kleineren Kinder auf die Angriffe auf das Selbstwertgefühl vorbereiten, die fast unweigerlich während der Teenagerzeit eintreffen? Für mich war das eine schwierige Zeit und ich möchte, dass sie für meine Kinder leichter wird.

Nun, zunächst ist es wichtig, Jungen und Mädchen wertvolle Fertigkeiten beizubringen, die sie als Kompensationsmittel benutzen können. Es tut ihnen gut, etwas zu lernen, das ihnen während der schwierigen Jahre als Quelle ihrer Selbstachtung dient. Dazu gehört unter anderem das Erlernen von Basketball, Tennis, Informatik, Malen, Musik oder auch Kaninchenzucht aus Liebhaberei oder zum Gelderwerb. Sie brauchen Ihrem Kind nicht allzu viel beibringen. Das Wichtigste ist, dass es etwas lernt, bei dem es sich wohl fühlt, wenn die ganze Welt zu fragen scheint: »Wer bist du und worin liegt dein Wert als Mensch?«

Der Teenager, der auf diese Fragen keine Antwort hat, steht zu einer sehr verwundbaren Zeit seines Lebens ohne Schutz da. Die Entwicklung und Förderung von Fähigkeiten, die als Kompensationsmittel dienen, gehört zu den wichtigsten Hilfen, die Eltern während der Grundschuljahre geben können. Es kann sogar der Mühe wert sein, Ihr sorgenfreies Kind zu nötigen, Kurse zu besuchen, zu üben, an Wettkämpfen teilzunehmen und etwas zu lernen, das es erst in einigen Jahren richtig zu würdigen weiß.

Frage 294
Überzeugend legen Sie dar, dass Schönheit und Intelligenz falsche Werte sind, die solche Kinder entmutigen, die der Meinung sind, sie könnten nicht mithalten. Welche Werte soll ich dann Ihrer Meinung nach meinen Kindern beibringen?

Ich glaube, das Wertvollste, das Eltern ihrem Kind geben können, ist, ihnen einen echten Glauben an Jesus Christus zu vermitteln. Gibt es etwas Besseres für das Selbstwertgefühl als das Wissen, dass der Schöpfer des Universums mich persönlich kennt? Dass ich ihm mehr wert bin als alle Reichtümer der ganzen Welt, dass er meine Ängste und Befürchtungen versteht, dass er sich mir in grenzenloser Liebe zuwendet, wenn niemand sich um mich kümmert, dass er sogar sein Leben für mich gab, dass er all mein Soll in Haben verwandeln und meine leeren Hände füllen kann, dass ein besseres Leben folgen wird, in dem die jetzigen Hindernisse und Unzulänglichkeiten beseitigt sind, in dem irdischer Schmerz und Leiden nicht mehr als eine dunkle Erinnerung sein werden! Welch großartiger Glauben, den wir unserem empfindsamen Kind mit auf den Weg geben können. Welch phantastische Botschaft der Hoffnung und Ermutigung für einen geknickten Teenager, den die Gegebenheiten des Lebens niederdrücken. Das ist wahres Selbstwertgefühl, wie es nicht besser sein kann, das nicht von der gesellschaftlichen Meinung, sondern von dem Beschluss Gottes abhängt.

Frage 295

Meine beiden Söhne sind so verschieden wie Tag und Nacht. Man würde nie vermuten, dass sie dieselben Eltern haben. Einer hat große Schwierigkeiten in der Schule, der andere ist eine Art Superstar. Ich mache mir große Sorgen um den einen Jungen. Haben manche Kinder einen schlechten Start und rappeln sich dann später hoch?

Glücklicherweise ist es oft so. Ich möchte Ihnen ein ermutigendes Bild geben. Vor einigen Jahren war ich bei einer Hochzeitsfeier, die in einem wunderschönen Park stattfand, und dabei musste ich an Eltern denken, die Kinder wie Sie haben.

Nachdem der Pfarrer den Bräutigam aufgefordert hatte, seine Braut zu küssen, ließ man etwa hundertfünfzig bunte, mit Helium gefüllte Luftballons in den blauen Himmel steigen. Innerhalb weniger Sekunden waren die Ballons über den Himmel verstreut, einige ein paar hundert Meter hoch, andere entschwanden in Richtung Horizont. Einige Ballons hatten Mühe, sich über die Baumwipfel zu retten, während die »Asse« auf ihrem Weg gen Himmel zu winzigen Farbpunkten wurden.

Wie interessant, dachte ich, und wie symbolisch in Bezug auf Kinder. Sehen wir den Tatsachen ins Auge. Einige Kinder scheinen mit mehr »Helium« als andere auf die Welt zu kommen. Sie scheinen jeden Aufwind zu erwischen und steigen mühelos in die Höhe, während andere gefährlich dicht über den Baumwipfeln entlang taumeln. Unten folgen ihnen prustend und keuchend ihre besorgten Eltern, die alles Mögliche versuchen, um sie oben zu halten. Es ist eine anstrengende Erfahrung.

Kurz gesagt, ich möchte an Sie und all die Eltern eines »tieffliegenden« Kindes ein Wort der Ermutigung richten. Ein Kind, das die größten Schwierigkeiten hat, sich vom Boden zu erheben, steigt im Endeffekt bisweilen in die größten Höhen hinauf. Deshalb bitte ich alle Eltern, nicht allzu schnell nach der Person zu fahnden, die Ihr Kind einmal werden wird.

Frage 296
**Unsere fünfzehn Jahre alte Tochter wird zur Zeit von ihren Alters-
genossen recht rücksichtslos behandelt. Das Mädchen, das einmal
ihre beste Freundin war, lud sie nicht zu ihrer Party ein, und an
jenem Abend weinte sie sich in den Schlaf. Es zerreißt mir das Herz,
wenn ich sehe, wie weh ihr das tut. Wird diese Erfahrung ihr Leben
lang Narben in ihrer Seele hinterlassen?**

Das kommt darauf an. Die meisten Teenager erfahren ein
bestimmtes Maß an Ablehnung wie Ihre Tochter. In der Regel
kommen sie ohne großen Schaden darüber hinweg. Andere jedoch
werden durch eine solche Ablehnung in der Teenagerzeit fürs Leben
verletzt. Ich rate Ihnen, Ihrer Tochter viel seelische Unterstützung
zu geben, ihr immer ein offenes Ohr zu leihen und zu tun, was Sie
können, um ihr zu helfen, damit fertig zu werden. Ich denke, dass sie
wieder Boden unter den Füßen gewinnt, wenn der Druck dieser
Jahre vergangen ist.

Ich möchte bei dieser Gelegenheit etwas weiter ausholen. Wenn
wir sehen, dass unsere Kinder mit den Erfahrungen und Frustrationen der Teenagerzeit kämpfen, empfinden wir natürlich den
Wunsch, ihnen diese Probleme und Hindernisse aus dem Weg zu
räumen. Manchmal muss uns jemand daran erinnern, dass die
Persönlichkeit eines Menschen durch Krisen wächst. Wer seine Probleme selbst überwunden hat, ist selbstsicherer als jemand, der noch
nie mit welchen zu kämpfen hatte.

Ich lernte den Wert schwieriger Zeiten aus eigener Erfahrung. Als
ich in der siebten und achten Klasse war, durchlebte ich die schmerz-
lichsten Jahre meines Lebens. Ich befand mich in einem gesellschaftlichen Kreuzfeuer, das zu ausgeprägten Minderwertigkeitskomplexen und Selbstzweifeln führte. Und doch habe ich in diesen Jahren
mehr positive Eigenschaften für meine Persönlichkeit als Erwachsener erworben als in irgendeiner anderen Zeit meines Lebens.

Obwohl es jetzt schwer einzusehen ist, braucht Ihr Kind kleinere
Rückschläge und Enttäuschungen im Leben. Wie kann Ihre Tochter

lernen, mit Problemen und Frustrationen fertig zu werden, wenn sie sich in ihrer Jugendzeit nie mit Schwierigkeiten auseinanderzusetzen hatte? Das können wir sogar in der Natur feststellen. Ein Baum, der in einem Regenwald wächst, wird nie gezwungen, seine Wurzeln auf der Suche nach Wasser nach unten zu senken. Deshalb bleibt er schwach verankert und kann sogar von einem mäßigen Wind umgestoßen werden. Ein Baum in der Wüste wird dagegen von einer feindlichen Umgebung bedroht. Er kann nur überleben, wenn er auf der Suche nach Wasser seine Wurzeln zehn Meter oder tiefer in die Erde senkt. Durch diese Anpassung an dürres Land wird der tief eingewurzelte Baum stark und unerschütterlich gegenüber allen Angriffen.

Unsere Kinder sind in mancher Hinsicht wie diese Bäume. Wenn sie gelernt haben, mit ihren Problemen fertig zu werden, stehen sie fester als diejenigen, die sich nie mit Schwierigkeiten auseinanderzusetzen hatten.

Unsere Aufgabe als Eltern ist es demnach, unseren Kindern nicht jede Schwierigkeit aus dem Weg zu räumen, sondern ihnen zuversichtlich zur Seite zu stehen, sie zu ermutigen, wenn sie bedrückt sind, einzugreifen, wenn die Bedrohungen überhand nehmen und vor allem, ihnen das Rüstzeug mitzugeben, das sie zur Überwindung von Hindernissen brauchen.

Frage 297
Ich las, dass Sie Eltern empfohlen haben, ihren kleinen Mädchen keine Barbie-Puppen zu geben. Ich finde sie harmlos. Warum sind Sie dagegen?

Als Erstes sollte ich Ihnen sagen, dass meine Tochter jahrelang mit Barbies spielte, trotz meiner Ansichten zu diesem Thema. Trotzdem möchte ich Ihnen sagen, weshalb ich wünschte, es würde keine Barbies geben. Mit keiner anderen Methode kann man Kindern besser Schönheitskult und Materialismus beibringen als mit diesen

Puppen. Wenn wir absichtlich danach trachten, unseren kleinen
Mädchen einzupauken, dass es wichtig ist, reich und luxuriös aufzu-
wachsen, dann könnten wir nichts Besseres tun, als ihnen diese Pup-
pen zu geben. Haben Sie schon eine hässliche Barbie-Puppe gesehen?
Konnten Sie jemals die geringste Unvollkommenheit an ihr feststellen? Natürlich nicht! Sie strahlt Weiblichkeit und Sex-Appeal aus.
Ihre Haare sind dicht und glänzend. Ihre langen Beine, die üppigen
Brüste und die zierlichen Füße zeigen nicht den kleinsten Makel. Ihre
glatte Haut ist ohne Fehl (außer einer kleinen Anmerkung auf dem
Hinterteil, dass sie in Hongkong hergestellt wurde). Sie bekommt nie
Pickel oder Mitesser und man entdeckt kein Gramm Fett an ihrem
rosigen Körper. Diese Ideal-Modelle laden eine emotionale Zeit-
bombe, die explodiert, sobald sich eine Dreizehnjährige zum ersten
Mal lange und gründlich im Spiegel betrachtet. Kein Zweifel: mit
Barbie hat sie nichts gemeinsam!

Und doch ist es nicht diese äußere Vollkommenheit jener Barbie-
Puppen (und ihrer zahlreichen Imitationen), die mir die meisten
Sorgen bereitet. Viel schlimmer sind die Teenagerspiele, zu denen sie
anregen. Anstatt dass Drei- und Vierjährige sich mit Stofftieren,
Bällen, Autos, Lastwagen, Holzpferden und anderen herkömmlichen Spielsachen beschäftigen, lernen sie, vom Leben eines Teenagers zu träumen. Ken und Barbie verabreden sich, gehen aus, lernen
tanzen, fahren Sportwagen, bräunen in der Sonne, gehen zelten, heiraten und bekommen Kinder (hoffentlich in dieser Reihenfolge). Die
ganze Kultur der Jugendlichen mit ihrer Betonung auf sexuellem
Bewusstsein wird kleinen Mädchen veranschaulicht, die doch an
kindlichere Dinge denken sollten. Die Folge ist eine unnatürliche
Verschiebung im Entwicklungszeitplan unserer Kinder. Der Höhepunkt des sexuellen Interesses wird so einige Jahre zu früh erreicht,
mit all den Auswirkungen auf die soziale und seelische Gesundheit
der Kinder.

Frage 298
Barbie ist nicht das einzige Beispiel für den Einfluss der Jugendkultur, nicht wahr?

Nein, unsere Kinder werden von der Industrie mit Dingen überfüttert, die ähnliche Auswirkungen haben. Immer häufiger sehen wir, dass die Kleidung, Anschauungen und Werte Jugendlicher immer jüngeren Kindern angepriesen werden. Und die Rock- und Rapmusik mit Themen der Jugendlichen und Erwachsenen findet unter den Jüngsten eifrige Hörer.

Ich denke, es wäre wünschenswert, unseren Kindern die Erfahrungen der Jugendzeit solange zu ersparen, bis sie durch die Hormone zwangsläufig hervorgerufen werden. Ich gebe Eltern deshalb den dringenden Rat, darauf zu achten, welchen Einflüssen ihre Kinder ausgesetzt sind und für altersgemäße Beschäftigungen zu sorgen. Wir können unsere Kinder nicht von der Welt wie sie ist isolieren, aber wir brauchen unsere Kleinkinder nicht in Sex-Püppchen zu verwandeln.

Frage 299
Hat das mittlere Kind wirklich größere Anpassungsprobleme als seine Geschwister?

Das mittlere Kind findet es manchmal schwieriger, seine Identität innerhalb der Familie zu bestimmen. Es genießt weder den Status des Ältesten noch die Aufmerksamkeit, die dem Baby zuteil wird. Außerdem wird es meistens zu einer Zeit geboren, in der seine Eltern vielbeschäftigt sind, besonders die Mutter. Dann dringt während seiner Vorschuljahre ein niedliches kleines Neugeborenes in seinen Bereich ein und stiehlt ihm seine Mama. Ist es ein Wunder, dass es oft fragt: »Wer bin ich und wo ist mein Platz im Leben?«

Frage 300
Wie kann ich meinem mittleren Kind helfen, herauszufinden, wer es ist?

Eltern sollten *allen* ihren Kindern bei der Bestimmung ihrer Identität helfen, besonders aber dem mittleren Kind. Das kann dadurch geschehen, dass sie jeden Jungen und jedes Mädchen als Person und nicht nur als Mitglied der Gruppe behandeln. Um zu erklären, was ich damit meine, möchte ich Ihnen zwei Vorschläge machen.

Es ist sinnvoll, wenn Papa etwa alle vier oder fünf Wochen mit jedem Kind alleine »ausgeht«. Den anderen Kindern sollte nicht gesagt werden, wohin sie gehen, außer der betreffende Junge oder das Mädchen sagt es selber im Nachhinein. Sie können Minigolf spielen oder Kegeln gehen, Basketball spielen, Eis oder Pizza essen oder zu einer Eislaufbahn gehen. Die Wahl sollte von dem Kind getroffen werden, das an der Reihe ist.

Es gibt zahllose andere Möglichkeiten, um denselben Zweck zu erreichen. Das Ziel ist wiederum, Aktivitäten zu planen, die die Betonung auf das Kind als Einzelperson, abgesehen von seiner Identität in der Gruppe, legen.

Frage 301
Mein Sohn ist ein hervorragender Turner. Sein Trainer sagt, er sei begabter als alle anderen. Bei Wettbewerben rangiert er aber jedes Mal unter den Letzten. Warum versagt er immer im wichtigsten Augenblick?

Wenn Ihr Sohn sich selbst für einen Versager hält, dann werden wahrscheinlich seine Leistungen seinem niedrigen Selbstwertgefühl entsprechen, wenn es darauf ankommt. Es gibt zum Beispiel viele ausgezeichnete Golfspieler, die nie gewinnen. Immer belegen sie nur den zweiten, dritten, sechsten oder zehnten Platz. Immer, wenn man den Eindruck hat, dass sie Erster werden können, »drosseln« sie ihre Leistung in der letzten Minute und ein anderer gewinnt. Sie wollen nicht versagen, aber sie können sich selbst nicht als Sieger sehen, und ihre Leistung spiegelt einfach das Bild wider, das sie von sich haben.

Ich sprach einmal mit einer Konzertpianistin, die außergewöhnlich begabt war, aber beschlossen hat, nie wieder in der Öffentlichkeit zu spielen. Sie weiß zwar, dass sie ausgesprochenes Talent hat, ist aber der festen Meinung, dass sie zu den ewigen Verlierern gehört. Folglich verspielt sie sich dauernd auf der Bühne. Jedes Mal, wenn sie diese Demütigung erfahren musste, verstärkte sich ihre Überzeugung, dass sie auf allen Gebieten unfähig ist. Sie hat sich jetzt in die einsame, stille, talentlose Welt der Habenichtse zurückgezogen.

Das Bild, das ein Mensch von sich selbst hat, trägt weitgehend dazu bei, ob jemand zu den »Gewinnern« gehört oder sich selbst als »Verlierer« betrachtet. Professionelle Tennisspieler nennen es »Standvermögen im Turnier«, aber in Wirklichkeit ist es nichts mehr als praktisches Selbstvertrauen.

Frage 302
Gilt das auch für geistige Begabung? Mein zwölfjähriger Sohn sollte vor einigen Tagen bei einer Schulveranstaltung ein Gedicht aufsagen, aber vor den vielen Menschen hatte er plötzlich alles vergessen. Ich weiß, dass er das Gedicht fließend auswendig kannte, denn er hatte es vorher zu Hause zigmal aufgesagt. Er ist ein kluges Kind, aber diese Schwierigkeit hat ihm schon früher zu schaffen gemacht. Warum schaltet sein Gedächtnis ab, wenn er unter Druck steht?

Hier sollten wir uns erst einmal eine wichtige Eigenart des Ablaufs verstandesmäßiger Vorgänge klar machen. Das Selbstvertrauen Ihres Sohnes, beziehungsweise sein Mangel an Selbstvertrauen, schlägt sich auf die Funktion seines Gehirns nieder. Wir alle haben schon ein solches »Brett vor dem Kopf« erlebt, wie Sie es beschrieben haben. Wir wissen ganz genau, dass wir uns einen bestimmten Namen oder einen Gedanken eingeprägt haben, aber die Dinge kommen einfach nicht an die Oberfläche unseres Bewusstseins. Oder nehmen wir einmal an, wir sprechen mit einer Gruppe, die anders gesinnt ist als wir, und plötzlich fällt uns nichts mehr zu sagen ein. Diese Art geistiger Mattscheibe tritt in der Regel dann auf, wenn erstens der soziale Druck groß und zweitens das Selbstvertrauen niedrig ist. Warum? Weil Gefühle die Leistungsfähigkeit des menschlichen Gehirns beeinflussen. Anders als beim Computer funktioniert unser intellektuelles System nur dann richtig, wenn ein sehr kompliziertes biochemisches Gleichgewicht zwischen den verschiedenen Nervenzellen besteht. Ein bestimmter Stoff ermöglicht es einer Zelle, ihre elektro-chemische Ladung über die Lücke (Synapse) zu einer anderen Zelle »abzufeuern«. Mittlerweile hat man herausgefunden, dass eine plötzliche seelische Reaktion die Biochemie mit einem Schlag verändern kann, wodurch wiederum der Impuls beeinträchtigt wird. Diese Blockierung verhindert die Übertragung der elektrischen Ladung und der Gedanke wird nie erzeugt. Dieser Mechanismus hat für das menschliche Verhalten tiefgreifende Auswirkungen. Ein Kind zum Beispiel, das sich minderwertig und intellektuell unzulänglich vorkommt, macht oft nicht einmal Gebrauch von den geistigen Kräften, mit denen es ausgestattet ist. Aus mangelndem Selbstvertrauen erwächst so eine geistige Leistungsschwäche und ein Teufelskreis endloser Niederlagen entsteht. Offensichtlich spielte sich das bei Ihrem Sohn ab, als er sein Gedicht »vergaß«.

Frage 303
Wie kann ich ihm helfen?

Im Grunde genommen ist es nicht ungewöhnlich, dass ein Zwölfjähriger vor einer großen Menschenmenge ins Stocken gerät. Ich stand einmal als Teenager vor dreihundert Altersgenossen und die Worte blieben mir im Halse stecken, mein Verstand hatte völlig abgeschaltet. Das war eine schmerzliche Erfahrung, aber mit der Zeit kam ich darüber hinweg. Wenn Ihr Sohn größer wird, bekommt er dieses Problem wahrscheinlich in den Griff, vorausgesetzt er hat auch einige Erfolge zu verbuchen, die sein Selbstvertrauen aufbauen. Alles, was die Selbstachtung erhöht, lässt die Häufigkeit einer Gedächtnislücke für Kinder und Erwachsene gleichermaßen seltener werden.

Frage 304
Als Grundschullehrerin bin ich beunruhigt darüber, was meine Schüler sich jeden Tag antun. Sie können brutal sein – besonders zu dem Kind, das etwas anders als die anderen ist. Ich bin nicht sicher, wie ich mich diesbezüglich verhalten soll. Ich habe den Eindruck, ich muss eingreifen und den Getretenen verteidigen, aber andere Lehrer sagen, Kinder müssen lernen, ihre Probleme selbst zu lösen. Was denken Sie darüber?

Als ehemaliger Lehrer bin ich mit der Grausamkeit, von der Sie sprechen, sehr vertraut. In jeder Klasse gibt es einige Jungen und Mädchen aus den untersten Schichten der gesellschaftlichen Hierarchie, die häufig Spott ausgesetzt sind. Dazu gehören auch körperlich Reizlose, geistig Minderbegabte oder Kinder mit schlechter Koordination, Jungen, die sehr klein oder unmännlich sind, Mädchen, die größer als Jungen sind, das ausländische Kind, der Stotterer usw. Jeder, der anders ist, wird zur leichten Beute des Wolfsrudels. Besonders beunruhigend ist, dass Erwachsene sich nicht verpflichtet fühlen, diesen verwundbaren Kindern zu Hilfe zu kommen.

Ich hörte das Argument: »Kinder bleiben Kinder – Erwachsene sollten sich aus dem Konflikt heraushalten und die Kinder selbst eine Lösung finden lassen.« Dagegen wende ich mich mit Nachdruck. Es ist fast schon kriminell, wenn ein Erwachsener passiv dabeisteht, wenn ein wehrloses Kind von seinen Altersgenossen in Fetzen zerrissen wird. Der Schaden, der in diesen Augenblicken angerichtet wird, kann sich ein ganzes Leben lang auswirken.

Frage 305
Kann man Kindern beibringen, einander zu achten? Das scheint eine schwierige Aufgabe zu sein.

Sicher kann man das. Von Natur aus sind junge Menschen empfindsamer und feinfühliger als Erwachsene. Ihre Gehässigkeit ist angelernt, eine Reaktion auf die von Konkurrenzkampf und Feindseligkeit geprägte Welt, in der sie leben – eine Welt, die wir haben entstehen lassen. Sie sind brutal zu den Schwachen und Geringen, weil wir uns nicht die Mühe gaben, ihnen Mitgefühl mit anderen beizubringen.

Einer der Werte, der von Kindern am meisten geschätzt wird, ist Gerechtigkeit. Sie fühlen sich unwohl in einer Welt voll Ungerechtigkeit und Kränkung. Wenn wir also Kindern Achtung vor anderen beibringen, indem wir auf Höflichkeit im Klassenzimmer bestehen, legen wir eine Grundlage für Freundlichkeit unter zukünftigen Erwachsenen. Diese elementare Einstellung sollte in jeder Klasse und in jeder Familie gelehrt werden.

Frage 306
Bevor unser Baby vor einem Monat zur Welt kam, war unsere dreijährige Tochter Anna begeistert davon, einen kleinen Bruder oder eine kleine Schwester zu bekommen. Jetzt erkenne ich jedoch Anzeichen von Eifersucht: sie lutscht Daumen, wenn ich das Baby stille und wird sehr laut und albern, wenn Bekannte vorbeischauen. Wie kann ich ihr durch diese Zeit der Anpassung hindurchhelfen?

Ihre Tochter zeigt die Bilderbuchreaktion auf die Invasion in ihr privates Königreich. Zur typischen Reaktion eines Vorschulkindes in dieser Situation gehören Wutanfälle, Bettnässen, Daumenlutschen, einkoten, sich an Mama festklammern, ein Rückfall in die Babysprache usw. Da das Baby alle Aufmerksamkeit erhält, weil es hilflos ist, versucht das ältere Kind oft, noch hilfloser als das Baby zu sein und verfällt in babyhafte Verhaltensweisen zurück. Das scheint auch bei Ihrem kleinen Mädchen der Fall zu sein. Ich würde Folgendes vorschlagen:

1. Helfen Sie Ihrer Tochter, ihre Gefühle offen auszusprechen. Wenn sie sich vor Erwachsenen albern benimmt, nehmen Sie sie in den Arm und sagen:»Was ist los, Anna? Brauchst du heute ein bisschen Aufmerksamkeit?« Allmählich lernt das Kind, ähnliche Worte zu gebrauchen, wenn es sich ausgeschlossen oder vernachlässigt vorkommt.»Ich brauche ein bisschen Aufmerksamkeit, Papa. Spielst du mit mir?« Indem Sie seine Gefühle formulieren, helfen Sie ihm auch, sich selbst besser zu verstehen.

2. Lassen Sie nicht zu, dass sich babyhaftes Verhalten auszahlt. Wenn der Babysitter kommt und das Kind weint, gehen Sie trotzdem weg. Einem Wutanfall kann man mit Festigkeit gegenübertreten. Aber zeigen Sie wenig Zorn und Ärger. Denken Sie stets daran, dass die Ursache für das Verhalten des Kindes darin liegt, dass es glaubt, Sie liebten es nicht mehr so wie früher.

3. Erfüllen Sie die Bedürfnisse Ihrer Tochter in einer Weise, die ihr zu verstehen gibt, dass sie als Ältere einen gewissen Status hat. Gehen Sie mit ihr in den Park und machen Sie ihr klar, dass das Baby noch zu klein dazu ist. Loben Sie sie, weil sie etwas kann, was das Baby noch nicht kann: Sie kann zum Beispiel auf die Toilette gehen anstatt in die Hose zu machen. Erlauben Sie ihr, bei der Versorgung des Babys mitzuhelfen, damit sie sich als Teil des Familiengeschehens betrachtet.

Abgesehen von diesen Maßnahmen sollten Sie Ihrer Tochter etwas Zeit lassen, sich auf die neue Situation einzustellen. Auch wenn es heute eine Belastung für sie ist, wird ihr später einmal die Erkenntnis, dass sie nicht der Mittelpunkt des Universums ist, von Nutzen sein.

406 Der große Familien- und Erziehungsratgeber

Frage 307

Meine dreizehnjährige Tochter hat immer noch eine knabenhafte Figur. Sie besteht aber darauf, dass ich ihr einen Büstenhalter kaufe. Glauben Sie mir, sie braucht wirklich keinen. Der Grund, weshalb sie trotzdem einen haben will, besteht darin, dass die meisten ihrer Freundinnen einen tragen. Soll ich nachgeben?

Ihre schmächtige, dünne Tochter braucht einen Büstenhalter, um wie ihre Freundinnen zu sein, um mithalten zu können, um Spott zu vermeiden und sich wie eine Frau zu fühlen. Das sind ausgezeichnete Gründe. Ich denke, Sie sollten ihr noch heute einen Büstenhalter kaufen.

Frage 308

Unsere Tochter im Teenageralter hat in den letzten Monaten solche Hemmungen bekommen, dass sie jetzt schon verlangt, dass ihre Schwestern aus dem Zimmer gehen, wenn sie sich umzieht. Ich finde das albern; Sie auch?

Nein, achten Sie den Wunsch Ihrer Tochter nach Privatsphäre. Ihre Empfindlichkeit rührt wahrscheinlich daher, dass sie sich bewusst geworden ist, dass ihr Körper sich verändert. Diese Veränderungen (oder das Fehlen von Veränderungen) ist ihr peinlich. Es handelt sich wahrscheinlich um eine vorübergehende Phase, gegen die Sie nichts unternehmen sollten.

Frage 309

Wie viele Möglichkeiten haben Eltern, die Persönlichkeit ihrer Kinder umzuwandeln? Können sie Eigenschaften, die sie nicht mögen, ändern? Mein Sohn ist schrecklich schüchtern, aber ich möchte gerne, dass er stark ist und sich behaupten kann. Können wir ihn umgestalten?

Sie können Ihrem Kind neue Einstellungen beibringen und einige Verhaltensmuster ändern, aber Sie können nicht die Grundpersönlichkeit, mit der es geboren wurde, umgestalten. Einige Charakterzüge sind genetisch programmiert und werden immer da sein. Zum Beispiel sind einige Kinder anscheinend zu Anführern geboren, andere zu Menschen, die sich leiten lassen. Und das kann für einige Eltern bisweilen Grund zur Sorge sein.

Eine Mutter erzählte mir, dass ihr williges, gefügiges Kind jeden Tag im Kindergarten gehänselt und geschlagen wird. Sie drängte ihren kleinen Sohn, sich zu verteidigen, aber es widersprach seinem Wesen, auch nur daran zu denken, diesen Rabauken entgegenzutreten. Schließlich wurde seine Frustration so groß, dass er beschloss, dem Rat seiner Mutter zu folgen. Als sie eines Tages zum Kindergarten fuhren, sagte er: »Mama, wenn sie mich heute wieder nicht in Ruhe lassen, dann ..., dann ... verschlage ich sie – ein bisschen!«

Wie verschlägt ein Kind jemanden ein bisschen? Ich weiß es nicht, aber für diesen fügsamen Jungen war es völlig sinnvoll.

Wie Sie machen sich manche Eltern Sorgen um ein gefügiges, passives Kind, besonders wenn es sich um einen Jungen handelt. Menschen, die sich leiten lassen, werden in unserer Gesellschaft manchmal weniger geachtet als aggressive Anführer und vielleicht für weichlich oder rückgratlos gehalten. Und doch kann man die Schönheit des menschlichen Wesens in seiner herrlichen Einzigartigkeit und Komplexität erkennen. Es gibt Raum für die wunderbare Vielfalt der Temperamente, die schon in Kindern zum Ausdruck kommt. Wenn zwei Menschen in jeder Hinsicht gleich sind, dann ist im Grunde genommen einer entbehrlich.

Ich rate Ihnen, die Persönlichkeit, mit der Ihr kleines Kind geboren wurde, anzunehmen, hoch zu schätzen und zu pflegen. Es braucht nicht in eine vorgefertigte Form zu passen. Dieses Kind ist zum Glück ein Original.

Frage 310

In einigen Monaten werden wir in eine andere Stadt ziehen. Ich weiß, dass es für Chris und Marie schwer werden wird, weil sie so viele Freunde in der Schule haben. Wie kann ich sie auf das Leben in einer neuen Stadt vorbereiten?

Der Umzug in eine neue Stadt und eine neue Schule kann für Kinder ein unangenehmes Erlebnis werden, aber es gibt Möglichkeiten, diese Umstellung leichter für sie zu machen.

Vorbereitung und Vorsorge sind die Lösung. Die Pädagogin Cheri Fuller empfiehlt denen, die einen Umzug planen, eine Familienversammlung einzuberufen und über das, was geschieht, zu sprechen. Machen Sie Pläne miteinander. Es ist traurig, sich von guten Freunden verabschieden zu müssen, und es ist schwer, neue Freundschaften zu schließen. Versuchen Sie, für Ihre Kinder in der neuen Schule Brieffreunde zu finden, lange bevor der Umzug stattfindet. Beziehungen können sich auf dem Postweg anbahnen, so dass die Kinder am neuen Wohnort nicht völlig unbekannt sind.

Es ist ebenfalls hilfreich, Neugierde über die neue Stadt oder Wohngegend, in die Sie ziehen, zu schaffen. Schreiben Sie an das Fremdenverkehrsamt und bitten Sie um Prospekte und Stadtpläne. Wenn Ihre Kinder das Abenteuer des Umzugs verstehen, entwickeln sie vielleicht eine positivere Einstellung dazu.[114]

Etwas Vorbereitung und entsprechende Kommunikation können helfen, den Weg zur neuen Heimat leichter gangbar zu machen.

Frage 311

In unserer Familie haben wir schon immer viel gelacht, manchmal auch übereinander. Ist das gut oder schlecht?

Es ist sehr segensreich, wenn man in einer Familie zusammen lachen kann. Wir sollten einander necken und miteinander Spaß machen können, ohne uns über eine zornige Überreaktion Sorgen machen zu müssen. Aber wenn das Lachen immer auf Kosten des schwächsten Familienmitglieds geht, kann es zerstörerisch wirken. Sogar harmloser Humor ist schmerzlich, wenn die Witze immer auf Kosten desselben Kindes gehen. Leider ist das oft der Fall. Wenn ein Kind eine peinliche Angewohnheit hat wie Bettnässen, Daumenlutschen oder Stottern, müssen die anderen Familienmitglieder diesbezüglich sehr vorsichtig mit dem Kind umgehen. Auch sollte ein Kind nie wegen seiner Größe ausgelacht werden, sei es ein besonders kleiner Junge oder ein auffallend großes Mädchen.

Wir können folgenden Grundsatz aufstellen: Ein Kind darf innerhalb seiner Familie unter keinen Umständen wegen eines Merkmals gehänselt werden, dessentwegen es sich auch außerhalb der Familie immer wieder verteidigen muss. Wenn ein Kind den ganzen Tag lang etwas über einen offensichtlichen Fehler zu hören bekommt, braucht es zu Hause von seiner Familie bestimmt nicht noch mehr Beschuss. Und wenn ein Kind darum bittet, den Witz zu beenden, dann sollte man diesem Wunsch nachkommen.

Für jedermann die Zielscheibe des Spottes zu sein führt zu lebenslangem Groll und daran ist wirklich nichts Lustiges.

Damit die Ehe gelingt

Frage 312
Glauben Sie, eine Frau benötigt einen Mann mehr als ein Mann eine Frau benötigt? Welches Geschlecht wird am besten damit fertig, wenn es ohne das andere Geschlecht leben muss?

Diese höchst interessante Frage wird von dem brillanten Gesellschaftskritiker George Gilder in seinem klassischen Buch *Men and Marriage*[115] behandelt. Gilder bestätigt, dass Männer und Frauen füreinander geschaffen wurden und sich alleine oft unvollständig vorkommen. Er betont jedoch, dass eine Frau ohne Mann besser auskommt als ein Mann ohne Frau. Dies widerspricht der herkömmlichen Meinung, nach der alleinstehende Frauen abwertend als »alte Jungfern«, »Sitzengebliebene« oder Schlimmeres bezeichnet werden. Sie werden für die am wenigsten eingegliederten und die kläglichsten Menschen in der Gesellschaft gehalten und deshalb oft verspottet.

Gilder ist mit dieser Bewertung nicht einverstanden und sagt, dass der unverheiratete Mann gesellschaftlich am ärmsten dran ist. Viel häufiger als die unverheiratete Frau ist er Alkoholiker, Drogenkonsument, Krimineller oder im Allgemeinen ein Taugenichts. Vermieter wollen ihm keine Wohnung vermieten, Versicherungsgesellschaften wollen keinen Vertrag mit ihm abschließen und Banken geben ihm nur ungern einen Kredit. Er fährt zu schnell Auto, ist jähzorniger und handelt eher impulsiv. Natürlich gibt es Millionen Ausnahmen von dieser Norm, aber der unverheiratete junge Mann läuft Gefahr, sich gesellschaftsfeindlich zu verhalten.

Wenn ein Mann jedoch heiratet und eine Bindung mit einer Frau und Kindern eingeht, verschwinden die meisten seiner gesellschaftlichen Minuspunkte. Er hat einen Grund, verantwortungsbewusst zu leben, fleißig zu arbeiten und für die Zukunft zu sparen. Anstatt seinen eigenen sinnlichen Begierden nachzugehen, verschiebt er die Befriedigung und bringt Opfer für die Menschen, die auf ihn angewiesen sind. Er wird immer zukunftsorientierter. Der »lockere Vogel« wird oft zur »Säule der Gemeinschaft«. Früher wurde dieser Übergang als »seine Zelte aufschlagen« bezeichnet, nachdem er sich »die Hörner abgestoßen« hat. Natürlich verallgemeinere ich hier, aber die Tendenz wurde von der Soziologie einwandfrei nachgewiesen.

Was eine Frau für einen Mann tut, ist demnach, seine ungezügelte, die Gesellschaft bedrohende sexuelle Energie zu bändigen und für den Schutz und Unterhalt der Familie einzusetzen. Diese Umwandlung ist für das Wohl einer Kultur unabdingbar. Gilder glaubt (und ich stimme ihm zu), dass die Gesellschaft den Tod der Ehe nicht überleben kann. Ohne die Ehe fehlt den Frauen die Geborgenheit für das Gebären von Kindern. Außerehelicher Geschlechtsverkehr, Schwangerschaftsabbrüche und uneheliche Schwangerschaften nehmen dann überhand, Kinder wachsen im Chaos auf, Drogenmissbrauch und Alkoholismus nehmen zu, ordnungsgemäße Geschäfte leiden und friedliche Bürger werden von Gewalt und Gesetzlosigkeit bedrängt.

Zugegeben, Frauen brauchen Männer – aber nicht ganz so existentiell wie Männer Frauen brauchen.

Frage 313

Als Frau möchte ich gerne wissen, inwieweit Ihre Beschreibung von Männern und Frauen auf meine Beziehung zu meinem Mann zutrifft. Gehe ich recht in der Annahme, dass er mich in mancher Hinsicht braucht, die ich noch gar nicht ganz verstanden habe?

Wahrscheinlich ist es so. Nur selten zeigt ein Mann seiner Frau, was er will, außer in sexuellen Dingen. Vielleicht wird er sich selbst der Dynamik gar nicht bewusst. Wahrscheinlich ist er nicht so selbstsicher wie er sich gibt, denn Männer hüten sorgfältig ihre Unsicherheiten. Im Allgemeinen jedoch wollen sie wissen, dass sie von ihrer Frau *geachtet* und *verehrt* werden, genau wie Frauen wissen wollen, dass sie *geliebt* werden. Diese grundlegende Rolle der Frau wird am besten in einer meiner Lieblingsgeschichten erklärt, die mein Freund E.V. Hill erzählte. Dr. Hill ist ein dynamischer schwarzer Pfarrer und Leiter der Mount Zion Missionary Baptist Kirche in Los Angeles. Vor wenigen Jahren verlor er seine geliebte Frau Jane durch ein Krebsleiden. In einer der eindringlichsten Botschaften, die ich je gehört habe, beschrieb Dr. Hill bei Janes Beerdigung, wie diese »Klassefrau« ihn zu einem besseren Mann gemacht hatte.

Als junger Prediger hatte E.V. große Mühe, seinen Lebensunterhalt zu verdienen. Deshalb investierte er die kärglichen Ersparnisse der Familie trotz Janes Bedenken in den Kauf einer Tankstelle. Sie war der Meinung, dass ihr Mann weder die Zeit noch die Erfahrung besaß, um diese Investition zu überwachen, was sich dann als richtig herausstellte. Schließlich ging die Tankstelle bankrott und E.V. verlor bei dem Geschäft sein letztes Hemd.

Das war ein kritischer Augenblick im Leben dieses jungen Mannes. Er war bei etwas Bedeutendem gescheitert und seine Frau hätte mit vollem Recht sagen können: »Ich habe es dir gesagt.« Aber Jane verstand instinktiv die Verwundbarkeit ihres Mannes. Als E.V. sie anrief und ihr sagte, dass er die Tankstelle verloren habe, antwortete sie einfach: »In Ordnung.«

Als E. V. an diesem Abend nach Hause kam, erwartete er, dass seine Frau wegen seiner dummen Investition die Beleidigte spielte. Stattdessen setzte sie sich zu ihm und sagte: »Ich habe ein bisschen gerechnet. Du rauchst nicht und du trinkst nicht. Würdest du rauchen und trinken, hättest du so viel verloren wie durch die Tankstelle. Es ist also gehüpft wie gesprungen. Sprechen wir nicht mehr davon.«

In diesem kritischen Augenblick hätte Jane das Selbstvertrauen ihres Mannes zerschlagen können. Das männliche Ego ist erstaunlich zerbrechlich, besonders in Zeiten des Versagens und der Ratlosigkeit. Deshalb brauchte E. V. es, dass seine Frau ihm zusicherte: »Ich glaube noch an dich«, und genau diese Botschaft hat sie ihm übermittelt.

Kurz nach dem Fiasko mit der Tankstelle kam E.V. eines Abends nach Hause und fand das Haus dunkel. Als er die Tür öffnete, sah er, dass Jane ein Essen für zwei bei Kerzenschein vorbereitet hatte. »Was soll das bedeuten?«, fragte er. »Nun«, antwortete Jane, »wir werden heute Abend bei Kerzenschein essen.«

E.V. dachte, das sei eine großartige Idee und ging ins Bad, um sich die Hände zu waschen. Er versuchte erfolglos, das Licht einzuschalten. Dann ging er ins Schlafzimmer und knipste einen anderen Schalter an. Es blieb dunkel. Der junge Pastor ging ins Esszimmer zurück und fragte Jane, warum es keinen Strom gebe. Sie begann zu weinen. »Du hast so schwer gearbeitet und wir geben uns alle Mühe«, sagte Jane. »Aber es ist so hart. Ich hatte nicht genug Geld, um die Stromrechnung zu bezahlen. Ich wollte nicht, dass du es erfährst, also dachte ich, wir essen einfach bei Kerzenschein.«

Dr. Hill beschrieb tief bewegt die Worte seiner Frau: »Sie hätte sagen können: ›Ich war noch nie in einer solchen Situation. Ich wuchs im Haus von Dr. Caruthers auf und bei uns wurde der Strom nie abgeschaltet.‹ Sie hätte meinen Mut zerbrechen können; sie hätte mich zugrunde richten können; sie hätte mich niederschmettern können. Aber stattdessen sagte sie: ›Irgendwie bekommen wir diese Lichter wieder an. Aber heute Abend essen wir bei Kerzenschein.‹«

E.V. erzählte weiter: »Sie war meine Beschützerin. Vor einigen Jahren erhielt ich ein paar Morddrohungen und eines Abends bekam ich die Nachricht, ich würde am folgenden Tag umgebracht. Ich wachte auf, dankbar darüber, dass ich noch am Leben war. Aber ich bemerkte, dass meine Frau weg war. Ich schaute aus dem Fenster und mein Auto war fort. Ich ging aus dem Haus und sah schließlich, wie sie im Morgenrock nach Hause fuhr. Ich fragte: ›Wo warst du?‹ Sie antwortete: ›Ich . . . ich . . . es kam mir der Gedanke, sie hätten heute Nacht eine Bombe ins Auto legen können und wenn du damit gefahren wärst, wärst du in die Luft geflogen. Deshalb stand ich auf und fuhr mit dem Auto. Es ist in Ordnung.‹«

Jane Hill muss eine unglaubliche Frau gewesen sein. Von ihren vielen Gaben und Eigenschaften beeindruckt mich am meisten, wie sehr sie sich der Rolle bewusst war, die sie bei der Stärkung und Unterstützung ihres Mannes spielte. E. V. Hill ist heute ein einflussreicher Kirchenführer. Wer hätte gedacht, dass er es nötig hatte, dass seine Frau sein Selbstvertrauen aufbaut und pflegt? Aber so sind Männer nun einmal. Die meisten von uns sind innerlich ein bisschen zittrig, besonders als junge Erwachsene.

Für mich traf das ganz sicher zu. Shirley hat einen unermesslichen Beitrag zu meiner Entwicklung als Mann geleistet. Ich sagte schon oft, dass sie an mich glaubte, bevor ich an mich selbst glaubte und dass ihre Achtung mir das Selbstvertrauen gab, das ich brauchte, um im Wettkampf zu bestehen und Risiken auf mich zu nehmen. Das meiste von dem, was ich heute tue, kann auf die Liebe einer hingebungsvollen Frau zurückgeführt werden, die an meiner Seite stand und sagte: »Ich bin froh, mit dir zusammen zu sein.«

Sie können für Ihren Mann das Gleiche tun. Geben Sie ihm, was er braucht, und ich bin sicher, er wird es Ihnen zurückzahlen.

Frage 314
Ich glaube, ich verstehe den Grundsatz, den Sie beschreiben. Aber würden Sie ihn bitte für mich zusammenfassen?

Ich versuchte zu erklären, dass die Geschlechter ganz besondere, aber höchst verschiedene, seelische Bedürfnisse haben. Jedes ist auf seine Weise verwundbar. Zusammenfassend lässt sich sagen, dass eine Frau einen Mann braucht, der romantisch, fürsorglich und liebevoll ist. Ein Mann braucht eine Frau, die ihn achtet, unterstützt und treu zu ihm steht. Dabei handelt es sich nicht in erster Linie um anerzogene Bedürfnisse, die während der Kindheit erlernt wurden, wie manche uns einreden wollen. Dies sind Kräfte, die tief im menschlichen Wesen verwurzelt sind. In der Tat beobachtete der Schöpfer die Einsamkeit Adams im Garten Eden und sagte: »Es ist nicht gut, dass der Mensch allein sei« (1. Mose 2, 18). Also machte er dem Adam eine Gehilfin, eine Partnerin, eine Geliebte, die seelisch

und sexuell zu ihm passte. Dabei erfand er die Familie und segnete
sie. Leider sind heute Millionen Ehen in Schwierigkeiten, weil die
Geschlechter nicht miteinander auskommen. Das Grundproblem
liegt vielleicht in der Ichsucht. Wir sind so sehr darauf aus, unsere
eigenen Wünsche zu befriedigen, dass wir die Sehnsüchte des Partners nicht erkennen. Die Institution der Ehe funktioniert am besten,
wenn wir weniger an uns selbst und mehr an den Menschen, den wir
lieben, denken. Auch hier sind die Grundbedürfnisse der beiden
Geschlechter einfach. Frauen wollen das ganze Jahr über geliebt werden und Männer wollen geachtet und geehrt werden, besonders in
harten Zeiten.

Diese Einsicht ist nicht neu. Sie ist schon sehr alt. Der Apostel
Paulus schrieb vor fast zweitausend Jahren dazu: »Darum auch ihr
[Männer]: ein jeder habe lieb seine Frau wie sich selbst; die Frau aber
ehre den Mann« (Eph 5, 33).

Liebe und Achtung: eine unschlagbare Verbindung.

Frage 315
Gibt es eine Kultur, in der die Ehe in Verfall geraten ist und in der tiefgreifende Folgen aufgetreten sind?

Der Verfall der Ehe trat und tritt in vielen Kulturen auf, auch in unserem Land. Die Folgen werden besonders in bestimmten Wohngebie-
ten amerikanischer Großstädte deutlich, in denen die Familie sich
weitgehend aufgelöst hat. Über siebzig Prozent aller schwarzen
Kinder werden heute unehelich geboren und Millionen werden abgetrieben.[116] Alkoholismus, Drogenmissbrauch, Gewalt und durch
Geschlechtsverkehr übertragene Krankheiten nehmen überhand.
Das soziale Chaos regiert.

Warum? Was lief in diesen erschütterten Gebieten falsch? Gilder
glaubt, dass das Sozialhilfesystem zu einem großen Teil an dem
Problem schuld ist. Staatliche Programme, wenn auch noch so

wohlgemeint, haben Männer ihrer überlieferten Rolle als Versorger und Beschützer ihrer Familie beraubt. Männer sind »überholt«. Wer braucht sie noch? Die Regierung übernimmt fast alle Verantwortung, die früher die Männer zu tragen hatten. Die Regierung sorgt für Brot auf dem Tisch, für ein Dach über dem Kopf und für Sozialarbeiter, die Fürsprache einlegen, wenn die Kinder in Schwierigkeiten geraten. Wenn in einem Mietshaus Instandhaltungsprobleme auftauchen, schickt Vater Staat Handwerker, die den Schaden beheben. Die Rolle des Mannes in der Familie endet mit der Schwängerung. Laut Gesetz bekommt die Frau keine Sozialhilfe mehr, wenn er nicht weggeht und wegbleibt. Folglich hat er nichts zu tun, als an einer Straßenecke zu stehen und sich Unannehmlichkeiten zuzuziehen. Seine männliche Energie wird zu einer zerstörerischen Kraft, anstatt zur Stabilität der Familie und dem Wohl der Kinder beizutragen.[117]

Es ist gewissenlos, was wir den schwarzen Männern Amerikas angetan haben, die einen nützlichen Platz im Leben und eine sinnvolle Rolle in der Familie wollen und verdienen. Die Slums der Großstädte führen uns ein klassisches Beispiel von dem vor Augen, was geschieht, wenn die Ehe stirbt und eine matriarchalische Gesellschaft die Männer entrechtet und geringschätzig behandelt.

Frage 316
Ich bin mit einer schönen, gläubigen jungen Dame verlobt. Den Rest meines Lebens mit ihr zu verbringen ist mehr, als ich erhoffen oder erträumen könnte. Und doch macht mir die Möglichkeit einer Ehescheidung Angst. Was können wir tun, um diese Tragödie zu vermeiden?

Auf diese Frage gibt es viele Antworten, aber ich sage Ihnen jetzt, was ich für die Grundlage – den Eckstein – halte, auf die Ihre ganze Beziehung aufgebaut werden sollte. Es ist die Schaffung eines auf Christus ausgerichteten Zuhauses. Wenn Jungverheiratete tief mit Jesus Christus verbunden sind, haben sie, verglichen mit einer Familie ohne geistliche Dimension, viele Vorteile.

Das bedeutet unter anderem, dass Sie und Ihre Verlobte noch vor der Hochzeit ein befriedigendes Gebetsleben entwickeln müssen. Befehlen Sie Ihr Zuhause, Ihre Beziehung, Ihre künftigen Kinder, falls Gott Ihnen welche schenkt, und Ihr gesamtes Leben ihm an. Meine Frau Shirley und ich taten das und die Zeit, die wir auf den Knien verbrachten, war *der* stabilisierende Faktor in unseren fast vierzig Ehejahren. In guten Zeiten, in schlechten Zeiten und in Augenblicken der Angst teilten wir miteinander das Vorrecht, direkt mit unserem himmlischen Vater sprechen zu dürfen. Welch ein Gedanke! Man braucht keinen Termin, um vor sein Angesicht zu treten. Wir müssen nicht erst an seinen Untergebenen vorbei oder seine Sekretärinnen bestechen. Er ist einfach da, wenn wir uns vor ihm beugen. Einige der Höhepunkte meiner Beziehung mit Shirley geschahen in diesen stillen Unterredungen, die wir gemeinsam mit dem Herrn hatten.

Die zweite Komponente eines auf Christus ausgerichteten Zuhauses ist eine regelmäßige Zeit für das Lesen der Heiligen Schrift und ihre Anwendung im Alltag. Wenn wir das Wort Gottes lesen, erhalten wir »Einsicht« in die Gedanken Gottes. Welch unglaubliche Quelle! Er schuf die unendlichen Weiten des Universums durch sein Wort. Dieser Gott gab uns auch die Geheimnisse eines gesunden Familienlebens. Schließlich waren Ehe und Elternschaft *seine* Ideen und er hat uns gesagt, wie wir zusammen in Frieden und Eintracht leben können. Alles, vom Umgang mit Geld über sexuelles Verhalten bis hin zur Kindererziehung, wird in der Heiligen Schrift besprochen, wobei jede Vorschrift die persönliche Bestätigung des Königs des Alls trägt. Warum sollte man nicht aus dieser grundlegenden Quelle schöpfen wollen?

Schließlich verleiht das Leben als Christ der Ehe Stabilität, weil seine Grundsätze und Werte von Natur aus zu Harmonie zwischen Menschen führen. In der Praxis betont die christliche Lehre Selbstbeherrschung, Gehorsam gegenüber den göttlichen Geboten, Teilen mit anderen, Befolgung des Gesetzes und Liebe zwischen Mann und Frau. Der christliche Glaube bildet einen Schutzschild gegen Alkoholabhängigkeit, Pornographie, Spielsucht, Materialismus, Untreue und andere Verhaltensweisen, die der Beziehung schaden könnten. Ist es ein Wunder, dass die auf Christus ausgerichtete Beziehung die Grundlage einer stabilen Familie ist? Wenn Sie und Ihre Verlobte Ihre Ehe auf diesen festen Grund bauen, werden Sie nicht die bittere Frucht der Ehescheidung schmecken müssen.

Frage 317
Als wir noch nicht verheiratet waren, konnten mein Mann und ich stundenlang über alles und jedes miteinander sprechen. Jetzt, wo wir verheiratet sind, gehen wir zum Essen aus und haben einander nichts mehr zu sagen. Was ist schief gegangen? Richard behält seine Gedanken einfach für sich.

Millionen von Ehepaaren erleben diese Veränderung. Vor der Ehe führen sie endlose Gespräche, aber ein paar Jahre später haben sie sich nur wenig zu sagen. Wenn die Verlobungszeit vorüber ist, fällt es manchen Menschen sehr schwer, ihre Gefühle offen und ehrlich auszudrücken. Im Allgemeinen trifft dies häufiger auf Männer als auf Frauen zu. Untersuchungen ergaben, dass kleine Mädchen sprachgewandter als kleine Jungen sind und dieses Talent behalten sie ihr Leben lang. Einfach gesagt, sie spricht mehr als er. Als Erwachsene drückt sie in der Regel ihre Gefühle und Gedanken viel besser aus als ihr Mann und ist oft über seine Schweigsamkeit verärgert. Gott hat ihr vielleicht fünfzigtausend Wörter pro Tag geschenkt und ihrem Mann nur fünfundzwanzigtausend. Wenn er von der Arbeit nach Hause kommt, hat er bereits 24.975 Wörter aufgebraucht und brummelt sich nur noch durch den Abend. Er zieht sich vor den Fernseher zurück und schaut ein Fußballspiel an, während seine Frau nur darauf wartet, die fünfundzwanzigtausend Wörter, die sie noch auf Lager hat, loszuwerden.

Jeder erfahrene Eheberater weiß, dass die Unfähigkeit oder der Widerwille eines Mannes, seiner Frau seine innersten Gedanken mitzuteilen, zu den häufigsten Klagen der Frau gehören. Eine Frau will wissen, was ihr Mann denkt und was in seinem Büro geschah und wie er die Kinder sieht und insbesondere, was er ihr gegenüber empfindet. Der Mann dagegen ist der Meinung, dass einige Dinge besser ungesagt bleiben. Es ist ein klassischer Kampf.

Sie und Richard können dieses Problem überwinden, wenn Sie offen darüber sprechen und zusammen an der Kommunikation arbeiten. Darin liegt der Schlüssel für eine erfolgreiche Ehe.

Frage 318
Sagen Sie uns, wie wir das anstellen sollen. Was können ein Mann und eine Frau tun, um ihre Kommunikation zu verbessern, wenn sie dieses klassische Problem haben?

Die Lösung erfordert einen Kompromiss, der, wie ich glaube, beim Mann beginnen müsste. Unter dem Mosaischen Gesetz hatte ein jungverheirateter Mann die konkrete Aufgabe, »seine Frau [zu] erfreuen, die er geheiratet hat« (5. Mose 24, 5; Bruns). Das klingt nach einer guten Idee. Für sinnvolle Gespräche muss man sich Zeit nehmen. Gemeinsame Spaziergänge, Fahrradfahrten und zum Essen gehen regen zum Gespräch an und halten die Liebe lebendig. Mit etwas Mühe kann die Kommunikation auch in Familien wie der Ihren stattfinden, in denen der Mann introvertiert und die Frau extravertiert ist.

Auf der anderen Seite müssen Frauen verstehen und annehmen, dass manche Männer nicht so sein können, wie die Frau es gerne möchte. Die männliche Seelenstruktur macht es diesen Männern unmöglich, die Gefühle und Frustrationen eines anderen, insbesondere eines Menschen des anderen Geschlechts, zu begreifen. Offensichtlich müssen auch Frauen kompromissbereit sein.

Frage 319
Mein Mann hat kein rechtes Gefühl für meine Bedürfnisse, aber ich
glaube, er ist bereit, sich zu bessern, wenn ich ihm zeigen kann,
inwieweit ich mich von ihm unterscheide. Können Sie mir helfen,
ihm meine Bedürfnisse wirkungsvoll nahe zu bringen?

Vielleicht beginne ich am besten damit, dass ich Ihnen sage, wie
Sie nicht vorgehen sollten. Versuchen Sie, die »Knüppeltech-
nik« zu vermeiden, wozu endloses Nörgeln, Bitten, Schimpfen,
Klagen und Anschuldigen gehört. Unterlassen Sie die unbedachte
Bemerkung am Ende eines anstrengenden Arbeitstages: »Georg,
würdest du bitte einen Augenblick diese Zeitung hinlegen und mir
fünf Minuten deiner Zeit schenken? Fünf Minuten – ist das zu viel
verlangt? Dir scheinen meine Gefühle sowieso egal zu sein. Wie
lange schon waren wir nicht mehr zum Essen aus? Aber auch wenn
wir ausgingen, würdest du wahrscheinlich die Zeitung mitnehmen.
Ich sage dir, Georg, manchmal denke ich, die Kinder und ich sind dir
egal. Wenn du nur einmal – nur einmal – etwas Liebe und Verständnis zeigen würdest. Ich würde vor Schreck tot umfallen«, usw., usw.,
usw.

So sollten Sie Georgs Aufmerksamkeit nicht erregen. Es ist, als
würden Sie ihm einen Hieb versetzen, was ihn garantiert wütend,
schweigsam oder beides zusammen macht. Anstatt ihn anzu-
schreien, sollten Sie nach Gelegenheiten Ausschau halten, um Ihrem
Mann Anleitungen zu geben, wenn es am wahrscheinlichsten ist,
dass er zuhört. Diese »Belehrung« erfordert den richtigen Zeitpunkt,
die richtige Umgebung und die richtige Vorgehensweise, wenn sie
wirkungsvoll sein soll. Betrachten wir diese drei Komponenten.

1. *Der richtige Zeitpunkt.* Wählen Sie den Zeitpunkt, zu dem Ihr
   Mann in der Regel zugänglicher und angenehmer ist. Das ist
   wahrscheinlicher morgens der Fall, vielleicht an einem Samstag,
   wenn er weniger unter den Belastungen des Alltags steht. Verfallen Sie auf keinen Fall in eine niederschmetternde, wütende

Schmährede, wenn er müde oder hungrig ist. Geben Sie Ihren
Bemühungen alle Erfolgschancen.

2. *Die richtige Umgebung.* Ideal wäre, Ihren Mann zu bitten, mit Ihnen über Nacht oder übers Wochenende in eine schöne Gegend
zu fahren. Wenn er aus finanziellen Gründen ablehnt, sparen Sie
das Geld von Ihrem Haushaltsgeld oder anderen Mitteln ab.
Wenn es unmöglich ist, wegzufahren, nehmen Sie einen Babysitter und gehen mit Ihrem Mann alleine essen. Wenn auch das
nicht in Frage kommt, wählen Sie zu Hause einen Zeitpunkt, zu
dem die Kinder beschäftigt sind und das Telefon abgestellt werden
kann. Allgemein gesagt, je weiter Sie ihn von zu Hause mit seinen
Sorgen und Problemen und Belastungen weg bekommen, um so
besser sind Ihre Chancen, echte Kommunikation zu erreichen.

3. *Die richtige Vorgehensweise.* Es ist äußerst wichtig, dass Ihr Mann
Ihr Gespräch nicht als persönlichen Angriff empfindet. Wir alle
haben seelische Schutzmechanismen, die uns zu Hilfe kommen,
wenn wir schlecht gemacht werden. Lösen Sie diese Mechanis-
men nicht aus. Stattdessen sollten Sie sich so warmherzig, liebevoll und unterstützend wie unter den Umständen möglich verhalten. Machen Sie Ihrem Mann klar, dass Sie Ihre eigenen Bedürfnisse äußern und nicht die Betonung auf seine Unzulänglichkeiten als Ehemann legen.

Wenn der richtige Zeitpunkt, die richtige Umgebung und die richtige
Vorgehensweise zusammenwirken, also *die* günstige Gelegenheit
gekommen ist, dann drücken Sie Ihre Gefühle so wirksam wie
möglich aus. Und seien Sie bereit – wie jeder gute Pfadfinder.
Denjenigen, die sich fragen, weshalb ich so gut darüber Bescheid
weiß, wie man die Aufmerksamkeit eines Ehemannes erreicht, kann
ich sagen, es liegt daran, dass meine Frau mit mir genauso umgegangen ist. Sie machte mir dadurch ihr Anliegen verständlich.

Frage 320
Welchen Rat würden Sie einer Frau geben, deren Mann einfach seelisch nicht auf sie eingeht? Das ist meine Situation. Dieter ist ein guter Mann, aber er ist nicht romantisch und behält seine Gedanken lieber für sich. Wie kann ich mit der Sehnsucht in meinem Herzen umgehen?

Es gibt Männer, die nie in der Lage sind, die Bedürfnisse ihrer Frau zu befriedigen. Sie verstehen nicht, wie Frauen denken und mussten noch nie jemandem etwas »geben«. Eine Frau, die mit solch einem unromantischen, nicht gesprächigen Mann verheiratet ist, muss sich darüber klar werden, was sie von ihm vernünftigerweise erwarten kann und wie sie ein befriedigendes gemeinsames Leben gestalten können.

Wenn Dieter ein solcher Mann ist, dann sollten Sie ohne Nörgeln und ohne wütend zu werden versuchen, ihm zu zeigen, wie Sie sich von ihm unterscheiden und welche speziellen Bedürfnisse Sie haben. Arbeiten Sie an dem, was in Ihrer Beziehung geändert werden kann, erklären Sie, was er verstehen kann, lösen Sie, was geregelt werden kann und verhandeln Sie über Dinge, in denen Kompromisse möglich sind. Machen Sie die bestmögliche Ehe aus den Rohstoffen, die von zwei unvollkommenen Menschen mit zwei einzigartigen Persönlichkeiten eingebracht wurden. Bezüglich all der scharfen Kanten, die nie geschliffen und der Fehler, die nie ausgemerzt werden können, versuchen Sie, die bestmögliche Sichtweise an den Tag zu legen und beschließen Sie, die Wirklichkeit genauso anzunehmen, wie sie ist. Der allererste Grundsatz für seelische Gesundheit besteht darin, das anzunehmen, was man nicht ändern kann. Sie könnten leicht über den Umständen Ihres Lebens in Depression verfallen. Aber Sie können sich auch dafür entscheiden, nicht zu resignieren und trotz allem zufrieden zu sein. Das entscheidende Wort ist »entscheiden«.

Können Sie Ihren Mann so annehmen wie er ist? Selten befriedigt ein Mensch alle Sehnsüchte und Hoffnungen im Herzen eines anderen. Jede Medaille hat natürlich zwei Seiten: Sie können auch nicht die perfekte Frau für Ihren Mann sein. Er ist nicht fähiger, Ihr ganzes Paket emotionaler Bedürfnisse zu entwirren, als Sie fähig sind, rund um die Uhr seine sexuelle Traumfrau zu sein. Beide Partner müssen sich mit menschlichen Schwächen und Fehlern und Reizbarkeit und Müdigkeit und gelegentlichen nächtlichen »Kopfschmerzen« abfinden. Eine gute Ehe ist nicht eine, in der Vollkommenheit regiert: Es ist eine Beziehung, in der man eine Unmenge »unlösbarer Fragen« in ihrer relativen Bedeutung sieht.

Ich meine damit keinesfalls, dass der Rat, den ich Ihnen gebe, leicht umzusetzen ist oder dass dadurch die Sehnsucht, die Sie beschrieben haben, vergeht. Aber jeder Mensch trifft einmal auf schwierige Situationen, auf die er keinen Einfluss hat. An diesem Punkt bricht ein Mensch entweder zusammen, rennt davon, wird wütend oder alles drei zusammen. Ich meine, dass Annahme die bessere Alternative ist.

Frage 321
Meinen Sie damit, dass Frauen versuchen sollten, einige ihrer emotionalen Bedürfnisse außerhalb der Ehe zu befriedigen?

Genau das wollte ich sagen, insbesondere hinsichtlich einer seelisch feinfühligen Frau, die mit einem stoischen, unromantischen Mann verheiratet ist. Wenn er ihr einziger erwachsener Gesprächspartner ist und sie ihn als Menschen betrachtet, der alle ihre emotionalen Bedürfnisse zu befriedigen hat, dann kann ihre Ehe schnell Schiffbruch erleiden. Er hat keine Ahnung, wie er mit ihrem »Seelenhunger« umgehen soll oder sie glücklich machen kann. Wenn sie merkt, dass er nie sein kann, was sie von ihm will, beginnt Unzufriedenheit in der Beziehung zu gären. Ich erlebte Tausende von Ehen, die an diesem Punkt nicht mehr weiter wussten.

Was ist dann zu tun? Eine Frau mit einer normalen Palette emotionaler Bedürfnisse kann nicht einfach keine Notiz von ihnen nehmen. Etwas tief in ihrem Herzen schreit nach Erfüllung. Für Frauen in dieser Situation liegt eine Antwort darin, das, was ihr Mann ihr geben kann, durch befriedigende Beziehungen zu Frauen zu ergänzen. Freundinnen zu haben, mit denen sie sich aussprechen, die Bibel lesen, lachen und weinen und ihre Kinder großziehen kann, ist unter Umständen für ihre seelische Gesundheit lebenswichtig.

Genauso sind Frauen in vergangenen Jahrhunderten mit sozialen Bedürfnissen umgegangen. Viele Männer arbeiteten sechzig oder siebzig Stunden in der Woche und hatten wenig Zeit oder Kraft für sogenannte romantische Stunden. Aber eine gut organisierte Frauengesellschaft füllte das Vakuum. Die Frauen arbeiteten zusammen, bekamen ihre Babys zusammen, kochten zusammen, machten zusammen ein und gingen zusammen in die Kirche. Und irgendwie genügte das.

Warum gibt es heute keine solche weibliche Gesellschaft mehr? Weil viele Frauen eine Arbeitsstelle haben (die Wohngebiete sind leer) und weil die Welt so mobil geworden ist. Die Großfamilie ist auseinander gefallen und die Zivilisation hat sich weiterentwickelt. So ist es oft schwierig geworden, Freundinnen zu finden, und viele jüngere Frauen, vor allem solche mit zwei oder mehr Kindern im Vorschulalter, geben die Suche nach Freundinnen auf. Es ist einfach zu schwierig.

Ich möchte die jungen Frauen, die diese Worte lesen, dringend bitten, nicht in dieses Verhaltensmuster zu verfallen. Investieren Sie etwas Zeit in Ihre Freundinnen, obwohl Sie alle viel beschäftigt sind. Widerstehen Sie der Versuchung, sich in Ihre eigenen vier Wände zurückzuziehen und sich jemanden zum Plaudern zu wünschen. Bleiben Sie als Familie in einer Gemeinde, die Ihren Bedürfnissen entspricht und in der das Wort Gottes gepredigt wird. Denken Sie daran, dass viele Frauen in Ihrer Umgebung ähnliche Gefühle wie Sie haben. Finden Sie sie. Kümmern Sie sich um sie. Geben Sie ihnen etwas. Dabei wird Ihr eigenes Selbstwertgefühl verbessert. Wenn Sie dann zufrieden sind, wird Ihre Ehe gedeihen. Das klingt zu stark vereinfachend, aber so sind wir eben. Wir sind dazu geschaffen, als soziale Wesen Gott zu lieben, und kontaktlos geht es uns nicht gut. Lassen Sie diese Kontaktlosigkeit bei sich nicht zu.

Frage 322
Wenn man einander wirklich liebt, dann sollte einem das doch genügend Halt geben, wenn Stürme kommen?

Nicht unbedingt – und bestimmt nicht, wenn Sie Liebe für ein romantisches Gefühl halten. Wunderbare Gefühle bewirken nicht, dass zwei Menschen auf Dauer miteinander einträchtig leben. Viele Paare nehmen an, dass der Überschwang der Zeit der jungen Liebe für den Rest ihres Lebens anhält. Das geschieht eigentlich nie! Es ist naiv, wenn man erwartet, dass zwei einzigartige Persönlichkeiten so zusammenpassen, dass sie sich wie Zahnräder ineinander fügen und dabei ihr Leben lang fröhlich bleiben. Auch Zahnradgetriebe haben zahlreiche rauhe Kanten, die geschliffen werden müssen, bevor sie zusammenwirken.

Dieses Schleifen geschieht in der Regel im ersten und zweiten Ehejahr. Die Grundlage für alles Folgende wird in diesen entscheidenden Monaten gelegt. Was sich oft in dieser Zeit abspielt, ist ein nervenaufreibender Kampf um die Macht in der Beziehung. Wer wird leiten? Wer wird sich leiten lassen? Wer bestimmt, wie das Geld ausgegeben wird? Wer setzt sich bei Meinungsverschiedenheiten durch? Am Anfang kann man sich um alles reißen und die Zukunft wird von der Art und Weise geprägt, wie diese frühen Entscheidungen getroffen werden.

Der Apostel Paulus erklärte, wie Gott die Beziehungen zwischen Menschen, nicht nur in der Ehe, sondern in allen Lebensbereichen, sieht. Er schrieb: »Tut nichts aus Eigennutz oder um eitler Ehre willen, sondern in Demut achte einer den andern höher als sich selbst« (Phil 2, 3).

Dieser eine Vers enthält mehr Weisheit als die meisten Eheratgeber zusammen. Wird er beachtet, wäre es eigentlich möglich, ohne

Ehescheidung auszukommen. Dieser Vers verleiht Standfestigkeit, wenn die Stürme anfangen zu brausen.

Frage 323
Empfehlen Sie voreheliche Beratung für Verlobte? Wenn ja, warum? Meine Verlobte und ich verbrachten im vergangenen Jahr viele Stunden, um uns kennen zu lernen. Weshalb sollten wir dann Zeit und Kosten für eine Beratung aufwenden?

Voreheliche Beratung ist ein Muss und kann buchstäblich die Ehe retten. Außerdem können diese Unterredungen jungen Männern und Frauen helfen, nicht, wie viele andere in unserer Zeit, einen praktisch Fremden zu heiraten. Lassen Sie mich das erklären.

Ein typisches Paar verbringt viel Zeit mit gemeinsamen Gesprächen, wie Sie und Ihre Verlobte das taten. Trotzdem kennen Sie einander nicht so gut, wie Sie denken. Der Grund liegt darin, dass eine Liebesbeziehung so ausgerichtet ist, dass Informationen geheim gehalten und nicht offen gelegt werden. Jeder Partner zeigt sich von seiner besten Seite und verbirgt peinliche Tatsachen, Gewohnheiten, Fehler und Charaktereigenschaften.

Folglich treten Braut und Bräutigam oft mit einer Reihe persönlicher Mutmaßungen über das Leben nach der Hochzeit in die Ehe ein. Nach einigen Wochen treten dann größere Konflikte auf, wenn beide entdecken, dass sie in Fragen, in denen kein Kompromiss möglich ist, grundlegend verschiedener Meinung sind. Der Weg ist gepflastert für Wortgefechte und verletzte Gefühle, die während der Verlobungszeit niemand vorausgeahnt hatte.

Deshalb halte ich viel von einer soliden, auf der Bibel gründenden Beratung vor der Ehe. Jedes verlobte Paar, auch diejenigen, die scheinbar perfekt zueinander passen, sollten mindestens sechs bis zehn Unterredungen mit jemandem haben, der eine Ausbildung hat, aufgrund derer er ihnen bei der Vorbereitung der Ehe helfen kann. Der Hauptzweck dieser Treffen liegt darin, die Erwartungen eines jeden Partners zu erkennen und die möglichen Konfliktgebiete durchzuarbeiten.

In der Regel hilft ein erfahrener Berater einem Paar unter anderem, die folgenden Fragen gemeinsam in Angriff zu nehmen.

- Wo werden Sie nach der Eheschließung leben?
- Wird die Frau arbeiten? Wie lange?
- Sind Kinder geplant? Wie viele? Wie bald? In welchem Abstand?
- Wird die Frau nach der Geburt der Kinder wieder arbeiten? Wie schnell?
- Wie werden die Kinder zu Disziplin angehalten, ernährt, erzogen?
- Zu welcher Gemeinde werden Sie gehen?
- Ist mit theologischen Unterschieden zu rechnen?
- Wie werden sich Ihre Rollen voneinander unterscheiden?
- Wie werden Sie sich jeweils zur angeheirateten Verwandtschaft verhalten?
- Wo werden Sie die Weihnachts- und Osterferien verbringen?
- Wie werden finanzielle Entscheidungen getroffen?
- Wer wird die Schecks ausstellen, Überweisungen tätigen?
- Was halten Sie von Krediten?
- Wird ein Auto auf Kredit gekauft? Wie bald? Welches?
- Wie weit wollen Sie vor der Ehe in sexueller Hinsicht gehen?
- Wenn die Freundinnen der Braut sich von den Kumpeln des Bräutigams unterscheiden, in welcher Verbindung werden Sie dann zu beiden stehen?
- Welches sind Ihre größten Befürchtungen über Ihren Verlobten/ Ihre Verlobte?
- Welche Erwartungen haben Sie an ihn/sie?

Dies ist nur ein Teil der Fragen, die besprochen und durchdacht werden müssen. Dann wird eine ganze Reihe psychologischer Tests durchgeführt, um festzustellen, ob beide harmonieren und welche Temperaments- und Persönlichkeitsstrukturen sie haben. Manchmal sind die Ergebnisse geradezu bestürzend. Einige Paare beschließen in der Tat, die Heirat zu verschieben oder abzublasen, wenn sie Gebiete entdeckt haben, auf denen es wahrscheinlich später zu Konflikten kommt. Andere beginnen, an ihren Verschiedenheiten zu arbeiten und treten zuversichtlicher in die Ehe. In jedem Fall ist es in der Regel für Mann und Frau von Nutzen, einander besser kennen gelernt zu haben.

Jemand sagte: Das Geheimnis einer glücklichen Ehe besteht darin, dass man vor der Hochzeit die Augen weit offen und nach der Hochzeit halb geschlossen hält. Dem stimme ich zu. Voreheliche Beratung soll Verlobten genau dabei helfen.

Frage 324

Was halten Sie von Gesetzen, die eine »Ehescheidung ohne Prüfung der Verschuldensfrage«, also die Auflösung der Ehe ohne Grund, ermöglichen? Wenn ein Partner aussteigen möchte, darf er oder sie seine eigenen Wege gehen. Ist dies zweckmäßig?

Der Begriff der »Ehescheidung ohne Prüfung der Verschuldensfrage« wurde 1969 in Kalifornien geprägt, das zum ersten Land der westlichen Welt wurde, das seine Scheidungsgesetze radikal änderte. Die Idee hat andere Länder buchstäblich im Sturm erobert. Innerhalb der folgenden fünfzehn Jahre verabschiedeten alle anderen amerikanischen Bundesstaaten eine ähnliche gesetzliche Regelung. Auch in Deutschland hat das am 1. Juli 1977 in Kraft getretene neue Ehe- und Scheidungsrecht das Verschuldensprinzip bei einer Ehescheidung aufgehoben.

Statistische Erhebungen aus den vergangenen dreißig Jahren erbringen den Nachweis, dass die Ehescheidung ohne Prüfung der Verschuldensfrage zur Katastrophe für die Familie geworden ist. Nach dem *Statistical Abstract of the United States* (Statistische Zusammenstellung der USA) ist die Zahl der Ehescheidungen seit Inkrafttreten dieser Gesetze im Jahre 1970 in diesem Land um 279 Prozent gestiegen.[118] Die Zahl der Kinder, die mit einem geschiedenen Elternteil leben, stieg im selben Zeitraum um 352 Prozent.[119] Der Demograph Dr. Paul Glick sagte voraus, dass ein Drittel aller Kinder vor Erreichen ihres achtzehnten Geburtstages in einer Stieffamilie leben werden.[120] Ich stimme denen zu, die behaupten, dass die Liberalisierung des Scheidungsrechts die Unantastbarkeit der Familie unterhöhlte und Millionen von Kindern dazu verdammte, ein Leben in Armut und Herzeleid zu führen.

Im Grunde genommen haben die Gesetze zur Ehescheidung ohne Prüfung der Verschuldensfrage den Akt der Eheschließung ausgehöhlt und ihn zu einem nicht einklagbaren Vertrag gemacht. Ein Ehepartner kann seine Familie leichter verlassen als irgendeine Vereinbarung kündigen, die seine Unterschrift trägt. Es ist unwichtig, dass er oder sie ein feierliches Versprechen vor Gott, Freunden, Bekannten, einem Geistlichen oder einem bevollmächtigten Vertreter des Staates abgelegt hat. Wenn jemand sein Versprechen bricht, muss er nicht einmal seine Gründe darlegen. Besonders besorgniserregend ist das Wohl des Partners, der sich unfreiwillig mit Ehescheidung, Streit um das Sorgerecht und Ablehnung auseinandersetzen muss. Dieser verantwortungsbewusste Partner hat keinerlei Einflussnahme auf die Auflösung der Familie. Aber der andere Ehepartner, sogar derjenige, der hinter einem jüngeren Partner oder einer »neuen großen Freiheit« herjagt, hat die Dinge in der Hand.

Aus dieser bedauerlichen Manipulation sozialer Strukturen kann man etwas lernen. Die Institution Familie ist die Grundeinheit der Gesellschaft – das Fundament, von dem die ganze Zivilisation getragen wird. Wenn die Familie zusammenbricht, wird alles, was Wert hat, mit in die Tiefe gerissen. Wir sollten nie leichtfertig an ihr herumpfuschen oder ihre Existenzgrundlage untergraben. Doch bestimmte Gruppen machen sich schon wieder über sie her. Dieses Mal sind sie entschlossen, die Ehe zwischen gleichgeschlechtlichen Partnern zu ermöglichen, wodurch die Debatte über Polygamie wieder aufgenommen und die rechtliche Definition der Familie zerstört wird. Ich bete, dass sie ihr Ziel nicht erreichen.

Frage 325

Meine Frau verhält sich sexuell ablehnend, wenn die Umstände nicht genau stimmen. Es genügt ihr nicht, dass wir einfach einander körperlich genießen. Bevor wir miteinander schlafen, muss ich mit ihr sprechen und Zeit mit ihr verbringen, sonst ist sie desinteressiert. Sind alle Frauen so?

Die meisten Frauen sind genauso. Für eine Frau ist Sex nicht nur ein körperliches Erlebnis. Wenn eine Frau zu einer bestimmten Zeit nicht eine gewisse Nähe zu ihrem Mann verspürt, wenn sie nicht glaubt, dass er sie als Person achtet, kann sie unfähig sein, die sexuelle Begegnung mit ihm zu genießen. Wenn sie beim Geschlechtsverkehr keine emotionale Nähe empfindet, kommt sie sich oft benutzt vor. Ihr Mann hat gewissermaßen zu seiner eigenen Befriedigung von ihrem Körper Gebrauch gemacht. Wie das bei Ihrer Frau der Fall ist, weigert sie sich entweder mitzumachen oder sie gibt widerwillig und grollend nach.

Ein Mann dagegen kann schlecht gelaunt von der Arbeit nach Hause kommen, den ganzen Abend an seinem Schreibtisch oder in der Garage schuften, schweigend die Elf-Uhr-Nachrichten hören und schließlich zu einer kurzen sexuellen Begegnung ins Bett hüpfen. Dass er und seine Frau den ganzen Abend lang keine zärtlichen Momente hatten, tut seinem sexuellen Verlangen keinen Abbruch. Er sieht sie auf ihrem Weg zum Bett in ihrem hautengen Nachthemd und das genügt, um ihn scharf zu machen. Aber seine Frau gerät nicht so schnell in Erregung. Sie wartete den ganzen Tag auf ihn, und als er heim kam und sie kaum begrüßte, empfand sie Enttäuschung und Ablehnung. Seine andauernde Kühle und Beschäftigung mit sich selbst hatten sie blockiert. Deshalb findet sie es unmöglich, später am Abend auf ihn einzugehen.

Die Unfähigkeit, diese Frustration zu erklären, ist, glaube ich, eine ständige Quelle der Verärgerung für Frauen.

Frage 326

Wird das Bedürfnis nach Geschlechtsverkehr von Männern und Frauen in gleicher Weise empfunden?

Viele Männer und Frauen unterscheiden sich wesentlich in der Äußerung sexuellen Verlangens. Die Forschung scheint darauf hinzudeuten, dass die Intensität der Lust und Erregung beim Orgasmus der Frau und bei der Ejakulation des Mannes in etwa gleich ist, obwohl der Weg zu diesem Höhepunkt anders verläuft. Die meisten Männer können schneller als Frauen erregt werden. Der Mann hat vielleicht den Gipfel erreicht, während seine Frau noch mit ihren Gedanken beim Abendessen und bei den Kindern ist. Klug ist der Mann, der dieses weibliche Empfinden erkennt und seine Frau in dem ihr angemessenem Tempo mitkommen lässt.

Diese Medaille hat jedoch zwei Seiten. Eine Frau sollte auch verstehen, wie die Bedürfnisse ihres Mannes sich von den ihren unterscheiden. Wenn die sexuelle Reaktion bei Männern blockiert wird, staut sich ein wachsender physiologischer Druck an, der nach Freisetzung strebt. Zwei Samenbläschen (kleine Beutel, die das Sperma enthalten) füllen sich allmählich randvoll; wenn der Höchststand erreicht ist, wird der Mann durch hormonelle Einflüsse für alle sexuellen Anregungen empfänglich. In einem Zustand sexueller Entbehrung kann sein erotisches Verlangen allein durch die Gegenwart einer Frau geweckt werden, auf die er kaum ein Auge werfen würde, wenn seine Bedürfnisse befriedigt sind. Eine weniger leidenschaftliche Frau kann diese Anspeicherung des sexuellen Appetits ihres Mannes nur schwer verstehen, da ihre eigenen Bedürfnisse in der Regel weniger drängend sind. Sie sollte deshalb erkennen, dass sein Verlangen von ganz bestimmten biochemischen Kräften in seinem Körper diktiert wird und wenn sie ihn liebt, wird sie sich bemühen, diese Bedürfnisse so angemessen und regelmäßig wie möglich zu befriedigen. Ich bestreite nicht, dass auch Frauen bestimmte sexuelle Bedürfnisse haben, die nach Befriedigung drängen. Ich wollte vielmehr erklären, dass Enthaltsamkeit in der Regel für Männer schwieriger zu ertragen ist.

Frage 327
Warum sind manche Männer und Frauen weniger sinnlich als andere?

Die Einstellung eines Erwachsenen zum Geschlechtsverkehr wird von der Genetik und seiner Konditionierung während der Kindheit und Jugend bestimmt. Es ist erstaunlich zu beobachten, wie viele sonst recht vernünftige Menschen immer noch den Sex in der Ehe für schmutzig, animalisch oder böse halten. Ein solcher Mensch, dem während der prägenden Jahre eine einseitige, negative Einstellung zu Sex beigebracht wurde, kann möglicherweise in der Hochzeitsnacht diese sorgfältig aufgebauten Hemmungen nicht über Bord werfen. Die Hochzeitsfeier ist einfach nicht genug, um die Haltung eines Menschen vom »Du sollst nicht« zum »Du sollst – regelmäßig – und mit großer Leidenschaft!« zu kehren. Dieser Gesinnungswandel ist nicht leicht zu verwirklichen.

Nun zum zweiten Faktor. Nicht alle Unterschiede in der Intensität des Sexualtriebes können auf die Erziehung zurückgeführt werden. Menschen unterscheiden sich praktisch in jeder Hinsicht. Unsere Füße sind verschieden groß, unsere Zähne sind unterschiedlich geformt, einige Leute essen mehr als andere und manche sind größer als ihre Altersgenossen. Wir sind Originale. Genauso unterscheiden wir uns in unserem Sexualverlangen. Unsere inneren »Computer« sind durch die genetische Vererbung eindeutig unterschiedlich programmiert. Einige von uns »hungern und dürsten« nach Sexualität, während andere der Sache wesentlich kühler gegenüberstehen. Aufgrund dieser Ungleichheit sollten wir lernen, uns sexuell anzunehmen, wie auch körperlich und emotional. Das bedeutet nicht, dass wir nicht versuchen sollten, die Qualität unseres Geschlechtslebens zu verbessern, aber es bedeutet, dass wir aufhören sollen, darum zu kämpfen, das Unmögliche zu erreichen.

Solange ein Mann und eine Frau miteinander zufrieden sind, ist es egal, was Illustrierte über ihre eventuellen Unzulänglichkeiten sagen. In unserer Kultur ist Sex zu einem statistischen Monstrum gewor-

den. »Das durchschnittliche Paar hat dreimal pro Woche Geschlechtsverkehr! O nein! Was stimmt mit uns nicht? Sind wir sexuell nicht auf
der Höhe?« Ein Mann macht sich Sorgen, wenn seine Geschlechtsorgane von »durchschnittlicher« Größe sind, während seine Frau ihren
ungenügenden Brustumfang beäugt. Wir werden von dieser ständigen
Beschäftigung mit Sex tyrannisiert. Ich mache hier einen Vorschlag:
Räumen wir dem Geschlechtsleben den Platz ein, der ihm gebührt;
sicher ist es wichtig, aber es sollte uns dienen und nicht wir ihm!

Frage 328
Würden Sie sagen, dass die meisten Eheprobleme von sexuellen Schwierigkeiten hervorgerufen werden?

Nein, das Gegenteil trifft eher zu. Die meisten sexuellen Probleme werden von Eheschwierigkeiten hervorgerufen. Oder
anders gesagt, Paare, die im Bett Probleme haben, haben oft größere
Probleme in den restlichen 23 $^1/_2$ Stunden des Tages.

Frage 329
Mein Mann und ich sprechen nie über das Thema Sex und darüber bin ich frustriert. Ist dies ein häufiges Problem in einer Ehe?

Ja, insbesondere für diejenigen, die sexuelle Schwierigkeiten haben.
Wenn Sex ein Problem ist, ist es sogar noch wichtiger, dass die
Türen der Kommunikation in der Ehe geöffnet bleiben. Wenn der
Geschlechtsverkehr leidenschaftslos geworden ist und wenn Angst
sich ständig anstaut, neigt man dazu, über das Thema nicht zu
sprechen. Kein Partner weiß, wie eine Lösung aussehen könnte, und
stillschweigend kommen sie überein, das Problem zu übergehen.

Vor kurzem schrieb mir eine Frau, dass ihr Sexualleben mit ihrem
Mann einem »Stummfilm« ähnelt. Niemals wird ein Wort gesprochen.

Wie unglaublich klingt es, dass ein gehemmter Mann und eine gehemmte Frau mehrere Jahre lang mehrmals in der Woche Intimverkehr haben, ohne jemals ihre Gefühle oder Frustrationen über diesen wichtigen Aspekt ihres Lebens in Worten auszudrücken. Jeder beängstigende Gedanke oder Umstand, der nicht ausgedrückt werden kann, ruft fast hundertprozentig inneren Druck und Stress hervor. Je weniger das Thema in Worte zu fassen ist, um so größer ist der Druck, der das sexuelle Verlangen schwächt.

Wenn ein Gespräch über das Thema Sex nicht möglich ist, dann findet der Geschlechtsakt außerdem unter Leistungsdruck statt – jeder Partner hat das Gefühl, vom anderen kritisch begutachtet zu werden. Um diese Kommunikationsbarrieren abzubauen, sollte der Mann die Initiative ergreifen und seiner Frau helfen, ihre Gefühle, ihre Ängste, ihre Erwartungen in Worte zu fassen. Sie sollten über die Vorgehensweisen und Techniken sprechen, die anregen – und solche, die das nicht tun. Sie sollten ihren Problemen ruhig und zuversichtlich entgegentreten, wie reife Erwachsene. In solch besänftigenden Gesprächen liegt eine wunderbare Kraft: Spannungen und Ängste werden vermindert, wenn sie in Worten ausgedrückt werden.

Frage 330
Mein Mann und ich kommen jeden Abend immer erst gegen Mitternacht ins Bett und dann bin ich zu müde für die Liebe. Ist es ungewöhnlich oder falsch, wenn ich nicht reagieren kann, wenn sich die Gelegenheit bietet?

An Ihrer Situation ist nichts Außergewöhnliches. Körperliche Erschöpfung spielt eine wichtige Rolle in der Unfähigkeit vieler Frauen, sexuell anzusprechen. Ich hörte einmal: »Bis ich die Katze hinausgelassen, die Kinder ins Bett gesteckt und den Telefonhörer aufgelegt habe – wer hat dann noch Lust?!« Gute Frage. Eine Mutter, die sich durch einen Achtzehn-Stunden-Tag gekämpft hat – besonders wenn sie hinter einem oder zwei lebhaften Kleinkindern hergejagt ist –, merkt dann vielleicht, dass ihre innere Kontrolllampe ins Flackern geraten und ausgegangen ist. Wenn sie schließlich ins Bett fällt, ist Sex mehr eine Pflicht als ein Vergnügen. Er steht auf ihrer Aufgabenliste für diesen Tag an letzter Stelle. Befriedigende Geschlechtsbeziehungen beanspruchen große Mengen körperlicher Energie und werden ernsthaft beeinträchtigt, wenn diese Energien bereits erschöpft sind. Trotzdem wird der Geschlechtsakt in der Regel als letztes Ereignis am Abend eingeplant.

Wenn Sex für eine Ehe wichtig ist und wir alle wissen, dass dem so ist, dann sollten einige Momente, in denen beide in Höchstform sind, dafür freigehalten werden. Die Arbeit des Tages sollte früh am Abend enden, damit ein Mann und eine Frau sich zurückziehen können, bevor sie sich selbst in endlosen Aufgaben und Pflichten aufzehren. Denken Sie daran: Alles, was Sie ganz unten auf Ihrer Dringlichkeitsliste stehen haben, wird wahrscheinlich unzulänglich ausgeführt. In zu vielen Familien darbt das Geschlechtsleben an letzter Stelle dahin.

Frage 331
Ist es unvermeidlich, dass das sexuelle Verlangen im fünften, sechsten und siebten Lebensjahrzehnt abnehmen muss?

Es gibt keine organische Grundlage, infolge derer gesunde Frauen und Männer mit dem Alter weniger Verlangen verspüren. Der sexuelle Appetit hängt mehr von der geistigen und emotionalen Einstellung eines Menschen ab als von seinem Alter. Wenn ein Mann und eine Frau sich selbst für alt und reizlos halten, können sie das Interesse an Sex aus Gründen, die nur indirekt mit ihrem Alter zusammenhängen, verlieren. Aber körperlich gesehen ist es ein Märchen, dass Männer und Frauen sexuell apathisch werden müssen, solange keine Krankheitsprozesse oder körperliche Funktionsstörungen vorliegen.

Frage 332
Was wünscht sich eine Frau im fünften, sechsten und siebten Lebensjahrzehnt am meisten von ihrem Mann?

Sie will und braucht dieselbe Versicherung der Liebe und Achtung, die sie sich auch als jüngere Frau wünschte. Dies ist die Schönheit verbindlicher Liebe – einer Liebe, die sich zu lebenslanger Hingabe bekennt. Ein Mann und eine Frau können gute und schlechte Zeiten zusammen als Freunde und Verbündete durchleben. Im Gegenteil dazu wird der jugendliche Befürworter »sexueller Freiheit« und Unverbindlichkeit in den späteren Jahren seines Lebens sich nur an eine Reihe von Ausbeutungen und zerbrochenen Beziehungen erinnern können. Diese kurzfristige Philosophie, für die heute so viel Propaganda getrieben wird, führt letztendlich in eine Sackgasse. Verbindliche Liebe ist teuer, das gebe ich zu, aber sie wirft im reifen Alter den höchsten Gewinn ab.

Frage 333
Könnten Sie die Unterschiede im sexuellen Verlangen und den sexuellen Vorlieben von Männern und Frauen etwas konkreter erklären? Da ich demnächst heiraten werde, möchte ich wissen, wie sich die Bedürfnisse meines künftigen Ehemannes von meinen unterscheiden. Könnten Sie die Hauptunterschiede, die sich zwischen uns herauskristallisieren werden, kurz zusammenfassen?

Es ist klug von Ihnen, diese Frage zu stellen, weil Unkenntnis der Unterschiede zwischen Mann und Frau zu unnötigen Frustrationen und Schuldgefühlen führen kann. Was ich Ihnen jetzt sagen werde, ist nicht neu, doch ist es erstaunlich, wie viele Ehemänner und Ehefrauen nicht wissen, wie ihr Ehepartner sich in diesem Punkt von ihnen unterscheidet. Ich beschreibe hier *typische* Reaktionen. Menschen unterscheiden sich in vielerlei Hinsicht und Sie müssen die einzelnen Punkte mit Ihrem Verlobten besprechen.

Zunächst werden Männer in erster Linie durch visuelle Stimulation erregt. Sie werden von der Nacktheit oder teilweisen Nacktheit einer Frau angereizt. Frauen dagegen sind in der Regel weniger visuell orientiert als Männer. Sicherlich sind sie an attraktiven männlichen Körpern interessiert, aber der physiologische Mechanismus des Geschlechtstriebes wird in der Regel nicht von dem, was sie sehen, ausgelöst. Frauen werden in erster Linie durch Berühren und eine romantische Atmosphäre stimuliert. Folglich liegt hier die erste häufige Quelle von Gegensätzen im Schlafzimmer: Er will, dass sie unbekleidet im erleuchteten Schlafzimmer erscheint, sie möchte lieber im Dunkeln von ihm gestreichelt werden.

Der zweite, wichtigere Punkt liegt darin, dass für Männer die Person, die in einem interessanten Körper wohnt, nicht so wichtig ist. Ein Mann kann ohne weiteres auf der Straße von einer Frau sexuell stimuliert werden, auch wenn er nichts von ihrer Persönlichkeit, ihren Werten oder geistigen Fähigkeiten weiß. Er wird allein von ihrer Schönheit angezogen. Ebenso kann er von dem Foto eines unbekannten, nackten Fotomodells fast genauso erregt werden wie von einer persönlichen Begegnung mit der Frau, die er liebt. Deshalb ist die Klage vieler Frauen, dass sie von Männern als »Sexobjekte« gebraucht wurden, in gewisser Weise gerechtfertigt. Darin liegt die Erklärung, dass es viel mehr weibliche als männliche Prostituierte gibt und warum nur wenige Frauen versuchen, Männer zu vergewaltigen. Dies erklärt auch, weshalb ein ganzer Saal voller Männer es genießt, zuzuschauen, wie eine Varietétänzerin die Hüllen fallen lässt. All das schmeichelt der männlichen Sexualität nicht gerade, ist aber in der Fachliteratur belegt.

Frauen andererseits sind in ihren sexuellen Interessen abwägender. Sie werden weniger häufig durch das Betrachten eines gutaussehenden Charmeurs oder das Foto eines behaarten Modells erregt; ihr Verlangen richtet sich gewöhnlich auf einen bestimmten Menschen, den sie achtet oder bewundert. Eine Frau wird von der romantischen Atmosphäre, die einen Mann umgibt, seinem Charakter und seiner Persönlichkeit stimuliert. Sie wird zu einem Mann hingezogen, der ihr emotional und körperlich gefällt.

Natürlich gibt es Ausnahmen von diesen typischen Arten des Verlangens, aber die Tatsache bleibt: Sex ist für Männer mehr ein körperliches Phänomen, für Frauen ein tief emotionales Erleben.

Frage 334
Sie sagten, jedes gesunde Ehepaar sollte lernen, miteinander zu streiten. Was meinen Sie damit?

Ich habe gesagt, dass Menschen lernen müssen, *fair* miteinander zu streiten, weil ein großer Unterschied zwischen einem gesunden und einem ungesunden Streit in der Ehe liegt. In einer labilen Ehe zielt die Feindseligkeit auf die verwundbare Stelle des Partners ab, mit Bemerkungen wie: »Du machst auch nie etwas richtig!« und »Warum habe ich dich überhaupt geheiratet?« und »Du wirst deiner Mutter jeden Tag ähnlicher!« Diese polemischen Äußerungen treffen das Selbstwertgefühl des Partners im Innersten.

Ein gesunder Konflikt dagegen konzentriert sich auf die Fragen, die zu der Meinungsverschiedenheit führten. Zum Beispiel: »Es regt mich auf, wenn du mir nicht sagst, dass du später zum Essen kommst.« Oder: »Ich war verlegen, als du mich gestern Abend bei der Party blamiert hast.«

Merken Sie den Unterschied zwischen beiden Vorgehensweisen? Bei der ersten wird die Würde des Partners angegriffen, während die zweite die Quelle des Konflikts anspricht. Wenn Ehepaare diese wichtige Unterscheidung lernen, können sie ihre Meinungsverschiedenheiten durcharbeiten, ohne einander zu verletzen und zu beleidigen.

Frage 335
Meine Frau und ich lieben einander sehr, aber wir durchleben eine Zeit der Apathie. Wir fühlen uns einfach einander nicht nahe. Ist das normal und wie kann man das Feuer wieder anfachen?

So etwas geschieht früher oder später in jeder Ehe. Ein Mann und eine Frau scheinen einfach eine Zeit lang den Wind in ihren Liebessegeln zu verlieren.

Ihre Misere erinnert mich an Seeleute in den Tagen, als man noch mit Segelschiffen fuhr. Zu jener Zeit mussten Matrosen vor vielem Angst haben, unter anderem vor Piraten, Stürmen und Krankheiten. Aber ihre größte Furcht war, dass ihr Schiff in die äquatorialen Windstillen geriet. Es handelt sich um ein Gebiet des Ozeans in der Nähe des Äquators, in denen häufig Windstille oder sehr leichte, wechselnde Winde herrschen. In solch eine Zone zu geraten konnte den sicheren Tod für die ganze Besatzung bedeuten. Der Nahrungs- und Wasservorrat des Schiffes ging zur Neige, während sie tage- oder gar wochenlang dahintrieben und auf eine Brise warteten, die sie wieder auf Kurs brachte.

Nun, Ehen, die einst aufregend und liebevoll waren, können auch in romantische Windstillen geraten, was zu einem langsamen, qualvollen Tod der Beziehung führt. Der Schriftsteller Doug Fields schreibt in seinem Buch *Creative Romance* (Kreativität in einer Beziehung): »Diese Gesetzmäßigkeit kann geändert werden, wenn Sie mit Ihrem Ehepartner hin und wieder ein Rendezvous vereinbaren und romantische Einfälle haben. Das kann übrigens auch jede Menge Spaß machen. Natürlich gibt es kein Rezept, mit dem eine flaue Ehe auf die Schnelle wieder flott gemacht werden kann, aber Sie können damit beginnen, alle Ausreden beiseite zu legen und Ihrem Schatz den Hof zu machen.«[121] In der Tat sollten Sie vielleicht versuchen, wieder wie ein Teenager zu denken. Ich erkläre, was ich damit meine.

Denken Sie einen Augenblick an all die verrückten Dinge während der Zeit zurück, als Sie miteinander befreundet waren – das Kokettieren, das Flirten, die Phantasien, die Eroberungsversuche. Als aus einer Freundschaft eine Ehe wurde, dachten die meisten von uns, wir sollten jetzt erwachsen werden und die Spielereien hinter uns lassen. Aber vielleicht sind wir gar nicht so reif geworden wie wir gerne denken.

Irgendwie wird unsere Liebesbeziehung immer einige Merkmale jugendlicher Sexualität tragen. Auch Erwachsenen gefällt noch das prickelnde Gefühl der Eroberung, der Verlockung des Unerreichbaren, die Erregung über Neues und die Langweile mit Altem. In einer verbindlichen Beziehung werden natürlich unreife Impulse beherrscht und zurückgeschraubt, aber sie verschwinden nie vollständig.

Das könnte Ihnen helfen, wieder Leben in Ihre Ehe zu bringen. Wenn die Beziehung zwischen Ihrem Ehepartner und Ihnen langweilig geworden ist, sollten Sie sich an einige alte Tricks erinnern. Wie wäre es mit Frühstück im Bett? Ein Kuss im Regen? Oder noch einmal all die alten Liebesbriefe gemeinsam lesen? Eine Nacht in einem nahe gelegenen Hotel? Kastanien am offenen Feuer rösten? Ein Anruf mitten am Tag? Eine langstielige rote Rose mit einem Liebesbriefchen? Es gibt dutzendweise Möglichkeiten, wieder Wind in die Segel zu bekommen.

Wenn das alles ein bisschen unreif klingt, dass man sich wieder wie ein Teenager verhalten soll, dann denken Sie einfach daran: In den besten Ehen ist die Eroberungszeit nie wirklich zu Ende.

Frage 336
Warum ist es unvermeidlich, dass Paare in guten Ehen »flaue Zeiten« erleben? Können Sie noch mehr Ratschläge geben, was man in solchen Zeiten tun kann?

Die romantische Liebe ist ein Gefühl, und als solche kommt und geht es. Emotionen haben es nun einmal an sich, dass sie schwanken, auf und ab, auf und ab. Das tolle Liebesgefühl kann man in unbefriedigenden Zeiten am besten wieder beleben, wenn man über die Zeiten und Orte spricht, in denen die Leidenschaft auf Hochtouren lief. Erinnern Sie sich an jene Tage, als Sie es kaum erwarten konnten, einander zu sehen, und wie jede Minute, in der der Geliebte nicht da war, wie eine Ewigkeit schien? Gemeinsam an diese Augenblicke zurückzudenken ist eine Möglichkeit, die früheren Gefühle wiederzubeleben.

Noch besser als darüber zu sprechen ist, sie wieder zu erleben. Meine Frau und ich feierten vor kurzem unseren Hochzeitstag, indem wir unsere alten »Lieblingsplätze« von neuem auskundschafteten. An einem einzigen Abend gingen wir ins Schauspielhaus Pasadena, wo wir damals unsere zweite Verabredung hatten, dann aßen wir in demselben Restaurant wie damals zu Abend. Und in der folgenden Woche besuchten wir den Bauernmarkt, über den wir an trägen Sommerabenden oft geschlendert waren. Wir sprachen über schöne Erinnerungen und erlebten von neuem die Erregung jener Tage. Es war eine herrliche Wiederholung.

Ein anderer Vorschlag wäre, regelmäßig zu den Arten romantischer Betätigungen zurückzukehren, die Sie am Anfang zueinander hingezogen hatten. Sie müssen etwas Spaß und Lachen in Ihr Leben bringen, das sonst öde und bedrückend werden kann.

Vor einigen Jahren befanden Shirley und ich uns in einer solchen Lage, in der wir fast vergessen hatten, wie man spielt. Schließlich hatten wir es satt und beschlossen, etwas zu unternehmen. Wir packten das Auto und fuhren zu einem kurzen Winterurlaub nach Mammoth in Kalifornien. Dort verbrachten wir ein gemeinsames Wochenende mit Skifahren, Essen und Lachen. An einem Abend machten wir Feuer im Kamin und sprachen stundenlang, während unsere Lieblingsmusik auf der Stereoanlage spielte. Wir fühlten uns wieder wie Teenager.

Wenn Sie das nächste Mal spüren, dass Sie die einstige Nähe verlieren, dann versuchen Sie, über die Erinnerungen an frühere Tage zu sprechen und besuchen Sie wieder die Plätze, an denen Sie anfangs glücklich miteinander waren, dann singen Sie die alten Lieder, erzählen Sie die alten Geschichten. Dadurch können die Funken der Verliebtheit, die Sie anfangs zueinander hingezogen haben, wieder angefacht werden. Wenn Sie Ihre Ehe in Schwung und gesund erhalten wollen, müssen Sie ihr einfach etwas Aufmerksamkeit widmen. Gießen Sie die Pflanze und stellen Sie sie ins Sonnenlicht, dann wird sie wachsen. Wenn Sie sie in eine dunkle, kalte Ecke stellen, stirbt sie wahrscheinlich.

Mit etwas Anstrengung und Kreativität können Sie das Feuerwerk in Ihrer Ehe fortsetzen, auch über Silvester hinaus.

Frage 337
Meine Frau und ich geraten manchmal in Streit, auch wenn keiner von uns wirklich streiten will. Ich weiß nicht einmal, wie es dazu kommt. Wir sind plötzlich mitten in einer Auseinandersetzung und später tut es uns Leid. Warum können wir nicht miteinander auskommen, sogar wenn wir es wollen?

Um diese Frage beantworten zu können, müsste ich mehr über die Umstände erfahren, die Sie beide zur Explosion bringen. Ich kann jetzt nur eine der häufigsten Konfliktquellen zwischen Menschen, die einander nahe stehen, beschreiben. Ich nenne es »unterschiedliche Erwartungen«. Ich werde erklären, was ich damit meine.

Wenn ein Mann und eine Frau wütend miteinander streiten, fühlen sie sich oft von ihrem Partner verletzt, abgelehnt und angegriffen. Aber wenn man diese Streitereien objektiv analysiert, erkennt man, dass keiner den anderen wirklich verletzen wollte. Der Schmerz entsteht nicht durch absichtliche Beleidigungen, sondern ergibt sich daraus, dass man die Dinge von verschiedenen Standpunkten aus betrachtet.

Zum Beispiel nimmt ein Mann an, dass Samstag sein Tag ist, an dem er Tennis spielt oder ein Fußballspiel im Fernsehen anschaut, weil er die ganze Woche über schwer gearbeitet und einen freien Tag verdient hat. Wer wollte ihm das übel nehmen? Aber seine Frau könnte mit vollem Recht annehmen, dass er ihr ein paar Stunden lang die Kinder abnimmt, weil sie die ganze Woche lang laufende Nasen geputzt und Windeln gewechselt hat. Sie hat sich eine Pause verdient und erwartet, dass er ihr zu dieser Pause verhilft. Auch das ist eine recht vernünftige Annahme. Wenn diese unterschiedlichen Standpunkte am Samstag etwa um acht Uhr morgens aufeinander treffen, beginnen die Funken zu fliegen.

Wie kann man die Belastungen unterschiedlicher Erwartungen in der Familie vermeiden? Indem man sicherstellt, dass keiner der Ehepartner überrumpelt wird. Die meisten Menschen können mit allem fertig werden, wenn sie Zeit haben, sich darauf einzustellen.

Frage 338
Glauben Sie, dass es förderlich ist, wenn ein Ehepaar zusammen arbeitet und deshalb rund um die Uhr beisammen ist?

Manchmal funktioniert das prächtig. Es hängt von dem jeweiligen Ehepaar ab. Ich kann Ihnen jedoch sagen, wie es meistens ist. Verhaltensforscher sagen, dass Ehen, die »Atem holen«, die besten sind und die höchste sexuelle Kraft haben – darunter versteht man Beziehungen, die sich nach einer Zeit der Nähe und Zärtlichkeit voneinander entfernen und dann wieder zusammenkommen, wie in einem Kreislauf.

Deshalb ist es nicht immer vorteilhaft, wenn Mann und Frau zusammen arbeiten oder sich nur aufeinander konzentrieren, weil sie außerhalb der Familie keine Freunde und Bekannten haben. In gewisser Weise verhindern unterschiedliche Interessen und Beschäftigungen eines jeden Partners, dass die Ehepartner einander aufzehren und die Beziehung kurzfristig ausbrennt.

Schließlich ist die Ehe ein Marathonlauf und kein Kurzstreckenlauf. Männer und Frauen brauchen Regenerationsphasen, um ihre Liebe ihr Leben lang lebendig zu erhalten. Ein gesundes Interesse an vielen Dingen zu pflegen, ist ein großer Schritt in diese Richtung.

Frage 339
Sie sagten, dass Ehepartner sich von Natur aus voneinander *entfernen*, anstatt einander immer näher zu kommen. Warum ist das so?

Von Natur aus bewegen sich alle Dinge im Universum von der Ordnung zur Unordnung hin. Wenn Sie ein neues Auto kaufen, wird es stetig, von dem Tag an, an dem Sie es nach Hause fahren, an Wert verlieren. Ihr Körper altert langsam und stirbt. Ihr Haus muss alle paar Jahre neu gestrichen und in Stand gehalten werden. Ein Geschäft, das nicht sorgfältig geführt wird, gerät durcheinander und bricht zusammen. Ein Ziegelstein, der lange genug auf einem unbebauten Grundstück herumliegt, zerfällt letztendlich zu Staub. Sogar die Sonne und alle Sterne brennen allmählich von alleine aus. Wir leben gewissermaßen in einem sterbenden Universum, in dem es mit allem, das nicht besonders geschützt und gewartet wird, bergab geht.

Das Prinzip, das diese Bewegung von Ordnung zu Unordnung hin bestimmt, kann das »Gesetz des Zerfalls« genannt werden (Ingenieure und Wissenschaftler nennen es manchmal »Entropie-Gesetz«.) Die einzige Möglichkeit, seinen Einfluss hinauszuschieben oder vorübergehend zu bekämpfen, besteht darin, kreative Energie und intelligente Pläne in das zu investieren, was bewahrt werden soll.

Es ist keineswegs erstaunlich, dass auch menschliche Beziehungen dem Prinzip des Zerfalls unterliegen. Von Natur aus werden Ehemänner und Ehefrauen voneinander weg getrieben, wenn sie nicht daran arbeiten, dass sie zusammenbleiben. Dazu fällt mir ein anderes Bild ein: Es ist, als säße jeder Partner in einem Ruderboot auf einem See mit kurzem, stoßweisen Wellengang. Wenn sie nicht heftig rudern, um beieinander zu bleiben, wird einer zum Norden, der andere zum Süden des Sees getrieben. Genau das geschieht, wenn Ehepartner zu beschäftigt oder zerstreut sind, um ihre Liebe zu pflegen. Wenn sie sich nicht die Zeit für romantische Betätigungen und Erlebnisse nehmen, die sie aufeinander zu ziehen, beginnt etwas

Wertvolles sich unbemerkt davonzumachen. So muss es natürlich nicht sein, aber die Ströme des Lebens trennen sie, wenn sie sich nicht darum bemühen, zusammenzubleiben.

Ich wünschte, jedes jungverheiratete Paar wüsste von dem Gesetz des Zerfalls und würde alles versuchen, seine Beziehung davor schützen.

Frage 340
In den vergangenen Monaten hat eine Frau an meiner Arbeitsstelle mir gegenüber zweimal Annäherungsversuche gemacht. Ich liebe meine Frau sehr und bin an dieser Dame nicht interessiert; das machte ich ihr auch ohne Zweifel deutlich. Denken Sie, ich soll meiner Frau von diesen Vorfällen berichten?

Ja. Erstens glaube ich, dass die besten Ehen diejenigen sind, in denen die Partner in solchen Dingen offen und ehrlich miteinander umgehen. Zweitens, weil die Mitteilung wichtiger Informationen ein Schritt der Verantwortlichkeit in einer Situation ist, die gefährlich werden kann. Und drittens, weil Ihre Frau Ihr bester Kamerad sein soll, mit dem Sie unangenehme Umstände und wie man sich dabei verhält, besprechen.

Als einzige Warnung möchte ich Ihnen mitgeben, dass Sie diese Offenbarung keinesfalls dazu benutzen, um Ihre Frau eifersüchtig zu machen oder sie zu manipulieren. Manche Ehepartner ergreifen eine Gelegenheit wie diese, um Machtspiele mit dem anderen zu treiben. Überprüfen Sie Ihre Motive sorgfältig, bevor Sie mit Ihrer Frau sprechen, und erzählen Sie Ihr Erlebnis so objektiv wie möglich. Sie wird Sie deswegen zu schätzen wissen.

Schließlich bitte ich Sie dringend, die Annäherungsversuche dieser Dame aus Ihrem Büro abzuweisen, egal wie attraktiv sie ist oder wie schmeichelhaft ihr Interesse für Sie sein mag. Wenn Sie ihr nachgehen, tut das Ihrem Ego jetzt vielleicht gut, aber später bringt dieser Weg nur Leid und Schmerz − für diese Frau und für Sie.

Frage 341
Meine Familie lebt unter einem Dach und wir haben denselben
Familiennamen, aber wir »fühlen« uns nicht als Familie. Wie kann
ich diesem unverbundenen Haushalt ein Zusammengehörigkeits-
gefühl vermitteln? Wie bringt man sinnvolle Betätigungen in eine
Familie?

Eine Möglichkeit dafür ist die Schaffung von Traditionen in Ihrer Familie. Mit Traditionen meine ich wiederkehrende Ereignisse und Verhaltensweisen, die insbesondere von Kindern als Zeiten der Nähe und Gemeinschaft zwischen geliebten Menschen herbeigesehnt werden.

In unserer Familie ist der Mittelpunkt unserer Feiertagstraditionen das Essen. Jedes Jahr zum Erntedankfest und an Weihnachten kochen die Frauen herrliche Putengerichte mit allen Beilagen. Eine andere Lieblingsspeise an Feiertagen ist ein Obstdessert, das Götterspeise genannt wird und Orangenstückchen und Trauben enthält. Am Abend vor dem großen Tag schält die ganze Familie gemeinsam die Orangen. Diese Feiertage sind herrliche Erlebnisse für uns alle. Wir freuen uns auf diese Feste, nicht nur wegen des Essens, sondern auch weil Menschen, die wir lieben, bei diesen Gelegenheiten zusammenkommen.

Wir haben auch bestimmte Gerichte für die anderen Feiertage im Jahr festgesetzt. Am Neujahrstag genießen wir aus Gründen, die ich nicht erklären kann, ein südamerikanisches Gericht aus Bohnen, die mindestens acht Stunden lang mit großen Stücken mageren Schinkens gekocht und mit Maisbrot und kleinen Zwiebeln serviert werden. Es schmeckt so gut! Jahrelang luden wir dreißig und mehr Freunde am 4. Juli, dem Jahrestag der amerikanischen Unabhängigkeitserklärung, ein und bewirteten sie mit Hamburgern vom Grill und gebackenen Bohnen. Das wurde zum Auftakt des Feuerwerks und zu viel Spaß und Lachen.

Es gibt viele andere Traditionen. Vor dem Essen am Erntedankfest lese ich einen Abschnitt aus der Bibel und Shirley erzählt die

Geschichte der Pilger, die Gott dafür dankten, dass sie den verheerenden Winter überlebt hatten. Dann bekommt jeder Anwesende zwei Maiskörner, die die Wohltaten symbolisieren, für die jeder in diesem Jahr am meisten dankbar ist. Ein Korb wird herumgereicht und jeder Anwesende wirft seine Maiskörner hinein, während er die zwei größten Wohltaten Gottes, die er in diesem Jahr erlebt hat, erzählt. Unser Ausdruck der Dankbarkeit schließt natürlich alle Menschen ein – Kinder, Großeltern und andere, die wir lieben. Während der Korb am Tisch die Runde macht, erkennt man Tränen der Dankbarkeit und Liebe auf vielen Gesichtern. Es ist einer der schönsten Augenblicke des Jahres.

Der große Wert von Traditionen liegt darin, dass sie einer Familie ein Gefühl der Identität und Zusammengehörigkeit verleihen. Wir alle müssen unbedingt spüren, dass wir nicht einfach Teil eines viel beschäftigten Haufens von Menschen sind, die in einem Haus zusammen wohnen, sondern dass wir eine lebendige, atmende Familie sind, die sich ihrer Einzigartigkeit, ihres Charakters und ihres Erbes bewusst ist. Dieses Gefühl ist das einzige Mittel gegen die Einsamkeit und Isolierung, die so viele Familien heutzutage kennzeichnen.

Frage 342

Mein Mann ist ein guter Mensch, aber er braust oft mit den Kindern auf und sagt Dinge, die er später bereut. Helfen Sie mir, ihn davon zu überzeugen, dass er mit diesen unbedachten Außerungen etwas vorsichtiger sein soll.

Der Psychologe und Autor Abraham Maslow sagte einmal: »Neun bestätigende Äußerungen sind erforderlich, um eine einzige kritische Äußerung, die wir an unsere Kinder richteten, wettzumachen.«[122] Ich glaube, er hat Recht. Jeder normale Mensch reagiert negativ auf Kritik und Ablehnung. Umgekehrt sehnen sich manche Menschen geradezu nach Bestätigung und würden fast alles tun, um sie zu bekommen.

Insbesondere Kinder können sehr leicht von Menschen verletzt werden, die Bestätigung einsetzen, um sie zu manipulieren. Ich hörte einmal, wie jemand sagte: »Wer Kindern Lob und Aufmerksamkeit schenkt, hat Macht über sie.« Das könnte ein Drogendealer, ein Bandenmitglied oder sonst ein Mensch sein, der ihnen schaden kann. Menschen mit bösen Absichten wissen, wie man Lob einsetzt, um von einem einsamen Kind zu bekommen, was man will. In der Tat wird diese Methode routinemäßig von Pädophilen gebraucht, die ihre Opfer sexuell missbrauchen.

Ein erfahrener Pädophile kann ein Zimmer voller Kinder betreten und auf der Stelle diejenigen ausfindig machen, die für Bestätigung empfänglich sind. In weniger als fünf Minuten kann er diese bedürftigen Kinder in seine Gewalt bekommen.

Jeder Mensch hat ein tiefes inneres Bedürfnis nach Liebe, Zugehörigkeit und Zuneigung. Wenn Sie diese Sehnsüchte bei Ihren Kindern nicht erfüllen, kann ich Ihnen versichern, dass jemand anders es tun wird.

Frage 343
Inwieweit unterscheiden sich Männer und Frauen in emotionaler Hinsicht? Werden diese Unterschiede von kulturellen Einflüssen oder genetischen Faktoren verursacht?

Zweifellos sind einige Unterschiede zwischen männlichen und weiblichen Wesenszügen kulturell bedingt. Es wäre jedoch einfältig, den Einfluss der Vererbung, Physiologie und des angeborenen Temperaments beim Verständnis der Geschlechter außer Acht zu lassen. In den sechziger Jahren versuchten radikale Feministinnen, die Idee zu verkaufen, dass Männer und Frauen genau gleich sind, außer der Fähigkeit, Kinder zu gebären. Ich möchte jetzt einige der Unterschiede zwischen den Geschlechtern beschreiben, die wenigstens teilweise von der Genetik bestimmt sind.

Die Fortpflanzungsfähigkeit der Frau führt zu einem größeren

Bedürfnis nach Sicherheit und Beständigkeit. Mit anderen Worten, wegen ihres Verantwortungsbewusstseins für Kinder sind Frauen weniger geneigt, ein Risiko einzugehen oder die Zukunft aufs Spiel zu setzen. Obwohl natürlich individuelle Unterschiede bestehen, herrscht in der Regel zwischen Mann und Frau eine gesunde Spannung, die ich interessant finde. Er hat eine Vorliebe für Erregung, Abwechslung, Unsicherheit und die Möglichkeit eines riesigen Ertrages aus einer gewagten Geldanlage. Sie ist mehr für Vorhersehbarkeit, Stetigkeit, Sicherheit, Sesshaftigkeit, zwischenmenschliche Beziehungen und kleinere Erträge aus einer sichereren Geldanlage. Diese gegensätzlichen Neigungen kommen einem Ehepaar sehr zugute. Sie bringt seine impulsiven, törichten Tendenzen ins rechte Maß und er lockt sie aus Passivität und übermäßiger Vorsicht heraus. Diese genetischen Neigungen haben weitreichende Auswirkungen. Die Medizin steht noch ganz am Anfang der Erkundung all der weitverzweigten Unterschiede zwischen den Geschlechtern. Wir erkennen die Weisheit des Schöpfers daran, wie die Geschlechter hier in wechselseitiger Beziehung zueinander stehen.

Damit verknüpft ist die emotionale Investition einer Frau in ihr Heim, die in der Regel weit größer ist als die des Mannes. Sie kümmert sich meist mehr um die Einzelheiten des Hauses, den Ablauf des Familienlebens und Ähnliches. Hier ein Beispiel aus meinem persönlichen Leben. Meine Frau und ich beschlossen, im Hinterhof einen neuen Gasgrill aufzustellen. Als der Installateur mit der Arbeit fertig und gegangen war, erkannten Shirley und ich, dass er das Gerät etwa fünfzehn Zentimeter zu hoch gesetzt hatte. Ich betrachtete das Werk und bemerkte: »Hm, ja, er hat einen Fehler gemacht. Das steht fest. Es ist etwas zu hoch. Ach so, was essen wir heute Abend?« Shirleys Reaktion war völlig anders. Sie sagte: »Das Ding da steht in die Luft, ich kann das wirklich nicht ausstehen!« Unsere gegensätzlichen Auffassungen sind ein klassisches Beispiel dafür, wie unterschiedlich stark die Gefühle sind, wenn es um das Zuhause der Familie geht.

In der Regel unterscheiden sich die Geschlechter auch in ihrem Wettbewerbsverhalten. Jeder, der dies in Zweifel zieht, sollte einmal beobachten, wie Männer und Frauen an ein Spiel herangehen, sei es Tischtennis, Monopoly, Domino, Volleyball oder Tennis. Frauen benützen diese Spiele als Hintergrund für Gemeinschaft und freundliche Gespräche. Männer denken dabei nur an das Siegen. Auch wenn es sich um ein nettes geselliges Beisammensein im Garten des Gastgebers handelt, beweisen die Schweißtropfen auf der Stirn eines jeden Mannes sein gewaltiges Verlangen nach Sieg. Diese aggressive Konkurrenzbereitschaft wird ausschließlich auf kulturelle Einflüsse zurückgeführt. Ich glaube nicht daran. Es handelt sich vielmehr um eine Wirkung von Testosteron und um eine Funktion des männlichen Gehirns. Wie Dr. Richard Restak in seinem Buch *The Brain: The Last Frontier* (Das Gehirn: Die letzte Grenze) sagte: »Bei einer Geburtstagsfeier für Fünfjährige sind es in der Regel nicht die Mädchen, die Haare ziehen, Fausthiebe verteilen oder sich gegenseitig mit Essen beschmieren.«[123]

Wie ich bereits früher sagte, bemühte man sich in den vergangenen dreißig Jahren, die Persönlichkeitsmerkmale von Jungen und Mädchen gleichzumachen. Das Verhalten, das Restak beschrieb, hielt man für ein unglückliches Ergebnis kultureller Voreingenommenheit, das man überwinden müsse. Deshalb wurden Jungen ermutigt, mit Puppen und Puppenküchen zu spielen, und Mädchen bekamen Lastautos und Werkzeug geschenkt. Es funktionierte nicht. Zum Ärger von Müttern, die überzeugte Feministinnen waren, entpuppten sich Jungen als deprimierend männlich und keine »Umerziehung« konnte daran etwas ändern.

Schließlich scheinen in den meisten Frauen mütterliche Neigungen zu wirken, wenn diese auch bei manchen stärker als bei anderen ausgeprägt sind. Der Wunsch nach Kindern wird besonders bei denen offensichtlich, die keine Kinder bekommen können. Ich erhalte laufend traurige Briefe von Frauen, die ihrer großen Enttäuschung darüber Ausdruck verleihen, dass sie nicht Mutter werden können. Obwohl die Kultur bei diesen Sehnsüchten eine große Rolle spielt, glaube ich, dass sie in der weiblichen Anatomie und Physiologie verwurzelt sind.

Diese Punkte sind zur Veranschaulichung gedacht und erheben nicht den Anspruch der Vollständigkeit oder einer wissenschaftlichen Beschreibung der Unterschiede zwischen Mann und Frau. Aber schon aus dieser flüchtigen Untersuchung geht hervor, dass Gott zwei Geschlechter und nicht nur eines geschaffen und sie so geplant hat, dass sie genau zueinander passen. Keines ist dem anderen überlegen, aber jedes ist unwiderlegbar einzigartig.

Frage 344
Sie besprachen kurz einige der physiologischen und emotionalen Unterschiede zwischen den Geschlechtern. Könnten Sie andere körperliche Eigenschaften aufzählen, in denen sich Männer und Frauen unterscheiden?

Männer und Frauen unterscheiden sich in vielerlei Hinsicht und oft wird man sich dessen selber gar nicht bewusst. Hier einige wenige dieser Unterschiede:

1. Eine Frau besitzt eine größere anlagebedingte Lebenskraft, vielleicht aufgrund ihrer spezifischen Chromosomenstruktur. Normalerweise lebt eine amerikanische Frau drei bis vier Jahre länger als ein Mann. Weibliche Wesen klammern sich fester ans Leben, sogar schon im Mutterleib. Pro 100 weibliche Babys werden 140 männliche Babys gezeugt; bis zur Zeit der Geburt beträgt das Verhältnis nur noch 105 zu 100; denn 35 Jungen sterben bei Spontanaborten.[124]

2. Männer haben eine höhere Sterblichkeitsrate an fast allen Krankheiten, mit Ausnahme der folgenden drei: gutartige Tumore, Störungen im Zusammenhang mit den weiblichen Geschlechtsorganen und Brustkrebs.[125]

3. Männer haben einen höheren Grundumsatz als Frauen.[126]

4. Die Geschlechter unterscheiden sich im Aufbau des Skeletts. Frauen haben einen kürzeren Kopf, ein breiteres Gesicht, ein weniger vorstehendes Kinn, kürzere Beine und einen längeren Rumpf. Der Zeigefinger einer Frau ist meist länger als der Mittelfinger; bei Männern ist es genau umgekehrt. Die Zähne eines Jungen sind haltbarer als die eines Mädchens.[127]

5. Frauen haben einen größeren Magen, größere Nieren, eine größere Leber und einen größeren Blinddarm, aber kleinere Lungen als Männer.[128]

6. Frauen besitzen drei sehr wichtige physiologische Funktionen, die Männern völlig fehlen: Menstruation, Schwangerschaft und Milchbildung. Alle drei üben erhebliche Einflüsse auf das Verhalten und die Gefühle aus. Die weiblichen Hormonstrukturen sind komplexer und vielfältiger. Die Drüsen funktionieren bei beiden Geschlechtern unterschiedlich. Die Schilddrüse einer Frau ist zum Beispiel größer und aktiver; sie vergrößert sich während der Menstruation und bei einer Schwangerschaft; aus diesem Grund bekommt eine Frau häufiger einen Kropf, aber sie ist auch besser gegen Kälte geschützt; weitere Folgen sind eine glatte Haut, ein verhältnismäßig unbehaarter Körper und eine dünne Unterhautfettschicht, alles wichtige Faktoren für den Begriff persönlicher Schönheit. Frauen reagieren auch emotionaler, lachen und weinen schneller.[129]

7. Das Blut einer Frau enthält mehr Wasser (zwanzig Prozent weniger rote Blutkörperchen). Da rote Blutkörperchen den Körper mit Sauerstoff versorgen, ermüdet sie schneller und neigt leichter zu Ohnmachten. Ihre anlagebedingte Lebenskraft gilt deshalb nur auf lange Sicht. Als der Arbeitstag in britischen Fabriken während des Krieges von zehn auf zwölf Stunden verlängert wurde, erhöhten sich die Arbeitsunfälle von Frauen um 150 Prozent; die Unfallrate der Männer erhöhte sich nicht wesentlich.[130]

8. An reiner Körperkraft sind Männer Frauen um fünfig Prozent überlegen.[131]

9. Das Herz einer Frau schlägt schneller als das eines Mannes (achtzig gegenüber zweiundsiebzig Schlägen pro Minute). Ihr Blutdruck (zehn Punkte unter dem von Männern) ändert sich häufiger von Minute zu Minute, aber sie neigen weniger zu Bluthochdruck – zumindest bis zur Menopause.[132]

10. Die Lungenkapazität von Frauen ist dreißig Prozent niedriger als die von Männern.[133]

11. Frauen können höhere Temperaturen besser als Männer ertragen, weil sich ihr Stoffwechsel weniger verlangsamt.[134]

12. Männer und Frauen unterscheiden sich in jeder Zelle ihres Körpers, weil sie eine unterschiedliche Chromosomenstruktur haben. Die Auswirkungen dieser genetischen Faktoren reichen vom Offensichtlichen bis hin zum fast Unmerklichen. Als Forscher Gymnasien und Universitäten besuchten, um die Verhaltensunterschiede zwischen den Geschlechtern zu untersuchen, beobachteten sie, dass männliche und weibliche Schüler und Studenten sogar ihre Bücher anders transportierten. Die jungen Männer trugen sie häufig an der Seite, unter dem Arm. Frauen und Mädchen dagegen hielten in der Regel ihre Bücher an die Brust, fast so wie sie ein Baby halten würden.[135]

Wer kann ermessen, wie viele andere geschlechtsspezifische Einflüsse wir noch gar nicht erkannt haben?

Frage 345
Gibt es Methoden, die älteren Menschen helfen, geistig fit zu bleiben, auch wenn ihr Körper altert? Ist geistiger Niedergang im Alter unvermeidlich?

Wenn Sie lange genug leben, verlieren Sie etwas von Ihrer geistigen Schärfe. Ein Mensch kann jedoch viel tun, um diese Verschlechterung hinauszuzögern. Ein Artikel in der Zeitschrift *Family Circle* empfahl fünf Möglichkeiten, die helfen, im Alter seine geistigen Fähigkeiten zu erhalten.

Die erste Regel kann mit dem Sprichwort »Wer rastet, der rostet« umschrieben werden. Das menschliche Gehirn ist nicht wie ein Rechner, den Sie ein Jahr lang unbenutzt lassen, dann anschließen und sehen, dass er genauso gut funktioniert wie zuvor. Das Gehirn muss ständig zum Einsatz gebracht und mit Informationen versorgt werden.

Zweitens hängt eine einwandfreie Funktion des Gehirns von einer ausgewogenen Ernährung und der reichlichen Versorgung mit allen wichtigen Nährstoffen ab.

Der dritte Punkt betrifft körperliche Bewegung. Jedem Organ des Körpers kommt körperliche Aktivität zugute, auch der grauen Substanz, mit der wir denken.

Viertens spielen regelmäßige ärztliche Untersuchungen und Gesundheitsvorsorge eine wichtige Rolle. Unbehandelte Krankheitsprozesse können uns körperlich und geistig beeinträchtigen.

Fünftens wird schließlich unser Gehirn gesund erhalten, wenn wir ein aktives gesellschaftliches Leben führen. Krank, isoliert und einsam zu sein ist das Rezept für schnellen geistigen Niedergang.[136]

Leider können viele ältere Mitbürger aus irgendwelchen Gründen diese fünf Empfehlungen nicht in der Praxis umsetzen. Manche sind einsam und haben niemanden, mit dem sie sprechen können. Anderen fehlt das Geld für gute medizinische Versorgung und eine gesunde Ernährung.

Deshalb schulden wir Jüngeren den heutigen Älteren Zeit und Aufmerksamkeit. Sie sorgten für uns, als wir schwach und hilflos waren. Jetzt ist es an uns, eine Gegenleistung zu erbringen.

Das liebe Geld

Frage 346
Meine Frau und ich erreichen bald das Rentenalter und wir sind finanziell sehr gesegnet. Wir besitzen mehrere große Geschäfte und haben unseren drei Kindern ein beachtliches Vermögen zu übergeben. Was halten Sie davon, der nächsten Generation große Geldmengen zu hinterlassen, und wie kann man das richtig oder falsch machen?

Meine Ansichten zu diesem Thema sind vielleicht nicht ganz das, was Sie hören wollen, aber ich kann Ihnen nur das sagen, was ich beobachtet habe und was meine Meinung dazu ist. Kurz gesagt, ich bin fest davon überzeugt, dass es sehr gefährlich ist, Kindern große Mengen Geld zu geben, das sie nicht verdient haben. Eine soziologische Untersuchung, die vor kurzem unter dem Titel *Rich Kids* (Reiche Kinder) veröffentlicht wurde, bestätigt meine Beobachtungen. Die Autoren dieser Untersuchung kamen zu dem Schluss, dass großes Treuhandvermögen sich im Allgemeinen für die Erben schädlich auswirkt.[137] Die zitierten Fallstudien sind überzeugend.

Die Menschheitsgeschichte bestätigt ebenfalls den gefährlichen Einfluss von Geld. Männer und Frauen gierten danach, töteten und starben um seinetwillen und gingen für es in die Hölle. Geld säte Zwietracht unter die besten Freunde und richtete Stolze und Mächtige zugrunde. Und ach, es riss Millionen von Ehen entzwei!

Ich beobachtete auch, dass *nichts* Geschwister schneller gegeneinander aufbringen kann als Geld. Ihnen ein großes Erbe zu hinterlassen vergrößert die Wahrscheinlichkeit von Spannung und Unfrieden in der Familie. Ihre Söhne und Töchter werden über den beherrschenden Einfluss in Ihren Geschäften streiten und sie werden böse auf die sein, die zu Entscheidungsträgern bestimmt wurden. Manche werden ihr Verantwortungsbewusstsein verlieren und mit verschiedenen Suchtverhalten experimentieren, von der Spielsucht bis hin zum Alkoholismus. Natürlich gibt es Ausnahmen von diesen negativen Folgen, und manche Menschen gehen gebührlich mit Reichtum und Macht um. Aber dies ist im besten Fall eine schwierige Aufgabe, die viel Reife und Selbstbeherrschung erfordert.

Die Frage stellt sich, ob das Hinterlassen großer Mengen Geld an die Nachkommen das Risiko wert ist, das es für die, die Sie lieben, darstellt. Sie müssen entscheiden, ob Sie Ihren Kindern die Herausforderungen, die Ihnen zum Erfolg verhalfen, abnehmen wollen – die Pflicht, hart zu arbeiten, genügsam zu leben, zu sparen, zu bauen und im Schweiße seines Angesichts etwas zu leisten. Halten Sie es für richtig, die Erfordernisse von Disziplin und Fleiß durch ein fertiges Reich zu ersetzen, das falsch geführt und verprasst werden kann?

Bitte verstehen Sie, dass ich weiß, dass diese Ansicht unüblich ist. Einer der Gründe, weshalb Menschen so schwer arbeiten ist, dass ihre Kinder es einmal nicht nötig haben. Sie lieben ihre Kinder über alle Maßen und wollen, dass sie es einmal leichter haben. Außerdem haben sie ihr Leben in die Entwicklung eines Geschäftes und die Anhäufung von Reichtum investiert. Sollen sie jetzt alles verkaufen und sich davonmachen? Das ist für alle Eltern eine unangenehme Perspektive.

Ich kann diese Entscheidung natürlich nicht für andere treffen. Meine Pflicht ist einfach, das Problem so darzustellen, wie ich es sehe. Und meiner Erfahrung nach ist das Erben von Reichtum bedrohlich für die Beziehungen innerhalb einer Familie, für Selbstdisziplin, geistliche Verbindlichkeit und verantwortungsbewusstes Leben. Es sollte nur mit größter Vorsicht, nach jahrelanger Vorbereitung und viel Gebet getan werden.

Frage 347
Würden Sie unter diesen Umständen Ihren Kindern überhaupt nichts hinterlassen? Was würden Sie mit Ihrem Vermögen machen?

Wenn ich ein großes Vermögen hätte, denke ich, dass es sinnvoll wäre, den Kindern bei ihrer Existenzgründung unter die Arme zu greifen und ihnen vielleicht dabei zu helfen, ein Haus zu kaufen. Ein guter Anhaltspunkt scheint mir, ihnen nicht mehr zu hinterlassen als den Betrag, der erbschaftssteuerfrei ist. Den Rest würde ich einer angesehenen, gemeinnützigen Organisation vermachen, hinter der ich stehe. Wenn ich die Wahl hätte zwischen dem Zahlen unnötiger Steuern an eine aufgeblähte, verschwenderische Regierung oder der Unterstützung einer Arbeit, an die ich glaube, so wüsste ich ohne Zweifel, was für mich wichtiger wäre.

Frage 348
Glauben Sie, dass es falsch ist, ungewöhnlich reich zu sein?

Nein, Reichtum an sich ist nichts Schlechtes. Abraham, David und andere große Männer der Bibel waren mit Reichtum gesegnet. In der Tat weist die Bibel darauf hin, dass Gott manchen Menschen die Macht gibt, reich zu werden (5. Mose 8, 18 und 1. Sam 2, 7). Wo liegt dann die Gefahr? Der Apostel Paulus erklärte uns, dass Geld nicht das Problem ist. Er sagte, dass Geld*gier* die Wurzel allen Übels ist (siehe Tim 6, 10). Die Probleme beginnen, wenn unser Besitz zu unserem Gott wird.

Die Lehren Jesu zu diesem Punkt sind von großer Bedeutung für uns. Haben Sie sich schon einmal gefragt, über welches Thema er häufiger als über irgendein anderes sprach? War es der Himmel, die Hölle, Sünde, Buße, Liebe oder seine Wiederkunft? Die Antwort ist nein. Es war Geld und das meiste von dem, was er aussprach, waren Warnungen. Diese Hinweise auf die Gefahren von Besitz und Reichtum kamen immer wieder in Jesu Lehren vor. Ich möchte einige Stellen aus nur einem der vier Evangelien zitieren, dem Buch Lukas:

Jesus sagte zu einer Schar seiner Nachfolger:»Weh euch Reichen! Denn ihr habt euren Trost schon gehabt« (Lk 6,24).

Er sagte ebenfalls:»Seht zu und hütet euch vor aller Habgier; denn niemand lebt davon, dass er viele Güter hat« (Lk 12,15). Jesus erzählte ein Gleichnis von einem reichen Narren, der Gott nicht brauchte. Der Mann glaubte, dass er noch viele Jahre zu leben hätte und sagte zu sich:»Liebe Seele, du hast einen großen Vorrat für viele Jahre; habe nun Ruhe, iss, trink und haben guten Mut! Aber Gott sprach zu ihm: Du Narr! Diese Nacht wird man deine Seele von dir fordern; und wem wird dann gehören, was du angehäuft hast?« Jesus beendete das Gleichnis mit dieser nüchternen Warnung:»So geht es dem, der sich Schätze sammelt und ist nicht reich bei Gott« (Lk 12,19-21).

Später besuchte er das Haus eines führenden Pharisäers und sagte zu seinem Gastgeber:»Wenn du ein Mittags- oder Abendmahl machst, so lade weder deine Freunde noch deine Brüder noch deine Verwandten noch reiche Nachbarn ein, damit sie dich nicht etwa wieder einladen und dir vergolten wird. Sondern wenn du ein Mahl machst, so lade Arme, Verkrüppelte, Lahme und Blinde ein, dann wirst du selig sein« (Lk 14,12-14).

Er erzählte das Gleichnis vom verlorenen Sohn, der sein Erbe vorzeitig verlangte und es dann mit Huren und einem ausschweifenden Leben verprasste (siehe Lukas 15,11-32).

Jesus sagte zu seinen Jüngern:»Kein Knecht kann zwei Herren dienen; entweder er wird den einen hassen und den andern lieben oder er wird an dem einen hängen und den andern verachten. Ihr könnt nicht Gott dienen und dem Mammon« (Lk 16,13).

Er erzählte ein Gleichnis von einem reichen Mann, der alles hatte. Der Mann war in Purpur und kostbares Leinen gekleidet und hatte das beste Essen. Er kümmerte sich aber nicht um das Elend des Bettlers Lazarus, der hungrig und mit Geschwüren bedeckt war. Der reiche Mann starb und kam in die Hölle, wo er gequält wurde, aber Lazarus wurde in den Himmel getragen, wo er getröstet wurde (siehe Lukas 16,19-31).

Jesus sprach mit einem jungen Herrn und befahl ihm, alles was er hatte zu verkaufen und es den Armen zu geben. Der Mann ging traurig davon, »denn er war sehr reich« (Lk 18, 18 - 30).

Schließlich wandte sich Jesus an seine Jünger und sagte: »Wie schwer kommen die Reichen in das Reich Gottes! Denn es ist leichter, dass ein Kamel durch ein Nadelöhr gehe, als dass ein Reicher in das Reich Gottes komme« (Lk 18, 24 - 25).

Ist es nicht unglaublich, wie viele Aussagen Jesu in irgendeiner Weise mit Geld zu tun hatten? Wir müssen uns fragen, warum. Gibt es einen Grund dafür, weshalb der Herr immer wieder auf dieses Thema zu sprechen kam? Natürlich. Jesus lehrte uns, dass das Trachten nach Reichtum und der Reichtum selbst mit einer großen geistlichen Gefahr einhergeht. In Matthäus 6, 21 erklärte er den Grund: »Denn wo dein Schatz ist, da ist auch dein Herz.«

Der Herr gibt sich nicht mit dem zweiten Platz in unserem Leben zufrieden. Darin liegt die Gefahr, die das Geld mit sich bringt. Es kann unser Schatz, unsere Leidenschaft, unsere größte Liebe werden. Und wenn das geschieht, wird Gott fast zur Nebensache.

Frage 349
Glauben Sie, dass es unbiblisch ist, gut zu verdienen, ein Haus zu besitzen, ein schönes Auto zu fahren und ein Sparkonto anzulegen?

Gewiss nicht. Wir lesen in 1. Timotheus 5, 8: »Wenn aber jemand die Seinen, besonders seine Hausgenossen, nicht versorgt, hat er den Glauben verleugnet und ist schlimmer als ein Heide.« Zweifellos sind diejenigen, die für das Wohl ihrer Familie verantwortlich sind, verpflichtet, für ihren Unterhalt zu sorgen und sie zu schützen, was erforderlich macht, dass sie mit ihrer Arbeit Geld verdienen und dieses nach Hause bringen.

Frage 350
Wie sieht dann die biblische Einstellung zu Besitz und Geld aus? Sie erklärten, was falsch ist. Was aber ist richtig?

U m Ihre Frage zu beantworten, wende ich mich an den gläubigen Finanzberater Ron Blue. Er sagte, dass es vier maßgebende Grundsätze für die Verwaltung des Geldes gibt. Wenn man sich an sie hält, wird man nie Probleme mit dem Materialismus bekommen. Betrachten wir sie kurz:

Grundsatz 1: Alles gehört Gott.
Manche Menschen sind der Meinung, dass der Herr Anspruch auf zehn Prozent unseres Einkommens hat – dies wird der »Zehnte« genannt – und dass die restlichen neunzig Prozent uns gehören. Das stimmt nicht. Ich befürworte sehr das Geben des Zehnten, aber nicht weil Gottes Teil auf ein Zehntel beschränkt ist. Wir sind nur Haushalter von allem, was er uns anvertraut hat. Er gibt uns unseren Besitz – und manchmal nimmt er ihn wieder weg. Alles, was wir haben, ist nur von ihm geliehen. Hiob hatte die richtige Einstellung, als Gott ihm seinen Reichtum wegnahm. Er sagte: »Ich bin nackt von meiner Mutter Leibe gekommen, nackt werde ich wieder dahinfahren. Der Herr hat's gegeben, der Herr hat's genommen; der Name des Herrn sei gelobt« (Hiob 1, 21). Wenn Sie diesen Grundgedanken verstehen, wird es klar, dass jede finanzielle Entscheidung eine geistliche Entscheidung ist. Verschwendung, zum Beispiel, ist nicht das Verschleudern unserer Geldmittel. Es ist der schlechte Gebrauch von Gottes Mitteln.
Ausgaben für lohnende Zwecke wie Urlaub, Eis essen, Fahrräder, Jeanshosen, Zeitschriften, Tennisschläger, Autos und Hamburger werden auch mit seinem Geld bezahlt. Deshalb senken wir in unserer Familie vor jedem Essen den Kopf und danken dem Herrn. Alles, auch unser Essen, ist ein Geschenk aus seiner Hand.

Grundsatz 2: Es besteht immer eine Austauschbeziehung zwischen Zeit und Mühe und Geld und Lohn.

Sie haben bestimmt schon die Sätze gehört: »Es gibt keine kostenlose Mahlzeit« und »Es gibt nichts umsonst«. Das sind sehr wichtige Erkenntnisse. Man sollte Geld immer in Zusammenhang mit Arbeit und dem Schweiß seines Angesichts sehen.

Nun zur Bedeutung des zweiten Grundsatzes für uns. Denken Sie einen Augenblick an den wertlosesten, unnötigsten Kauf, den Sie in den vergangenen Jahren tätigten. Vielleicht war es ein elektrischer Rasierapparat, der jetzt in der Garage liegt oder ein Kleidungsstück, das nie getragen wird. Es ist wichtig, zu erkennen, dass dieser Gegenstand nicht mit Ihrem Geld erworben wurde; er wurde mit Ihrer Zeit gekauft, die Sie für Geld eintauschten. In der Tat handelten Sie einen bestimmten Teil der Ihnen auf Erden bewilligten Tage gegen diesen Schund ein, der jetzt Platz in Ihrer Wohnung wegnimmt.

Wenn Sie erkennen, dass alles, was Sie kaufen, mit einem Stück Ihres Lebens bezahlt wird, dann werden Sie achtsamer im Umgang mit Geld.

Grundsatz 3: Eine unabhängige finanzielle Entscheidung gibt es nicht.
Sie werden nie genug Geld haben für alles, was Sie kaufen oder tun wollen. Sogar Milliardäre müssen sich mit einigen Beschränkungen ihrer Kaufkraft abfinden. Deshalb wirkt sich jede Ausgabe auf andere Dinge aus, die Sie brauchen oder wollen. Alles ist miteinander verknüpft. Das bedeutet, dass Menschen, die nicht widerstehen können, ihr Geld für Ramsch zu verpulvern, sich selbst in nötigeren oder interessanteren Dingen Beschränkungen auferlegen.

Nebenbei gesagt, Eheleute streiten oft über das Geld. Warum? Weil sie unterschiedliche Wertsysteme haben und oft in der Frage, was Verschwendung ist, nicht einer Meinung sind. Wenn Papa zehn Mark für Patronenhülsen oder Tennisbälle ausgibt, dann rechtfertigt er diese Ausgabe damit, dass ihm das Freude einbrachte. Aber wenn Mama für zehn Mark einen Kartoffelschäler kauft, der nicht funktioniert, hält er das für Verschwendung. Lassen wir außer Acht, dass ihr das Einkaufen genauso viel Spaß machte wie ihm das Schießen oder Tennisspielen. Ihre Sichtweisen waren einfach unterschiedlich. Das ist ein häufiges Problem zwischen Eheleuten, und sie müssen sich da durcharbeiten.

Der dritte Grundsatz besagt, dass Verschwendung in einem Punkt schließlich auf lange Sicht zu Frustration führt. Gute Geschäftsführer können das Gesamtbild im Auge behalten, wenn sie finanzielle Entscheidungen treffen.

Grundsatz 4: Aufgeschobene Befriedigung ist der Schlüssel zu finanzieller Reife.

Da wir begrenzte Mittel und unbegrenzte Auswahlmöglichkeiten haben, kommen wir finanziell nur dann zurecht, wenn wir auf einige Dinge, die wir wollen, verzichten. Wenn wir nicht die dazu nötige Disziplin haben, werden wir ständig in Schulden leben. Denken Sie auch daran, wenn Sie mehr ausgeben als Sie verdienen, wird kein noch so hohes Einkommen genügen. Deshalb geraten manche Leute trotz regelmäßiger Gehaltserhöhungen immer tiefer in die Schulden.

Lassen Sie mich diesen wichtigen Grundgedanken wiederholen: *Kein noch so hohes Einkommen ist hoch genug, wenn die Ausgaben nicht unter Kontrolle gebracht werden.* Denken Sie zum Beispiel über die Finanzen der amerikanischen Regierung nach. Sie zieht dem Steuerzahler jedes Jahr über eine Billion Dollar aus der Tasche. Das sind tausend Milliarden Dollar! Aber der Kongress gibt Hunderte von Milliarden mehr als das aus.

Auch nach den liberalsten Auffassungen wird ein großer Teil dieser Staatseinkünfte für Programme verschwendet, die nicht funktionieren, sowie für einen teuren bürokratischen Verwaltungsapparat. Folglich ist der Umfang unserer Staatsschulden katastrophal. An einem kommen wir nicht vorbei: Egal, ob es sich um eine Regierung oder eine Einzelperson handelt, es muss die Bereitschaft da sein, auf kurzfristige Befriedigung zu verzichten und innerhalb seiner Mittel zu leben. Das ist nicht leicht, wirft aber letztendlich hohe Dividenden ab.[138]

Familien im Kreuzfeuer

Gehört die »traditionelle Familie« der Vergangenheit an? Ich hörte, sie sei nicht mehr lebensfähig und dass wir uns darüber Gedanken machen müssen, was an ihre Stelle treten wird.

In den vergangenen dreißig Jahren hörten wir von Politikern, radikalen Feministinnen, homosexuellen Aktivisten und liberalen Journalisten viel über den kurz bevorstehenden Tod der Familie. Dann belehrten sie uns sogleich, wie die Gesellschaft umzuorganisieren sei, wenn es die Ehe auf Lebenszeit nicht mehr gäbe. Diese Propaganda begann zu Beginn der siebziger Jahre mit der Veröffentlichung des Buches *The Death of the Family* (Der Tod der Familie) des britischen Psychotherapeuten David Cooper. Er betonte, es sei erforderlich, die traditionelle Familieneinheit abzuschaffen und durch neue Formen zwischenmenschlicher Beziehungen zu ersetzen.

Die Schauspielerin Shirley MacLaine gab ebenfalls ihre Meinung dazu und zwar in einem 1971 von der inzwischen eingegangenen Zeitschrift *Look* veröffentlichten Interview, in dem sie äußerte:

All das geht auf die christliche Kultur zurück, auf das, was mit Maria und Joseph begann . . . Sie wissen, Millionen Dinge wurden mit der christlichen Ethik überliefert. Wenn man also die Familie in Frage stellt, muss man all diese Dinge auch in Frage stellen. Ich glaube nicht, dass es wünschenswert ist, nur einen Partner zu haben und dass diese beiden Menschen Kinder großziehen. Aber jeder glaubt, dies sei das Ideal. Fast ihr ganzes Leben lang hängen sie frustriert herum, weil sie nicht den einen Partner finden können. Aber wer sagte, dass die natürliche Grundpersönlichkeit des Menschen so ist? Wer findet die Monogamie überhaupt einleuchtend? . . . Eine Bisamratte vielleicht . . . Warum sollte man dann an diesem Zustand der Monogamie kleben bleiben? In einer demokratischen Familie verstehen die Einzelnen ihre natürlichen Neigungen, sprechen sie offen aus, diskutieren miteinander darüber und befolgen sie höchstwahrscheinlich. Und diese Neigungen sind ganz bestimmt nicht monogam.[139]

Alvin Toffler, der Autor von »Der Zukunftsschock«, dem Bestseller der siebziger Jahre, sagte ebenfalls den letztendlich eintretenden Tod der Familie voraus. Im selben Artikel von *Look* äußerte Toffler:

Ich habe den Verdacht, dass die meisten Leute blind das Ritual der traditionellen Eheschließung hinter sich bringen und versuchen, die traditionelle Familie am Leben zu erhalten, dass es ihnen aber nicht gelingt. Die Folge ist eine fast unmerkliche, aber sehr bedeutsame Richtungsänderung zu mehr zeitlich begrenzten ehelichen Übereinkünften, ein weiteres Umsichgreifen des gegenwärtigen Verhaltens hinsichtlich Scheidung und Wiederheirat, bis wir den Gedanken akzeptieren, dass Ehen nicht fürs Leben gedacht sind. Ich pflichte dem nicht bei, denke aber, dass es wahrscheinlich so kommen wird.[140]

So lautete die Weisheit jener Tage. Diese Vorhersagen der häuslichen Katastrophe konnte man während der siebziger Jahre in allen Talk-Shows im Fernsehen hören. Zu den aggressivsten gehörte *The Merv Griffin Show*, bei der oft einfallslose Gäste sich einen Spaß daraus machten, die Familie ins Lächerliche zu ziehen. Zufällig schaute ich die Sendung an einem Spätnachmittag an, als eine besonders gehässige Frau Folgendes über die Heiratserlaubnis von sich gab: »Das ist ein Stück Papier für vier Mark, ausgestellt von einer verderbten Regierung, die uns vorschreiben will, mit wem wir schlafen dürfen.« Sie sagte noch, dass sie seit dreißig Jahren verheiratet sei und dass sie während dieser Zeit ihren Mann mindestens fünfzig Mal betrogen habe. Sie fügte hinzu, sie würde seine Stimme nicht erkennen, wenn er sie anrufe. Sie schloss dann mit der Behauptung, dass das Problem in der Welt darin bestehe, dass wir zu viel religiösen Eifer hätten. »Wir müssen uns von all dem frei machen!«, wetterte sie.

In Anbetracht der Gemeinheiten, die jahrelang der Familie ins Gesicht geschleudert wurden, ist es erstaunlich, dass die Institution bis heute überlebt hat. Leider haben die Angriffe nicht nachgelassen. In jüngerer Zeit begannen die Kritiker, gefälschte Statistiken zu zitieren, um zu »beweisen«, dass die traditionelle Familie tot ist. Die ehemalige amerikanische Abgeordnete Patricia Schroeder verkündete vor einigen Jahren, dass nur sieben Prozent aller Familien »traditionell« seien.[141] Ihre Behauptung wurde in den Medien unwidersprochen hingenommen und in der nicht religiösen Literatur umfassend zitiert. Deshalb investierte ich viel Kraft und Zeit, um die Statistiken Frau Schroeders ausfindig zu machen und herauszufinden, worauf sie sich stützten. Ich erfuhr, dass sie traditionelle Familien als solche definierte, bei denen der Vater für den Unterhalt sorgt, die Mutter nicht arbeiten geht und in der genau zwei Kinder leben! Welch ein Unsinn! Nach dieser Definition wären meine Frau und ich keine traditionelle Familie, weil unsere Kinder erwachsen sind und Shirley ehrenamtliche Vorsitzende des Nationalen Gebetstages ist. Meine Freunde Randy und Marcia Hekman wären keine traditionelle Familie, weil sie zwölf und nicht nur zwei Kinder haben. Ein Ehepaar, das sein erstes Kind erwartet, würde den Kriterien auch nicht entsprechen. Eine Familie, in der die Frau zehn Stunden in der Woche im Geschäft des Mannes arbeitet, würde auch nicht anerkannt. Also bitte, Frau Schroeder! Dieser faule Versuch, den Tod der Familie zu belegen, ist nichts weniger als Betrug!

Es stimmt, dass die traditionelle Familie in den letzten Jahren bekämpft, geschädigt, geschwächt und unterminiert wurde. Der Kongress hat in den letzten Jahrzehnten immer wieder familienfeindliche Gesetze erlassen. Die Scheidungsrate ist viel zu hoch und viele noch intakte Ehen werden von Alkoholismus, Pornographie, Untreue und anderen bösen Einflüssen bedrängt. Nein, ich bestreite nicht, dass es in der Familie Probleme gibt, aber die Berichte vom Zerfall der Familie sind stark übertrieben.

Tatsächlich leben fünfundsiebzig Prozent der amerikanischen Kinder mit Vater und Mutter zusammen.[142] Millionen Ehepaare sind tief miteinander durch Bande der Zuneigung vereint, die nie ins Wanken gebracht werden.

Frage 352

Anfang des Jahres kündigte mir mein Mann nach elf Jahren Ehe an, dass er mich nicht mehr liebt. Jan sagte, er würde fortgehen, aber durch Betteln und Flehen überredete ich ihn, noch eine Weile zu bleiben. Dann wurde er eines Abends so grausam und sagte viele gemeine Dinge und dann ging er weg. Jedes Mal, wenn ich ihn sehe, erniedrige ich mich. Ich bettle ihn an, die Kinder und mich anzurufen, aber er sagt nur: »Ich möchte nicht mit dir sprechen.« Ich sage ihm, wie sehr ich ihn liebe, und er antwortet: »Ich liebe dich nicht! Ich hasse dich nicht, aber ich liebe dich auch nicht.« Vor kurzem sagte mir mein Arzt, ich müsste nächste Woche an den Augen operiert werden und dass ich mein Sehvermögen verlieren könnte. Vor Furcht und Panik konnte ich nicht mehr und rief meinen Mann an, aber er reagierte gleichgültig auf die Nachricht. Ich fragte ihn, ob er mich ins Krankenhaus bringen und während der Operation im Wartesaal bleiben könne. Jan zögerte, dann sagte er: »Nun, vielleicht.« Warum verhält sich Jan so zu mir? Mache ich etwas falsch?

Ich werde jetzt sehr offen mit Ihnen sprechen, obwohl ich Ihren Schmerz verstehe. Es gibt keinen größeren Kummer im Leben, als von dem Menschen, den man liebt, zurückgewiesen zu werden. Mit Gottes Hilfe werden Sie jedoch diese Krise überleben.

Nach dieser Zusicherung muss ich Ihnen deutlich sagen, dass der Zwang, der Sie dazu drängt, um Jans Aufmerksamkeit und Liebe zu flehen, Ihren letzten Hoffnungsschimmer auf eine Versöhnung zerstört. Wenn Sie vor ihm auf den Knien rutschen, entblößen Sie sich aller Würde und Achtung. Diese beiden Haltungen sind wesentliche

Bestandteile einer stabilen, befriedigenden Beziehung und Sie zerstören sie systematisch.

Unbeabsichtigt übermitteln Sie folgende Botschaft: »O Jan, ich
brauche dich so sehr. Ich schaffe es ohne dich nicht. Ich warte den
ganzen Tag auf deinen Anruf und bin am Boden zerstört, wenn das
Telefon nicht klingelt. Lass mich doch bitte hin und wieder mit dir
sprechen. Ich bin mit dir zufrieden, egal, was geschieht, auch wenn
du mich heruntermachst. Ohne dich bin ich verzweifelt.«

Dies ist eine klassische Panikreaktion und damit beschwichtigen
Sie Ihren Mann. Beschwichtigung führt im Grunde genommen in
zwischenmenschlichen Beziehungen nie zum Erfolg. In der Tat führt
sie oft direkt zum Krieg, sei es zwischen Mann und Frau oder zwischen feindlichen Völkern. Versuche der einen Seite, sich einen
Angreifer oder Missetäter durch Vorleistungen gewogen zu stimmen, sehen wie Friedensvorschläge aus, aber in den meisten Fällen
werden dadurch nur weitere Beleidigungen und Konflikte herauf-
beschworen. Nichts zerstört eine Liebesbeziehung schneller als jemand, der weinend und klammernd den kühlen Partner um Barmherzigkeit anfleht. Dadurch wird der abtrünnige Ehepartner erst
recht bestrebt, sich aus der Umklammerung zu lösen, die ihn fast
erdrückt. Vielleicht tut ihm der verwundete Partner Leid und er
möchte, dass die Dinge anders wären, aber er kann sich nur selten
dazu aufraffen, unter diesen Umständen wieder zu lieben.

Sie müssen verstehen, dass Jans Rückzug aus der Beziehung
unmittelbar mit seinem Streben nach Freiheit in Zusammenhang
steht. Er hat den Eindruck zu ersticken und will aus der Ehe ausbrechen. Wenn Sie sich jedes Mal, wenn Sie ihn sehen, erniedrigen und
sich an ihn klammern, vergrößern Sie seinen Wunsch, sich davonzumachen. Je mehr er um seine Freiheit kämpft, um so stärker empfindet er Ihre krampfhaften Umklammerungen. Ein Teufelskreis
entsteht.

Frage 353
Was soll ich dann tun? Wie kann ich die Beziehung zu meinem Mann ändern?

Obwohl ich verstehe, dass es vielleicht das Schwierigste ist, das Sie je taten, gibt es nur eine einzige Möglichkeit, die einen guten Ausgang erwarten lässt: die Bande lockern, die Tür des Käfigs öffnen und Jan freilassen! Nehmen Sie all Ihren Mut und all Ihre Selbstachtung zusammen und führen Sie ein ernstes Gespräch mit ihm, vielleicht nach folgendem Muster:

»Jan, wie du weißt, habe ich einige schwierige Augenblicke durchlebt, seit du weggegangen bist. Meine Liebe zu dir ist so tief, dass ich mich einfach nicht mit der Möglichkeit eines Lebens ohne dich abfinden konnte. Für jemanden wie mich, die erwartete, nur einmal zu heiraten und fürs Leben verbunden zu bleiben, ist es ein schrecklicher Schock zu sehen, wie unsere Beziehung beginnt, auseinander zu brechen. Trotzdem habe ich viel nachgedacht und ich erkenne jetzt, dass ich versuchte, dich gegen deinen Willen festzuhalten. Das geht einfach nicht. Wenn ich an die Zeit unserer Freundschaft und unsere ersten gemeinsamen Jahre zurückdenke, dann erkenne ich, dass du mich aus freiem Willen geheiratet hast. Ich habe dich nicht erpresst oder genötigt oder bestochen. Jetzt sagst du, dass du aus der Ehe heraus willst und es ist klar, dass ich dich gehen lassen muss. Ich kann dich heute nicht zwingen zu bleiben, genauso wenig wie ich dich 1982 (oder wann immer es war) zwingen konnte, mich zu heiraten. Du bist also frei zu gehen. Wenn du mich nie wieder anrufst, werde ich deine Entscheidung akzeptieren. Ich gestehe, dass das alles sehr schmerzlich ist, aber ich schaffe es. Der Herr war bisher bei mir und er wird auch in Zukunft mit mir gehen. Du und ich, wir hatten einige wunderschöne Jahre miteinander, Jan. Du warst meine erste große Liebe und ich werde nie unsere gemeinsame Zeit vergessen. Ich werde für dich beten und glaube, dass Gott dich in den kommenden Jahren führen wird.«

Langsam, unglaublich, sieht Jan, wie die Tür des Käfigs sich etwas bewegt und dann beginnt, sich zu öffnen. Er kann es nicht glauben. Jahrelang empfand er sich an Sie gekettet und jetzt lassen Sie ihn frei! Er muss nicht mehr Ihre Zudringlichkeit – Ihre klammernden Hände – abwehren.

Die Sache muss irgendwo einen Haken haben, denkt er wahrscheinlich. Es ist zu schön, um wahr zu sein. Reden kostet nicht viel. Das ist nur ein anderer Trick, um mich zurückzugewinnen. In einer Woche oder zwei wird sie wieder am Telefon heulen und mich anbetteln, nach Hause zu kommen. Sie ist ja wirklich schwach und wird unter dem Druck zusammenbrechen.

Ich empfehle Ihnen nachdrücklich, Ihrem Mann zu beweisen, dass er sich in dieser Erwartung täuscht. Lassen Sie ihn in den folgenden Wochen über Ihre Selbstbeherrschung staunen. Nur mit der Zeit kommt er zu der Überzeugung, dass Sie es ernst meinen – und dass er wirklich frei ist.

Frage 354
Wie wird Jan wahrscheinlich auf mein verändertes Verhalten reagieren?

Er testet vermutlich in den folgenden Monaten Ihren Vorsatz, indem er sich feindselig oder gleichgültig verhält oder mit anderen Frauen flirtet. Dabei achtet er auf Zeichen der Schwäche oder Panik. Wenn Sie weiterhin Selbstvertrauen an den Tag legen, kommt er mit der Zeit zu der Überzeugung, dass Sie es ernst meinen, dass er wirklich frei ist.

In der Regel geschehen drei Dinge, wenn Sie ihm dieses Wissen vermitteln:

1. Der gefangene Partner fühlt sich nicht mehr gezwungen, den anderen abzuwehren, und die Beziehung verbessert sich. Das bedeutet nicht unbedingt, dass die Liebesbeziehung wieder auflebt, aber die Spannung zwischen den Ehepartnern wird oft abgemildert.

2. Wenn der kühlere Ehepartner sich wieder frei fühlt, ändert sich die Frage, die er sich selbst gestellt hat. Nachdem er sich wochen- oder monatelang fragte: »Wie komme ich aus dieser Patsche heraus?«, fragt er jetzt: »Will ich wirklich gehen?« Allein das Wissen, dass er tun kann, was er will, macht ihn weniger begierig, es auch wirklich zu tun. Manchmal macht er eine Wendung um hundertachtzig Grad und kommt nach Hause!

3. Die dritte Veränderung findet nicht beim kühlen, sondern im Herzen des verwundeten Ehepartners statt. Es ist unglaublich, aber sie fühlt sich besser – irgendwie mehr Herr der Lage. Es gibt keine schlimmere Pein, als durch ein Tal der Tränen zu wandern, vergeblich auf einen Anruf oder ein Wunder zu warten. Aber jetzt beginnt diese Frau, sich selbst zu achten und erhält dafür kleine Zeichen der Achtung. Auch wenn es schwierig ist, ein für alle Mal einen geliebten Menschen loszulassen, gewinnt man dadurch mannigfach. Einer dieser Vorteile ist das Gefühl, dass sie einen Plan, ein Programm, eine Handlungsweise hat, an die sie sich hält. Das ist unendlich beruhigender als die völlige Verzweiflung der Machtlosigkeit, die sie zuvor empfand. Und allmählich beginnt der Heilungsprozess.

Funktioniert diese Methode immer? Natürlich nicht. In zwischenmenschlichen Beziehungen gibt es keine Patentrezepte. Einige Menschen werden ihre Entscheidung, wegzugehen, überprüfen und beschließen zu bleiben. Andere werden weggehen. In jedem Fall verstärken Sie Ihre Chancen auf das Überleben Ihrer Beziehung, wenn Sie in der Krise Selbstachtung zeigen. Auch wenn es zu spät ist, um die Bindung mit Jan wieder herzustellen, erhalten Sie Ihr Selbstvertrauen zurück und werden fähig, ohne ihn weiterzuleben.

Frage 355

Sie beschrieben das Gefühl des »Gefangenseins«, das einige Menschen dazu bringt, sich von ihrem Ehepartner zurückzuziehen. Ich denke, das trifft auf meine Frau zu, die in den letzten Jahren eigenartig abweisend zu mir wurde. Können Sie mir genauer erklären, was in einem solchen Menschen vor sich geht?

Das Gefühl des Gefangenseins beginnt mit der Geringschätzung des Partners. Zum Beispiel denkt ein Mann vielleicht Folgendes über seine Frau: »Schau dir mal Jana an. Sie war einmal recht hübsch. Aber mit diesen fünfzehn Pfund, die sie zugenommen hat, ist sie nicht einmal mehr für mich anziehend. Ihre fehlende Disziplin stört mich auch auf anderen Gebieten – das Haus ist immer unordentlich und sie scheint völlig aus der Bahn geworfen zu sein. Ich habe in meiner Jugend einen enormen Fehler gemacht, als ich beschloss, sie zu heiraten. Jetzt bin ich für den Rest meines Lebens – ist das zu glauben? – all die Jahre, die mir noch bleiben – an jemanden gebunden, der mich nicht mehr interessiert. O ich weiß, Jana ist eine gute Frau, und um nichts in der Welt will ich ihr weh tun. Aber Mann! Ist es das, was man Leben nennt?«

Jana ihrerseits denkt vielleicht das: »Michael, Michael, wie anders bist du, als ich dachte. In der ersten Zeit schienst du so aufregend und tatkräftig zu sein. Wie langweilig bist du geworden! Du arbeitest viel zu viel und bist so müde, wenn du nach Hause kommst. Ich bringe dich nicht einmal dazu, mit mir zu sprechen, geschweige denn mich in Ekstase zu versetzen. Schau ihn nur an, wie er auf der Couch schläft, mit heruntergeklapptem Unterkiefer. Ich wünschte, er würde seine Haare nicht verlieren. Muss ich wirklich mein ganzes Leben mit diesem alternden Mann verbringen? Unsere Freunde achten ihn nicht mehr und seit fünf Jahren ist er in der Firma schon nicht mehr befördert worden. Er ist auf dem absteigenden Ast und ich mit ihm!«

Wenn Jana und Michael beide solchen Gedanken nachhängen, liegt es auf der Hand, dass ihre gemeinsame Zukunft ernsthaft gefährdet ist. Aber die typische Situation ist einseitig, wie in Ihrer Ehe. Ein Partner (egal welchen Geschlechts) beginnt, sich gegen die Gemeinsamkeit aufzulehnen, ohne dem anderen zu offenbaren, dass seine Haltung sich geändert hat. Ein Mensch, der ein bisschen Mitgefühl hat, zeigt einem Menschen, der ihn noch liebt, einfach nicht diese beunruhigenden Hirngespinste. Aber das Verhalten dieses Menschen beginnt, sich unerklärlich zu verändern.

Möglicherweise hat er immer öfter abends Geschäftstermine – alles, um häufiger von zu Hause weg zu sein. Vielleicht wird er reizbar oder »gedankenverloren« oder sonst irgendwie nicht mitteilsam. Vielleicht zieht er sich vor den Fernseher oder zum Angeln oder Pokerspielen mit Freunden zurück. Vielleicht provoziert er ständig Streit über nebensächliche Fragen. Und natürlich, womöglich zieht er aus und findet einen jüngeren Spielgesellen. Eine Frau, die sich gefangen vorkommt, zeigt ihre Desillusionierung auf ähnlich indirekte Weise.

Kurz gesagt, das Gefühl des Gefangenseins ist eine Folge von zwei Faktoren: Geringschätzung des Ehepartners und der Wunsch nach einer Entschuldigung, sich davonzumachen.

Frage 356
Tritt das Gefühl des »Gefangenseins« immer erst später im Leben auf oder kommt es manchmal früher zum Vorschein?

S olche Reaktionen können schon bei Teenagern während der Zeit der Freundschaft oder *zu jeder Zeit* während der Ehe auftreten – vom ersten Tag der Flitterwochen bis fünfzig Jahre danach. Sie treten immer dann in Erscheinung, wenn ein Partner den Wert des anderen gering schätzt und den Eindruck hat, in der Beziehung hängen zu bleiben. Sie sind der Eckstein der Midlife-Crisis des Mannes und typisch für Frauen, die das Gefühl haben, ihr Mann sei schwächlich und habe wenig Selbstvertrauen. Ich glaube, die meisten Ehescheidungen können auf die zusammengehörigen Reaktionen der Geringschätzung und das Gefühl, in der Ehe eingeengt zu sein, zurückgeführt werden.

Frage 357
Sollte ich nicht für das, was mir wichtig ist, kämpfen? Warum kann ich meiner Frau nicht sagen, wie sehr ich mir wünsche, dass sie bei mir bleibt? Warum sollte ich Katz und Maus spielen, wenn alles in mir schreit: »Geh ihr nach«?

Ich kann Ihnen nur sagen, dass in Liebesbeziehungen die meisten Menschen sich das wünschen, was schwer greifbar ist – das was außerhalb ihrer Reichweite liegt. Sie wollen nicht, was sie haben oder gar das, was sie ihrer Meinung nach fortscheuchen müssen. Ich möchte Ihnen das anhand eines Beispiels erklären.

Ich zweifle daran, dass Sie während der Zeit Ihrer Freundschaft Ihre Frau hätten zwingen können, Sie zu heiraten. Das wäre unmöglich gewesen. Sie mussten sie locken, für sich einnehmen, bezaubern und anreizen. Das komplizierte Spiel der jungen Liebe führte von einem Schritt voller Einfühlungsvermögen zum anderen. Können Sie sich vorstellen, was geschehen wäre, wenn Sie heftig geweint, sich an ihren Hals geworfen und gebettelt hätten: »Ich denke, ich sterbe, wenn du mich nicht heiratest! Ich flehe dich an, weise mich nicht ab.«

Dieses verzweifelte Vorgehen könnte man (stark vereinfachend) mit einem hartnäckigen Gebrauchtwagenhändler vergleichen. Was glauben Sie, würde er erreichen, wenn er einen potentiellen Kunden mit Tränen in den Augen anfleht: »O bitte, kaufen Sie dieses Auto! Ich brauche das Geld so notwendig und ich habe diese Woche erst zwei Verkäufe abgeschlossen. Sie können nicht einfach weggehen.«

Ich gebe zu, dieses Bild ist weit hergeholt, aber es hat schon seine Bedeutung. Wenn sich jemand in einen geeigneten Partner verliebt hat, versucht er, sich dem anderen zu »verkaufen«. Aber wie der Autohändler darf er den Käufer nicht der freien Wahl in dieser Angelegenheit berauben. Er muss stattdessen den Kunden davon überzeugen, dass der Kauf in seinem Interesse liegt. Wenn niemand ein Auto kaufen würde, um den Kummer des Verkäufers zu lindern, wie viel unwahrscheinlicher ist es, dass jemand sein ganzes Leben einem Menschen hingibt, den er nicht liebt, einfach nur aus Wohltätigkeit. Keiner von uns ist so selbstlos. Jeder von uns möchte nur eine Person im Leben auswählen, in die er sein gesamtes Sein investiert, und wenige Menschen sind bereit, den einzigen Treffer an jemanden zu vergeuden, mit dem sie nur Mitleid haben! In der Tat ist es sehr schwer, in einen Menschen verliebt zu sein und gleichzeitig Mitleid mit ihm zu haben.

Zusammengefasst lässt sich Folgendes sagen: wenn Betteln und Flehen ungeeignete Methoden sind, vor der Eheschließung einen Vertreter des anderen Geschlechts anzulocken, warum benutzen dann die Opfer schlechter Ehen dieselben erniedrigenden Vorgehensweisen, um einen weglaufenden Ehepartner festzuhalten? Sie verstärken dadurch nur die Geringschätzung in dem Partner, der sich davonmacht.

Frage 358

Ist der Rat, den Sie geben, mit der Bibel vereinbar? Ist es wirklich in Ordnung, wenn ein Christ seinen Ehepartner fortgehen lässt, ohne den Versuch zu unternehmen, ihn zum Bleiben zu zwingen?

Ja, ganz konkret heißt die Bibel es gut, einen Ehepartner, der sich aus der Ehe befreien will, ziehen zu lassen. Wäre das nicht so, würde ich diesen Rat nie geben. Gottes Wort ist der Maßstab allen menschlichen Verhaltens und jede Empfehlung muss daran geprüft werden. In diesem Zusammenhang ist ein Abschnitt aus 1. Korinther

7,12-15 von besonderer Bedeutung. Achten Sie vor allem auf den Ausschnitt, den ich durch Kursivschrift hervorgehoben habe.

Wenn ein Bruder eine ungläubige Frau hat und es gefällt ihr, bei ihm zu wohnen, so soll er sich nicht von ihr scheiden. Und wenn eine Frau einen ungläubigen Mann hat und es gefällt ihm, bei ihr zu wohnen, so soll sie sich nicht von ihm scheiden. Denn der ungläubige Mann ist geheiligt durch die Frau und die ungläubige Frau ist geheiligt durch den gläubigen Mann. Sonst wären eure Kinder unrein; nun aber sind sie heilig. *Wenn aber der Ungläubige sich scheiden will, so lass ihn sich scheiden. Der Bruder oder die Schwester ist nicht gebunden in solchen Fällen. Zum Frieden hat euch Gott berufen.*

Das sind sehr eindeutige Anweisungen des Apostels Paulus. Er wandte sich hier an gläubige Männer und Frauen, die mit einem ungläubigen Partner verheiratet waren – einige von ihnen führten zweifellos eine schlechte Ehe. Er erklärte ihnen unmissverständlich, dass Ehescheidung für sie nicht in Frage kommt. Punkt. Sie waren verpflichtet, treu zu bleiben, in der Hoffnung, ihren ungläubigen Ehepartner für den Herrn zu gewinnen. Ein guter Rat! Aber Paulus ging auch auf die ein, die keine Wahl hatten. Wenn eine Scheidung unvermeidlich war, wurde den Gläubigen geraten, ihren Ehepartner ziehen zu lassen. Es liegt keine Schuld darin, sich mit etwas abzufinden, auf das man keinen Einfluss hat. Und Paulus sagte, dieses Loslassen führe zu »Frieden«. Hier sehen wir die herrliche Weisheit des Schöpfers, die vom Apostel Paulus im Zusammenhang mit der Ehe ausgedrückt wurde.

Frage 359

Meine Frau hat seit sechs Monaten ein Verhältnis mit ihrem Chef. Ich wusste es von Anfang an, brachte es aber bisher nicht fertig, sie zur Rede zu stellen. Melanie verhält sich so, als würde sie mich

ohnehin nicht lieben. Wenn ich ihr ein Ultimatum stelle, könnte ich sie ganz verlieren. Können Sie mir mit Sicherheit sagen, dass das nicht eintreffen wird? Haben Sie schon erlebt, dass Ihr Rat »Liebe muss hart sein« fehlgeschlagen ist und dass es trotzdem zur Scheidung kam?

Ja, das habe ich erlebt und ich verstehe sicherlich Ihre Vorsicht. Ich wollte, ich könnte Ihnen mit Sicherheit sagen, wie Melanie auf ein entschlosseneres Verhalten reagieren wird. Leider gibt es im Leben nur wenig Sicheres, auch wenn alle Wahrscheinlichkeiten auf etwas Bestimmtes hindeuten. Manchmal fallen gut durchtrainierte Sportler aufgrund von Herzversagen tot um. Manche Kinder hervorragender Eltern lehnen sich auf und werden drogenabhängig. Einige der intelligentesten, umsichtigsten Geschäftsleute stürzen sich auf dumme Weise selbst in den Bankrott. So ist das Leben. Jeden Tag geschehen Dinge, die eigentlich nicht vorkommen dürften. Trotzdem sollten wir uns nach den besten uns zur Verfügung stehenden Informationen richten. Ich sah ein Plakat mit folgender Aufschrift: »Die schnellsten Pferde gewinnen nicht immer, aber man sollte trotzdem auf sie wetten.« Obwohl ich kein Spieler bin, kommt mir das vernünftig vor.

Nach diesem Vorbehalt möchte ich betonen, dass es kein Risiko ist, sich selbst mehr Achtung entgegenzubringen, mehr Selbstvertrauen und Haltung zu zeigen, sich zurückzuziehen und die Tür des »Liebeskäfigs« zu öffnen. Dieses Vorgehen zeitigt oft sofortige und überwältigende Erfolge. Liebevolle Selbstachtung hat praktisch immer eine heilsame Wirkung auf einen sich abkehrenden Liebenden, außer es ist nicht mehr der geringste Hoffnungsfunke vorhanden. Wenn deshalb die Tür des Käfigs geöffnet wird und der Ehepartner Hals über Kopf weggeht, war die Beziehung sowieso schon begraben. Ich muss hier an ein altes Sprichwort denken: »Wenn du etwas liebst, lass es frei. Wenn es zu dir zurückkommt, gehört es dir. Wenn es nicht zurückkommt, gehörte es dir von vornherein nicht.« In dieser Redensart liegt eine tiefe Wahrheit und sie gilt auch für Ihre Beziehung zu Ihrer Frau.

Natürlich liegt ein Risiko darin, eine Krise heraufzubeschwören. Wenn aufbrausende Menschen in die Anspannungen der Lebensmitte oder den leidenschaftlichen Rausch mit einem neuen Geliebten verheddert sind, ist viel Fingerspitzengefühl und Weisheit erforderlich, um zu erkennen, wann und wie man reagieren soll. Deshalb ist fachkundiger, christlicher Rat vor, während und nach der Konfrontation von größter Bedeutung. Es wäre mir undenkbar, dass ich den Opfern von Liebesaffären empfehlen würde, unüberlegt ein Ultimatum mit einer Frist von vierundzwanzig Stunden zu stellen oder einen unabhängigen Partner in die Ecke zu drängen. In solch heiklen Konflikten ist äußerste Vorsicht geboten und sicherlich sollte nichts ohne viel Gebet und Flehen vor dem Herrn unternommen werden.

Kurz gesagt, ich rate Ihnen, die Hilfe eines sachkundigen Beraters zu suchen, der Ihnen helfen kann, mit dem Problem von Melanies Verhältnis umzugehen.

Frage 360
Wenn Sie als Berater jemandem helfen, eine Krisensituation zu bewältigen, dann könnte Ihre Empfehlung, »harte Liebe« anzuwenden, möglicherweise die Ehe zerstören. Macht Ihnen das nicht Angst? Haben Sie es schon einmal bereut, eine Familie in diese Richtung geführt zu haben?

Bevor ich diese Frage beantworte, muss ich Ihnen erklären, wie ich meine Situation verstehe. Meine Rolle ähnelt der eines Chirurgen, der einem Patienten erklärt, dass er eine Bypass-Operation benötigt. Der Mann sitzt im Sprechzimmer des Arztes und hört sich die Wahrscheinlichkeiten von Erfolg oder Misslingen an. »Wenn Sie sich dieser Operation unterziehen«, sagt der Arzt, »besteht laut unserer Forschung eine Möglichkeit von drei Prozent, dass Sie den Eingriff nicht überleben.« Oh! Von hundert Menschen, die sich unter das Messer des Chirurgen begeben, sterben drei auf dem Operationstisch! Warum sollte jemand freiwillig dieses Risiko auf sich nehmen? Weil die Wahrscheinlichkeit des Todes ohne Operation viel größer ist.

Eine Konfrontation und das Stellen eines Ultimatums nach dem Prinzip »Liebe muss hart sein« sind ähnlich. Sie können zum sofortigen Ende einer Beziehung führen. Aber ohne die Krise ist die Wahrscheinlichkeit eines schleichenden Sterbens viel größer. Menschen in dieser Lage stehen hier vor einer Alternative: entweder die Sache zur Entscheidung zu bringen, solange noch eine Möglichkeit auf Heilung besteht, oder zuzuschauen, wie die Ehe kläglich stirbt. Ich würde lieber heute meine Chancen nutzen, bevor weiterer Schaden eingetreten ist. Ein Ende mit Schrecken ist besser als ein Schrecken ohne Ende.

Frage 361
Meine Ehe scheint hoffnungslos kaputt zu sein. Mein Mann rennt mit anderen Frauen herum und droht mit Ehescheidung. Besteht noch eine Hoffnung für uns?

Ohne nähere Einzelheiten zu kennen, ist das schwer zu sagen. Ich kann Ihnen jedoch Folgendes versichern: Ich erlebte Dutzende von Familien, die in einer ähnlich schlimmen Lage waren wie Sie, die aber jetzt glücklich und heil sind. Einige Jahre lang leitete ich eine Sonntagsschulgruppe für junge Ehepaare und vor meiner Nase, in einer konservativen Gemeinde, kam Untreue erstaunlich häufig vor. Es gab eine Zeit, in der ich neunzehn verschiedene Paare betreute, bei denen außereheliche Affären entweder bereits begonnen hatten oder ernsthaft drohten. Ich kenne diese Familien immer noch und zehn Jahre danach sind neun von ihnen anscheinend glücklich verheiratet. Obwohl dieser Prozentsatz niedrig scheint, sollten Sie daran denken, dass es sich um Familien handelt, die kurz vor einer Ehescheidung standen und doch heil daraus hervorgingen. Liebevolle Härte spielte eine Rolle in ihrer Rettung, obwohl ihr verbindlicher christlicher Glaube auch einen bedeutenden Teil dazu beitrug. Ja, Hoffnung hört niemals auf.

Ich möchte Ihnen noch ein letztes Wort der Ermutigung geben. Nichts ist so sicher wie die schnelle Änderung menschlicher Gefühle. Wenn es um Liebesdinge geht, können Gefühle sich von einem Tag auf den anderen völlig umkehren. Ich sah Männer und Frauen, die Hass gegenüber ihrem Ehepartner zum Ausdruck brachten und schrien: »Ich will dich nie wieder sehen«, nur um wenige Stunden später weinend in die Arme des anderen zu fallen.

Bleiben Sie stark. Gott ist mit Ihnen und Ihrem Mann noch nicht am Ende.

Frage 362
Mein Mann Paul hat seit drei Monaten ein Verhältnis und lebt inzwischen mit dieser Frau zusammen. Wie soll ich mich verhalten, falls er sie verlässt und mich bittet, ihm zu vergeben und ihn wieder aufzunehmen? Soll ich einfach meine Arme weit öffnen und so tun, als sei nichts geschehen?

Nun, Sie sollten ihn auf jeden Fall wieder aufnehmen. Das habe ich immer und immer wieder geschrieben. Aber Ihre Macht, über notwendige Veränderungen zu verhandeln, wird nie größer als in diesem Augenblick sein, und Sie sollten sie nicht allzu schnell aufgeben. Ich würde vorschlagen, dass Sie sich Pauls schriftliche Verpflichtung zu einer sofortigen Teilnahme an einer Beratung geben lassen und nicht zwei oder drei Wochen warten, bis Sie damit anfangen. Alte Verhaltensmuster wirken weiter, wenn man sich nicht ernsthaft um ihre Änderung bemüht. Auch müssen tiefe Verletzungen verarbeitet werden und diese werden wahrscheinlich von alleine nicht völlig ausheilen. Sie müssen klarstellen, dass nie mehr – und ich meine wirklich nie mehr – sexuelle Untreue hingenommen wird. Paul braucht diesen Anstoß, um auf dem rechten Kurs zu bleiben. Er muss wissen und glauben, dass es nach einem weiteren Seitensprung oder auch einem ernsthaften Flirt mit einer anderen Frau aus ist. Sie müssen ihn davon überzeugen, dass Sie es ernst meinen. Wenn er unschlüssig ist, auch nur ein bisschen, lassen Sie ihn einen oder zwei Monate irgendwo sitzen und wünschen, er könnte nach Hause kommen. Es ist besser für Sie, den Tod der Ehe hinzunehmen, als in einigen Jahren noch einmal das Elend der Untreue durchzumachen. Bestehen Sie schließlich auf einigen wichtigen geistlichen Verpflichtungen in der Familie. Ihre Ehe braucht die heilende Kraft Gottes und seine Gnade, wenn Sie das, was die Sünde kaputtgemacht hat, wieder aufbauen wollen.

Frage 363
Ist es für einen verletzten, gebrochenen Menschen nicht sehr schwierig, Ihre Empfehlung der »harten Liebe« umzusetzen? Es scheint für einen solchen Menschen doch wirklich nicht leicht zu sein, hart zu bleiben und der Möglichkeit ins Auge zu sehen, den Partner, den er oder sie liebt, zu verlieren?

Natürlich ist das schwer. Einige Leute sagten mir rundweg, dass sie das nicht könnten. Andere verstehen gar nicht recht, was ich sage. Aber diejenigen, die nur einen kleinen Schritt in die Richtung Selbstvertrauen tun, erhalten unverzüglich ihre Belohnung. Sie können sich nicht vorstellen, welche Erleichterung es für einen Menschen ist, etwas Selbstachtung wiederzugewinnen, nachdem er tagelang geweint, nichts gegessen und seine Fingernägel blutig gebissen hat. Wenn dann sein Partner zum ersten Mal nach Monaten auch etwas Achtung zeigt, ist die Wirkung geradezu belebend. Als Außenstehender ist das auch für mich befriedigend.

Frage 364
Als meine Frau mit einem anderen Mann davonging, dachte ich, das alles sei meine Schuld. Ich habe immer noch dieses Gefühl. Ich habe nie eine andere Frau auch nur angeschaut, aber jetzt nehme ich die Schuld für ihre Affäre auf mich. Richtig überlegt bin ich

mir gegenüber recht unfair, aber ich kann nicht anders. Oder doch?

Die volle Verantwortung für das Verhalten eines untreuen Ehepartners auf sich zu nehmen ist die typische Reaktion eines abgewiesenen Ehepartners. Der verletzte Partner – derjenige, der eindeutig zum Opfer der Verantwortungslosigkeit des anderen wurde – leidet unter den größten Schuld- und Minderwertigkeitsgefühlen. Wie seltsam, dass eine Frau, die versuchte, angesichts offensichtlicher Abweisung die Dinge zusammenzuhalten, sich oft fragt: »Inwiefern habe ich ihn enttäuscht? Ich war nicht Frau genug, um meinen Mann halten zu können. Ich bin ein Nichts, sonst hätte er mich nicht verlassen. Wenn ich nur als Sexualpartnerin etwas aufregender gewesen wäre ... Ich habe ihn dazu getrieben, ich war nicht hübsch genug. Ich habe ihn von vornherein nicht verdient.«

Selten trägt ein Mann oder eine Frau alleine die Schuld am Zerbrechen der Ehe. Zum Streiten muss man zu zweit sein, sagt man, und an einer Ehescheidung sind in gewisser Weise immer beide zumindest etwas schuld. Wenn jedoch ein Ehepartner beschließt, sich verantwortungslos zu verhalten, außereheliche Beziehungen aufzunehmen oder von seinen familiären Verpflichtungen und Aufgaben davonzulaufen, versucht er in der Regel sein Verhalten dadurch zu rechtfertigen, dass er die Fehler des anderen aufbauscht. »Du bist meinen Bedürfnissen nicht gerecht geworden, also musste ich sie anderswo befriedigen«, ist eine altbekannte Anschuldigung. Ein Partner verringert seine eigenen Schuldgefühle, indem er das Versagen des anderen vergrößert. Ein Mann oder eine Frau mit niedrigem Selbstwertgefühl nimmt diese Vorwürfe und Anklagen an und verinnerlicht sie als unbestreitbare Tatsachen.

Wir müssen der Versuchung, die ganze Schuld auf uns zu nehmen, widerstehen. Ich empfehle nicht, dass Sie herumsitzen und die Erinnerung an Ihre Frau hassen sollen. Bitterkeit und Groll sind emotionale Krebsgeschwüre, die von innen her an uns fressen. Ich rate Ihnen jedoch, die Tatsachen sorgfältig zu prüfen. Stellen Sie sich folgende Fragen: »Habe ich trotz vieler Fehler und Mängel in meiner Ehe meine Familie hoch geschätzt und versucht, sie zu erhalten? Beschloss meine Frau, sie zu zerstören und dann eine Rechtfertigung für ihr Tun zu finden? Hatte ich eine ehrliche Chance, eine Lösung für die größten Konfliktgebiete zu finden? Hätte ich meine Frau halten können, auch wenn ich alle Änderungen, die sie wollte, durchgeführt hätte? Ist es vernünftig, dass ich mich selbst wegen dieser Sache, die geschehen ist, hasse?«

Wenn Sie objektiv prüfen, was sich ereignet hat, beginnen Sie vielleicht, sich als Opfer der Verantwortungslosigkeit Ihrer Frau zu sehen und nicht mehr als wertloser Versager im Spiel der Liebe.

Frage 365

Als meine Frau davonging, versuchte sie, mir Schuldgefühle einzureden. Wütend gab sie mir die Schuld an der Scheidung, trotz meiner verzweifelten Versuche, die Dinge zusammenzuhalten. Ich bin kein perfekter Mann, aber ich liebte sie und wäre nie weggegangen. Aber ihrer Meinung nach habe ich als Ehemann so kläglich versagt, dass sie gezwungen war, mit ihrem Chef durchzubrennen! Können Sie das glauben? Sie gab mir die Schuld an ihrem Ehebruch!

Ihre Frau versucht, die Schuld auf Sie zu übertragen. Fast jeder Ehepartner tut etwas Ähnliches, wenn er untreu ist. Schuld ist ein sehr schmerzliches Gefühl, und jemand, der mit einem neuen Geliebten im Bett liegt, ist dafür sehr anfällig. Diese Menschen müssen eine Möglichkeit finden, mit der Verurteilung durch ihr eigenes Gewissen fertig zu werden. Sie haben eine Familie kaputtgemacht, ihren Ehepartner verstoßen, ihre Kinder verletzt und ihre Zukunft aufs Spiel gesetzt. Solch ein empörendes Verhalten erfordert irgendeine Erklärung. Also bauen sie eine wirksame Verteidigung gegen moralische Verurteilung auf, in der Regel durch Übertragung der Schuld auf den Ehepartner.

Fragen Sie die Opfer einer Liebesaffäre; er oder sie hat wahrscheinlich eine Version der vier folgenden »moralischen Deckmäntelchen« gehört, die helfen sollen, mit einigen Ursachen der Schuld umzugehen:

1. *Eheliche Schuld.* »Ich weiß, was ich tue, ist für dich jetzt schwer, aber eines Tages wirst du verstehen, dass dies das Beste ist. Ich liebte dich nie wirklich, nicht einmal, als wir jung waren. Wir hätten eigentlich nie heiraten sollen. Außerdem ist diese Scheidung wirklich deine Schuld. Du hast mich dazu getrieben mit ... (hier Gründe zur Klage einsetzen, wie etwa Frigidität, Probleme mit der angeheirateten Verwandtschaft, Nörgeln, übermäßig viel Arbeit oder all das zusammen).«
Diese Botschaft hat ein leicht zu durchschauendes Ziel. Der erste Satz, wie er oben steht, erläutert auf wunderbare Weise die Beweggründe des untreuen Gatten. Er sagt in der Tat: »Ich tue das in Wirklichkeit zu deinem Vorteil.«Der zweite Satz ist auch ein Prachtstück. Er dient als »Nichtigkeitserklärung« der Ehe; es handelt sich nicht mehr um das grausame Verlassen des Geliebten. Durch die Behauptung, sie hätten nie heiraten sollen, wird ihre Ehe zu einem bedauerlichen Fehler und ist keine Beziehung mehr, die Gott selbst zusammenfügte und festigte. (Heinrich VIII. benutzte diese Methode, um seine erste Frau, Katharina von Aragon, zu verstoßen.) Indem man dann die restliche Verantwortung dem anderen auflädt, wird das Verschulden erfolgreich vom Schuldigen auf den Unschuldigen übertragen. So viel zum Ehegelübde. Kommen wir nun zu den Kindern.

2. *Elterliche Schuld.* »Für die Kinder wird es eine Zeit lang schwer sein, aber auf lange Sicht ist es für sie besser so. Es ist bestimmt nicht gut für sie, wenn sie zuschauen, wie wir streiten und debattieren, wie wir das bisher taten. Außerdem, wenn alles einmal geregelt ist, verbringe ich so viel Zeit mit ihnen wie jetzt auch.«
Zap! Zap! Die Schuldgefühle wegen der Kinder sind ebenfalls

weggesteckt. Ob man es glaubt oder nicht, Papas Seitensprung mit einer anderen Frau oder Mamas Ausbrechen mit Don Juan ist in Wirklichkeit etwas Konstruktives! Achten Sie nicht auf das, was die Kinder mit ihren großen schönen Augen sehen und verstehen. Achten Sie nicht auf die Schlussfolgerungen, die sie zu den Gründen ziehen, wegen derer Papa oder Mama weggegangen ist und warum er oder sie sie nicht mehr liebt und warum Gott das zuließ und warum die Scheidung vielleicht ihre Schuld ist und warum das Leben so schmerzlich und furchterregend ist. Versuchen Sie, keine Notiz davon zu nehmen, dass etwas Festes im Leben von ein paar sehr beeindruckbaren, empfindsamen kleinen Menschen auseinander gefallen ist. Denken Sie nicht daran, dann kommt Ihr klopfendes Herz vielleicht zur Ruhe. Schuldgefühle wegen der Kinder sind oft am schwierigsten vernunftgemäß zu deuten, aber glücklicherweise gibt es heutzutage Hunderte von Büchern und Kassetten, die Ihnen dabei helfen, Ihr schlechtes Gewissen zum Schweigen zu bringen.

3. *Soziale Schuld.* »Ich bin sicher, unsere Freunde können das zunächst nicht verstehen und ich warte schon darauf, was deine Mutter dazu zu sagen hat. Aber es ist, wie ich dem Pastor letzte Woche sagte: an unserer Scheidung ist wirklich niemand schuld. Wir sind einander einfach fremd geworden. Menschen ändern sich im Lauf der Jahre und Beziehungen müssen sich ändern, um ihnen gerecht zu werden.« (Wenn eine Frau spricht, sagt sie vielleicht: »Außerdem habe ich hin und wieder das Recht, zu tun, was für mich das Beste ist. Ich habe mein Leben für andere gelebt; jetzt wird es Zeit, dass ich an mich denke. Es ist nichts als gerecht, dass ich auch einmal mich selbst verwirklichen kann. Und außerdem, was für mich richtig ist, stellt sich auch als das Beste für dich und die Kinder heraus.«)
Diese Grundlinien der Argumentation wurden den heutigen Frauen fast wortwörtlich von den radikaleren Gliedern der feministischen Bewegung beschafft. Dies ist nur eines der vielen »mo-

ralischen Deckmäntelchen«, mit denen Selbstsucht so geläutert werden kann, dass sie uneigennützig scheint.

4. *Schuld vor Gott.* »Ich habe über dieser Entscheidung gebetet und ich bin jetzt sicher, dass Gott das, was ich tue, gutheißt.« Das ist das am meisten beschönigte, das äußerste moralische Mäntelchen. Wenn der Schöpfer in seiner unendlichen Weisheit sich die Angelegenheit hat durch den Kopf gehen lassen und zu dem Schluss gekommen ist, dass Scheidung das Beste für alle ist, wer kann dann noch weiter darüber diskutieren? Das Gespräch ist beendet. Die Sünde wurde geheiligt. Die Schuld ist ausradiert. Die Selbstachtung ist wieder hergestellt und, leider, hat das Böse gesiegt. Wenn die »großen Vier« gelöst sind, ist jedes moralische und geistliche Hindernis beseitigt. Der Weg ist geebnet für weitere Untreue und Ehescheidungen.

Frage 366
Ich bin immer davon ausgegangen, dass eine Ehe sich auf bedingungslose Liebe gründen muss. Das bedeutet, dass die Verpflichtung füreinander unabhängig vom Verhalten zu sein hat, egal wie beleidigend oder treulos es auch sei. Aber Ihre Idee der Verantwortlichkeit scheint zu besagen: »Ich liebe dich, solange du tust, was ich will.«

Sie haben mich falsch verstanden. Die Grenzen der Sprache machen es sehr schwer, diesen Gedanken hinreichend auszudrücken, aber ich möchte es noch einmal versuchen. Gewiss glaube ich an den Wert bedingungsloser Liebe und in der Tat ist die gegenseitige Verantwortlichkeit, die ich empfahl, ein Ausdruck dieser Liebe! Wenn zum Beispiel ein Ehemann sich so verhält, dass er sich selbst, seinen Kindern, seiner Ehe und der Familie der »anderen Frau« schadet, dann wird die Konfrontation mit ihm zur Tat der Liebe. Die leichteste Reaktion des unschuldigen Partners wäre, wegzuschauen und so zu tun, als würde man nichts bemerken. Aber von meinem Standpunkt aus liefe das auf das Gleiche hinaus, wie wenn Eltern sich weigern, einen Vierzehnjährigen, der um vier Uhr morgens betrunken nach Hause kommt, zur Rede zu stellen. In diesem Fall haben eine Mutter und ein Vater die Pflicht, als Reaktion auf das schädliche Verhalten eine Krise heraufzubeschwören. Die Liebe *fordert* das von ihnen! Damit versuche ich zu sagen, dass bedingungslose Liebe nicht gleichbedeutend mit Freizügigkeit, Passivität, Schwäche und Beschwichtigung ist. Manchmal erfordert sie Härte, Disziplin und Verantwortlichkeit.

Frage 367

Ihre »harte Liebe« widerspricht dem, was ich von Kirchenleitern hörte, die sagen, dass wir als Gläubige »keine Rechte haben«. Wenn ich richtig verstehe, was sie sagen, dann dürfte ich Geringschätzung nicht einmal bemerken, weil ich kein Recht auf Verteidigung habe. Sind Sie anderer Meinung?

W enn ich so sagen darf, ja. Wir müssen erkennen, dass die Person, die ihren Partner zur Verantwortung zieht, nicht ihre »Rechte« verteidigt. Sie verteidigt die Ehe. Sie wendet sich gegen ein Verhalten, das die Beziehung bedroht. Als solches handelt sie nicht ichsüchtig, sondern versucht zu schützen, was sie gemeinsam aufgebaut haben.

Diese »Keine Rechte«-Philosophie wäre unübertrefflich, wenn beide Partner völlig reif, selbstlos und liebevoll wären. Leider sind wir mit Unvollkommenheit und egoistischen Wünschen behaftet. Deshalb brauchen wir Verstärkung und Verantwortlichkeit, damit wir tun, was richtig ist. Wenn nur ein Mitglied der Familie der »Keine Rechte«-Idee zustimmt und versucht, sie in die Praxis umzusetzen, kann eine Ehe auseinandergerissen werden. Warum? Weil der nicht mitmachende Ehepartner an allen Ecken die »Grenze der Achtung« überschreitet. Er bekommt den Löwenanteil an allem – Geld, Sex,

Macht, Spaß und Spiele usw. Da er die geistliche Verpflichtung des Partners kennt, glaubt er, durch göttlichen Beschluss berechtigt zu sein, zu tun und zu lassen, was ihm gefällt.

Der gläubige Partner, der verzweifelt an diesem theologischen Verständnis festhält, ist nicht aus Stahl. Er ist auch nicht blind. Er bemerkt jede Begebenheit der Geringschätzung und tut sein Bestes, keine Notiz davon zu nehmen. Aber all das wird in seinem Gedächtnis gespeichert, ob er es will oder nicht. So ist es eben. Dann, wenn eines Tages seine Widerstandskraft geschwächt ist, wenn er erschöpft ist, oder bei einer Frau während der Belastung des prämenstruellen Syndroms, kann eine Wasserstoffbombe explodieren, die den Kopf des bestürzten Ehemannes regelrecht abreißt. Der »Keine Rechte«-Standpunkt hat diesen Menschen nicht weit gebracht; leider ist das Leben so alltäglich und überall lauert Leid.

Ich muss jetzt eine wichtige Einschränkung machen. Jede Empfehlung kann ins Extrem gesteigert werden, einschließlich der Verteidigung der »Grenze der Achtung«. Millionen, insbesondere Frauen, warten nur auf einen Grund, ihrem Ehepartner wegen irgendwelchen »Grenzverletzungen« eine bombastische Rede zu halten. Das können sie besser als alles andere in ihrem Leben. Ihre armen Männer leben ständig mit einem Schwall von Klagen und Kritik und wissen, dass sie nie etwas recht machen können. Dann kommt Dobson und gibt den Rat: »Zieht sie zur Verantwortung, meine Damen!«

Das wollte ich nicht sagen. Denken Sie daran, dass in 1. Korinther 13, 5 steht, dass Liebe »sich nicht erbittern« lässt. Diese Toleranz ist gewiss in guten Ehen vorhanden. Ehemänner und -frauen müssen eine Menge Fehler des anderen übersehen und nicht über den Splitter im Auge des Partners jammern, wenn sie selbst einen Balken in ihrem Auge haben. Lang anhaltender Ärger kann eine Ehe töten, besonders wenn er sich auf Unrecht aus der Vergangenheit gründet, das nie vergeben wurde.

Deshalb bedeutet das Konzept »Liebe muss hart sein« nicht, dass Leute übelnehmerisch und mäkelig werden; es bedeutet, dass wirkliche Fälle von Geringschätzung erkannt und in Liebe ausdiskutiert werden. Und wenn größere »Grenzüberschreitungen« vorkommen, die die Beziehung bedrohen, sollte man sie sofort angehen.

Frage 368
Ich weiß, dass mein Mann ein »Schürzenjäger« ist, ein Typ, der niemanden, der Röcke trägt, widerstehen kann. Wird er immer so bleiben? Kann ich ihn ändern?

Es ist schwierig, wenn nicht unmöglich, einen Menschen zu ändern. Sicher kann das nicht durch Nörgeln und Klagen und Strafen bewerkstelligt werden. Das führt nur dazu, dass ein Mensch auf seinem Standpunkt beharrt und bis zum Ende kämpft. Was Sie tun können, ist, Ihrem Mann klar zu machen, dass er nicht Sie und dazu noch einen Harem haben kann und dass er sich zwischen seiner sinnlichen Begierde und seiner Liebe entscheiden muss. Leider wird er nicht gezwungen, eine Entscheidung zu treffen, wenn man ihn nur mit Worten vor diese Alternative stellt. Er würde am liebsten beides haben. Deshalb wird wahrscheinlich eine Zeit für liebevolle Härte kommen, in der Sie Ihren Worten durch Entschlossenheit und klare Taten Nachdruck verleihen. Denken Sie in dieser schweren Stunde daran, dass Gott Ihren Mann ändern kann und dass die Krise das Werkzeug Gottes ist, das ihn zur Vernunft bringt.

Frage 369
Schon seit einiger Zeit bemerke ich die Untreue meines Mannes. Ich habe ihn deswegen zur Rede gestellt, was zu einigen unglaublichen, furchtbaren Streitigkeiten führte. Ich forderte sogar, dass er seine Untreue beendet, doch bisher ist keine Änderung seiner Einstellung oder seines Verhaltens eingetreten. Was mache ich falsch?

Ich fürchte, Sie haben den häufigen Fehler gemacht, dass Sie den Unterschied zwischen Ärger und liebevoller Härte nicht richtig verstanden haben. Einfach ärgerlich zu werden und Wutausbrüche an den Tag zu legen zeitigt bei einem Ehepartner nicht mehr Wirkung als bei einem rebellierenden Teenager. Schreien und Anklagen und Schimpfen ist selten erfolgreich bei der Änderung des Verhaltens von Menschen jeden Alters. Was erforderlich ist, ist Handeln – ein Ultimatum, das eine konkrete Reaktion verlangt und zu einer Konsequenz führt. Dann müssen Sie den Mut haben, Ihr Versprechen einzulösen.

Frage 370
Ist es schwieriger für einen Mann oder für eine Frau, sich von einer Affäre des Ehepartners zu erholen?

Ich bemerkte keine wesentlichen Unterschiede zwischen den Geschlechtern im Augenblick der Offenbarung. Beide, Männer und Frauen, leiden unglaublichen Schmerz, wenn der Partner untreu wird. Wenn die Krise jedoch vorüber ist, scheinen Männer einen Vorteil zu haben. Ihre Arbeit bietet oft eine bessere Ablenkung und für sie sind die wirtschaftlichen Folgen weniger schwerwiegend. Sie finden in der Regel auch leichter eine neue Partnerin. Aber niemand gewinnt bei rechtswidrigen Liebesaffären.

Frage 371
Glauben Sie, dass eine Art »Blindheit« eintreten kann, wenn das Opfer einer Affäre die Wahrheit leugnet? Ich scheine das erlebt zu haben, als mein Mann mich mit meiner besten Freundin betrog. Die Affäre dauerte zwei Jahre, bevor ich mir selbst die Wahrheit eingestehen konnte. Aber warum sollte ich die Wahrheit leugnen? Warum »wollen« Opfer blind sein?

Dieser psychologische Vorgang hat das Ziel, die Psyche vor unannehmbaren Gedanken oder der Wirklichkeit zu schützen. Wenn ein Mensch einmal sich selbst eingesteht, dass sein geliebter Ehepartner untreu ist, dann muss er oder sie sich mit dieser Tatsache auseinandersetzen. Die äußerst schmerzhaften Erfahrungen von Trauer, Angst und Schlaflosigkeit werden unvermeidlich, wenn man der Wahrheit einmal ins Auge geschaut hat. Außerdem fürchtet der verletzte Mensch, dass eine Konfrontation mit dem untreuen Partner diesen in die Arme des oder der neuen Geliebten treibt. Aufgrund dieser Befürchtungen entscheidet der Mensch bewusst oder unbewusst, von der Affäre nichts zu merken, in der Hoffnung, dass sie vorübergeht und vergessen wird. Offenbar hat ein verletzlicher Mensch viele Gründe, zu leugnen, was seine Augen sehen.

Wenn die Beweise der Untreue erdrückend werden, »bittet« ein Mann oder eine Frau oft den schuldigen Partner, ihm oder ihr beim Ableugnen zu helfen. Dies geschieht mit Hilfe von Anschuldigungen, in der Hoffnung, dass das Gegenteil bewiesen wird. Zum Beispiel sagt eine Frau: »Stimmt es, dass du mit Dora ausgehst?«

»Nein, ich sagte dir tausendmal, dass daran nichts ist«, lügt er.

»Aber wo warst du letzte Nacht um zwei Uhr?«

»Ich hatte eine Autopanne. Würdest du mich jetzt bitte in Ruhe lassen?«

Diese Frau weiß, dass die Geschichte ihres Mannes geschwindelt ist, aber immer wieder bittet sie ihn, sie anzulügen. Es ist interessant, dass sie sich nicht verpflichtet fühlt, seine Geschichten auffliegen zu lassen, bis er selbst das Verhältnis einräumt ... was vielleicht nie geschieht. Diese stillschweigenden Vereinbarungen helfen ihr, die Illusion aufrechtzuerhalten, dass alles in Ordnung ist und für eine freizügige Umgebung zu sorgen, in der der Mann tun kann, was ihm beliebt.

Ableugnen kann auf die verschiedensten Weisen eingesetzt werden. Es erlaubt einer Frau, keine Notiz von einem verdächtigen Knoten in der Brust oder von den Drogen im Zimmer ihres Sohnes oder der steigenden Schuldenlast der Familie zu nehmen. Durch diesen

Prozess wird die Psyche eine Zeit lang geschützt, aber oft wird dadurch größeren Katastrophen im Leben Tür und Tor geöffnet.

Frage 372
Wie sollte man sich einer Person gegenüber verhalten, die die Realität leugnet? Ich habe einen sehr guten Freund, der von seiner Frau betrogen wird, aber er will es nicht sehen. Soll ich ihn mit der Wirklichkeit konfrontieren?

Auf diese Frage gibt es keine generelle Antwort, da sie auf tausend verschiedene, konkrete Situationen angewandt werden kann. Es gibt Zeiten, in denen Ableugnen die einzige Möglichkeit ist, Verstand und Stehvermögen zu bewahren, und deshalb muss es erhalten bleiben. In anderen Fällen kann es eine Tat der Liebe sein, die Seifenblase der Illusion zum Platzen zu bringen. Immer jedoch ist es gewagt, einen Menschen aus seinen Träumen zu wecken. Wenn das Bedürfnis nach Ableugnung sehr groß ist, fällt der Mensch oft über den her, der ihn mit der Wirklichkeit konfrontiert.

Frage 373
Was mich aufregt ist, dass in vielen Fällen der Untreue, von denen ich erfahren habe, der untreue Ehegatte behauptete, gläubiger Christ zu sein. Es waren reife Gläubige, nicht Anfänger im Glauben. Wie können sie ihren Ehepartner betrügen? Was geht in einem Menschen vor, der gegen seine eigenen moralischen Maßstäbe so himmelschreiend verstößt?

Wie Sie bin ich bestürzt über die Dreistigkeit derer, die einer Liebesaffäre nachgehen und sich Christen nennen. Sie sprechen von moralischen Winkelzügen! Diese Menschen können das siebte Gebot (»Du sollst nicht ehebrechen«) auswendig hersagen und sie verstehen Gottes Ankündigung, sündiges Verhalten zu bestrafen, aber irgendwie rechnen sie damit, Gottes Gesetz ungestraft brechen zu können! Ihr Verhalten ist nicht nur von Gott verboten, es verstößt auch gegen den Sittenkodex der zivilisierten Welt. Wenn das noch nicht genügt, muss ein untreuer Ehepartner sich mit der Verantwortung auseinandersetzen, seinen Partner niederzuschmettern und die Kinder aus der Ehe zu schädigen, diese unschuldigen, nichtsahnenden Kleinen, die von der Selbstsucht und Schande eines Elternteils zerrissen werden. Alles in allem, es ist genug, um die leidenschaftlichsten Playboys und Playgirls zur Vernunft zu bringen. Tatsächlich standen Millionen kurz vor einer Affäre; als sie dann aber sahen, wozu dies führt, flohen sie in die Arme ihres erleichterten Ehepartners zurück.

Frage 374
Was sagen Sie einer Frau, die die Untreue ihres Mannes toleriert, weil sie über keine finanziellen Mittel verfügt? Vielleicht hat sie Angst davor, ihn zur Rede zu stellen, weil er fortgehen und sie in Armut zurücklassen könnte?

Für diese Frau habe ich keine einfache Antwort. Das Leben stellt uns manchmal zwischen Skylla und Charybdis, wo die Probleme oft unlösbar scheinen! So ist die unerfreuliche Lage von Müttern, die ohne oder mit wenig finanzieller Hilfe ihrer ehemaligen Männer ihre Kinder aufziehen müssen. Nach den Angaben des Gesundheitsministeriums ist dies der Hauptgrund für Armut in Amerika heute. Fast die Hälfte aller Menschen unterhalb der Armutsgrenze sind geschiedene Frauen mit Kindern. Dieselbe Statistik zeigt, dass die Hälfte der geschiedenen Mütter nicht den vom Gericht festgesetzten Kindesunterhalt von ihrem ehemaligen Ehemann erhalten.[143] Glücklicherweise unternimmt die Regierung endlich Schritte gegen diese zahlungsunwilligen Väter. Es wird Zeit! In einer Gesellschaft, in der praktisch alles, von der Wiege bis zum Grab, mit Gesetzen und Vorschriften geregelt ist, dauerte es unerträglich lange, bis gegen Eltern vorgegangen wurde, die sich nicht um ihre Kinder kümmern. Doch jetzt stehen verarmte Mütter immer noch vor ungeheuer schwierigen Fragen, wenn die Untreue ihres Mannes ans Licht kommt.

Frage 375
Glauben Sie, dass eine Trennung von Ehepartnern aus anderen Gründen als Untreue falsch ist?

Ich finde kein biblisches Verbot dafür, dass Ehepaare eine Zeit lang getrennt leben, wenn ihr Ziel nicht Ehescheidung und Wiederheirat ist. Männer und Frauen können sich oft gegenseitig auf den Nerven herumtrampeln und brauchen dringend etwas Zeit alleine, um sich neu auszurichten. Ob ihre Trennung richtig oder falsch ist, hängt meiner Meinung nach völlig von ihrer Absicht ab, und darüber kann nur Gott urteilen. Eine Frau, zum Beispiel, deren alkoholabhängiger Mann ein Leben ohne Unterstützung durch die Familie am eigenen Leibe spüren muss, erkennt vielleicht, dass eine zeitweilige Trennung die einzige Möglichkeit ist, ihn dazu zu bringen, fachkundige Hilfe zu suchen. Diese Krise der Einsamkeit ist möglicherweise die letzte Hoffnung, den Mann wieder zur Vernunft zu bringen, und es könnte eine Tat der Liebe sein, wenn seine Frau ihn noch unglücklicher macht! Wenn dies der Beweggrund des verantwortungsbewussteren Partners ist, dann finde ich in der Bibel keinen Anhaltspunkt für die Verurteilung dieses Wunsches nach Trennung. Aber Vorsicht bitte! Diese Auffassung kann auch zum moralischen Mäntelchen für Menschen werden, die in der Ehe unglücklich sind und aus ihr ausbrechen wollen. Diesen Schachzug kann ich gewiss nicht gutheißen.

Frage 376
Vor einigen Monaten kündigte mein Mann an, dass er mich wegen einer anderen Frau verlassen wird. Seither traf er sich regelmäßig

mit ihr, aber er ist noch nicht von zu Hause weggegangen und scheint recht verstört zu sein. Er hat sechs Kilogramm abgenommen und sieht schrecklich aus. Was denken Sie, geht wohl in ihm vor? Er will mit mir nicht über seine Gefühle sprechen und wird ärgerlich, wenn ich ihm Fragen stelle.

Wahrscheinlich verspürt Ihr Mann starke Schuldgefühle und Ruhelosigkeit, die oft Begleiterscheinungen eines selbstsüchtigen, sündigen Handelns wie der Untreue sind. Gott hat eine leise Stimme in die Seele des Menschen gelegt, die in solchen Augenblicken Zeter und Mordio schreit, obwohl einige gelernt haben, sie zum Verstummen zu bringen. Das Gewissen ist ein gewaltiger Gegner von Verantwortungslosigkeit, auch wenn wir keine Notiz von seiner Ermahnung nehmen; ohne Kampf erlaubt es keine groben Verletzungen der moralischen Gesetze. In einer solchen Situation erlebt ein Mensch nicht selten einen inneren Kampf, der nur in einer der drei folgenden Weisen beigelegt werden kann: (1) das Gewissen gewinnt und der Mensch kehrt zum rechtschaffenen Leben zurück; (2) der Mensch sucht nach einem »moralischen Deckmäntelchen« und es gelingt ihm sein Verhalten so vernunftgemäß zu deuten, dass es bald rein und heilig scheint; oder (3) das Gewissen gewinnt, aber der Mensch fährt unbeirrt fort zu tun, was er oder sie tun will.

Menschen der dritten Gruppe, zu denen vielleicht Ihr Mann gehört, können die bedauernswertesten Männer und Frauen auf der ganzen Welt sein. Ihr Verhalten steht im Widerspruch zu ihren persönlichen ethischen Grundsätzen, und alle Versuche, beide in Einklang zu bringen, waren bisher vergeblich. Anders gesagt, diese Menschen führen einen Nahkampf mit ihrem Gewissen, und die Fetzen fliegen in alle Richtungen. Diese innere Zerrissenheit kann nicht nur zu psychischen Störungen, sondern auch zu körperlicher Krankheit führen! Ein Mensch, der diese inneren Konflikte durchlebt, leidet oft unter Depressionen, Gewichtsverlust, Schlaflosigkeit, Nägelbeißen usw. Für einen empfindsamen Menschen ist diese Belastung sehr unerquicklich.

Wenn wir die Gemütsverfassung Ihres Mannes richtig einschätzen, können Sie erwarten, dass er sich sehr schnell entweder für Sie oder für die andere Frau entscheidet. Es ist einfach zu schmerzlich, in der Schwebe zwischen Gut und Böse zu hängen. Ich empfehle Ihnen, fachmännischen Rat darüber einzuholen, ob dies der richtige Moment ist, von Ihrem Mann eine Entscheidung zu fordern. Mit den wenigen Informationen, die ich von Ihnen erfahren habe, wäre das meiner Meinung nach das Beste.

Frage 377

Da fast jedes Ehepaar hin und wieder streitet, würde ich gerne den Unterschied zwischen einer gesunden Ehe und einer Ehe, die ernsthafte Schwierigkeiten hat, kennen. Wie können ein Mann und eine Frau wissen, ob ihre Konflikte innerhalb normaler Grenzen liegen oder ob sie Symptome ernsthafterer Probleme sind?

Es stimmt, dass es in fast allen Ehen Konflikte gibt. Auf diese Weise werden Unmut und Frustration zum Ausdruck gebracht. Der Unterschied zwischen stabilen Familien und solchen in ernsthaften Schwierigkeiten zeigt sich an dem, was nach einem Streit geschieht. In gesunden Beziehungen endet eine Zeit der Auseinandersetzung in der Vergebung – im einander näher kommen – in höherer Achtung und tieferem Verständnis – und manchmal in sexueller Befriedigung. Aber in instabilen Ehen führt ein Konflikt zu größerem Schmerz und Ärger, der bis zum nächsten Streit fortbesteht. Wenn das eintritt, wird eine ungelöste Frage durch eine andere und noch eine andere vervielfältigt. Diese Anhäufung von Groll ist für jede Ehe verhängnisvoll. Ermahnte uns nicht deshalb der Apostel Paulus, die Sonne nicht über unserem Zorn untergehen zu lassen (Eph 4, 26)?

Frage 378
Was würden Sie einer jungen Ehefrau und Mutter raten, deren Mann äußerst gewalttätig ist und häufig sie und die gemeinsamen Kinder misshandelt?

Sie sollte mit ihren Kindern unverzüglich das Haus verlassen. Misshandlung des Ehepartners und der Kinder dürfen einfach nicht toleriert werden. Das verstößt gegen das Gesetz und das Gesetz muss eingehalten werden. Niemand muss heute in einer gewalttätigen Umgebung leben.

Frage 379
Würden Sie empfehlen, dass die gläubige Frau eines gewalttätigen Mannes tatsächlich die Scheidung einreicht?

Nein, sie sollte sich von ihm trennen, damit er sein gewalttätiges Verhalten einsieht und etwas dagegen unternimmt. Durch Gebet und Entschlossenheit kann sie möglicherweise die Ehe retten und ihrem Mann helfen, seine gewaltsamen Neigungen zu überwinden. Das ist natürlich leichter gesagt als getan und es gibt keine Garantie dafür, dass das Ergebnis wie erhofft ausfällt. Aber ich glaube, das Beste ist, es zu versuchen.

Frage 380
Wie sollte sie mit dem Problem ihres Mannes umgehen?

Die Grundsätze von »Liebe muss hart sein« bieten die beste Reaktion auf einen gewalttätigen Ehemann. Sie beginnen mit der Erkenntnis, dass das Verhalten sich nicht ändert, wenn alles glatt geht. Wenn eine Veränderung stattfinden soll, dann geschieht das in der Regel in einer Krisensituation. Deshalb muss eine Krise geschaffen und sehr sorgfältig gehandhabt werden.

Wenn die Frau ausgezogen ist und klargestellt hat, dass sie nicht die Absicht hat, zurückzukehren, ist der Mann an der Reihe. Wenn er nichts unternimmt, kehrt sie nicht zurück. Wenn es ein Jahr dauert oder fünf Jahre, dann ist es eben so. Sein Wunsch, dass sie zurückkehrt, muss so stark sein, dass er sein Problem regelt und auf sie zugeht. Wenn der Mann einräumt, dass er ein gewalttätiges Verhaltensmuster hat und verspricht, etwas dagegen zu tun, können Verhandlungen beginnen. Ein Plan kann vereinbart werden, zu dem intensive christliche Beratung mit einer Person gehört, die die Frau ausgewählt hat. Sie sollte nicht nach Hause zurückkehren, bis der Berater zu dem Schluss kommt, dass sie dort sicher sein wird und dass der Mann auf dem Weg der Besserung ist. Allmählich werden sie ihre Beziehung wieder aufnehmen.

Es ist ein langer Weg, aber er ist der Mühe wert.

Frage 381
Meinen Sie damit, dass jede Frau, die geschlagen wird, sich so verhalten soll? Mein Mann hat mich nur einmal geschlagen, und zwar während eines Streites. Sollte ich mich von ihm trennen?

Ihre Situation kennzeichnet womöglich eine andere Verhaltenskategorie. Ein Mann kann in einer bestimmten Situation so zornig werden, dass er etwas tut, das ihm sofort Leid tut und das er nie wieder tun würde. Das ist etwas ganz anderes als eine wiederholte krankhafte Situation. Sie müssen entscheiden, wie Sie mit dieser Ausnahmesituation umgehen, aber ich würde empfehlen, dass Sie über dieses Thema mit Ihrem Mann ernsthaft sprechen. Wenn er Sie einmal geschlagen hat, kann er Sie wieder schlagen. Sie müssen einige Grundregeln festlegen, die die Wiederholung einer ähnlichen Situation vermeiden.

Frage 382

Ich sehe, dass Sie unglücklichen und verärgerten Ehepartnern nur selten raten, sich scheiden zu lassen und ihr Leben noch einmal von vorne zu beginnen. Ich bin anderer Meinung. Mein Mann und ich haben nie zusammengepasst und hätten von vornherein nie heiraten sollen. Warum halten Sie Ehescheidung für den allerletzten Ausweg?

E hescheidung sieht oft wie die leichte Lösung einer sehr unangenehmen Situation aus und es gibt tatsächlich Situationen, bei denen sie erforderlich ist (fortgesetzte Untreue usw.). Eine Ehescheidung und ihre Folgen sind jedoch für beide Partner schwierig und führen selten zu einer schnellen Besserung der Lage. Meist ist die Scheidung viel schmerzlicher als angekündigt. Jeder verliert, wenn eine Ehe kaputt geht, besonders die betroffenen Kinder. Erstaunlicherweise haben auch deren Großeltern zu kämpfen. Ich las vor kurzem, dass Eltern, deren Kinder sich scheiden lassen, in der Regel so viel leiden wie ihre streitenden Söhne und Töchter. Eltern und Schwiegereltern können nichts tun als dabeistehen und zusehen, wie zwei Menschen, die sie lieben, sich gegenseitig zerfetzen und dabei ihre Enkel innerlich verletzen. Ganz gewiss gibt es keine Gewinner, wenn eine Ehe auseinander bricht.

Wer die Scheidung als Antwort auf »Seelenhunger« oder den Mangel an romantischer Zuneigung in der Ehe betrachtet, also wohl die Mehrheit der Familien, die zerbrechen, der erinnert mich an einen Dokumentarfilm, der in der Anfangszeit der Filmgeschichte gedreht wurde. Auf dem Eiffelturm stand ein selbst ernannter Erfinder mit einem Paar selbst gemachter Flügel, die an seinen Armen befestigt waren. Der Mann war fest entschlossen zu fliegen. Der ruckartige Schwarzweißfilm zeigt, wie er vor und zurück schreitet, hinunter schaut und versucht, den Mut zum Sprung aufzubringen. Trotz primitiver Aufnahmetechnik kann der Zuschauer die Unsicherheit des Erfinders erkennen. »Soll ich oder soll ich nicht?« Schließlich kletterte er auf die Brüstung, zauderte einen Augenblick und sprang.

Natürlich fiel er wie ein Stein zu Boden. Die Kamera schwenkte direkt nach unten, während der »Flieger« auf der Straße zu Tode stürzte.

Viele deprimierte und leidende Menschen sind wie dieser unglückliche Mann auf dem Eiffelturm. Sie werden von der Verlockung der Freiheit gereizt – von dem Versprechen eines glanzvollen, unbehinderten Entrinnens ... durch Flucht vor den Belastungen des Familienlebens. Dann stehen sie auf der Brüstung und stellen sich die Frage: *Soll ich oder soll ich nicht?*

Diejenigen, die springen, entdecken in der Regel, dass ihre Flügel sie nicht so tragen, wie sie erwarteten. Stattdessen stürzen sie in Streitereien um das Sorgerecht, in Einsamkeit, Bitterkeit und sogar Armut. So viel zur Freiheit, die im Text des Liedes »Me and Bobby McGee« als »nur ein anderes Wort für nichts zu verlieren« definiert wurde.[144]

Außer in ungewöhnlichen Fällen ist Scheidung keine leichte Antwort auf die Belastungen einer gestörten Ehe. Sie führt in der Regel sogar zu gesundheitlichen Problemen. Diese Tatsache ist inzwischen wissenschaftlich erwiesen. Ehescheidung bringt ein hohes Risiko sowohl für psychische als auch für körperliche Krankheiten mit sich. Dr. David Larson, Psychiater und Forscher in Washington D.C., befasste sich mit medizinischen Studien zu diesem Thema und machte einige erstaunliche Beobachtungen. Zum Beispiel ist geschieden und Nichtraucher sein nur ein bisschen weniger gefährlich als ein Päckchen oder mehr am Tag zu rauchen und verheiratet zu bleiben. Auch sind Geschiedene beider Geschlechter und aller Rassen öfter als Verheiratete von Krebsleiden im Endstadium betroffen. Vorzeitiger Tod tritt bei geschiedenen Männern und Frauen ebenfalls bedeutend häufiger auf. Ärzte glauben, der Grund liegt darin, dass das seelische Trauma einer Scheidung den Körper belastet und die Abwehrmechanismen des Immunsystems gegen Krankheiten schwächt.[145]

In den sechziger Jahren erklärte der Gesundheitsminister Rauchen für gesundheitsschädlich. Später warnten Forscher vor den Gefahren von Nahrungsmitteln, die viel Fett und Cholesterin enthalten. Vielleicht sollten Jungverheiratete vor den Folgen einer Zerrüttung der Ehe gewarnt werden. Sie kann genauso gefährlich sein.

Anmerkung: Vor einiger Zeit fiel mir ein Artikel in die Hände, der den Schmerz in Zusammenhang mit einer Ehescheidung packender als alles andere, was ich bisher gelesen habe, ausdrückte. Er trägt den Titel »Death of a Marriage« (Tod einer Ehe) von Pat Conroy, (*Atlanta Magazine*). Ich erhielt die Erlaubnis, einen kurzen Abschnitt zu zitieren, in der Hoffnung, jemandem zu helfen, der sich mit dem Gedanken an Scheidung trägt. Wenn Sie solch ein Mensch sind und Gott um Führung gebeten haben, finden Sie hier vielleicht seine Antwort. Wenn Sie jemanden kennen, der diese Entscheidung in Erwägung zieht, könnten Sie ihn oder sie die persönliche Erfahrung von Pat Conroy lesen lassen. Ich denke, sie ist typisch für Menschen, die diesen Alptraum durchlebten.

Jede Ehescheidung ist der Tod einer kleinen Zivilisation. Zwei Menschen erklären einander den Krieg und ihre Schreie und Tränen infizieren ihre gesamte Umgebung mit den Bazillen ihres Schmerzes. Den größten Schmerz verursacht die Wunde an der Stelle, aus der einmal die Liebe hervorging.

Ich kann kaum glauben, wie viele Menschen sich jetzt scheiden lassen, wie viele sich einem solch außerordentlichen Schmerz unterwerfen. Denn es gibt keine sauberen Ehescheidungen. Scheidungen sollten in Schlachthöfen oder in Operationssälen vorgenommen werden. In meinem Fall glaube ich, wäre es leichter gewesen, wenn Barbara gestorben wäre. Bei ihrer Beerdigung wäre ich ehrerbietig gewesen, hätte echte Tränen vergossen – es wäre viel leichter gewesen, als einander an einem Tische gegenüber zu sitzen und sich zu sagen, dass es aus ist.

Es war vernichtend für mich, die Mutter meiner Kinder anzuschauen und zu wissen, dass wir den Rest unseres Lebens nicht gemeinsam verbringen werden. Der Abschied war fürchterlich, die Aufgabe eines Teils meiner eigenen Geschichte.

Als ich meine Scheidung überdachte, empfand ich sie wie ein Land, und das Land war baumlos, luftlos; es gab keinen Urlaub und keine Ferien. Ich betrat es ohne Pass, ohne Anleitung und völlig alleine. Sinnlosigkeit und Hoffnungslosigkeit wuchsen in diesem Land wie Obstbäume, die bösartige Früchte trugen. Ich weiß nicht mehr, an welchem Tag genau ich in diesem Land ankam. Auch bin ich mir nicht sicher, ob man seine Staatsangehörigkeit dort je wieder ablegen kann.

Jede Ehescheidung hat ihre eigenen Metaphern, die aus der sterbenden Ehe erwachsen. Ein Mann war übermäßig stolz auf sein Aquarium. Er verließ seine Frau zwei Wochen nach der Geburt ihres Sohnes. Was Besucher als Erstes bemerkten, war, dass die Frau das Aquarium nicht versorgte. Die Fische begannen zu sterben. In meinem Herzen verschmolzen die beiden Beendigungen.

Lange Zeit konnte ich meine eigene Metapher des Verlustes nicht entdecken – bis der Tod unseres Hundes Beau zur unwiderlegbaren Botschaft wurde, dass es zwischen Barbara und mir aus war. Beau war ein lebhafter, schrulliger Dackel, den Barbara schon hatte, bevor wir heirateten. Ein Jahr schmerzlicher Anpassung war nötig, bevor wir uns anfreundeten. Aber Beau hatte eines jener aufschlussreichen Innenleben, das nur Hundefreunde verstehen können. Er hatte ein Genie für Gesellschaft. Von Beau abgeleckt zu werden, wenn man morgens aufwachte, war etwas Schönes.

An einem der ersten Tage unserer Trennung, als ich ins Haus ging, um einige Kleidungsstücke zu holen, rannte meine jüngste Tochter aus dem Haus, um mir zu sagen, dass Beau von einem Auto angefahren und in die Tierklinik gebracht worden war. Ich eilte dorthin und fand Ruth Tyree, die Tierärztin von Beau. Sie trug Beau herein und legte ihn auf den Untersuchungstisch. Während der schrecklichen Trennung von Barbara hatte ich nicht geweint. Ich hatte ihr gesagt, dass ich über meine Unfähigkeit zu weinen wütend sei. Aber jetzt klappte ich regelrecht zusammen. Es war kein Weinen, es war ein Schreien, es war pure Verzweiflung.

Das Auto hatte Beaus Wirbelsäule zertrümmert, das Röntgenbild zeigte den nicht wiederherstellbaren Schaden. Beau schaute mich an, während Dr. Tyree mir ein Stück Papier hinhielt und sagte, sie bräuchte meine Unterschrift, um Beau einzuschläfern. Ich konnte meinen Namen nicht schreiben, weil ich das Papier nicht sehen konnte. Ich lehnte mich gegen den Untersuchungstisch und weinte, wie ich nie zuvor in meinem Leben geweint hatte; ich weinte nicht nur um Beau, sondern auch um Barbara, um die Kinder, um mich selbst, um den Tod einer Ehe, um untröstlichen Verlust. Frau Dr. Tyree berührte mich sanft und ich hörte, wie sie über mir weinte. Und Beau, in der letzten grandiosen Geste seines Lebens, schleppte sich auf seinen beiden guten Beinen über den Tisch und leckte mir die Tränen vom Gesicht. Ich hatte meinen Hund verloren und meine Metapher gefunden. Im Röntgenbild der zertrümmerten Wirbelsäule meines Hundes sah ich das Bild meiner zerbrochenen Ehe.

Aber keine Metapher ist stark genug, um den Augenblick zu beschreiben, wenn man es den Kindern sagt. Ehescheidungen ohne Kinder sind fast ein Kinderspiel dagegen. In die Augen seiner Kinder zu schauen und ihnen zu sagen, dass man ihre Familie verstümmelt und ihre ganze Zukunft verändert, erfordert einen verzweifelten Mut, den ich nicht noch einmal aufbringen möchte. Dies ist auch die letzte gemeinsame Handlung der Eltern und das endgültige Zeichen dafür, dass die Ehe am Ende ist. Ich hatte den Eindruck, ich hätte meine ganze Familie mit Benzin übergossen und ein Zündholz angestrichen.

Die drei Mädchen traten ins Zimmer und schauten weder mich noch Barbara an. Ihre Gesichter, düster und kummervoll, gaben mir zu verstehen, dass sie es schon wussten. Mein Verrat an diesen jungen süßen Mädchen füllte den Raum.

Sie schrieben mir Abschiedsbriefe, denn ich war es, der auszog. Als ich sie las, konnte ich mir nicht vorstellen, wie ich diesen unerträglichen Schmerz je überleben könnte. In den Briefchen stand: »Ich habe dich lieb, Papa. Ich werde dich besuchen.« Monatelang träumte ich, dass ich meine drei Töchter in einer psychiatrischen Klinik besuchte. Die Angst, meine Kinder zu schädigen, verfolgte und lähmte mich.

Ein Jahr lang hatte ich den Eindruck, seelisch amputiert zu sein. Manche Schallplatten konnte ich nicht hören, weil ich sie mit Barbara in Verbindung brachte, manche Gedichte konnte ich nicht lesen, manche Bücher nicht in die Hand nehmen. In ein bestimmtes Restaurant werde ich nie mehr einen Fuß setzen, weil wir uns dort böse gestritten hatten. Es war ein Jahr, in dem die Erinnerung wie Säure brannte.

Allmählich entwickelte ich die komischen Gewohnheiten der sehr Einsamen. Ich schaltete die Stereoanlage ein, sobald ich meine Wohnung betrat. Ich trank, bis mir alles egal war. Ich kochte auserlesene Mahlzeiten für mich selbst und konnte dann keinen Bissen davon essen.

Ich hatte das dunkle Land der Ehescheidung betreten und ein Jahr lang war ich einer seiner ruinierten Bewohner. Ich litt. Ich überlebte. Ich beobachtete mich wie von außen und stellte mich selbst dem Fremden vor, der in mir wohnte.

Barbara und ich hatten einen Erfolg bei unserer Scheidung, einen äußerst seltenen. Als der Ärger und die Verletzungen mit der Zeit abgeklungen waren, blieben wir Freunde. Wir trafen uns gelegentlich zum Kaffeetrinken oder zum Abendessen und ich lernte ihren Freund Tom kennen.

Als ich einmal eine Party verließ, schaute ich zurück und sah, wie Barbara und Tom sich an den Händen hielten. Sie sahen zusammen sehr glücklich aus und es tat weh, dies zu erkennen. Ich wollte zurückgehen und Tom etwas sagen, aber hauptsächlich wollte ich es Barbara sagen. Ich wollte sagen, dass ich Toms Geschmack in puncto Frauen bewundere.[146]

Diese eindringlichen Worte erklären, warum ich so entschieden für das Konzept einer lebenslangen Ehe eintrete. So wurde es vom Schöpfer geplant, als er die Familie schuf. Natürlich müssen wir

akzeptieren, dass Ehescheidungen vorkommen, und viele meiner
Leser haben zweifellos diese tragische Erfahrung schon durchgemacht. In diesen Fällen müssen wir alles in unserer Macht Stehende
tun, um für diese Menschen zu sorgen, mit ihnen zu beten und ihnen
zu helfen, mit dem Schmerz fertig zu werden, den Conroy so anschaulich schilderte. Wenn wir aber nur eine einzige unnötige Scheidung mit ihren schrecklichen Auswirkungen für drei oder mehr
Generationen verhindern können, haben wir einen maßgeblich
wichtigen Auftrag erfüllt.

Frage 383
Die Ehe mit meinem Mann ist für mich sehr unbefriedigend. Ich
würde mich von ihm scheiden lassen, mache mir aber um unsere
drei Kinder Sorgen. Wurden die Auswirkungen einer Scheidung
auf Kinder erforscht?

Man weiß inzwischen, dass die emotionale Entwicklung der
Kinder in direktem Zusammenhang mit der herzlichen, für-
sorglichen und ununterbrochenen Beziehung zu *beiden* Elternteilen
steht. Alles, was diese lebenswichtige Verbindung mit der Mutter
oder dem Vater beeinträchtigt, kann bleibende Folgen für das Kind
haben.

Eine umfangreiche Untersuchung ergab, dass neunzig Prozent
der Kinder aus geschiedenen Familien hart getroffen werden, wenn
die Trennung stattfindet; unter anderem litten sie unter tiefer Trauer
und irrationalen Ängsten.[147] Fünfzig Prozent berichteten, dass sie
sich verstoßen und verlassen vorkamen[148], und in der Tat besuchte
die Hälfte der Väter ihre Kinder drei Jahre nach der Scheidung nicht
mehr.[149]

Ein Drittel der Jungen und Mädchen fürchteten, von dem
zurückbleibenden Elternteil verlassen zu werden, und sechsundsech-
zig Prozent sehnten sich nach dem abwesenden Elternteil in einem
Ausmaß, das die Forscher als überwältigend beschrieben.[150] Das

bedeutendste Ergebnis: siebenunddreißig Prozent der Kinder waren fünf Jahre nach der Ehescheidung sogar noch unglücklicher und unbefriedigter als achtzehn Monate danach.[151] Mit anderen Worten, die Zeit heilte ihre Wunden nicht.

Das ist die wirkliche Bedeutung einer Ehescheidung. Und deshalb packt mich gerechter Zorn, wenn ich sehe, wie Untreue und ehelicher Betrug im Fernsehen wie eine Art aufregendes Spiel für zwei dargestellt werden.

Daraus folgt, dass Sie Recht haben, wenn Sie das Wohl Ihrer Kinder im Auge behalten, bevor Sie sich entscheiden, ob Sie die Scheidung beantragen oder nicht. So leer Ihre eheliche Beziehung für Sie bleiben mag, ist es doch, soweit ich Ihren Umständen entnehmen kann, wahrscheinlich, dass es Ihren Kinder besser geht, wenn Sie durchhalten.

Frage 384
Was geschieht bei einer Trennung zwischen einem Elternteil und dem Kind aus anderen Gründen als Scheidung? Ist der Schmerz weniger heftig für Kinder, deren Vater oder Mutter einen guten Grund haben, weg zu sein?

Die Forschung bestätigt, dass *jede* Trennung zwischen Eltern und Kind schwierig sein kann. In einer Untersuchung von Vätern, deren Arbeitsplatz lange Zeiten der Abwesenheit von der Familie erforderlich machte, zeigten die Kinder zahlreiche negative Reaktionen, einschließlich Zorn, Ablehnung, niedriges Selbstbewusstsein und im Allgemeinen ein Nachlassen der schulischen Leistungen.[160] Diese Ergebnisse wurden auch in anderem Zusammenhang bestätigt.

Einige dieser Schlussfolgerungen wurden bei einer Konferenz im Weißen Haus, bei der ich vor einigen Jahren sprach, vorgelegt. Der andere Redner war Dr. Armand Nicholi, Professor für Psychiatrie an der Harvarduniversität. An jenem Tag erklärte Dr. Nicholi, wie familiäre Umstände, bei denen Kinder nicht in Kontakt mit ihren Eltern treten können, die gleichen Auswirkungen wie eine Ehescheidung haben. Länderübergreifende Studien zeigen, dass Eltern in den Vereinigten Staaten weniger Zeit mit ihren Kindern verbringen als Eltern in fast jedem anderen Land der Welt. Jahrzehntelang widmeten sich Millionen Väter ausschließlich ihrem Beruf und Tätigkeiten außerhalb der Familie. Später nahmen auch unzählige Mütter eine Arbeitsstelle an, was dazu führt, dass sie abends erschöpft und am Wochenende mit Arbeiten im Haushalt überlastet sind. Das Ergebnis: Niemand ist zu Hause, um die Bedürfnisse einsamer Vorschulkinder und Schlüsselkinder zu befriedigen. Dr. Nicholi gab seinem Bedauern darüber Ausdruck, dass seine Äußerungen bei vielen Eltern Unbehagen und Schuldgefühle hervorrufen würden. Er fühlte sich jedoch verpflichtet, die Tatsachen so zu berichten, wie er sie sah.

Als Wichtigstes (und als Hauptpunkt seiner Rede) betonte Dr. Nicholi den unbestreitbaren Zusammenhang zwischen der Unterbrechung der Eltern-Kind-Beziehungen und der Eskalation psychischer Probleme, vor denen wir damals standen und die heute noch ausgeprägter sind. Wenn die Zahlen gestörter Familien und abwesender Eltern weiter steigen, sagte er, sind ernsthafte gesundheitliche Probleme unvermeidlich. Die Hälfte aller Krankenhausbetten in den Vereinigten Staaten wird bereits von Psychiatriepatienten belegt. Diese Zahl könnte auf fünfundneunzig Prozent steigen, wenn die Häufigkeit von Ehescheidungen, Kindesmisshandlung, sexuellem Missbrauch und Verwahrlosung von Kindern weiterhin in die Höhe schnellt. In diesem Fall, meinte Dr. Nicholi, werden auch die Selbstmordzahlen bei Teenagern, die sich innerhalb von fünfundzwanzig Jahren um dreihundert Prozent erhöhten, rapide ansteigen, ebenso wie Drogenmissbrauch, Gewaltverbrechen und Probleme im Zusammenhang mit sexueller Fehlorientierung.[153]

Ich kann das Ausmaß des Schmerzes, von dem Dr. Nicholi sprach, gut verstehen. Ich erlebte solchen Schmerz, als ich sechs Jahre alt war. Meine Mutter und mein Vater ließen mich sechs Monate lang bei einer Tante zurück, als sie eine Reise unternahmen. Am letzten gemeinsamen Abend saß ich auf dem Schoß meiner Mutter, während sie mir sagte, wie sehr sie mich liebte und dass sie und mein Vater sobald wie möglich zu mir zurückkommen würden. Dann fuhren sie weg, als die Sonne hinter dem Horizont verschwand. Ich weiß nicht, wie lange ich im Dunkeln auf dem Fußboden saß und mit den Tränen kämpfte, während eine tiefe Niedergeschlagenheit von mir Besitz ergriff. Dieser traurige Abend war so übermächtig, dass der Schmerz heute, über fünfzig Jahre später, sofort wieder wachgerufen werden kann.

Kurz gesagt, auch wenn die Trennung zwischen Eltern und Kind aus vertretbaren Gründen in einer liebevollen Familie erfolgt, deutet ein Junge oder Mädchen den Weggang eines Elternteils oft als Ablehnung. Wenn irgend möglich, sollten wir Kindern diese schmerzliche Erfahrung ersparen.

Frage 385

Unsere Kinder sind inzwischen alle selbständig und mein Mann und ich sind frei, einige der Reisen zu unternehmen, die wir schon immer planten, als sie noch in der Ausbildung waren. Aber seit kurzem fühle ich mich zu müde, um auch nur den Haushalt in Ordnung zu halten und zu niedergeschlagen, um mich mit Plänen oder sonstigen Unternehmungen zu beschäftigen. Ich bin erst sechsundvierzig, doch an manchen Tagen komme ich morgens kaum aus dem Bett. Ich würde am liebsten meinen Kopf unter das Kissen stecken und weinen – ohne jeden Grund. Warum fühle ich mich so schrecklich? Mein Mann versucht, geduldig zu sein, aber heute morgen knurrte er: »Du hast alles, was sich eine Frau nur wünschen kann … Warum bist du so gedrückt?« Glauben Sie, dass ich den Verstand verliere?

Ich glaube nicht, dass mit Ihrem Verstand etwas nicht stimmt. Die Symptome, die Sie beschreiben, klingen, als würden Sie ins

Klimakterium kommen, und wenn dem so ist, können Ihre Beschwerden von einem hormonellen Ungleichgewicht hervorgerufen werden, das diesen Aufstand der Drüsen begleitet. Ich rate Ihnen, in den nächsten Tagen einen Termin bei einem Frauenarzt oder einem anderen Arzt auszumachen. Von einem Arzt oder einer Ärztin kann Ihnen sicher geholfen werden.

Frage 386
Können Sie mir eine einfache Definition von *Klimakterium* geben?

Es handelt sich um die Wechseljahre, eine Übergangsphase im Leben der Frau, in der die Fortpflanzungsfähigkeit zu Ende geht. Die Monatsblutung hört allmählich auf und hormonelle Veränderungen treten ein. Insbesondere produzieren die Eierstöcke nur noch etwa ein Achtel des Östrogens wie vorher. Das wirkt sich nicht nur auf das Fortpflanzungssystem, sondern auch auf die Gefühle aus. Wenn Sie Ihre Periode unregelmäßig bekommen, wenn Sie häufig ohne ersichtlichen Grund weinen, wenn Sie unter Hitzewallungen oder Nachtschweiß leiden, wenn Ihr Interesse an Sex nachgelassen hat, wenn Sie ein sehr niedriges Selbstwertgefühl haben und die meiste Zeit niedergeschlagen sind, wenn Sie nicht die Kraft haben, Ihren Tag zu bewältigen, dann brauchen Sie sofort medizinische Hilfe. Es gibt Hoffnung für Frauen, die unter den Symptomen der Wechseljahre leiden. Eine Östrogenersatztherapie kann Ihnen wieder auf die Beine helfen. Es gibt andere Störungen, die ähnliche Symptome wie die Wechseljahre hervorrufen. Deshalb ist eine gründliche ärztliche Untersuchung erforderlich, um die endgültige Diagnose zu stellen.

Frage 387
Leiden Männer oder Frauen häufiger unter Depressionen?

Depressionen treten bei beiden Geschlechtern auf, bei Männern allerdings weniger häufig. Bei Männern sind Depressionen auch mehr krisenorientiert. Mit anderen Worten, Männer sind wegen konkreter Probleme wie etwa einem geschäftlichen Rückschlag oder einer Krankheit deprimiert. In der Regel erleben sie kaum das vage, allgemeine, fast undefinierbare Gefühl der Entmutigung, das einige Frauen regelmäßig empfinden. Sogar ein wolkiger Tag kann genügen, um bei Frauen, die besonders anfällig für Depressionen sind, ein körperliches und seelisches Tief hervorzurufen. Diese Art emotionaler Schwankungen ist bei Frauen recht häufig.

Frage 388
Welches sind die häufigsten Ursachen von Depression bei Frauen?

Ich stellte diese Frage mehr als zehntausend Frauen, die einen Fragebogen mit dem Titel »Quellen der Depression bei Frauen« ausfüllten. Der am häufigsten genannte Punkt war niedriges Selbstwertgefühl. Über fünfzig Prozent einer ersten Testgruppe stellten dieses Problem an die erste Stelle der Liste und achtzig Prozent nannten es unter den ersten fünf Punkten. Es handelte sich hauptsächlich um junge, gesunde Frauen, die anscheinend glücklich verheiratet waren und von denen man größere Zufriedenheit hätte erwarten können. Trotzdem kämpfte die Hälfte mit Gefühlen der Unzulänglichkeit und Mangel an Selbstvertrauen. Dieses Ergebnis ist typisch für amerikanische Frauen aller Altersstufen und Gesellschaftsschichten.

Frage 389
Seit fast drei Monaten ist meine Frau sehr niedergeschlagen. Welche Art Behandlung oder Therapie würden Sie ihr empfehlen?

B ringen Sie Ihre Frau sobald wie möglich zu einem Arzt, vielleicht zu einem Internisten. Diese Art anhaltender Depression kann ernste medizinische und psychologische Folgen haben, spricht im Allgemeinen jedoch sehr gut auf eine Behandlung an. Antidepressiva wirken in den meisten Fällen von Depression. Ihre Frau könnte auch in die Wechseljahre kommen und braucht möglicherweise eine Östrogenersatztherapie oder eine andere Hormonbehandlung. Eine medizinische Behandlung löst natürlich kein emotionales Problem, falls dies der Grund für ihre Depression ist. Sie müsste vielleicht mit einem Psychologen oder Psychiater sprechen, nachdem Sie das Problem von der medizinischen Seite her angegangen sind. Das Wichtigste ist, etwas zu unternehmen. Man sollte eine Depression nicht unbehandelt fortbestehen lassen.

Frage 390
Als Kind wurde ich von meinem Stiefvater sexuell missbraucht. Dies dauerte drei Jahre lang an und kam nie ans Licht. Inzwischen sind zwanzig Jahre vergangen, aber ich komme einfach nicht darüber hinweg. Ich hasse diesen Mann immer noch und denke fast jeden Tag an ihn. Ich weiß, dass das nicht gut für mich ist. Aber wie kann ich, trotz der Dinge, die mir angetan wurden, mit meinem Leben zurechtkommen?

E s ist verständlich, dass Sie immer noch mit dem Missbrauch kämpfen, den Sie als Kind erdulden mussten. Unsere Gefühle sind so intensiv, wenn wir jung sind, dass unsere Wunden und Verletzungen oft ein Leben lang nicht verheilen. Der Schmerz ist unermesslich größer, wenn der Mensch, der uns Unrecht antat, ein Elternteil oder ein Vertreter eines Elternteils war. Trotzdem tut die Bitterkeit, die Sie heute fühlen, Ihnen weh und nicht Ihrem Stiefvater. Sie wird Sie weiter quälen, wenn Sie nicht damit ins Reine kommen.

Psychologen und Geistliche sind sich jetzt darüber einig, dass es nur ein Rezept gegen das Krebsgeschwür des Hasses und Grolls gibt.

Es ist Vergebung, die Dr. Archibald Hart definierte als »auf mein Recht verzichten, dich zu verletzen, weil du mich verletzt hast«.[154] Nur wenn wir zu der inneren Reife finden, denen zu vergeben, die uns Unrecht taten, ob sie es bereuen oder nicht, beginnen die Wunden endlich zu heilen.

Jesus drückte das so aus: »Und wenn ihr steht und betet, so vergebt, wenn ihr etwas gegen jemanden habt, damit auch euer Vater im Himmel euch vergebe eure Übertretungen« (Mk 11, 25). Beachten Sie, dass Jesus nichts darüber sagte, wer Recht und wer Unrecht hatte. Vergebung muss wie Liebe unverdient und bedingungslos sein; mit ihr beginnt der Heilungsprozess.

Ihr Stiefvater hat Ihnen Ihre Kindheit gestohlen. Lassen Sie nicht zu, dass er Ihnen Ihren inneren Frieden als Erwachsene raubt. Legen Sie ihn dem hin, der sagte: »Die Rache ist mein; ich will vergelten, spricht der Herr« (Röm 12, 19). Wenn Sie auf Ihr Recht verzichten, den zu verletzen, der Sie verletzt hat, können Sie die Tragödie Ihrer Kindheit überwinden. Bei der Verarbeitung dieser schrecklichen Erinnerungen brauchen Sie wahrscheinlich die Hilfe eines Pastors, Beraters oder Psychologen. Je früher Sie damit anfangen können, um so besser ist es für Sie.

Frage 391
Ich habe viel Stress in meinem Leben und weiß einfach nicht, wie ich damit fertig werden soll. Haben Sie Vorschläge? Wenn das Dach des Hauses einbricht, wenn Ihre kleine Tochter die Masern bekommt, Ihr Teenager die Schule schwänzt oder Ihr Mann seine Arbeitsstelle verliert, wie werden Sie dann mit dem Stress fertig?

Ihre Frage erinnert mich an eine alte Baseballgeschichte über Bill Clem, einen berühmten Schiedsrichter der Nationalliga. Er hatte die Angewohnheit, eine Minute zu zögern, bevor er einen Ball oder einen Fehlschlag ansagte. Das war einfach eine Marotte von ihm. Eines Tages stand ein hitziger junger Werfer auf der Abwurfstelle und feuerte los und jedes Mal ließ sich Bill Clem Zeit, die Punktzahl zu nennen.

Schließlich, etwa beim sechsten Schlag, wurde der Junge ärgerlich und konnte nicht anders als schreien: »Los, Bill. Was ist es?«

Clem verlor kurz seine Gelassenheit, brachte den Jungen mit einem strengen Blick zum Schweigen und antwortete: »Es ist nichts, bis ich es benenne.«

Nun, so ist es im Leben. Wir können die Schläge nicht abwenden, aber wir haben das Vorrecht zu entscheiden, wie wir sie nennen. Sie können bestimmen, ob eine stressige Zeit das Schrecklichste, Furchtbarste, Ungerechteste ist, das Ihnen je geschah oder ob es sich einfach um ein anderes alltägliches Problem handelt, mit dem Sie schon irgendwie fertig werden.

Denken Sie auch daran, dass Ihre Kinder genau beobachten, wie Sie reagieren. Wenn wir ihnen zeigen, dass wir es schaffen, werden sie wahrscheinlich auch mit ihrem eigenen Stress leichter umgehen können.

Frage 392
Ich erlebte eine sehr schwierige Jugendzeit und bin immer noch nicht darüber hinweggekommen. Noch heute fühle ich die Ablehnung und den Spott. Insbesondere hasse ich meinen Körper mit all seinen Fehlern. Können Sie mir etwas sagen, das mir hilft, Frieden mit mir selbst zu finden?

Millionen Erwachsener empfinden wie Sie etwas, das man »Selbsthass« nennen könnte. Sie gehen durchs Leben mit dieser unnötigen, lähmenden Last. Genau wie Sie als Jugendliche lernten, Ihren Körper zu hassen, verachteten sie sich als Teenager und stehen als Erwachsene weiterhin auf Kriegsfuß mit sich selbst. Es ist selbst auferlegter Spott und nur Weniges im Leben ist zerstörerischer.

Dr. Maxwell Maltz, Facharzt für Plastische Chirurgie und Autor eines klassischen Buches zu diesem Thema mit dem Titel *Psycho-*

cybernetics, sagte, dass Frauen in den zwanziger Jahren mit dem Wunsch zu ihm kamen, ihre Brüste verkleinern zu lassen.[155] Ein paar Jahre später wollten sie ihre Brüste mit Silikon vergrößern lassen (bis die Gesundheitsgefahren bekannt wurden).

Falsche Werte!

Im biblischen Liebeslied, dem Hohelied, bat König Salomo seine Braut, nicht auf seine dunkle, von der Sonne gebräunte Haut zu achten. Heute wäre er am Strand stolz darauf.

Falsche Werte!

Moderne Frauen schämen sich, zuzugeben, dass sie zehn Pfund Übergewicht haben, doch Rembrandt hätte mit Begeisterung ihre prallen Körper gemalt.

Falsche Werte!

Die Maßstäbe, mit denen wir unseren Wert als Mensch messen, sind willkürlich, vergänglich und ungerecht. Sie untergraben das Selbstvertrauen und lähmen ihre Opfer. Ihr persönlicher Wert hängt nicht wirklich von den Meinungen anderer oder den schwankenden Werten, die sie vertreten, ab. Jeder Mensch auf der Erde hat ein Recht auf Würde, Selbstachtung und Selbstvertrauen.

Je früher Sie den überragenden Wert Ihres Menschseins als Geschenk Gottes annehmen, um so früher können Sie die Last eines niedrigen Selbstwertgefühls loswerden. Für Gott sind Sie wichtig, und ich glaube, er wird Ihnen helfen, den Krieg zu beenden, der in Ihnen tobt. Dafür wird es Zeit, glauben Sie nicht auch?

Die großen Zerstörer der Ehe

Frage 393
Würden Sie einige der wichtigsten »Ehezerstörer« nennen, die für die hohen Scheidungszahlen in unserer Zeit verantwortlich sind?

W ollte man sie alle beschreiben, könnte man fünfzig Bände füllen und würde trotzdem nicht in die Tiefe gehen. Jeder der folgenden »Drachen« kann eine Beziehung in Stücke zerreißen, wenn er die Gelegenheit dazu bekommt:

Überforderung und körperliche Erschöpfung: Hüten Sie sich vor dieser Gefahr. Sie ist besonders heimtückisch für junge Paare, die in einer Ausbildung oder am Anfang des Berufslebens stehen. Gleichzeitig studieren, daneben ganztägig arbeiten, ein Baby und ein Kleinkind versorgen, ein Haus renovieren und nebenher noch ein eigenes Geschäft aufmachen – das wird mit Sicherheit schief gehen. Es klingt zum Lachen, aber genauso verhalten sich viele junge Paare und wundern sich dann, wenn ihre Ehe auseinander bricht. Wie sollte es auch anders sein? Sie sehen sich nur, wenn sie ausgelaugt sind! Ehemänner und -frauen müssen Zeit füreinander freihalten, wenn sie ihre Liebe lebendig erhalten wollen.

Überschuldung und Streit über den Umgang mit Geld: Wir haben es schon einmal gesagt. Bezahlen Sie Gebrauchsgüter bar oder kaufen Sie sie nicht. Geben Sie für ein Haus oder ein Auto nicht mehr aus, als Sie sich leisten können. Es muss noch etwas Geld übrig bleiben zum Ausgehen, für Ausflüge, Babysitter usw. Teilen Sie Ihr Geld mit der Weisheit Salomos ein.

Selbstsucht: Zwei Arten von Menschen leben auf der Welt, die Geber und die Nehmer. Eine Ehe zwischen zwei Gebern kann etwas sehr Schönes sein. Spannung ist unvermeidlich, wenn ein Geber und ein Nehmer zusammenkommen. Aber zwei Nehmer können sich innerhalb weniger Wochen in Stücke zerreißen. Selbstsucht zerstört die Ehe in Windeseile.

Ungesunde Beziehungen zu den Eltern: Hat sich der Mann oder die Frau nicht völlig von den Eltern abgelöst, ist es besser, nicht in deren Nähe zu wohnen. Manchen Müttern und Vätern fällt es schwer, ihren Kindern Selbständigkeit zu gewähren, und allzu große Nähe führt zu Schwierigkeiten.

Unrealistische Erwartungen: Einige Paare schließen die Ehe in der Hoffnung auf rosenbewachsene Landhäuser, Spaziergänge auf Rosenpfaden und ungetrübte Freude. Eine Ehe zwischen zwei unvollkommenen Menschen kann diese Erwartung nicht erfüllen. Die verstorbene Beraterin Jean Lush glaubte, und ich stimme ihr zu, dass diese romantische Illusion besonders typisch für amerikanische Frauen ist, die von ihren Männern mehr erwarten, als sie ihnen geben können. Die darauf folgende Enttäuschung ist ein emotionales Minenfeld.

Nichtachtung der Grenzen: Ich mache mir Sorgen um die Menschen, die ihrem Partner den Raum zum Atmen nehmen, die ihren Partner geradezu ersticken und dadurch das Band der Liebe zerstören. Eifersucht ist eine der Möglichkeiten, wie dieses Fehlverhalten sich äußern kann. Auch ein geringes Selbstwertgefühl kann einen unsicheren Partner veranlassen, einen Käfig um den anderen herum zu bauen. Dadurch wird die Beziehung erstickt. Liebe muss frei sein, und sie braucht Selbstvertrauen.

Sexuelle Frustration und ihr Kompagnon, die Untreue: Eine tödliche Verbindung!

Geschäftszusammenbruch: Misserfolg bei der Arbeit ist besonders für Männer schlimm. Ihre Erregung über finanzielle Rückschläge beschwört manchmal Ärger innerhalb der Familie herauf.

Geschäftlicher Erfolg: Berauschender Erfolg im Geschäft ist fast genauso gefährlich wie der Misserfolg. König Salomo schrieb: »Armut und Reichtum gib mir nicht; lass mich aber mein Teil Speise dahinnehmen, das du mir beschieden hast« (Spr 30, 8). Edward Fitzgerald sagte es anders: »Eine der traurigsten Seiten, die der Engel, der die guten und bösen Taten der Menschen aufzeichnet, schreibt, ist das Verzeichnis der Seelen, die durch Erfolg verdammt wurden.«[156] Er hat Recht.

Zu jung heiraten: Mädchen, die zwischen vierzehn und siebzehn Jahren heiraten, werden zweimal so häufig geschieden wie solche, die mit achtzehn oder neunzehn Jahren heiraten. Wer mit achtzehn oder neunzehn heiratet, wird 1,5-mal öfter geschieden als Menschen, die Anfang zwanzig die Ehe schließen.[157] Die Spannungen der Jugendzeit und die Belastungen einer Frühehe passen nicht gut zusammen. Beenden Sie das Erste, bevor Sie sich ans Zweite machen.

Alkohol und Drogenmissbrauch: Dies sind berüchtigte Zerstörer, nicht nur von Ehen, sondern auch von Menschen, die ihnen übermäßig frönen. Untersuchungen weisen darauf hin, dass vierzig Prozent aller Amerikaner und Kanadier enge Familienangehörige eines Alkoholikers sind.[158]

Pornographie, Glücksspiel und andere Süchte: Es dürfte auf der Hand liegen, dass die menschliche Persönlichkeit fehlerhaft ist. Sie neigt dazu, sich auf zerstörerische Verhaltensweisen einzulassen, besonders in jüngeren Jahren. Anfangs meint man, man könne mit Verlockungen wie Pornographie, Glücksspiel, harten Drogen usw. locker umgehen, ohne dabei Schaden zu nehmen. Viele können tatsächlich unbeeinträchtigt wieder aufhören. Einige jedoch tragen in sich eine Schwäche und Anfälligkeit, von der sie bisher nichts gewusst haben. Solche Menschen werden von etwas süchtig, das das Gefüge der Familie auseinanderreißt. Manche Leser mögen diese Warnung für töricht oder gar prüde halten, aber ich befasse mich seit fünfundzwanzig Jahren mit Menschen, die ihr Leben ruinieren. Ihre Probleme beginnen oft damit, dass sie etwas ausprobieren, was als Übel bekannt ist; sie enden schließlich im Tod ... oder im Tod der Ehe.

Dies sind einige wenige der häufigsten Ehezerstörer. Aber die Liste ist im Grunde genommen unbegrenzt. Ein winziger Riss im Pflaster genügt, um das stärkste Unkraut wachsen zu lassen. Wenn Sie alle Chancen auf Ihre Seite bringen und eine langwährende, tiefe

Ehebeziehung aufrechterhalten wollen, müssen Sie sich ernsthaft an die Aufgabe machen. Der natürliche Lauf der Dinge wird Sie auseinander treiben, nicht zusammenführen.

Frage 394
Was halten Sie für die *größte* Bedrohung der Stabilität der Familien in unserer Zeit?

Dies müsste etwas sein, mit dem Eheberater regelmäßig zu tun haben. Ich denke, es handelt sich dabei um eine verletzliche Frau, die davon abhängt, dass ihr Mann ihre emotionalen Bedürfnisse erfüllt, und einen arbeitssüchtigen Mann, der wenig Zeit für familiäre Pflichten hat. Jahr um Jahr sehnt sie sich nach ihm, aber er ist nicht da. Sie nörgelt, klagt, weint und wirft ihm sein Versagen vor – ohne Erfolg. Er trägt die Last von drei Männern an seiner Arbeitsstelle und kann sich nicht vorstellen, wie dieses Unternehmen weiter bestehen kann, wenn er seiner Frau das gibt, was sie braucht. Im Lauf der Zeit wird sie immer verärgerter, was ihn weiter in seine Arbeitswelt treibt. Dort ist er geachtet und erfolgreich. Und danach ist er für sie noch weniger zugänglich. Dann eines Tages, zum Schock des Ehemannes, erreicht diese Frau das Ende ihrer Kräfte und geht entweder mit einem anderen Mann davon oder beantragt die Scheidung. Diese Entscheidung bereut sie vielleicht ihr Leben lang und oft werden ihre Kinder dadurch schwer geschädigt – obwohl die Ehe schon längst am Ende war. Diese Katastrophe ist wirklich vermeidbar, aber Millionen Familien werden in den kommenden Monaten wieder ihr Opfer werden.

Frage 395
Diese Beschreibung macht mir Angst, weil ich in dem, was Sie sagten, meine eigene Ehe wieder erkenne. Ich bin Student und muss ganztägig arbeiten, damit wir finanziell über die Runden

kommen. Deshalb sehe ich meine Familie nur selten. Wir haben ein Baby und ein Kleinkind und meine Frau ist ziemlich unglücklich über mich. Aber was kann ich tun? Wenn ich mein Diplom bekommen will, müssen wir eine Zeit lang Opfer bringen.

Ihre Selbstdisziplin ist bewundernswert und ich hoffe, Sie erreichen Ihre Ziele. Ein Wort der Warnung ist jedoch angebracht. Kein noch so großer Erfolg ist den Verlust Ihrer Familie wert. Sie und Ihre Frau gehören zu einer Kategorie, die von Eheproblemen besonders bedroht ist. Die Bande, die während der ersten zehn Ehejahre gebildet werden sollten, benötigen Zeit miteinander – Zeit, die man nicht hat, wenn man anderweitig beschäftigt ist. Mein Rat ist, dass Sie an Ihren Träumen festhalten, aber einfach etwas länger warten, bis Sie sie erfüllen. Der Erfolg kann warten, aber eine glückliche Familie nicht.

Frage 396

Ich habe immer gedacht, ein Mann müsse bereit sein zu arbeiten und Opfer zu bringen, um seine Ziele zu erreichen. Jetzt sagen Sie, ich solle meine Leidenschaft auf Eis legen und meinen Traum aufschieben. So habe ich es nicht gelernt.

Es ist nicht falsch, eine Leidenschaft und einen Traum zu haben. Dies sollte jedoch in einem ausgewogenen Verhältnis zu anderen wertvollen Bereichen in Ihrem Leben stehen – und dazu gehören in erster Linie Ihre Familie und Ihre Beziehung zu Gott.

Anhand eines Beispiels möchte ich Ihnen veranschaulichen, wie nötig es ist, die verschiedenen Bereiche des Lebens in ihrer relativen Bedeutung zu sehen. Ich las einen Artikel in der *Los Angeles Times* über einen Mann namens J. R. Buffington. Sein Ziel im Leben bestand darin, auf dem Baum in seinem Garten Zitronen einer Größe zu züchten, die alle Rekorde brechen. Er fand ein Rezept, um genau das zu erreichen. Er düngte den Baum mit Asche aus seinem

Kamin, etwas Kaninchen- und Ziegenmist, ein paar rostigen Nägeln und viel Wasser. Im Frühling brachte der kleine, magere Baum zwei Riesenzitronen hervor, von denen jede über fünf Pfund wog. Aber alle anderen Zitronen auf dem Baum waren verschrumpelt und missgestaltet. Herr Buffington arbeitet immer noch an seinem Rezept.

Ist es nicht so im Leben? Große Investitionen in einem Bereich berauben alle anderen ihrer Möglichkeiten. Ich hätte lieber einen Baum voller saftiger Zitronen als eine einzige groteske Rekordfrucht. Sie nicht auch? *Ausgewogenheit* ist das Wort, der Schlüssel zu einem erfolgreichen Leben ... und zu einer erfolgreichen Kindererziehung.

Männer und Frauen, die ihr Leben mit nie endender Arbeit füllen, sind zu erschöpft, um miteinander spazieren zu gehen, um ihre tieferen Gefühle auszutauschen, um die Bedürfnisse des anderen zu verstehen und zu befriedigen. Dieses atemlose Tempo bestimmt Millionen Haushalte und jedes Familienmitglied wird zermürbt und gereizt. Männer arbeiten bis spät in die Nacht, um mehr Geld nach Hause zu bringen. Frauen verfolgen ihre eigene Berufskarriere. Die Kinder werden oft nicht beachtet und das Leben eilt in tödlicher Routine dahin. Einige Großeltern sind sogar zu beschäftigt, um auf ihre Enkel aufzupassen. Ich sehe, dass diese Überbelastung der schnellste Weg zur Zerstörung der Familie ist. Es muss doch eine bessere Möglichkeit geben.

Vor kurzem verkauften Freunde von mir ihr Haus und zogen in ein kleineres, billigeres, damit sie ihre Zahlungen und ihre Arbeitsstunden verringern können. Diese Art Abstiegsmobilität ist heutzutage fast unerhört – und sie ist fast unamerikanisch. Aber wenn wir das Ende unseres Lebens erreicht haben und auf die Dinge zurückblicken, die am wichtigsten waren, dann stehen die wertvollen Beziehungen zu den Menschen, die wir lieben, an erster Stelle.

Wenn Freunde und die Familie dann eine Kostbarkeit für uns sind, warum leben wir dann heute nicht nach unserer Überzeugung? Das ist vielleicht der beste Rat, den ich je gegeben habe – und der, der am schwierigsten in der Praxis umzusetzen ist.

Also bewahren Sie sich Ihren Traum und Ihre Leidenschaft. Arbeiten Sie hart, um den Erfolg zu erreichen, nach dem Sie sich sehnen. Aber lassen Sie nicht zu, dass eine fünf Pfund schwere Zitrone den Rest Ihrer Ernte zerstört. Sie würden es bereuen!

Frage 397

Im Moment kann ich nur wenig Zeit mit meinen Kindern verbringen, aber ich bemühe mich, dass die Stunden, die wir zusammen haben, sinnvoll sind. Denken Sie nicht auch, dass die Qualität der Zeit, die man mit seinen Kindern verbringt, wichtiger ist als die Quantität?

Leider finde ich die Logik dieser Argumentation recht dürftig. Die Frage ist, warum wir uns zwischen den Vorteilen der Quantität und denen der Qualität entscheiden müssen. Auf jedem anderen Gebiet unseres Lebens würden wir diese erzwungene Wahl nicht akzeptieren. Warum trifft sie nur auf Kinder zu?

Ich möchte anhand eines Beispiels erklären, worauf ich hinauswill. Nehmen wir an, Sie freuen sich den ganzen Tag darauf, in einem der besten Restaurants der Stadt zu Abend zu essen. Der Kellner bringt die Speisekarte und Sie bestellen das teuerste Steak des Hauses. Aber als das Essen kommt, sehen Sie nur ein winziges Stück Fleisch von zwei mal zwei Zentimeter in der Mitte des Tellers. Als Sie sich über die Größe des Steaks beklagen, antwortet der Kellner: »Ich räume ein, dass die Portion klein ist, aber es ist das beste mit Mais gefütterte Rind, das Sie kaufen können. Sie werden nie ein besseres Stück Fleisch finden als das, das wir Ihnen heute Abend serviert haben. Was die Portion betrifft, so hoffe ich, Sie verstehen, dass nicht die Quantität zählt, sondern die Qualität.«

Sie würden Einspruch erheben und zurecht. Warum? Weil in vielen Bereichen unseres Lebens, einschließlich unserer Beziehung zu unseren Kindern, sowohl Qualität als auch Quantität wichtig sind. Unsere Kinder brauchen unsere Zeit und das Beste, das wir ihnen geben können.

Meine Sorge ist, dass die Diskussion über Quantität gegen Qualität nichts als ein schlecht getarntes moralisches Deckmäntelchen dafür ist, dass wir unseren Kindern weder das eine noch das andere geben.

Frage 398
Mein Mann trinkt sehr viel, aber es beeinträchtigt ihn nicht sonderlich. Es ist erstaunlich, wie viel er trinken kann, ohne betrunken zu werden. Bedeutet das, dass er kein Alkoholiker ist?

L eider beschreiben Sie ein verräterisches Merkmal des Alkoholismus. Ich möchte jetzt Dr. Simpson zitieren, einen Arzt, der sich auf die Behandlung Alkoholkranker spezialisiert hat. Ich bat ihn, die ersten Symptome zu beschreiben, auf die Familienmitglieder achten sollten. Dr. Simpson sagte:

»Das erste Warnzeichen ist eine ›Alkoholtoleranz‹. Der Betroffene merkt, dass er mehr trinken muss, um dasselbe Ergebnis zu erzielen. Er nennt dies ›was vertragen‹ – ein Statussymbol auf der ganzen Welt. In Wirklichkeit ist es ein Gefahrensignal, das anzeigt, dass eine chemische Anpassung stattgefunden hat. Als Zweites erreicht ein Betroffener ein Stadium, in dem er nicht mehr über sein Trinken sprechen will. Er weiß, dass er mehr Alkohol als andere verbraucht und will jede Anspielung darauf vermeiden. Damit beginnt ein Prozess des Leugnens, der vielleicht jahrelang andauern kann. Als Drittes beginnt der Betroffene, kurze Gedächtnisstörungen zu haben, die mit der Zeit immer länger werden. Die Gehirnzellen speichern nicht mehr, was gesagt oder getan wurde.
Diese Wirkung tritt schon bei niedriger Dosierung ein, oft schon nach ein oder zwei Gläsern. Ich spreche hier nicht vom Vollrausch und den betäubenden Auswirkungen großer Mengen Alkohol. Vielmehr versucht der Betroffene, sich an den vorhergehenden

Abend zu erinnern und sagt: ›So was! Ich kann mich nach dem zweiten Glas an rein gar nichts mehr erinnern.‹ Das ist ein beängstigendes Erlebnis. Viertens bemerkt der Betroffene allmählich, dass er nicht mit Sicherheit vorhersagen kann, wie viel er trinkt, wenn er einmal angefangen hat. Für mich ist dies das Hauptmerkmal des Alkoholismus und die Definition der Krankheit. Es bedeutet, dass ein Mensch ständig mehr trinkt als er vorhat, weil er nicht anders kann. Er setzt sich hin, um ein Bier zu trinken und wacht am folgenden Nachmittag auf. Man kann es kaum glauben, aber Alkoholiker trinken nicht, um betrunken zu werden. Sie wollen nur ein oder zwei Gläser trinken. Deshalb können sie schwören, sich nie mehr zu betrinken und meinen es ehrlich. Sie wollen dieses Versprechen nicht brechen. Trotzdem setzen sie sich hin, um mit einem Freund ein Bier zu trinken, und plötzlich ist es Morgen.«[159]

Ich möchte jetzt Bob, einen ehemaligen Alkoholiker, und Pauline, seine Ehefrau, über ihre Erfahrungen mit diesem Alptraum berichten lassen:

»Ich konnte nicht zählen, wie oft Bob versprach, er würde nie mehr trinken. Das muss das Frustrierendste gewesen sein, dass Bob mir fest in die Augen schaute und sagte, dass es vorbei ist, wirklich Schluss mit der Sauferei. Er sagte jedes Mal: ›Ich sehe, wie du und die Kinder darunter leiden, und jetzt ist Schluss. Ich verspreche dir, dass ich es nie mehr tun werde!‹ Dann, nach einem oder zwei Tagen war er sinnlos betrunken. Ich dachte, er lügt mich an. Wie konnte er mich lieben und mir so oft ins Gesicht lügen? Aber er log nicht. Er konnte sein Versprechen nicht halten. Bob dachte, er könne sein Problem mit Willenskraft überwinden. Das ist genauso, als wollte man Durchfall mit einer Willensentscheidung zum Stillstand bringen.«[160]

Wir baten Bob, uns zu erzählen, was er in dieser Zeit wiederholten Versagens empfand. Er sagte, seine Unfähigkeit, über diese Gewohnheit hinwegzukommen, habe ihn beschämt.

»Ich dachte, das Problem liege am Wodka, also wechselte ich auf Scotch und dann auf Bourbon-Whiskey. Dann versuchte ich es mit Meditation. Nichts half. Ich versuchte ein Dutzend Methoden, um mein Trinken unter Kontrolle zu bekommen, fing aber immer wieder an. Dann versuchte ich es zu verheimlichen. Ich hatte immer ein Fläschchen Pfefferminzextrakt in der Tasche, so hatte ich immer einen frischen Atem. Ich trank sechs Monate lang, ohne dass Pauline etwas davon merkte. Jeden Samstagmorgen wusch sie ihre Haare und saß dann eine halbe Stunde unter dem lauten Haartrockner. Ich konnte es kaum erwarten, dass sie beschäftigt war, weil ich Wodka im Schrank hatte. Ich rannte in die Küche, holte eine Dose Sprudel aus dem Kühlschrank, schüttete die Hälfte in den Ausguss und füllte die andere Hälfte mit Wodka auf.

Dann trank ich das vor dem Fernseher und sah dabei sehr unschuldig aus. Man muss wirklich sehr berechnend sein, um sein Alkoholproblem vor Menschen, mit denen man zusammenlebt, zu verbergen. Das ging monatelang so zu. Sehen Sie, ich war von einer Droge abhängig und war mir dessen überhaupt nicht bewusst.«[161]

Frage 399
Ich muss einräumen, dass mein Mann Walter Alkoholiker ist. Unsere Erlebnisse ähneln denen von Bob und Pauline. Walter will nicht zugeben, dass er ein Problem hat. Er will nicht einmal darüber sprechen. Sagen Sie mir, was ich jetzt tun soll.

Zunächst möchte ich Ihnen sagen, was Sie nicht tun sollen und was in der Regel nicht hilft.

1. Nörgeln, klagen, schreien, weinen, bitten, flehen Sie nicht. Bringen Sie Ihren Mann nicht in Verlegenheit und stempeln Sie ihn nicht ab. Er hat eine Krankheit, die er nicht unter Kontrolle bringen kann. Alleine kann er damit nicht fertig werden.

2. Schützen Sie ihn nicht, indem Sie seinen Chef anlügen, seine Verantwortungslosigkeit decken, durch Hinterlegung einer Sicherheitsleistung bewirken, dass er aus dem Gefängnis entlassen wird oder seine Rechnungen bezahlen. Eine Frau, die versucht, einen Alkoholiker zu retten, verlängert und verschlimmert womöglich das Problem.

3. Obwohl die Meinungen hier auseinander gehen, betrachten die meisten Fachleute den Alkoholismus nicht als Charakterschwäche oder als moralisches Problem. Es war einmal ein moralisches Problem, als der Betroffene sich dafür entschied, übermäßig zu trinken. Aber später wollte er seine Familie nicht verletzen, wollte nicht stockbetrunken sein, wollte sein Geld nicht verschwenden usw. Der Alkoholiker hat schon lange die Fähigkeit, aus freiem Entschluss zu handeln, verloren.

4. Lassen Sie das Problem Ihres Mannes nicht aus eigensüchtigen Gründen fortbestehen. Häufig sind Familienmitglieder aus meist unbewussten Motiven gegen eine Behandlung. Eine Frau, deren Mann gewöhnlich betrunken ist, hat zum Beispiel Macht über ihre Familie. Sie ist der konkurrenzlose Boss, die Einzige, die das Geld in der Hand hat und alle Entscheidungen trifft. Wenn ihr alkoholkranker Mann allmählich gesund wird, erkennt sie vielleicht, dass sie ihre Macht verliert und arbeitet seiner Wiederherstellung entgegen. Hüten Sie sich vor jenen fast unmerklichen Kräften, die einen Heilungsprozess in Ihrer Familie untergraben können.

Frage 400
Gut, jetzt weiß ich, was ich nicht tun soll. Sagen Sie mir jetzt, wie ich Hilfe für meine Familie bekommen kann.

E s ist im Grunde genommen unmöglich, ohne Hilfe von außen mit diesem Problem fertig zu werden. In Wirklichkeit leidet die ganze Familie unter der Krankheit des Alkoholikers mit. Die Angehörigen erleben Zorn, Depression, Enttäuschung, Verzweiflung, finanzielle Ängste, Leugnung, niedriges Selbstwertgefühl und eine Unzahl anderer Gefühle, die diese Krankheit begleiten. Sie sind seelisch verletzt und brauchen die liebevolle Fürsorge derer, die Ähnliches bereits durchgemacht haben. Auch wenn ein Alkoholiker es schafft, selbst gesund zu werden, ist ein Rückfall fast sicher, wenn die Familie nicht auch behandelt wurde.

Diese Familienhilfe wird von einer Organisation mit dem Namen »Anonyme Alkoholiker« oder in Deutschland vom »Blauen Kreuz« angeboten, die ein Unterstützungsprogramm für die Familien von Alkoholikern anbieten. Pauline behauptet, die »Anonymen Alkoholiker« hätten ihre Familie und vielleicht ihr Leben gerettet: »Nachdem ich mich ein Jahr lang geweigert hatte, zu den Anonymen Alkoholikern zu gehen, ging ich schließlich aus Verzweiflung doch hin und bekam endlich die Antworten, die ich brauchte. Ich werde nie den ersten Abend vergessen. Ich erhielt kein Mitleid und keine Ratschläge. Sie teilten einfach ihre Erfahrungen, ihre Kraft und ihre Hoffnung mit. Ich brachte mich ein, mit allem, was ich hatte, und in wenigen Wochen änderten sich die Dinge allmählich für mich. Die Anonymen Alkoholiker führten mich zu Gott und halfen mir, von mir weg und auf ihn zu schauen. Dann zeigten sie mir, wie ich mit Bob umzugehen habe.«

Bobs Bemerkungen zu den Anonymen Alkoholikern sind noch aufrüttelnder. Er erzählte:

»Wenn Sie einem Alkoholiker wirklich den Spaß am Trinken verderben wollen, dann schicken Sie seine Frau zu den Anonymen

Alkoholikern. Pauline änderte ihr Verhalten auf dreifache Weise, was mich auf die Palme brachte. 1. Während sie früher meinen Schnaps in den Ausguss kippte, tat sie das nicht mehr; auch sonst tat sie nichts, um mich vom Trinken abzuhalten. Ich fragte mich wirklich, ob sie mich nicht mehr liebte. 2. Am Montag bat ich sie regelmäßig, im Büro anzurufen und zu sagen, dass ich krank sei. Sie hatte das immer für mich getan. Aber nachdem sie zu den Anonymen Alkoholikern gegangen war, lächelte sie einfach und sagte: ›Nein, das musst du schon selber machen.‹ 3. Sie schien ruhiger, beherrschter zu sein. Früher, wenn ich mit meinen Kumpels getrunken hatte und nach Hause kam, suchte ich nach einem Vorwand, um wieder weggehen zu können. Ich brauchte nur einen Streit mit Pauline anzuzetteln und dann zu sagen: ›Gut, wenn du dich so verhältst, dann gehe ich einfach wieder.‹ Jetzt befolgte sie die Anweisungen der Anonymen Alkoholiker und anstatt zu versuchen, mich zu Hause zu halten, lächelte sie und sagt: ›Bis bald. Ich gehe zu einer Versammlung.‹«[162]

Frage 401

Was kann ich, abgesehen davon, dass ich für meine Familie Hilfe suche, konkret für meinen Mann tun? Wie in aller Welt bekomme ich ihn zu den Anonymen Alkoholikern oder einem ähnlichen Behandlungsprogramm? Er verleugnet seine Probleme, und ich bin nicht sicher, dass er zur Zeit überhaupt noch richtig denken kann. Er könnte keine vernünftige Entscheidung zur Rettung seines Lebens treffen. Wie bringe ich ihn dazu, dass er mitmacht?

Sie sehen die Schwierigkeiten, vor denen Sie stehen, richtig. Betteln fruchtet nichts und Ihr Mann ist tot, bevor er zugibt, ein Problem zu haben. In der Tat sterben jedes Jahr Tausende und leugnen dabei ab, Alkoholiker zu sein. Deshalb zeigen die Anonymen Alkoholiker den Familienmitgliedern, wie sie dem Betroffenen in Liebe entgegentreten können. Sie lernen, die Pfeiler zu entfernen, die

die Krankheit stützen und gedeihen lassen. Man zeigt ihnen, wie und wann sie ein Ultimatum setzen können, das den Alkoholiker zwingt, seine Hilfsbedürftigkeit zuzugeben. Und manchmal empfehlen sie die Trennung, bis es dem Opfer so schlimm ergeht, dass kein Leugnen mehr aufrechterhalten werden kann. Im Grunde unterweisen die Anonymen Alkoholiker die Familienmitglieder in ihrer eigenen Version der Philosophie »Liebe muss hart sein« und helfen ihnen bei der Umsetzung.

Ich fragte Bob, ob er gezwungen wurde, zu den Anonymen Alkoholikern zu gehen, der Organisation, die ihn auf den Weg der Heilung brachte. Er sagte:

> »Lassen Sie es mich so sagen. Niemand geht zu den Anonymen Alkoholikern, nur weil er an diesem Abend nichts Besseres zu tun hat. Jeder wurde anfangs gezwungen hinzugehen. Man sagt nicht einfach: ›Am Montagabend schauten wir ein Fußballspiel an und am Dienstag gingen wir ins Kino. Was tun wir also am Mittwoch? Wie wäre es mit einem Treffen der Anonymen Alkoholiker?‹ So geht es nicht. Ja, ich wurde gezwungen – gezwungen von meinem eigenen Elend. Pauline ließ zu meinem eigenen Wohl zu, dass es mir dreckig ging. Es war liebevolle Härte, die mich dazu brachte, hinzugehen.«[163]

Obwohl es leicht klingt, war die liebevolle Konfrontation, die Bob wieder zu sich brachte, ein heikles Unterfangen. Ich muss noch einmal betonen, dass Familien nicht versuchen sollten, dies aus eigener Initiative durchzuführen. Ohne Anleitung und Unterstützung von Fachleuten könnte die Begegnung in einen hasserfüllten, rachsüchtigen Kampf ausarten, der die Stellung des Trinkers nur verfestigt.

Die Anonymen Alkoholiker und ihre Unterstützungsgruppen für Familien finden Sie im Telefonbuch.

Frage 402

Ich weiß, dass Sie in den achtziger Jahren Mitglied der Pornographie-Kommission des Justizministeriums waren. Informieren Sie uns über die Pornographie-Industrie heute und sagen Sie uns, in welche Richtung sie sich entwickelt.

Es ist außerordentlich wichtig zu verstehen, was von den Pornographen heute hergestellt und verkauft wird, obwohl ich das nicht angemessen beschreiben kann, ohne Dinge anschaulicher zu schildern, als Ihnen lieb ist. Wenn die Leute über die Ausschweifungen dieses Geschäftes und darüber, was Pornographie einem Menschen, der von ihr süchtig geworden ist, antut, Bescheid wüssten, würden sie viel tatkräftiger für ihre Überwachung eintreten. Man nimmt im Allgemeinen an, dass der größte Teil der Pornographie im Mittelteil der heutigen Herrenzeitschriften vertreten ist. Tatsächlich will die Sexindustrie, dass wir genau das denken. Aber wenn ein Mann die Sexshops einer Großstadt betritt, findet er sehr wenige Abbildungen normaler heterosexueller Betätigung. Die Betonung liegt vielmehr auf gewalttätigen homosexuellen und lesbischen Beziehungen, auf Exkrementen, Verstümmelung, Klistieren, oralem und analem Sex, Folterinstrumenten für Männer und Frauen und Abbildungen von Sex zwischen Menschen und Tieren. Erstaunlicherweise gibt es einen riesigen Markt für dieses abscheuliche Material.

Was sich seit den achtziger Jahren verändert hat, ist das Eindringen der Obszönität ins Internet. All die schrecklichen Bilder, die wir in der Kommission anschauten und noch Schlimmeres sind jetzt jedem Zwölfjährigen mit einem Modem und einem hochauflösenden Drucker zugänglich. Viel davon stammt aus Holland und anderen Ländern, in denen es keine Beschränkungen für Obszönität gibt. Es ist beunruhigend zu erkennen, dass viele Kinder, deren Eltern denken, dass sie mit ihrem Computer konstruktive Arbeit leisten, in Wirklichkeit Abbildungen betrachten, bei denen es einem normalen Erwachsenen schlecht wird. Die Pornographie-Industrie passt sich an den Fortschritt der Technologie an, um das Gesetz zu umgehen und mitten in die Familien einzudringen.

Frage 403

Sprechen Sie kurz über die Auswirkungen der Pornographie auf die Familie.

Die Erziehung gesunder Kinder ist die Hauptaufgabe der Familie. Und alles, was die Kindheit nachteilig beeinflusst und die Gedanken von Jungen und Mädchen verbiegt, muss Müttern und Vätern, die sie in die Welt gesetzt haben, verhasst sein. Außerdem steht hier die Zukunft der Familie selbst auf dem Spiel. Wir sind Geschlechtswesen, und die körperliche Anziehung von Mann und Frau ist die Grundlage für jeden Bereich der Ehe und Elternschaft. Deshalb muss alles, was sich in diese Beziehung eindrängt, mit großer Vorsicht betrachtet werden. Solange wir nicht wissen, dass Pornographie nicht suchterzeugend und fortschreitend ist ... solange wir nicht sicher sind, dass die Leidenschaft für Trugbilder nicht die Leidenschaft für die Wirklichkeit zerstört ... solange wir nicht sicher sind, dass der zwanghafte Gebrauch von obszönem Material nicht zu Perversionen und Konflikten zwischen Mann und Frau führt ... solange wagen wir es nicht, ihr die Krone der Achtbarkeit zu verleihen. Die Gesellschaft hat die ernste Pflicht, sich selbst vor Material zu schützen, das die vom Gesetzgeber und den Richtern gesetzte Grenze überschreitet. Das ist nicht sexuelle Unterdrückung. Es ist Selbstschutz.

Frage 404

Ich weiß, dass ich mich um meiner Ehe und Familie willen nicht überlasten soll. Aber wir gehören zu einer Gemeinde, in der an sechs oder sieben Abenden der Woche Veranstaltungen vorgesehen sind. Mein Mann und ich werden gebeten, ja man erwartet von

uns, bei vielen dieser Veranstaltungen die Leitung zu übernehmen. Ehrlich gesagt fühle ich mich schuldig, wenn ich nicht tue, worum meine Pastoren mich bitten. Als Ergebnis haben wir als Familie gemeinsam sehr wenig Zeit miteinander. Wie können wir diese konkurrierenden Anforderungen unter einen Hut bringen?

Ich kann mich persönlich gut in Ihr Dilemma hineinversetzen. Shirley und ich erlebten in den ersten zehn Jahren unserer Ehe Ähnliches. Zu jener Zeit glaubte ich, dass ich als junger Christ verpflichtet bin, mit allem einverstanden zu sein, worum mich meine Gemeinde bat. Ich diente als Jugendleiter, als Mitglied im Kirchenvorstand, als Sonntagsschullehrer für Erwachsene und als jemand, der für alle besonderen Aufgaben, die auftauchten, zur Verfügung stand. Shirley war ebenfalls stark in gemeindliche Aufgaben eingebunden. Sie leitete den Kinderchor und war Leiterin der Frauenarbeit. Außerdem schrieb ich meine Doktorarbeit und hatte umfangreiche berufliche Verpflichtungen. Wir hatten kaum Zeit zum Atemholen. Ich erinnere mich, dass ich einmal an sage und schreibe siebzehn Abenden hintereinander Termine außerhalb der Familie hatte und das zu einer Zeit, in der wir ein kleines Töchterchen hatten, das gern mit Papa spielte.

Allmählich verstand ich, dass Gott will, dass ich nach bestem Ermessen und nach meinem gesunden Menschenverstand handeln sollte, wenn ich mich zu etwas bereit erklärte – auch wenn es um sehr nützliche Zwecke ging. Es wird immer mehr gute Dinge zu tun geben, als ein Mann oder eine Frau leisten können. Ich erkannte, dass ich für ein gesundes Gleichgewicht zwischen gemeindlichen Verpflichtungen, Beruf, Erholung, gesellschaftlichen Verpflichtungen und einem befriedigenden Familienleben sorgen muss.

Dann fand ich zwei Bibelstellen, die mir halfen, Klarheit in dieser Frage zu finden. Die erste steht in Matthäus 14, 13-14: »Als das Jesus hörte [den Tod Johannes' des Täufers], fuhr er von dort weg in einem Boot in eine einsame Gegend allein. Und als das Volk das hörte, folgte es ihm zu Fuß aus den Städten. Und Jesus stieg aus und sah die große Menge; und sie jammerten ihn, und er heilte ihre Kranken.«

Zweifellos trauerte Jesus zu dieser Zeit um die Enthauptung seines Vetters und Freundes Johannes' des Täufers. Er hatte das Bedürfnis, sich »in eine einsame Gegend allein« zurückzuziehen. Doch das Volk hörte, wo er sich aufhielt und suchte nach seiner heilenden Berührung. Sogar in dieser schmerzlichen Zeit des Verlusts hatte Jesus Mitleid mit dem Volk und wandte sich denen in Not zu. Daraus schloss ich, dass es Zeiten gibt, in denen wir uns selbst geben müssen, auch wenn dies schwierig oder ungelegen ist.

Aber es wird noch von einer anderen Gelegenheit berichtet, als Tausende bei Jesus Heilung suchten. Nachdem er einige Zeit mit ihnen verbracht hatte, stieg er mit seinen Jüngern in ein Boot und ruderte weg. In Markus 4,36 lesen wir: »Und sie ließen das Volk gehen und nahmen ihn [Jesus]mit, wie er im Boot war.« Zweifellos waren unter der großen Menge, die ihm an diesem Tag nachfolgten, auch Menschen mit Krebs, Blindheit, körperlichen Behinderungen und jeglichem anderen menschlichen Leid. Jesus hätte die Nacht über hier bleiben und sie alle heilen können. Doch offensichtlich hatte er das Ende seiner Kraft erreicht und wusste, dass er Ruhe brauchte. Er und seine Jünger ruderten weg und ließen offensichtlich einige bedürftige Menschen am Ufer zurück.

Ein ähnliches Ereignis wird in Matthäus 14,23 beschrieben: »Und als er das Volk hatte gehen lassen, stieg er allein auf einen Berg, um zu beten. Und am Abend war er dort allein.«

Wie es eine Zeit zum Geben gibt, gibt es auch eine Zeit, um alleine zu sein, um zu beten und den Belastungen des Tages zu entrinnen – auch wenn noch nützliche Dinge zu tun sind. Wer keine stillen Zeiten für Ruhe und Erneuerung – wie Jesus es tat – einplant, setzt sogar das Gute, das er zustande bringen will, aufs Spiel. Es ist, als installierten Sie ein neues Berieselungssystem im Garten und brächten zu viele Abflussöffnungen an der Leitung an. In einem solchen Fall wird nichts richtig bewässert.

Ich möchte Ihnen noch ein anderes Bild geben. Wussten Sie, dass Weinbauern nicht nur die abgestorbenen Zweige von ihren Weinstöcken schneiden, sondern auch eine gewisse Zahl fruchttragender Reben kappen? Sie geben einen Teil der Ernte preis, damit die Frucht, die überlebt, besser wird. Genauso müssen wir einige unserer hektischen Aktivitäten aufgeben, um die Gesamtqualität der anderen Dinge, die wir tun, zu verbessern.

Nach alledem möchte ich noch ein Wort der Warnung einwerfen. Die Notwendigkeit, für Ausgewogenheit zu sorgen, kann eine Ausrede dafür werden, unseren Teil der Verantwortung in der Gemeinde nicht zu tragen. Pastoren sagen, dass ein kleiner Teil der Kirchenmitglieder den größten Teil der Arbeit tut, während die meisten anderen Trittbrettfahrer sind. Das ist falsch. Wir sollten nicht von einem Extrem ins andere fallen.

Die Ehrfurcht vor dem Leben

Frage 405

Mein Mann und ich haben vier Jahre Untersuchungen und Behandlungen wegen Unfruchtbarkeit hinter uns — ohne Erfolg. Es war eine schrecklich frustrierende Erfahrung. Wir gaben Unsummen für Arztrechnungen aus und haben nichts dafür bekommen. Wir wünschen uns sehnlichst ein Kind, aber man sagte uns, dies sei nicht möglich, wenn wir nicht ein Verfahren benutzen, das In-vitro-Fertilisation genannt wird. Unser Arzt hat Zugang zu befruchteten Eizellen, die zerstört werden, wenn sie nicht einer Frau eingepflanzt werden. Ein Paar, das wir nicht kennen, ließ seine befruchteten Eizellen für die Zukunft einfrieren, beschloss aber, sie nicht zu benutzen. Was würde Ihrer Meinung nach Gott davon halten, wenn wir die Eizellen annehmen und einer davon das Leben schenken? Können Sie mir sagen, ob es richtig oder falsch ist, ein Kind auf diese Weise zu »schaffen«?

Sie stellen eine sehr schwierige Frage, die die fortschreitende Medizin widerspiegelt. Fragen tauchen heute auf, an die man vor wenigen Jahren nicht gedacht hat, und viele von ihnen bringen moralische und ethische Überlegungen mit sich, die sehr beunruhigend sein können. Das trifft sicherlich auf die In-vitro-Fertilisation (IVF) zu, bei der sogar die am meisten geachteten und konservativen Theologen sehr unsicher und uneins sind. Ich sage Ihnen meine eigene Auffassung, mit der Warnung, dass ich kein Theologe bin. Die folgenden Gedanken sind einfach mein bester Versuch, die theologischen Fragen aufzudecken, wie ich sie sehe und wie andere mich beraten haben.

Zunächst einmal bin ich entschieden gegen die Schaffung befruchteter Eizellen mit Hilfe von »Spendern« außerhalb der unmittelbaren Familie (dazu gehört das Spenden von Sperma oder Eizellen eines Bruders oder einer Schwester des Mannes und der Frau, die sich ein Kind wünschen). Meiner Meinung setzen sie sich an die Stelle des Schöpfers, wenn sie menschliches Leben außerhalb des ehelichen Bundes schaffen. Ich glaube, dass die meisten konservativen Christen sich darin einig sind, dass diese Praxis von der Bibel her moralisch unvertretbar ist.

Andererseits glaube ich, dass In-vitro-Fertilisation weniger problematisch ist, wenn die Spender Ehemann und Ehefrau sind – *falls* alle befruchteten Eizellen in die Gebärmutter eingepflanzt werden (d. h. wenn keine Eizellen nach der Befruchtung zerstört oder »entsorgt« werden und wenn von den Ärzten und Eltern keine Auswahl getroffen wird). Da der Körper einer Frau eine oder zwei Eizellen annimmt und die anderen abstößt, bleibt der Prozess in Gottes Hand. Das scheint gegen keinen moralischen Grundsatz zu verstoßen. Ich würde vorschlagen, nicht mehr als drei Eizellen zu befruchten und einzupflanzen, damit nicht mehr als Drillinge geboren werden, auch wenn der Körper der Frau alle Embryonen annimmt. Die Befruchtung und Einpflanzung von mehr als drei Eizellen würde das Risiko von Vierlingsschwangerschaften oder mehr unannehmbar erhöhen, Schwangerschaften, die sowohl für die Mutter als auch die Babys ein hohes Risiko darstellen.

Das Dilemma, vor dem Sie und Ihr Mann stehen, unterscheidet sich natürlich von einer normalen In-vitro-Fertilisation (IVF). Es wirft neue und komplexe Fragen auf, die sich aus der Einpflanzung von »übrig gebliebenen« Embryos eines Paares ergeben, das sie für die Zukunft einfrieren ließ und dann beschloss, sie aufzugeben. Wenn Sie diese Embryonen annehmen, geben Sie zumindest einem Embryo eine Lebenschance, der sonst vermutlich vernichtet würde (wie es 1996 mit mehr als dreitausend Embryos in England geschah).[164] Ich glaube, dies ist etwas ganz anderes als ein Verfahren, bei dem ein Paar sich auf die Suche nach Eizellen- und Spermaspendern macht, was, wie ich bereits sagte, die Schaffung von Leben außerhalb der Familie ist.

Ich würde die Möglichkeit, die Ihnen geboten wurde, eher als »Adoption« in einem früheren Entwicklungsstadium betrachten.

Die Embryonen-Adoption ist ein ganz neuer Begriff, der aber in dem Maße, in dem die In-vitro-Fertilisation gebräuchlicher wird, womöglich immer häufiger zur Sprache kommt. Wenn ein unfruchtbares Ehepaar wie Sie sich für ein solches Verfahren entscheidet, so handelt es sich vermutlich nicht um eine Verletzung von Gottes Gesetz. Wichtig ist, dass Sie und Ihr Mann nichts mit der Entscheidung über die Befruchtung der Eizellen zu tun hatten. Wenn Sie sie einpflanzen, tun Sie nichts als Embryos zu retten, die sonst keine Lebensmöglichkeit haben.

Ich erörterte diesen Gedankengang ausführlich mit dem Frauenarzt und Spezialisten für Unfruchtbarkeit Dr. Joe McIlhaney, einem häufigen Gast bei unserer Sendung *Focus on the Family*. Er ist ebenfalls Vorsitzender des Medizinischen Instituts für sexuelle Gesundheit. Wir können die Adoption befruchteter Eizellen nur nach ernstlichem Gebet und nach Klärung der folgenden Punkte empfehlen: a) Vergewissern Sie sich, dass die möglichen Spender auf HIV, auf Krankheiten, die durch Geschlechtsverkehr übertragen werden und auf andere Gesundheitsprobleme untersucht wurden; b) bestehen Sie darauf, dass Ihr Arzt nur ein bis drei lebende Embryos auftaut (einige Embryos überleben den Auftauvorgang nicht). Wegen des Risikos von Mehrlingsschwangerschaften empfehlen wir, nicht mehr als drei Embryos einzupflanzen; c) pflanzen Sie alle lebenden Embryonen ein und seien Sie bereit, die Möglichkeit von Zwillingen oder Drillingen zu akzeptieren, wenn dies geschieht; d) ein Rechtsanwalt sollte die Verzichtserklärung des Spenderpaares, den formellen Adoptionsprozess usw. regeln. Die allgemeine Rechtslage auf diesem Gebiet ist unklar, deshalb wäre es angebracht, sich in diesen Fragen die Beratung eines Fachanwalts zu beschaffen.

Ich möchte noch einmal betonen, dass dieses Verfahren sehr umstritten ist. Ich weiß, dass andere entschiedene Christen darüber anders denken, und gewiss behaupte ich nicht, das letzte Wort in dieser Sache zu haben. Tief verwurzelte und weitreichende sittliche und theologische Auswirkungen werden in den kommenden Jahren von Theologen und Wissenschaftlern in allen Einzelheiten diskutiert. In der Zwischenzeit bitte ich Sie, nach dem Willen Gottes zu fragen, während Sie Ihre Entscheidung treffen. Ich weiß, dass eine schrecklich schwere Zeit hinter Ihnen liegt und bin zuversichtlich, dass Gott Ihnen inneren Frieden schenkt, egal wie Sie geführt werden.

Frage 406
Meine Freundin tritt für eine liberale Abtreibungspolitik ein, weil dadurch in einigen Fällen Kindesmisshandlung verhindert wird. Was denken Sie darüber?

Vielleicht hören wir eines Tages das Argument, dass es gesetzlich erlaubt werden sollte, seinen Mann oder seine Frau umzubringen, um Fälle von Ehegattenmisshandlung zu verhindern. So lächerlich es auch klingen mag, dies ist die logische Folge des Arguments, dass Schwangerschaftsabbruch – das Töten eines Babys im Mutterleib – die Möglichkeit verringert, dass das Kind nach der Geburt misshandelt wird. Im Zusammenhang gesehen entbehrt es jeder Logik. Die Zahl misshandelter, verlassener, verwahrloster und missbrauchter Kinder ist seit den siebziger Jahren in die Höhe geschnellt, nachdem radikale Feministinnen uns sagten, dass Schwangerschaftsabbrüche dazu führen, dass jedes Baby erwünscht und geliebt ist. Tatsächlich wurde dadurch das Leben auf jeder Entwicklungsstufe abgewertet.

Obgleich es unerwartete, ungeplante Schwangerschaften geben kann, gibt es keine unerwünschten Babys. Die Liste der Paare, die ein Kind adoptieren wollen, geht in die Millionen. Im ganzen Abendland warten Ehepaare sehnlichst auf die Gelegenheit, ein Kind in ihr Herz und Haus aufzunehmen. Leider geht ihr Adoptionswunsch oft nicht in Erfüllung, weil nicht genügend Babys zur Verfügung stehen.

Mord ist keine Antwort auf das sogenannte unerwünschte Kind. Ich muss Mutter Teresa zustimmen, die sagte: »In unserer Zeit ist Abtreibung der größte Zerstörer des Friedens. Jedes Land, das Schwangerschaftsabbrüche erlaubt, unterweist die Menschen nicht in der Liebe, sondern im Gebrauch von Gewalt, um das zu bekommen, was sie wollen.«¹⁶⁵

Frage 407
Manche halten Ihre Einstellung zu Schwangerschaftsabbrüchen für extrem, weil Sie sogar in Fällen von Inzest, Vergewaltigung oder schwerer Behinderung des Kindes einen Abbruch der Schwangerschaft ablehnen. Wie können Sie Ihren Standpunkt rechtfertigen?

Mein Gedankengang beruht auf einer einfachen Frage: Gibt es einen grundlegenden Unterschied zwischen einem Baby, das in der Gebärmutter lebt und einem, das die zwanzig Zentimeter lange Reise den Geburtskanal hinunter hinter sich gebracht hat? Wenn ja, worin besteht der Unterschied? An welchem Punkt des Geburtsvorgangs fällt Gottes Mantel des Menschseins auf das Kind? Ist an der Ausstoßung aus dem Körper der Mutter etwas besonders Mystisches, das eine Umwandlung von bloßem Protoplasma in ein menschliches Wesen erklären könnte? Ich denke nicht. Sicherlich betrachtet der Herr das Baby in der Gebärmutter nicht mit weniger Liebe und Fürsorge als eines, das wenige Minuten später das Licht der Welt erblickt. Der einzige Unterschied zwischen ihnen ist, dass man eines sehen kann, das andere nicht.

Wenn das eben Gesagte akzeptiert wird, dann ist die Tötung Geborener und Ungeborener gleichermaßen unmoralisch. Körperliche und geistige Gesundheit und die Art der Empfängnis sind in dieser Frage unerheblich. Sogar Abtreibungsbefürworter würden nicht vorschlagen, dass wir Kinder, die mit unerwarteten Schädigungen im Kreißsaal ankommen, umbringen. Die Behörden würden in der Tat jeden des Mordes anklagen, der ein schwerbehindertes Neugeborenes oder eines mit einer Lebenserwartung von nur wenigen Wochen tötet. Wir wären moralisch und rechtlich verpflichtet, die Natur ihren Lauf nehmen zu lassen, ungeachtet wie schwerwiegend die körperliche Verfassung des Babys ist. Genauso wenig würden wir ein Baby, das einen Tag alt ist, umbringen, nur weil es aufgrund einer Vergewaltigung oder eines Inzests empfangen wurde.

Nach der Geburt ist die absichtliche Zerstörung von Leben undenkbar. Warum wird dann ein Baby für »Freiwild« gehalten, solange es in der Gebärmutter lebt? Es stimmt, dass das Gesetz manchmal einem Geborenen einen anderen Status einräumt als einem Ungeborenen, aber in diesen Fällen hat das Gesetz Unrecht. Für diese Unterscheidung gibt es keine biologische oder moralische Grundlage. Kindestötung scheint nur dann vertretbar, wenn wir nicht Zeugen des Sterbevorgangs eines winzigen Opfers, das wir noch nicht gesehen haben, sein müssen.

Alle Argumente für die Abtreibung des geistig oder körperlich behinderten Kindes müssen deshalb gegen diese Erkenntnis abgewogen werden, einschließlich folgender Äußerungen: »Es wird sowieso sterben.« »Es wird nur leiden, wenn wir es leben lassen.« »Sein Leben wird seinen Eltern nur Schmerz bereiten.« »Es hat keine Chance, ein normales Leben zu führen.« »Es ist wirklich das Beste für alle Betroffenen.« Auf ein Baby angewandt, dem es gelungen ist, das Licht dieser Welt zu erblicken, wird das Böse dieser moralischen Deckmäntelchen offenkundig. Nichts berechtigt uns dazu, einem Neugeborenen eine tödliche Spritze zu verabreichen. Aber Stunden vorher, wenn die Wehen der Mutter noch nicht eingesetzt haben, glauben manche, mit gutem Recht dasselbe behinderte oder durch eine Straftat empfangene Kind in Stücke zerreißen zu dürfen. Das Vorhaben ist meiner Meinung nach entschieden unmoralisch.

Ich bin mir bewusst, dass es unendlich leichter ist, diese Ansichten vom theoretischen oder theologischen Standpunkt aus zu formulieren, als sie in der Praxis für die persönlich betroffene Mutter oder den Vater umzusetzen sind. Besonderes Augenmerk verdient die Frau, die ein Baby erwartet, das aufgrund einer Vergewaltigung empfangen wurde. Ihr Schmerz und Kummer sind unsagbar. Ich bin jedoch davon überzeugt, dass solch eine Mutter es nie bereuen wird, wenn sie ihr Kind austrägt und dann entweder behält oder zur Adoption freigibt. Was für das ungeborene Kind richtig und moralisch ist, ist letztlich auch für seine Mutter und seinen Vater das Beste. Ich weiß, dass einige diese Äußerung empörend finden, aber das ist meine ehrliche Überzeugung.

Frage 408
Warum macht man so viel Aufhebens von der Euthanasiebewegung? Ich verstehe nicht, warum es für jemanden bedrohlich sein sollte, wenn ein kranker, älterer Mensch in Würde sterben will. Warum sollten wir nicht einen friedlichen Selbstmord zulassen, wenn die Lebensqualität nicht mehr gewährleistet ist?

Ihre Frage ist im heutigen kulturellen Umfeld so wichtig, dass ich recht ausführlich darauf antworten muss.

Sie brachten ein sehr verführerisches Argument vor, besonders für die unter uns, die ältere Menschen kennen, die langsam und schmerzhaft sterben. Es scheint menschlicher zu sein, sie friedlich einschlafen und ihrem Elend entrinnen zu lassen. Ich bin jedoch fest davon überzeugt, dass dieser Weg zu unsagbarem Leid für Tausende von Menschen und letztendlich zu sozialem Chaos führt.

Von der moralischen Frage, einem Menschen das Leben zu nehmen, ganz abgesehen, liegt das Problem darin, dass Euthanasie naturgemäß fortschreitend ist. Wenn man einmal diese Schlange aus dem Korb entwischen lässt, hat man es nicht mehr in der Hand, wohin sie gleitet! Ich möchte das mit Hilfe von Beispielen erläutern.

Nehmen wir an, ärztlich unterstützter Selbstmord wird für ältere Menschen mit einer tödlichen Krankheit gesetzlich erlaubt. Wie kann er dann für diejenigen verboten werden, die weder krank noch ernstlich behindert sind? Wie steht es mit einem älteren, aber gesunden Mann, der einfach lebensmüde ist? Könnten wir wirklich von seinem Arzt ein Schreiben verlangen, das seinen Selbstmord erlaubt?

Wenn alte, aber gesunde Menschen sich fürs Sterben entscheiden können, wie steht es dann mit den nicht so alten? Könnte ein

Fünfzigjähriger den Sprung wagen? Wenn nicht, warum nicht? Und eine vierzigjährige Frau in den Wechseljahren und ein Mann in der Midlife-Crisis? Wenn man sich die Zeit nimmt, darüber nachzudenken, dann hat das Alter eigentlich mit der Entscheidung nichts zu tun. Eine zwanzig Jahre alte Studentin, die an Depressionen leidet, aber sonst gesund ist, hätte genauso das Recht auf einen »Tod in Würde« wie ein unheilbar Kranker.

Wenn Euthanasie für jedermann gesetzlich erlaubt wird, dann wird sie bald allen zugänglich. Weder Alter, noch Gesundheit, noch Lebensqualität könnten dann als Kriterien aufrechterhalten werden. Die Hemlock-Gesellschaft, die aktiv der Euthanasie Vorschub leistet, erkennt diese Tatsache. Ihre Mitglieder sprechen selbstsicher vom »Recht zu sterben« – für jeden Menschen.

Ich möchte jetzt den Begriff auf den schlimmsten Fall erweitern, wie die Euthanasiegegnerin Rita Marker vorschlug. Nehmen wir an, Diana ist eine achtzehn Jahre alte Gymnasiastin, die von ihrer Familie sehr geliebt wird. Eines Tages kommt sie nicht wie erwartet von der Schule zurück. Um halb sieben Uhr abends beginnt die Mutter sich Sorgen zu machen. Um acht Uhr ruft der Vater die Polizei an. Kein Unfall ist gemeldet worden, wird ihm gesagt. In keines der örtlichen Krankenhäuser wurde eine Patientin namens Diana eingeliefert. In Panik ruft die Mutter dann verschiedene Leute an und erreicht schließlich Dianas beste Freundin Renate. »Ach, Frau Jansen«, sagt Renate mitfühlend. Sie beginnt zu weinen. »Ich wollte Sie unbedingt anrufen, aber ich versprach Diana, dass ich warte, bis die Klinik Sie informiert.«

»Klinik? Welche Klinik?!«, ruft Frau Jansen.

»Wissen Sie«, antwortet Renate. »Die Klinik ›Lebensalternative‹ in der Stadt. Ich denke, Sie rufen am besten dort mal an.«

Dianas Mutter erreicht den Klinikverwalter, der sagt: »Es tut mir schrecklich Leid, Frau Jansen, wir wollten Sie eben anrufen. Ich weiß, das wird hart für Sie sein. Setzen Sie sich bitte. Diana kam heute Nachmittag und bat um Hilfe bei ihrem Sterben. Sie wissen, dass sie wegen ihrer Noten und wegen des Ablehnungsbescheids der Universität sehr niedergeschlagen war. Als ihr Freund dann mit ihr Schluss machte ... Nun, sie wollte einfach nicht mehr weiterleben. Und wie Sie wissen, gelten die Gesetze über das Recht zu sterben jetzt für jeden Volljährigen, der achtzehn Jahre alt oder älter ist.

Versuchen Sie zu verstehen, dass das Dianas größter Wunsch war. Es war ihre Entscheidung und sie hat das Recht, über ihren eigenen Körper zu bestimmen. Ich kann Ihnen versichern, dass sie sehr friedlich war, als sie uns verließ, und ihre letzten Worte waren ein Ausdruck der Liebe für ihre Familie.«[166]

Scheint diese Geschichte zu weit hergeholt, um glaubhaft zu sein? Vielleicht. Aber wer hätte 1950 gedacht, dass wir bald ganze Müllsäcke mit fehlerlos gestalteten frühgeborenen Babys füllen würden, die verstümmelt oder mit Salz zu Tode gebrannt wurden? Hätten wir uns vorstellen können, dass fast vierzig Millionen solch wertvoller Kinder aus dem Mutterleib gerissen würden?

Kann jemand glauben, dass wir nicht fähig dazu sind, *jeden* Menschen zu töten – insbesondere Menschen, die sterben wollen –, wenn wir mit solcher Gewalt gegen die Wehrlosesten in unserer Mitte vorgehen?

Die Geschichte zeigt, dass die Nationen, die dem Ungeheuer Euthanasie die Tür öffneten, in den Alptraum des Mordes hineinschlitterten. Genau das geschah im Deutschland des Nationalsozialismus. Sie begannen, die Kranken und Alten zu töten; dann kamen die Geisteskranken, die geistig Behinderten und Kinder, die mit Missbildungen geboren wurden, an die Reihe. Von da aus war es nur ein kleiner Schritt zur Ausrottung der »Unerwünschten« – der Juden, Polen, Zigeuner, der Unproduktiven, der politischen Gefangenen, der Homosexuellen und anderer. Euthanasie war der erste kleine Schritt auf dem Weg in die Vernichtungslager.

Auch wenn diese Epidemie des Mordens nicht eintrat, steht fest, dass die Gesetze zum »Recht auf Tod« zu einem dramatischen Ansteigen der Selbstmordzahlen führen würden. Jeder Tod würde für die Hinterbliebenen unermesslichen Kummer, Schuldgefühle und Schmerz bedeuten.

Für den, der stirbt, sieht Selbstmord vielleicht wie eine leichte Lösung aller Probleme aus. Aber er ist vielleicht die schmerzlichste Erfahrung im Leben geliebter Menschen und Verwandter, zu denen sicher auch viele Kinder gehören. Von jedem Blickwinkel aus ziehen wir denselben Schluss. Falls solche Gesetze je verabschiedet werden, können wir nur rufen: Gott, sei uns gnädig!

Frage 409
Gibt es moderne Nationen, die Euthanasie gesetzlich erlaubten? Wenn ja, wie sieht das Ergebnis aus?

Holland hat den »ärztlich unterstützten Selbstmord« mit den vorhersehbaren Folgen angenommen. Obwohl Euthanasie im Grunde genommen illegal ist, wird sie doch seit Jahren offen und ungestraft praktiziert. Das Töten begann mit ein paar unheilbar Kranken, die von ihren Ärzten Sterbehilfe erbaten, ähnlich wie der »Dienst«, den Dr. Kevorkian in den Vereinigten Staaten anbietet. Aber in Holland sterben heute über 2300 Menschen im Jahr durch die Hand ihres Arztes und die Zahl steigt ständig.[167] Noch beunruhigender ist, dass schätzungsweise tausend Bürger getötet werden, die keine Sterbehilfe verlangten. Die Ärzte trafen ihre Entscheidungen von sich aus oder auf Veranlassung von Angehörigen.[168] Das Holländische Komitee zur Überwachung der Medizinischen Praxis der Euthanasie berichtete von 14.691 Fällen, in denen Ärzte aus eigener Initiative einen Patienten töteten – ohne Wissen und Zustimmung des Betroffenen.[169] Ältere Patienten können nie sicher sein, was ihr Arzt im Sinn hat, wenn er sie besucht.

Vor kurzem tötete ein Arzt in den Niederlanden auf Bitten der Eltern ein Kind mit einer schweren Krankheit. Er wurde von jeglichem Vergehen entlastet.[170] Ein anderer Arzt wurde freigesprochen, nachdem er einer Frau, die nicht einmal krank war, Sterbehilfe geleistet hatte.[171]

Dahin führt dieser rutschige Weg nach unten. Immer wenn das Töten von Menschen, auch unheilbar Kranken, gesetzlich zugelassen wird, weitet sich die Praxis aus, und der Wert allen menschlichen Lebens wird abqualifiziert.

Frage 410
Warum glauben Sie, dass das holländische Beispiel in anderen Ländern Nachahmung findet?

Dr. C. Everett Koop, ehemaliger höchster beamteter Arzt im Gesundheitswesen der Vereinigten Staaten, erklärte mir einmal, warum seiner Meinung nach die Euthanasiebewegung den Komplex der Schwangerschaftsabbrüche in den Schatten stellen wird. Der Grund ist das, wie er es nannte, »Quadrieren der Pyramide«.[72]

Jahrhundertelang bildete der Altersaufbau jeder Bevölkerung ein Dreieck. Die Jüngsten einer Gesellschaft waren am zahlreichsten und stellten die Basis der Pyramide dar. Die Ältesten waren am wenigsten vertreten, sinnbildlich durch die Spitze dargestellt. In der amerikanischen Gesellschaft jedoch wurde diese klassische Altersgliederung verändert. Die riesige Zahl der Babys, die nach dem Zweiten Weltkrieg geboren wurden, sind jetzt in den mittleren Lebensjahren und bewegen sich auf die Spitze der Pyramide zu.

Umgekehrt wurden infolge der Schwangerschaftsabbrüche die Ränge der Jungen dezimiert. Diese ungewöhnliche Struktur wird bald zu gigantischen Problemen führen. Wenn die große Zahl der zur Nachkriegsgeneration Gehörenden auf die sechzig oder siebzig zugeht, erleben wir eine ernsthafte Krise auf dem Gesundheitssektor. Es gibt mehr alte Leute als junge und die Christen sind auch in der Minderheit. Schließlich wird es immer weniger junge Arbeiter geben, die für die Masse der Rentner aufkommen müssen. Der jungen Generation wird eine schwere finanzielle Last aufgebürdet, die sie vielleicht nicht tragen will oder nicht tragen kann.

Situationen wie folgende werden dann an der Tagesordnung sein: Ein vierzig Jahre alter Mann und seine Frau werden gebeten, ihre fünfundsiebzig Jahre alte Großmutter zu unterstützen, die an Krebs im Endstadium leidet. Wegen des Mangels an Gesundheitseinrichtungen für die alternde Bevölkerung werden der Familie die gewaltigen Kosten für die ärztliche Behandlung von Oma aufgebürdet. Wenn sie weiter für ihre Pflege bezahlen müssen, werden sie ihr Haus verlieren, und ihre achtzehnjährige Tochter wird nicht studieren können. Aber wenn Großmutter verantwortungsbewusst handelt und bald stirbt, wird die finanzielle Sicherheit der Familie gewahrt, und die Menschen, die sie liebt, können ihr Leben weiterführen. Manche ältere Menschen werden sich verpflichtet fühlen, Selbstmord zu begehen. Schließlich hatten sie ein erfülltes Leben und sollten im Alter nicht egoistisch sein. Warum also nicht edelmütig handeln?

Aus diesem Grund, meinte Dr. Koop, wird der Druck auf viele alte Menschen, den ärztlich unterstützten Selbstmord zu akzeptieren, unwiderstehlich.

Richard D. Lamm, ehemaliger Gouverneur von Colorado, machte kein Geheimnis daraus, dass er für den Selbstmord älterer Menschen eintritt. Er argumentierte, dass sie moralisch verpflichtet seien, das Feld zu räumen und den Jüngeren Platz zu machen.[173] Welch verzerrte Sichtweise – und doch gewinnt sie im Abendland an Boden.

Andere Probleme der Familie

Frage 411

Mein Mann und ich sind seit zwölf Jahren verheiratet und seit acht Jahren weiß ich, dass er praktizierender Homosexueller ist. Wir haben eine kleine Tochter, aber sie war eine Art Wunder. Ich erfuhr von diesem Problem erst, als wir schon verheiratet waren. Wir haben selten Geschlechtsverkehr und er sagt, er sei an mir nicht interessiert. Allmählich macht es mir nichts mehr aus. Auch wenn ich erfahre, dass er wieder mit einem Mann Sexualverkehr hatte, fühle ich nichts. Es geschieht so oft, dass ich schon damit rechne. Was ich jetzt wirklich wissen will, ist, ob es in meinem Fall biblische Gründe für eine Ehescheidung gibt. Ich weiß einfach nicht, welche Richtung ich einschlagen soll. Ich möchte die Art Familie, wie Gott sie in der Bibel beschreibt, denke aber nicht, dass mein Mann das Recht hat, weiterhin als Homosexueller zu leben und mit mir verheiratet zu bleiben. Oder doch?

Ich kann es Ihnen nicht verdenken, dass Sie sich von dem Mann betrogen fühlen, der versprochen hat, Sie ein Leben lang zu »lieben und in Ehren zu halten«. Ich kann mir vorstellen, dass kaum etwas schmerzlicher ist, als zu entdecken, dass der Ehepartner als Homosexueller lebt.

Zu Ihrer Frage, ob Sie biblische Gründe für eine Ehescheidung haben, so glaube ich, ja. Denken Sie daran, dass ich kein Theologe bin und dass es unterschiedliche Auslegungen der Bibel gibt. Aber ich sehe keinen Unterschied zwischen heterosexueller und homosexueller Untreue. Sie werden beide von der Bibel verurteilt und sollten moralisch gleich eingeordnet werden.

Obwohl Sie Gründe für eine Ehescheidung haben, können nur Sie entscheiden, ob Gott dies auch von Ihnen will. Er sorgt sich auch um Ihren Mann und will, dass er sich von seiner Sünde abwendet.

Aber er liebt auch Sie und hat Ihren Schmerz und Kummer gesehen. Es ist nicht vernünftig, dass Sie die jetzige Situation noch lange ertragen. Zusätzlich zu der seelischen Belastung, die sie mit sich bringt, müssen auch gesundheitliche Folgen berücksichtigt werden – für Ihren Mann, für Sie selbst und vielleicht für Ihr Kind. Die Frage muss bald zur Entscheidung kommen.

Ich rate Ihnen, in den kommenden Tagen intensiv und anhaltend über dieser Entscheidung zu beten. Wenn Sie sich dann vom Herrn so geführt sehen, rufen Sie eine Krise hervor und stellen Ihren Mann vor die Wahl zwischen zwei Lebensarten – zwischen einer neuen Verpflichtung zur ehelichen Treue und der Verlockung der anderen Welt. Wenn er sich für eine Neuaufnahme der Beziehung mit Ihnen entscheidet, braucht er fachkundige Beratung für sein Problem. Und im Gegensatz zu dem, was Sie vielleicht gehört haben, kann Homosexualität oft (aber nicht immer) erfolgreich behandelt werden.

Der Herr sei in dieser schwierigen Zeit bei Ihnen und Ihrer kleinen Tochter.

Frage 412

Homosexuelle Aktivisten fordern, dass ihr Lebensstil, zu dem in manchen Fällen Tausende von Sexualpartnern gehören, von der Gesellschaft anerkannt und geschützt wird und Sonderrechte erhält. Da ihre Geschlechtlichkeit ererbt ist, argumentieren sie, ist sie unfreiwillig und sollte deshalb für sittlich neutral gehalten werden. Was halten Sie von dieser Einstellung?

Als Antwort darauf möchte ich selbst zwei Fragen stellen: »*Was wäre, wenn?*« und »*Na und?*«

Was wäre, wenn ohne jeden Zweifel nachgewiesen werden kann, dass Homosexualität, wie die Aktivisten behaupten, genetischen, biochemischen und neurologischen Ursprungs ist? Wir könnten dann immer noch fragen: »*Na und?*« Die homosexuellen Aktivisten wollen uns einreden, dass ihr Verhalten sittlich vertretbar ist, weil es genetisch vorprogrammiert sei und von ihnen nicht beherrscht werden könne. Dieses Argument ist nicht haltbar. Die meisten Männer haben ein leidenschaftliches Verlangen nach Frauen geerbt. Ihre natürliche Neigung ist es, mit so vielen schönen Mädchen wie möglich Geschlechtsverkehr zu haben, sowohl vor als auch nach der Heirat. Enthaltsamkeit vor der Eheschließung und Monogamie danach sind nur durch Disziplin und eine Willensentscheidung möglich. Wenn Männer täten, wozu sie genetisch vorprogrammiert sind, dann hätten die meisten ab dem Alter von etwa vierzehn Jahren Geschlechtsverkehr mit ständig wechselnden Partnerinnen. Würde dadurch ein solches Verhalten weniger unmoralisch? Natürlich nicht.

Was wäre, wenn ein Pädophiler (einer, der Kinder missbraucht) behaupten würde, dass er sein leidenschaftliches Verlangen nach Kindern geerbt hat? Vieles würde für ihn sprechen. Sicherlich sind sein Geschlechtsapparat und das Testosteron, das ihn antreibt, Schöpfungen der Genetik. Auch wenn seine Perversion durch frühkindliche Erlebnisse bedingt ist, könnte er zurecht geltend machen, dass er sich nicht dafür entschieden hat, zu werden, was er ist. Aber ich frage: *»Na und?«* Wird dadurch sein Missbrauch von Kindern weniger anstößig? Sollte die Gesellschaft Pädophile akzeptieren und schützen und ihnen Sonderrechte einräumen? Ist es himmelschreiende Diskriminierung, wenn sie vor Gericht gestellt, verurteilt und inhaftiert werden, weil sie etwas taten, wofür sie »vorprogrammiert« waren? Nein! Die Ursache ihrer sexuellen Vorliebe ist unerheblich für ihr Verhalten, das von der Gesellschaft für unsittlich und sträflich gehalten wird.

Was wäre, wenn überzeugend nachgewiesen werden könnte, dass Alkoholiker eine chemische Anfälligkeit für Alkohol geerbt haben? Das ist wahrscheinlich der Fall, weil in einigen Rassen Alkoholismus häufiger vorkommt als in anderen. Dann frage ich: *»Na und?«* Bedeutet das, dass Alkoholismus für diese Familien und die Gesellschaft im Allgemeinen ein kleineres Problem darstellt? Wohl kaum!

Ich hoffe, dass ich klar machte, worauf ich hinaus will. Unsittliches Verhalten wird nicht dadurch richtig, dass der Betroffene genetisch dazu neigt, Unsittliches zu tun. Viele Einflüsse sind in uns am Werk, aber sie sind uninteressant. Ich weiß von keinem einzigen Beispiel in der Bibel, in dem Gott wegen des fehlerhaften Erbguts oder der frühkindlichen Erlebnisse von Übeltätern ein Auge zudrückte. Das Gegenteil wird zu verstehen gegeben. Im ersten Buch Mose erfahren wir, dass ein Engel Ismaels Mutter folgendermaßen über das Kind informierte, das sie erwartete: »Er wird ein wilder Mensch sein; seine Hand wider jedermann und jedermanns Hand wider ihn und er wird wohnen all seinen Brüdern zum Trotz« (1. Mose 16, 12). Mit anderen Worten, Ismael neigte von seiner Vererbung her gesehen zu Gewalt und Rebellion. Es gibt jedoch keinen Hinweis darauf, dass Gott ihm eine besondere Ausnahmebewilligung einräumte, die sein sündiges Verhalten entschuldigte. Jeder Mensch ist für das, was er tut, verantwortlich, ohne Entschuldigungen und Rechtfertigungen. Deshalb brauchen wir alle einen Heiland, der starb, um unsere Sünden zu tilgen, egal wodurch diese verursacht wurden.

Es gibt noch ein weiteres »Na und?«, das ich erörtern muss. Wenn Homosexuelle behaupten können, erblich bedingt nach ihrem eigenen Geschlecht ein starkes Verlangen zu haben, wie unterscheidet sich dann ihre Lage von der unverheirateter Heterosexueller? Einzelne Menschen sind sicherlich erblich dafür programmiert, sich nach Erfüllung beim anderen Geschlecht zu sehnen, aber sie sind zur Reinheit berufen. Ich weiß, dass dies eine harte Forderung ist – besonders für die, die nie heiraten werden –, doch so verstehe ich die Heilige Schrift. Ungeregelter Geschlechtsverkehr mit wechselnden Partnern ist sittlich gesehen für Heterosexuelle wie Homosexuelle gleichbedeutend.

Frage 413

Sie erklärten eben, dass die Ursache der Homosexualität geringen moralischen Stellenwert hat. Würden Sie jetzt bitte erläutern, ob sie Ihrer Meinung nach erblich ist? Ich las einige neuere Untersuchungen, die scheinbar darauf hinweisen, dass sie in den Genen verankert und deshalb unfreiwillig ist. Stimmen Sie dem zu?

Niemand kann mit Bestimmtheit sagen, wodurch ein Mensch homosexuell wird. Wir müssen anerkennen, dass es bei manchen Menschen erbliche Neigungen gibt (wodurch die Homosexualität nicht »unfreiwillig« wird). Bis jetzt gibt es keinen Beweis für einen solchen Einfluss, aber in bestimmten Fällen können wir dies ausschließen. Sie könnte auch aus hormonellen Einflüssen vor der Geburt entstehen. Wahrscheinlich hängt sie jedoch mit einem oder mehreren der folgenden Punkte zusammen: 1. Verwirrung der von den Eltern vorgelebten Rollenmodelle, unter anderem etwa bei einer dominierenden Mutter und einem schwachen oder abwesenden Vater; 2. ernsthafte familiäre Störungen, die das Kind verletzen und schädigen; 3. frühkindlicher sexueller Missbrauch; 4. der Einfluss älterer Homosexueller während einer kritischen Zeit im Jugendalter; 5. bewusste Entscheidung und Praktizieren und/oder 6. homosexuelles Erprobungsverhalten, wie gegenseitige Masturbation von Jungen im frühen Jugendalter. Wie wirken sich diese und andere Kräfte im Einzelfall aus? Ich weiß es nicht. Ich denke, niemand weiß es.

Andererseits bin ich sicher, dass Homosexualität nicht aus unüberwindlichen genetischen Einflüssen entsteht, wie manche uns glauben machen wollen. Erstens, wenn es sich um ein Merkmal handelte, das durch Erbanlagen festgelegt ist, würden alle eineiigen Zwillinge es entweder haben oder nicht haben. Ihre Gene sind genau gleich, deshalb würde alles, was sich konkret von ihrer DNS ableitet, in beiden Personen gleich ausgeprägt sein. Das ist nicht der Fall. Es gibt Tausende eineiiger Zwillinge, von denen der eine homosexuell ist und der andere nicht.[74]

Zweitens, vererbte Merkmale, die nicht an die nächste Generation weitergegeben werden, würden aus den Genen der Menschheit verschwinden. Da Homosexuelle sich weniger häufig als Heterosexuelle fortpflanzen, müsste es in der Bevölkerung immer weniger Menschen mit homosexuellen Neigungen geben, insbesondere, wenn man die vielen tausend Jahre bedenkt, in denen die Menschheit auf der Erde lebt. Es gibt jedoch keinen Hinweis darauf, dass ihre Zahl abnimmt.

Drittens und im Zusammenhang damit spricht die Bibel von Epidemien männlicher und weiblicher Homosexualität in bestimmten Kulturen. In Römer 1, 26-27 beschreibt der Apostel Paulus zum Beispiel solch eine Zeit in Korinth: »Darum hat sie Gott dahingegeben in schändliche Leidenschaften; denn ihre Frauen haben den natürlichen Verkehr vertauscht mit dem widernatürlichen; desgleichen haben auch die Männer den natürlichen Verkehr mit der Frau verlassen und sind in Begierde zueinander entbrannt und haben Mann mit Mann Schande getrieben und den Lohn ihrer Verirrung, wie es ja sein musste, an sich selbst empfangen.« (Der letzte Satz klingt nach Krankheiten, die durch Geschlechtsverkehr übertragen werden, nicht wahr?)

Noch einmal, wenn Homosexualität erblich wäre, dann wäre sie zu allen Zeiten innerhalb von Kulturen gleichbleibend. Es gäbe kein sprunghaftes Ansteigen und keine Epidemien, wie sie der Apostel Paulus beschrieb und wie wir sie auch heute sehen.

Viertens, Gott ist unendlich gerecht. Ich glaube nicht, dass er in der Bibel von Homosexualität als abscheulicher Sünde sprechen und sie zu den verachtungswürdigsten Verhaltensweisen zählen würde, wenn Männer und Frauen keine Verantwortung dafür trügen, dass sie sich darauf einlassen (siehe 1. Korinther 6, 9-10). So handelt Gott nicht.

Obgleich männliche und weibliche Homosexualität nicht ausschließlich durch Vererbung entsteht, ist es wichtig zu betonen, dass sie oft Menschen betrifft, die sich nicht dafür entschieden. Manche Menschen werden zu einem homosexuellen Lebensstil hingezogen, ohne dass man von irgendwelchen damit zusammenhängenden Einflüssen weiß. Solche Menschen brauchen bei ihrem Kampf gegen die Kräfte, die in ihnen liegen, unsere Fürsorge und unser Mitgefühl. Wir können diese Menschen annehmen, ohne ein Verhalten, das die Bibel verurteilt, gutzuheißen.

Frage 414
Ich hörte, wie ein Theologe sagte, die Bibel verurteile homosexuelles Verhalten nicht; dies würde nur von rechtsradikalen fundamentalistischen Gegnern von Homosexuellen behauptet. Was denken Sie, dass die Bibel zu diesem Thema sagt?

Was ich denke, ist gar nicht wichtig. Wichtig sind die von Gott eingegebenen Worte im Alten und Neuen Testament. Ich möchte einige von ihnen zitieren, dann können Sie selbst Ihre Schlüsse ziehen:

3. Mose 18,22
Du sollst nicht bei einem Mann liegen wie bei einer Frau; es ist ein Greuel.

3. Mose 20,13
Wenn jemand bei einem Manne liegt wie bei einer Frau, so haben sie getan, was ein Greuel ist.

Richter 19,22-23
Und als ihr Herz nun guter Dinge war, siehe, da kamen die Leute der Stadt, ruchlose Männer, und umstellten das Haus und pochten an die Tür und sprachen zu dem alten Mann, dem Hauswirt: Gib den Mann heraus, der in dein Haus gekommen ist, dass wir uns über ihn hermachen [Sex mit ihm haben]. Aber der Mann, der Hauswirt, ging zu ihnen hinaus und sprach zu ihnen: Nicht, meine Brüder, tut doch nicht solch eine Schandtat!

1. Könige 14,24
Es waren auch Tempelhurer [männliche Prostituierte] im Lande [zu jener Zeit war Rehabeam König]; und sie taten alle Greuel der Heiden, die der Herr vor Israel vertrieben hatte.

1. Könige 15,12

Er [König Asa] tat die Tempelhurer aus dem Lande [Juda] und entfernte alle Götzenbilder, die seine Väter gemacht hatten.

1. Könige 22,47

Auch tat er [König Joschafat] aus dem Lande [Juda], was noch übrig war an Tempelhurern, die zur Zeit seines Vaters Asa übrig geblieben waren.

2. Könige 23,7

Und er [König Josia] brach ab die Häuser der Tempelhurer, die an dem Hause des Herrn waren, in denen die Frauen Gewänder für die Aschera wirkten.

1. Korinther 6,9-10

Oder wisst ihr nicht, dass die Ungerechten das Reich Gottes nicht ererben werden? Lasst euch nicht irreführen! Weder Unzüchtige noch Götzendiener, Ehebrecher, Lustknaben [männliche Prostituierte], Knabenschänder, Diebe, Geizige, Trunkenbolde, Lästerer oder Räuber werden das Reich Gottes ererben.

1. Timotheus 1,9-11

... weil er weiß, dass dem Gerechten kein Gesetz gegeben ist, sondern den Ungerechten und Ungehorsamen, den Gottlosen und Sündern, den Unheiligen und Ungeistlichen, den Vatermördern und Muttermördern, den Totschlägern, den Unzüchtigen, den Knabenschändern, den Menschenhändlern, den Lügnern, den Meineidigen und wenn noch etwas anderes der heilsamen Lehre zuwider ist, nach dem Evangelium von der Herrlichkeit des seligen Gottes, das mir anvertraut ist.

Judas 1,7

So sind auch Sodom und Gomorra und die umliegenden Städte, die gleicherweise wie sie Unzucht getrieben haben und anderem

Fleisch nachgegangen sind, zum Beispiel gesetzt und leiden die Pein des ewigen Feuers.

Es ist offensichtlich, dass diese Schriftstellen wenig Diskussionsmöglichkeiten offen lassen, insbesondere, wenn man sie im Lichte der Stelle aus Römer 1 betrachtet, die ich bereits zitierte. Ihre Aussagen können nur dann verneint werden, wenn man die Autorität von Gottes Wort ablehnt. Bitte beachten Sie, dass viele ähnliche Texte *heterosexuelle* Unordnung im Geschlechtsleben mit gleicher Eindringlichkeit wie homosexuelles Verhalten verurteilen. Unsittlichkeit ist unsittlich, ob sie zwischen Menschen des gleichen Geschlechts oder Menschen verschiedenen Geschlechts stattfindet. In beiden Fällen ist es unsere Pflicht, Sünde beim Namen zu nennen und Männer und Frauen zu ermahnen, in Reinheit und Heiligkeit zu leben.

Frage 415
Wie sollte sich ein Christ Homosexuellen gegenüber verhalten?

Das ist eine sehr wichtige Frage in Anbetracht der aktuellen Aufregung in diesem Bereich. Ich bin der festen Meinung, dass Christen den biblischen Auftrag haben, alle Menschen auf der Welt zu lieben und sich um sie zu sorgen. Jeder hat das Recht, mit Achtung und Würde behandelt zu werden, auch Menschen, die unsittlich leben. Es besteht kein Anlass für Hass, kränkende Witze oder andere Formen der Ablehnung gegenüber Homosexuellen. Wir können nicht erwarten, andere für Jesus Christus zu gewinnen, wenn wir sie beleidigen und verletzen.

Denken Sie auch daran, dass Jesus mit der Ehebrecherin, die auf frischer Tat ertappt wurde – zu damaliger Zeit ein todeswürdiges Verbrechen – mitfühlender war als mit den Heuchlern. Er ist unser Vorbild dafür, wie wir mit einem Menschen, der in Sünde lebt, umzugehen haben. Ja, wir sollten uns denen zuwenden, die Jesus

Christus nicht kennen, was in einer von Feindseligkeit und Furcht geprägten Atmosphäre unmöglich ist.

Wir sollten auch nicht vergessen, dass es enthaltsam lebende Homosexuelle gibt, die verzweifelt versuchen, ein gottgefälliges Leben zu führen. Viele strengen sich jeden Tag ungeheuer an, das Richtige zu tun, und in ihrem Inneren toben verheerende Kämpfe. Diese Männer und Frauen brauchen all das Mitgefühl und die Unterstützung von Christen, die von ihren Neigungen wissen. Oft jedoch werden sie aus Angst und Missverständnis von denen, die sie abstoßend finden, abgelehnt und aus der Kirchengemeinde ausgeschlossen. Das ist falsch! Diese Menschen brauchen die Gemeinde Christi und die Gemeinschaft, die sie bieten kann. Sie müssen als Mitgläubige angenommen werden, die versuchen, dem Herrn zu gefallen und sittlich rein zu leben. Das ist das Mindeste, was wir tun können.

Frage 416
Ist AIDS die Strafe Gottes für Homosexuelle und andere Menschen, die Geschlechtsverkehr mit wechselnden Partner haben?

Ich denke nicht, weil kleine Babys und andere, die nicht für ihre Krankheit verantwortlich sind, auch daran leiden. Aber bedenken Sie Folgendes: Wenn jemand aus dem zehnten Stock eines Gebäudes springt, stirbt er, wenn sein Körper auf den Boden aufschlägt. Das ist unvermeidlich. Gott hat jedoch die Schwerkraft nicht geschaffen, um Menschen für ihre Dummheit zu bestrafen. Er stellte physikalische Gesetze auf, die nur unter großer Gefahr missachtet werden können. So ist es auch mit seinen moralischen Gesetzen. Sie sind so wirklich und vorhersehbar wie die Prinzipien, die für das physikalische Universum gelten. So hätte man wissen können, dass mit der sexuellen Revolution 1968 die heutigen Epidemien entstehen würden. Diese Zeit ist jetzt gekommen und wie wir mit unserer moralischen Krise umgehen, bestimmt, wie viel wir und unsere Kinder in Zukunft zu leiden haben.

Wussten Sie übrigens, dass Gott die moralische Grundlage des Universums schuf, bevor er Himmel und Erde machte? Lesen Sie Sprüche 8, 22-36 nach, eine Stelle, in der das universelle moralische Gesetz in der ersten Person steht.

Ein faszinierender Abschnitt. Ihm entnehmen wir, dass die moralische Grundlage bereits vor der Schöpfung bestand, weil sie ein Ausdruck seiner göttlichen Natur selbst ist. Sie kam nicht später, mit den Zehn Geboten einher, weil Gott erkannte, dass Regeln erforderlich sind. Das moralische Gesetz ist so ewig wie Gott selbst und übertrifft die physikalischen Gesetze an Bedeutung. Das Universum wird wie ein Kleidungsstück verschleißen und wie eine Schriftrolle aufgerollt werden, aber die moralische Grundlage wird ewig bestehen.

Diese Erkenntnis gilt für homosexuelle und heterosexuelle Sittenlosigkeit und für jede andere Form sündigen Verhaltens der Menschheit. Wenn wir uns nach Gottes alten moralischen Vorschriften richten, dürfen wir die Wohltaten des Lebens genießen. Aber wenn wir seinen klaren Gebote trotzen, ist der Tod die unvermeidliche Folge. AIDS ist nur ein Weg unter anderen, auf dem Krankheit und Tod diejenigen ereilt, die mit Gottes moralischen Gesetzen Roulett spielen.

Frage 417
Worin besteht die Pflicht eines Menschen, der als Christ leben will, aber mit einer tief verwurzelten Zuneigung zu seinem eigenen Geschlecht kämpft?

Wenn ich die Bibel richtig deute, haben Menschen mit homosexuellen Neigungen dieselbe Pflicht wie heterosexuelle ledige Erwachsene. Sie müssen unmoralisches sexuelles Verhalten unterlassen. Ich verstehe die Folgen dieser Ansicht und rede nicht leichtfertig über dieses Thema. Es ist viel einfacher, über Reinheit zu schreiben, als sie tagtäglich zu leben. Aber ich habe die Regeln nicht aufgestellt. Ich kann nur den Verhaltensmaßstab vorlegen, den uns die Bibel gibt.

Glücklicherweise erhalten Menschen, die sich von Versuchungen bedrängt fühlen, auch eine Zusage: »Aber Gott ist treu, der euch nicht versuchen lässt über eure Kraft, sondern macht, dass die Versuchung so ein Ende nimmt, dass ihr's ertragen könnt« (1. Kor 10, 13).

Anmerkung: Es folgt ein Brief, den ich von einem praktizierenden Homosexuellen erhielt, und meine Antwort:

Frage 418

Ich bin homosexuell und schreibe im Namen Tausender Homosexueller in diesem Land, die wegen Organisationen wie der Ihren die Kirche hassen lernten. Zunächst möchte ich Ihnen kurz meine Lebensgeschichte erzählen.

Ich wuchs als Sohn eines Pfarrers in einem glücklichen, intakten Umfeld auf. Ich wuchs als bibelgläubiger Christ auf und versuchte immer, Christus an die erste Stelle in meinem Leben zu setzen und nach seinen Geboten zu leben. Den größten Teil meiner Kindheit verbrachte ich an einem Ort, an dem es keine anderen Homosexuellen gab.

Ich liebte den Herrn, die Gemeinde und meine Familie – in dieser Reihenfolge. Dann zog ich von zu Hause weg und studierte und verbrachte Hunderte von Stunden mit dem Studium der Bibel, der Theologie und der Kirchengeschichte. Meine Eltern waren stolz und dachten, dass alles bestens wäre, als ich mein Examen bestanden hatte. Dann sagte ich ihnen, dass ich homosexuell bin. Sie waren niedergeschmettert!

Sehen Sie, von Anfang der Pubertät an fühlte ich mich zu meinem eigenen Geschlecht hingezogen. Natürlich versuchte ich, mich zu ändern, weil ich dachte, ich sei der Einzige auf der Welt, der so ist, und weil mein Vater dagegen predigte. Von der sechsten Klasse an bis zum ersten Studienjahr versuchte ich alles, was ich konnte, um ein normales Empfinden für das andere Geschlecht zu bekommen – Beratungen, anhaltendes Gebet, Lesen zahlloser Bücher über die

Verderbtheit der Homosexualität, Versammlungen der »Anonymen Homosexuellen« (Anm. d. Übers.: in Anlehnung an die »Anonymen Alkoholiker«). Das alles nützte nichts. Je mehr ich mich abmühte, mich zu ändern, um so natürlicher kam es mir vor, dass ich homosexuell bin.

Ich beschloss, mich zu meinem Sosein zu bekennen. Die erste Person, die ich in einem Homosexuellenclub traf, war der Sohn des Chorleiters der Gemeinde meiner Eltern! Er machte mich mit vielen anderen Homosexuellen bekannt – mit Studenten im Seminar, Sonntagsschullehrern, Organisten, Mesnern und vielen Predigersöhnen. Überall in der Gemeinde waren Homosexuelle, aber niemand wusste es wirklich, weil sie, wie ich, ihr Leben still und weit weg von der Minderheit der lautstarken Aktivisten, die man im Fernsehen sieht, führten.

In den folgenden Monaten nahm ich an einer Vorlesung über die Paulusbriefe teil und eines unserer Lehrbücher enthielt ein ausführliches Kapitel über das, was die Bibel über Homosexualität sagt beziehungsweise nicht sagt. Stark vereinfacht zusammengefasst kam es zu dem Schluss, dass die Bibel keine klare Stellungnahme zu dem, was wir heute homosexuelle Beziehungen nennen, abgibt. Ich bin sicher, Sie haben einige der Diskussionen gelesen und sie sind recht anspruchsvoll. Hier kann nichts oberflächlich erledigt werden, darin stimmen Sie mir sicher zu – besonders wenn das Leben von Menschen auf dem Spiel steht.

Ich schreibe diesen Brief im Namen vieler Freunde, die aus einem ähnlichen Milieu wie ich stammen, aber die Kirche wegen Organisationen wie der Ihren hassen. In alle Ihre Programme sind abfällige und erniedrigende Bemerkungen über homosexuelle Menschen eingestreut. Sie treten für Gesetze ein, die unsere Rechte beschneiden und verbreiten irreführende und falsche Informationen.

Wenn Ihnen wirklich daran liegt, Menschen für Jesus zu gewinnen, dann wenden Sie sich der Gemeinde der Homosexuellen zu. Sie sind reif für die Ernte. Diese Menschen würden aufmerksam auf eine Stimme hören, die Hoffnung, Vergebung, Annahme und sexuelle

Moral predigt — sobald sie begreifen, dass wir in unseren Gefühlen der Liebe füreinander nicht pervers sind.

Herr Doktor Dobson, ich erinnere mich an Ihren ersten Videofilm, den ich in der Gemeinde meines Vaters sah und wie sehr ich hinter Ihrer Botschaft stand. Im Grunde genommen tue ich das immer noch. Mein Partner und ich und Tausende anderer Homosexueller würden nur wünschen, dass Sie nicht so ausschließlich sind.

Lieber (Name),

ganz besonders schätze ich Ihre respektvolle und versöhnliche Haltung, mit der Sie ein äußerst emotional geladenes und umstrittenes Thema zur Sprache brachten. Sie stellten Ihren Fall einfühlsam und intelligent dar. Dafür möchte ich Ihnen danken. Ich glaube ehrlich, dass wir einander besser verstehen würden, wenn mehr Menschen das Thema so wie Sie angingen!

Als Antwort möchte ich Ihnen zunächst sagen, wie wichtig mir unser Auftrag als Christen ist, Menschen aus allen Lebensbereichen zu lieben. Auch solche, die anderer Meinung sind als wir. Auch solche, die ein Leben führen, das wir für unsittlich halten. Meine erste Reaktion auf Ihre ehrliche Mitteilung Ihrer innersten Gefühle war, dass ich Sie als Person annahm. Das meine ich ernst.

Was immer die Medien auch sagen, unsere Organisation *Focus on the Family* hat kein Interesse daran, Hass gegen Homosexuelle oder irgendeine andere Gruppe unserer Mitmenschen zu schüren. Wir sind noch nie für Gesetze eingetreten, die das Ziel haben, Homosexuelle ihrer verfassungsmäßigen Grundrechte zu berauben, Rechte, die sie mit jedem anderen Staatsbürger teilen, und wir werden das auch in Zukunft nie tun.

Im Gegenteil, wir wollen Homosexuellen die Hand reichen, wann immer wir das können. Wenn ich die Zeit hätte, könnte ich Ihnen viele Situationen beschreiben, in denen wir genau das taten. Dies ist ein Gebot, das uns der Herr Jesus gegeben hat.

Darüber hinaus muss ich gestehen, dass wir beide die Bibel sehr unterschiedlich verstehen. Ich bin fest davon überzeugt, dass

Geschlechtsverkehr außerhalb der Ehe (homosexuell wie heterosexuell) für Menschen, die sich »Gläubige« nennen, nicht erlaubt ist. Ja, mir ist bewusst, dass Theologen tiefschürfende Untersuchungen durchgeführt haben, um nachzuweisen, dass die Bibel in dieser Frage keine klar umrissene Stellungnahme abgibt. Das ist weder neu noch erstaunlich. Zahlreiche biblische Studien wurden schon durchgeführt, um eine ganze Palette unbiblischer Ideen zu untermauern!

In unserer Sicht jedoch bleibt die Wahrheit unbestreitbar. Offensichtlich haben Sie sich darüber hinweggesetzt und ich möchte jetzt nicht auf diesem Punkt herumhacken.

Ich möchte einfach sagen, dass dieselben Schriftstellen, die Homosexualität und voreheliche Heterosexualität verurteilen, uns auch dazu auffordern, die Menschen zu lieben, die gegen diese Bestimmungen verstoßen. Jesus war mit der Ehebrecherin, die auf frischer Tat ertappt wurde – zu damaliger Zeit ein todeswürdiges Verbrechen – mitfühlender als mit den Heuchlern im Tempel. Dies ist unser Vorbild und Auftrag.

Wir haben nie versucht, den einzelnen Homosexuellen oder die einzelne Lesbierin zu verletzen oder lächerlich zu machen. Jedoch vertrete ich einen völlig anderen Standpunkt als der radikalere Flügel der Bewegung. Die Bemühungen um die Neudefinition der Familie, die Genehmigung von Adoptionen, das Propagieren der homosexuellen Lebensart in Schulen usw. sind Ziele, die ich missbillige. Und ich werde sie bekämpfen, wenn die Fragen zur Sprache kommen. Hetze ich deswegen zum Hass auf? Ich denke nicht. Christen haben allerdings manchmal den Eindruck, dass sie oft aufgrund der Feindseligkeit der Gesellschaft gegenüber traditionellen religiösen Ansichten benachteiligt werden.

Mein guter Freund Bob Vernon, ehemaliger stellvertretender Leiter des Polizeidezernats Los Angeles, wurde wegen seines Glaubens aus dem Amt gejagt. Keine Beschuldigungen wurden gegen ihn vorgebracht. Der Druck war politischer Natur und hing einzig und allein mit seinen grundlegenden Überzeugungen zusammen. Er ist nur einer von Tausenden, die heute wegen ihrer christlichen Überzeugungen diskriminiert werden.

Was würden Sie und Ihre homosexuellen Kameraden denken, wenn wir Christen einen besonderen, geschützten Rechtsstatus forderten? Wie würden Sie reagieren, wenn wir das Recht auf einen Arbeitsplatz und den Schutz vor Kündigungen forderten, nur weil wir Christen sind? Ich kann vorhersagen, dass Sie solche Bestimmungen bis aufs Messer bekämpfen würden. Warum?

Wenn einer in diesen Kämpfen gewinnt, verliert ein anderer (der Nichtgläubige). Deshalb müssen wir sehr vorsichtig sein, bevor wir neue »Minderheiten« auf der Grundlage von Verhaltensweisen oder Überzeugungen schaffen – im Gegensatz zu denen, die im Laufe der Geschichte wegen ihrer Rasse diskriminiert wurden.

Hier erhebt sich die Frage: Mussten Homosexuelle diesen harten Kampf auf sich nehmen? In der Vergangenheit vielleicht, aber ich kann nicht feststellen, dass sie zur Zeit irgendwie benachteiligt werden. Im Durchschnitt verdient ein Homosexueller 55.000 Dollar im Jahr, ein Heterosexueller im Vergleich dazu nur 32.000 Dollar.[175]

Homosexuelle besitzen auch einen größeren Prozentsatz an akademischen Graden als Heterosexuelle.[176] Und wie können Homosexuelle behaupten, politisch übers Ohr gehauen zu werden? Zahlreiche Ziele der Homosexuellenbewegung sind heute bereits verwirklicht.

Nehmen Sie zum Beispiel die Finanzierung der AIDS-Forschung und AIDS-Behandlung. Vor einigen Jahren hatte ich einen Herzanfall und bin deshalb sehr an der Erforschung koronarer Herzkrankheiten interessiert. Schließlich sterben mehr Menschen an Herzanfällen und Schlaganfällen als an AIDS, Krebs, Tuberkulose und einigen anderen Krankheiten zusammen. Aber wie Sie vielleicht wissen, gab die amerikanische Regierung letztes Jahr neununddreißigmal mehr Geld für die AIDS-Forschung aus als für Herzkrankheiten.[177] Warum? Wegen der mächtigen Interessenvertretung der Homosexuellen, die über den Kongress und das Weiße Haus hergefallen ist.

Ich will nicht beanstanden, dass Geld für die schreckliche AIDS-Epidemie ausgegeben wird. Ich sage nur, dass die Homosexuellen wohl kaum eine unterdrückte, machtlose Minderheit darstellen, die Schutz unter dem Gesetz suchen. Hollywood, die Presse, die Medien, die Universitäten, die Verlage, Rechtsanwälte, Mediziner und die Justiz machen alle mit Nachdruck ihre »politisch korrekten« Anliegen geltend.

Konservative Christen dagegen sind ziemlich auf sich alleine gestellt. Von daher hoffe ich, verstehen Sie, dass unser Widerstand gegen die homosexuelle Welle kein Ausdruck des Hasses, sondern des Eintretens für soziale Gerechtigkeit und gesunden Menschenverstand ist.

Noch ein weiterer Gedanke zu Bekundungen von Hass. Die Frage ist: Wer trachtet danach, wen zu verletzen? Stellten wir Särge vor Ihre Haustür? Warfen wir Steine durch Ihre Fenster? Verstreuten wir blutige Tierteile in Ihrem Garten? Verbreiteten wir unwahre Gerüchte über Ihr Tun und Ihre Beweggründe? Besprühten wir Ihre Gebäude mit Farbe oder kündigten Bombenanschläge in Ihren Büros an?

Nein, aber all diese Feindseligkeiten wurden uns von der Homosexuellenbewegung und ihren Gönnern in Colorado Springs angetan. Trotzdem haben wir nicht Böses mit Bösem vergolten und haben das auch in Zukunft nicht vor. Die Anschuldigung, dass wir hasserfüllt sind, beruht einfach nicht auf Tatsachen.

Ich hoffe, diese Zeilen klären meinen Standpunkt für Sie. Ich danke Ihnen noch einmal dafür, dass Sie sich die Mühe machten, mir zu schreiben und möchte Ihnen versichern, dass wir für Sie da sind, wenn Sie uns brauchen. Gott segne Sie.

Frage 419
Vor kurzem las ich, dass die Definition der Familie im Licht kultu-
reller Umwälzungen abzuändern sei. Der Schreiber meinte, man
solle sich die Familie als »Kreis der Liebe« vorstellen, zu dem Men-

**schen gehören, die sich einander tief verbunden fühlen. Irgend-
wie weiß ich, dass das falsch ist, aber ich kann nicht genau sagen
warum. Wie sehen Sie es?**

Ich kenne die Bemühungen, die Familie neu zu definieren, recht gut. Sie werden von homosexuellen Aktivisten und anderen angeregt, die diese Institution als Hindernis für das gesellschaftliche Intrigenspiel, das sie im Sinne führen, betrachten. Was besagt aber die traditionelle Definition der Familie? Eine Familie ist eine Gruppe von Personen, die durch Ehe, Geburt oder Adoption miteinander verbunden sind – nichts mehr und nichts anderes. Die Familie wurde am Anfang von Gott eingesetzt und gutgeheißen, als Gott einen Mann und eine Frau zusammenbrachte und ihnen gebot: »Seid fruchtbar und mehret euch.« Das ist der Beginn und daran müssen wir uns halten.

Wenn sich jedoch der Begriff *Familie* auf irgendeine Gruppe von Menschen bezieht, die sich lieben, verliert der Begriff seine Bedeutung. In diesem Fall können fünf homosexuelle Männer eine »Familie« bilden, bis sich einer ungeliebt vorkommt, dann sind es nur noch vier.

Unter einer solchen Definition könnten ein Mann und sechs Frauen als eine rechtliche Einheit angesehen werden, was die Debatte über Polygamie neu anfachen würde. Wir dachten, diese Frage sei im letzten Jahrhundert erledigt worden.

Es wäre dann auch möglich, dass Eltern, die einen rebellierenden Teenager nicht mögen, ihn aus dem »Kreis der Liebe« ausschließen und ihm deshalb jede rechtliche Identität mit der Familie wegnehmen. Unter solchen schwammigen Bestimmungen hätte eine Ehefrau keinen größeren rechtlichen Schutz als weibliche Bekanntschaften, für die ein Mann entflammt. Das Ende wäre eine unsichere Gesellschaftsstruktur, die die Möglichkeit einer Katastrophe in sich trägt.

Es hat demnach seinen guten Grund, die eng begrenzte Definition der Familie, wie sie seit Jahrhunderten galt, zu schützen.

Schließlich ist die Familie, wie ich sie beschrieb, nicht nur menschlichen Ursprungs. Sie ist Gottes herrliche Schöpfung. Und er schloss keine zufälligen Bekannten, wie liebevoll sie auch sein mögen, in dieses Verwandtschaftsverhältnis ein. Auch wir sollten das nicht tun.

Frage 420
Warum haben so viele Eltern die vernünftigen Erziehungsmethoden, die sich seit Generationen bewährt haben, vergessen? Warum suchen sie nach etwas anderem?

Eine gute Frage. In den zwanziger und dreißiger Jahren dieses Jahrhunderts verloren die Menschen allmählich das Vertrauen in die traditionelle Kindererziehung. Die Wissenschaft hat mit ihren Erfindungen und Entdeckungen das Leben der Menschen außerordentlich bereichert, deshalb war es vernünftig, anzunehmen, dass die Experten bessere Erziehungsmethoden anbieten könnten. Eine ganze Schar von Gurus – Pädagogen, Psychiater und Psychologen – traten auf den Plan. Sie gaben ihre persönlichen Vorlieben und Anschauungen als wissenschaftliche Tatsachen aus. Dr. J. B. Watson, der erste und überspannteste von allen, gewann enormen Einfluss. Er wurde als Vater des Behaviorismus bekannt und bot eine, wie er es nannte, narrensichere Methode der Kindererziehung an. Und die Mütter befolgten sie von A bis Z. Wenn sie nur seinen Rat beherzigten, meinte er, könnten sie alles, was sie wollten, aus ihrem Kind machen: »einen Arzt, Rechtsanwalt, Künstler, Großkaufmann und – ja – sogar einen Bettler oder Dieb.«[178]

Watson lehnte die Existenz eines Verstandes ab und betrachtete das Gehirn als eine einfache Schaltzentrale, die Reize und Reaktionen miteinander verbindet. Von dieser lächerlichen Grundlage ausgehend gab er Eltern Ratschläge, die wirklich hirnrissig waren. Er schrieb:

Umarmen oder küssen Sie [Ihre Kinder] nie, lassen Sie sie nie auf Ihrem Schoß sitzen. Wenn es unbedingt sein muss, küssen Sie sie ein Mal auf die Stirn, wenn Sie Gute Nacht sagen. Geben Sie ihnen morgens die Hand. Denken Sie daran, wenn Sie in Versuchung geraten, Ihr Kind zu hätscheln, dass Mutterliebe ein gefährliches Instrument ist. Ein Instrument, das eine nie verheilende Wunde schlagen kann, eine Wunde, die die Kindheit unglücklich und das Teenageralter zu einem Alptraum machen kann, ein Instrument, das Ihren erwachsenen Söhnen und Töchtern die berufliche Zukunft und die Aussichten auf eine glückliche Ehe zunichte machen kann.[179]

Es ist kaum zu glauben, dass Millionen von Eltern diese Ideen fast zwanzig Jahre lang in allen Einzelheiten befolgten. Eine ganze Generation von Müttern und Vätern war emsig bemüht, die Kinder so zu konditionieren, wie Watson es empfahl. Diese seltsame Zeit in der Kindererziehung verdeutlicht, wie sich das Vertrauen der Öffentlichkeit von der altbewährten Weisheit der jüdisch-christlichen Ethik weg auf die verstiegenen Ausgeburten pseudowissenschaftlicher Phrasendrescherei hin verlagerte.

Leider folgte auf Watson eine lange Reihe selbsternannter »Experten«, die ihre eigenen Hirngespinste ausheckten und anpriesen. Unter anderem kamen sie zu der Überzeugung, dass liebevolle Disziplin schädlich, Autorität »undemokratisch«, religiöse Unterweisung gefährlich, trotzige Herausforderung ein wertvolles Ventil für Zorn, vorehelicher Sex gesund sei, dass die »Rechte der Kinder« die führende Rolle der Eltern ablösen müssten und so weiter und so fort.

In den letzten Jahren wurde diese humanistische Sichtweise sogar noch extremer und antichristlicher. Sie umfasst alles, angefangen von der »Erziehung zur Gleichstellung der Geschlechter« für Dreijährige bis hin zu homosexueller Propaganda für Grundschulkinder. Kurz, das zwanzigste Jahrhundert brachte eine Generation von Fachleuten hervor, die alles verwarfen, was im Laufe von zweitausend Jahren in der Erziehung gelernt worden war, und stattdessen so genannte »bessere Ideen« anboten. Das meiste von dem, was sie sich ausdachten, ist im besten Fall lächerlich, im schlimmsten Fall gefährlich.

Vor diesem Hintergrund können Sie verstehen, warum ich nie versuchte, neue Gedanken oder Methoden zu entwickeln. Mein Ziel lag vielmehr darin, uns die traditionelle Weisheit der Jahrhunderte neu nahe zu bringen. Diese habe ich mir nicht ausgedacht, und ich habe auch nicht versucht, sie zu ändern. Meine Aufgabe besteht nur darin, zu berichten, was ich für die Vorschriften des Schöpfers selbst halte. Und ich bin davon überzeugt, dass diese so lange gültig bleiben wie Mütter und Väter und Kinder zusammen auf der Erde wohnen.

Frage 421
Sie sagten mehrfach, dass eine Gesellschaft nur so stabil ist wie die einzelnen Familien, die ihre Grundeinheiten darstellen. Konkret sagten Sie, das Sexualverhalten stehe in direktem Zusammenhang mit dem Überleben von Völkern. Erklären Sie das etwas näher.

Über dieses Thema könnte man ein ganzes Buch schreiben, aber ich versuche, Ihnen eine kurze Antwort zu geben. Der Zusammenhang, von dem Sie sprachen, wurde zuerst von dem britischen Sozialanthropologen J. D. Unwin dargelegt, der sieben Jahre lang das Entstehen und den Niedergang von achtzig Zivilisationen untersuchte. Er berichtete aufgrund seiner umfassenden Forschungsarbeiten, dass jede bekannte Kultur der Weltgeschichte denselben Gesetzmäßigkeiten im Sexualverhalten folgte: In der Anfangszeit ihres Bestehens waren voreheliche und außereheliche Beziehungen streng verboten. Mit dieser Einschränkung des sexuellen Auslebens ging eine große kreative Energie einher, was die Blüte der Kultur zur Folge hatte. Im späteren Leben der Gesellschaft lehnten sich die Menschen allmählich gegen die strengen Verbote auf und forderten die Freiheit, ihre inneren Leidenschaften auszuleben. In dem Maße, in dem die Sitten sich lockerten, nahm die soziale Energie ab, was schließlich zum Verfall und zur Zerstörung der Zivilisation führte.

Dr. Unwin folgerte, dass die Energie, die eine Gesellschaft zusammenhält, ihrer Natur nach sexuell ist. Wenn sich ein Mann einer einzigen Frau und seiner Familie hingibt, ist er motiviert, für sie zu bauen, zu sparen, sie zu schützen, zu planen und Erfolg zu haben. Wenn jedoch die sexuellen Interessen von Männern und Frauen allgemeiner sind, verwenden sie ihre Energie auf die Befriedigung ihres sinnlichen Begehrens. Dr. Unwin schrieb: »Jede menschliche Gesellschaft hat die Wahl zwischen der Entfaltung großer Energie und dem Genießen sexueller Freiheit; es ist erwiesen, dass beides nicht länger als eine Generation lang möglich ist.«[180]

Ich bin davon überzeugt, dass die um sich greifenden sozialen Missstände in der westlichen Welt, einschließlich der steigenden Verbrechensquoten, des Drogenmissbrauchs, der sexuellen Ausbeutung von Kindern und des Zerfalls der Familien, auf den Niedergang der traditionellen Werte und das Abweichen von den sittlichen Maßstäben der Bibel zurückverfolgt werden können.

Aber aus einem weiteren Grund sind die weit verbreitete Unmoral und avantgardistische Haltungen für die Stabilität eines Volkes gefährlich. Menschen sind Geschlechtswesen, sowohl körperlich als auch psychisch. Selbst unsere Identität (»Wer bin ich?«) beginnt mit der Geschlechtszuweisung und dem Verständnis, was es bedeutet, männlich oder weiblich zu sein. Im Grunde genommen hängt jeder Aspekt des Lebens mit dieser biologischen Grundlage zusammen. Wer kann die hormonellen Kräfte und die neurologischen Strukturen, die unser Denken und Verhalten bestimmen, in Abrede stellen? Infolge dieser Veranlagung und ihrer weitreichenden Bedeutung müsste sogar der leichtlebigste Playboy die Auswirkungen sexueller Freizügigkeit und das Durcheinander, das sie auslösen kann, verstehen. Jede Revolution dieses Ausmaßes hat zweifelsohne weitreichende Folgen für die Familie und die Kultur, in der sie beheimatet ist. Wie kann man hoffen, die soziale Ordnung erhalten zu können, wenn die Regeln, die unser Sexualverhalten bestimmen, auf den Kopf gestellt werden?

Bibliographie

1 John Locke, *An Essay Concerning Human Understanding*, 1690, und Jean-Jacques Rousseau, Emile, *Oder von der Erziehung*, 1762.
2 Dr. Stella Chess und Dr. Alexander Thomas, *Know Your Child: An Authoritative Guide for Today's Parents* (New York: Basic Books, 1987).
3 Blake Morrison, »From the Chill of Cold Steel to the Iron Laws of History«, *The Independent* (10. Februar 1991): 31.
4 APA Monitor, American Psychological Association, Washington D.C. 7:4 (1976).
5 Morton Edwards, Herausgeber, *Your Child from Two to Five* (New York: Permabooks, 1955), 95-96.
6 ebenda.
7 Willard und Marguerite Beecher, Parents on the Run: *A Commensense Book for Today's Parents* (New York: Crown Publishers, 1955), 6-8.
8 Dr. N.J. Sheers, *Infant Suffocation Project – Final Report*, U.S. Consumer Product Safety Commission, Januar 1995.
9 Beth Ashley, »Bedwetting Often Medical, Parents Wrong to Punish«, *USA Today*, 17. Dezember 1997, 1D.
10 Ray Reed, »Abusers Often Start with Animals«, *Roanoke Times and World News*, 19. Januar 1995. C1.
11 Harold M. Voth und Gabriel Nahas, *How to Save Your Kids from Drugs* (Middlebury, Vt.: Paul S. Ericksson, 1987).
12 Merkblatt zur Alkoholembryopathie, Amt für geistige Gesundheit, Abteilung Alkohol- und Drogenmissbrauch.
13 Mildred Goertzel, Three Hundred Eminent Personalities (San Fancisco: Josey-Buss Publishers).
14 DuPont-Kinderkrankenhaus, »The Child Who St-St-Stutters«, 1996, The Nemous Foundation.
15 Kim Painter, »Pre-Teens Want to Be Close to Their Parents«, *USA Today*, 11. Mai 1995, 1D.

[16] Dr. Edward M. Hallowell und Dr. John J. Ratey, *Driven to Distraction* (New York: Simon und Schuster, 1995), 73-76.

[17] Hannah Bloch, »Life in Overdrive«, *Time*, 18. Juli 1994, 46.

[18] ebenda, 48.

[19] ebenda, 44.

[20] ebenda, 45.

[21] Grant Martin, *The Hyperactive Child* (Wheaton Ill.: Victor Books, 1992).

[22] Bloch, 48.

[23] Hallowell und Ratey, 238.

[24] Domeena Renshaw, *The Hyperactive Child* (Chicago: Nelson-Hall Publishers, 1974), 118-120.

[25] Dr. David Larson, »Is Mild Spanking Abusive or Helpful for Young Children?«, Physicians Research Forum Research Summary, 1993.

[26] Christina Hoff Sommers, Professorin für Philosophie, Clard University, Worchester, Mass.

[27] Sigmund Freud, »Three Essays on the Theory of Sexuality«, 1905.

[28] Focus on the Family, »The Family from Shore to Shore«, 26. März 1996.

[29] *TV Guide*, 22.-28. August 1992.

[30] ebenda

[31] Mary Ellen McNeil, »The Jury Is Still Out But Video Games are Sure to Be in for a Long Time«, *Los Angeles Times*, 21. September 1989, 1E.

[32] ebenda.

[33] »Your Baby's Language«, *Psychology Today*, Mai 1977.

[34] National Clearing House on Child Abuse and Neglect, Department of Health and Human Services, Washington D.C.

[35] Beecher, 6-8.

[36] Dr. David W. Fleming, Dr. Stephen L. Cochi, Dr. Allen W. Hightower und Dr. Claire V. Broome, »Childhoot Upper Respiratory Tract Infections: To What Degree is Incidence Affected by Attendance?«, *Pediatrics* (Januar 1987): 55-60.

37 Rede des ehemaligen Oberschulrats Max Rafferty, 1967.

38 Untersuchung, die an der Urbana-Champaign-Universität von Illinois durchgeführt wurde. Den Bericht schrieb J. Madeline Nash, »Fertile Minds: The First Three Years Are Critical«, *Time,* 3. Februar 1997. (Anmerkung: Die Untersuchung ist schon über zwanzig Jahre alt, aber über ihre Ergebnisse wurde auch in diesem Artikel berichtet.)

39 Dr. Stanley Coopersmith, ehemaliger Lehrbeauftragter für Psychologie an der Universität von Kalifornien, Berkeley.

40 Focus on the Family, »Preparing Children for Learning«, Cheri Fuller, Gastrednerin, 29.-30. August 1991.

41 Dr. Stan Weed und Dr. Joseph Olson, »Effects of Family Planning Programs for Teenagers on Adolescent Birth and Pregnancy Rates«, *Family Research Council,* 1988.

42 Dr. Stephen A. Small, University of Wisconsin-Madison, 1992.

43 Sharon D. White und Richard R. DeBlassie, »Adolescent Sexual Behavior«, *Adolescence* 27 (1992): 183-191.

44 Eleanor Rudolph, »New York City's Controversial Schools Chancellor Ousted«, *Washington Post,* 11. Februar 1993, A3.

45 Ton Hess, »They Call This Abstinence?«, *Focus on the Family Citizen,* Mai 1992, 1-4.

46 »Condom Roulette«, *Family Research Council, In Focus,* 1992, 1.

47 Gilbert L. Crouse, Office of Planning and Evaluation, Gesundheitsministerium der USA, t.i., 12. März 1992, auf der Grundlage des Alan-Guttmacher-Instituts von Planned Parenthood.

48 *Monthly Vital Statistics Report,* National Center for Health Statistics, 41:9, Beilage, 25. Februar 1993.

49 Quelle: Alan-Guttmacher-Institut, berichtet von Kim Painter in »Few Changes in Profile of Women Getting Abortions«, *USA Today,* 8. August 1996, 4A.

50 Gesundheitsministerium der USA, Public Health Service, Centers for Disease Control, *1991 Division of STD/HIV Prevention,* Jahresbericht, 13.

51 Centers for Disease Control, Gesundheitsministerium der USA,

berichtet in »Chlamydia Infections Rising«, *Reuters News Service*, 10. März 1997.

[52] Kay Stone, Sexually Transmitted Diseases Division, Centers for Disease Control, Gesundheitsministerium der USA, t.i., 20. März 1992.

[53] »Condom Roulette«, 1.

[54] ebenda.

[55] Felicity Barringer, »Viral Sexual Diseases Are Found in One in Five in the U.S.«, *New York Times*, 1. April 1993, A1.

[56] Dr. Richard Glascow, »The Most Commonly Asked Questions about RU-486«, *National Right to Life News*, 28. April 1993, 12-13.

[57] Focus on the Family, »A Visit with the U.S. Surgeon General«, Dr. C. Everett Koop, Gast, 20. Januar 1984.

[58] Focus on the Family, »A Doctor Speaks Out on Sexually Transmitted Diseases«, Joe McIlhaney, M.D., Gast, 26.-27. März 1991.

[59] ebenda.

[60] Dr. Barbara Reed, »Factors Associated with Human Papillomavirus Infection in Women Encountered in Community-Based Offices«, *Archives of Family Medicine* 2 (Dezember 1993): 1239.

[61] ebenda.

[62] Heidi M. Bauer, »Genital HPV Infection in Female University Students as Determined by a PCR-Based Method«, *Journal of the American Medical Association* 265, Nr. 472 (1992).

[63] Jill Brookes, »Its Empire Stretches Worldwide«, *Los Angeles Times*, 22. April 1993, 21.

[64] John White, *Parents in Pain* (Downers Grove, Ill.: InterVarsity Press, 1979), 44.

[65] John Walvoord und Roy Zuck, Herausgeber, *Bible Knowledge Commentary: Old Testament* (Wheaton, Ill.: Victor Books, 1985), 953.

[66] White, 47.

[67] Ansprache in der Harrow School, 29. Oktober 1941.

[68] Dr. James Dobson, *When God Doesn't Make Sense* (Wheaton, Ill.L Tyndale House Publishers, 1993), 127.

69 Albert Goodman, *The Lives of John Lennon* (New York: William Morrow and Co., 1988).

70 Interview im *London Evening Standard*, 4. März 1966.

71 Beecher 128.

72 Jean Lush und Pamela Vredevelt, *Mothers and Sons* (Pomona, Calif.: Focus on the Family, 1988).

73 Deborah M. Capaldi, Lynn Crosby und Mike Stoolmiller, »Predicting the Timing of First Sexual Intercourse for At-Risk Adolescent Males«, *Child Development* 67 (1996): 344-259.

74 Lawrence L. Wu, »Effects of Family Instability, Income, and Income Instability on the Risk of a Premarital Birth«, *American Sociological Review* 61 (1966): 386-406.

75 Dr. Dorothy V. Whipple, *Dynamics of Development: Euthenic Pediatrics* (New York: McGraw-Hill, 1966), 98.

76 Margaret Rees, »Menarche When and Why?«, *The Lancet* (Journal der British Medical Association) 342, Nr. 8884 (4. Dezember 1993): 1375.

77 »Growing Needs, Diverse Needs: Discussion of Reproductive Health and Sexuality Needs of Today's Youth«, *Population Reports*, John Hopkins University 23, Nr. 3 (Oktober 1995): 4.

78 Rees, 1375.

79 Urie Bronfenbrenner, »The Social Ecology of Human Development« in *Brain and Intelligence: The Ecology of Child Development*, Ed. Fredrick Richardson (Hyattsville, Md.: National Educational Press, 1973).

80 Focus on the Family, »Too Big to Spank«, *Jay Kesler*, Gast, 5.-6. Dezember 1984.

81 Lily Eng, »Study Measures Drug Abuse by Orange County Students«, *Los Angeles Times*, 16. Januar 1992, A1.

82 Eddie Fisher, »O mein Papa«.

83 The Doors, »The End«, Copyright 1968, Viva Records.

84 Twisted Sisters, »We're Not Gonna Take It«, Copyright 1984, Atlantic Records.

85 Suicidal Tendencies, »I Saw Your Mommy«, geschrieben von

Michael Muir, Copyright 1984. You'll Be Sorry Music (BMI)/ American Lesion Music (BMI)/Administered by BUG. Alle Rechte vorbehalten. Mit Genehmigung abgedruckt.

[86] Ice-T und Body Count, »Momma's Gotta Die Tonight«, Copyright 1992, Sire Records.

[87] Brookes, 2.

[88] Margaret Cronin Fisk, »1990 Was a Year of Uncertainty for the Profession«, *National Law Journal*, 31. Dezember 1990, 53.

[89] ebenda.

[90] Dr. Charles Stanley, *How to Keep Your Kids on Your Team* (Nashville: Thomas Nelson, 1991).

[91] Dan Fogelberg, »The Leader of the Band«, Copyright 1981, April Music, Inc. and Hickory Grove Music, Inc.

[92] Lewis Yablonsky, Fathers and Sons (New York: Simon and Schuster, 1982), 134.

[93] »Giving In' Often Seen When Kids Hit Parents«, *Omaha World-Herald*; 6. Juli 1979.

[94] ebenda.

[95] Focus on the Family, »The Family at the End of the 20th Century«, 8.-9. Juni 1995.

[96] ebenda.

[97] Sonia Nazari, »Wrong Turn Ends in Deadly Gang Ambush; Violence: Child, 3, Dies. Two Others Hurt As Youths Block Car's Escape from Dead End Street and Open Fire«, *Los Angeles Times*, 18. September 1995, 1A.

[98] Susan Kuczka und Flynn McRoberts, »5-Year-Old Was Killed Over Candy; Boy Refuses to Shoplift and Is Dropped 14 Floors to His Death, Police Say«, *Chicago Tribune*, 15. Oktober 1994, 1.

[99] Jerry Adler, »Growing Up Scared«, *Newsweek*, 10. Januar 1994, 44.

[100] Bob Thomas, »Television and Movie Viewers Are Used to a Happy, Laughing, Carol Burnett on Screen. But at Home, Things Have Been a Lot Different Since She and Her Husband Revealed Their Daughter's Addiction to Drugs«, *Associated Press*, 10. Dezember 1979.

[101] Sandra Boodman, »Researchers Study Obesity in Children«, *Washington Post*, 13. Juni 1995, Z10.

[102] Patricia Long, »Kids with a Lot to Lose«, *Hippocrates*, November 1988.

[103] Marilyn Elias, »Nest Is Emptier for Dad«, *USA Today*, 23. Januar 1985, 1D.

[104] Erma Bombeck, »Fragile Strings Join Parent, Child«, *Arizona Republic*, 15. Mai 1977.

[105] Joan Wester Anderson, »Preparing Your Child for Those College Years«, *Focus on the Family*, Mai 1992, 8.

[106] Carly Simon, »That's the Way I've Always Heard It Should Be«, Copyright 1971, Jacob Brackman, Warner Brothers Music, Inc.

[107] U.S. Bureau of Census, *Statistical Abstract of the United States*, 1993, 53.

[108] ebenda.

[109] Chess and Thomas.

[110] Tom T. Hall, »I Left Some Kisses on the Door«, Copyright 1979, Hallnote Music.

[111] Jim Talley und Bobbie Reed, Too Close, Too Soon (Nashville: Thomas Nelson, 1982), 129-143.

[112] George Orwell, *Animal Farm* (London: Longman, 1945), Kap. 10.

[113] »Attractive Women Less Happy, Study Says«, *Psychology Today*, September 1971.

[114] Focus on the Family, »Preparing Children for Learning«, Cheri Fuller, Gast, 29.-30. August 1991.

[115] George Gilder, *Men and Marriage* (New York: Bantam Books, 1986).

[116] Charles Murray, »Bad News about Illegitimacy«, *The Weekly Standard*, 5. August 1966, 24.

[117] Gilder, op.cit.

[118] *Statistical Abstract*, 53.

[119] »Families First«, *Report of the National Commission on America's Urban Families*, John Ashcroft, Vorsitzender, Washington D.C., 1993, 19.

[120] Paul C. Glick, »Remarried Families, Stepfamilies, and Stepchildren: A Brief Demographic Profile«, *Journal of Marriage and the Family* 53 (1989): 261-270.

[121] Doug Fields, *Creative Romance* (Eugene, Oreg.: Harvest House Publishers, 1991), 15.

[122] Abraham Maslow, *Towards a Psychology of Being* (London: Regency Gateway, 1970).

[123] Dr. Richard Restak, *The Brain: The Last Frontier* (Garden City, N.Y.: Doubleday and Company, 1979), 197.

[124] Whipple, 19.

[125] ebenda.

[126] Dr. Paul Popenoe, »Are Women Really Different?«, *Family Life* 31, Nr. 2 (Februar 1971).

[127] ebenda

[128] ebenda

[129] ebenda

[130] ebenda

[131] ebenda

[132] ebenda

[133] ebenda

[134] ebenda

[135] ebenda

[136] *Family Circle*, 26. Februar 1985.

[137] John Sedgwick, *Rich Kides: America's Young Heirs and Heiresses, How They Love and Hate Their Money* (New York: William Morrow and Company, 1985).

[138] Ron und Judy Blue, *Money Matters for Parents and Their Kids* (Nashville: Thomas Nelson, 1986), 46.

[139] John Kronenberger, »Is the Family Obsolete?«, *Look* (26. Januar 1971): 35.

[140] ebenda

[141] James Q. Wilson, »The Family Values Debate«, *Commentary* (April 1993): 24.

[142] *Statistical Abstract*

[143] U.S. Commission on Child and Family Welfare Final Report, Department of Health and Human Services, Washington D.C., 1995.

[144] »Me and Bobby McGee«, gesungen von Janis Choplin, Columbia Records, 1971.

[145] David Larson, »Divorce: A Hazard to Your Health?«, *Focus on the Family Physician*, Mai/Juni 1990, 13-17.

[146] Pat Conroy, »Death of a Marriage«, *Atlanta Magazine*, November 1978. Auszug mit Erlaubnis abgedruckt.

[147] Judith S. Wallerstein und Joan B. Kelly, *Surviving the Breakup* (New York: Basic Books, 1980), 33.

[148] ebenda, 48.

[149] ebenda, 236.

[150] ebenda, 46.

[151] ebenda, 211.

[152] ebenda

[153] Referat von Dr. Armand Nicholi, Psychiater an der Medizinischen Fakultät Harvard und am Krankenhaus Massachusetts, gehalten am 3. Mai 1983 bei der Konferenz im Weißen Haus über den Zustand der amerikanischen Familie, *Congressional Record*, 3. Mai 1983.

[154] Focus on the Family, »Resentment: Cancer of the Emotions«, Dr. Archibald Hart, Gast, 20. Dezember 1982.

[155] Maxwell Maltz, *Psychocybernetics* (North Hollywood, Calif.: Wilshire Books, 1973).

[156] Edward Fitzgerald, *The Letters of Edward Fitzgerald* (Princeton, N.J.: Princeton University Press, 1980).

[157] Mike McManus, *Marriage Savers* (Grand Rapids: Zondervan, 1993).

[158] »40 Percent Have Alcoholic Relative«, *Copley News Service*, 13. Oktober 1991.

[159] ebenda

[160] ebenda

[161] ebenda

[162] ebenda

[163] ebenda

[164] Terence Mahoney, »By Law, Britain to Destroy 3, 000 Embryos«, *Los Angeles Times*, 27. Juli 1996, 1A.

[165] National Prayer Breakfast, Washington D.C., 3. Februar 1994.

[166] Focus on the Family, »Euthanasia: The Dark Side of Compassion«, Rita Marker, Gast, 13.-14. März 1989.

[167] P.J. van der Maas, J.J.M. van Delden und L. Pijenbrog, *Euthanasia and Other Medical Decisions Concerning the End of Life: An Investigation Performed upon the Request of the Commission of Inquiry into the Medical Practice Concerning Euthanasia* (Amsterdam: Elsevier Science Publishers, 1992), 178.

[168] ebenda, 181.

[169] ebenda, 73, 75, 183.

[170] »Doctor Freed in ›Justified‹ Mercy Killing«, *Chicago Tribune*, 27. April 1995, N21.

[171] »Doctor Unpunished for Dutch Suicide«, *New York Times*, 22. Juni 1994, 10A.

[172] Focus on the Family, »A Visit with the U.S. Surgeon General«, Dr. C. Everett Koop, Gast, 20. Januar 1984.

[173] »Governor Swamped with Reaction to Remarks about Terminally Ill«, *United Press International*, 28. März 1984.

[174] Michael J. Bailey und Richard C.Pillard, »A Genetic Study of Male Sexual Orientation«, *Archives of General Psychiatry* 48 (Dezember 1991): 1089-96.

[175] Hoan E. Rigdon, »Overcoming a Deep-Rooted Reluctance, More Firms Advertise to Gay Community«, *Wall Street Journal*, 18. Juli 1991, 1B.

[176] ebenda

[177] »Invest in Heart and Stroke Research: Ensure the Future Health of Our Nation, Our Family, Our Children«, American Heart Association Office of Public Affairs, 1996.

[178] J.B. Watson, *Psychological Care of Infant and Child, Family in America Series*, 1972 (Neudruck der Ausgabe von 1928).

[179] ebenda

[180] Joseph Daniel Unwin, »Sexual Regulations and Cultural Behavior«, Rede vom 27. März 1935 vor der Medizinischen Abteilung der British Psychological Society, gedruckt von Oxford University Press (London, England).

Stichwortregister

*Die angegebenen Zahlen weisen auf die Nummer der Frage hin,
nicht auf die Seitenzahl.*

Bibelstellenregister

*Die angegebenen Zahlen weisen auf die Nummer der Frage hin,
nicht auf die Seitenzahl.*

hänssler

Der Ratgeber für Väter!

James Dobson
Man hat's nicht leicht als Mann
Pb., 208 S., Nr. 854.148, ISBN 3-7751-9148-8

Wann ist ein Mann ein Mann?
Kompetent und bibelorientiert zeigt der bekannte Familienberater, wie Mann- und Vatersein nach dem Herzen Gottes auch heute noch gelingen kann:
- Verantwortung und Prioritäten im Alltag
- Vorbildfunktion als Vater
- u.v.m.

Bitte fragen Sie in Ihrer Buchhandlung nach diesem Buch, oder schreiben Sie an die Auslieferung von *Edition Trobisch:* Hänssler-Verlag, Postfach 12 20, D-73762 Neuhausen.

hänssler

Der Ratgeber für Teenager & Eltern!

James Dobson
Endlich ... Ich werde erwachsen!
Ein Ratgeber für Teenager und ihre Eltern!
Pb., 154 S., Nr. 854.088, ISBN 3-7751-7088-7

James Dobson hilft den Heranwachsenden zwischen 10-15 Jahren in
Fragen weiter, mit denen sie in der Pubertät konfrontiert werden:
- mangelnde Selbstachtung
- physische Veränderung
- Liebe und Sexualität
- Gefühlsschwankungen
- Anpassungsdruck von Gleichaltrigen
- u. a.

Bitte fragen Sie in Ihrer Buchhandlung nach diesem Buch,
oder schreiben Sie an die Auslieferung von *Edition Trobisch:*
Hänssler-Verlag, Postfach 12 20, D-73762 Neuhausen.